Karl Florenz

Die historischen Quellen der Shinto-Religion

Aus dem Altjapanischen und Chinesischen übersetzt und erklärt

SEVERUS

Florenz, Karl: Die historischen Quellen der Shinto-Religion. Aus dem Altjapanischen und Chinesischen übersetzt und erklärt
Hamburg, SEVERUS Verlag 2014

ISBN: 978-3-95801-039-0
Druck: SEVERUS Verlag, Hamburg, 2014
Nachdruck der Originalausgabe von 1919

Der SEVERUS Verlag ist ein Imprint der Diplomica Verlag GmbH.

Bibliografische Information der Deutschen Nationalbibliothek:
Die Deutsche Nationalbibliothek verzeichnet diese Publikation in der Deutschen Nationalbibliografie; detaillierte bibliografische Daten sind im Internet über http://dnb.d-nb.de abrufbar.

DIE HISTORISCHEN QUELLEN DER SHINTO-RELIGION

AUS DEM ALTJAPANISCHEN UND CHINESISCHEN
ÜBERSETZT UND ERKLÄRT

VON

DR. KARL FLORENZ
BUNGAKU-HAKUSHI
ORD. PROFESSOR FÜR SPRACHE UND KULTUR JAPANS
AN DER UNIVERSITÄT HAMBURG

Einleitung.

In der Entwicklungsgeschichte des Shintō, der einheimischen Volksreligion der Japaner, sind drei Hauptperioden zu unterscheiden. Als erste die primitive Periode, von der Urzeit bis zum Ende des 8. Jahrhunderts n. Chr. In dieser Periode wurde zwar um die Mitte des 6. Jahrhunderts der Buddhismus auf dem Wege über Korea eingeführt, und die fremde Religion machte im 7. und 8. Jahrhundert gewaltige Fortschritte, besonders am Hofe und bei den gebildeten Klassen des Volkes in den Mittelprovinzen des Landes, aber die alte Nationalreligion erhielt sich doch, soweit sie nicht verdrängt wurde, bis gegen 800 im wesentlichen unberührt von buddhistischem Einfluß. Auch die schon vor Einführung des Buddhismus in Japan bekannt gewordene chinesische Staatsreligion, gewöhnlich als Konfuzianismus bezeichnet, hat in dieser Zeit nur in sehr geringem Maße auf den Shintō abgefärbt. So sind wir berechtigt, vom shintoistischen Standpunkt aus gesehen, die Periode des alten reinen Shintō noch um ein Vierteljahrtausend über die Einführung des Buddhismus hinaus weiterzuführen. Das letztere Ereignis, so epochemachend es für die japanische Religionsgeschichte an und für sich wurde, war für den Shintō doch zunächst nur ein empfindlicher äußerer Schicksalsschlag: der Shintō verlor dadurch zwar seine Stellung als alleinherrschende Religion des Landes, bewahrte aber im übrigen seinen ursprünglichen Charakter. Wesentlich anders wurde es seit Anfang des 9. Jahrhunderts. Den Bemühungen hervorragender buddhistischer Geistlichen, wie Saichō (Dengyō-daishi) und Kūkai (Kōbō-daishi), gelang es, die beiden bisher als unversöhnliche Gegner neben einander stehenden Religionen zu versöhnen und eine aus buddhistischen und schintoistischen Elementen zusammengesetzte Mischform, den Zoku-Shintō „vulgären Shintō", nach seiner Hauptform auch Ryōbu-Shintō oder Ryōbu-Shūgo-Shintō „aus beiden Teilen assimilierter Shintō" genannt, zu schaffen, welche den reinen Shintō allmählich fast im ganzen Lande aufsog und diesen nur an vereinzelten Kultstätten in seiner alten Gestalt fortbestehen ließ. Dies ist die zweite Periode des Shintō, die Periode der Verschmelzung, welche bis zur politischen Restauration des Jahres 1868 reicht. Die letzten hundertundfünfzig Jahre dieser Periode sind erfüllt von den Bestrebungen einer Reihe von Altphilologen und Altertumsforschern, welche darauf ausgehen, das vorchinesische und vorbuddhistische japanische Altertum politisch, kulturell und religiös zu neuem Leben zu erwecken. Die religiösen Bestrebungen dieser

Männer, unter denen Kamo no Mabuchi († 1769), Motowori Norinaga († 1801) und Hirata Atsutane († 1843) an erster Stelle zu nennen sind, fanden ihre Erfüllung nach der Restauration von 1868 in der offiziellen „Wiederbelebung des Reinen Shintō", welche den Zoku-Shintō gänzlich beseitigte und an dessen Stelle den durch die Gelehrtenforschungen erschlossenen alten Shintō wiedereinsetzte. Damit beginnt die dritte, bis heute fortdauernde Periode des Shintō. Auf eine Erörterung, wie weit der sogenannte Reine Shintō der Gegenwart wirklich mit dem ältesten Shintō der ersten Periode, welcher den Gegenstand der vorliegenden Arbeit bildet, identisch ist, muß hier verzichtet werden. Ich verweise auf meinen Beitrag „Der Shintoismus" in „Die Kultur der Gegenwart, die Religionen des Orients", und E. Satow's „The Revival of Pure Shintō" in den Transactions of the Asiatic Society of Japan, vol. 3.

Die schriftlich überlieferten authentischen Quellen für die Kenntnis des alten Shintō lassen sich in zwei Gruppen zusammenfassen. Die erste Gruppe begreift in sich Texte historischer Art, nämlich Darstellungen der Göttermythen und Aufzeichnungen über die religiösen Vorgänge in den frühesten Perioden der Geschichte des japanischen Volkes. Hierher gehören vor allem die beiden ältesten Geschichtswerke der japanischen Literatur: das *Kojiki* „Geschichte der Begebenheiten im Altertum", verfaßt von Oho no Yasumaro im Jahre 712, in 3 Büchern, und das *Nihongi* oder *Nihonshoki* „Japanische Annalen", die erste offizielle Reichsgeschichte, verfaßt von Prinz Toneri und Anderen, vollendet im Jahre 720, in 30 Büchern. Mit diesen beiden Werken faßte man früher noch ein drittes Geschichtswerk, das *Kujiki* „Geschichte der Begebenheiten in der Urzeit" unter dem gemeinsamen Namen *Sambuhonsho* „Die drei Hauptbücher [des Shintō]" zusammen, aber wir haben dieses letztere Werk aus der Reihe der authentischen Quellen auszuscheiden, denn das echte, im Jahre 620 vom Prinzen Shōtoku-taishi verfaßte Kujiki ist 645 durch Feuer vernichtet worden, und das vorhandene gleichnamige Werk ist eine sehr viel später aufgemachte Fälschung, wenn es auch im einzelnen alte gute Materialien enthalten mag. Dagegen haben wir in die erste Gruppe als gleichwertig mit den beiden zuerst genannten Quellen das einbändige *Kogoshūi* „Gesammelte Reste alter Geschichten", verfaßt im Jahre 808 von Imube no Hironari, einzureihen. Es ist kein halboffizielles Werk wie das Kojiki, oder gar eine offizielle Chronik wie das aus amtlich bereit gestelltem Material kompilierte Nihongi, sondern die private Hausüberlieferung der Imube Familie. Sein Verfasser, Hironari, ein hoher Shintōkultbeamter, hat es gewissermaßen als einen Nachtrag zum Nihongi zusammengestellt, wobei ihn die Absicht leitete, seiner Familie, einem der uralten Priestergeschlechter, wieder zu der einstmals besessenen maßgebenden Stellung im Shintōkult zu verhelfen. Es ist ein unschätzbarer Beitrag zur Geschichte der inneren Entwicklung des Shintō zu Beginn der eigentlich historischen Zeit. Gerade die ultra-konservativen Anschauungen des Verfassers, die offenbar auf peinlich getreuen und ängstlich gehüteten Überlieferungen beruhen, führen uns in den echten alten Geist des Shintō ein, wie er war, ehe der Buddhismus ihm einen Stoß versetzte und ehe die ehrgeizigen Nakatomi, das andere bedeutende Priestergeschlecht des Altertums, sich zu Alleinherrschern im Shintōkult zu machen bestrebten. Gerade in der einseitigen Vertretung der Interessen seiner Familie und einiger anderen am Shintōkult beteiligten Familien liegen die wertvollsten Fingerzeige, mit Hilfe deren wir schon im ältesten Shintō Entwicklungsstufen ermitteln können, die wir weder aus den Darstellungen des Kojiki und Nihongi, und noch viel weniger aus den Regulativen und Zeremonialstatuten seit dem Taihō-Ryō hätten ersehen können. Denn von der Wende des achten Jahrhunderts an lernen wir nur den Shintō kennen, der nach den Eingriffen der Nakatomi in eine feste Form gegossen worden ist, und der neben dem vielen unzweifelhaft Alten doch auch manche Neuerungen aufweisen dürfte, bei denen spätere Forschung feststellen muß, wie weit dabei die Kenntnis des Buddhismus und der chinesischen Kultanschauungen zur Entwicklung mitgewirkt hat.

Die zweite Gruppe besteht aus Werken, in denen die alte Zeremonialgesetzgebung niedergelegt ist, berührt also mehr die praktische Seite des Shintōkultes und zeigt uns, wie sich der Shintoist zum Gegenstand seiner religiösen Verehrung verhielt, welche Feste er feierte, wie er sie feierte, welcher Mittel er sich bediente, um die Gunst der Götter zu erlangen oder ihr Übelwollen abzuwehren, und welche rituelle Sprache er den Göttern gegenüber führte. Das Hauptwerk dieser Gruppe ist das *Engi-shiki* „Zeremoniell der Engi-Periode (901—923)“, vollendet und verkündet im Jahre 927. Von seinen 50 Büchern sind die ersten zehn Bücher den Angelegenheiten des Shintō-Kultus gewidmet, und zwar behandeln Buch 1 und 2: Die in den vier Jahreszeiten regelmäßig wiederkehrenden Feste (shiji-sai); Buch 3: Die außerordentlichen Feste (rinji-sai); Buch 4: Die Priesterschaft der Ise-Tempel, den Gottesdienst daselbst, den alle 21 Jahre stattfindenden Neubau dieser Tempel (Ise ohonkan no miya); Buch 5 und 6: Die Weihe der Kaiserlichen Kultprinzessinnen für den Ise und Kamo Tempel, und was mit ihnen zusammenhängt (saigū-ryō und saiin-shi); Buch 7: Die Thronbesteigung des Kaisers und das Thronbesteigungsfest (senso und ohombe no matsuri); Buch 8: Text der Rituale (norito); Buch 9 und 10: Register der staatlich anerkannten Shintō-Tempel (jimmei-chō). Die 27 Ritualtexte des achten Buches (s. Satow und Florenz, Ancient Japanese Rituals in den Transactions of the Asiatic Society of Japan, vol. 7, 9 und 27) sind neben dem mythologischen Teil des Kojiki und Nihongi die wichtigste Quelle für die Bestimmung des Wesens der altjapanischen Nationalreligion.

Der vorliegende Band enthält die Quellen der ersten oder historischen Gruppe in wort- und sinngetreuer Übersetzung. Ein sorgfältiger Vergleich der hier gegebenen Interpretation mit den entsprechenden früheren Arbeiten von Chamberlain, Aston und mir selber,[1]) und mit den

[1]) B. H. Chamberlain: Kojiki or „Records of Ancient Matters“. Supplement zu Bd. 10 der Transactions of the Asiatic Society of Japan. 1882.

teils chinesisch, teils japanisch geschriebenen Originaltexten wird den engeren Fachgenossen einen nicht geringen Fortschritt in der Genauigkeit und Schärfe der Auffassung offenbaren. Der Kommentar vermeidet Erörterungen rein philologischer Art, erklärt aber alle wichtigeren japanischen Worte, soweit deren Verstehen zur Sachkenntnis beiträgt. Das Hauptgewicht wurde bei den Anmerkungen auf das Sachliche gelegt, und ich hoffe in ihnen genügend Stoff herbeigeschafft zu haben, um den Religionsforschern, welche nicht Japanologen sind, ein klares Verständnis der oftmals schwierigen Materie anzubahnen. Die Menge und der Umfang der Anmerkungen mag manchem auf den ersten Blick etwas reichlich bemessen erscheinen, aber vielfache Erfahrungen haben mich gelehrt, daß bei der so ganz eigenartigen Kultur Ostasiens der in Sprache, Schrift, Sitten, Anschauungen und Geschichte jener Völker nicht gründlich Eingeweihte beständig der Gefahr schweren Mißverstehens ausgesetzt ist. In solchen Lagen ist ein Zuwenig an sachkundiger Führung eher vom Übel als ein Zuviel. Als einen mich persönlich wenig befriedigenden Bestandteil meines Kommentars möchte ich die etymologischen Erklärungen, besonders die der alten Götternamen, bezeichnen. Die japanische Etymologie steht nämlich noch nicht auf der Höhe einer wirklichen Wissenschaft. Selbst die besten einheimischen Philologen sind auf diesem Gebiet nur unsicher tastende Dilettanten, und ein wesentlicher Fortschritt wird kaum zu erwarten sein, solange die japanische Worterklärungskunst auf einseitiger nationaler Grundlage fußen bleibt und nicht in der Lage ist, in der vergleichenden altaischen Sprachforschung eine zuverlässigere Basis zu gewinnen. Deshalb habe ich mich auch noch in dieser Arbeit ungern entschließen müssen, meistens in der herkömmlichen Weise zu etymologisieren, freilich mit möglichster Vorsicht und selbstverständlich unter Beobachtung der bekannten lautphysiologischen Gesetze.

Da es sich hier um Quellen der Religionsgeschichte handelt, so ergab sich naturgemäß eine Beschneidung der Texte des *Kojiki* und des *Nihongi*, die ja beide Darstellungen der Geschichte Japans schlechthin sein wollen. Alles unter diesem Gesichtspunkt nicht zur Sache Gehörende, wie das Reinpolitische, die Hofintriguen, Liebesgeschichten usw., mußte wegfallen, also etwa die Hälfte des Kojiki und die größere Hälfte des Nihongi. Vollständig wurden daher wiedergegeben Buch I des Kojiki und Buch I und II des Nihongi (das sog. Jindai-ki) als Geschichte des Götterzeitalters und ziemlich in sich abgeschlossene Darstellungen der japanischen Mythologie; ferner auch Buch III des Nihongi wegen seines überwiegend mythisch-sagenhaften Inhalts. Die übrigen Bücher erscheinen in Auszügen, wo nötig mit kurzen Text-

W. G. Aston: Nihongi. 2 Bde. Supplement zu den Transactions of the Japan Society, London. 1896.

K. Florenz: Nihongi oder Japanische Annalen, Teil III (Geschichte Japans im 7. Jahrhundert). Supplement zu den Mitteilungen der Deutschen Gesellschaft für Natur- und Völkerkunde Ostasiens. 1892—1896. Zweite neubearbeitete Auflage. 1903.

K. Florenz: Japanische Mythologie. Nihongi, Zeitalter der Götter, nebst Ergänzungen aus anderen alten Quellenwerken. Supplement zu den Mitteilungen d. D. G. f. N. u. V. O. 1901.

verbindungen. Das zum ersten Mal übersetzte wenig umfangreiche *Kogoshūi* aber ist vollständig gegeben.

Weder das Kojiki noch das Kogoshūi erwähnen den Buddhismus auch nur mit einer Silbe. Dagegen spielt er im Nihongi vom 19. Buche an (S. 306 ff.) eine große, stets wachsende Rolle. Es fragte sich, ob diese buddhistischen Elemente in einem Quellenwerk über den Shintō Aufnahme finden sollten. Ich glaube durch ihre Aufnahme den einzig richtigen Weg eingeschlagen zu haben, denn die Darstellung des Wechselspiels zwischen Shintō und Buddhismus im Nihongi ist nicht nur für die Religionsgeschichte überhaupt von Interesse, sondern wirft auch auf den Shintō selber und seine Entwicklung und Schicksale mancherlei Schlaglichter.

Alle drei Texte enthalten außer dem Haupttext eine Anzahl alter Glossen, die im Original öfters durch kleinere chinesische Zeichen äußerlich kennbar gemacht sind. Sie erscheinen in der Übersetzung entweder in Kursivschrift oder in kleineren Typen, mit oder ohne runde Klammer. Ferner finden sich im Nihongi, besonders im mythologischen Teile, zahlreiche Varianten, eingeleitet durch Ausdrücke wie „in einer Schrift heißt es“, „eine andere Version lautet“ und dgl. Diese Varianten sind, dem Beispiel mancher Originalausgaben folgend, entweder durch Einrücken der Zeilen, oder durch Kursivschrift kenntlich gemacht.

Von diesen Glossen und Varianten als Bestandteilen des Urtextes sind zu unterscheiden die kleingedruckten Stellen in eckiger Klammer. Sie sind meine eigenen Zusätze, wie überhaupt alles, was in eckige Klammern gesetzt ist und lediglich einem besseren Verständnis dienen soll. Manchmal erschien es zweckmäßig, ein japanisches Wort mit seiner deutschen Übersetzung nebeneinander zu brauchen. Der in Japan üblichen korumpierten Aussprache koreanischer und chinesischer Namen wurde in der Regel die landesübliche koreanische bzw. chinesische Aussprache in Klammer beigefügt. Die Nummerierung der Varianten im Nihongi, die Kapiteleinteilungen im Kojiki und im Jindaiki des Nihongi, sowie die Kapitelüberschriften sind Zugaben des Übersetzers.

Das System der Umschreibung der Laute in japanischen und sinojapanischen Wörtern durch lateinische Buchstaben ist das jetzt allgemein übliche: Die Vokale sind also nach deutscher, die Konsonanten nach englischer Weise auszusprechen (*s* = scharfes, stimmloses s, *z* = weiches, stimmhaftes s, *sh* = sch, *ch* = tsch, *j* = dsch, *y* = j). In den alten japanischen Wörtern habe ich aber die etymologische Schreibung, welche die altertümliche Aussprache wiedergibt, beibehalten. Sie weicht von der heute üblichen Aussprache, welche die modernen Japaner auch auf die alte Sprache anwenden, einigermaßen ab. Einige Beispiele mögen zur Erläuterung dienen:

ha im Inlaut = wa; *hi, he, ho* im Inlaut = i, e, o. Z. Bsp. aha = awa,
ihaho = iwao, kaha = kawa (auch oft kawa geschrieben), ahezu = aezu,
harahe oder harahi = harae, harai.

h vor i im Anlaut wie deutsches ch in „ich“.

oho = ō (kontr. aus o + o).
afu = au, ō : Afumi = Ōmi; ihafu = iwō.
ufu = ū : yufu = yū.
wi, we, wo = i, e, o : tsuwina = tsuina; hiwe = hië; Wohari = Owari.

Verstöße gegen die Folgerichtigkeit in der Schreibung und Aussprache sind häufig, z. Bsp. Schwankungen zwischen Tenuis und Media, u. dgl. Sie wurden daher auch hier nicht ganz vermieden.

Behufs eingehender Orientierung über das Kojiki und Nihongi sei auf die lehrreiche Introduction zu Chamberlain's Übersetzung des Kojiki, S. I—LXXII, und auf meine ausführliche, auch die Textkritik berücksichtigende Einleitung zur Übersetzung des Nihongi, Japanische Annalen, Teil III, S. I—LVIII, verwiesen. Kürzere Berichte über beide bringt meine Geschichte der japanischen Literatur S. 10 ff, 56 f, 66 ff.

Die bei der Bearbeitung hauptsächlich benutzten kommentierten Ausgaben der Originaltexte sind die folgenden:

Zum *Kojiki:*

Kojiki-den „Auslegung des K." von Motowori[1]) Norinaga († 1801; Druck des Werkes 1789—1822).

Kojiki-hyōchū „K. mit Kopfnoten-Kommentar" von Shikida Toshiharu (1878).

Kojiki-kōgi „Vorlesungen über das K." von Saheki Ariyoshi (1892).

Zum *Nihongi:*

Nihonshoki-tsūshō „Fortlaufender Kommentar zum N." von Tanigaba Shisei (1747).

Shoki-shūge „Kommentar zum Shoki" von Kahamura Hidene (1785).

Nihongi-hyōchū „N. mit Kopfnoten-Kommentar" von Shikida Toshiharu (1892).

Nihonshoki-tsūshaku „Fortlaufende Erklärungen zum N." von Ihida Takesato (1903).

Nihonshoki-den „Auslegung des N." von Suzuki Shigetane († 1863; Druck des Werkes 1911).

Zum *Kogoshūi:*

Kogoshūi-seikun „Richtige Lesung des K." von Shibata Hanamori (1871).

Kogoshūi-kōgi „Vorlesungen über das K." von Kubo Suekore (1884).

Kogoshūi-kōgi „Vorlesungen über das K." von Saheki Ariyoshi (1891).

Zur Aufklärung über die wichtigsten in den Anmerkungen aufgeführten älteren Werke, soweit sie nicht schon im Vorhergehenden erwähnt wurden, mögen die folgenden kurzen Angaben dienen:

Fudoki „Beschreibungen von Sitten und Land", alte Topographien der Provinzen Harima, Higo, Hizen, Idzumo, Tango usw. (s. meine Literaturgeschichte S. 72 ff). Die wichtigsten Mythen daraus in meiner Japanischen Mythologie S. 282—308.

Manyōshū „Myriaden-Blätter-Sammlung", älteste und größte Sammlung altjapanischer Gedichte. (s. meine Literaturgeschichte S. 75—124.)

Rikkokushi „Die sechs Reichsgeschichten", nämlich:

[1]) Bei japanischen Namen steht der Familienname voran.

Nihongi „Japanische Annalen (Urzeit—697).

Shoku-Nihongi „Fortgesetzte J. A.“ (697—791).

Nihon-kōki „Spätere J. A.“ (792—833).

Shoku-Nihon-kōki „Fortgesetzte spätere J. A.“ (833—850).

Montoku-jitsuroku „Bericht über die Geschehnisse unter Kaiser Montoku“ (850—858).

Sandai-jitsuroku „Bericht über die Geschehnisse unter den drei Dynastien (Kaiser Seiwa, Yōzei und Kōkō)“ (858—887).

Ruijū-sandai-kyaku „Klassifizierte Statuten der drei Dynastien (von Kaisern, die in den Perioden Kōnin (810—823), Jōgwan (859—876) und Engi (901—922) regierten)“.

Seishiroku oder *Shōjiroku* „Verzeichnis der [japanischen] Familiennamen“. Mit Angabe ihrer Abstammung, verfaßt 814 vom Prinzen Mata.

Shakki, d. i. *Shaku-Nihongi* „Erklärtes Nihongi“. Mitte des 13. Jahrhunderts.

Shiki „Zeremoniell“, häufige Abkürzung für *Engi-shiki* „Zeremoniell der Engi-Periode“ (s. oben S. VII). Nicht zu verwechseln mit dem berühmten chinesischen Geschichtswerke *Shi-ki* „Geschichtliche Denkwürdigkeiten“ des Szĕ-ma Tsʻien, oder mit *Shi-ki* als Abkürzung von *Nihonshoki Shi-ki* „Privat-Noten zu den Japanischen Annalen“. Letzteres Werk ist daraus entstanden, daß in alter Zeit in jeder Regierungsära das Nihongi einmal von Reichsgelehrten gelesen und erklärt wurde. Das vorhandene Werk: 3 Bände vom Jahre 1328, reicht nur bis Buch X des Nihongi (Ōjin-tennō).

Shūgaishō „Sammlung aufgehobenen Staubes“. Enzykloplädisches Werk in 6 Bänden von Fujihara Sanehiro, Mitte des 15. Jahrhunderts.

Taihō-Ryō „Gesetze der Periode Taihō (701—7C3)“. In der Redaktion des Jahres 718 erhalten. Darin u. a. die Abschnitte *Shoku-in Ryō* „Gebote betreffend das Verwaltungspersonal (des Jingi-kwan „Shintōkultusamtes“ usw.), *Jingi Ryō* „Gebote betreffend den Shintōkultus“, *Sōni Ryō* „Gebote betreffend bud. Mönche und Nonnen“. Dazu das Kommentarwerk *Ryō no Gige* „Kommentar zu den Ryō“, 833.

Wamyōshō oder *Wamyō-ruijū-shō* „Klassifizierte Sammlung japanischer Wörter“. Wertvolles japanisches Wörterbuch aus der ersten Hälfte des 10. Jahrhunderts von Minamoto no Shitagō.

Inhalt.

Kojiki

oder

»Geschichte der Begebenheiten im Altertum«

Kojiki

oder

Geschichte der Begebenheiten im Altertum.

Vorrede[1]).

Ich, Yasumaro, sage:

Als das Chaos angefangen hatte sich zu verdichten, aber weder Urkraft noch Form schon offenbar waren, und es nichts Benamstes und nichts Gemachtes gab, wer hätte da dessen Gestalt erkennen können?

Jedoch Himmel und Erde begannen sich zu trennen, und die drei Gottheiten[2]) vollführten den Anfang der Schöpfung; das weibliche und das männliche Prinzip entfalteten sich dann und die beiden Geister[3]) wurden die Urahnen aller Dinge.

Daher ging er ins Dunkel ein und trat ins Licht heraus; Sonne und Mond entfalteten ihren Glanz beim Waschen seiner Augen, er schwamm dahin und versank in das Wasser des Meeres, und Himmlische und Irdische Gottheiten kamen beim Waschen seines Körpers zum Vorschein[4]). Demnach erlangen wir in der Dunkelheit des großen Anfangs auf Grund der ursprünglichen Lehren[5]) Kenntnis von der Zeit, wo die Länder erzeugt und die Inseln geboren wurden;

---

[1]) Diese Vorrede des Verfassers des Kojiki ist ein kleiner, in elegantem rhythmischem Chinesisch mit schwülstiger Phraseologie abgefaßter Essay, der nur gegen den Schluß wegen seiner Angaben über die Entstehung dieses Geschichtswerkes von Belang ist. Sie zerfällt in fünf Abschnitte:

I. Kurze Hinweise auf einige der bekannten Mythen und auf einige Taten der frühesten Kaiser;
II. Kaiser Temmu's (673—686) Triumph über seinen Nebenbuhler Prinz Ohotomo;
III. Kaiser Temmu's Dekret betreffend die Abfassung eines Geschichtswerkes;
IV. Hinausschieben dieses Unternehmens bis in die Regierungsära der Kaiserin Gemmyō (708—715) und Lobrede auf diese Fürstin;
V. Angaben des Verfassers über sein Verfahren bei der Niederschrift.

[2]) Ame no Minaka-nushi, Taka-mi-musubi und Kami-musubi. Vgl. Abschnitt 1.

[3]) Izanagi und Izanami. Vgl. Abschnitt 3—7.

[4]) Anspielungen auf Izanagi's Fahrt in die Unterwelt, Rückkehr auf die Oberwelt, Reinigung und Entstehung von Gottheiten bei dieser Gelegenheit.

[5]) Echte Überlieferungen des Altertums.

in der weiten Ferne des Uranfangs gelangen wir im Vertrauen auf die früheren Weisen[6]) zur Wahrnehmung des Zeitalters, wo die Götter erzeugt und die Menschen eingesetzt[7]) wurden. Wissen wir doch vom Aufhängen eines Spiegels[8]), vom Ausspeien von Juwelen[9]) und von der Aufeinanderfolge von hundert Königen[10]), vom Zerbeißen eines Schwertes[9]), vom Zerschneiden einer Schlange[11]), und wie dadurch Zehntausende von Gottheiten[12]) zu ihrem Gedeihen gelangten.

Nach Beratungen im Ruhigen Flusse [des Himmels][13]) brachte man das Reich zur Ruhe; unter Gesprächen am Kleinen Strande[14]) reinigte man das Land[15]). Darauf stieg Ho no Ninigi no Mikoto zuerst auf den Gipfel des Takachi[16]) hinab und der Himmlische Suverän Kamu-Yamato durchquerte das [Land] Aki-tsu-shima[17]). Ein gespenstiger Bär streckte seine Tatzen aus[18]) und ein himmlisches Schwert wurde von Takakura[19]) erlangt. Geschwänzte Wesen versperrten seinen Pfad, und eine große Krähe zeigte ihm den Weg nach Yeshinu[20]). In Reihen tanzend vernichteten die Seinen die Räuber, einem Liede lauschend besiegten sie die Feinde[21]).

Hierauf im Traume belehrt, zeigte er[22]) sich ehrfürchtig gegen Himmlische und Irdische Gottheiten und bekam daher den Namen eines Weisen Herrschers[23]). Nachdem er[24]) nach dem Rauche ausgeschaut hatte, bewies er dem Volke sein

---

[6]) Die Überlieferer der Traditionen.

[7]) Unklar, ob die Schaffung des Menschengeschlechts oder die Einsetzung der Nachkommen der Sonnengöttin als irdische Herrscher gemeint ist.

[8]) Vor der Felsenwohnung, in welcher sich die Sonnengöttin verborgen hatte. Vgl. Abschnitt **16**.

[9]) Vgl. A. **13** den Konflikt zwischen Ama-terasu und Susa no Wo.

[10]) Hundert, d. i. viele Generationen von Königen. Die japanischen Herrscher sind wohl gemeint. Auf logische Gliederung erhebt die Darstellung keinen Anspruch.

[11]) Durch Susa no Wo, nachdem er in das Land Idzumo hinabgestiegen war.

[12]) Wohl die Nachkommen Susa no Wo's in Idzumo. Parallel-Ausdruck zu „hundert Könige".

[13]) Über die Einsetzung des souveränen erlauchten Enkels der Sonnengöttin. Vgl. Abschnitt **30—33**.

[14]) Herabsendung des Gottes Take-mika-dzuchi nach Idzumo und die Unterhandlungen am Strande von Inasa. Vgl. A. **32**.

[15]) Von den bösen, feindlichen irdischen Gottheiten.

[16]) Abkürzung von Takachiho (um des Rhythmus der chinesischen Sätze willen abgekürzt), im Lande Himuka von Tsukushi (Kyūshū). Vgl. A. **34**.

[17]) Eroberungszug des Kamu-Yamato Ihare-biko, mit posthumem Namen Kaiser Jimmu genannt (erster japanischer Kaiser), von Tsukushi nach Yamato. Aki-tsu-shima „Libellen-Insel" ist Japan. Vgl. A. **44—50**.

[18]) Eine in einen Bär verwandelte Berggottheit, die alle in Schrecken versetzte. Vgl. A. **45** im Eingang. Nach einer von Motowori vorgeschlagenen Textkorrektur wäre zu übersetzen: Ein Bär kam aus dem Gebirge (oder aus seiner Höhle).

[19]) Im Text, A. **45**, Takakuraji, Name einer Person.

[20]) Vgl. A. **46** (gegen Ende) und **47** (gegen Anfang). Yeshinu ist jetzt Yoshino.

[21]) Das „Tanzen" ist nur wegen des Parallelismus membrorum, gegenüber „Lied" eingefügt. Das Lied ist der Kriegsgesang des Kaisers. Vgl. A. **48**.

[22]) Kaiser Sūjin ist gemeint. Sein Traum A. **64** und im Nihongi, Sūjin 7. Jahr.

[23]) Vgl. A. **67** (Schluß). [24]) Kaiser Nintoku.

Wohlwollen und heißt in der Überlieferung bis zur Jetztzeit der Heilige Kaiser[25]). Die Grenzen festlegend und das Land zivilisierend, erließ er[26]) Verordnungen aus dem Näheren Afumi. Die Kabane berichtigend und die Uji auswählend, herrschte er[27]) im Ferneren Asuka. Obgleich ein jeder an Bedächtigkeit und raschem Eifer verschieden war, obgleich bei allen Prunk und bescheidene Einfachheit ungleich waren, so war doch keiner, der nicht durch Betrachten des Altertums die Sitten und Gebräuche verbesserte, die bereits in Verfall geraten waren, oder der nicht durch Erleuchtung der Gegenwart Gesetze und Lehren, die der Auflösung nahe waren, wiederherstellte[28]). Im erlauchten Zeitalter des Himmlischen Suveräns der das Land Oho-yashima im Großen Palaste Kiyomihara zu Asuka regierte[29]), hatte der Verborgene Drache große Tugend inne, kam der wiederholte [lebhafte] Donner zeitgemäß. Als er im Traum ein Lied gehört hatte[30]), war er überzeugt, daß er seine Tätigkeit fortsetzen solle; als er an das nächtliche Wasser gelangt war, wußte er, daß er die Erbfolge antreten würde[31]). Jedoch der vom Himmel bestimmte Zeitpunkt war noch nicht gekommen, und er entfloh wie eine Zikade in die Südlichen Berge[32]); Menschen und Dinge alle miteinander waren ihm hold, und wie ein Tiger marschierte er ins Ostland[33]). Als er in die Kaiserliche Sänfte eingestiegen war, wurde er alsbald über Berge und Flüsse getragen; die Sechs Heerhaufen rollten wie Donner, die Drei Heer-

---

[25]) Vgl. A. 121.

[26]) Kaiser Seimu, vgl. A. 94. Das Nähere Afumi ist die Provinz Afumi (Ōmi), stilistisch mit dem Ferneren Asuka in Antithese gesetzt.

[27]) Kaiser Ingyō. Die Uji sind die Familien und Familienverbände, die Kabane die Klassenverbände. Vgl. die betreffende Anmerkung in A. 10. Zur Berichtigung unter Kaiser Ingyō vgl. A. 139.

[28]) Diese Lobrede entspricht den Tatsachen keineswegs, wie selbst Motowori zugibt.

[29]) Kaiser Temmu, dessen Palast Kiyo-mi-hara zu Asuka im Distrikt Takaichi der Provinz Yamato lag. Das Land der Großen acht Inseln (Oho-ya-shima) ist Japan. Der „Verborgene Drache“ und der „Wiederholte Donner“ sind metaphorische Bezeichnungen für den Thronfolger; Temmu ist gemeint und heißt so, weil er wegen der Thronstreitigkeiten mit dem Prinzen Ohotomo, der von einigen als Kaiser Kōbun gerechnet wird, erst ungefähr ein Jahr nach dem Tode des vorigen Kaisers Tenji den Thron bestieg. Die damit verbundenen Phrasen wollen besagen, daß Temmu der rechte Mann zur rechten Zeit war. Das folgende bezieht sich auf seinen Kriegszug (672) gegen seinen Nebenbuhler, seinen Triumph über ihn und seine erfolgreiche Regierung (673—686), worüber Nihongi Buch 28 und 29 ausführlich berichtet.

[30]) Im Nihongi nichts darüber berichtet.

[31]) Er war in der Nacht des 24. Juli 672 am Fluß Yoko-gawa im Distrikt Nabari der Provinz Iga angelangt und divinierte betreffs einer am Himmel sichtbaren schwarzen Wolke: „Dies ist ein Omen in dem Sinne, daß das Reich in zwei Teile gespalten werden wird. Aber am Ende werde Ich wohl Herr des Reiches werden.“

[32]) In die Berge von Yoshino, wohin er sich eine Zeit lang, kurz vor Tenji's Tode, als buddhistischer Mönch zurückzog. Der Vergleich besagt: er zog sich aus der Welt zurück wie eine Zikade aus ihrer Hülle herauskommt. Wie man sieht, macht die Darstellung hier chronologische Sprünge nach vorwärts und rückwärts.

[33]) Deutet auf seinen Zug von Ise nach der Provinz Mino und den Zuwachs an Streitkräften für seine Sache.

scharen[34]) eilten dahin wie Blitze. Die gehaltenen Speere erhoben ihre Macht, die kühnen Krieger erhoben sich wie Dampf; die karmesinroten Fahnen schimmerten zwischen den Waffen, und die unglückliche Gefolgschaft[35]) zerbröckelte wie Ziegelsteine. Kaum war eine Dekade verflossen, da waren die bösen Einflüsse geläutert: alsbald wurden die Rinder losgelassen und die Pferde zur Ruhe gestellt, als er mit Triumphgeschrei in den Blüten-Sommer[36]) zurückgekehrt war. Die Fahnen wurden zusammengerollt und die Wurfspeere beiseite gestellt, als er unter Tänzen und Gesängen in der Hauptstadt zur Rast ging. Es war im Jahre des Hahns, im zweiten Monat[37]). Im Großen Palaste Kiyomihara bestieg er den Himmelsthron: an Sittlichkeit übertraf er Ken-kō[38]), an Tugend überragte er Shū-ō[39]). Nachdem er das Himmelssiegel ergriffen hatte, herrschte er über die Sechs Himmelsgegenden[40]); nachdem er die himmlische Oberhoheit erlangt hatte, bemächtigte er sich der Acht Wüsteneien[41]). Er hielt sich in der richtigen Mitte zwischen den beiden Prinzipien[42]) und regelte die Ordnung der Fünf Elemente[43]). Er führte göttliche Vernunft ein, um dadurch gute Gebräuche zu befördern; er säte herrliche Sitten aus, um dadurch das Land auszudehnen. Ja noch mehr: Das Meer seiner Weisheit war ohne Grenzen und er untersuchte gründlich das höchste Altertum; der Spiegel seines Herzens strahlte, und er erschaute klar die vergangenen Zeitalter.

Hierauf dekretierte der Himmlische Suverän: „Wir haben vernommen, daß die im Besitz verschiedener Familien befindlichen Kaiser-Annalen und alten Überlieferungen[44]) von der rechten Wahrheit abweichen und großenteils Hinzufügungen wertloser Falschheiten enthalten. Wenn nun in gegenwärtiger Zeit diese Fehler nicht verbessert werden, so wird, ehe noch viele Jahre verflossen sind, der Sinn derselben der Vernichtung anheimfallen, und damit Aufzug und Einschlag im Gewebe des Staates, die große Grundlage der Monarchie zugrunde gehen. Daher ist es Unser Wille, daß die Kaiser-Annalen redigiert und niedergeschrieben, die alten Überlieferungen geprüft und ermittelt,

---

[34]) Die „sechs Heerhaufen" (*shi*) sind eines Kaisers, hier Kaiser Temmu's, Truppen; ein *shi* zählte bei den Chinesen 2500 Mann, 6 *shi* also 15000 Mann. Die „drei Heerscharen" (*gun*) soll sich auf die Truppen der anderen Großen, welche ihm beistanden, beziehen.

[35]) Die Anhänger des Prinzen Ohotomo.

[36]) Metaphorischer Ausdruck für Hauptstadt.

[37]) Freie Übertragung. Am 27. Tage des 2. Monats des zweiten Jahres seiner Regierung (20. März 673) bestieg er den Thron.

[38]) Chinesisch Hsien-hou, d. i. der sagenhafte Kaiser Huang Ti „Gelber Kaiser", der angeblich 2698—2598 v. Chr. regierte und wegen seiner weisen und humanen Regierung viel gerühmt wird.

[39]) Chinesisch Chou-wang, d. i. Wên-wang (kanonischer Name des Herzogs Ch'ang von Chou, Vater des Wu-wang, des ersten Souveräns der Chou Dynastie), 1231—1135 vor Chr., durch Weisheit und Tugend berühmt.

[40]) Nord, Süd, Ost, West, Zenith und Nadir.

[41]) Er unterwarf die rings herum liegenden barbarischen Länder.

[42]) Das Yin und Yang, das weibliche und männliche Prinzip der chinesischen Philosophie.

[43]) Holz, Feuer, Erde, Metall und Wasser.

[44]) Wörtlich: ursprüngliche Worte.

die Irrtümer ausgeschieden und die wahren Tatsachen festgestellt werden, um diese der Nachwelt zu überliefern[45])." Damals lebte ein Gefolgsmann, Hiyeda mit Familiennamen, Are mit Rufnamen. Er war achtundzwanzig Jahre alt und war ein so intelligenter Mensch, daß er alles, was ihm vor Augen kam, mündlich wiedergeben konnte, und alles, was seine Ohren berührte, im Herzen niederzeichnete. Daher erging an Are der Befehl, die Genealogien der Kaiser sowie auch die alten Überlieferungen der vergangenen Zeitalter auswendig zu lernen. Jedoch die Zeit verging darüber und die Generation wechselte[46]), und dennoch war die Sache noch nicht ausgeführt.

Hingestreckt bedenke ich, wie Ihre Majestät die Kaiserin[47]) Einheit erlangt hat und das Reich erleuchtet, in der Dreiheit[48]) bewandert ist und das Volk bildet. Indem sie im Purpurpalaste[49]) regiert, reicht ihre Tugend bis an die äußerste Grenze der Pferdehufspuren. Indem sie in ihrem Gemache wohnt, erleuchtet ihr Einfluß die weiteste Ferne, zu der die Buge der Schiffe gelangen[50]). Die Sonne geht auf, und es vermehrt sich der Glanz; die Wolken teilen sich, und nichts ist da von Dunst [Rauch]. Die Geschichtsschreiber hören nicht auf über gute Omina zu berichten, als da sind zusammengewachsene Stengel und gemeinsame Reisähren[51]); kein einziger Monat vergeht, ohne daß in den Speichern der Tribut bei ununterbrochenen Signalfeuern und wiederholten Verdolmetschungen einginge[52]). Man muß sagen, daß sie an Ruf über Bummei[53])

[45]) Dies Dekret bildet den ersten Anstoß zur Vorbereitung des Materials, das in der Niederschrift des Kojiki Verwendung fand.

[46]) Kaiser Temmu starb 686. Ihm folgte seine Frau als Kaiserin Jitō; nach ihrer Abdankung regierte Prinz Karu als Kaiser Mommu bis 707; diesem folgte seine Mutter als Kaiserin Gemmyō 708—714. Unter ihr erst fand die Niederschrift des Kojiki endgültig statt.

[47]) Kaiserin Gemmyō.

[48]) Die drei Mächte sind Himmel, Erde und Mensch. Die Einheit ist die Herrschaft, der Thron.

[49]) Kaiserliche Residenz, genommen vom Namen des Nordpolarsterns.

[50]) Soweit die Hufe der Pferde gehen und soweit die Buge der Schiffe gelangen, sind alte japanische Redensarten, die auch in den Ritualen wiederkehren.

[51]) Die *Fuhito* „Schreiber", die in allen Provinzen als Schreiber angestellt waren, nahmen nach chinesischem Vorbilde von allerlei außerordentlichen Erscheinungen Notiz und berichteten darüber an den Hof. Die letzten Bücher des Nihongi enthalten viele Angaben der Art. Außerordentliche Befunde an Pflanzen, Tieren usw. galten je nachdem als gute oder böse Omina. Zusammengewachsene Stengel: verschiedene Stengel oder Stämme, die oben zusammengewachsen und gemeinsame Verästelung haben; oder Stämme, deren Zweige wieder in den Stamm hineinwachsen. Gemeinsame Ähren: eine Ähre aus zwei Halmen, die zusammenwuchsen.

[52]) Die Ankunft fremder Gesandtschaften usw. wurde, besonders von der Küste her, bis zum Sitz der Zentralregierung durch Signalfeuer gemeldet. Tributsendungen werden in jener Zeit als von Korea und den Yemishi (Ainu) eintreffend öfters registriert. Wiederholte Verdolmetschungen: Dolmetschen durch Vermittelung dritter Sprachen zwischen Japanisch und der Sprache der fremden Ankömmlinge, hier übrigens nichts weiter als eine hohle Phrase, denn der ganze Satz ist einem chinesischen Werke entlehnt (in dem vielsprachigen China waren doppelte Verdolmetschungen an der Tagesordnung).

[53]) Wên-ming, Kindesname des späteren Kaisers Yü, des Begründers der Hia-Dynastie in China, der angeblich von 2205—2197 vor Chr. regierte.

steht, an Tugend Ten-itsu[54]) überragt. Da sie nun die Irrtümer in den alten Überlieferungen bedauerte und die falschen Angaben in den früheren Annalen richtig zu stellen wünschte, erteilte sie mir, Yasumaro, am achtzehnten Tage des neunten Monats des vierten Jahres Wadō[55]) den Befehl, die alten Überlieferungen, welche Hiyeda no Are in Gemäßheit mit dem kaiserlichen Edikt auswendig gelernt hatte, abzufassen und niederzuschreiben und sie ihr ehrfurchtsvoll zu überreichen. Indem ich in aller Ehrfurcht den Absichten des Befehls mich gehorsam erweise, habe ich eine sorgfältige Abfassung unternommen.

Aber zur Zeit des höchsten Altertums waren sowohl Reden als Gedanken so einfach, daß es Schwierigkeiten bereiten würde [nach echt chinesischer Weise] in Zeichen die Redensarten zu gestalten und die Sätze zu bilden. Würde man alles in ideographischer Weise[56]) dargestellt erzählen, so würden die Worte nicht zum ursprünglichen Sinne passen; wollte man durchweg nur die phonetische Schreibung[57]) verwenden, so würde die Darstellung der Dinge allzu lang werden. Aus diesem Grunde hade ich bald in demselben Satze die phonetische und ideographische Schreibung verbunden gebraucht, bald mich innerhalb einer Sache ganz und gar der ideographischen Berichterstattung bedient. Ferner, wo der Sinn der Worte dunkel war, habe ich durch Erklärungen die Bedeutung erläutert; aber ich brauche wohl kaum zu erwähnen, daß ich das Leichte nicht erläutert habe. Ferner in solchen Fällen wie dem, wo [die Zeichen] *nichi-ka* eines Familiennamens Ku-sa-ka gesprochen werden, oder das Schriftzeichen *tai* eines Rufnamens Ta-ra-shi gesprochen wird, bin ich dem herkömmlichen Gebrauch ohne Änderung gefolgt[58]). Im großen ganzen gesagt, beginnen die Berichte mit der Teilung von Himmel und Erde und schließen mit der erlauchten Regierung in Woharida[59]). Daher bilden [die Ereignisse] von Ame

---

[54]) T'ien-yih, ursprünglicher Name des Kaisers Fang, des Begründers der Shang-Dynastie, angeblich 1766—1753 vor Chr.

[55]) Wadō „japanisches Kupfer" ist eine Jahresperiode oder Ära (jap. Nengō; in dieser Periode wurde in Japan das erste Kupfer gefunden). Das Datum entspricht dem 3. November 711 unserer Zeitrechnung.

[56]) In rein chinesischem Stil, wie etwas später das Nihongi und die übrigen offiziellen Reichsgeschichten abgefaßt wurden.

[57]) Indem man jede Silbe der polysillabischen japanischen Sprache durch ein phonetisch gebrauchtes chinesisches Wortzeichen darstellte — die einfache Silbenschrift, das Hiragana und Katakana, war ja damals noch nicht erfunden! — eine natürlich höchst schwerfällige Methode, die jedoch für eine Anzahl Einzelwörter im Text, sowie durchgehends für die Niederschrift der eingestreuten Gedichte benutzt wurde.

[58]) Das Resultat ist also, von den Gedichten abgesehen, für das Auge des Lesers ein monströses Gemisch von Chinesisch und Japanisch, wobei ersteres überwiegt. Beim Lesen wurde aber die chinesische Syntax in japanische Syntax umgewandelt unter Verwendung der grammatischen und stilistischen Eigentümlichkeiten des Japanischen. Wie weit man sich bei dieser spontanen Umlesung damals chinesischer Fremdwörter (Lehnwörter) bediente, ist unbekannt; soviel aber darf man als sicher betrachten, daß die von Motowori Norinaga in seiner klassischen Ausgabe angeblich rekonstruierte rein japanische Lesung des Kojiki nur ein philologisches Kunstprodukt ist.

[59]) D. h. mit der Regierung der Kaiserin Suiko, welche im Palast zu Woharida residierte. Sie starb 628. Tatsächlich reicht aber die Berichterstattung des Kojiki bloß

no Mi-naka-nushi no Kami[60]) bis zu Hiko Nagisa-take U-gaya-fuki-ahezu no Mikoto[61]) den ersten Band; die von dem Himmlischen Suverän Kamu-Yamato Ihare-biko bis zu der erlauchten Regierung Homuda's[62]) bilden den zweiten Band; die vom Kaiser Oho-Sazaki bis zum großen Palast von Woharida[63]) bilden den dritten Band. Im ganzen habe ich drei Bände niedergeschrieben, die ich hochachtungsvoll in Ehrfurcht darbiete. Ich, Yasumaro, mit wahrem Zittern, mit wahrer Furcht, beuge ich mein Haupt, beuge ich mein Haupt.

Am achtundzwanzigsten Tage des ersten Monats des fünften Jahres Wadō[64]) ehrerbietigst dargereicht von

Oho no asomi Yasumaro,

Obergrad der Ersten Klasse des Fünften Ranges, Verdienstrang fünfter Klasse[65]).

---

bis in die letzte Hälfte des fünften Jahrhunderts; die paar nichtssagenden genealogischen Bemerkungen über die Kaiser von da bis Suiko können auf den Namen Geschichte keinen Anspruch erheben.

[60]) Vgl. A. 1, Anm. 2.

[61]) Vgl. die siebente Anm. in A. 42.

[62]) Von Jimmu-tennō bis Ōjin-Tennō (angeblich 660 bis 310 vor Chr.), A. 44 bis 118 des Kojiki.

[63]) Von Nintoku-tennō bis Suiko-tennō (bis 628 nach Chr.), A. 119 bis 180 des Kojiki.

[64]) Am 9. März 712 unserer Zeitrechnung.

[65]) *Oho* Familienname, *asomi* Kabane, *Yasumaro* Rufname. Die Familie soll aus dem Distrikt Takaichi in Yamato stammen. Yasumaro starb im August 723, nachdem er noch an der Kompilation des 720 beendeten Nihongi teilgenommen hatte. Die Rangabzeichnung ist auf Grund der 64gradigen Mützenrangordnung vom ersten Jahre der Periode Taihō (701) angegeben; der Verdienstrang, von dem es zwölf Klassen gab, wurde für militärische Verdienste verliehen. Bei seinem Tode hatte Yasumaro den nächsthöheren Rang: Untergrad der zweiten Klasse des vierten Ranges inne. Gelegentlich der Jahrtausendfeier der Abfassung des Kojiki, welche im Mai 1911 stattfand, wurde der Verfasser des ältesten vorhandenen japanischen Buches posthumerweise in die zweite Klasse des dritten Ranges (Jū-sammi) erhoben.

Buch I.

[1. Anfang von Himmel und Erde.]

Die Namen der zu Beginn von Himmel und Erde im Gefilde des Hohen Himmels[1]) entstandenen Gottheiten waren Ame no Mi-naka-nushi no Kami,[2]) ferner Taka-mi-musubi[3]) no Kami, ferner Kami-musubi[4]) no Kami. Diese drei Gottheiten[5]) waren sämtlich als Einzel-Gottheiten entstanden und verbargen ihre Leiber [in Unsichtbarkeit].[6])

I.

[1]) *Takama* (aus *taka-ama*) *no Hara*. Die Japaner verstanden darunter das blaue Himmelsgewölbe. Das Gefilde wird von einem Fluß durchquert (der Milchstraße), in dessen von Steingeröll erfülltem Bette die Götter auf großen Felsenstücken ihre Sitze haben.

[2]) Die Namen der Gottheiten enthalten gewöhnlich den Zusatz *no Kami* „Gottheit" Soundso, oder *no Mikoto* „Seine Hoheit" Soundso. *Ame no Mi-naka-nushi* bedeutet „Herr der hehren Mitte des Himmels"; nach O'Neill, Night of the Gods, wäre es der Polarstern Gott.

[3]) „Hoher hehrer Erzeuger."

[4]) „Göttlicher Erzeuger." Auch *Kamu-mi-musubi* „Göttlicher hehrer Erzeuger" genannt.

[5]) Japanisch *mi-hashira no Kami* „drei Pfeiler Gottheiten". Das Zählwort „Pfeiler" scheint eine Reminiszenz an die Urzeit zu sein, wo die Japaner vielleicht, wie noch jetzt die ihnen stammverwandten Koreaner, Götzenbilder besaßen, die aus einem hölzernen Pfeiler mit oben ausgeschnitztem Kopf, oder grob geschnittener ganzer Menschengestalt bestanden. Aston berichtet von solchen Pfosten in Korea, von denen einige als Meilensteine dienen, andere an den Grenzen von Dörfern errichtet waren, um den Dämon der Pockenepidemie fernzuhalten. Auch im Amurgebiet sind Pfeiler-Götzen eine ganz allgemeine Erscheinung. Der Shintoismus der historischen Zeit kennt solche Götzenbilder nicht mehr; er ist auch sonst überaus arm an bildlich dargestellten Götterfiguren, die gewöhnlich in Holz oder Stein ausgeführt sind. Ich erwähne hier als die bekanntesten die Wegegötter *Yachimata-hiko* und *Yachimata-hime*, phallische Gottheiten in Menschenfigur dargestellt; den Vogelscheuchengott *Kuhe-biko*; die Götter *Sukuna-bikona* und *Oho-na-muchi* als Steingötzen in der entlegenen Provinz Noto; den Reisgott *Inari-sama*, als alter Mann mit einem Reisbündel, oft auf einem weißen Fuchse stehend, oder als Frau dargestellt; den *Ebisu* und *Daikoku* im Großen Schrein von Idzumo, für *Hiruko* und *Oho-Kuni-nushi* eingesetzt. Aston (Shinto, S. 72) ist jedoch geneigt, die Entstehung des Zählworts Pfeiler darauf zurückzuführen, daß die den alten Japanern geläufigsten Göttersymbole die überall an den Wegen aufgestellten phallischen Embleme waren, und verweist auf den Ausdruck *wo-bashira* „Mann-Pfeiler", welcher den phallusförmigen Endpfosten eines Brückengeländers bezeichnet.

Das Wort *Kami* „Gott" bedeutet ursprünglich „oben, der Obere", und ist in diesem Sinn jetzt noch ganz allgemein in vielerlei Nüancen gebräuchlich. Es ist ein ural-altaisches

Die Namen der Gottheiten, welche sodann aus einem wie ein Schilf-Schößling emporsprießenden Dinge entstanden, als das Land jung und wie schwimmendes Öl Quallen gleich umhertrieb, waren Umashi-ashi-kabi-hiko-ji[7]) no Kami, ferner Ame no Toko-tachi[8]) no Kami. Diese beiden Gottheiten entstanden ebenfalls als Einzel-Gottheiten und verbargen ihre Leiber.

Die fünf Gottheiten der obigen Aufzählung sind Besondere Himmelsgötter.[9])

[2. Die Sieben Himmlischen Generationen.]

Die Namen der sodann entstandenen Gottheiten waren Kuni no Toko-tachi[1]) no Kami, sodann Toyo-kumo-nu[2]) no Kami. Diese beiden Gottheiten entstanden ebenfalls als Einzel-Gottheiten und verbargen ihre Leiber.

Die Namen der sodann entstandenen Gottheiten waren U-hiji-ni no Kami und ferner seine jüngere Schwester Su-hiji-ni[3]) no Kami; sodann Tsunu-guhi[4]) no Kami und ferner seine jüngere Schwester Iku-guhi[4]) no Kami; sodann Oho-tono-ji[5]) no Kami und ferner seine jüngere Schwester Oho-tono-be[5]) no Kami; sodann Omo-daru[6]) no Kami und ferner seine jüngere Schwester Aya-kashiko-ne[7]) no Kami; sodann Izanagi[8]) no Kami und ferner seine jüngere Schwester Izanami[8]) no Kami.

Wort, das z. B. im Altmongolischen „Priester" bedeutet. Die Ainu haben es in der Form *Kamui* übernommen. In Zusammensetzungen kommt auch *Kamu* statt *Kami* vor. Das Geschlecht der Gottheiten wird gewöhnlich nicht näher bezeichnet. Nur ausnahmsweise finden sich Ausdrücke wie „göttliche Männer oder Weiber", oder „Mann-Gottheit" und „Weib-Gottheit" (*wo-gami* und *me-gami*), oder mit chinesischer Phrase „Gottheit des männlichen oder weiblichen Prinzips".

[6]) Ihre Gestalt war mit den Augen nicht wahrnehmbar. Chamberlain's Deutung „sie starben" ist wohl nicht annehmbar. Als „Einzelgottheiten" werden sie im Gegensatz zu den paarweise auftretenden Gottheiten bezeichnet.

[7]) „Lieblicher Schilf-Schößling Trautes wunderbares Kind."

[8]) „Der im Himmel ewig Stehende", oder „der himmlische Ewig-Stehende".

[9]) *Koto-ama-tsu-Kami,* ein unklarer Ausdruck, der nach Motowori besagt, diese Götter seien von den später entstehenden abzusondern und hätten mit der Weltschöpfung nichts zu tun.

II.

[1]) „Der auf der Erde ewig Stehende", oder „der Irdische Ewig-Stehende".

[2]) „Üppig-sprossendes Gefild" oder „üppig-sprossender Herr". Im Nihongi *kumu* „sprossen, sprießen" statt *kumo.*

[3]) „Schlamm-Erde-Trauter" und „Sand-Erde-Traute". Statt „seine jüngere Schwester" könnte auch „sein Weib" übersetzt werden, da *imo* im Altjapanischen beide Bedeutungen hat. Manche Japaner sind übrigens der Meinung, daß man in diesen Zusammenhängen *imo* einfach als „Schwester" überhaupt auffassen solle, ohne auf den Begriff „jünger" weiteres Gewicht zu legen.

[4]) „Keim enthaltende Gottheit" und „Leben enthaltende Gottheit", eine unsichere Etymologie. Die chinesischen Zeichen bedeuten „Horn-Pfahl" und „Lebender Pfahl".

[5]) „Großen Palastes Trauter" und „Großen Palastes Edle".

[6]) Der „Schöngesichtige". [7]) „Oh ehrfurchtgebietende Traute."

[8]) „Einladender Herr" und „Einladendes Weib", vom Verbum *izanafu* „einladen, auffordern". Über die Götterfolge bis zu diesen beiden Gottheiten läßt sich Sir Ernest Satow folgendermaßen aus: „Wir sollten eigentlich erwarten, daß der allererste Gott

Die Gottheiten in der obigen Aufzählung, von Kuni no Toko-tachi no Kami bis zu Izanami no Kami, bezeichnet man zusammen als die Sieben Generationen des Götterzeitalters. (*Die erwähnten beiden Einzel-Gottheiten heißen jede für sich eine Generation; von den hiernach paarweise aufgeführten zehn Gottheiten werden je zwei Gottheiten zusammen eine Generation genannt*).[9])

[3. Die Insel Onogoro.]

Hierauf erließen alle Himmelsgötter[1]) an die beiden Gottheiten Izanagi no Mikoto und Izanami no Mikoto einen Befehl und befahlen ihnen: „Schaffet, befestiget und vollendet dieses umhertreibende Land!" Sie gaben ihnen einen Himmlischen Juwelen-Speer[2]) und beauftragten sie gnädiglich also. Demgemäß standen die beiden Gottheiten auf der Schwebenden Brücke des Himmels,[3])

Ame no Minaka-nushi, und vielleicht das ihm folgende Paar Taka-mi-musubi und Kami-musubi eine große Rolle in den frühen Mythen der Japaner spielen würden, und daß auch Izanagi, der Erzeuger der Sonne und des Mondes, einen wichtigen Anteil an der Leitung der Ereignisse haben würde, aber in Wirklichkeit sehen wir, daß diese Gottheiten sehr wenig zu tun haben, mit Ausnahme des Taka-mi-musubi, welcher gewöhnlich als die Welt zusammen mit der Sonnengöttin regierend dargestellt wird. Izanagi und seine Gemahlin verschwinden von der Bildfläche, sobald als sie das Land, Meer, die Flüsse und Elemente geboren haben, und das Kind Izanagi's wird der Mittelpunkt der Mythologie und Verehrung der alten Japaner. Man kann schwerlich den Gedanken unterdrücken, daß die Sonne die erste unter den vergötterten Naturkräften gewesen ist, und daß die lange Reihe von Göttern, welche ihr in der Kosmogonie des Kojiki und Nihongi vorhergehen, und von denen sich die meisten durch ihre Namen als bloße Abstraktionen erweisen, erfunden wurde, um ihr eine Genealogie zu geben, in welche zwei oder vielleicht mehrere ihrer Attribute als besondere Gottheiten personifiziert mit aufgenommen wurden." Hiergegen möchte ich nur einwenden, daß ich *Izanagi* und *Izanami* für echte Gestalten der ältesten Mythe halte, während die vier ihnen vorangehenden Paare zweifellos spätere Erfindungen der Kosmogonen sind. Sogar der gläubige Theologe Hirata betrachtet diese nur als Bezeichnungen für die verschiedenen Stadien, durch welche Izanagi und Izanami hindurchgingen, ehe sie zur Vollkommenheit gelangten. Der Versuch von G. Katō in seiner Abhandlung The Ancient Shintō Deity Ame-no-minaka-nushi-no-Kami (J. A. S. T. vol. 36, part 1), die Gottheit *Ame no Mi-naka-nushi* als Überbleibsel eines primitiven Monotheismus darzutun, hat nichts Überzeugendes.

[9]) Die hier *kursiv* gedruckte Glosse ist im Original mit kleineren Zeichen gegeben.

III.

[1]) Es scheinen damit in erster Linie die drei Götter Ame no Mi-naka-nushi, Taka-mi-musubi und Kami-musubi gemeint zu sein, aber der Ausdruck schließt selbstverständlich auch die übrigen Himmelsgötter ein.

[2]) *Nu-boko,* auch *Tama-boko* genannt, ein mit Juwelen geschmückter Speer; von Kami-musubi dem Izanagi als Symbol seiner Sendung gegeben. Hirata meint, daß der Nuboko die Form eines *Wo-bashira* „Mann-Pfeilers" gehabt habe. Da letzterer aber einem Phallus ähnlich sieht, so dürfte man den Nuboko mit dem im alten Japan so verbreiteten und selbst jetzt noch nicht ganz verschwundenen Phalluskult in Beziehung setzen können. Nach J. O'Neill in „Night of the Gods" sollen dergleichen mythische Speere Symbole der Erdachse und ihrer Verlängerung sein, zugleich sich auch mit der phallischen Interpretation vertragen. In zahlreichen später erwähnten Beispielen erscheint der Speer als Sinnbild der Autorität des Herrschers.

[3]) *Ama no Uki-hashi,* welche wie die Brücke Bifröst der germanischen Mythologie den Himmel mit der Erde verbindet. Nach einer alten Überlieferung soll die land-

stießen den Juwelen-Speer nach unten und rührten damit herum; und als sie die Salzflut gerührt hatten, bis sie sich zäh verdickte, und den Speer dann hinaufzogen, häufte sich die von der Speerspitze herabträufelnde Salzflut an und wurde eine Insel. Dies ist die Insel Onogoro.[4])

[4. Liebeswerbung der Gottheiten Izanagi und Izanami.]

Nachdem sie vom Himmel auf diese Insel herabgestiegen waren, sorgten sie für die Errichtung des Himmlischen hehren Pfeilers, sorgten sie für die Errichtung einer Halle von acht Armspannweiten.[1]) Darauf fragte er seine jüngere Schwester Izanami no Mikoto und sprach: „Wie ist dein Körper gebildet?“ Sie antwortete und sprach: „Mein Körper wächst und wächst immerfort, aber eine Stelle ist vorhanden, die nicht immerzu wächst.“ Da sprach Izanagi no Mikoto: „Mein Körper wächst immer und wächst, aber eine Stelle ist vorhanden, die im Übermaße wächst. Daher wird es gut sein, daß ich diese im Übermaße wachsende Stelle meines Körpers in die nicht beständig wachsende Stelle deines Körpers hineinstecke und so zeugend Länder hervorbringe.“ Izanami no Mikoto antwortete: „Das wird so gut sein.“ Darauf sagte Izanagi no Mikoto: „Da dies so ist, so wollen wir beide, ich und du, um diesen himmlischen hehren Pfeiler [in entgegengesetzter Richtung] herumgehen[2]) und einander begegnen und dann auf dem Ruhelager zusammenkommen.“

---

schaftlich berühmte Landzunge *Ama no Hashi-date* „Himmelstandleiter“ in der Provinz Tango diese umgefallene Schwebebrücke sein. Das TANGO-FUDOKI erzählt, Izanagi habe sie gebaut, um darauf gen Himmel zu steigen, und sie sei umgefallen, während er schlief. Offenbar ist die Vorstellung einer solchen Brücke durch den Regenbogen eingegeben. Vor nicht wenigen Shintoschreinen führt eine stark gewölbte Brücke, *Sori-bashi* oder *Taiko-bashi* (Trommelförmige Brücke) genannt, über den Teich zum Schrein. Sie ist das irdische Gegenstück der himmlischen Schwebebrücke, aber wohl in ihrer Bauart dem chinesischen Bogen entlehnt.

[4]) „Die von selbst Geronnene.“ Ein Inselchen dieses Namens liegt im SW. der größeren Insel Awaji.

IV.

[1]) Der himmlische hehre Pfeiler ist mit dem himmlischen Juwelenspeer identisch, und ist als in der Mitte der Halle (*tono* = „Halle“ oder „Palast“) errichtet zu denken, wie auch das KUJIKI angibt. Der sogenannte „Mittelpfeiler“, bei Shintoschreinen *Nakago no mi-bashira* „hehrer Pfeiler der Mitte“, bei gewöhnlichen Häusern *Daikoku-bashira* genannt, ist noch jetzt ein Gegenstand der Verehrung. Einen wirklichen, in der Mitte des Tempels errichteten und auf dem Boden stehenden Mittelpfeiler hat zur Zeit noch der Yoshida-Schrein in Kyōto. Eine „Halle von acht, d. i. vielen Armspannweiten“ bedeutet einfach eine große Halle.

[2]) Das Herumgehen um einen Pfeiler war in der ältesten Zeit offenbar ein wichtiger zeremonieller Akt bei Schließung einer Ehe. Es wurde auch für das junge Paar zur Ausübung des ehelichen Verkehrs eine besondere Hütte gebaut, ähnlich wie für die Niederkunft einer Frau und zur Unterbringung der Toten — Geburt und Tod haben rituelle Unreinheit im Gefolge — eine Hütte errichtet wurde. Die Hochzeitshütte hieß *fuse-ya* „Schlafhaus“. Auch ihr Gebrauch hat den Zweck, rituelle Verunreinigung der gewöhnlichen Wohnstätte zu vermeiden. Da der Shintō die ausgesprochenste Scheu vor Blut hat, und wenn es nur ein einziger Tropfen ist, so wird die gefürchtete Verunreinigung in der Blutung bei der Defloration bestanden haben. Der Mann umschreitet

Nachdem sie sich dies Versprechen[3]) gegeben hatten, sagte er: „Gehe du von der rechten Seite herum mir entgegen; ich gehe von der linken Seite herum dir entgegen.“ Als sie nach Abschluß dieses Versprechens demgemäß den Rundgang machten, rief Izanami no Mikoto zuerst: „Oh schöner, lieblicher Jüngling!“ Hierauf rief Izanagi no Mikoto: „Oh schöne, liebliche Jungfrau!“ Nachdem sie beide ihre Rede beendet hatten, sprach er zu seiner jüngeren Schwester und sagte: „Daß das Weib zuerst spricht, paßt sich nicht.“ Trotzdem vollzogen sie auf dem Brautlager den Beischlaf und erzeugten einen Sohn Hiru-ko.[4]) Diesen Sohn setzten sie in ein Schilf-Boot und ließen ihn fortschwimmen. Sodann erzeugten sie die Insel Aha.[5]) Auch diese schlossen sie nicht in die Zahl ihrer Kinder ein.

[5. Geburt der Acht Großen Inseln.]

Hierauf beratschlagten die beiden Gottheiten miteinander und sprachen: „Die Kinder, welche wir jetzt erzeugt haben, sind nicht für uns geeignet. Es wird das Beste sein, daß wir davon an der hehren Stätte[1]) der Himmlischen Gottheiten Bericht erstatten.“ So stiegen sie dann zusammen zum Himmel hinauf und baten ihre Hoheiten die Himmlischen Gottheiten um ihren Befehl. Darauf erließen die Himmlischen Gottheiten ihren Befehl und divinierten darüber vermittelst der Großen Divination[2]) und befahlen ihnen: „Sie sind nicht gut, weil die Frau zuerst gesprochen hat. Kehret wieder nach unten zurück und

---

den Pfeiler von links, das Weib von rechts, weil die linke Seite als die vornehmere gilt und daher dem höher stehenden Mann zukommt. Der Mann kehrt dabei seine rechte Seite dem umgangenen Objekte zu, was an die indische Pradakšina Zeremonie erinnert. Zeremonieller Rundgang findet sich auch bei anderen Gelegenheiten, z. B. beim Fest des Kasuga Tempels, wo die der Gottheit geopferten heiligen Pferde acht Mal um den Tempel herumgeführt werden.

[3]) *Chigiri* „Versprechen, Gelübde“, kontrahiert aus *te-nigiri* „Hand-Ergreifung“. Nach uralter Sitte reichten sich die Japaner beim Austausch eines Versprechens die Hand, und noch heutzutage tun die Kinder dasselbe mit den kleinen Fingern.

[4]) „Blutegel-Kind“, so genannt, weil es wie ein Blutegel weich (ohne Knochen) und schwach war. Später wurde Hiru-ko mit dem Glücksgott Ebisu, dem Schutzgott des Handels und der Industrie, identifiziert. Seine Aussetzung erinnert an Moses, die akkadische Sargon-Sage usw. (vgl. John O'Neill, Night of the Gods, S. 410) und scheint außerdem auf eine alte Sitte, schwächliche Kinder auszusetzen, hinzudeuten.

[5]) „Schaum-Insel“ (oder „Hirsen-Insel“), soll ein Inselchen bei der Insel Ahaji gewesen sein. Es gibt jetzt auch eine Göttin Aha-shima.

V.

[1]) Im Himmelspalast.

[2]) Die älteste Art der Divination bei den Japanern bestand darin, daß man das Schulterblatt eines Hirsches über einem Feuer röstete und aus den durch die Glut entstandenen Rissen wahrsagte. Diese Methode kommt auch bei den Chinesen, Kalmücken, Mongolen und anderen nordasiatischen Völkern vor. Die Chinesen bedienen sich allerdings meist einer Schildkrötenschale zu diesem Zweck. Auch diese Methode kennen die Japaner später, haben sie aber von den Chinesen übernommen. Über die verschiedenen Arten der Divination siehe das vierte Norito (an die Windgötter) und Satow's Ancient Japanese Rituals, T. A. S. J. Bd. 7, Teil 4, S. 425ff.

verbessert Eure Rede!“ Daher kehrten sie nun wieder nach unten zurück und gingen wiederum um den himmlischen hehren Pfeiler herum wie vorher. Hierauf sprach Izanagi no Mikoto zuerst: „Ach, wie schön! Eine liebliche Jungfrau!“ Danach sagte seine jüngere Schwester Izanami no Mikoto: „Ach, wie schön! Ein lieblicher Jüngling!“ Als sie so ihre Rede beendet hatten, pflegten sie miteinander erlauchten Verkehr und erzeugten ein Kind, die Insel Ahaji no Ho-no-sa-wake.[3]) Sodann erzeugten sie die Insel Iyo no Futa-na.[4]) Diese Insel hat einen Körper, aber vier Gesichter, und jedes Gesicht hat einen Namen. So gibt man dem Lande Iyo den Namen Ye-hime, dem Lande Sanuki den Namen Ihi-yori-hiko, dem Lande Aha den Namen Oho-ge-tsu-hime, dem Lande Tosa den Namen Take-yori-wake. Sodann erzeugten sie die Drillingsinsel Oki[5]), die mit anderem Namen auch Ama no Oshi-koro-wake heißt. Sodann erzeugten sie die Insel Tsukushi[6]). Diese Insel hat ebenfalls einen Körper, aber vier Gesichter, und jedes Gesicht hat einen Namen. Demnach gibt man dem Lande Tsukushi den Namen Shira-hi-wake, dem Lande Toyo den Namen Toyo-hi-wake, dem Lande Hi den Namen Take-hi-mukahi Toyo-kuji-hine-wake, dem Lande Kumaso[7]) den Namen Take-bi-wake. Sodann erzeugten sie die Insel Iki, die mit anderem Namen auch Ame-hitotsu-hashira[8]) heißt. Sodann erzeugten sie die Insel Tsu, welche mit anderem Namen auch Ame no Sade-yori-hime[9]) heißt. Sodann erzeugten sie die Insel Sado. Sodann erzeugten

---

[3]) *Ahaji* (angeblich „Schaum-Weg“, d. i. Weg nach der Schaum-Insel) und *Ho-no-sa-wake* (Personenname von unklarer Etymologie) sind alternative Namen derselben Insel, mittwegs zwischen der Hauptinsel und der Provinz Aha (Shikoku).

[4]) d. i. die Insel Shikoku. Wörtlich: „Die beiden [Provinzen]-Paare der Insel Iyo“, nämlich die Provinzen oder Länder Aha und Sanuki einerseits, Iyo und Tosa anderseits. In der folgenden Aufzählung hat das erste Glied jedes dieser Paare einen weiblichen, das zweite einen männlichen Namen: *Ye-hime* „liebliche Prinzessin“, *Oho-ge-tsu-hime* „Prinzessin der Großen Nahrung“; *Ihi-yori-hiko* „Prinz des guten Rufes“, *Take-yori-wake* „Tapfrer guter Jüngling“.

[5]) *Oki no Mitsu-go no Shima*, im Westmeere. Es sind eigentlich vier Inseln, die man im Volksmunde in Tōgo „Hinterinsel“ und Tōzen „Vorderinseln“ trennt, letztere aus den drei kleinen Inseln im Südwesten bestehend. Von Osten oder Westen gesehen, sollen nur drei Inseln sichtbar sein, daher der Name Mitsu-go „Drilling“. Der Alternativname ist ein Männername mit der häufigen Endung *wake* „Jüngling“; *oshi* bedeutet vielleicht „groß“, *koro* ist ganz unklar.

[6]) *Tsukushi* ist das eine Mal der Name der ganzen Insel, das andere Mal der eines Landes (Provinz) auf der Insel, wie oben im Falle von Iyo. Die Insel wurde später in neun Länder eingeteilt und bekam dann den Namen *Kyūshū* „die neun Provinzen“. Die alternativen Personennamen bedeuten der Reihe nach „Weißsonnen-Junger“, „Üppiger Sonnen-Jünger“, „Tapfrer Sonnen-Zugewandter“, „Üppig-wunderbarer-Herr-Junger“, „Tapfrer Sonnen-Junger“.

[7]) *Kuma-So* „Bären-So“, oder einfach *So*, wohl ursprünglich der Name der wilden, tapferen Stämme nichtjapanischer Herkunft im Süden von Kyūshū.

[8]) *Iki* geht auf ein älteres *Yiki* oder *Yuki* zurück. Die Bedeutung ist wahrscheinlich „Schnee-Insel“. Von fern gesehen soll die mit weißem Sande bedeckte Küste aussehen, als sei sie mit Schnee bedeckt. Alternativname: „Himmlischer Einer Pfeiler“.

[9]) *Tsu-shima* „Hafen-Insel“, so genannt, weil sie ehemals einen Haltepunkt für den Schiffsverkehr zwischen Japan und Korea bildete. Es ist dieselbe Insel, bei welcher die

sie die Insel Oho-Yamato Toyo-aki-tsu-shima[10]), die mit anderem Namen auch Ame no Mi-sora Toyo-aki-tsu-ne-wake[11]) heißt. Der Name Oho-ya-shima-kuni „Großes Land der Acht Inseln" rührt also daher, daß diese acht Inseln zuerst geboren wurden.

Danach, als sie zurückgekehrt waren, erzeugten sie die Insel Kibi no Ko-jima[12]), welche mit anderem Namen auch Take-hi-gata-wake[13]) heißt. Sodann erzeugten sie die Insel Adzuki[14]), die mit anderem Namen auch Oho-nute-hime heißt. Sodann erzeugten sie die Insel Oho-shima[15]), welche mit anderem Namen auch Oho-tamaru-wake heißt. Sodann erzeugten sie die Insel Hime[16]), welche mit anderem Namen auch Ame-hitotsu-ne[17]) heißt. Sodann erzeugten sie die Insel Chika[18]), welche mit anderem Namen auch Ame no Oshi-wo[19]) heißt. Sodann erzeugten sie die Inseln Futa-go[20]), welche mit anderem Namen auch Ame-futa-ya[21]) heißen. (*Von der Insel Kibi no Ko-jima bis zu der Insel Ame-futa-ya sind es im ganzen sechs Inseln.*)[22])

[6. Geburt der verschiedenen Gottheiten.]

Nachdem sie die Geburt der Länder beendigt hatten, erzeugten sie von neuem Gottheiten.

---

entscheidende Seeschlacht im Russisch-Japanischen Kriege stattfand. Alternativname „Himmlische schönhändige gute Prinzessin".

10) „Die üppig-herbstliche Insel Groß-Yamato".· Ich gebe *aki* die Bedeutung „Herbst, Ernte", *tsu* ist Genetivpartikel. Die landläufige Erklärung von Aki-tsu-shima ist *akitsu-shima* „Libellen-Insel", mit Bezug auf eine Bemerkung des Kaisers Jimmu, daß das Land an Gestalt einer Libelle gleiche, welche ihr Hinterteil leckt. Doch ist dies nur eine wortspielende Auslegung, eine volksetymologische Deutung. *Shima* bedeutet übrigens in der archaischen Sprache nicht nur „Insel", sondern oft auch „Land" (= *kuni*). *Yamato* „Berg-Tor" war nach Motowori zuerst nur der Name eines Dorfes, dann eines Distriktes, endlich der ganzen noch jetzt so benannten Provinz. Schließlich bekam auch ganz Japan den Namen Yamato.

11) „Himmels-hehrer-Luftraum üppigen Herbstes trauter Jüngling."

12) „Die kleinen Inseln in Kibi", ein zur Provinz Bizen gehöriger insularer Distrikt. *Kibi* entspricht den jetzigen Provinzen Bingo, Bizen und Bitchū. In Bizen, also einem Teil des früheren Kibi, trägt jetzt eine Halbinsel den Namen Kojima.

13) „Tapfrer Sonnenseiten-Jüngling."

14) Südlich von Kojima. Adzuki ist eine Bohnenart.

15) „Große Insel." Gemeint ist der zur Provinz Chikuzen gehörige insulare Distrikt *Oho-shima*, nicht etwa die vor der Tōkyō Bucht gelegene Vries Island.

16) Wahrscheinlich die Insel *Hime* „Prinzessin", die 2 Ri nordöstlich von Karatsu in Hizen liegt.

17) „Himmels Eine Wurzel."

18) Im Distrikt Matsura der Provinz Hizen. Es soll die Gesamtbezeichnung für die Inseln Gotō Hirado usw. gewesen sein.

19) „Des Himmels Großer Manu."

20) „Zwillinge." Lage unbekannt.

21) „Himmels-Zwei-Häuser."

22) Die Aufzählung der erzeugten Inseln beschränkt sich hier also nur auf die Großen Acht Inseln und die Sechs Inseln. In den Ritualen wird dagegen von der Geburt von „Achtzig Ländern der Länder und Achtzig Inseln der Inseln" gesprochen.

Der Name der von ihnen demgemäß erzeugten Gottheit war Oho-koto-oshi-wo[1]) no Kami; sodann erzeugten sie Iha-tsuchi-biko[2]) no Kami; sodann erzeugten sie Iha-su-hime no Kami[3]); sodann erzeugten sie Oho-to-bi-wake[4]) no Kami; sodann erzeugten sie Ame no Fuki-wo[5]) no Kami; sodann erzeugten sie Oho-ya-biko[6]) no Kami; sodann erzeugten sie Kasa-ge-tsu-wake no Oshi-wo[7]) no Kami; sodann erzeugten sie den Meergott mit Namen Oho-wata-tsu-mi[8]) no Kami; sodann erzeugten sie die Gottheit der Flußmündungen[9]) mit Namen Haya-aki-tsu-hiko no Kami; sodann erzeugten sie seine jüngere Schwester Haya-aki-tsu-hime no Kami. *(Von Oho-koto-oshi-wo no Kami bis zu Aki-tsu-hime no Kami insgesamt zehn Gottheiten.)*

Die Namen der Gottheiten, welche von diesen beiden Gottheiten Haya-aki-tsu-hiko und Haya-aki-tsu-hime aus ihren besonderen Herrschergebieten der Flüsse und des Meers erzeugt wurden, waren Awa-nagi[10]) no Kami, sodann Awa-nami[11]) no Kami; sodann Tsura-nagi[12]) no Kami, sodann Tsura-nami[12]) no Kami; sodann Ame no Mi-kumari[13]) no Kami, sodann Kuni no Mi-Kumari[13]) no Kami; sodann Ame no Ku-hiza-mochi[14]) no Kami, sodann Kuni no Ku-hiza-mochi[14]) no Kami. *(Von Awa-nagi no Kami bis zu Kuni no Ku-hiza-mochi no Kami insgesamt acht Gottheiten.)*

Sodann erzeugten sie die Windgottheit mit Namen Shina-tsu-hiko[15]) no Kami.

VI.

[1]) „Großer Mann der großen Dinge." Der verstorbene Professor Kurokawa erklärte *Koto* als „Tat".

[2]) „Felsen-Erde-Prinz." [3]) „Felsen-Nest-Prinzessin."

[4]) „Großes-Tor-Sonnen-Jüngling."

[5]) „Himmlischer Blasender Mann." Identisch mit dem Gott I-buki-do-nushi im Gebet der Großen Reinigung.

[6]) „Prinz des Großen Hauses." Falls *Oho-ya* eine Abkürzung von *Oho-aya* ist, wie manche meinen, so wäre er identisch mit *Oho-aya-tsu-hi* im Nihongi I, Kap. IV, Var. X.

[7]) „Wind-Hauches-Jüngling, großer Mann."

[8]) „Großer Meeresbeherrscher." Er ist der oberste Meergott. Die Meergötter überhaupt heißen im Nihongi Wata-tsu-mi no Mikoto „ihre Hoheiten die Meer-Herren".

[9]) *Minato*, wörtlich „Wassertor" *mi-na-to*. Die annehmbarsten Deutungen der beiden Namen sind entweder „Hellglänzend-Herrlicher" und „Hellglänzend-Herrliche", oder „Schnell sich öffnender Herrlicher" und „Schnell sich öffnende Herrliche". Im Gebet der Großen Reinigung wird nur die weibliche Gottheit genannt, die sich an der Salzflut-Allzusammenflußstelle befindet und die ins Meer geworfenen Sünden der Menschen hinuntertrinkt.

[10]) „Schaum-Stille", d. i. Meeresstille. Vgl. Nihongi, Kap. I.

[11]) „Schäumende Wogen."

[12]) „Wasserflächen-Stille" und „Wasserflächen-Wogen."

[13]) „Himmlischer Wasser-Verteiler" und „Irdischer Wasser-Verteiler." Sie spielen beim Erntefest, Regenbittfest usw. eine wichtige Rolle, und es sind ihnen überall im Lande Schreine geweiht.

[14]) „Himmlischer Wasser-schöpf-Kürbis-Herr" und „Irdischer Wasser-schöpf-Kürbis-Herr". Zur Bedeutung des Kürbis vgl. das Feuerbesänftigungs-Ritual und Nihongi I, Kap. III, Var. III.

[15]) „Atem-langer Prinz." Vgl. die etymologische Ausführung darüber Nihongi I, Kap. IV.

Sodann erzeugten sie die Baumgottheit mit Namen Kuku-no-chi[16]) no Kami.

Sodann erzeugten sie die Berggottheit mit Namen Oho-yama-tsu-mi[17]) no Kami.

Sodann erzeugten sie die Feldgottheit mit Namen Kaya-nu-hime[18]) no Kami, oder mit einem anderen Namen auch Nu-dzuchi[19]) no Kami genannt.

(Von Shina-tsu-hiko no Kami bis zu Nu-dzuchi insgesamt vier Gottheiten.)

Die Namen der Gottheiten, welche von diesen beiden Gottheiten Oho-yama-tsu-mi no Kami und Nu-dzuchi no Kami aus ihren besonderen Herrschergebieten von Berg und Gefilde erzeugt wurden, waren Ame no Sa-dzuchi[20]) no Kami, sodann Kuni no Sa-dzuchi[20]) no Kami; sodann Ame no Sa-giri[21]) no Kami, sodann Kuni no Sa-giri[21]) no Kami; sodann Ame no Kura-do[22]) no Kami, sodann Kuni no Kura-do[22]) no Kami; sodann Oho-tomado-hiko no Kami, sodann Oho-tomado-hime[23]) no Kami.

(Von Ame no Sa-dzuchi no Kami bis zu Oho-tomado-hime no Kami insgesamt acht Gottheiten.)

Der Name der Gottheit, welche [Izanagi und Izanami] sodann erzeugten, war Tori no Iha-kusu-bune[24]) no Kami, mit anderem Namen auch Ame no Tori-bune[25]) genannt. Sodann erzeugten sie Oho-ge-tsu-hime[26]) no Kami. Sodann erzeugten sie Hi no Yagi-haya-wo no Kami, der mit anderem Namen auch Hi no Kaga-biko no Kami oder mit noch einem Namen Hi no Kagu-dzuchi[27]) no Kami heißt.

---

16) „Der Vater der Baumstämme“ oder „der Altehrwürdige der Baumstämme“.

17) „Großer Berg-Herr“, der oberste Berggott. Die Berggötter überhaupt heißen *Yama-tsu-mi* „Bergherren“.

18) „Dachstroh-Feld-Prinzessin.“ *Kaya*, jetzt gewöhnlich „Schilf, Ried“, war früher der Name für jede Grasart, welche zum Decken der Dächer benutzt wurde.

19) „Feld-Altehrwürdige.“ Shikida jedoch betrachtet *dzuchi* nicht als Honorificum, sondern als ein altes Wort für „Schlange“ und hält diese Gottheit für einen Schlangengeist.

20) „Himmlische schmale Erde“ und „Irdische schmale Erde“ (?) Im Nihongi, Kap. I, ist nur der letztere genannt.

21) „Himmlischer feiner Nebel“ und „Irdischer feiner Nebel“.

22) „Himmlisches dunkles Tor“ und „Irdisches dunkles Tor“. *Kura* könnte aber auch „Talschlucht“ bedeuten.

23) Etymologie ganz unklar. Prof. Kurokawa erklärte *toma* als „Bergabhang“.

24) „Vogel-Felsen-Kampferholz-Boot“, d. i. ein Boot aus felsenhartem Kampferholz, das dahinfliegt schnell wie ein Vogel.

25) „Himmlisches Vogel-Boot.“

26) „Große Prinzessin der Nahrung“, auch *Toyo-uke-bime no Mikoto* „Ihre Hoheit Prinzessin der Reichlichen Nahrung“ oder *Uka no Mi-tama* „Erlauchter Geist der Nahrung“ genannt. Sie ist die Göttin der Nahrung, Kleidung und Wohnung und wird im Gekū, dem einen der beiden hochheiligen Schreine zu Ise, verehrt. Norito 17 und 21 werden in letzterem verlesen.

27) Drei Namen des Feuergottes: *Hi no Yagi-haya-wo* „Feuers brennender ungestümer Mann“, *Hi no Kaga-biko* „Feuers leuchtender Prinz“, *Hi no Kagu-dzuchi* „Feuers leuchtender (glühender) Altehrwürdiger“. Im Feuer-Besänftigungs-Ritual heißt er *Ho-musubi* „Feuer-Erzeuger“. Er wurde zu Nagusa in der Provinz Kii verehrt. Er wird zum Muttermörder, wie der indische Agni zum Mörder seiner Eltern, der beiden Reibhölzer, die er verzehrt.

[7. Verscheiden der Göttin Izanami.]

Infolge der Geburt dieses Kindes verbrannte sich [Izanami] die Schamteile, erkrankte und legte sich nieder. Die Namen der Gottheiten, welche aus dem von ihr Erbrochenen entstanden, waren Kana-yama-biko no Kami und weiter Kana-yama-bime[1]) no Kami. Die Namen der Gottheiten, welche sodann aus ihren Exkrementen entstanden, waren Hani-yasu-biko no Kami und weiter Hani-yasu-bime[2]) no Kami. Die Namen der Gottheiten, welche sodann aus ihrem Urin entstanden, waren Mitsu-ha no Me[3]) no Kami und weiter Waku-musubi[4]) no Kami. Das Kind dieser Gottheit hieß Toyo-uke-bime[5]) no Kami. Weil nun Izanami no Kami den Feuergott geboren hatte, ging sie schließlich göttlich von dannen.[6])

(*Von Ama no Tori-bune bis zu Toyo-uke-bime no Kami insgesamt acht Gottheiten.*)

Im ganzen war die Zahl der von den beiden Gottheiten Izanagi und Izanami gemeinsam erzeugten Inseln vierzehn Inseln, und die der Gottheiten war fünfunddreißig Gottheiten. (*Dies waren solche, welche geboren wurden, bevor Izanami no Kami göttlich von dannen ging. Nur die Insel Onogoro wurde nicht durch Geburt erzeugt, und außerdem wurden Hiru-ko und die Insel Aha nicht in die Zahl ihrer Kinder eingerechnet.*)

Hierauf sprach Izanagi no Mikoto: „Oh du meiner lieblichen jüngeren Schwester[7]) Hoheit! Oh daß ich dich gegen ein einziges Kind[8]) ausgetauscht habe!“ Und als er nun um ihr erlauchtes Kopfkissen auf dem Bauche herumkroch und um ihre erlauchten Füße auf dem Bauche herumkroch und weinte, da entstand aus seinen erlauchten Tränen die Gottheit, welche in Unewo no

VII.

[1]) „Erz-Berg-Prinz“ und „Erz-Berg-Prinzessin“, die Erzgötter. Im Nihongi wird nur der erstere genannt. Die Namen deuten auf sehr frühe Bekanntschaft mit Bergbau.

[2]) „Lehm-klebriger Prinz“ und „Lehm-klebrige Prinzessin“. *Hani-yasu* scheint aus *Hani-neyasu* kontrahiert zu sein (*neyasu* = „kneten“). Im Nihongi wird nur die weibliche Gottheit erwähnt; sie heißt einmal *Hani-yasu no Kami*, das andere Mal *Hani-yama-bime* „Prinzessin Lehm-Berg“. Letzterer ist wohl der ursprüngliche Name der Gottheit.

[3]) „Wasser-Schlangen (Drachen)-Weib“ oder „Wasser-sprudelndes Weib“, eine Wassergöttin. Der Name ist hier phonetisch geschrieben. Vgl. meine Ausführung darüber Nihongi I, Kap. III, wo der Name in ideographischer Schreibung vorkommt.

[4]) „Junger Erzeuger.“ *Waku* ist eine alte, häufig vorkommende Nebenform von *waka* „jung“. Nach der Version Nihongi I, Kap. III wird *Waku-musubi* aber vom Feuergott mit der Erdgöttin erzeugt. Dergleichen Schwankungen in der Überlieferung der alten Mythen finden sich auch sonst noch häufig.

[5]) „Prinzessin der Reichlichen Nahrung.“ Vgl. oben Anm. 26 zu Oho-ge-tsu-hime.

[6]) *Kami-sari-mashinu*, d. h. sie verschied.

[7]) Oder „Weib“ statt „jüngere Schwester“.

[8]) *Ko no hitotsu-ge* „ein einziger Stamm (Baum) Kind“. Das Wort „Stamm“ (*ke*) wurde in der archaischen Sprache als Hilfszählwort für Götter und Vornehme gebraucht, wie das schon erwähnte „Pfeiler“ (*hashira*) für Götter.

Konomoto am Kagu-Berge[9]) wohnt und mit Namen Naki-saha-me[10]) no Kami heißt. Darauf wurde die göttlich von dannen gegangene Izanami no Kami auf dem Berge Hiba an der Grenze des Landes Idzumo und des Landes Hahaki[11]) begraben.[12])

[8. Zerhauen des Feuergottes.]

Hierauf zog Izanagi no Mikoto das zehn Handbreiten lange Schwert, das er umgegürtet trug, aus der Scheide und hieb den Kopf seines Sohnes Kagudzuchi no Kami ab. Die Namen der Gottheiten, die nun aus dem Blute entstanden, welches an der Spitze seines erlauchten Schwertes haftete und die vielen Felsenstücke[1]) bespritzte, waren Iha-saku[2]) no Kami, sodann Ne-saku[3]) no Kami, sodann Iha-tsutsu no Wo[4]) no Kami. Sodann die Namen der Gottheiten, die aus dem Blute entstanden, welches am obern Teil des erlauchten Schwertes[5]) haftete und wiederum die vielen Felsenstücke bespritzte, waren Mika-haya-bi[6]) no Kami, sodann Hi-haya-bi[7]) no Kami, sodann Take-mika-dzuchi no Wo[8]) no Kami, der auch Take-futsu[9]) no Kami heißt, oder auch Toyo-futsu[9]) no Kami genannt wird. Die Namen der Gottheiten, die sodann aus dem Blute entstanden, welches sich an dem Knopf des erlauchten Schwertes ansammelte

---

[9]) Das Dorf *Konomoto* und der Berg *Kagu-yama* liegen beide im Distrikt Tōchi der Provinz Yamato. Da es ein altes Geschlecht, genannt die „Dorfherren von Unewo", und auch einen Shintoschrein *Unewo Tsutamoto* im selben Distrikt gab, so wird auch *Unewo* ein Ortsname gewesen sein, also „Konomoto bei Unewo" auszulegen sein. Der Wohnsitz ist natürlich ein Schrein daselbst.

[10]) „Die Weinerin" oder „heftig Weinende". Nach der alten Topographie von Yamato lag im Dorfe Konomoto ein Shintoschrein Namens Naki-saha-yashiro (*yashiro* = Schrein).

[11]) Jetzt *Hōki* gesprochen.

[12]) Das alte jap. Wort hierfür ist *kakusu* „verbergen", darauf hindeutend, daß man die Toten in Felsenhöhlen usw. bestattete. Die Vornehmen wurden in der ältesten historischen Zeit in Stein- und Tonsärgen beigesetzt, und diese in Steinkammern untergebracht, daher die poetischen Ausdrücke „steinernes Schloß" für Grab, *iha-gakuru* „sich im Felsen verbergen" für sterben. Letzterer Ausdruck wird in NORITO 12 vom Sterben Izanami's gebraucht.

VIII.

[1]) Im vielströmigen Flusse des Himmels. Siehe NIHONGI I, Kap. IV.

[2]) „Felsen-Spalter."

[3]) „Wurzel-Spalter", d. i. Baumwurzel-Spalter. Nach Motowori wären aber Felsenwurzeln, also Felsen zu verstehen.

[4]) „Felsen-Altehrwürdiger Mann."

[5]) Im Nihongi wird geradezu das „Stichblatt" (*tsumi-ha*, jetzt *tsuba*) genannt.

[6]) Der „Gewaltige-schnelle-wunderbare" oder „Gewaltige-schelle" ((*hayabi*).

[7]) Der „Feuer-schnelle-wunderbare" oder „Feuer-schnelle".

[8]) „Tapfer-gewaltiger-Altehrwürdiger Mann." *Mika* wird hier und in dem oben erwähnten Namen *Mika-haya-bi* von Ihida als Kontraktion aus *mi-hika* „Klingenglänzend" betrachtet. Etymologisch befriedigend ist keine der Erklärungen.

[9]) „Tapfer-zischend" und „Reichlich-zischend". Vgl. *Futsu-nushi* im NIHONGI.

und zwischen seinen Fingern herauslief, waren Kura-okami[10]) no Kami und sodann Kura-Mitsu-ha[11]) no Kami.

Sämtliche acht Gottheiten in der obigen Aufzählung, von Iha-saku no Kami bis zu Kura-Mitsu-ha no Kami, sind aus dem erlauchten Schwert entstandene Gottheiten.

Der Name der Gottheit, die aus dem Kopfe des getöteten Kagu-dzuchi no Kami entstand, war Masaka-yama-tsu-mi[12]) no Kami. Der Name der Gottheit, die sodann aus seiner Brust entstand, war Odo-yama-tsu-mi[13]) no Kami. Der Name der Gottheit, die sodann aus seinem Bauche entstand, war Oku-yama-tsu-mi[14]) no Kami. Der Name der Gottheit, die sodann aus seinem Geschlechtsteil entstand, war Kura-yama-tsu-mi[15]) no Kami.

Der Name der Gottheit, die sodann aus seiner linken Hand entstand, war Shigi-yama-tsu-mi[16]) no Kami. Der Name der Gottheit, die sodann aus seiner rechten Hand entstand, war Ha-yama-tsu-mi[17]) no Kami. Der Name der Gottheit, die sodann aus seinem linken Fuß entstand, war Hara-yama-tsu-mi[18]) no Kami. Der Name der Gottheit, die sodann aus seinem rechten Fuß entstand, war To-yama-tsu-mi[19]) no Kami.

(Von Masaka-yama-tsu-mi no Kami bis zu To-yama-tsu-mi no Kami insgesamt acht Gottheiten.)

Demnach war der Name des Schwertes, womit [Izanagi den Kopf des Feuergottes] abhieb, Ama no Wo-ha-bari, mit anderem Namen auch Itsu no Wo-ha-bari[20]) geheißen.

[9. Die Unterwelt.]

Hierauf hatte [Izanagi] den Wunsch mit seiner jüngeren Schwester Izanami no Mikoto zusammenzutreffen und folgte ihr in das Land der Unterwelt.[1]) Als

[10]) Bedeutung unklar. Vielleicht „dunkler großer Gott" oder „großer Gott der Talschluchten". Es ist der Regengott, und man scheint sich ihn in Drachen- oder Schlangengestalt vorgestellt zu haben. Er läßt Regen und Schnee fallen, und wurde in alter Zeit darum angefleht. Nach dem Engi-shiki waren dem Gott Okami überall im Lande Schreine geweiht.

[11]) „Dunkler Wasser-Drache" oder „Talschlucht-Wasser-Drache", eine Wassergottheit in den Tälern. Wohl identisch mit *Mitsu-ha no Me* „Wasser-Drachen-Weib" (Kojiki 7, Anm. 3 und Nihongi, Kap. III).

[12]) „Bergherr der steilen Abhänge" (*ma-saka* rechter d. h. steiler Abhang).

[13]) „Herr der abfallenden (?) Berge."

[14]) „Herr der entlegenen Berge", d. i. der im tiefsten Gebirgsinnern liegenden Berge.

[15]) „Herr der dunklen Berge" oder „der in den Talschluchten [wohnende] Herr der Berge". Der japanische Ausdruck für Geschlechtsteil ist *mi-kakushi* „das Verborgene".

[16]) „Herr der dichtbewaldeten Berge", oder „der dichtgereihten Berge (Bergketten)".

[17]) „Herr des Bergrandes." [18]) „Herr der Bergheiden."

[19]) „Herr der äußeren Berge."

[20]) „Das Himmlische vorn an der Schneide Verbreiterte", und „das Gewaltige vorn an der Schneide Verbreiterte". Es muß also ein Schwert mit breitem vorderen Ende gemeint sein, wenn nicht *wo* die Bedeutung „Mann" hat, in welchem Falle ein breites Schwert überhaupt gemeint wäre.

IX.

[1]) Das Land *Yomi* oder *Yomo-tsu-kuni*, was wahrscheinlich etymologisch mit *yo* „Nacht" zusammenhängt und daher als „Land der Dunkelheit" auszulegen sein wird.

sie darauf aus der Klapptür[2]) des Palastes heraus ihm entgegen kam, sprach Izanagi no Mikoto zu ihr und sagte: „Du meiner geliebten jüngeren Schwester Hoheit! Die Länder, welche ich und du geschaffen haben, sind noch nicht fertig geschaffen. Kehre daher zurück!“ Hierauf antwortete Izanami no Mikoto und sprach: „Ach wie schade, dass du nicht früher gekommen bist! Ich habe vom Kochherde der Unterwelt gegessen. Trotzdem aber, da ich das Eintreten und Kommen meines geliebten Gemahls Hoheit zu schätzen weiß, wünsche ich [in die Oberwelt] zurückzukehren. Überdies will ich mich mit den Gottheiten der Unterwelt[3]) darüber besprechen. Sieh nicht nach mir!“ Nachdem sie so gesprochen hatte, ging sie wieder in das Innere des Palastes zurück, und da es sehr lange dauerte, konnte er nicht warten. Daher nahm und brach er den einen Endzahn des vielzähnigen Kammes, der in seinem linken erlauchten Haarschopf[4]) steckte, ab, zündete ein einziges Licht[5]) an und ging hinein, um

---

Andere alte Bezeichnungen dafür sind *Ne no kuni* „Wurzelland“, *Ne no katasu kuni* „das untere entlegene Land“, *Soko no kuni* „Bodenland“ und *Shita-tsu-kuni* „Das Land unten“ im Gegensatz zu *Uha-tsu-kuni* „Oberland“. Die alten Japaner scheinen sich von dieser düsteren Stätte der Toten eine ähnliche Vorstellung gemacht zu haben, wie die Griechen von ihrem Hades. Es führt von dieser Welt ein engpaßähnlicher Eingang zu ihr über einen flachen Abhang (*hira-saka*), und achtzig d. i. unzählige Wegkrümmungen führen dahin, wie die Schluchten und Höhlen zum Hades. Man dachte sich den Eingang irgendwo im entlegenen Westjapan, vielleicht in der Provinz Idzumo. Aber auch vom Meere aus ist ein Eingang vorhanden, wenn auch nicht für die hinabwandernden Toten: an der Allzusammenflußstelle der Meeresströme, wo der Sündenschmutz in die Unterwelt hinabbefördert wird. Die Toten genießen Speise, auf dem Kochherd der Unterwelt bereitet, und wer davon genossen hat, ist für immer an den Hades gebunden. Dasselbe Motiv findet sich in der Proserpina Mythe, in der indischen Geschichte von Naciketas (Katha-Upanishad), im finnischen Kalevala, bei den Melanesiern, Indianern und anderen Völkern. Es gibt besondere regierende Gottheiten der Unterwelt, über die nichts Genaueres bekannt ist, außer daß Susa no Wo no Mikoto gelegentlich als Beherrscher des Hades genannt wird (z. B. Kojiki 23). Acht scheußliche, stirnrunzelnde Weiber, die den Eindringling Izanagi grimmig verfolgen, erinnern in auffallendster Weise an die Erinyen. Vielleicht hätten sie sogar die Oberwelt betreten dürfen, wenn Izanagi sie nicht durch Versperren des Passes mit einem ungeheuren Felsblock daran gehindert hätte. Überhaupt besteht immer die Gefahr, daß böse, feindliche Dämonen aus der Unterwelt heraufdringen, wogegen besondere Gottheiten, nämlich Funato und der männliche und weibliche Kreuzweggott die Menschen, besonders die Wanderer auf ihren Wegen schützen und daher in einem eigenen Ritual beim Michi-ahe Fest angefleht werden.

Die Lautähnlichkeit zwischen *Yomo*, *Yomi* und dem Namen des indischen Gottes *Yama* (buddhistischer Höllengott) muß als eine zufällige betrachtet werden. Der Name *Yama* existiert im japanischen Buddhismus in der lautlichen Veränderung *Emma*.

[2]) Vielleicht eine Tür, die sich nach oben öffnete (emporgeschoben wurde)?

[3]) Welche Gottheiten gemeint sind, ist nicht ersichtlich. In erster Linie sollte *Susa no Wo* in Betracht kommen, der nach Nihongi, Kap. III gleich nach dem Blutegelkind von Izanagi und Izanami erzeugt und zum Beherrscher der Unterwelt bestimmt worden war. Nach der Version des Kojiki ist aber Susa no Wo noch nicht geboren.

[4]) In ältester Zeit trugen die Männer das Haar in der Mitte gescheitelt und rechts und links in einen hornartigen Schopf (*midzura*) aufgebunden. Kämme (*kushi*) wurden sowohl von Männern wie von Frauen getragen. Die Kämme hatten beiderseits einen dicken Endzahn (*wo-bashira*).

nach ihr zu sehen. Da [sah er, daß] es von Maden schwärmte und sie in Fäulnis zergangen war, und in ihrem Kopfe befand sich der Große Donner, in ihrer Brust befand sich der Feuer-Donner, in ihrem Bauche befand sich der Schwarze Donner, in ihrer Scheide befand sich der Spalt-Donner, in ihrer linken Hand befand sich der Junge Donner, in ihrer rechten Hand befand sich der Erd-Donner, in ihrem linken Fuße befand sich der Rollende Donner, in ihrem rechten Fuße befand sich der Liegende Donner[6]): — insgesamt waren acht Donnergottheiten entstanden und vorhanden.

Als hierauf Izanagi no Mikoto über den Anblick erschrocken zurückflüchtete, sprach seine jüngere Schwester Izanami no Mikoto: „Du hast mir Schande zugefügt!“ und schickte sofort die Scheußlichen Weiber der Unterwelt,[7]) um ihn zu verfolgen. Da nahm Izanagi no Mikoto seinen schwarzen erlauchten Kopfschmuck[8]) und warf ihn [vor ihnen] nieder, und sofort verwandelte sich derselbe in Weintrauben.[9]) Während sie diese auflasen und aßen, flüchtete er weiter; aber als sie ihn dann immer noch verfolgten, zog er hervor und zerbrach er den vielzähnigen Kamm, der in seinem rechten erlauchten Haarschopf steckte, und warf ihn zu Boden, worauf sich derselbe sofort in Bambusschößlinge verwandelte. Während sie diese herausrissen und aßen, flüchtete er weiter[10]).

Wiederum später ließ [Izanami ihren Gemahl] durch jene acht Donnergottheiten im Verein mit tausend fünfhundert Kriegern der Unterwelt verfolgen. Da zog er das zehn Handbreiten lange Schwert, das er erlaucht umgegürtet hatte, heraus und kam dahergeflohen, indem er es in der rückwärts gehaltenen

---

[5]) Das Zahlwort ist ausdrücklich gesetzt. Man scheint aus abergläubischer Furcht sonst immer wenigstens zwei Lichter angezündet zu haben. Der Aberglaube soll an einigen Orten noch jetzt verbreitet sein. Licht = Fackel (so im NIHONGI).

[6]) Die japanischen Namen der acht Donnergötter (*ikadzuchi-gami*) sind in obiger Reihenfolge: *Oho-ikadzuchi, Ho no Ikadzuchi, Kuro-ikadzuchi, Saku-ikadzuchi, Waki-ikadzuchi, Tsuchi-ikadzuchi, Naru-ikadzuchi, Fushi-ikadzuchi.* Die Aufzählung NIHONGI I, Kap. IV, Var. IX zeigt einige Verschiedenheiten.

[7]) *Yomo tsu Shiko-me*, vgl. Anm. 1. Im NIHONGI wird die Zahl der *Shiko-me* auf acht angegeben und gleichzeitig in einer Glosse bemerkt, daß sie auch *Hisame* „Stirnrunzelnde Weiber“ heißen.

[8]) *Katsura* oder *Kadzura*, Kopf- oder Haarschmuck, ursprünglich nur aus Blumen und Blättern, später mannigfaltiger, in ältester Zeit von Personen beider Geschlechter im Haar getragen. Woraus ein „schwarzer“ Kopfschmuck bestanden haben könnte, ist unerklärlich.

[9]) *Yebi-kadzura,* wilde Weintraube, Vitis Thunbergii.

[10]) Wir haben es in der obigen Erzählung von der Flucht des Izanagi und dem Niederwerfen magischer Hindernisse mit einer sehr weit verbreiteten Fluchtsage zu tun. Vgl. Lang, Custom and Myth, S. 87 ff. In einer entsprechenden Zulusage wirft das verfolgte Mädchen Sesam auf den Boden, um dadurch die Kannibalen, die sehr gern Sesam essen, in der Verfolgung aufzuhalten. Das Hintersichwerfen eines Kammes, der sich in ein Dickicht verwandelt, ist nach Lang gleichfalls ein häufig vorkommender Zug. In der Samoanischen Sage werfen die beiden Flüchtlinge Siati und Puapae einen Kamm nieder, der sich in einen Dornbusch verwandelt und die Verfolger, nämlich den Vater und die Schwester der Puapae, zeitweilig im Nachsetzen hindert.

Hand schwenkte.[11]) Da sie ihn immer noch verfolgten, so nahm er, als er den Fuß des Flachen Abhangs der Unterwelt[12]) erreichte, drei am Fuße des Abhangs befindliche Pfirsiche,[13]) wartete [auf seine Verfolger] und bewarf sie damit, worauf sie sämtlich fliehend zurückkehrten.

Nun sprach Izanagi no Mikoto zu den Pfirsichen: „So wie ihr mir geholfen habt, so sollt ihr dem ganzen sichtbaren grünen Menschengras[14]) im Mittellande des Schilfgefildes[15]) helfen, wenn es ins Elend gerät und von Qualen befallen wird!" So sprach er und gab ihnen die Benennung „Ihre Hoheiten die großen göttlichen Früchte[16])."

Ganz zuletzt kam seine jüngere Schwester Izanami no Mikoto selber zur Verfolgung herbei. Da zog er einen von tausend Ziehern zu ziehenden Felsen heran zur Versperrung jenes Flachen Abhangs der Unterwelt, und legte den Felsen in die Mitte, und indem sie sich von Angesicht zu Angesicht gegenüberstanden, sprach er die Ehescheidungsformel aus.[17]) Darauf sagte Izanami no

---

[11]) Ohne ihnen das Gesicht zuzuwenden. Dies ist ein charakteristischer Zug in diesen Mythen. So warf man den unruhigen Seelen und ihrer Herrin Hekate mit abgewendetem Gesicht die Überreste der Reinigungsopfer hin, um sie von den menschlichen Wohnungen abzuhalten: Odysseus soll beim Totenopfer einen Bock und ein Schaf, ihre Häupter zum Erebos gekehrt, opfern, muß aber selber sein Antlitz nach den Fluten des Stroms wenden (Odyssee **10, 528**); Medea wendet beim Sammeln der Zaubersäfte die Augen von den Händen weg, usw. Vgl. Erwin Rhode, Psyche, S. 376f. Zweifellos geschieht hier auch das Niederwerfen des Kopfschmucks und des Kamms, ohne daß sich Izanagi nach den verfolgenden Dämonen umschaut.

[12]) *Yomo tsu Hira-saka*, der flach (nicht steil) abfallende Abhang, der zum Lande Yomi hinabführt, der Grenzpaß zwischen Oberwelt und Hades. Am Ende des Abschnittes wird gesagt, daß er jetzt (zur Zeit der Kompilation des Kojiki) *Ifuya-zaka* „Ifuya-Abhang" heiße und im Lande Idzumo liege (und zwar im Distrikt Ou, wo nach dem Engi-shiki auch ein Schintotempel *Ifuya-jinja* lag; *Ifuya* zu *Iya* verkürzt ist noch jetzt ein Dorfname) was auf die in Anm. 1 erwähnte Lokalisierung des Eingangs zur Unterwelt hinweist.

[13]) Von einem am Wege wachsenden Pfirsichbaum (Nihongi). Die Chinesen schreiben dem Holz und den Früchten des Pfirsichbaums die Eigenschaft zu, böse Geister zu vertreiben, und es liegt die Vermutung nahe, daß hier chinesischer Einfluß auf die japanische Mythenbildung eingewirkt hat. Eine Vertreibung der Dämonen mit Pfirsichen findet auch in der Tsuwina-Zeremonie am Sylvesterabend statt. Der Pfirsich ist übrigens bei Chinesen wie Japanern ein phallisches Symbol, nämlich das der Kteis. Bezeichnender Weise haben auch die nachher entstehenden Kreuzweggötter, welche die Menschenwelt vor den Dämonen der Unterwelt schützen, phallische Natur.

[14]) *Utsushiki awo-hito-gusa* „sichtbares (oder gegenwärtiges) grünes Menschengras" ist eine Redensart chinesischer Herkunft, die nach Motowori dann verwendet wird, wenn von dem günstigen oder schädlichen Einfluß der Götter auf das Menschengeschlecht gesprochen wird. Das Gedeihen der Menschen wird mit dem Gedeihen des Grases verglichen.

[15]) Nachbildung des bekannten Ausdrucks *Chung-kuo* „Reich der Mitte", womit die Chinesen ihr Land als das Zentrum der Welt bezeichnen.

[16]) *Oho-kamu-dzu-mi no Mikoto.*

[17]) Die japanische Redensart *kotodo wo watasu* oder *kotodo ni wataru* ist etymologisch unklar. *Koto* ist ziemlich sicher das Adjektiv „besondere, andere", *do* (*to*) könnte „Ort" bedeuten. Dann hieße *Kotodo ni wataru* „nach einem getrennten Ort hinübergehen", *Kotodo wo watasu* „(die Frau) an einen anderen Ort hinüberweisen", oder, wenn *watasu*

Mikoto: „Du mein geliebter Gemahl und Hoheit! Wenn du solches tust, so will ich von dem Menschengras deines Landes zu Tode würgen tausend Häupter an einem Tage!" Worauf Izanagi no Mikoto ihr entgegnete: „Du meine geliebte jüngere Schwester und Hoheit! Wenn du solches tust, so will ich in einem Tage tausend fünfhundert Geburtshütten[18]) errichten. Dann werden sicherlich in einem Tage tausend Menschen sterben, und in einem Tage sicherlich tausend fünfhundert Menschen geboren werden."

Daher wird diese Izanami no Mikoto mit dem Namen „die Große Gottheit der Unterwelt"[19]) bezeichnet. Auch sagt man, daß sie wegen des Verfolgens und Einholens [ihres Gemahls] „die auf dem Weg einholende Große Gottheit"[20]) genannt werde. Anderseits nennt man den Felsen, womit er den Abhang der Unterwelt versperrte, Chi-gaheshi no Oho-Kami[21]), oder man nennt ihn auch Sayarimasu Yomi-do no Oho-Kami[22]). Der sogenannte Flache Abhang der Unterwelt heißt heutzutage Ifuya-Abhang[23]) im Lande Idzumo.

[10. Izanagi's Reinigung vom Schmutz der Unterwelt.]

Daher sprach der Große Gott Izanagi: „Pfui, scheußlich! Ich bin in ein scheußliches, schmutziges Land gegangen! Ich will daher eine Reinigung[1]) meines erlauchten Körpers vornehmen."

= *ihi-watasu* ist: „die Ortstrennung aussprechen". Ich habe mich an die Bedeutung der ideographischen chinesischen Zeichen in der Nihongi-Version gehalten.

[18]) D. h. 1500 Geburten stattfinden lassen, wie auch weniger floskelhaft im Nihongi steht. Da die Geburt wegen des dabei vergossenen Blutes als besonders verunreinigend galt, so wurde in alter Zeit für jede Wöchnerin eine Geburtshütte *ubu-ya* errichtet, worin sie ihre Niederkunft erwarten mußte. Hinterher wurde die Ubu-ya verbrannt. Oft scheinen die schwangeren Frauen eigenhändig die Hütte gebaut zu haben, wie Toyotama-bime in Kojiki 42 (in der Parallelversion des Nihongi bittet sie aber ihren Gemahl die Geburtshütte zu errichten). Auch heute ist an manchen Orten das Bauen einer Geburtshütte noch üblich, z. B. bei den Shintopriestern des Kadori Schreins in Shimōsa und auf der Insel Hachijō. Die Japaner waren nicht das einzige Volk, das Geburtshütten errichtete; auch bei manchen Araberstämmen ist sie bekannt, und wird außerhalb des Lagers errichtet.

[19]) *Yomo tsu Oho-kami.*

[20]) *Chi-shiki no Oho-kami.* Diese Gottheit entsteht jedoch Nihongi I, Kap. IV, Var. VI aus den weggeworfenen Schuhen Izanagi's. Das Attribut *oho* „groß" fehlt dort.

[21]) „Die auf dem Weg zurückschickende Große Gottheit", weil Izanami von hier wieder auf ihrem Wege zurückkehren mußte. Shikida will den Felsen zwischen den beiden Distrikten Ou und Nogi von Idzumo lokalisieren, bleibt aber den Beweis aus der dortigen Lokalsage schuldig.

[22]) „Die sperrende Große Gottheit des Unterwelts-Tores", oder mit Umstellung der Worte im Nihongi: *Yomi-do ni Sayarimasu Oho-kami* „die das Tor der Unterwelt versperrende Große Gottheit".

[23]) *Ifuya-saka*, vgl. Anm. 12 dieses Abschnitts.

X.

[1]) Jedwede Berührung mit Toten verunreinigt Personen, Gegenstände und Orte und erfordert darauf folgende Reinigung: *harahi* „Wegfegung [des Schmutzes]". Die Reinigung geschieht durch Abwaschen, zeremonielle Handlungen und eventuell auch Erlegung von

Darauf begab er sich nach dem Ahagi-Gefilde am [Flusse] Woto bei Tachibana in Himuka auf Tsukushi[2]) und reinigte sich. Der Name der Gottheit, welche nun aus seinem erlauchten Stock, den er hinwarf, entstand, war Tsuki-tatsu-funato[3]) no Kami. Der Name der Gottheit, welche aus dem erlauchten Gürtel, den er sodann hinwarf, entstand, war Michi no Naga-chi-ha[4]) no Kami. Der Name der Gottheit, welche aus dem erlauchten Bauschkleid[5]), das er sodann hinwarf, entstand, war Toki-okashi[6]) no Kami. Der Name der Gottheit, welche aus dem erlauchten Obergewand, das er sodann hinwarf, entstand, war Wadzurahi no Ushi[7]) no Kami. Der Name der Gottheit, welche aus den erlauchten Beinkleidern[8]), die er sodann hinwarf, entstand, war Chimata no Kami[9]). Der Name der Gottheit, welche aus der erlauchten Kopf-

---

Bußgegenständen (*harahe-tsu-mono*). Ein chinesischer Reisender, der Japan in den ersten Jahrhunderten der christlichen Ära besuchte, berichtet, daß sich alle Glieder einer Familie, in der ein Todesfall vorgekommen war, nach dem Begräbnis mit Wasser in einem Fluß von der Verunreinigung rein waschen mußten. Die zeremonielle Reinigung des Körpers durch Baden in kaltem Wasser heißt *misogi* „Abwaschung“. Für Shintopriester besteht die Vorschrift, im 6. Monat (alten Stils) jeden Jahres eine zeremonielle „Wasch-Reinigung“, *Misogi no Harahi*, vorzunehmen. Auch auf die zweimal im Jahre stattfindende große Entsühnung des ganzen Volkes, das *Oho-harahi*, wobei das Ritual OHO-HARAHI NO KOTOBA Verwendung findet, sei hier beiläufig hingewiesen.

Wie peinlich es die Shintoisten mit der Verunreinigung durch den Tod nehmen, ersieht man besonders aus den zahlreichen Verboten des Tempelbesuchs für allerhand vorgesehene Fälle. Reinigung nach Berührung mit Toten ist übrigens eine weitverbreitete Sitte. Ich erwähne nur die von Ovid berichtete Reinigung der Juno nach ihrem Besuch in der Unterwelt. Vgl. Tylor, Primitive Culture, Bd. 2, S. 435 ff.

[2]) *Woto* ist entweder als Flußname — es gibt einen *Woto-gawa* in der Provinz Himuka — zu nehmen oder, wie Motowori will, in der Bedeutung „kleine Flußmündung“. Im letzteren Falle wäre zu übersetzen: „nach dem Ahagi-Gefilde an der kleinen Flußmündung von Tachibana“. *Ahagi* ist eine Art Hagi (Lespedeza bicolor), die man jetzt *misohagi* nennt, der „Weiderich“. *Tachibana* der Name eines Bezirks (*gō*); *Himuka*, jetzt Hyūga gesprochen, eine Provinz, mag aber ursprünglich ein weiteres Gebiet bezeichnet haben; *Tsukushi* der alte Name der ganzen Insel, welche jetzt Kyūshū heißt. Die Versuche der einheimischen Erklärer, obige Ortsangaben zu beurkunden, sind kaum befriedigend.

[3]) „Aufrecht [in die Erde] gestoßener Geh-nicht-vorüber-Stelle.“ S. NIHONGI I, Kap. IV, Var. VIa: *Funato*.

[4]) „Des Weges Lange-Weg-Strecke.“ Der lange schmale Gürtel symbolisiert den langen Weg. *ha* = *ma* „Raum, Strecke“ ist problematisch. Shikida interpretiert *chi* und *ha* als „Schlange“.

[5]) *Mo*, ein Frauenrockähnliches Kleid mit einer Öffnung, von den Hüften herabhängend von Männern wie Frauen, vorzugsweise aber von letzteren, getragen..

[6]) „Losbindend-hinlegen.“

[7]) „Der Herr der Leiden oder Krankheiten.“

[8]) *Hakama*, eine weitbauschige Hose, vorzugsweise von Männern getragen.

[9]) „Weg-Gabel Gott“, „Kreuzweg-Gott“. Er ist wie *Funato* (*Tsuki-tatsu-funato*) ein Wegegott, bewacht die Landstraßen und hält die bösen Geister fern. Vgl. das Ritual zum MICHI-AHE NO MATSURI (Fest zur Fernhaltung der Dämonen), wo Chi-mata in einen Gott und eine Göttin gespalten erscheint: *Ya-chimata-hiko* „herrlicher Mann der acht Kreuzwege“ und *Ya-chimata-hime* „herrliches Weib der acht Kreuzwege“. Beide sind phallische Gottheiten. Ihre in Holz geschnitzten Götzen wurden in alter Zeit an den Wegen, Mann und Weib die Gesichter zugekehrt, aufgestellt, und häufig waren an solchen Götzenbildern

bedeckung[10]), die er sodann hinwarf, entstand, war Aki-guhi no Ushi[11]) no Kami. Die Namen der Gottheiten, welche aus dem Armband[12]) seiner erlauchten linken Hand, das er sodann hinwarf, entstanden, waren Oki-zakaru no Kami, ferner Oki-tsu-Nagisa-biko no Kami, ferner Oki-tsu-Kahi-bera no Kami. Die Namen der Gottheiten, welche aus dem Armband seiner erlauchten rechten Hand, das er sodann hinwarf, entstanden, waren He-zakaru no Kami, ferner He-tsu-Nagisa-biko no Kami, ferner He-tsu-Kahi-bera[13]) no Kami.

Die zwölf Gottheiten in der obigen Aufzählung von Funato no Kami bis zu He-tsu-Kahi-bera no Kami sind Gottheiten, die aus dem Ablegen der an seinem Körper getragenen Sachen entstanden.

Hierauf sprach er: „In der oberen Strömung ist die Strömung zu stark, in der unteren Strömung ist die Strömung zu schwach,“ ging hinab und tauchte in die mittlere Strömung unter, und als er sich darin wusch, entstand zuerst eine Gottheit mit dem Namen Ya-so-maga-tsu-hi[14]) no Kami, sodann Oho-maga-tsu-hi[15]) no Kami. Diese beiden Gottheiten sind diejenigen Gottheiten, welche aus der Beschmutzung, die er sich während seines Ganges in das Schmutzige scheußliche Land zuzog, entstanden. Die Namen der Gottheiten, die sodann entstanden, um diese Übel wieder gut zu machen, waren Kamu-naho-bi[16]) no Kami, sodann Oho-naho-bi[17]) no Kami, sodann Itsu-no-me[18]) no Kami. Die Namen der Gottheiten, die sodann geboren wurden, als er sich auf dem Boden des Wassers wusch, waren Soko-tsu-Wata-tsu-mi[19]) no Kami, sodann Soko-dzutsu-no-Wo[20]) no Kami. Die Namen der Gottheiten, welche entstanden, als er sich

die Geschlechtsteile, Phallus und Kteis, deutlich ausgebildet. Hirata berichtet noch für die neueste Zeit das Vorhandensein von steinernen Götzenbildern mit Geschlechtsteilen in den östlichen Provinzen, wo sie manchmal irrtümlich für den buddhistischen Nothelfer und Kindergott Jizō gehalten und in Tempeln verehrt werden. Die aus der Unterwelt, dem Totenreiche, kommenden Übel und bösen Geister werden füglich durch Gottheiten abgewehrt, welche das Lebensprinzip, die geschlechtliche Zeugung vertreten.

10) Mikagafuri.

11) Wahrscheinlich „Herr des Satt-essens“. *Aki* kann auch „offen“ bedeuten, dann macht aber *kuhi* unlösbare Schwierigkeiten. Kurokawa erklärte *kuhi* = *kuchi* „Mund“, was aber nur eine Umgehung der Schwierigkeit ist.

12) *Ta-maki* „um den Arm Geschlungenes“, in späteren Zeiten *kote* genannt.

13) Die Namen der vorstehenden sechs Gottheiten bilden zwei Parallelgruppen, deren eine als ersten Bestandteil das Wort *oki* „Tiefsee, weite tiefe See“ hat, während die zweite als Gegensatz hierzu das Wort *he* „Meeresufer“ (= umibe) enthält.

14) „Der Wunderbare Gott der achtzig Übel“, oder „der achtzig Schmutzarten“. Achtzig heißt viel. *Maga* ist eigentlich „krumm“; dem steht im Namen der Glücksgötter *naho* „gerade“ gegenüber.

15) „Der Wunderbare Gott der Großen Übel.“ Wird im Nihongi nicht genannt.

16) „Der Göttliche wieder gut machende Wunderbare.“

17) „Der Große wieder gut machende Wunderbare.“

18) „Das gewaltige Weib.“

19) „Herr des Boden-Meeres.“ Unter Wasser ist hier Meerwasser zu verstehen; im Nihongi steht auch ausdrücklich „auf dem Boden des Meeres“. Das Boden-Meer ist der tiefste Grund des Meeres.

20) „Des [Meer-]Bodens altehrwürdiger Mann.“

in der Mitte [der Flut] wusch, waren Naka-tsu-Wata-tsu-mi[21]) no Kami, sodann Naka-dzutsu-no-Wo[22]) no Mikoto. Die Namen der Gottheiten, welche entstanden, als er sich oben auf dem Wasser wusch, waren Uha-tsu-Wata-tsu-mi[23]) no Kami, sodann Uha-dzutsu-no-Wo[24]) no Mikoto.

Diese drei Wata-tsu-mi no Kami[25]) sind die Gottheiten, welche von den Adzumi no Muraji[26]) als ihre Ahnengottheiten verehrt werden. Die Adzumi no muraji sind nämlich die Nachkommen von Utsushi Higana-saku[27]) no Mikoto, einem Kinde [einer] dieser Meer-Gottheiten. Die genannten drei Gottheiten Soko-dzutsu-no-Wo no Mikoto, Naka-dzutsu-no-Wo no Mikoto und Uha-dzutsu-no-Wo no Mikoto sind die Großen Gottheiten der drei Schreine von Sumi-no-ye.[28])

Der Name der Göttin, welche entstand, als er hierauf sein linkes erlauchtes Auge wusch, war Ama-terasu Oho-mi-kami[29]). Der Name der Gottheit, welche

---

[21]) „Herr des Mitt-inneren Meeres."

[22]) „Der [Meeres-]Mitte altehrwürdiger Mann", Hoheit.

[23]) „Herr der Meeres-Oberfläche." Im Nihongi heißt es deutlicher: „als er oben auf der Flut schwimmend sich wusch".

[24]) „Der Oberfläche altehrwürdiger Mann." Statt *-dzutsu-no-Wo* ist in allen drei Fällen auch die Lesung *tsutsu-wo* angänglich.

[25]) Nämlich *Soko-tsu-Wata-tsu-mi, Naka-tsu-Wata-tsu-mi* und *Uha-tsu-Watatsu-mi*, wie das Nihongi besagt.

[26]) „Volksgruppenherren von Adzumi." *Adzumi* ist der Name des Geschlechtes (*Uji* Altfamilie), wahrscheinlich von dem Ortsnamen *Adzumi* in der Provinz *Shinano* genommen.

Muraji „Herr der Gruppe", von *mure* „Gruppe, Horde" und *ji* (auch *ushi*) „Herr", oder „Dorfherr" von *mura* „Dorf", ist eine der ältesten japanischen Klassenverbands-Bezeichnungen (*Kabane*). Dergleichen Titel lassen sich etwa mit unserm „Graf von Gleichen", „Fürst von Rudolstadt" usw. vergleichen, wo Gleichen oder Rudolstadt das *Uji*, Graf oder Fürst das *Kabane* bezeichnen. Soll eine einzelne Person des Geschlechtes bezeichnet werden, so wird noch der Personenname (Rufname, *Na*) beigefügt, z. B. *Adzumi no muraji Tsuratari*, oder oft mit anderer Reihenfolge *Adzumi no Tsuratari no muraji*. Die Kabane der ältesten patriarchalischen Zeit waren die *Omi*, *Muraji*, *Kuni no miyatsuko*, *Tomo no miyatsuko*, *Wake*, *Kimi*, *Atahi*, *Agata-nushi* und *Sukuri*, von denen die beiden ersten den eigentlichen Adel bildeten, und zwar die *Omi* Geschlechter kaiserlichen Geblütes, die *Muraji* solche nicht kaiserlichen Geblütes umfaßten. Jedes Uji gehörte einem bestimmten Kabane an und vererbte dieses unabänderlich auf seine Geschlechtsnachfolger. Die wirklichen oder in der Mehrzahl angeblichen Urahnen der Uji wurden als deren Ahnengötter verehrt. Für die Kenntnis der Abstammung und Rangverhältnisse der alten japanischen Familien ist das 814 n. Chr. vom Prinzen Mata verfaßte Seishiroku „Verzeichnis der Kabane und Uji" von größtem Werte, wenn es auch sehr viel fiktives Material enthält; und besonders auffallend ist darin der Umstand, daß etwa ein Drittel der japanischen Familien von chinesischer oder koreanischer Abstammung sein wollen.

[27]) *Utsushi* „gegenwärtig, lebendig"; *Higana* ist ein Bezirksname im Distrikt Sarashina der Provinz Shinano; *Saku* Name eines Distriktes in Shinano, ebenso wie *Adzumi*.

[28]) *Sumi-no-ye* „Bucht von Sumi", später *Sumi-yoshi* genannt, in der Provinz Settsu. Dort befinden sich vier Shintō-Tempel zu einer Gruppe vereinigt. Jeder der drei obigen Götter hat einen dieser Tempel zum Sitz, der vierte ist der Kaiserin Jingō Kōgu geweiht. Vgl. Satow, Handbook, 2. ed., pag, 193f.

[29]) „Die am Himmel scheinende Große erlauchte Gottheit", die Sonnengöttin. In neuerer Zeit ist auch die sinojapanische Aussprache der chin. Zeichen, *Ten-shō-dai-jin* oder *Ten-shō-kō-dai-jin* gebräuchlich.

sodann entstand, als er sein rechtes erlauchtes Auge wusch, war Tsuki-yomi no Mikoto[30]). Der Name der Gottheit, welche sodann entstand, als er seine erlauchte Nase wusch, war Take-haya-Susa-no-Wo no Mikoto[31]).

Über die Möglichkeit, ja Wahrscheinlichkeit, daß diese Darstellung des Kojiki von der Entstehung der Sonnengöttin und des Mondgottes nicht die echte japanische Urüberlieferung, sondern chinesisch beeinflußt ist, vgl. die betr. Anm. zu Nihongi I, Kap. IV. Der Vortritt der *linken* Seite vor der *rechten* ist gleichfalls chinesische Eigentümlichkeit, aber ob die Japaner diese Ordnung von den Chinesen übernommen haben, also ursprünglich eine andere besaßen, läßt sich nicht nachweisen. Die Sonnengottheit der Chinesen ist ein Mann.

[30]) Der Mondgott. Der erste Bestandteil des Namens, *tsuki*, bedeutet „Mond“, dagegen ist die Etymologie von *yomi* unsicher. *Yomi* ist entweder von *yo* „Nacht“ abgeleitet, und mit den Wörtern *yomi, yomo* „Dunkelheit, Hades“, *yami* „Dunkelheit“ usw. verwandt, *Tsuki-yomi* also etwa „Mondnacht“ oder „Mondnächtler“; oder vom Verbum *yomu* „zählen“: „Mondenzähler, Zeitzähler“, mit Beziehung auf die wichtige Rolle, welche der Mond bei der Zeitrechnung spielt. Letztere Auffassung wird einigermaßen durch die offenbare Verwandtschaft von *tsuki*, was nicht nur „Mond“, sondern auch „Monat“ bedeutet, mit *toki* „Zeit“ (wohl auch *toki, toko* „lange dauernd, ewig“) unterstützt. Das etymologische Verständnis des Kompositums muß frühzeitig verblaßt sein, wie die tastende Unsicherheit der Schreibungen mit chinesischen Zeichen und die Verwendung von *tsuki-yomi* in der reinen Bedeutung „Mond“ in alten Gedichten zeigt.

Die Mondgottheit ist eine *männliche*, im Gegensatz zu China; man vgl. auch Namen wie *tsuki-yomi-wotoko* „Mond-Mann“ und *tsuki-hito-wotoko* „Mondmensch-Mann“ im Manyōshū. In einem angeblich gegen Anfang des 12. Jahrhunderts in Ise abgefaßten Werke mit Angaben recht zweifelhafter Herkunft, dem Yamato-bime-seiki, wird als bildliche Darstellung des Mondgotts ein auf einem Pferde reitender Mann erwähnt. Diese Auffassung dürfte schwerlich auf einer altjapanischen Tradition beruhen.

[31]) „Heftiger Schneller Ungestümer Mann.“ Die beiden ersten Epitheta werden meist weggelassen. Für *Susa* findet sich auch *Sosa*. *Susa no Wo* ist in erster Linie der *Sturmgott*, und zwar der Gott des Sturms auf dem Lande und Meere (daher nach einer Überlieferung auch Beherrscher des Meeres, s. Kojiki 11) und des finsteren Gewittersturms. Seine Angewohnheit zu weinen und zu wehklagen deutet auf das Heulen des Sturmwindes. Wegen seiner Zerstörungswut und Verweisung zum Beherrschen der Unterwelt erscheint er ferner als *Gott des Totenreiches*. Schließlich spielt er in der Lokalsage von Idzumo als ein sagenhafter Held und Stammvater der Beherrscher von Idzumo eine Rolle, und macht unter anderm einen Abstecher nach Korea. Das Geschlecht des erblichen Oberpriesters des *Idzumo no Oho-yashiro* (Großer Schrein) in Kidzuki, des zweitheiligsten Shintotempels in Japan, leitet seinen Ursprung von ihm ab, wie die Kaiserliche Familie ihren Ursprung von der in Ise verehrten Sonnengöttin herleitet. Der Oberpriester heißt im Volksmunde dort der „lebende Gott“ (*iki-gami*). Das gegenwärtige Haupt des Geschlechtes (Familie *Senge*) betrachtet sich als den 82. direkten Nachkommen von *Susa no Wo*.

Mit dem „Sturmgott“ *Susa-no-Wo*, der im Bingo-Fudoki übrigens auch *Take-araki no Kami* „Gott des ungestümen Wütens“ heißt, darf der „Windgott“ *Shina-tsu hiko* „Atemlanger Prinz“ nicht verwechselt werden. Letzterer repräsentiert die ruhige oder sich sanft bewegende, den Raum zwischen Himmel und Erde füllende Luft und ist aus dem Mundhauch Izanagis entstanden, während der ungestüme, schnelle, wütende Sturmwindgott aus der schnaubenden Nase entstand. Es gibt auch noch einen besonderen Gott des Wirbelwindes, *Haya-ji* genannt (vgl. Nihongi II, Kap. I).

In der Zeit der Vermengung von Shintoismus und Buddhismus ist auch *Susa no Wo* seinem Schicksal nicht entgangen: man hat ihn mit dem Gotte *Go-dzu* „Ochsenkopf“, dem Ochsenköpfigen Kerkermeister der buddhistischen Hölle, identifiziert.

Die vierzehn Gottheiten in der obigen Aufzählung von Yaso-maga-tsu-hi no Kami bis zu Haya-Susa-no-Wo no Mikoto sind solche, welche aus dem Waschen seines erlauchten Körpers entstanden.

[11. Bestallung der drei göttlichen Kinder.]

Nun freute sich Izanagi no Mikoto sehr und sprach: „Indem ich Kinder zeugte und zeugte, habe ich bei der letzten Zeugung drei herrliche Kinder bekommen.“ Damit nahm er das Juwelenband, das sein erlauchtes Halsband bildete, klingend ab, schüttelte es und überreichte es der Ama-terasu Oho-mi-kami, indem er sprach: „Deine Hoheit soll das Gefilde des Hohen Himmels regieren!“ Mit diesem Auftrag überreichte er es ihr. Nun war der Name dieses erlauchten Halsbandes Mi-kura-tana no Kami[1]). Sodann sprach er zu Tsuki-yomi no Mikoto: „Deine Hoheit soll das Nachtbeherrschte Land regieren!“ So beauftragte er ihn. Sodann sprach er zu Take-haya-Susa-no-Wo no Mikoto: „Deine Hoheit soll das Meer-Gefilde regieren!“

[12. Susa-no-Wo's Weinen und Wehklagen.]

Während nunmehr eine jede [der beiden anderen Gottheiten] dem gnädigst an sie erlassenen Befehl gemäß ihre Herrschaft ausübte, übte Haya-Susa-no-Wo no Mikoto nicht die Herrschaft über das ihm anbefohlene Land[1]) aus, sondern heulte und wehklagte ungeberdig, bis sein acht Handbreiten langer Bart ihm bis über die Brust herabreichte.[2]) Die Art seines Heulens war so, daß er durch sein Heulen die grünen Berge gleichsam zu dürren Bergen verdorren ließ, und durch sein Heulen die Flüsse und Meere sämtlich austrocknen ließ.[3]) Aus diesem Grunde war das Herumlärmen der bösen Gottheiten dem der Fliegen zur Reispflanzzeit zu vergleichen, die alle umherwimmelten, und in einer Myriade von Dingen kamen alle Übel zum Vorschein. Daher sprach die Große erlauchte Gottheit Izanagi zu Haya-Susa-no-Wo no Mikoto: „Wie kommt es, daß du das dir anvertraute Land nicht regierst, sondern heulst und ungebärdig wehklagst?“ Er antwortete und sprach: „Ich heule, weil ich den Wunsch habe, mich in das Land der verstorbenen Mutter, in das Untere entlegene Land zu begeben.“ Da war die Große erlauchte Gottheit Izanagi sehr zornig und sprach: „Wenn das

XI.

1) „Die Gottheit auf dem Sims des erlauchten Speichers.“ Nach Motowori soll der Name des Halsbandes (*Kubi-tama* „Hals-Juwelen“) daher rühren, daß die Göttin das überaus kostbare Schatzstück auf einem Sims ihres Speichers aufbewahrte. In der ältesten Zeit trugen sowohl Männer als Frauen an Schnüren aufgereihte schöne Steine (Kugel-, Röhren- oder Komma-förmig) als Schmuckgegenstände.

XII.

1) D. h. das Meeresgefilde, *una-bara.*

2) D. h. sogar noch als erwachsener Mann.

3) Der Parallelismus membrorum, den diese Stelle zeigt, ist eines der wichtigsten stilistischen Ausdrucksmittel der japanischen Poesie.

so ist, so sollst du nicht in diesem Lande[4]) wohnen!“ und darauf verbannte er ihn mit göttlicher Verbannung.

Nunmehr residiert diese Große Gottheit Izanagi zu Taga in Afumi[5]).

[13. Austausch des Eidschwurs.]

Hierauf nun sprach Haya-Susa-no-Wo no Mikoto: „Wenn das so ist, so will ich mich von Ama-terasu Oho-mi-kami verabschieden und davon gehen.“ Als er hierauf zum Himmel emporstieg, gerieten die Berge und Flüsse alle in Bewegung, und Land und Erde sämtlich bebten. Wie Ama-terasu Oho-mi-kami dies vernahm, erschrak sie und sprach: „Der Grund, warum Seine Hoheit mein (älterer) Bruder[1]) heraufkommt, ist sicherlich kein wohlgemeinter. Er wird mich bloß meines Landes berauben wollen.“ Hierauf löste sie ihr erlauchtes Haar, drehte es zu [zwei] erlauchten Haarschöpfen zusammen[2]) und flocht sowohl in den linken als den rechten erlauchten Haarschopf und ebenso in ihren erlauchten Haarschmuck und ebenso um ihren linken und ihren rechten erlauchten Arm[3]) an Fäden aufgereihte Juwelen von fünfhundert Yasaka-Krumm-Juwelen[4]);

---

[4]) In dem dir angewiesenen Lande, dem Meeresgefilde.

[5]) Das Engi-shiki verzeichnet zwei *Taga-jinja* genannte Schreine im Distrikt Inukami der Provinz Afumi (Ōmi). *Afumi* ist aus *Aha-umi* „frisches Meer, Süßsee“ entstanden, womit der Biwa See gemeint ist, der einen großen Teil der Provinz einnimmt. Nach Nihongi I, Kap. V nahm aber Izanagi seinen Aufenthalt auf der Insel Ahaji, woselbst sich im Dorfe *Taga* des Distriktes Tsuna ein *Izanagi-jinja* befindet. Letzteres scheint das Taga der ursprünglichen Tradition zu sein. Das Nihongi hat in der Variante noch eine dritte Version.

XIII.

[1]) Susa no Wo ist zwar ihr jüngerer Bruder, aber die damalige Etikette erforderte, daß der jüngere Bruder (*otouto*, spr. *otōto*) der älteren Schwester (*ane*) gegenüber als ihr *se* „älterer Bruder“ bezeichnet wurde, während er dem älteren Bruder (*ani* oder *se*) gegenüber *oto* hieß. Auch die jüngere Schwester heißt der älteren gegenüber *oto*, aber dem älteren Bruder gegenüber *imo*. *imo* heißt ferner die ältere Schwester dem jüngeren Bruder gegenüber. Daß sich die Gatten untereinander mit *se* und *imo* anredeten, haben wir oben wiederholt gesehen. Besondere Kosenamen waren die Zusammensetzungen mit *iro-* „lieb“, also *iro-se* für *se*, *iro-ne* für *ane*, *iro-do* für *oto*, *iro-mo* für *imo* (letzteres unbelegt). Als allgemeiner Grundsatz gilt der Vorrang der Älteren vor den Jüngeren und des männlichen vor dem weiblichen Geschlechte.

[2]) Sie verwandelte ihre weibliche Haartracht (das Haar in *einen* Schopf zusammengebunden und hinten über Hals und Rücken herabhängend!) in die männliche. Über letztere vgl. IX, Anm. 4. Der allgemeine Name für „Schopf“ war *motodori*, für den Männerschopf speziell *midzura*, für den Frauenschopf nach einer Autorität *kadzura*, was aber sonst „Haarschmuck“ bedeutet.

[3]) Handgelenk im Nihongi.

[4]) *Yasaka* ist der Name eines Ortes, der im Nihongi wiederholt genannt wird. Dort scheint man die als Schmuckgegenstände verwendeten Juwelen (*ni*) und *Maga-tama* „Krumm-Edelsteine“ verarbeitet zu haben. Die meist kommaförmigen *Maga-tama* wurden an dem einen dickeren Ende durchlöchert, aufgeschnürt und als Armband, Halsband, Fußschmuck, an Kleidern, in den Haaren usw. getragen. Noch jetzt legen die Shintopriester bei großen Festen einen solchen Halsschmuck an, *Kubikake no Magatama* „Halsband-Krummedelsteine“, und überhaupt spielen die *Magatama* unter den sakralen Geräten

und auf den Rücken hing sie sich einen tausendpfeiligen Köcher und fügte noch einen fünfhundertpfeiligen Köcher hinzu; und ferner nahm sie ein gewaltiges lauttönendes Rückprallpolster[5]) und hing es sich um, und schwang das [eine] Bogen-Ende [schußfertig] empor, und stampfte auf den harten Hof, daß sie bis an die beiden Schenkel versank, wobei sie [die Erde] wie schaumigen Schnee mit ihren Fußtritten wegtrat,[6]) und trat mit gewaltiger männlicher Tapferkeit wild daher, erwartete ihn und sagte: „Aus welchem Grunde kommst du herauf?"

---

des Shintō eine große Rolle. Das Material, woraus sie gemacht wurden, war in erster Linie Jaspis, Achat, eine geringe Marmorart und buntes Glas; sodann Bergkristall und Nephrit; selten Gold und vergoldetes Kupfer. In neuerer Zeit werden sie aus allerhand Materialien fabrikmäßig hergestellt. Zahlreiche *Magatama* sind in Gräbern der Frühzeit gefunden worden; daß sie als Schmuck schon von den protohistorischen Japanern getragen wurden, zeigen die tönernen *Haniwa* Figuren, die man neben alten Gräbern in Yamato ausgegraben hat, und von denen manche Magatama um den Hals haben. Den Toten wurden sie als Amulette mitgegeben. Die Kopfstütze eines Toten, die im Kaiserl. Museum zu Tokyo sich befindet, ist teilweise von Magatama umgeben. Die nicht seltenen Speckstein-Magatama wurden wegen ihres weichen Materials kaum wirklich getragen, wie Dr. Gordon Munro vermutet, sondern mehr als Ersatzstücke für Opferzwecke verwendet. So sind aus Speckstein gewöhnlich die Magatama, welche als Votivgaben dienten und aus der Erde bei alten Schreinen oder heiligen Plätzen ausgegraben wurden.

Ihrer Form nach sind die *Magatama* die Nachbildung einer Raubtierkralle, und zwar kommen hier für Japan und Korea besonders der Bär und der Tiger in Betracht. Der Bär wird ja noch heute von den Ainu als eine Gottheit verehrt, und bei den Koreanern gilt eine Tigerkralle bis jetzt als höchst wirksames Amulett. Wir haben da ein Überbleibsel aus der Zeit primitivster Kultur, wo der Tierkult verbreitet war und naturgemäß solche gefürchtete Dinge, wie die Krallen der Raubtiere, und weiterhin ihre Nachbildungen, zu schützenden Amuletten wurden.

[5]) *Tomo*, aus Leder und hohl, zum Schutz des linken Armes gegen den Rückschlag der Bogensehne am linken Ellbogen befestigt. Zu gleicher Zeit sollte es beim Anschlag laut ertönen. Der Bogen wird von den Japanern beim Schießen senkrecht gehalten, der Pfeil rechts am Bogen angelegt, und beim Abschnellen des Pfeils macht der Bogen in der linken Hand eine Rundschwenkung nach links, sodaß die Sehne da, wo das *Tomo* sitzt, an den linken Arm anschlägt. Das Wort *tomo* ist vielleicht aus einem schallnachahmenden Onomatopoetikum *ton, tom* (vgl. das indische Tam-tam) entstanden. Auf dem *Tomo,* wie auf den alten koreanischen und japanischen Trommeln, findet sich eine eigentümliche Zeichnung, bestehend aus einem Kreis mit drei Magatama ähnlichen Figuren, von den Japanern *Mitsu-domo-ye* genannt und als „drei(teiliges) Tomobild" interpretiert. Damit ist aber die Sache selber und ihre Bedeutung nicht erklärt. Wichtige Aufschlüsse hat Dr. Gordon Munro in einem Vortrag in der Asiatic Society of Japan gegeben. Die Figur ist weit verbreitet, nicht nur im Osten, sondern auch in Westasien und Europa. Es ist ein Triskelion, ein mit der Sonne in Beziehung stehender Begriff, und stellt wahrscheinlich die Bewegung der Sonnenscheibe dar. Munro stellt auch eine geistreiche, obgleich gewagte, Etymologie auf. Er führt das Wort auf eine volksetymologische Entstellung des Namens des assyrischen Sonnengottes *Sandon* oder *Sandom* zurück, dessen Abzeichen das Triskelion war. In dem unverständlich gewordenen Sandon soll mit Rücksicht auf die Dreiheit im Bilde *san* für das chinesische Wort für „drei" gehalten und in *mitsu* japanisiert worden sein.

[6]) Ähnlich wie in Firdusi's Shah-nameh unter Rustems Fußtritten der Felsenboden einsinkt. Für „beide Schenkel" steht wörtlich „Gegenschenkel" *muka-momo.* „Schaum-Schnee" ist weicher Schnee.

Da antwortete Susa-no-Wo no Mikoto und sprach: „Ich habe keine schmutzige Gesinnung. Nur weil Seine Hoheit die Große hehre Gottheit [unser Vater] sich nach dem Grunde meines Heulens und ungeberdigen Wehklagens erkundigte, habe ich gesagt, daß ich heulte, weil ich in das Land der verstorbenen Mutter zu gehen begehrte. Darauf sprach die Große hehre Gottheit: „Du sollst in diesem Lande nicht verweilen!“ und verbannte mich gnädigst mit göttlicher Verbannung. Ich bin daher lediglich mit der Absicht, mich von dir zu verabschieden und davon zu gehen, herauf gekommen. Ich habe keine andersgeartete Gesinnung.“ Da sagte Ama-terasu Oho-mi-kami: „Wenn das wirklich so wäre, woran könnte ich dann die Lauterkeit deiner Gesinnung erkennen?“ Hierauf antwortete Susa-no-Wo no Mikoto und sprach: „Laß jeden von uns einen Schwur tun und Kinder erzeugen!“

Als sie nun demgemäß beide, den Ruhigen Fluß des Himmels[7]) zwischen sich in der Mitte, den Schwur taten, ließ sich zuerst Ama-terasu Oho-mi-kami von Take-haya-Susa-no-Wo no Mikoto das zehn Handbreiten lange Schwert, das er umgegürtet trug, überreichen, zerbrach es in drei Stücke, und wusch sie unter dem klingenden Getön der Juwelen [ihres Armbandes] im Trefflichen Brunnen[8]) des Himmels durch Hin- und Herschwenken rein. Dann kaute sie dieselben mit knirschendem Geräusch und blies sie weg, und aus dem dichten Nebel ihres Hauches entstand eine Gottheit mit dem erlauchten Namen Ta-kiri-bime[9]) no Mikoto, die mit einem anderen erlauchten Namen auch Oki-tsu-shima-bime[10]) no Mikoto heißt; sodann Ichiki-shima-hime[11]) no Mikoto, die mit einem anderen erlauchten Namen auch Sa-yori-bime[12]) no Mikoto heißt; sodann Tagi-tsu-hime[13]) no Mikoto.

Haya-Susa-no-Wo no Mikoto ließ sich die von Ama-terasu Oho-mi-kami um ihren linken erlauchten Haarschopf gewundenen an Fäden aufgereihten Edelsteine von fünfhundert Yasaka-Krummedelsteinen überreichen, und wusch

---

[7]) Der Text hat *Yasu-kawa* „ruhiger Fluß“, was wohl eine ursprüngliche, nicht berechtigte Nebenform von *ya-se-kawa* „Acht-Strömungen-Fluß, vielströmiger Fluß“ ist. Diese echte alte Form haben wir z. B. im Kogoshūi in dem Ausdruck *ama no ya-se-kawa-hara* „Gefilde des achtströmigen Flusses des Himmels“. Die Milchstraße ist gemeint.

[8]) *Ma-na-wi; ma* „trefflich“, *na* = *no* Attributivpartikel, *wi* „Brunnen“. Es ist kein gewöhnlicher Brunnen gemeint, sondern eine Stelle des himmlischen Flusses, wo man Wasser schöpft. *Wi* heißt im Altertum überhaupt jede Wasserschöpfstelle.

[9]) „Prinzessin aufsteigender Nebel“, wenn *ta-kiri* aus *tachi-kiri* kontrahiert ist, oder „Prinzessin Brausestrom-Nebel“, wenn es aus *tagi-kiri* (vom Verbum *tagitsu*, *tagiru* „brausend und schäumend fließen“) zusammengezogen ist. Das Nihongi hat *Ta-gori-bime*

[10]) „Prinzessin der Tiefsee-Insel“.

[11]) „Prinzessin von Ichiki-shima“, d. i. „Prinzessin der Lieblichen Insel“. *Ichiki-shima*, später *Itsuku-shima* genannt, ist die um ihrer Lieblichkeit zu den drei Sehenswürdigkeiten (San-kei) von Japan gerechnete heilige Insel, unweit Hiroshima in der Inlandsee.

[12]) „Trefflich-gute Prinzessin“, offenbar nur ein kosender Beiname.

[13]) „Schäumend-brausende Prinzessin“; phonetisch geschrieben, im Nihongi aber ideographisch „Wasserfall-Prinzessin“. Diese Schreibung entspricht insofern der Etymologie, als *taki* „Wasserfall“ mit *tagi* (vom Verbum *tagitsu*) wurzelverwandt ist.

sie unter dem klingelnden Getön der Juwelen im Trefflichen Brunnen des Himmels durch Hin- und Herschwenken rein. Dann kaute er sie mit knirschendem Geräusch und blies sie weg, und aus dem dichten Nebel seines Hauches entstand eine Gottheit mit dem erlauchten Namen Masaka-a-katsu Kachi-hayabi Ame no Oshi-ho-mimi[14]) no Mikoto. Ferner ließ er sich von ihr die um ihren rechten erlauchten Haarschopf gewundenen Juwelen überreichen, zerkaute sie mit knirschendem Geräusch und blies sie weg, und aus dem dichten Nebel seines Hauches entstand eine Gottheit mit dem erlauchten Namen Ame no Ho-hi[15]) no Mikoto. Ferner ließ er sich von ihr die in ihren erlauchten Haarschmuck geflochtenen Juwelen überreichen, zerkaute sie mit knirschendem Geräusch und blies sie weg, und aus dem dichten Nebel seines Hauches entstand eine Gottheit mit dem erlauchten Namen Ama-tsu-Hiko-ne[16]) no Mikoto. Wiederum ließ er sich von ihr die um ihren linken erlauchten Arm gewundenen Juwelen überreichen, zerkaute sie mit knirschendem Geräusch und blies sie weg, und aus dem dichten Nebel seines Hauches entstand eine Gottheit mit dem erlauchten Namen Iku-tsu-Hiko-ne[17]) no Mikoto. Ferner ließ er sich von ihr die um ihren rechten erlauchten Arm gewundenen Juwelen überreichen, zerkaute sie mit knirschendem Geräusch und blies sie weg, und aus dem dichten Nebel seines Hauches entstand eine Gottheit mit dem erlauchten Namen Kumanu no Kusu-hi[18]) no Mikoto. (*Insgesamt fünf Gottheiten.*)

[14. Die Sonnengöttin verkündigt die Verteilung der hehren männlichen und weiblichen Kinder.]

Hierauf sprach Ama-terasu no Oho-mi-kami zu Haya-Susa-no-Wo no Mikoto: „Was die zuletzt entstandenen fünf männlichen Kinder anbelangt, so sind sie hinsichtlich ihres Ursprungs aus meinem Eigentum entstanden; deshalb sind sie selbstverständlich meine Kinder. Was die zuerst entstandenen drei

---

[14]) „Die [mit dem Rufe:] ‚Wahrlich ich siege!‘. triumphierend sich heftig gebarende allüberwindende große erlauchte Person des Himmels.“ *Masaka,* „wahrlich“, *a* „ich“, *katsu* und *kachi* „siegen“, *hayabi* von *hayaburu* „sich heftig gebaren“, *oshi* von *osu* „drängen“ (*osofu* überwinden), *ho* (Reisähre) verkürzt aus *oho* „groß“, (? Vgl. aber Nihongi II, Kap. I, Anm. 2 und 3), *mimi* entweder *mi-mi* „erlauchte Person“, oder *mimi* „Ohr“, wie Shikida interpretiert. Der Zusatz *mimi* „Ohr“ in dem Namen soll Sinnbild der Scharfhörigkeit und Achtsamkeit des Gottes sein; große Ohren werden als glückbedeutend angesehen. So hat Shōtoku-taishi (Nihongi Buch 22) den Beinamen *Ya-tsu-mimi no Taishi* „vielohriger Kronprinz“. Der „Sieg“ bezieht sich auf Susanowos erfolgreichen Nachweis seiner Lauterkeit im Wettstreit mit der Sonnengöttin.

[15]) Unklar. Nach den chinesischen Zeichen im Nihongi „Himmels-Ähren-Sonne“; vielleicht als „Himmels Großer Sonnenherrlicher“ zu erklären. Sehr naheliegend ist auch die Bedeutung „Feuer“ für *ho,* was ich der Gleichsetzung von *ho* = *oho* „groß“ vorziehen möchte.

[16]) „Himmlischer lieber Prinz“.

[17]) „Lebens-lieber Prinz“.

[18]) „Der Wunderbar-Herrliche von Kumanu“. *Kumanu* ist eine Örtlichkeit im Distrikt Ou von Idzumo, in der Nähe von Suga, und muß von *Kumanu* in der Provinz Kii unterschieden werden. Nach Hirata wäre diese Gottheit mit *Ama no Ho-hi* identisch.

weiblichen Kinder anbelangt, so sind sie hinsichtlich ihres Ursprungs aus deinem Eigentum entstanden, deshalb sind sie also deine Kinder." Auf diese Weise befahl sie die Verteilung vorzunehmen.

Daher wohnt jene zuerst entstandene Gottheit Ta-kiri-bime no Mikoto im Tiefsee-Tempel von Munakata.[1]) Sodann Ichiki-shima-hime no Mikoto wohnt im Mitteltempel[2]) von Munakata. Sodann Tagi-tsu-hime no Mikoto wohnt im Ufer-Tempel[3]) von Munakata. Diese drei Gottheiten sind die Gottheiten der drei Schreine, welche die Munakata no Kimi[4]) verehren.

Nun Take-hira-tori[5]) no Mikoto, der Sohn von Ame no Ho-hi no Mikoto, einem dieser zuletzt entstandenen fünf Kinder, *(dieser ist der Ahn der Kuni-no-miyatsuko*[6]) *von Idzumo,*[7]) *der Kuni-no-miyatsuko von Muzashi,*[8]) *der Kuni-*

XIV.

[1]) ***Munakata no Oki-tsu-miya.*** ***Munakata*** ist ein Distrikt in der Provinz Chikuzen. ***Oki-tsu-miya*** „Tiefsee-Tempel, Tempel in der hohen See" ist identisch mit der kleinen Insel ***Oki-tsu-shima*** „Tiefsee-Insel", welche 48 Ri nordwestlich von der zum Distrikt Munakata gehörigen Insel Ohoshima liegt. Die Insel hat drei ziemlich hohe Bergspitzen, und es befindet sich dort ein Schrein, worin die Göttin Tagori-bime, alias Takiri-bime verehrt wird. Die Eingeborenen nennen die Insel jetzt ***Oga no shima.***

[2]) ***Naka-tsu-miya,*** die soeben erwähnte Insel ***Oho-shima,*** drei Ri nördlich von dem Orte Kō-no-minato in Chikuzen. Daselbst befindet sich ein Schrein Namens ***Munakata-jinja,*** wo Tagi-tsu-hime als Hauptgottheit, Ta-gori-bime und Ichiki-shima-hime als Nebengottheiten verehrt werden.

[3]) ***He-tsu-miya,*** d. i. die Insel ***Ta-shima,*** ganz nahe an der Küste bei Kō-no-minato von Munakata in Chikuzen. Der Name „Ufer-Tempel" weist darauf hin, daß diese Kultstätte dem Lande am nächsten liegt. Auch hier werden die letztgenannten Gottheiten alle drei verehrt.

[4]) „Die Herren von Munakata". ***Kimi*** „Herr" ist der Name eines der alten Kabane (Klassenverband) und scheint sich von ***Kuni-no-miyatsuko*** „Provinzherr" nicht wesentlich zu unterscheiden. Vgl. Anm. 6.

[5]) Unklar. Der Name findet sich sonst nirgends. Doch könnte ***hira*** mit ***hina*** verwechselt worden sein. Dann wäre diese Gottheit wohl identisch mit ***Ama no Hina-tori no Mikoto,*** welcher Schreine in den Provinzen Inaba und Idzumo hatte.

[6]) Die ***Kuni-no-miyatsuko,*** etwa „die erlauchten Mannen der Länder oder Provinzen" (***Kuni*** „Land, Provinz"; ***mi*** Honorif.; ***yatsuko*** urspr. „Kind des Hauses", dann „Manne", später zu ***yakko*** mit der verschlechterten Bedeutung „Knecht" geworden) waren die landbesitzenden, ackerbautreibenden Herren, der Landadel. Der Name wird oft in ***Kunitsuko*** abgekürzt. Die ganz großen Grundbesitzer hießen ***Ō-kunitsuko,*** die gewöhnlichen ***Kunitsuko*** überhaupt, worunter die Sonderbezeichnungen ***Agata-nushi*** „Distrikt-Herren", ***Inaki*** oder ***Inagi*** (wohl die Hüter der öffentlichen „Reisspeicher" in den Provinzen), ***Sukuri*** oder ***Suguri*** „Dorfherr" (ein koreanisches Wort?) = ***Mura-nushi*** zu beachten sind. Die Kunitsuko benannten sich meistens nach dem Ort oder der Landschaft, wo sie eingesessen waren; im Geschlechtsregister des Seishiroku z. B. sind 42 Familien, die sich nach Ortsnamen benennen, aufgeführt. Zur Zeit des Kaisers Yūryaku (457—79) soll die Zahl der Kunitsuko Familien bis auf 144 gestiegen sein. In den Landadel traten auch entferntere Sprößlinge der Kaiserlichen Familie, welche in den Provinzen mit Grundbesitz angesiedelt worden waren, ein: bis etwa zur sechsten Generation führten sie den Titel ***Kimi*** „Herr" oder ***Wake*** „Abgezweigter", dann hießen sie einfach ***Kunitsuko.***

[7]) Auf sie bezieht sich Norito No. 27.

[8]) Jetzt ***Musashi;*** die Provinz, in welcher Tōkyō liegt.

no-miyatsuko von Ober-Unakami, der Kuni-no-miyatsuko von Unter-Unakami,[9]) *der Kuni-no-miyatsuko von Ijimu,*[10]) *der Atahe*[11]) *der Agata von Tsushima,*[12]) *der Kuni-no-miyatsuko von Toho-tsu-Afumi)*[13]).

Sodann Ama-tsu-Hiko-ne no Mikoto, (*er ist der Ahn der Kuni-no-miyatsuko von Ohoshi-kafuchi,*[14]) *der Muraji der Nukatabe-no-Yuwe,*[15]) *der Kuni-no-miyatsuko von Ki,*[16]) *der Atahe von Tanaka*[17]) *in Yamato, der Kuni-no-miyatsuko von Yamashiro,*[18]) *der Kuni-no-miyatsuko von Umaguda,*[19]) *der Kuni-no-miyatsuko von Kihe in Michi-no-shiri,*[20]) *der Kuni-no-miyatsuko von Suha,*[21]) *der Miyatsuko von Amuchi*[22]) *in Yamato, der Agata-nushi*[23]) *von Takechi,*[24]) *der Inaki*[25]) *von Kamafu*[26]) *und der Miyatsuko von Sakikusabe*).

[15. Susa-no-Wo's grober Unfug.]

Hierauf sprach Haya-Susa-no-Wo no Mikoto zu Ama-terasu Oho-mi-kami: „Da meine Gesinnung rein und lauter war, habe ich bei der Zeugung von Kindern

---

[9]) Distrikte in den Provinzen Kadzusa und Shimōsa.

[10]) Distrikt Ijimi in Kadzusa.

[11]) *Atahe* oder *atahi,* auf eine ältere Form *atahiye* von unbekannter Etymologie zurückgehend, nach dem Seishiroku = *kimi* „Herr", eines der alten Kabane, welches unter den Omi und Muraji rangierte und den Kunitsuko nahe stand. Etwa „feudaler Herr".

[12]) *Agata* scheint ungefähr die gleiche Bedeutung wie *Kohori* „Distrikt" zu haben. Die Hauptinsel der Tsushima Gruppe wird durch die Bucht Asaji-ura in zwei Teile geteilt, die Kami-agata und Shimo-agata heißen. Es ist also zu verstehen: Die Feudalherren der beiden Agata von Tsushima, d. i. von Tsushima schlechthin.

[13]) Das „ferne Afumi", d. i. die jetzt Tōtōmi genannte Provinz.

[14]) Sprich *Ōshi-kōchi* „Innerhalb der großen Flüsse", älterer Name der Provinz Kawachi.

[15]) Der *Yuwe*-Zweig der *Nukatabe* Familie. *Yuwe* ist hier ein Geschlechtsname, bedeutet aber ursprünglich „Badefrau" oder „Badrüster", eine Bezeichnung für diejenigen Leute, denen das Zurichten des Bades der kaiserlichen Kinder oblag.

[16]) Vor *Ki* ist offenbar ein Zeichen weggefallen: es sollte *Ubaraki* heißen. Also: die Kunitsuko des Distriktes *Ubaraki* (Ibaragi) in der Provinz Hitachi.

[17]) Name mehrerer Dörfer in der Provinz Yamato.

[18]) *Yamashiro* scheint aus *Yama-ushiro* „hinter den Bergen" kontrahiert zu sein. Die Provinz wird so heißen, weil sie hinter den Bergen im Norden von Yamato, der eigentlichen Hauptprovinz, liegt.

[19]) Ehemaliger Distrikt in der Provinz Kadzusa. [20]) Unbekannt.

[21]) Jetzt *Suwō,* Provinz. [22]) Name eines Dorfes im Distrikt Yamabe von Yamato.

[23]) „Distrikt-Herr", niedriger Landadel, unter den Kunitsuko. Siehe Anm. 6.

[24]) Der Distrikt Takaichi in Yamato.

[25]) Wohl aus *Ina-kimi* „Reis-Herr". Die Hüter der öffentlichen Reisspeicher (*miyake*) in den Provinzen, eine Art Dorfschulzen, und somit dem niederen Landadel angehörend, dessen vornehmere Schicht die Kunitsuko bilden. Der Name kommt in der Form *Iniki* oder *Ineki* schon in der Japan-Abteilung des chinesischen Geschichtswerkes Peh-sze „Geschichte des Nordens", welches die Geschichte der 3 chines. Norddynastien vom 4. bis 6. Jahrhundert behandelt, vor. Daselbst wird berichtet, daß der *Ineki* über 80 Häuser eingesetzt sei und dem chinesischen Dorfältesten (li-chang) entspreche, und daß ferner zehn *Ineki* zu einem *Kuni* gehörten; die Anzahl der *Kuni [no miyatsuko]* wird auf 120 angegeben. *Ineki* wird eine berechtigte alte Form des Wortes gewesen sein, denn „Reis" heißt ja eigentlich *ine,* und das *e* geht erst in Zusammensetzungen in *a* über.

[26]) Distrikt der Provinz Afumi (Ômi).

zarte Mädchen bekommen. Danach zu reden, habe ich selbstverständlich gewonnen.“ So sprach er, und im Siegesungestüm zerstörte er die Dämme der von Ama-terasu Oho-mi-kami angelegten Reisfelder und verstopfte die Wassergräben,[1]) und ferner verstreute er Kot in dem Palast, wo sie den Großen Schmaus hielt.[2]) Trotzdem er dergleichen tat, schalt ihn Ama-terasu Oho-mi-kami nicht, sondern sagte: „Das was wie Kot aussieht, muß etwas sein, was Seine Hoheit mein älterer Bruder in der Trunkenheit hie und da ausgebrochen hat. Und daß er weiterhin die Dämme der Reisfelder zerstört und die Wassergräben verstopft, so wird Seine Hoheit mein älterer Bruder wohl so handeln, weil er den Boden als zu gut [für Reisfelder] betrachtet.“ Aber obgleich sie so seine Schlechtigkeit zu entschuldigen suchte, ließ er doch von seinen Übeltaten nicht ab, sondern trieb es nur noch schlimmer.

Als Ama-terasu Oho-mi-kami sich in der heiligen Web-Halle[3]) befand und Götterkleider weben ließ, brach er in den Dachfirst der Web-Halle ein Loch, zog einem himmlischen scheckigen Pferde mit Rückwärtsschindung die Haut ab und ließ es hineinfallen. Da waren bei diesem Anblick die die himmlischen Kleider webenden Frauen so erschrocken, daß sie sich mit dem Webschiffchen in die Scham stachen und starben.

[16. Die Himmlische Felsen-Wohnung.]

Hierauf nun machte Ama-terasu Oho-mi-kami, über den Anblick entsetzt, die Tür der Himmlischen Felsen-Wohnung[1]) [hinter sich] zu, verriegelte sie und hielt sich eingeschlossen. Da war das ganze Gefilde des Hohen Himmels dunkel, und das ganze Mittelland des Schilfgefildes war dunkel.[2]) Infolgedessen herrschte

---

XV.

[1]) Nihongi I, Kap. VI werden die Untaten Susa no Wo's mit noch größerer Ausführlichkeit erzählt. Es ist auch auf die im Norito der Großen Reinigung aufgezählten „himmlischen Sünden“ hinzuweisen. Die bewässerten Reisfelder sind mit Erddämmen (*a* oder *aze*) umgeben, um das Wasser darauf zurückzuhalten; Wassergräben (*mizo*) leiten das Wasser zu den Feldern.

[2]) Der „Große Schmaus“ *Oho-nihe* ist das feierliche Kosten des neuen Reises der jüngsten Reisernte. Bis in die Gegenwart gibt es ein im Herbst jeden Jahres (jetzt auf den 23. November festgelegtes) gefeiertes und als Nationalfest gehaltenes großes Shintō-Fest, früher *Oho-nihe no Matsuri*, später *Nihi-name no Matsuri* oder sinojapanisch *Shinjō-sai* „Fest des Kostens des neuen Reises“ genannt, an welchem der Kaiser als Oberpriester sämtliche Götter verehrt und ihnen von dem neuen Reis Opfergaben darbietet. Zum Zweck der Feier wurde in alter Zeit jedesmal ein *Miya* „Tempel, Palast“ mit zwei Hallen errichtet. An diesen *Miya* hat der Mythenerzähler offenbar gedacht.

[3]) *Imi-hata-ya*. *Imi* „heilig“ bedeutet die Vermeidung religiöser Unreinheit.

XVI.

[1]) *Ame no Iha-ya* „himmlisches Felsenhaus“; im Nihongi steht aber für *ya* das Zeichen „Höhle“, was auf die bekannte Tatsache hinweist, daß die Japaner in ältester Zeit Höhlen als Wohnungen benutzten. Als Tür hat man sich eine Schiebetür zu denken, die mit einem Riegel befestigt wurde.

[2]) Man beachte, daß in diesem Mythus *Ama-terasu* bald als *anthropomorphe Gottheit*, bald als *Naturphänomen* auftritt. Ähnliches findet sich auch in anderen Mythologien, z. B. in den vedischen Hymnen mit Bezug auf Sonne, Himmel und Erde.

ewige Nacht. Hierauf war das Herumlärmen der Myriaden von [bösen] Gottheiten dem der umherwimmelnden Fliegen zur Reispflanzzeit zu vergleichen, und die Myriade von Übeln kam gänzlich zum Vorschein.

Hierauf versammelten sich die achthundert Myriaden[3]) Götter im Flußbett des Ruhigen Flusses des Himmels in göttlicher Versammlung und ließen Omohikane no Kami[4]), den Sohn von Taka-mi-musubi no Kami, nachdenken, und [als Resultat seines Nachdenkens] holte man die lange-krähenden Hähne der beständigen Nacht[5]) zusammen und ließ sie krähen,

und nahm die harten Felsen des Himmels von dem Flußbett des Ruhigen Flusses des Himmels,

und nahm Eisen aus den Erz-Bergen des Himmels, rief den Schmied Ama-tsu-mara[6]) herbei und beauftragte Ishi-kori-dome[7]) no Mikoto mit der Anfertigung eines Spiegels,

und beauftragte Tama-noya[8]) no Mikoto mit der Anfertigung von an Fäden aufgereihten Juwelen von fünfhundert Yasaka Krumm-Juwelen,

und rief Ama-no Koyane[9]) no Mikoto und Futo-tama[10]) no Mikoto, und ließ sie mit vollständigem Ausziehen das Schulter[blatt] eines trefflichen Hirsches des Himmlischen Kagu-Berges[11]) herausziehen und himmlische Birkenrinde vom Himmlischen Kagu-Berge nehmen und die Divination[12]) vornehmen,

---

3) Im Nihongi 80 Myriaden.

4) „Die Gottheit, welche die Denkkraft [mehrerer Götter] in sich vereinigt.“

5) Die Mythe will besagen, daß die Hähne in vergeblicher Erwartung des Tagesanbruchs fortwährend krähten.

6) „Himmlischer Penis“? In der Parallelversion Nihongi I, Kap. VI, Var. I wird auch ein „Sonnen-Speer“ angefertigt. Beides deutet auf den alten Phalluskult hin. Freilich ist es nicht über allen Zweifel erhaben, ob das Wort *Mara*, welches in der Volkssprache „Penis“ bedeutet, diese Bedeutung auch in der Urzeit gehabt hat. Er ist wahrscheinlich mit dem Nihongi II, Kap. 4 genannten einäugigen Schmiedegott Ama no Ma-hitotsu no Kami identisch.

7) *Ishi-kori* heißt „Steinhauer“. *dome* ist entweder *tome* „alte Frau“ (dann wäre es eine weibliche Gottheit), oder mit größerer Wahrscheinlichkeit eine Variante von *tobe* (*b* und *m* wechseln häufig lautgesetzlich), was in vielen alten Männernamen als letzter Bestandteil vorkommt. Nach einer alten Quelle ist *Ishi-kori-dome* der Werk-Gott des Himmels und ein Sohn von *Ama no Nukado,* welcher im Nihongi, Parallelstelle Var. II, als Urahn der Spiegelmacher genannt wird.

8) Nach den Zeichen hier „Juwelen-Ahn“, aber nach der Schreibung des Nihongi II, Kap. IV „Juwelen-Haus“, d. i. Juwelen-Macher (*Tama-no-ya* oder *Tama-ya,* während die Schreibung des Kojiki eine Kontraktion aus *Tama no oya* voraussetzt). Als andere Namen dieser Gottheit — einer Göttin! — finden sich in Nihongi (q. v.) *Ha-akaru-tama* und *Toyo-tama.* Es ist die Juwelier-Gottheit und wird von den *Tama-tsukuri* „Juwelenmachern“, welche die Maga-tama usw. für die Opferspenden an die Götter herstellten, namentlich von den Tama-tsukuri der Provinz Idzumo, als ihre Ahnengottheit betrachtet.

9) Etymologie unklar. Die Abkunft des Gottes wird verschieden angegeben: im Nihongi als Sohn von Kogoto-musubi, im Kujiki als Sohn von Tsu-haya-musubi und jüngerer Bruder von Kogoto-musubi, im Seishiroku als Nachkomme dritten Grades von Tsu-haya-musubi. 10) „Gewaltiges Juwel“. Ein Sohn von Taka-mi-musubi.

11) *Ama no Kagu-yama.* Der *Kagu-yama* ist ein Berg in der Provinz Yamato. Nach einer Sage soll er vom Himmel auf die Erde versetzt worden sein.

und riß einen fünfhundertzweigigen trefflichen Sakaki[13]) Baum des Himmlischen Kagu-Berges mit Wurzelausreißung aus,

und an den oberen Zweigen hing man die an Fäden aufgereihten Juwelen von fünfhundert Yasaka Krumm-Juwelen auf, und an den mittleren Zweigen hing man den Yata Spiegel[14]) auf, und an den unteren Zweigen hing man weiße weiche Opfergaben[15]) und grüne weiche Opfergaben[16]) auf,

und diese verschiedenen Dinge nahm Futo-tama no Mikoto und hielt sie zusammen mit den großen erlauchten Opfergaben, und Ama no Koyane no Mikoto sagte betend die prächtigen Ritualworte her,

und Ame no Ta-chikara-wo[17]) no Kami stellte sich verborgen neben die Tür,

und Ama no Uzume[18]) no Mikoto hängte sich den Himmlischen Keulenbärlapp vom Himmlischen Kagu-Berge als ein Handstützband[19]) um, und machte sich [die

---

[12]) Divination durch Rösten des Schulterknochens des Hirsches. Vgl. Abschnitt 5, Anm. 2. „Birkenrinde", im Original *hahaka*, gewöhnlich fälschlich mit der „Rotkirsche" (kaniha-zakura) identifiziert. *Hahaka* ist die Birke, wofür die Namen *Kaba* Baum, *Tasa-zakura* und *Hongō-zakura* vorkommen, wobei *hongō* aus *hahaka* entstanden ist. Die Rinde wurde zu Fackeln verwendet, die selbst bei Wind und Regen schwer verlöschten. Hier wird die Rinde zum Rösten des Knochens bei der Divination gebraucht.

[13]) Der immergrüne *Sakaki* Baum, Cleyera japonica, und der *Hinoki* (Chamaecyparis obtusa) sind die beiden heiligen Bäume des Shintōkultes und finden dabei mannigfache Verwendung. Unter den *Sakaki* Kultgeräten sei das *Tamagushi*, ein Sakaki-Zweig mit weißen Papierstreifen; das *Ma-sakaki*, ein Sakaki-Zweig mit Spiegel, Krummjuwelen und Zeugstreifen; das *Himorogi*, ein Sakaki-Zweig mit weißen Papierstreifen, auf einem mit Geländer umgebenen achtbeinigen Tisch von Hinoki-Holz; das *Gohei*, ein Stäbchen aus Sakaki-Holz mit daran hängenden zickzackförmigen Papierstreifen; die bei Darbringung der Speiseopfer gebrauchten Eßstäbchen (*hashi*) erwähnt.

[14]) *Ya-ta-kagami* „achthändiger Spiegel". Die im Shintōkult als Embleme der Gottheit verwendeten, stets unsichtbar in Beuteln und Kästen im Allerheiligsten aufbewahrten Metallspiegel sind entweder rund oder achteckig; letztere heißen gewöhnlich *yatsu-hana no shinkyō* „achtblumige Götterspiegel". Hier ist ein solcher gemeint. Der heilige Spiegel im Schrein der Sonnengöttin zu Ise soll mit diesem Spiegel identisch sein.

[15]) *Shira-nigi-te*, aus *yufu* „Papiermaulbeerrinden-Zeug". *Te* „Opfergabe" ist wahrscheinlich aus *tahe* „Zeug" entstanden.

[16]) *Awo-nigi-te*, aus *asa* „hanfenem Zeug". Diese Opfergaben aus Zeug sind das Prototyp der *Gohei*, der Stöckchen mit daran hängenden zickzackförmigen Papierstreifen, die also eigentlich nur die äußerste Vereinfachung, das Miniaturbild des Sakaki-Baums mit den daran aufgehängten wertvolleren Opfergaben darstellen. Das Zeug war zur Kleidung für die Götter bestimmt. Die ursprüngliche Bedeutung des *Gohei* (sino-jap. Wort: hehre Opfergabe) ist allmählig vergessen worden, und das Volk betrachtet sie sogar irrtümlich als Sitz der Gottheit.

[17]) „Hand-Kraft-Mann". d. i. armstarker Mann. Ein Schrein im Distrikt Muro der Provinz Kii und einer im Distrikt Takata der Provinz Idzu sind ihm geweiht. Am letzteren Orte heißt er *Hiki-ta-chikara no Mikoto* „der mit der zerrenden Hand Starke".

[18]) *Ama no Uzu-me* „das abschreckende Weib des Himmels". Ihr lächelndes Vollmondsgesicht mit dicken Pausbacken, vorstehender Stirn, flacher Nase und offenem kleinen Munde ist ein beliebtes Objekt der japanischen Kunst (besonders Masken und Netsuke). Ihre populären Namen sind *Okame, Ofuku* und *Otafuku*.

[19]) *Tasuki*, aus *te-suki* „Hand-Unterstützung", ein um die Schultern geschlungenes und zusammengeknotetes Band zur Stütze der Arme und Hände, wenn man einen schweren Gegenstand vor sich haltend trug. Vgl. auch im Ritual der Großen Reinigung „Tasuki-

Blätter] des himmlischen trefflichen Spindelbaumes zum Kopfschmuck, und band sich die Blätter des Bambusgrases vom Himmlischen Kagu-Berge zu einem Handstrauß zusammen, und legte ein Schallbrett[20]) vor die Tür der Himmlischen Felsenwohnung und stampfte darauf, daß es ertönte, und tat als ob sie in Besessenheit eine göttliche Inspiration[21]) habe, zog die Warzen ihrer Brüste heraus und zog den Saumbund ihres Gewandes bis an die Scham herab.

Da schütterte das Gefilde des Hohen Himmels und die achthundert Myriaden Götter alle zusammen lachten.

Hierauf kam der Ama-terasu Oho-mi-kami dieses gar seltsam vor und indem sie ein klein wenig die Tür der Himmlischen Felsen-Wohnung öffnete, sprach sie von innen heraus: „Seitdem ich mich eingeschlossen halte, sollte doch meiner Meinung nach das Himmelsgefilde jedenfalls dunkel sein, und auch das Mittelland des Schilfgefildes sollte überall dunkel sein. Wie kommt es daher, daß Ama no Uzume so lustig ist, und daß auch die achthundert Myriaden Götter alle lachen?" Da sagte Ama no Uzume und sprach: „Wir freuen uns und sind lustig, weil eine Gottheit da ist, die noch herrlicher ist als deine Hoheit". Während sie so sprach, hielten Ama no Koyane no Mikoto und Futotama no Mikoto den Spiegel vor und zeigten ihn achtungsvoll der Ama-terasu Oho-mi-kami. Da kam Ama-terasu Oho-mi-kami, immer mehr und mehr erstaunt, allmählich aus der Tür heraus und blickte hin, worauf der im Versteck stehende Ama no Ta-chikara-wo no Kami sie bei ihrer erlauchten Hand nahm und herauszog. Hierauf zog Futo-tama no Mikoto sofort ein mit den Wurzelenden verflochtenes Seil[22]) hinter ihrem erlauchten Rücken quer vor und sprach

---

tragende Tomonowo". Die modernen Tasuki sind Ärmelschürzer und von den alten verschieden. Der weiße „Keulenbärlapp", *hikage*, aus dem hier das Armstützband gemacht ist, wächst an der Rinde der Bäume und hängt fadenförmig herab, weshalb er dialektisch auch *ki-hige* „Baum-Bart" genannt wird.

[20]) Nach dem Nihongi stellt sie sich auf einen umgekehrt liegenden Trog.

[21]) Sie geriet in einen Zustand der Verzückung und stieß in diesem Zustande Worte aus, welche als Eingebungen einer Gottheit betrachtet wurden. Die Stelle zeigt, daß die noch heute überaus häufig bei den Shintoisten, Priestern wie Laien, vorgenommene Zeremonie, sich mit einem Gohei in den gefalteten Händen in einen visionären Zustand zu versetzen, uralt ist. Näheres ersehe man in P. Lowel's „Occult Japan" und in seinem Aufsatz „Esoteric Shintō" (Trans. As. Soc. Jap. Bd. 22).

[22]) *Shiri-kume-naha*, in *Shime-naha* verkürzt, bedeutet entweder „hinten gespanntes Seil" oder „rücklings geflochtenes Seil"; nach den Zeichen im Nihongi „ein Seil mit herausragenden [Wurzel-] Enden". Das Reisstroh wird nämlich mit den Wurzeln herausgerissen und so zu einem Seil geflochten, daß der ganzen Länge nach Büschel von Halmen mit den Wurzeln in regelrechten Zwischenräumen hervorstehen. Die Büschel sind so beschaffen, daß das erste 3 Halme, das zweite 5, das dritte 7, das vierte wieder 3, das fünfte 5, das siebente 7 Halme hat, usw. bis zum Ende des Seils. Die Flechtrichtung der Strähnen ist überdies die umgekehrte wie beim Flechten gewöhnlicher Seile, nämlich von rechts nach links, weshalb es in einer Nihongi Variante auch „linkes Seil" genannt wird.

In der ältesten Zeit sollen die Japaner die Höhlen, worin sie wohnten, für immer verlassen haben, wenn darin Jemand gestorben war — eine ähnliche Sitte findet sich bei manchen wilden Stämmen in Formosa bezüglich ihrer Wohnhäuser — und zum

die Worte: „Du darfst von hier nicht wieder weiter ins Innere hinein!“ Da nun Ama-terasu Oho-mi-kami herausgekommen war, wurden selbstverständlich das Gefilde des Hohen Himmels und das Mittelland des Schilfgefildes wieder hell.

[17. Susa-no-Wo's Verbannung.]

Hierauf beratschlagten die achthundert Myriaden Götter miteinander und erlegten dem Haya-Susa-no-Wo no Mikoto eine Buße von tausend Tischen [mit Opfergaben][1]) auf, und schnitten ihm auch den Bart ab und ließen ihm sogar die Nägel an seinen Händen und Füßen ausreißen und verbannten ihn mit göttlicher Verbannung.

Wiederum bat er Oho-ge-tsu-hime[2]) no Kami um Nahrung. Da nahm Oho-ge-tsu-hime allerhand leckere Dinge aus Nase, Mund und Hinterem und richtete daraus allerlei her und bot es ihm dar. Während dessen stand Haya-Susa-no-Wo no Mikoto dabei und beobachtete ihre Handlungen, und da er der Meinung war, daß sie ihm schmutzige Dinge darbot, tötete er sofort diese Oho-ge-tsu-hime no Kami.

Zeichen, daß die Stätte nunmehr eine Grabstätte, und nicht mehr ein Wohnort für Lebende sei, soll ein solches Seil hinter den hinausgezogenen Lebenden vor den Eingang der Höhle gespannt worden sein. Jetzt sieht man das *Shime-naha* über den Eingängen der Shintōschreine, oder ringsherum gezogen, vor den Häusern beim Neujahrsfest usw., stets mit der Bedeutung, daß die Unreinheit von den betreffenden Stätten abgewehrt werden soll.

XVII.

[1]) *Chi-kura-oki-do,* wörtlich „der tausend-gestellige Hinlege-Ort,“ d. i. tausend Tische mit daraufgelegten Bußgegenständen. Man vergleiche damit im Ritual der Großen Reinigung den Ausdruck *chi-kura no oki-kura ni oki-tarahashite* [die Bußgegenstände] „auf tausend Stück Gestellen in Fülle hinlegend“. Je nach der Größe der Schuld, welche man auf sich geladen hatte, wurde vom alten sakralen Strafrecht eine kleinere oder größere Anzahl von zu erlegenden Bußgegenständen *harahe-tsu-mono* „Reinigungs-Sachen“ vorgeschrieben. Dieselben wurden in einen Fluß geworfen und von den Göttern mit den daran haftenden Sünden ins Meer und von da in die Unterwelt, von wo her alles Böse stammen soll, weggeführt. Tausend Tische Bußgegenstände sind eine außerordentlich große Buße, doch wurden die üblichen Harahe-tsu-mono noch nicht als genügend erachtet und deshalb noch die Fingernägel und Zehennägel des Missetäters als gute resp. schlechte wegzuwerfende Dinge (vgl. Nihongi I, Kap. VI, Var. II) hinzugefügt, und auch der Bart dazu genommen.

Nicht nur den Göttern, sondern auch Privatpersonen gegenüber kam in der ältesten Zeit das Erlegen von Buße in Betracht. Hatte man durch irgend eine Handlung einem anderen eine Verunreinigung im weitesten rituellen Sinn angeheftet, so mußte man ihm *harahe-tsu-mono* geben, die eigentlich als Opfergaben bei der nötig gewordenen Reinigung (harahi) oder als Schadenersatz für die Aufbringung solcher Bußgegenstände dienen sollten. Dieser Brauch wurde aber zum Mißbrauch und bildete die Grundlage allmählig ganz unerträglich werdender Erpressungen, von denen uns das Nihongi, Jahrgang 646 (siehe meine Übersetzung: Japanische Annalen, S. 130f.), erzählt, und wogegen die Obrigkeit scharf einschreiten mußte.

[2]) „Prinzessin der großen Nahrung,“ die Nahrungsgöttin. Vgl. Abschnitt 6, Anm. 26. Im Nihongi tötet der Mondgott die Nahrungsgöttin (Kap. IV, Var. XI), was als die bessere Version anzusehen ist.

Die Dinge, welche nun aus dem Körper der getöteten Gottheit entstanden, waren diese: in ihrem Kopfe entstand die Seidenraupe[3]), in ihren beiden Augen entstanden Reissamenkörner, in ihren beiden Ohren entstand die Hirse[4]), in ihrer Nase entstand die Adzuki Bohne[5]), in ihrer Scham entstand die Gerste[6]), in ihrem Hinteren entstand die große Bohne[7]). Daher ließ Kami-musubi Mi-oya[8]) no Mikoto dieselben nehmen und als Samen verwenden.

[18. Die Achtgablige Schlange.]

Nachdem er nun verbannt worden war, stieg er zu dem Orte Tori-kami[1]) am Oberlaufe des Flusses Hi[2]) in der Provinz Idzumo hinab. Zu dieser Zeit kamen Eßstäbchen den Fluß hinabgeschwommen. Demnach vermutete Susa-no-Wo no Mikoto, daß es am Oberlauf Leute geben müsse, und begab sich weiter hinauf auf die Suche. Da fand er zwei Leute, einen alten Mann und eine alte Frau, die zwischen sich in der Mitte ein junges Mädchen hatten und weinten. Als er sie nun gnädigst fragte: „Wer seid ihr?", antwortete der alte Mann und sagte: „Ich bin eine irdische Gottheit[3]), ein Sohn des Gottes Oho-yama-tsu-mi[4]). Ich heiße mit Namen Ashi-nadzu-chi[5]), meine Frau heißt mit

---

[3]) *Kahiko* „gezüchtetes Kind," vom Verbum *kafu* „halten, züchten" und *ko* „Kind," so genannt, weil sie von den Menschen gepflegt wird. In älteren Gedichten heißt sie *kafu-ko* „Pflege-Kind" oder bloß *ko*. Noch jetzt ist der Ausdruck *o-ko-sama* „geehrtes Herr Kind," besonders bei den Seidenraupenzüchtern, üblich. Die Japaner der archaischen Zeit haben jedoch die Seidenraupenzucht noch nicht gekannt. Meiner Meinung nach verdankt sie ihre Erwähnung in der Mythologie einem Wortspiel zwischen den Wörtern *mayu* „Augenbraue" und *mayu* „Cocon," worüber man meine Ausführungen zu der betreffenden Stelle im Nihongi I, Kap. IV, Var. XI nachsehen möge.

[4]) *Aha,* die Kolbenhirse oder italienische Hirse. Die in einer Variante des Nihongi genannte *hiwe* ist die Hahnenfußhirse.

[5]) Strahlenfrüchtige Buschbohne, Phaseolus radiatus.

[6]) *Mugi,* ein Kollektivname für Gerste und Weizen.

[7]) *Mame,* sinojap. *daidzu* „große Bohne." Die Sojabohne.

[8]) „Göttlicher Erzeuger und hehrer Ahn," d. i. der gleich anfangs genannte *Kami-musubi no Kami.*

Zu dieser Entstehung der verschiedenen Pflanzen aus dem Körper der Nahrungsgöttin vergleiche man die schon erwähnte chinesische Legende von *P'an-ku.* Ähnliches findet sich auch bei vielen anderen Völkern. Die japanischen Mythenbildner sind in der Unterbringung dieses Zuges sehr unsicher. Im Nihongi erscheint er mehrere Male mit einander widersprechenden Angaben, das erste Mal (Kap. III, Var. II) mit *Waku-musubi,* das andere Mal (Kap. IV, Var. XI) mit der Nahrungsgöttin in Verbindung gesetzt.

XVIII.

[1]) Ort im Distrikt Nita der Provinz Idzumo.

[2]) *Hi no Kawa,* später *Hii-gawa* oder der „große Fluß von Idzumo" genannt, der sich in den See Shinji-ko ergießt. Im Distrikt Ōhara gab es auch einen Ort *Hi* und einen *Hi*-Schrein.

[3]) *Kuni-tsu-kami,* eine auf der Erde residierende Gottheit, im Gegensatz zu den Himmelsgottheiten, die im hohen Himmelsgefilde wohnen. Sonst kann der Ausdruck auch „Gottheit des Landes" bedeuten.

[4]) Oberster Berggott.

[5]) „Fuß-streichelnder-Alter" und „Hand-streichelnde-Alte", beide Namen mit Rücksicht auf die Liebkosungen, die sie ihrer Tochter angedeihen lassen, gegeben. In

Namen Te-nadzu-chi[5]), und die Tochter heißt mit Namen Kushi-nada-hime[6])". Wiederum fragte Er: „Warum weint ihr?", und jener antwortete und sprach: „Ich habe ursprünglich acht[7]) junge Mädchen zu Töchtern gehabt. Aber die achtgablige Riesenschlange[8]) von Koshi[9]) ist jedes Jahr gekommen und hat [eine derselben] verschlungen, und es ist jetzt die Zeit, wo sie wieder kommen wird. Deshalb weinen wir." Da fragte Er ihn, wie ihre Gestalt beschaffen sei, und jener antwortete und sprach: „Ihre Augen sind wie Blasenkirschen[10]) und an ihrem einen Leibe hat sie acht Köpfe und acht Schwänze. Außerdem wachsen auf ihrem Körper Moos und auch Zypressen[11]) und Kryptomerien[12]). Ihre Länge reicht über acht Täler und acht Hügel, und wenn man ihren Bauch betrachtet, so ist er überall beständig blutig (und) entzündet."

Darauf sagte Haya-Susa-no-Wo no Mikoto zu dem alten Mann: „Wenn diese hier deine Tochter ist, willst du mir sie geben?" Jener antwortete und sprach: „Ich bin dir zwar in Ehrfurcht ergeben, aber ich kenne deinen erlauchten Namen nicht." Er antwortete und sprach: „Ich bin der liebe ältere Bruder[13]) von Ama-terasu Oho-mi-kami. Ich bin nämlich jetzt vom Himmel herabgestiegen." Da sagten die Gottheiten Ashi-nadzu-chi und Te-nadzu-chi: „Wenn das so ist, wollen wir sie dir in Ehrfurcht übergeben."

Nun nahm und verwandelte Haya-Susa-no-Wo no Mikoto das junge Mädchen sofort in einen viel-engzähnigen Kamm, steckte denselben in seinen erlauchten Haarschopf und sagte zu den Gottheiten Ashi-nadzu-chi und Te-nadzu-chi:

Variante II der Parallelstelle des Nihongi wird aber *Ashi-nadzu-Te-nadzu* „Fluß-streichelnd Hand-streichelnd" zusammengefaßt als Name des alten Mannes gegeben, und seiner Frau der Name *Inada no Miya-nushi Susa no Ya-tsu-mimi* beigelegt.

[6]) „Wunderherrliche Inada Prinzessin." Das Honorifikum *kushi* enthält zugleich eine Anspielung auf ihre spätere Verwandlung in einen Kamm *kushi*. *Nada* ist Aphäresis von *Ina-da* „Reisfeld", dem Namen eines Ortes, wie sich aus dem später vorkommenden *Inada no Miya-nushi* „Herr des Schreins von Inada" ergibt. Mehrere Shintōschreine in verschiedenen Provinzen sind nach ihr benannt.

[7]) *Ya* „acht" kann auch durch „viel" übersetzt werden, denn es ist zugleich die Bezeichnung der unbestimmten Vielheit. Es ist etymologisch verwandt mit koreanisch *yöl* „zehn", *yörö* „viel"; auch japan. *yorodzu* (Stamm *yoro*) „zehntausend, unendlich viel" gehört hierher.

[8]) *Ya-mata-worochi*. Hier kann *ya* nur das bestimmte Zahlwort „acht" sein.

[9]) Da es sich um eine Idzumo Sage handelt, könnte mit *Koshi* hier der betreffende Ort im Distrikte Kando von Idzumo gemeint sein; aber wahrscheinlicher ist es, daß der große nordwestliche Länderkomplex, der die jetzigen Provinzen Echigo, Echizen, Etchū, Kaga und Noto einbegriff, gemeint ist, weil in der Vorstellung der Alten dieser ihnen wenig bekannten Gegend überhaupt etwas Gruseliges anhaftete.

[10]) *Akakagachi;* im Nihongi deutlicher: „rot wie Bl." Eine alte Glosse im Text bemerkt dazu: „Was hier *akakagachi* genannt wird, ist die jetzige *hohodzuki*" (*hōdzuki,* Physalis Alkekengi L.).

[11]) *Hi* oder *Hi-no-ki* „Hi-Baum", neben der Sasaki der heilige Baum des Shintō, welcher das Holz für die Shintōtempel, die Opfertische usw. liefert.

[12]) *Sugi*, Cryptomeria japonica Don.

[13]) Etikettenformel, denn er ist in Wirklichkeit der jüngere Bruder. Vgl. Abschnitt 13, Anm. 1.

„Brauet achtfach-gebrauten Reisbranntwein[14])! Machet ferner einen Zaun ringsherum, und in diesem Zaune machet acht Tore, und an jedem Tore bindet acht erhöhte Gestelle zusammen[15]) und auf jedes erhöhte Gestell stellet ein Reisbranntwein-Gefäß und füllet jedes Gefäß mit dem achtfach-gebrauten Reisbranntwein, und wartet!"

Nachdem sie nun seinem Befehle gemäß alles so bereitet hatten und warteten, kam die achtgablige Riesenschlange wirklich wie er gesagt hatte herbei, ließ sofort in jedes Gefäß einen ihrer Köpfe hineinhängen und trank den Reisbranntwein. Hierauf wurde sie vom Trinken betrunken, alle [ihre Köpfe] legten sich nieder und schliefen ein. Da zog Haya-Susa-no-Wo no Mikoto das von ihm erlaucht umgegürtete zehn Handbreiten lange Schwert heraus und zerhieb die Riesenschlange in Stücke, so daß der Hi-Fluß in Blut verwandelt dahinfloß. Als er nun den mittleren Schwanz zerhieb, bekam die Schneide seines erlauchten Schwertes eine Scharte. Da ihm dies nun seltsam vorkam, und er mit der Spitze seines erlauchten Schwertes hineinstieß und [den Schwanz] auseinander spaltete und nachsah, war ein scharfschneidiges großes Schwert darin. Daher nahm er dieses große Schwert, und da er es für ein seltsames Ding hielt, erstattete er der Ama-terasu Oho-mi-kami achtungsvoll Bericht darüber. Dieses ist das Grasmähe-Schwert[16]).

[19. Der Palast zu Suga.]

Hierauf nun suchte Haya-Susa-no-Wo no Mikoto im Lande Idzumo nach einem Orte, wo er einen Palast[1]) bauen könnte. Darauf gelangte er nach dem

---

[14]) *Sake*, der dadurch besonders verstärkt worden sein soll, daß mehrere Male hintereinander der schon gewonnene berauschende Saft statt Wassers zum Brauen benutzt und so eine wiederholte Steigerung des Alkoholgehaltes bewirkt wurde. Sake wird unter dem Namen *mi-ki* „erlauchte Nahrung" auch den Göttern als Opfergabe dargeboten. Das Wort *kamu* „brauen" bedeutet ursprünglich „kauen" und weist offenbar darauf hin, daß die Japaner in uralter Zeit ähnlich wie die Polynesier ihren Kava-Saft ein berauschendes Getränk durch Kauen und Ausspeien hergestellt haben. Auch soll in einigen Gegenden von Japan noch jetzt gekauter Reis als Ersatz für das gährungsbildende Reisferment (*kōji*) gebraucht werden.

[15]) Plumpe irreführende Ausdrucksweise. Gemeint ist: an jedem Tor ein Gestell, im ganzen deren acht. Das Nihongi ist hier klarer.

[16]) *Kusa-nagi no tachi* oder *Kusa-nagi no tsurugi* (Nihongi). Die Entstehung des Namens „Grasmäher" wird auf Kojiki, Abschnitt 83 gegründet, wo es von Yamatotake heißt: Hierauf mähte er zuerst mit seinem erlauchten Schwerte das Gras weg usw. Der ursprüngliche Name soll aber anders gelautet haben, vgl. Nihongi, Var. I. Nach dem Ten-yen-ki wäre es überhaupt ursprünglich das Schwert der Sonnengöttin gewesen. Es heißt darin nämlich: Als Susa-no-Wo no Mikoto das Schwert der Göttin Amaterasu überreichte, sagte die Göttin: „Als ich mich in der himmlischen Felsenhöhle eingeschlossen hielt, fiel dieses Schwert auf den Berg Ibuki in Afumi. Dieses ist mein Götterschwert."

XIX.

[1]) Eine Vermählungshütte.

Ort Suga[2]) und sprach: „Indem ich zu diesem Orte komme, ist mein erlauchtes Herz heiter“, und baute an diesem Orte einen Palast, um darin zu wohnen. Daher heißt dieser Ort jetzt Suga. Als diese Gottheit den Suga-Palast zu bauen anfing, stiegen von diesem Orte Wolken auf. Da machte er ein erlauchtes Gedicht. Dieses Gedicht lautete:

„Im reichbewölkten Idzumo, einen achtfachen Zaun,
Daß drin die Gattin Aufnahme finde,
Einen achtfachen Zaun mache ich.
Oh, über den achtfachen Zaun!“ [3])

Dann rief er die Gottheit Ashi-nadzu-chi und sagte: „Dich ernenne ich zum Oberhaupt meines Palastes“. Ferner verlieh er ihm den Namen Inada no Miya-nushi Suga no Ya-tsu-mimi no Kami[4]).

[20. Geschlechtslinie von Susa-no-Wo bis Oho-kuni-nushi.]

Hierauf wohnte [Susa-no-Wo] der Kushi-nada-hime bei, und der Name des Kindes, welches gezeugt wurde, war Ya-shima-ji-nu-mi[1]) no Kami. Und nachdem er wiederum eine Tochter des [Berg-]Gottes Oho-yama-tsu-mi Namens Kamu-oho-ichi-hime[2]) geehelicht hatte, erzeugte er Kinder: Oho-toshi[3]) no Kami und darauf Uka no Mi-tama[4]) no Kami. Der ältere Bruder Ya-shima-ji-nu-mi no Kami ehelichte eine Tochter des Gottes Oho-yama-tsu-mi Namens Ko-no-hana no Chiru-hime[5]) und erzeugte ein Kind: den Fuha no moji-ku-nu-su-nu[6])

---

[2]) Im Distrikt Ōhara von Idzumo. „Heiter“ in der Rede Susa no Wo's lautet im Original *suga-sugashi*, ein Wortspiel, das die Entstehung des Ortsnamens erklären soll. Natürlich ist das nur eine Volksetymologie.

[3]) *Ya-kumo-tatsu* „[wo] acht Wolken aufsteigen“, oben mit „reichbewölkt“ übersetzt, ist ein Makura-kotoba (stehendes Epitheton ornans) zum Worte *Idzumo*. Vers 3 im Nihongitext weicht unbedeutend ab, hat nämlich die transitive Form *tsuma-gome ni* „um drin die Gattin aufzunehmen“ statt der intransitiven *tsuma-gomi ni. tsuma* bedeutet „Gatte“, „Gattin“ und „Gatten“ (Plur.). Weiteres in meiner Japanischen Mythologie, S. 125 f., und Geschichte der japanischen Literatur, S. 10 f.

[4]) „Herr des Palastes (Schreins) von Inada, Acht-ohrige (d. h. vielohrige oder großohrige) Gottheit von Suga.“ *Mimi* ist aber wohl bloß Honorificum oder Liebkosewort (*mi-mi* „hehre Person?“) und *ya* vielleicht nicht das Zahlwort, sondern das Substantiv „Haus“, also etwa „Edler des Hauses von Suga“. Mit *Suga* wird der noch jetzt existierende Suga-Schrein gemeint sein. Das Nihongi, Var. I, hat *Susa* statt *Suga*. Motowori hält *Inada* für den älteren Namen von *Suga*.

XX.

[1]) „Beherrscher der Acht Inseln.“

[2]) „Göttliche Prinzessin von Oho-ichi“ (Ortsname?), oder „Göttliche groß-majestätische Prinzessin“.

[3]) „Große Ernte“, der Erntegott.

[4]) „Erlauchter Geist der Nahrung“, die Göttin der Nahrung.

[5]) „Die Baumblüten fallen-machende Prinzessin“, wenn man das Verbum *chiru* „abfallen“ in kausativem Sinne interpretiert, was streng grammatisch nicht zu rechtfertigen ist; nach gewöhnlicher Auslegung „Wie Baumblüten [rasch] abfallende Prinzessin“, indem man annimmt, sie sei sehr früh gestorben. Vgl. Abschnitt 37, wo ihre Schwester „die wie Baumblüten herrlich-blühende Prinzessin“ genannt wird.

[6]) Unverständlich. *Fuha* ist wohl ein Ortsname.

no Kami. Dieser Gott ehelichte eine Tochter des [Regen-]Gottes Okami Namens Hi-kaha-hime[7]) und erzeugte ein Kind: den Fuka-buchi no Midzu-yare-bana[8]) no Kami. Dieser Gott ehelichte die Göttin Ame no Tsudohe-chi-ne[9]) und erzeugte ein Kind: den O-midzu-nu[10]) no Kami. Dieser Gott ehelichte eine Tochter des Gottes Funu-dzu-nu[11]) Namens Fute-mimi[12]) no Kami und erzeugte ein Kind: den Ama no Fuyu-kinu[13]) no Kami. Dieser Gott ehelichte eine Tochter von Sasu-kuni-Oho-kami[14]) Namens Sasu-kuni-Waka-hime[15]) und erzeugte ein Kind: den Oho-kuni-nushi[16]) no Kami, der mit anderem Namen heißt Oho-na-muji[17]) no Kami, mit noch anderem Namen Ashi-hara-Shiko-wo[18]) no Kami, mit noch anderem Namen Ya-chi-hoko no Kami,[19]) mit noch anderem Namen Utsushi-kuni-tama[20]) no Kami. Der Namen sind es im ganzen fünf.

[21. Der Weiße Hase von Inaba.]

Nun hatte dieser Gott Oho-kuni-nushi achtzig Gott-Brüder; aber sie alle ließen das Land dem Gotte Oho-kuni-nushi, und zwar ließen sie es aus [folgendem]

---

[7]) „Prinzessin des Hi-Flusses.“ Ihr Vater heißt Abschnitt 8 *Kura-Okami.*

[8]) *Fuka-buchi no* scheint ein Makura-kotoba zu sein. Etwa „der tiefen Lache Wasser-zerfetzte Blüten“.

[9]) „Des Himmels versammelnde??“ Vielleicht ist *chine* = *chinu, tsudohe-chine* dann etwa „angesammelter Schlamm“; vgl. *chinu no umi* „schlammiges Meer“.

[10]) „Großer Wasser Herr.“ Verkürzung von *oho* zu *o* wie im Namen *Okami* vorausgesetzt.

[11]) „Herr von Funa?“ Oder *dzunu* = *tsuno* „Horn?“ [12]) „Gewaltige Ohren.“

[13]) Erklärungen unzulänglich. Im Nihongi, Kap. VII, Var. IV, heißt er *Ama no Fuki-ne.* Daß sowohl *fuyu* wie *fuki* = *furi* „[Schwert] schwingen“ sein soll, ist etymologisch nicht zu begründen. Nach Hirata: „Himmlischer [Schwert] schwingender Prinz-Herr.“

[14]) „Großer Gott des Sasu-Landes.“ *Sasu* Name eines Bezirks in der Provinz Tajima?

[15]) „Junge Prinzessin des Sasu Landes.“

[16]) „Herr des großen Landes.“ Über die legendenhafte Entstehung des Namens dieses Gottes, der ursprünglich *Oho-na-muji* heißt, siehe Abschnitt 23. Infolge einer volksetymologischen Verwechslung hat man ihn später dem Gott des Reichtums *Daikoku* oder *Dai-koku-ten,* einem der sieben Glücksgötter, gleichgesetzt. *Dai-koku-ten* „Großer Schwarzer Himmel“ ist die durch den Buddhismus nach Japan verpflanzte indische Gottheit *Mahākala,* welche reichliche Nahrung verleiht und besonders von Kaufleuten um Glück angefleht wird. Indem man nun die Schriftzeichen für das japanische *Oho-kuni* „großes Land“ mit sinojapanischer Aussprache *Dai-koku* las, identifizierte man beide Homonyme trotz ihrer grundverschiedenen Bedeutung, und erklärte den buddhistischen *Daikoku* als eine jüngere Erscheinung des von jeher schon in Japan vorhandenen *Oho-kuni-nushi.* So ist es denn gekommen, daß *Daikoku,* obwohl mit Unrecht, als wichtige Shintō Gottheit gilt und im heiligen Schrein zu Kidzuki in Idzumo, dem Oho-yashiro, seine geschnitzte Holzstatuette (nebst derjenigen Ebisu's) als Amulette an die Gläubigen verkauft wird. Der interessante Fall zeugt von dem tiefgehenden Einfluß, den der Buddhismus auf die japanische nationale Religion ausgeübt hat.

[17]) Die herkömmliche Erklärung des Namens *Oho-na-muji* oder *Oho-na-muchi* oder *Oho-na-mochi* als „Großer-Namen-Besitzer“ wegen seiner vielen Namen ist verwerflich. *Muchi* oder *muji* ist ein Honorifikum, etwa „Edler“, wie im Namen der Sonnengöttin *Ohi-hiru-me-Muchi. Na* scheint das Kosewort *ne, na* zu sein, also: „Der Große liebe Edle“.

[18]) „Des Schilfgefildes abschreckender Mann.“ [19]) „Gott der achttausend Speere.“

[20]) „Geist des sichtbaren Landes“, oder „Geist des Landes der Lebendigen“.

Grunde: Jede dieser achtzig Gottheiten hatte im Herzen den Wunsch, die Prinzessin Yakami in Inaba[1]) zu heiraten; und sie begaben sich miteinander nach Inaba, indem sie den Gott Oho-na-muji ihren Sack aufhucken ließen und ihn als Begleiter mitnahmen. Als sie hierauf zu dem Kap Keta gelangten, lag da ein nackter Hase. Da sprachen die achtzig Gottheiten zu diesem Hasen und sagten: „Was du tun solltest, ist: du solltest in dem Meer-Wasser hier baden, und dich auf dem Abhang eines hohen Berges niederlegen und [so] dich dem Blasen des Windes aussetzen.“ Darauf folgte dieser Hase der Unterweisung der achtzig Gottheiten und legte sich nieder. Wie hierauf das Salzwasser trocknete, platzte beim Blasen des Windes seine Haut allüberall am ganzen Körper, so daß er vor Schmerzen heulend dalag. Da sah der Gott Oho-na-muji, welcher zu allerletzt herankam, diesen Hasen und sprach: „Warum liegst du da und heulst?“ Der Hase antwortete und sprach: „Ich war auf der Insel Oki[2]) und wollte nach diesem Lande übersetzen, hatte aber keine Mittel-und-Wege, um überzusetzen. Daher täuschte ich die See-Ungeheuer[3]) des Meeres und sprach: „Ich und ihr, wir wollen einen Wettstreit machen und wollen überschlagen, welche von unseren Sippen die größte Zahl hat. Deshalb bringet die Gesamtheit eurer Sippe hierher zusammen und laßt sie alle in einer Reihe von dieser Insel bis zum Kap Keta hinüber liegen. Dann will ich auf sie treten und im Hinüberlaufen sie zählen. Dadurch werden wir erfahren, ob meine Sippe oder die eurige größer ist.“ Durch diese meine Rede wurden sie betrogen und legten sich in eine Reihe aneinander, und ich trat auf sie und zählte sie im Herüberkommen, und war gerade im Begriff ans Land herunterzusteigen, als ich sagte: „Ihr seid von mir betrogen worden.“ Als ich eben diese Worte beendet hatte, da packte mich das Seeungeheuer, welches am äußersten Ende lag, und riß mir mein ganzes Kleid vom Leibe. Als ich nun deshalb hier weinte und klagte, da befahlen mir die achtzig Gottheiten, welche vor [dir] dahingingen, und instruierten mich: „Bade in dem Seewasser, und lege dich dem Wind ausgesetzt hin!“ Als ich daher tat, wie sie mich gelehrt hatten, erlitt ich am ganzen Körper [diese] Verletzungen.“ Hierauf belehrte der Gott Oho-na-muji den Hasen und sprach zu ihm: „Geh jetzt schnell an die Mündung dieses Flusses, wasche deinen Körper in dem frischen Wasser, nimm dann den Blüten[staub] der Seggen, [welche] an der Flußmündung [wachsen], streue ihn umher und wälze dich darauf herum; dann wird dein Körper sicherlich wieder eine Haut wie ursprünglich bekommen.“ Als daher [der Hase] tat, wie ihm gelehrt worden war, wurde sein Körper, wie er ursprünglich gewesen war.

XXI.

[1]) Provinz am Westmeer, von Idzumo nur durch die Provinz Hōki getrennt.

[2]) Im Westmeer, gegenüber der Küste von Idzumo, Hōki und Inaba, etwa 40 englische Meilen vom Lande entfernt.

[3]) *Wani* heißt gewöhnlich „Krokodil“; da aber die alten Japaner das Krokodil noch nicht kannten, muß *wani* allgemeiner als „Seeungeheuer“, und zwar eines von Drachengestalt, gefaßt werden. Vgl. Nihongi I, Kap. VII, Anm. 50. Nach Kurokawa wäre hier das *wani-zame*, eine große Art Haifisch, gemeint.

Dies ist der sogenannte Weiße[4]) Hase von Inaba. Er heißt jetzt die Hasen-Gottheit. Daher sagte jetzt der Hase zu dem Gotte Oho-na-muji: „Diese achtzig Gottheiten sollen die Prinzessin Yakami gewißlich nicht bekommen.[5]) Obgleich du den Sack auf dem Rücken trägst, soll deine Hoheit sie bekommen.“

[22. Berg Tema.]

Hierauf[1]) antwortete die Prinzessin Yakami den achtzig Gottheiten und sprach: „Ich will auf eure Rede nicht hören; ich bin willens den Gott Oho-na-muji zu heiraten.“ Daher gerieten nun die achtzig Gottheiten in Zorn, und in dem Wunsche den Gott Oho-na-muji zu töten, beratschlagten sie mit einander, und als sie am Fuße des Berges Tema im Lande Hahaki anlangten, sprachen sie zu ihm: „Auf diesem Berge befindet sich ein rotes Wildschwein. Wenn wir es nun herunter treiben, so erwarte und fange du es [unten]. Wenn du es nicht erwartest und fängst, werden wir dich sicherlich töten.“ Nach diesen Worten wälzten sie einen großen Stein, den sie mit Feuer glühend gemacht hatten, und der einem Wildschwein ähnelte, hinunter. Dann, als sie ihn[2]) hinab verfolgten und er ihn fing, wurde er von dem Steine verbrannt und starb. Hierauf weinte und klagte Ihre Hoheit seine erlauchte Mutter, stieg zum Himmel empor und brachte ihre Bitte vor Kami-musubi no Mikoto, der darauf sofort Kisa-gahi-hime[3]) und Umugi-hime[4]) entsandte und ihn lebendig machen ließ. Nämlich Kisa-gahi-hime zerrieb[5]) und röstete [ihre Muschel], und Umugi-hime brachte Wasser und bestrich [ihn] damit wie mit Mutter-Milch,[6]) worauf er ein schöner [junger] Mann wurde und von dannen ging. Hierauf, als die achtzig Gottheiten es sahen, betrogen sie ihn wieder, nahmen ihn mit sich ins Gebirge, fällten einen großen Baum, steckten in den Baum, [in welchen sie einen Spalt gemacht hatten], einen Keil und ließen [Oho-na-muji] mitten hinein treten, worauf sie den Keil entfernten und [Oho-na-muji so durch Zerquetschen] töteten. Als dann Ihre Hoheit seine Mutter ihn wieder weinend suchte, bemerkte sie ihn, spaltete sofort den Baum, nahm ihn heraus und brachte ihn zum Leben,[7]) und sprach zu ihrem Sohn: „Wenn du hier verweilst, so wirst du schließlich von den achtzig Gottheiten vernichtet werden.“ Darauf schickte sie ihn

---

[4]) „Weiß“ bedeutet hier „bloß, nackt“.

[5]) Sollte diese Geschichte nicht eine Reminiszenz an frühere Polyandrie enthalten?

XXII.

[1]) Es ist anzunehmen, daß inzwischen die achtzig Gottheiten in Inaba angekommen waren und bei Yakami-hime ihre Werbung angebracht hatten.

[2]) Den Stein, das scheinbare Wildschwein.

[3]) „Prinzessin Herzmuschel.“ *Kisa-gahi* ist identisch mit der jetzt *aka-gahi* (Arca inflata) genannten Muschel.

[4]) „Prinzessin Venusmuschel,“ jetzt *hamaguri* genannt (Cytherea Meretrix).

[5]) *Kisage*, ein Wortspiel mit ihrem Namen *Kisagahi.*

[6]) D. i. mit dem milchartigen Brei, der durch das Mischen des Wassers mit der gepulverten Muschel bereitet war. Hier ist wieder ein Wortspiel zwischen *omo* „Mutter“ und *Umugi.*

[7]) Wahrscheinlich wieder mit Hilfe eines Zaubermittels, wie vorher.

schleunigst nach der erlauchten Stätte des Gottes Oho-ya-biko[8]) im Lande Ki. Als sodann die achtzig Gottheiten ihn suchten und verfolgten und ihn erreichten und die Pfeile auflegten [um ihn zu erschießen], entging er ihnen, indem er unter die Gabel eines Baumes tauchte, und verschwand.[9])

[23. Das Untere entlegene Land.]

Ihre Hoheit die erlauchte Mutter sprach zu ihrem Sohne [Oho-na-muji]: „Du mußt dich nach dem Unteren-entlegenen-Lande,[1]) wo Susa no Wo no Mikoto wohnt, begeben. Sicherlich wird dieser große Gott dir einen Rat geben. Als er daher ihrem Befehle gemäß an der erlauchten Wohn-Stätte des Susa no Wo no Mikoto anlangte, kam dessen Tochter Suseri-bime[2]) heraus und sah ihn, und sie sahen einander an und heirateten sich, worauf sie wieder hineinging und zu ihrem Vater sprach: „Eine überaus schöne Gottheit ist gekommen.“ Sodann ging der große Gott hinaus, und sah nach, und sprach: „Dies ist die sogenannte Gottheit Ashi-hara-shiko-wo,[3])“ rief ihn sofort herein, und ließ ihn in dem Schlangen-Gemach schlafen. Da gab seine Gattin Suseri-bime no Mikoto ihrem Gemahl eine Schlangen-[Abwehr-]Binde[4]) und sagte: „Wenn die Schlangen dich beißen wollen, so treibe sie weg indem du diese Binde dreimal schüttelst.“ Als er demzufolge tat, wie ihm gelehrt worden war, wurden die Schlangen von selbst ruhig, so daß er nach ruhigem Schlaf [wieder unversehrt] heraus kam. Wiederum in der Nacht des folgenden Tages tat [Susa no Wo seinen Gast] in das Tausendfüßler- und Wespen-Gemach hinein; aber da sie ihm wieder eine Tausendfüßler- und Wespen-[Abwehr-] Binde überreichte und ihn wie vorher belehrte, so kam er ruhig wieder heraus. Wiederum schoß [Susa no Wo] einen Brumm-Pfeil[5]) mitten in ein weites Gefilde, und ließ ihn den Pfeil holen, und sodann, als dieser in das Gefilde hinein gegangen war, steckte er das Gefilde sofort ringsum in Brand. Als hierauf [Oho-na-muji] keine Stelle wußte, wo er hinaus gelangen konnte, kam eine Ratte herbei und sprach: „Das Innere ist hohl-hohl, das Äußere ist schmal-schmal.“ Infolge dieser Rede stampfte er

---

[8]) „Prinz des Großen Hauses.“ Wird mit Susa-no-Wo's Sohn *Idakeru no Kami*, alias *Kara no Kami* „Gottheit von Korea“ identifiziert.

[9]) Vgl. seine spätere Metamorphose in einen Kryptomerienbaum (in der Miwa-Sage).

XXIII.

[1]) *Ne no katasu kuni*, einer von den vielen Namen der Unterwelt.

[2]) „Prinzessin Vorwärts.“

[3]) „Des Schilfgefildes abschreckender Mann,“ Beiname *Oho-na-muji's*.

[4]) Die Art und Weise, wie Suseri-bime ihrem Geliebten gegen die Arglist ihres Vaters durch magische Mittel hilft, und ihre schließliche Flucht mit ihm, erinnern so stark an den Jason-Medea-Mythus, daß diese Erzählung in das Kapitel „A Far-travelled Tale“ von Lang's Custom and Myth aufgenommen zu werden verdient. *Suseri-bime* erinnert speziell an *Medea* durch die übermäßige Eifersucht, womit sie ihrem etwas zu galanten Gatten das Leben schwer macht, so daß er schließlich Reißaus nehmen will. Das Ende ist jedoch, im Gegensatz zur Jason-Medea Geschichte, ein versöhnendes.

[5]) *Nari-kabura* „singende Rübe,“ so nach der durchlöcherten rübenförmigen Spitze genannt, in welcher beim Fliegen des Pfeils die eindringende Luft ein lautes brummendes Geräusch verursacht. Nach Parker eine hunnische Erfindung.

mit dem Fuße auf der betreffenden Stelle, fiel hinein und verbarg sich darin, während welcher Frist das Feuer vorbei brannte. Hierauf kam die Ratte heraus, indem sie in ihrem Maule den Brumm-Pfeil hielt, und übergab ihm denselben. Die Federn des Pfeils brachten die Kinder der Ratte alle im Maule. Hierauf kam sein Weib Suseri-bime weinend herbei, indem sie Begräbnis-Gerätschaften trug. Der große Gott, ihr Vater, glaubte, daß er nun schon tot sei, ging hinaus und stand auf dem Gefilde. Da brachte [Oho-na-muji] den Pfeil und überreichte ihn ihm, worauf ihn dieser in sein Haus hineinführte, ihn in ein vielräumiges großes Gemach hineinrief und sich von ihm die Läuse vom Kopf abnehmen ließ. Als [Oho-na-muji] den Kopf betrachtete, sah er, daß viele Tausendfüßler darauf waren. Als hierauf seine Gemahlin ihrem Gemahl Beeren vom Muku-Baum[6]) und roten Lehm gab, zerkaute dieser die Beeren des Baumes und spuckte sie mit dem roten Lehm, den er im Munde hielt, aus, so daß der große Gott glaubte, er zerkaue die Tausendfüßler und spucke sie aus, worüber er in seinem Herzen ihm gewogen wurde und einschlief. Da ergriff [Oho-na-muji] die Haare des großen Gottes, band sie fest an sämtliche Sparren des Hauses, versperrte mit einem von fünfhundert [Männern] zu schleppenden Felsen den Eingang des Hauses, nahm sein Weib Suseri-bime auf den Rücken, nahm des großen Gottes großes Lebens[7])-Schwert, Lebens[7])-Bogen und Pfeile und ferner dessen himmlische Verkündungs-Laute[8]) mit fort, und floh hinaus. Dabei stieß aber die himmlische Verkündungs-Laute gegen einen Baum, und die Erde hallte davon wieder. Als nun infolge davon der schlafende große Gott bei dem Getön erschrocken auffuhr, zog und riß er das Haus nieder. Während er jedoch die an die Sparren gebundenen Haare loslöste, war [Oho-na-muji] weithin entflohen. Als er ihn nun bis an den flachen Abhang des Hades verfolgte, und von weitem nach ihm blickte, rief er dem Gotte Oho-na-muji zu und sagte: „Mit dem großen Lebens-Schwert und dem Lebens-Bogen und Pfeilen, welche du trägst, verfolge deine Halb-Brüder[9]), bis sie auf den erlauchten Abhängen der Hügel liegen, und verfolge sie, bis sie in die Strömungen der Flüsse hineingefegt sind, und werde du Kerl[10]) zur Gottheit, die über das große Land herrscht[11]), und werde auch zur Gottheit Geist-des-sichtbaren-Landes[12]), und mache meine Tochter Suseri-bime zu deiner Haupt-Gattin[13]) und errichte am Fuße des Berges Uka[14]) die Tempel-Pfeiler fest und sicher in dem untersten

---

[6]) Aphanante ospera, Plauch.

[7]) Der Vorsatz *iku* „Lebens, lebend" bedeutet, daß das Schwert, sowie der Bogen und die Pfeile, dem Besitzer ein langes Leben gewähren.

[8]) *Ame no nori-goto.* Dem Spieler auf dieser Laute *(koto)* sollten wohl göttliche Inspirationen kommen.

[9]) Sie waren von einer anderen Mutter geboren, nach dem chinesischen Zeichen Gebrüder, die von Konkubinen, nicht der Hauptfrau, geboren worden waren.

[10]) Das als Pronomen der zweiten Person gebrauchte *ore* hat verächtlichen Sinn.

[11]) *Oho-kuni-nushi no Kami.*

[12]) *Utsushi-kuni-tama no Kami.*

[13]) *Mukahi-me,* im Gegensatz zu den Nebenfrauen.

[14]) Berg im Distrikt Idzumo der Provinz Idzumo.

Felsenboden, und errichte die Querbalken hoch bis zum Gefilde des Hohen Himmels, und wohne da, du Kerl du!“ Als [Oho-na-muji] nun mit dem großen Schwerte und dem Bogen die achtzig Gottheiten verfolgte und zersprengte, verfolgte er sie, bis sie auf dem erlauchten Abhange jeden Hügels lagen, verfolgte er sie, bis sie in jede Flußströmung gefegt waren; dann begann er die Länder-Bildung[15]. Daher pflegte nun Prinzessin Yakami, wie es früher paktiert worden war, mit ihm Beischlaf. Daher brachte er die Prinzessin Yakami mit sich [von Inaba nach Idzumo], aber da dieselbe sich vor seiner Haupt-Gemahlin Suseri-bime fürchtete, steckte sie das von ihr geborene Kind in die Gabel eines Baumes, und kehrte [nach Inaba] zurück. Deshalb bekam das Kind den Namen Ki-no-mata no Kami[16]; mit anderem Namen hieß es auch Mi-wi no Kami[17].

[24. Die Werbung der Gottheit Ya-chi-hoko.]

Als dieser Ya-chi-hoko no Kami[1], im Begriff sich mit Nunakaha-hime[2] vom Lande Koshi zu verheiraten, dahinging, gelangte er zum Hause der Nunakaha-hime und sang:

„Meine Hoheit der Gott
Der Achttausend Speere,
Vermochte keine Gemahlin zu finden
Im Lande der Acht Inseln;[3]
Und da ich hörte, es wäre
Eine kluge Maid
Im weitentfernten
Lande Koshi,
Und da ich hörte, es wäre da
Eine schöne Maid,
So stehe ich hier,
Sie wahrlich zu freien
So geh' ich hin und her
Sie zu freien.
Ohne auch nur die Schnur meines [Schwertes
Bisher losgebunden zu haben,
Ohne auch nur den Schleier
Bisher losgebunden zu haben,
Drücke ich zurück
Die von der Jungfrau
Geschlossene Bretter-Tür;
Während ich dastehe,
Zerre ich sie vorwärts.[4]
Während ich dastehe,
Singt der Nuye[5]
In den grünen Bergen;
Und es ruft der Fasan,
Der Vogel des Gefildes;
Und es krähet der Hahn,
Der Vogel des Hofes.
O, wie ist's schade,

[15] Er setzte die Länderschöpfung fort, die durch den Tod der Izanami unterbrochen worden war.

[16] „Baumgabel Gottheit.“

[17] „Gottheit der erlauchten Brunnen,“ welche für die Menschen überall die Brunnen aus der Erde sprudeln läßt.

XXIV.

[1] „Gott der achttausend Speere,“ Beiname *Oho-kuni-nushi's*.

[2] „Prinzessin von *Nunakaha*.“ *Nunakaha* ein Ort im Districkt Kubiki der Provinz Echigo (zum alten *Koshi* gehörend), woselbst auch ein Nunakaha-Schrein.

[3] d. i. im eigentlichen Japan, an dessen nördlicher Grenze das Barbarenland *Koshi* liegt.

[4] Alles Zeichen seiner Ungeduld, in das Haus des Mädchens einzudringen. Auch Männer trugen Schleier.

[5] Ein Vogel, der klagende Rufe ausstößt.

Daß die Vögel so schreien!
O, diese Vögel!
Daß ich sie krank hauen könnte![6])
O schnellfliegender
Am Himmel laufender Bote,
Die Erzählung auch
Von der Sache,
Diese!"[7])

Hierauf sang Nuna-kaha-hime von innen, ohne daß sie erst die Tür öffnete:

„Deine Hoheit Gott
Der Achttausend Speere!
Da ich ein Weib bin
Wie ein biegsames Gras,
So ist mein Herz
Fürwahr ein Vogel auf einer Sandbank [beim Gestade;
In der Tat wird es jetzt
Ein Regenpfeifer wohl sein.
Nachher aber
Wird es ein zutunlicher Vogel sein.
Was dein Leben anbelangt,
So geruhe ja nicht zu sterben![8])
O schnellfliegender
Am Himmel laufender Bote,
Die Erzählung auch
Von der Sache,
Diese!"

[Zweiter Gesang der Nuna-kaha-hime].

„Wenn hinter den grünen Bergen
Die Sonne untergeht,
In der wie die Nuba-Frucht [schwarzen][9])
Nacht werde ich hervorkommen.
Wenn wie die Morgensonne
Lächelnd und strahlend du kommst,
Dann sollen deine Arme, weiß
Wie Seile aus Taku-Rinde,[10])
Meine wie schmelzender Schnee
Weiche Brust
Sanft tätscheln;
Und tätschelnd und uns umschlingend,
Und die Juwelen-Arme,[11])
Die wahrhaften Juwelen-Arme,
Ausstreckend und [gegenseitig] zum [Kopfkissen machend,
Wollen wir schlafen
Mit ausgestreckten Beinen.
Sprich mir nicht von Liebessehnsucht
Allzusehr,
Du Hoheit, Gott
Der achttausend Speere!
Die Erzählung auch
Von der Sache,
Diese!"

---

[6]) Der Ruf der Vögel kündet den nahenden Tag. In alter Zeit war es Sitte (wie z. B. noch jetzt bei vielen Stämmen in Formosa), daß der Mann seine Geliebte oder junge Frau nachts in deren Hause besuchte; beim Anbrechen des neuen Tages mußte er aber wieder heimkehren. Der enttäuschte Liebhaber macht hier die die Morgendämmerung verkündenden Vögel dafür verantwortlich, daß sie ihm die ersehnte Liebesnacht wegschreien. Dieser Besuch hieß *yobahi* (aus yobi-ahi gegenseitiges Rufen), was ich oben im Text mit „freien" wiedergegeben habe.

[7]) Die letzten fünf Zeilen sind dunkel. Nach Motowori bedeuten sie: Möge dieser Gesang wie ein Bote zu künftigen Zeitaltern gelangen und für sie die Erinnerung an diesen Vorfall bewahren. Nach Moribe sind sie von den offiziellen Sängern hinzugefügt, die in späterer Zeit diese Lieder mit Tanzbegleitung gesungen haben sollen.

[8]) Heute mag ich dir noch nicht gehören, doch stirb nicht vor Kummer darüber und warte, denn bald werde ich mich dir ergeben.

[9]) Stehende Redensart (Makura-Kotoba), unserm „rabenschwarz" entsprechend.

[10]) *Taku* ist der Papiermaulbeerbaum, jetzt *kôdzu* genannt.

[11]) Bildlich für „schöne Arme." Aber auch die wörtliche Auffassung ist nicht verwerflich, wenn man bedenkt, daß Männer und Frauen in der ältesten Zeit Armbänder trugen.

Daher pflegten sie in dieser Nacht keinen Beischlaf, aber in der Nacht des folgenden Tages pflegten sie erlaucht Beischlaf miteinander.

[25. Das Gelöbnis mit der Weinschale.]

Wiederum war Ihre Hoheit Suseri-bime, die Hauptkönigin[1]) dieser Gottheit, sehr eifersüchtig. Daher war ihr göttlicher Gemahl in Betrübnis, und stand im Begriff von Idzumo nach dem Lande Yamato hinaufzugehen; und wie er im vollen Anzug dastand, die eine erlauchte Hand auf dem Sattel des erlauchten Pferdes, und den einen erlauchten Fuß in dem erlauchten Steigbügel, sang er:

„Wenn ich meine Kleider, die so
[schwarz sind
Wie die Nuba Frucht,
Ganz sorgfältig
Nehme und mich darein kleide,
Und wie die Vögel der Tiefsee
Meine Brust beschaue, —
Obgleich ich meine Schwingen (Ärmel)
[erhebe,
[Sage ich, daß] diese [Kleider] nicht
Und werfe sie ab [gut sind,
Auf die Wogen an der Küste.
Wenn ich die Kleider, die so grün sind
Wie der Eisvogel,
Ganz sorgfältig
Nehme und mich darein kleide,
Und wie die Vögel der Tiefsee
Meine Brust beschaue, —
Obgleich ich meine Schwingen erhebe,
[Sage ich, daß] auch diese nicht gut
[sind,
Und werfe sie ab
Auf die Wogen an der Küste.
Wenn ich die Kleider, die gefärbt sind
Mit dem Safte des Färbebaumes
Aus zerstoßener Färberröte, gesucht
Auf dem Berg-Gelände,
Ganz sorgfältig
Nehme und mich darein kleide,
Und wie die Vögel der Tiefsee
Meine Brust beschaue, —
Obgleich ich meine Schwingen erhebe,
[Sage ich, daß] sie gut sind.
Meiner teuren
Jungschwester Hoheit!
Ob du auch sagst
Daß du nicht weinen wirst,
Wenn wie gescharte Vögel
Ich [meine Mannen] schare und fort-
[gehe,
Wenn wie dahin geleitete Vögel[2])
Ich [meine Mannen] dahin leite und
[fortgehe, —
Wirst du doch den Kopf hängen
Wie eine einzeln-stehende Susuki[3])
Auf der Berg-stätte,
Und dein Weinen
Wird sich fürwahr erheben wie feiner
Des Morgen-Schauers. [Nebel
O meiner Gemahlin Hoheit,
[Lieblich und frisch] wie junge Kräuter!
Die Erzählung auch
Von der Sache.
Diese!“

XXV.

[1]) d. i. die Hauptgattin.

[2]) Das Bild ist daher genommen, daß, wenn eine Schar von Vögeln irgendwo sitzt, und einer auffliegt, sogleich die übrigen ihm folgen.

[3]) Eine lange Grasart, Eulalia japonica.

Hierauf nahm seine Kaiserin[4]) eine große erlauchte Reisweinschale, näherte sich ihm, überreichte ihm [die Schale] und sang:

„O deine Hoheit Gott
Der achttausend Speere!
Fürwahr mein [lieber] Herr
Des großen Landes:
Da du ein Mann bist,
Hast du wahrscheinlich eine Gemahlin,
[Lieblich] wie junge Kräuter,
An all den verschiedenen Landspitzen [der Inseln
Die du siehst,
Und an jeglicher Küsten-Landspitze
Die du betrachtest.
Aber ich, ach!
Da ich ein Weib bin,
Habe ich keinen Mann
Außer dir,
Habe ich keinen Gemahl
Außer dir.
Unter dem Flattern
Der verzierten Umhegung,
Unter der Weichheit
Der warmen Decke,
Unter dem Rascheln
Der tuchnen Decke, —
Mit deinen Armen, die weiß sind
Wie Seile aus Taku-Rinde,
Meine wie schmelzender Schnee
Weiche Brust
Sanft tätschelnd
Und verschlungen uns tätschelnd
Und die Juwelen-Arme,
Die wahrhaften Juwelen-Arme
Ausstreckend und [gegenseitig] zum [Kopfkissen machend,
Wollen mit ausgestreckten Beinen
Wir schlafen. —
Erhebe [zum Trunk]
Den herrlichen hehren Reiswein!“

Nachdem sie so gesungen hatte, taten sie mit der Schale ein Gelübde, wobei sie [einander die Hände] auf den Hals legten, und bis zur Jetztzeit sind sie in Frieden. Dies nennt man Götter-Worte.[5])

[26. Die Nachkommen des Gottes Oho-kuni-nushi.]

Nunmehr heiratete dieser Gott Oho-kuni-nushi Ihre Hoheit Ta-kiri-bime[1]), die Gottheit welche im innersten Tempel von Munakata wohnt, und erzeugte folgende Kinder: den Gott Aji-suki-taka-hiko-ne[2]), darauf dessen jüngere Schwester Ihre Hoheit Taka-hime[3]), deren anderer Name Ihre Hoheit Shita-teru-hime ist. Dieser Gott Aji-suki-taka-hiko-ne ist derselbe, welcher jetzt der große erlauchte Gott von Kamo heißt.

---

[4]) D. i. Gemahlin.

[5]) *Kami-goto;* nach Motowori vielleicht Name einer Gedichtgattung, ähnlich wie man „Bauern-Lieder,“ Höflingslieder usw. hat; nach Moribe Gespräche über Angelegenheiten der Götter.

XXVI.

[1]) Vgl. Abschnitt 13, Anm. 9, und zu *Munakata* 13, Anm. 1.

[2]) „Trefflicher Pflug Hoher Prinz Lieber.“ *Aji* ist aber unklar; möglicherweise ist es = *aje* „Furche“. Der „Pflug“ in seinem Namen deutet wohl darauf hin, daß er wie sein Vater als Landbebauer tätig gedacht wurde. Sein weiter unten genannter Wohnsitz *Kamo* ist ein Ort im Distrikt Katsujō der Provinz Yamato. Vgl. *Nihongi*, Kap. VII, Var. VIa.

[3]) „Hohe Prinzessin,“ als Abkürzung von *Taka-teru-hime* „hochscheinende Prinzessin“ vermutet. Ihr Alternativname *Shita-teru-hime* bedeutet „Unten scheinende Prinzessin“.

Der Gott Oho-kuni-nushi heiratete ferner Ihre Hoheit Kamu-ya-tate-hime[4]) und erzeugte ein Kind: den Gott Koto-shiro-nushi[5]). Ferner heiratete er die Gottheit Tori-mimi[6]), die Tochter des Gottes Ya-shima-muji[7]) und erzeugte ein Kind: den Gott Tori-naru-mi[8]). Dieser Gott heiratete die Gottheit Hina-teri-nukada-bichi-wo-ikochini[9]) und erzeugte ein Kind: den Gott Kuni-oshi-tomi[10]). Dieser Gott heiratete die Gottheit Ashi-nadaka, deren anderer Name Ya-kaha-ye-hime[11]) ist, und erzeugte ein Kind: den Gott Haya-mika no Take-sahaya-ji-nu-mi[12]). Dieser Gott heiratete Saki-tama-hime[13]), die Tochter des Gottes Ame-no-mika-nushi[14]), und erzeugte ein Kind: den Gott Mika-nushi-hiko[15]). Dieser Gott heiratete die Hina-rashi-bime[16]), die Tochter des Gottes Okami, und erzeugte ein Kind: den Gott Tahiri-kishi-marumi[17]). Dieser Gott heiratete die Gottheit Iku-tama-saki-tama-hime[18]), eine Tochter des Gottes Hihira-gi no Sono-hana-madzu-mi, und erzeugte ein Kind: den Gott Miro-na-mi. Dieser Gott heiratete die Awo-numa-nu-oshi-hime[19]), eine Tochter des Gottes Shiki-yama-

---

Sie soll sehr schön gewesen sein und der Name besagen, daß ihre Schönheit unter den Gewändern hindurchschimmerte, analog dem Namen der *So-tohoshi no iratsume* „die das Gewand durchdringende Dame", von der es Abschnitt 137 in einer Glosse heißt, sie hätte ihren Namen deshalb, weil der Glanz ihres Körpers durch ihre Gewänder drang.

4) „Prinzessin Götter-Haus-Schild." *Ya-tate* könnte aber auch „Haus-Errichterin" bedeuten.

5) „Der die Dinge (das Wirken der Substanz) regierende Herr." Dem entsprechend hat sein Vater auch die Namen *Oho-mono-nushi* und *Oho-mono-shiro-nushi* „der große über die Dinge (Geister) regierende Herr". *mono* = „Substanz," *koto* „Wirken der Substanz". *Shiro-nushi* = *shiri-nushi*. Motowori's und Hirata's Erklärungen „Ding-Zeichen-Herr" resp. „Rede-Zeichen-Herr" (*shiro* = *shirushi* „Zeichen") sind gekünstelt. Längere Formen desselben Namens sind *Yahe-koto-shiro-nushi* „der die achtfachen (d. h. alle) Dinge leitende Herr," und *Tsumi-ba (?) Ya-he-koto-shiro-nushi*.

6) „Vogel-Ohren." 7) „Edler der Acht Inseln."

8) Nach den chinesischen Zeichen „Vogel-tönendes-Meer", was nicht richtig sein kann. *Tori* ist offenbar aus dem Namen der Mutter hergenommen; *Narumi* ein Ort in Mikawa.

9) Nicht erklärbar, aber in die Bestandteile *Hina-teri, Nukada* (Ortsname), *Bichi* oder *Biji* (wahrscheinlich Ortsname), *wo* „Mann," *Ikochini* zu zerlegen. Höchstwahrscheinlich sind vor *Ikochini* die Zeichen „Tochter des Gottes" weggefallen, also *Ikochini*, Tochter des Gottes *Hina-teri Nukada-Bichi-wo* „Land bescheinender Mann von Nukada-Bichi."

10) „Des Landes großer Reichtum."

11) *Ashi-nadaka* unklar. *Ya-kaha-ye-hime* „Prinzessin der acht Flüsse und Buchten".

12) „Schnell-gewaltiger Tapfrer Sahaya-Herr Herrscher," wobei *Sahaya* Ortsname?

13) „Prinzessin Glücks-Geist." 14) „Des Himmels Gewaltiger Herr."

15) „Prinz gewaltiger Herr."

16) Unklar. Ihr Vater *Okami* oder *Kura-Okami* ist der Regengott. 17) Unklar.

18) „Prinzessin Lebens-Geist Glücks-Geist." Der Name ihres Vaters ist wieder unklar. *Hihiragi* ist die Zierpflanze Olea aquifolium, *sono* „seine", *hana* „Blume", *madzumi?* Ebenso ist der Name ihres Sohnes *Miro-nami* unverständlich.

19) *Awo-numa* ein in mehreren Provinzen (Kai, Shinano usw.) vorkommender Ortsname; *nu* und *oshi* unklar, aber *nu* wohl „Herr". Ihr Vater heißt „Herr von Shikiyama". Im Distrikt Imadachi von Echizen gab es einen Shikiyama-Schrein. *Nunoshi* im Namen ihres Sohnes ist wohl aus dem Namen der Mutter genommen (*nu no oshi*), das übrige ist zweifelhaft.

nushi, und erzeugte ein Kind: den Gott Nunoshi-tomi-tori-naru-mi. Dieser Gott heiratete die Gottheit Waka-hiru-me[20]) und erzeugte ein Kind: den Gott Ame no Hibara-Oho-shi-na-domi[21]). Dieser Gott heiratete die Gottheit Toho-tsu-ma-chi-ne[22]), eine Tochter des Gottes Ame no Sa-giri und erzeugte ein Kind: den Gott Toho-tsu-yama-zaki-tarashi[23]).

Die Götter von Ya-shima-ji-nu-mi no Kami bis herab zu Toho-tsu-yama-zaki-tarashi no Kami in obiger Aufzählung werden die Gottheiten der siebenzehn Generationen[24]) genannt.

[27. Der Zwerg Sukuna-biko-na no Mikoto.]

Als nun Oho-kuni-nushi no Kami am erlauchten Kap von Miho[1]) in Idzumo wohnte, kam auf den Wellenkämmen in einem himmlischen Kagami-Boote[2]) eine Gottheit, die sich aus einem mit vollkommener Abziehung abgezogenen Gänsebalg[3]) ein Kleid gemacht hatte, heran gefahren. Obgleich man sie nun nach ihrem Namen fragte, gab sie keine Antwort; und obgleich man überdies die sie begleitenden Gottheiten befragte, sagten diese alle, daß sie es nicht wüßten. Da sprach eine Kröte und sagte: „Dies wird Kuye-biko[4]) sicherlich wissen". Hierauf berief [Oho-kuni-nushi] den Kuye-biko, und fragte ihn, worauf dieser antwortete und sprach: „Dies ist der Gott Sukuna-biko-na,[5]) das erlauchte

---

[20]) „Junges-Sonnen-Weib", die jüngere Schwester der Sonnengöttin. Vgl. NIHONGI, Kap. VI, Var. I.

[21]) *Ame no Hi-bara* „Sonnengefilde des Himmels", Rest unklar.

[22]) Unklar. Ihr Vater ist Abschnitt 6 als Kind von Izanagi und Izanami genannt.

[23]) „Des fernen Berg-Vorsprungs Vollkommener."

[24]) Diese Angabe stimmt nicht mit der Zahl der wirklich aufgeführten Namen überein. Von *Yashima-jinumi,* dem Sohn des Susa-no-Wo und der Kushi-nada-hime, bis zu *Oho-kuni-nushi* sind es 6 Generationen; hier im Text sind weiter 9 Generationen. genannt. Das macht nur 15.

XXVII.

[1]) Kap im Distrikt Shimane von Idzumo, etwa acht Ri nördöstlich von der Hauptstadt Matsuye, der Halbinsel Yomi gegenüber.

[2]) Die *Kagami* oder *Kagami-guša,* Ampelopsis serjaniaefolia Rgl., ist eine Pflanze mit einer drei bis vier Zoll langen Beere von Flaschenkürbis-ähnlicher Form, die ausgehöhlt mit einem Boot einige Ähnlichkeit hat.

[3]) Im NIHONGI „Zaunkönigsbalg", was allgemein für die allein richtige Version gehalten wird. Den alten Japanern muß ebenso wie den Chinesen die Sitte gewisser Volksstämme im Lande Han-ming, d. i. den Kurilen, welche sich Vogelbälge zu Kleidern zusammennähten (sie benutzten den Balg des Sturmvogels, Procellaria gracilis), bekannt gewesen sein.

[4]) Daß *Kuye* die Bedeutung „zerbröckelnd" habe, ist nur eine vage Vermutung. Man denkt sich dabei, daß dieVogelscheuche (weiter unten *sohodo* genannt, jetzt gewöhnlich *kakashi*) von Wind und Regen zerzaust wird. Andere meinen, es sei ein Ortsname. In der Vogelscheuche ist ein primitives Götzenbild zu sehen.

[5]) Oder *Sukuna-hiko-na* „das Kleine liebe (*na*) wunderbare Kind (*hi-ko*, oder „Prinz")". Die landläufige Interpretation *na* „Name" ist falsch. Daß *na* = *ne* das Kosewort ist, bezeugt das HARIMA-FUDOKI, wo es *Sukuna-hiko-ne* heißt; das Kosewort kann auch wegfallen (*na* „Name" könnte das nicht!), z. B. im IDZUMO-FUDOKI: *Sukuna-hiko no Mikoto.* Ein anderer Name *Sukuna-muchi* ist antithetisch zu *Ohona-muchi* gebildet („der Kleine Edle").

Kind des Gottes Kami-musubi.“ Als sie daher nun Seine Hoheit Kami-musubi-mi-oya[6]) ehrfurchtsvoll benachrichtigten, antwortete dieser und sprach; „Dies ist in der Tat mein Kind. Unter meinen Kindern ist er dasjenige Kind, welches zwischen der Gabel meiner Hand untertauchte. Mit dir Ashi-hara-shiko-wo no Mikoto soll er Brüderschaft schliessen, und [ihr beide] sollt dieses Land bilden und ihm feste Gestalt geben.“ Daher bildeten und festigten von da an die beiden Götter Oho-na-muji und Sukuna-biko-na dieses Land in Gemeinschaft mit einander. Aber später setzte der Gott Sukuna-biko-na ins Land der Unvergänglichkeit[7]) hinüber. Der [von den Leuten damals] Kuye-biko genannte

---

Schließlich wird er auch *Te-ma no Ama-tsu-kami* „der durch den Hand-Zwischenraum [fallende] himmlische Gott“ genannt. So heißt denn *Tema* auch der Ort, wo er vom Himmel auf die Erde herabfiel (im Lande Hōki).

Sukuna-biko-na wird mit dem Glücksgott *Ebisu*, dem Schutzgott des Handels und der Industrie, identifiziert, mit welchem Recht, bleibt dahingestellt. Da *Oho-kuni nushi* und *Sukuna-biko-na* vereint wirken, so wird auch die enge Verbindung zwischen *Daikoku* und *Ebisu*, ihren angeblichen Repräsentanten, erklärlich, sowie die gemeinsame Ausgabe ihrer Statuetten und Bilder im Oho-yashiro von Kidzuki. *Sukuna-bikona* wurde auch als ein Medizingott betrachtet, der die Arzneien erfunden hat und die Heilquellen aus der Erde sprudeln läßt. Als solcher wurde er allerdings durch den vom Buddhismus in Japan eingeführten indischen Medizingott Bhaishajyaguru, hier *Yakushi* genannt, beiseite geschoben; der gemischte Shintō bringt sie natürlich beide in Beziehung zu einander. Aston bezeichnet ihn wohl mit Recht als einen vergöttlichten Typus des Medizinmannes, und ich möchte mit Hinsicht auf sein Federkleid dazu noch die Vermutung fügen, daß der Medizinmann der Urjapaner ähnlich wie bei anderen primitiven Völkern sich in phantastischem Aufputz bewegte.

In der nordwestlichen Provinz Noto gibt es *steinerne Götzenbilder*, welche *Sukuna-bikona* und seinen Gefährten *Oho-kuni-nushi* darstellen; ob sie aber die typische Ebisu- und Daikoku-Gestalt haben, ist mir zur Zeit nicht bekannt.

[6]) „Göttlicher Erzeuger Hehrer Ahn“, verlängerte Form des einfachen *Kami-musubi*. In Nihongi, Kap. VII, Var. VI b erklärt aber *Taka-mi-musubi* ihn als eines seiner 1500 Kinder, und zwar als ein böses und ungeratenes, das ihm zwischen den Fingern durchschlüpfte und auf die Erde herabfiel.

[7]) *Toko-yo no kuni* oder *Toki-yo no kuni: toko, toki* „ewig, unveränderlich“, *yo* „Welt“. Das Land der Unveränderlichkeit ist eine Art paradiesischen Landes in weiter Ferne jenseits der Grenzen des Ozeans; wer dort wohnt, wird nicht alt und stirbt nicht. Vgl. die Ballade vom Fischer Urashima, Manyōshū Buch 9. Die Vorstellung von einem solchen Lande ist möglicherweise nicht japanisch, sondern den Chinesen, oder durch deren Vermittlung den Indern (vgl. das buddhistische *Sukhâvatî*) entlehnt. Im Bericht über den Kaiser Suinin wird im Kojiki und Nihongi erzählt, daß die *Orange von dort gebracht* worden sei, und zwar durch Tajima-mori, einen Mann *koreanischer* Abkunft. Mit Bezug darauf wird die Orange in einem Gedicht im 18. Buche des Manyōshū auch *tokoyo-mono* „ein Ding aus dem Toko-yo“ genannt. In dem poetisch angehauchten Bericht Tajima-mori's im Nihongi, Buch 6 Schluß, heißt es, daß er 10 000 Meilen weit über den Ozean gegangen sei, und daß das Land der Unveränderlichkeit kein anderes sei als das geheimnisvolle Reich der Götter und Genien, wohin kein gewöhnlicher Sterblicher gelangen könne. Nach allem scheint ein wirklich existierendes fern entlegenes Land, etwa im Südwesten von Japan, gemeint zu sein, von dem man aber nur sagenhafte Kunde besaß, und das man mit japanischen oder fremden mythologischen Vorstellungen verband. Südchina oder die Liukiu-Inseln sind möglicherweise gemeint. Arawi Hakuseki's Hypothese, daß die japanische Provinz Hitachi gemeint sei, ist als gar zu oberflächlich zu verwerfen.

[Gott], welcher den Gott Sukuna-biko-na kund machte, ist heutzutage die Vogelscheuche auf den Berg-Feldern. Obgleich dieser Gott mit seinen Beinen nicht gehen kann, ist er doch ein Gott, der alle Dinge unter dem Himmel sämtlich kennt."

[28. Der Schutzgeist des Gottes Oho-kuni-nushi.]

Hierauf war Oho-kuni-nushi no Kami betrübt und sprach: „Wie soll ich allein imstande sein dieses Land zu machen? Mit welcher Gottheit zusammen könnte ich gemeinschaftlich dieses Land machen?" Zu dieser Zeit gab es eine Gottheit, die das Meer erleuchtend herankam. Diese Gottheit sprach: „Wenn du ordentlich vor mir Verehrung üben [1]) willst, so kann ich es mit dir gemeinschaftlich machen und vollbringen. Wenn nicht, so kann das Land nicht vollendet werden." Da sagte Oho-kuni-nushi no Kami: „Wenn das so ist, auf welche Art und Weise soll ich dann ehrfürchtig Verehrung üben?" Er antwortete und sprach: „Verehre mich ehrfürchtig oben auf dem Ost-Berge, dem Grünen Zaun von Yamato!" Dieses ist die Gottheit, welche oben auf dem Mimoro-Berge [2]) wohnt.

[29. Die erlauchten Kinder des Oho-toshi no Kami und des Ha-yama-to no Kami.]

Nun heiratete Gott Oho-toshi [1]) die Inu-hime [2]), eine Tochter des Gottes Kamu-iku-musu-bi und erzeugte Kinder: den Gott Oho-kuni-mi-tama [3]); sodann den Gott von Kara [4]); sodann den Gott von Sohori [5]); sodann den Gott Shira-

---

XXVIII.

[1]) d. i. mich in meinem Schrein verehren, oder mir einen Schrein errichten.

[2]) Er liegt im Osten von Yamato im Distrikt Shikijō, wie ein schützender grüner Zaun und heißt deshalb auch *Awo-kaki-yama* „Grünzaun-Berg". Der eigentliche Name war *Mi-moro-yama* „Berg des erlauchten Schreins". *Moro* (später *muro*) „Schrein" ist wahrscheinlich eine Ableitung von *mori* „Hain, Tempelhain". Es befindet sich dort tatsächlich ein uralter herrlicher Tempelhain. Der jetzige Name des Berges ist *Miwa-yama* oder *Oho-Miwa-yama*, nach der Ortschaft *Miwa* benannt.

Die hier mit *Oho-kuni-nushi* redende Gottheit ist nach Nihongi i, Kap. VII, Var. VIa sein Schutzgeist, nach der Theorie der Shintō-Theologen ein Teil seiner Selbst, sein *Nigi-mi-tama.*

XXIX.

[1]) „Große Ernte," der Erntegott, Sohn Susa-no-Wo's.

[2]) „Hunde-Prinzessin" oder „Prinzessin von Inu". Ihr Vater: „Göttlicher Lebens-Erzeuger." *Musubi* ist Emendation für *Subi* im Original. Im Distrikt Idzumo von Idzumo gibt es einen Inu-Schrein. Wir dürfen in der *Inu-hime* wohl eine Hunde-Gottheit, *Inugami*, sehen, wenn wir ihr auch noch nicht die dämonischen Kräfte der Verhexung zuschreiben dürfen, welche die Inu-gami im späteren Aberglauben, z. B. in der Provinz Tosa, so gefürchtet machen.

[3]) „Erlauchter Geist des Großen Landes." Vgl. *Oho-kuni-tama* im Nihongi.

[4]) d. i. Gott von Korea. Wohl eine ursprünglich koreanische Gottheit. Ein sobenannter Gott wurde einst in der Koreanischen Straße zu Nara verehrt. Vgl. Nihongi I, Kap. VII, Var. IV.

[5]) *Sohori* ist der alte volle Name des Distriktes in Yamato, der jetzt *Sō* heißt.

hi[6]); sodann den Gott Hijiri[7]). — *Fünf Gottheiten.* — Ferner heiratete er Kagayo-hime[8]) und erzeugte Kinder: den Gott Oho-kaga-yama-to-omi[9]); sodann den Gott Mi-toshi[10]). Ferner heiratete er Ame-shiru-karu-midzu-hime[11]) und erzeugte Kinder: den Gott Oki-tsu-hiko; sodann Ihre Hoheit Oki-tsu-hime[12]), deren anderer Name Gottheit Oho-be-hime[13]) ist: dies ist die von allen Leuten verehrte Gottheit des Küchenherdes[14]); sodann den Gott Oho-yama-kuhi, der mit anderem Namen Gott Yama-suwe-no-oho-nushi[15]) heißt; dieser Gott residiert auf dem Berge Hiye im Lande Chika-tsu-Afumi[16]) und ist ferner der zu Matsu-no-wo in Kadzunu[17]) wohnende und die Brummpfeile gebrauchende Gott; sodann die Gottheit Niha-tsu-hi[18]); sodann den Gott Asuha[19]), sodann den Gott Hahigi[20]); sodann den Gott Kaga-yama-to-omi[21]); sodann den Gott Ha-yama-to[22]); sodann

---

6) „Weiße Sonne.“

7) „Der Weise.“ Einen *Hijiri*-Schrein gab es im Distrikt Idzumi.

8) „Strahlende Prinzessin.“

9) Oder wohl besser *Oho-kaga-yama-to-mi* „Großer strahlender Berg-Ort Herr“. *Kaga* ist aus dem Namen der Mutter genommen.

10) „Erlauchte Ernte.“

11) „Himmel-regierende jugendliche Prinzessin von Karu.“ *Karu* im Distrikt Takaichi von Yamato.

12) „Prinz des Innern“ und „Prinzessin des Innern,“ beides Küchengötter.

13) „Große Prinzessin des Herdes.“

14) *Kama no kami,* deren Kult zweifellos vom Kult des chinesischen Küchengottes *Tsao-shên* beeinflußt ist. Dieser begibt sich am 23./12. jeden Jahres zu Shang-ti in den Himmel, um über das Betragen der Hausbewohner Bericht zu erstatten, und kommt am 30./12. von seiner Mission zurück. Die japanischen Mägde nennen den Herd verehrungsvoll *hettsui-sama* „Herr Herd“ und betrachten es als ein Unglück, wenn man ein Messer oder anderes schneidendes Werkzeug darauf legt. Vulgär heißt der Küchengott *Ara-gami* „rauher Gott“ und wird mit drei Köpfen gedacht, was nach Hirata indischen Ursprungs ist. Er soll den Menschen die Kochkunst gelehrt haben. Er hatte sein besonderes Fest zu Anfang des Jahres in Kyōto, das *Kama-matsuri,* das seit der Meijizeit nicht mehr zu existieren scheint.

15) „Großer Berg Pfahl“ und „Großer Herr des Berg-Endes (Gipfels).“

16) Das „Nahe Afumi,“ weil diese Provinz der Hauptstadt nahe liegt, im Gegensatz zum „Fernen Afumi“ (Toho-tsu-Afumi, spr. Tōtōmi).

17) Im Schrein von *Matsu-no-wo* „Kiefern-Abhang“ im Distrikt Kadzunu von Yamashiro. Augenscheinlich wurden ihm Pfeile als Opfergaben dargebracht.

18) Auch *Niha-bi* genannt, das „Hof-Feuer“, ein zeremonielles Feuer, welches in der Nacht im Tempelhofe angezündet wurde zur Feier des *O-hi-taki* „erlauchte Feuer-Anzündung“ (an Stelle des Nihi-name Festes der Staats-Schreine in Volks-Schreinen gefeiert).

19) Der Schutzgott des Haushofes. Er wurde während der Abwesenheit eines Hausbewohners bis zu dessen Rückkehr angefleht (Gedicht Manyōshū 20). Zur Gewinnung seiner Gunst machten Freunde des auf einer Pilgerfahrt Abwesenden ein Hausmodell mit Strohdach und opferten diesem jeden Morgen Tee und Reis.

20) „Schleichender Herr“? Er wird als ein Schutzgott der Hauseingänge vermutet. Das Ritual zum Toshigohi no Matsuri zitiert ihn neben *Asuha* und drei Brunnengöttern.

21) „Strahlender Berg-Ort Herr.“ Ort = Wohnung.

22) „Bergabhangs-Wohnung.“ Vgl. *Ha-yama-tsu-mi.*

den Gott Niha-taka-tsu-hi[23]); sodann den Gott Oho-tsuchi, der mit anderem Namen auch Gott Tsuchi no mi-oya[24]) heißt. — *Neun Gottheiten*[25]) —.

Im obigen Abschnitt sind die Kinder des Gottes Oho-toshi, vom Gott Oho-Kuni-mi-tama herab bis zum Gott Oho-tsuchi, zusammen sechzehn Gottheiten.

Der Gott Ha-yama-to heiratete die [Nahrungsgöttin] Oho-ke-tsu-hime no Kami und erzeugte Kinder: den Gott Waka-yama-kuhi[26]); sodann den Gott Waka-toshi[27]); sodann dessen jüngere Schwester die Gottheit Waka-sa-na-me[28]); sodann den Gott Midzu-maki[29]); sodann die Gottheit Natsu-taka-tsu-hi, welche mit anderem Namen auch Natsu-no-me no Kami[30]) heißt; sodann die Gottheit Aki-bime[31]); sodann den Gott Kuku-toshi[32]); sodann den Gott Kuku-ki-waka-muro-tsuna-ne[33]).

Im obigen Abschnitt sind die Kinder des Gottes Ha-yama-to, vom Gott Waka-yama-kuhi bis herab zum Gott Waka-muro-tsuna-ne, zusammen acht Gottheiten.

[30. Beratung der Götter über die Unterwerfung des Landes.]

Ama-terasu Oho-mi-Kami erließ den Befehl: „Das Land der frischen Ähren der tausend Herbste und langen fünfhundert Herbste des Üppigen Schilfgefildes[1]) ist das Land, das mein erlauchtes Kind Masaka-a-katsu Kachi-haya-hi Ame no Oshi-ho-mi-mi no Mikoto regieren soll.“ So beauftragte sie ihn gnädiglich und sandte ihn vom Himmel hinab.

Hierauf sagte Ame no Oshi-ho-mi-mi, indem er auf der Schwebebrücke des Himmels stand: „Das Land der frischen Ähren der tausend Herbste und langen fünfhundert Herbste des Üppigen Schilfgefildes ist in höchster auf-

---

23) Aus dem Namen seines älteren Bruders *Niha-tsu-hi* mit Einfügung von *taka* „hoch“ abgeleitet: „des Hofes hoch[-brennendes] Feuer.“

24) „Große Erde“, resp. „Erlauchter Ahn der Erde“. Erde im Sinn von Ackerland, dessen Schutzherr der Gott ist. Im ersten Falle ist *oho* wohl besser als Epitheton zu *kami* zu stellen, also „Großer Gott der Erde“.

25) *Oki-tsu-hiko* und *Oki-tsu-hime* sind als *eine* Gottheit gerechnet.

26) „Junger-Berg-Pfahl-Gott.“

27) „Junge Ernte.“ Von Motowori auf das erste Sprießen des jungen Reises bezogen, also etwa „Junge Saat“. Die Namen der fünf hier erwähnten Gottheiten haben alle auf den Verlauf der Landarbeit Bezug.

28) „Junges Reis umpflanzendes Weib“ (die aus der Saat gewachsenen sehr dicht stehenden Reispflanzen werden im Juni auf die eigentlichen Reisfelder umgepflanzt).

29) „Wasser-Gießer.“

30) „Hohe Sonne des Sommers“, resp. Gottheit „Sommer-Weib“.

31) „Herbst-Prinzessin.“

32) „Stengel-Ernte.“ Hier sind mit *Kuku* die Reishalme gemeint, während im Namen des Baumgottes *Kuku no Chi* damit die Baumstämme bezeichnet werden.

33) „Stämme-Baum-jung-Haus-Seil-Lieber.“ Soviel wird aus den Elementen des Namens klar, daß vom Bauen der Häuser aus Stämmen und dem Zusammenbinden der Stämme mit Bastseilen die Rede ist. Es wird daher ein Hausschutzgott sein.

XXX.

1) *Toyo-ashi-hara no Chi-aki no Naga-i-ho-aki no Midzu-ho no Kuni*, d. i. Japan.

rührerischer Bewegung, wahrlich!“ So sprach er und kehrte wieder nach oben zurück und erstattete der Ama-terasu Oho-mi-kami Bericht ab.

Da befahlen Taka-mi-musubi no Kami und Ama-terasu Oho-mi-kami den achthundert Myriaden Gottheiten sich zu einer göttlichen Versammlung im Flußbett des Ruhigen Flusses des Himmels zu versammeln, und veranlaßten Omohi-kane no Kami nachzudenken, und sagten: „Dieses Mittelland des Schilfgefildes ist das Land, welches wir unserm erlauchten Kinde als zu regierendes Land gnädigst anvertraut haben. Da er der Meinung ist, daß in diesem Lande zahlreiche sich heftig und wild gebarende[2]) irdische Gottheiten sind, welche Gottheit sollen wir dann schicken, um sie zu unterwerfen?“ Da beratschlagten Omohi-kane no Kami und auch die achthundert Myriaden Gottheiten, und sie sprachen: „Ame no Ho-hi no Kami, der sollte geschickt werden.“ Demnach schickten sie Ame no Ho-hi no Kami, aber er schmeichelte gleich dem Oho-kuni-nushi no Kami und tat ihm schön, und es vergingen drei Jahre, ohne daß er einen Bericht zurückbrachte.

[31. Ame-waka-hiko.

Daher fragten Taka-mi-musubi no Kami und Ama-terasu Oho-mi-kami wiederum sämtliche Götter: „Ame no Ho-hi no Kami, den wir in das Mittelland des Schilfgefildes geschickt haben, hat seit langem keinen Bericht von seiner Mission erstattet. Welche Gottheit wird es gut sein von neuem zu schicken?“ Da antwortete Omohi-kane no Kami und sprach: „Ame-waka-hiko[1]), der Sohn des Ama-tsu-Kuni-tama[2]) no Kami, sollte entsandt werden.“ Deshalb gaben sie dem Ame-waka-hiko einen himmlischen trefflichen Hirschbogen[3]) und himmlische gefiederte Pfeile[4]), und schickten ihn ab. Nachdem nun Ame-waka-hiko hinabgestiegen und in jenem Lande angelangt war, nahm er alsbald Shita-teru-hime, eine Tochter des Oho-kuni-nushi no Kami, zum Weibe, schmiedete auch Pläne, wie er dieses Land an sich reißen könnte, und erstattete acht Jahre lang keinen Bericht von seiner Mission. Daher befragten Ama-terasu Oho-mi-kami und Taka-mi-musubi no Kami wiederum sämtliche Götter: „Ame-waka-hiko hat seit langem keinen Bericht von seiner Mission erstattet. Welche Gott-

---

[2]) *Chi-hayaburu araburu*, oder gewöhnlich nur das erste *chihayaburu* wurde in der ältesten Zeit als Epitheton nur für böse Gottheiten oder wildrauhe Männer gebraucht, seit dem Mittelalter aber als Epitheton ornans (Makura-Kotoba) für die Götter im allgemeinen angewendet.

XXXI.

[1]) „Himmlischer junger Prinz.“ Sein Name erscheint immer ohne das Prädikat *Kami* „Gott“ oder *Mikoto* „Hoheit“, wodurch nach Ansicht einiger Erklärer dem Abscheu vor dem schlechten Betragen des Gottes Ausdruck gegeben werden soll.

[2]) Nach den Zeichen „Himmels Erd-Juwel“, nach anderer Interpretation „Himmels Erden-Geist“.

[3]) *Kago-yumi*, ein Bogen zum Schießen der Hirsche, dann überhaupt ein großer Bogen (*ka-go* Diminutivum „Hirsch-Kind“ = „Hirsch“). Weiter unten „Bogen aus Haji-Holz“ genannt.

[4]) *Ha-ha-ya*, nach den Zeichen „Feder-Feder-Pfeil“, sollen sehr breit gefiederte Pfeile gewesen sein. Unten *Kaku-ya* „Hirschpfeile“ genannt, weil zur Hirschjagd gebraucht.

heit sollen wir nun wieder schicken, um Erkundigungen einzuziehen, aus welchen Gründen Ame-waka-hiko so lange ausbleibt?" Hierauf antworteten sämtliche Götter und auch Omohi-kane no Kami, und sprachen: „Wir sollten den Fasanen Na-naki-me[5]) hinschicken." Nunmehr erteilten sie diesem den Auftrag: „Gehe du und frage den Ame-waka-hiko: »Der Grund, warum du in das Mittelland des Schilfgefildes geschickt wurdest, war die sich wild gebarenden Gottheiten dieses Landes zu unterwerfen und zu beruhigen. Warum hast du schon acht Jahre lang keinen Bericht von deiner Mission erstattet?"« Nun begab sich Naki-me vom Himmel hinab, setzte sich auf den Wipfel eines vielästigen Kadzura-Baumes[6]) am Tore [des Hauses] des Ame-waka-hiko und berichtete diesem alles genau nach dem Befehle der Himmelsgötter. Da hörte Ama no Sagu-me[7]) die Worte dieses Vogels und redete zu Ame-waka-hiko und sagte: „Die Stimme dieses Vogels lautet sehr übel[8]). Daher solltest du ihn totschießen." Da sie ihn mit solchen Worten antrieb, ergriff Ame-waka-hiko sogleich den himmlischen Bogen aus Haji-[Holz][9]) und die himmlischen-Hirsch-Pfeile, die er von den Himmelsgöttern bekommen hatte, und schoß den Fasanen tot. Indem der Pfeil nun die Brust des Fasanen durchbohrte und das oberste zu unterst[10]) im Schuß nach oben stieg, gelangte er bis zu dem erlauchten Ort, wo Ama-terasu Oho-mi-kami und Taka-gi[11]) no Kami im Flußbett des Ruhigen Flusses des Himmels saßen. Dieser Takagi no Kami ist ein anderer Name von Taka-mi-musubi no Kami. Als nun Takagi no Kami den Pfeil nahm und betrachtete, sah er, daß Blut an den Federn des Pfeils haftete. Hierauf sprach Takagi no Kami: „Dieser Pfeil ist ein Pfeil, den ich dem Ame-waka-hiko gegeben habe," zeigte ihn allen Göttern und sagte: „Wenn dieser Pfeil hierher gelangt ist, indem Ame-waka-hiko unserem Befehle nicht zuwiderhandelnd auf die bösen Gottheiten schoß, so soll er Ame-waka-hiko nicht treffen! Wenn er jedoch unlautere Gesinnung hegt, so soll Ame-waka-hiko durch diesen Pfeil verkrümmt werden[12])!" Mit diesen Worten nahm er den Pfeil und schleuderte ihn durch das Pfeilloch hindurch [welches der hinauffliegende Pfeil in die Himmelsdecke gebohrt hatte]

---

[5]) „Den [eigenen] Namen rufendes Weib." Das Wort für Fasan: *Kigisu* oder *Kigishi* (*ki ki* machend) ist nämlich wie mehrere andere Vogelnamen (*uguhisu* Nachtigall, *kakesu* Dohle, *hotogisu* Kuckuck) onomatopoetisch gebildet. Gleich weiter unten heißt er nur *Naki-me* „Heul-Weib".

[6]) Wahrscheinlich der auch in der chinesischen Mythologie vorkommende Cassienbaum, und nicht identisch mit der jetzigen *Katsura*, einer Magnolienart.

[7]) „Späh-Weib des Himmels", wohl eine Dienerin Ame-waka-hiko's.

[8]) D. h. ist ein böses Omen.

[9]) *Haji*, jetzt *Haze*, Rhus succedanea.

[10]) D. h. Pfeilspitze senkrecht nach oben, der befiederte Teil nach der Erde gerichtet. Der seltsame Ausdruck erklärt sich aus den jap. Namen der Pfeilteile, wo die „Wurzel" *ne* heißt.

[11]) „Der hohe Herr"; Zeichen „Hoch-Baum" phonetisch. *Gi* ist dasselbe Suffix wie in *Izana-gi*.

[12]) Oder: es soll ihm ein Übel widerfahren (*maga* „krumm" und „Übel"), d. h. er soll sterben. Diesem *magaru* „verkrümmt werden" der alten Sprache entspricht jetzt das vulgäre *kutabaru* im Sinn von „sterben".

wieder zurück nach unten. Derselbe traf den Ame-waka-hiko, der auf seinem Lager schlief, oben auf die Brust, so daß er davon starb. — *(Dies ist der Grund, warum man sich vor einem zurückgesandten Pfeile hüten muß.)* — Außerdem kehrte auch der Fasan nicht zurück. Dies ist nun der Grund, warum es jetzt in einem Sprichworte heißt: „Der wegbleibende Fasanen-Bote[13])“.

Nun gelangte die weinende Stimme von Ame-waka-hiko's Gemahlin Shita-teru-hime im Winde wiederhallend bis in den Himmel. Da hörten es Ame-waka-hiko's Vater Ama-tsu-Kuni-tama no Kami und seine Frau[14]) und Kinder, die sich im Himmel befanden, kamen herabgestiegen und weinten und wehklagten. Sodann bauten sie an jener Stätte [wo er gestorben] ein Trauerhaus[15]), und machten die Fluß-Wildgänse zu Hänge-Kopf-Trägern[17]), die Reiher zu Besenträgern[18]), die Eisvögel zu Leuten der erlauchten Speise[19]), die Sperlinge zu Stampf-Weibern[20]), die Fasanen zu Heulweibern[21]). Nachdem sie die Angelegen-

---

[13]) *Kigishi no hita-tsukahi,* von unsicherer Bedeutung. *Hita* „rein, lauter,“ nach Shikida „wegbleibend“, was zum Sinn des Zeichens „verloren sein“ stimmt. Iida aber „der wiederholt geschickte Bote“, Motowori „als einziger Bote“ (*hita* = *hito* „ein“). Nach letzterem wäre der Sinn des Sprichworts, daß eine Gesandtschaft immer aus mehr als einer Person bestehen müsse.

[14]) Nicht *Shita-teru-hime,* seine Idzumo Frau, sondern seine erste Frau im Himmel.

[15]) *Mo-ya,* zur temporären Beisetzung der Leiche, bis die große definitive Grabstätte, das *Misasagi,* fertig sein würde. Man beachte, daß nach dem Kojiki die Moya in Idzumo, nach dem Nihongi dagegen im Himmel, nach Transport der Leiche dorthin, errichtet wird.

[16]) Nach Moribe eine besonders schlanke und langbeinige Spezies der Wildgans. Shikida aber möchte darunter den *Kaha-garasu* „Fluß-Raben“ (sibirischer schwarzschnäbliger Taucher, Pallas-Taucher), einen Vogel von schwarzer Farbe, verstehen.

[17]) So nach den chinesischen Zeichen im Nihongi. Das Kojiki hat dafür das phonetisch geschriebene archaische Wort *Kizari-mochi,* was ganz unverständlich ist (mochi = Träger). Die *Kizari-mochi* gehen beim Begräbnis mit vorwärts geneigtem Kopf (daher hier die Wildgans dazu erkoren!) zu Seiten des Sarges her und tragen die Speise für den Toten.

[18]) *Hahaki (hōki)-mochi.* Sie kehrten nach dem Begräbnis die Moya aus, was wohl zugleich das Wegfegen aller Verunreinigung symbolisierte. In den Hokuroku-Provinzen des Nordens besteht noch jetzt die Sitte, nach dem Hinaustragen der Leiche das Zimmer mit einem Besen zu kehren und den Besen dann auf der Grabstätte wegzuwerfen. Beim schintoistischen Begräbnis echten Stils werden auch jetzt noch zwei große Reisbesen vor dem Leichenzuge hergeschleift. Den Reihern wird hier das Amt der Besenträger anvertraut, weil sie (die Männchen) in ihrem Nacken-Federbusch schon einen natürlichen Besen tragen.

[19]) Sie bereiteten die dem Toten zur Zeit des temporären Begräbnisses darzubietenden Speisen. Die Eisvögel sind wohl als Fischfänger (es wurden auch Fische dargebracht!) zu dem Amt in Betracht gekommen. Über die weitverbreitete Sitte, den Toten Speisen darzubringen, siehe Tylor, Anfänge der Kultur, Bd. 2, Kap. 12.

[20]) *Usu-me* „Mörser-Weiber“, im Nihongi *tsuki-me* „Stampfweiber“. Reisstampfer (jetzt Männer) heißen noch heute *usu no mono* „Mörserleute“. Früher wurde das Geschäft nur von Frauen vollzogen. Dem Toten wurde unter anderm Reis als Opfergabe dargebracht, und die *Usu-me* oder *Tsuki-me* waren die Weiber, die ihn stampften, d. h. enthülsten und von der Kleie reinigten. In einigen Gegenden besteht noch jetzt die Sitte, bei einem Todesfalle im Hofe mehrere Mörser aufzustellen und darin massenhaft Reiskörner zu stampfen. Auch der Reis zur Bewirtung der Leidtragenden wurde wahr-

heiten auf solche Weise geregelt hatten, brachten sie acht Tage von Tagen und acht Nächte von Nächten mit lustigen Vergnügungen zu[22]).

Zu dieser Zeit kam [Ame-waka-hiko's Schwager] Aji-suki Taka-hiko-ne no Kami herbei, um bei der Trauer für Ame-waka-hiko sein Beileid zu bezeigen. Da weinten Ame-waka-hiko's Vater und Weib, welche vom Himmel herabgekommen waren, alle und sprachen: „Mein Kind ist nicht gestorben, fürwahr! Dabei klammerten sie sich an seine Hände und Füße, und weinten und wehklagten. Der Grund des Irrtums war, daß diese beiden Pfeiler[23]) Gottheiten in ihrem äußeren Aussehen sich aufs vollkommenste glichen; daher begingen sie infolgedessen den Irrtum. Da wurde Aji-suki Taka-hiko-ne no Kami sehr zornig und rief: „Ich bin nur gekommen um mein Beileid zu bezeigen, weil er mir ein geliebter Freund war. Warum hält man mich einem unreinen Toten für gleich?“ Mit diesen Worten zog er sein erlaucht umgegürtetes zehn Handspannen langes Schwert heraus, hieb das Trauerhaus zu Boden und schleuderte es mit Fußtritten weg. Dieser [Trümmerhaufen] ist der im Lande Minu am Oberlauf des Flusses Awimi[24]) gelegene Mo-gama[25]) genannte Berg. Das große

scheinlich von den Tsuki-me gestampft. Der Reis wurde dem Toten teils als *shitogi*, aus Reis bereitete Mochi (Klebreiskuchen), teils als *kashiyone* oder *kumashine* (rein gewaschener Reis) dargeboten. Das Hüpfen der Sperlinge wird mit der Stampfbewegung verglichen worden sein und so den Anlaß zu ihrer Wahl zu Stampfweibern gegeben haben.

[21]) *Naki-me.* Sie wurden gemietet, um beim Begräbnis den Sarg nach der Grabstätte zu begleiten und dabei zu heulen. Die ursprünglich allgemein verbreitete Sitte findet sich noch jetzt in den Kinai Provinzen (um Kyōto). Die Weiber heißen dort *nakibaba* „heulende alte Frau“, gleichgültig ob jung oder alt. Bei den alten Koreanern wurde die Sitte des Heulens noch intensiver ausgeübt als bei den Japanern, wie mehrere Angaben im historischen Teil des Nihongi dartun. Im Nihongi werden die „Zaunkönige“ zu Heulweibern gemacht.

[22]) Die übliche Dauer des temporären Begräbnisses war bei gewöhnlichen Fällen *sieben* Tage. Chinesische Chroniken wie das Hou-han-shu und Wei-chi berichten, daß bei den Japanern der Aufschub des Begräbnisses, d. h. das temporäre Begräbnis, über zehn Tage gedauert habe. Bei Vornehmen kamen, wie schon erwähnt, sehr viel längere Zeitdauern vor, manchmal sogar Jahre. Kaiser Jimmu war 19 Monate, die Kaiserin Suiko 18 Monate, die Kaiser Ankō und Buretsu 3 Jahre im Moya temporär beigesetzt. Die erwähnten „lustigen Vergnügungen“ sind Musik, Tanz und Gesang, womit die Seele des Verstorbenen erfreut werden sollte. Motowori's und Hirata's Hypothese, man habe dadurch die Seele wieder ins Leben zurückrufen wollen, ist vollständig aus der Luft gegriffen. Die sich versammelnden Verwandten enthielten sich während dieser Zeit aller schmackhaften Kost, besonders des Sake und Fleisches. Das Nihongi sagt statt dessen: „acht Tage und acht Nächte weinten sie und sangen traurige Lieder“. Das chinesische Hou-han-shu erwähnt beiderlei für die japanische Totenfeier: Die Familie des Toten weinte und klagte, und die Freunde führten Gesang, Tanz und Musik (wohl lustiger Art, nicht „traurige Lieder“, was im Nihongi wahrscheinlich bloß eine chinesische Floskel ist) auf.“

[23]) Hier ist das Zählwort sogar in die chinesische Phraseologie des Textes aufgenommen. Vgl. zur Sache Abschnitt 1, Anm. 5.

[24]) Er entspringt im Distrikt Gujō der Provinz Minu und ist der im Unterlauf durch die Forellenfischerei mit Kormoranen berühmte *Nagara-gawa* oder *Sumimata-gawa*. Etwa fünf japanische Meilen (Ri) oberhalb der Stadt Gifu, wo er durch die Dörfer Kōdzuchi, Maino usw. des Distriktes Mugi fließt heißt er noch jetzt *Awimi-gawa*.

Schwert, womit er [das Trauerhaus] in Stücke zerhieb, hieß mit Namen Oho-ba-kari[26]) mit einem anderen Namen hieß es auch das Schwert von Kamudo[27]).

Als nun Aji-suki Taka-hiko-ne no Kami ergrimmt von dannen flog, sang seine liebe jüngere Schwester Taka-hime[28]) no Mikoto, indem sie seinen erlauchten Namen zu offenbaren gedachte, mit den Worten:

„Wie die Perlenschnur,
Die Perlenschnur aus Juwelen,
Welche die im Himmel wohnende
Junge Weberin[29])
Um den Hals gehängt hat, —
Wie (diese) durchlochten Juwelen [glänzend
Überstrahlet zwei hehre Täler
Aji-suki
Taka-hiko-ne
Der Gott!“

Dieser Gesang ist eine Ländliche Weise[30]).

[32. Oho-kuni-nushi's Abdankung.]

Hierauf sprach Ama-terasu Oho-mi-kami: „Welche Gottheit wird es nun gut sein von neuem zu entsenden?“ Da sagten Omohi-kane no Kami und alle Götter: „Der, welcher Itsu no Wo-ha-bari[1]) no Kami heißt und in einer himmlischen Felsenhöhle am Oberlaufe des Ruhigen Flusses des Himmels wohnt, der sollte geschickt werden; und wenn es nicht dieser Gott ist, so könnte der Sohn dieses Gottes, Take-mikadzuchi-no-Wo no Kami, geschickt werden. Da jedoch dieser Ame no Wo-ha-bari no Kami die Wasser des Ruhigen Flusses des Himmels

---

25) „Trauer-Berg,“ beim Dorfe Ohoyata im Distrikt Mugi. In der Nähe dieses Dorfes gibt es eine Straße Namens *Ya-ochi-kaidō* „Pfeil-Fall-Straße“ und auch einen Ort *Kiji-i-da* „Fasanen-schieß-Feld“; ferner liegt im Dorfe selber ein Shintōschrein, in welchem *Ame-waka-hiko* und *Susa no Wo* gemeinsam verehrt werden. Wir haben also augenscheinlich in der Ame-waka-hiko Legende eine Lokalsage aus dem Distrikt Mugi der Provinz Minu (Mino) vor uns.

26) „Großklingiger Zerschneider,“ Schneide (Mähe)-Waffe von großer Klinge.

27) *Kamudo (Kando)* ist ein Distrikt in Idzumo. Es gibt auch einen Ort Gōdo d. h. Kamudo in Mino.

28) d. i. seine Schwester *Shita-teru-hime,* die Gemahlin Ame-waka-hiko's.

29) Die himmlische „Weberin“, *Tanabata,* scheint jedenfalls eine Sterngottheit zu sein, ob sie nun eine Gestalt der echten altjapanischen Mythe ist (vgl. Ab. 16 *Amaterasu* in der Webhalle, sowie die himml. webenden Frauen; Nihongi I, Kap. 6 *Amaterasu* webt Götterkleider, desgl. Var. I *Waka-hiru-me*), oder die chinesische *Chih-Niü,* die Personifikation des Sternes Vega, deren Mythe die Japaner früh aus China entlehnt und oft poetisch behandelt haben (Mythe von *Hikoboshi* und *Orihime,* deren Fest *Tanabata-matsuri* am 7./7. gefeiert wird).

30) *Hina-buri;* die Zeichen bedeuten „Barbarische Weise.“ Näheres über die Eigenheiten der Texte oder der Vortragsweise der ältesten Liedergattungen, die hier und da erwähnt werden, ist nicht bekannt.

XXXII.

1) „Der Gewaltige männliche Schwertschneiden-breite“ oder „der Gewaltige vorn an der Schneide Verbreiterte“, ein Schwertgott, der seinen Namen von dem Schwerte hat, womit Izanagi den Feuergott erschlug (Abschnitt 9, Anm. 20). Weiter unten steht das Attribut „himmlisch“ statt „gewaltig“. Man nimmt an, daß der Gott die göttliche Seele (*mi-tama*) des betreffenden Schwertes sei. Im Nihongi *Itsu no Wobashiri* genannt.

abgedämmt und zum Rückfluß gebracht und die Wege versperrt hat und so [in unzugänglicher Abgeschlossenheit] wohnt, können die anderen Götter nicht hingehen. Deshalb sollte Ame no Kaku[2]) no Kami in besonderer Mission hingeschickt werden und ihn befragen.“ Als dann hierauf Ame no Kaku no Kami hingeschickt wurde, um Ame no Wo-ha-bari no Kami zu befragen, antwortete dieser und sagte: „Ich will gehorchen und ehrfürchtig dienen. Indessen solltet ihr auf diesem Gange meiner Wenigkeit Sohn Take-mikadzuchi no Kami schicken.“ Und sogleich bot er ihn dar. Nun wurde noch Ame no Tori-bune[3]) no Kami dem Take-mikadzuchi no Kami beigesellt, und sie wurden abgesandt. Darauf gelangten diese beiden Gottheiten auf ihrem Abstieg an das Strändchen von Inasa im Lande Idzumo, zogen ihre zehn Handbreiten langen Schwerter, steckten und stellten sie umgekehrt [mit der Spitze nach oben] auf einen Wogenkamm, setzten sich mit gekreuzten Beinen auf die Spitzen der Schwerter und befragten Oho-kuni-nushi no Kami, indem sie sagten: “Ama-terasu Oho-mi-kami und Taka-gi no Kami haben uns Auftrag gegeben und mit der Frage hergeschickt: „Das Mittelland des Schilfgefildes, welchem du als Herrscher gebietest, haben wir gnädiglich unserm erlauchten Kinde als von ihm zu regierendes Land anvertraut. Wie ist nun deine Gesinnung?“ Hierauf antwortete er und sprach: „Meine Wenigkeit vermag das nicht zu sagen. Mein Sohn Ya-he-koto-shiro-nushi[4]) no Kami, der wird es sagen. Er ist jedoch nach dem Kap Miho zum Vogelfang-Vergnügen und zum Fischfang gegangen und noch nicht zurückgekommen.“

Daher wurde nun Ame no Tori-bune no Kami hingeschickt, den Ya-he-koto-shiro-nushi no Kami herbeizurufen, und als man ihn nun gnädigst befragte, redete er zu seinem Vater, dem Großen Gotte, und sagte: „Ich will gehorchen. Dieses Land laß uns ehrfürchtig dem hehren Sohn der himmlischen Gottheit übergeben!“ Alsbald trat er auf das [Seitenbrett des] Bootes und warf es so um, und klatschte mit seinen himmlischen sich emporstreckenden Händen im grünen Zweig-Zaune und verbarg sich[5]).

Hierauf nun fragten sie den Oho-kuni-nushi no Kami: „Dein Sohn Koto-shiro-nushi no Kami hat in dieser Weise gesprochen. Hast du noch andere Söhne, die sprechen sollten?“ Hierauf sprach dieser wieder: „Da ist noch ein anderer

[2]) Man bringt diesen Namen gewöhnlich mit dem des *Kaku(Kagu)-yama* zusammen und interpretiert „Himmlischer Hirsch“.

[3]) „Himmlisches Vogel-Boot“, oder „Vogel-Felsen-Kampferholz-Boot“, Abschnitt 6, Anm. 24 und 25. Im Nihongi geht statt seiner *Futsu-nushi no Kami.*

[4]) „Der die achtfachen (alle) Dinge regierende Herr“, gewöhnlich nur *Koto-shiro-nushi.* Siehe Abschnitt 26, Anm. 5.

[5]) Wir haben uns eine flache Stelle des Meeres vorzustellen, welche in weitem Bogen mit Stöcken und Zweigen eingehegt ist, um das Entweichen der Fische, die durch ein einziges Einlaßloch hineingelangen, zu verhindern, ganz wie in dem chinesischen Bilde, welches Charles Gould auf S. 227 seines Buches Mythical Monsters gibt. Solche Reusen oder Fischzäune, aus Bambus hergestellt, werden auch in Gedichten des Manyōshū erwähnt und sind noch jetzt im Gebrauch. *Koto-shiro-nushi* war demnach zur Zeit, wo der Bote kam, mit dem Fischfang in einer Reuse beschäftigt; er wirft das Boot um, weil er dessen auf der Erde nicht mehr bedarf, und verschwindet im Meere unter Händeklatschen.

Sohn von mir, Take-mi-na-kata[6]) no Kami. Außer diesem sonst keiner mehr.“ Während er so sprach, kam jener Take-mi-na-kata no Kami, auf den Fingerspitzen einen Tausend- [Männer]- Schlepp-Felsen aufrecht tragend herbei und sagte: „Wer ist da in unser Land gekommen und redet da so allerhand heimlich und verstohlen? Wohlan, ich möchte einen Vergleich unserer Stärke machen! Ich möchte nun zuerst deine erlauchte Hand ergreifen!“

Nun ließ [Take-mikadzuchi no Kami] ihn seine erlauchte Hand ergreifen und verwandelte sie sofort beim Ergreifen in einen Eiszapfen, und dann wieder beim Ergreifen verwandelte er sie in eine Schwertklinge, so daß jener sich erschrocken zurückzog. Mit dem Wunsch nun die Hand jenes Take-mi-na-kata no Kami zu ergreifen, stellte er die Gegenbitte [um Überlassung der Hand], ergriff sie und zerquetschte sie, als ob er einen jungen Schilfhalm packte, und warf sie weg. Da floh jener davon.

Als nun [Take-mikadzuchi] ihn verfolgte und ihn beim Meere von Suha im Lande Shinanu[7]) einholte, und im Begriff war ihn zu töten, rief Take-mi-na-kata no Kami: „Ich will gehorchen. Töte mich nicht! Diesen Ort ausgenommen, will ich an keinen anderen Ort hingehen. Auch will ich dem Befehl meines Vaters Oho-kuni-nushi no Kami nicht zuwiderhandeln. Ich will den Worten [meines Bruders] Ya-he-koto-shiro nicht zuwiderhandeln. Dieses Mittelland des Schilfgefildes will ich gemäß dem Befehle des hehren Sohnes der himmlischen Gottheit übergeben.“

So kam [Take-mikadzuchi] denn wieder zurück [nach Idzumo] und fragte jenen Oho-kuni-nushi no Kami: „Deine Söhne die beiden Götter Koto-shiro-nushi no Kami und Take-mi-na-kata no Kami haben sich dahin ausgesprochen, daß sie dem Befehle des hehren Sohnes der himmlischen Gottheit gemäß in keiner Weise zuwiderhandeln werden. Wie ist also nun deine Gesinnung?“ Da antwortete jener und sprach: „In Übereinstimmung mit dem, was meiner Wenigkeit Söhne, die beiden Götter, gesagt haben, wird auch meine Wenigkeit nicht zuwiderhandeln. Dieses Mittelland des Schilfgefildes will ich dem Befehle gemäß sofort übergeben. Was jedoch den Wohnort meiner Wenigkeit anbelangt: Wenn ihr die Palastpfeiler[8]) auf den bodenuntersten Felsenwurzeln fest und und sicher errichtet und die Querhölzer bis zum Gefilde des hohen Himmels hoch errichtet gleichwie bei dem reich-vollkommenen erlauchten Nest[9]), wo der erlauchte Sohn der himmlischen Gottheit als Thronfolger der himmlischen Sonne

---

[6]) „Tapferer ruhmvoller Ehrwürdiger“. Nach Motowori *na* „Name“, *kata* „hart, fest“; aber *kata* ist vermutlich dasselbe Element, das wir in *o-kata, mi-kata, kata-sama* usw. haben, d. h. der Gegenwärtige, und demnach der Ehrwürdige. Die Take-mi-na-kata Episode fehlt im Nihongi.

[7]) Der See *Suwa-ko* (18 km im Umkreis) in der Provinz Shinano.

[8]) Oder „Tempelpfeiler“. Die bildliche Sprache betreffend die Pfeiler und die das Dach kreuzförmig überragenden seitlichen Dachstützen ist den Ritualen entnommen.

[9]) *Su* „Nest“ ist ganz wörtlich zu nehmen und bedeutet den Palast, in dem der Sonnensprößling wie ein Vogel im Nest sitzt und wohnt. Man vergleiche damit im Nihongi und Idzumo-fudoki den gleichbedeutenden Ausdruck *ame no hi-su no miya* „himmlischer Sonnen-Wohn(Nest)-Palast“. Die meisten Erklärer nehmen *su* im Sinne des Bambus-

Autorität ausübend mich gnädigst einsetzt, so will ich mich in den hundert nicht erreichenden achtzig Wegkrümmungen verbergen und Dienste leisten[10]). Und ferner, was die Kinder meiner Wenigkeit, die hundertundachtzig Gottheiten, anbelangt: — Wenn Ya-he-koto-shiro-nushi no Kami der erlauchte Nachtrab und Vortrab der Gottheiten sein und ehrfürchtig dienen wird[11]), so werden zuwiderhandelnde Gottheiten nicht vorhanden sein."

Nachdem er so gesprochen hatte [und verschwunden war], baute man am Strändchen von Tagishi[12]) im Lande Idzumo einen himmlischen erlauchten Wohnort, und Minato no Kami's Enkel Kushi-ya-tama[13]) no Kami wurde zum Küchenmeister gemacht, um die himmlischen erlauchten Speisen darzubieten. Bei dieser Gelegenheit verwandelte sich Kushi-ya-tama no Kami unter Hersagung von Gebeten in einen Kormoran, begab sich hinab auf den Boden des Meeres, holte im Schnabel Lehm vom Boden hervor und machte achtzig himmlische flache Näpfe[14]), schnitt dann Stengel von Seetang ab und machte einen Feuerquirl-Mörser, und aus Stengeln von Komo[15]) machte er einen Feuerquirl-Stößel, und quirlte Feuer hervor[16]) und sprach: „Dieses Feuer, welches ich gequirlt habe, will ich brennen lassen, bis im Gefilde des hohen Himmels der Ruß

---

rostes (*sunoko*), der über dem Rauchfang am Dachgiebel angebracht war, eine Deutung, die an dieser Stelle mit Entschiedenheit zu verwerfen ist. Dagegen ist sie in der nächstfolgenden Stelle, wo tatsächlich vom Ansammeln des Russes die Rede ist, annehmbar und von mir so genommen worden.

[10]) In die Unterwelt, in welche die unzähligen Wegkrümmungen hinabführen, eingehen und dort dem Sonnensprößling dienen, indem ich die Oberwelt vor den bösen Mächten der Unterwelt beschütze. *Momo-taradzu* „weniger als 100" ist stehendes Epitheton zu *ya-so* „achtzig".

[11]) Wenn *Koto-shiro-nushi* den Zug der vom Himmel herabkommenden Gottheiten vorn und hinten beschützt.

[12]) Ehemaliger Name der Gegend, wo jetzt der Oho-yashiro von Kidzuki steht. *Kidzuki* aus *kine-tsuki* „mit dem Stößel gestoßen", in Anspielung auf das feste Einrammen der Pfeiler.

[13]) Nach den Zeichen „Kamm-acht-Juwel". *Kushi* ist aber sicher „wunderbar"; *tama* könnte „Geist, Seele" sein, wie in *Kushi-mi-tama.* Da wir aber bei Gelegenheit der Expedition der Kaiserin Jingu eine Sage erwähnt finden, daß der Fluß- oder Meergott wunderbare Juwelen besitzt, so wird man diesen Namen als den „Gott mit den 8 wunderausübenden Juwelen" auslegen müssen. Sein Vater, der Flußgott, war ein Sohn Izanagi's.

[14]) *Hiraka,* ein archaisches Wort. Noch jetzt sind bei Darbringung der Opferspeisen im Shintotempel die dazu verwendeten Schüsseln, Teller und Flaschen nach strengster Observanz aus unglasiertem rotem Ton gefertigt.

[15]) Jetzt *hondawara* genant, eine Art Beerentang, Halochloa macrantha.

[16]) Im Shinto wird nur rituell reines Feuer verwendet, und zwar Reibholzfeuer, *Kiri-bi* (Quirl-Feuer) in Ise und Idzumo bis heute. Das Kiribi wird durch Quirlen eines Hinoki-Stäbchens in dem Astloch einer Hinoki Platte erzeugt. In den anderen Schreinen wird gewöhnlich eine jüngere Methode, genannt die „abgekürzte Weise" (*ryaku-shiki*), in Anwendung gebracht, nämlich Erzeugung der Funken durch Feuerstein und Stahl. Mit den Funken wird ein Zunder aus fein zerkleinerter Hinoki-Rinde entzündet, daran wieder ein Holzspan aus Hinoki oder Kiefer, daran der Docht der Fackeln (*tomoshibi*) oder das Kochfeuer. Die im Ise-Tempel dargebrachten gekochten Opferspeisen dürfen nur mit *Kiribi* gekocht werden.

an dem reich-vollkommenen himmlischen neuen Giebelrost Seiner Hoheit des erlauchten Urahns Kami-musubi acht Handbreiten lang herabhängt; und die Erde unten [unter dem Feuerherd] will ich zu den bodenuntersten Felsenwurzeln steinfest brennen; und nachdem die Fischer, die da angeln indem sie tausend Klafter lange Seile von Taku-Seil lang ausspannen, den dickmäuligen kleinflossigen Barsch unter lautem Gelärm aufs Land herangezogen haben[17]), will ich die himmlische treffliche Fisch-Speise, daß sich [die Körbe] aus gespaltenem Bambus biegen und biegen, darbieten.“

Demnach begab sich Take-mikadzuchi no Kami wieder nach oben [in das Himmelsgefilde] zurück und erstattete Bericht darüber, wie er das Mittelland des Schilfgefildes unterworfen und beruhigt hatte.

[33. Die Herabkunft des Souveränen Erlauchten Enkels vom Himmel.]

Hierauf befahlen Ama-terasu Oho-mi-kami und Taka-gi no Kami und sprachen zu dem Thronfolger Masaka-a-katsu Kachi-hayabi Ame no Oshi-ho-mimi no Mikoto: „[Take-mika-dzuchi] berichtet, daß er das Mittelland des Schilfgefildes nun schon vollständig unterworfen hat. Unserm gnädigen Auftrag gemäß steige denn nun hinab, wohne dort und übe die Herrschaft aus“! Da antwortete der Thronfolger Masaka-a-katsu Kachi-hayabi Ame no Oshi-ho-mimi no Mikoto und sagte: „Während meine Wenigkeit im Begriff stand, für den Hinabstieg die Vorbereitungen zu treffen, ist [mir] ein Kind geboren worden mit Namen Ame-nigishi Kuni-nigishi Ama-tsu-hi-daka Hiko-ho no Ninigi[1]) no Mikoto. Dieses Kind sollte hinabgeschickt werden.“ — Was dieses erlauchte Kind anbelangt, so verband er[2]) sich erlaucht mit Yorodzu-hata Toyo-aki-tsu-shi-hime[3]) no Mikoto, einer Tochter des Taka-gi no Kami, und erzeugte Kinder: Ame no Ho-akari[4]) no Mikoto, und sodann Hiko-ho no Ninigi no Mikoto. —

Hierauf erließen sie, dieser Rede gemäß, an Hiko-ho no Ninigi no Mikoto den Befehl und erteilten ihm gnädigst den Auftrag: „Dieses Land der frischen Ähren des Üppigen Schilfgefildes ist das Land, welches du regieren sollst. Daher sollst du unserm Befehle gemäß vom Himmel hinabsteigen!“

---

[17]) An einem langen Seil hängen zahlreiche Bindfäden mit Angelhaken herab, eine Angelmethode, die in den Provinzen Shimōsa und Hitachi noch in Gebrauch sein soll. *Taku* = Papiermaulbeer.

XXXIII.

[1]) „Himmels-Reichlicher Erden-Reichlicher Himmels-Sonnen-Hoher Prinzherrlicher-Reisähren-Rot-Reichlicher“, meist abgekürzt in *Hiko-ho no Ninigi no Mikoto*.

[2]) Er, d. i. *Hiko-ho no Ninigi's* Vater *Masaka-a-katsu ... no Mikoto*. Der ganze Satz ist eine sehr plump abgefaßte Glosse, die kaum zum Urtext gehört.

[3]) „Myriaden Webstühle Üppige-Libellen-Insel-Prinzessin.“ In ihrem Namen im Nihongi II, Kap. IV, Var. I fehlt das Element *shi* das man für das apokopierte *shima* hält, und das jedenfalls sehr zweifelhaft, vielleicht irrtümlich interpoliert ist. Nihongi II, Kap. I heißt sie *Taku-hata-chi-chi-hime;* Kap. IV, Var. VI *Taku-hata-chi-chi-hime Yorodzu-hata-hime* oder *Ho no To-hata-hime-ko Chi-chi-hime*. Shikida möchte Recht haben, wenn er *akitsu* „Libelle“ im Sinne von *usu-ginu* „dünner Stoff“, nämlich wie Libellenflügel dünner und zarter Stoff, faßt.

[4]) *„Himmels-Reisähren-Rötlicher“ oder „Himmels-Reisähren-Reife“. Rötlich = reif.*

Als hierauf Hiko-ho no Ninigi no Mikoto im Begriff war vom Himmel herabzusteigen, befand sich da an den himmlischen acht Kreuzwegen eine Gottheit, deren Leuchtglanz oben bis an das Gefilde des hohen Himmels, und unten bis an das Mittelland des Schilfgefildes strahlte. So sprachen denn Ama-terasu Oho-mi-kami und Taka-gi no Kami zu Ame no Uzu-me no Kami die befehlenden Worte: „Wenn du auch nur ein schwachhändiges Weib bist, so bist du doch eine Gottheit, die [feindlich] entgegenstehenden Göttern siegreich entgegenblickt. Daher sollst du ganz allein hingehen und also fragen: „Wer verharrt da so auf dem Wege, auf dem unser hehres Kind den Herabstieg vom Himmel bewerkstelligen will?“ — — —

Als nun [Uzume] diese Frage gnädigst an ihn stellte, antwortete er und sprach: „Meine Wenigkeit ist eine irdische Gottheit mit Namen Saruda-hiko[5]) no Kami. Was den Grund, warum ich hier hervorgetreten bin, anbelangt, so habe ich gehört, daß das hehre Kind der himmlischen Gottheit jetzt im Begriff steht vom Himmel herabzusteigen, und deshalb bin ich ihm in aller Ehrfurcht entgegengekommen und biete ehrfürchtig meine Dienste als Führer an.“

Hierauf gesellten sie zu ihm Ame no Koyane no Mikoto, Futo-tama no Mikoto, Ame no Uzume no Mikoto, Ishi-kori-dome no Mikoto und Tama-no-ya no Mikoto, im ganzen fünf Häuptlinge[6]), und schickten ihn vom Himmel hinab.

Darauf fügte [Ama-terasu] noch gnädigst hinzu die ihr teuren Yasaka Krummjuwelen und den Spiegel, mit denen sie [die Sonnengöttin aus der Felsen-wohnung] gelockt hatten, und dazu auch das Grasmähe-Schwert, und ferner [die Helden] der Beständigen Nacht[7]) Omohi-kane no Kami, Ta-chikara-wo no Kami und Ame no Iha-to-wake[8]) no Kami, und beauftragte ihn folgenderweise: „Betrachte hier diesen Spiegel ganz so, als wäre er meine erlauchte Seele, und verehre ihn ehrfürchtig, gleich wie wenn du mich selber verehrtest.“ Sodann sagte sie: „Omohi-kane no Kami soll unseren geistigen Angelegenheiten dienen und sie verwalten.“

Diese beiden Gottheiten[9]) werden [jetzt] im Tempel von Isuzu[10]) verehrt.

---

[5]) „Affenfeld-Prinz.“ Andere Lesungen sind *Saruta-biko* und *Sada-biko. Saruda* oder *Sada* ist wahrscheinlich ein Ortsname. Ein anderer Name des Gottes ist *Oho-tsuchi no Mi-oya no Kami* „Erlauchter Ahn der (Großen) Erde“ (Abschn. 29, Anm. 24). Ein Sohn von Oho-toshi-gami und Enkel Susa no Wo's.

[6]) *Tomo-no-wo*, Häuptlinge von Volksgruppen (*tomo* oder *be*).

[7]) Anspielung auf die Rolle, welche diese Götter in der nächtlichen Szene vor der himmlischen Felsenhöhle spielten.

[8]) „Himmlischer-Felsen-Tür-Öffner.“ Nach dem Kogoshūi ein Sohn von *Futo-tama no Mikoto.*

[9]) Nach Motowori's Ansicht ihr Emblem der *Spiegel* und *Omohi-kane no Kami.* Es läßt sich jedoch aus alten Quellen nichts beibringen, was bewiese, daß Omohi-kane im Tempel von Isuzu je verehrt worden sei. Hirata will *Futo-tama no Mikoto* und *Koyane no Mikoto* darunter verstanden wissen; diese beiden Götter werden jedoch nicht im Isuzu-Tempel, dem *Naigū*, sondern im Tempel der Nahrungsgöttin, dem *Gekū* von Ise als Nebengottheiten verehrt. Ich glaube bestimmt, daß eine Textverderbnis vorliegt, die sich auch an mehreren anderen Stellen dieses Abschnitts deutlich bemerkbar macht.

Sodann Toyo-uke no Kami; diese ist die Göttin, welche im Äußeren Tempel zu Watarahi[11]) residiert.

Sodann Ame no Iha-to-wake no Kami, mit anderem Namen auch Kushi-iha-mado[12]) no Kami genannt, und mit noch anderem Namen Toyo-iha-mado[12]) no Kami genannt; diese Gottheit ist die Gottheit der erlauchten Tore [des Kaiserlichen Palastes].

Sodann Ta-chikara-wo no Kami; er residiert in Sanagata[13]).

Nun ist dieser Ame no Koyane no Mikoto *(der Ahn der Nakatomi no Muraji);* Futo-tama no Mikoto *(der Ahn der Imube no obito);* Ame no Uzume no Mikoto *(die Stammmutter der Sarume no Kimi);* Ishi-kori-dome no Mikoto *(der Ahn der Kagami-tsukuri no Muraji);* Tama-no-ya no Mikoto *(die Stammmutter der Tamanoya no Muraji)*[14]).

[34. Ho no Ninigi no Mikoto in Himuka.]

Hierauf nun erteilten [Ama-terasu no Oho-mi-kami und Takagi no Kami] dem Ama-tsu-hiko Ho no Ninigi no Mikoto ihren Befehl, worauf dieser seinen

---

Da im Tempel von *Isuzu*, d. i. im *Naigū* des Großen Schreins von Ise, als Hauptgottheit nur *Ama-terasu Oho-mi-kami* (Emblem Spiegel), als Nebengottheiten aber *Ta-chikara-wo* (Emblem Bogen) und *Yorodzu-hata Toyo-akitsu-hime* (Emblem Schwert) verehrt werden, so können auch nur diese drei Gottheiten in Betracht kommen.

[10]) *Isuzu-gawa* ist der Name des Flüßchens, der vor dem *Naigū* „Innern Schrein“ von Ise vorbeifließt, und über den die Brücke Uji-bashi zum Schrein führt. Im Wasser dieses Flüßchens vollziehen die Pilger durch Waschen von Mund und Händen rituelle Reinigung, ehe sie zum Tempel beten gehen. *Isuzu* ist wahrscheinlich aus *iso-zu* „Seeküsten-Sandbank“ entstanden; die landläufigen Etymologien *(i)-suzu* „Suzu-Gras“ oder *i-suzu* „fünfzig Klingeln“ sind Volksetymologien. Letztere Deutung hat aber Anlaß gegeben, vor *Isuzu* als stehendes Epitheton (Makura-Kotoba) das Attribut *saku-kushiro* „Spalt-Armband“, auch in unserer Textstelle, zu setzen (Klingeln mit einem Spalt wie ein gespaltenes Armband). Der *Naigū* wurde unter Kaiser Suinin (angeblich 4 vor Chr.) gegründet.

[11]) Die Nahrungsgöttin ist die im *To-tsu-miya* oder *Ge-kū* „Äußern Schrein“ von Ise verehrte Hauptgottheit. Die Namen „Innerer“ und „Äußerer“ Schrein, sind mit Rücksicht auf ihre Lage zum Isuzu-gawa gegeben worden. Der *Gekū* soll unter Kaiser Yūryaku 478 n. Chr. gegründet und darin ursprünglich *Kuni-toko-tachi no Mikoto* (wie *Toyo-uke* eine Gottheit der Erde) verehrt worden sein. *Watarahi* ist der Name des Distriktes.

[12]) „Wunderbar-felsenhartes-treffliches Tor“ und „Üppig-felsenhartes-treffliches Tor“. Aus dem Kogoshūi und einer anderen Quelle geht jedoch hervor, daß es die Namen zweier verschiedener Schutzgottheiten sind, also vom Kojiki mit Unrecht identifiziert werden.

[13]) Aus *Sana-agata* kontrahiert: Sana-Bezirk. Jetziger Name *Sana-dani* „Sana-Tal“, im Distrikt Take von Ise. *Sana* soll früher ein örtlich weiterer Begriff gewesen sein.

[14]) Alle fünf hier genannten Volksgruppen (*tomo* oder *be*) haben Beziehung zum Shintō-Kult. Die *Nakatomi* und *Imube* waren Priestergeschlechter (siehe Genaueres Nihongi I, Kap. VI, Anm. 4 und 6), die *Sarume* führten bei Tempelfesten die religiösen Tänze auf (siehe die betr. Anm. Nihongi II, Kap. IV), die *Kagami-tsukuri*, „Spiegelmacher“ und die *Tama-no-ya* oder *Tama-tsukuri* „Juwelen-Verfertiger“ lieferten die heiligen Spiegel und Juwelen (Maga-tama usw.) für die Tempel.

himmlischen Felsensitz verließ, die achtfach ausgebreiteten Wolken des Himmels auseinander stieß und sich mit gewaltigem Wegbahnen einen Weg bahnte, auf der Schwebe-Brücke des Himmels über der Schwebenden Sandbank gleitend weiterschritt[1]) und auf dem Wunderbaren Gipfel des Taka-chi-ho[2]) in Himuka in Tsukushi vom Himmel herabstieg. Ame no Oshi-hi[3]) no Mikoto und Ama-tsu-kume[4]) no Mikoto standen nun beide mit den himmlischen Felsen[harten] Köchern auf dem Rücken, den großen ¦schlägelköpfigen Schwertern[5]) an der Seite, den himmlischen Haji-Bögen in der Hand und den himmlischen trefflichen Hirschpfeilen in der Hand vor seiner erlauchten Person und leisteten ihm ehrfürchtig Dienst. Dieser Ame no Oshi-hi no Mikoto nun *(dieser ist der Ahn der Oho-tomo*[6]) *no Muraji)*, Ama-tsu-Kume no Mikoto *(dieser ist der Ahn der Kume*[7]) *no Atahe).*

Hierauf sagte er: „Dieser Ort liegt einem öden Lande[8]) gegenüber. Auf der Suche [nach Land durch ödes Gebirgsland] hindurchschreitend zum erlauchten Kap von Kasasa[9]), ist da ein Land, worauf die Morgensonne scheint, ein Land welches das Sonnenlicht der Abendsonne bescheint. Daher ist dieser Ort ein guter Ort.“ Nachdem er so gesprochen hatte, errichtete er die Palastpfeiler fest und sicher auf den bodenuntersten Felsenwurzeln, und errichtete die Querbalken hoch bis zum Gefilde des hohen Himmels und wohnte daselbst[10]).

XXXIV.

[1]) Sehr schwierige Stelle, die von allen Kommentatoren ganz verschieden interpretiert wird. Ich habe mich an die ideographische Schreibung in der Parallelstelle im Nihongi II gehalten (Kap. III), wo man das Nähere ersehe.

[2]) „Hohe tausend Reisähren.“ Der jetzt *Kiri-shima-yama* genannte Berg im Distrikt Morogata von Hyūga ist zu verstehen. *Himuka* ist die Provinz Hyūga, *Tsukushi* die ganze Insel Kyūshū. Näheres siehe Nihongi II, Kap. III, Anm. 2 und 3. Das Nihongi hat hier überhaupt die bessere und ausführlichere Überlieferung.

[3]) „Des Himmels Große Sonne.“ Sohn von Taka-mi-musubi.

[4]) „Himmlische Kriegsschar“, im Nihongi II, Kap. IV, Var. IV *Ame no Kushitsu-Oho-kume.*

[5]) *Kubu-tsuchi no tachi.* Das Ende des Schwertgriffs hat die Form eines Schlägels (*tsutsui,* wovon *tsuchi* eine Nebenform ist). Schwerter dieser Art befinden sich im Uyeno-Museum zu Tōkyō.

[6]) „Große Begleitschaft“ (des Kaisers), ein überaus volkreiches Geschlecht, das sich ganz dem Kriegshandwerk widmete und daher oft eine entscheidende Rolle in der Geschichte spielte.

[7]) Im Nihongi: *Kume-Be* „Kriegsschar-Gruppe“, ein ebenfalls weitverbreitetes Kriegergeschlecht, das in verschiedenen Provinzen in den Ortsnamen *Kume* seine Spuren hinterlassen hat. Es gab Kume-Geschlechter von Kōbetsu (kaiserlicher) und von Shimbetsu (nicht-kaiserlicher) Abstammung; daher gehörten sie auch den verschiedensten Kabane an: Miyatsuko, Omi, Asomi usw.

[8]) *Kara-kuni,* Korea gemeint, worauf auch das chinesische Zeichen *Kan,* japanisiert *Kara,* hindeutet? Ich entscheide mich jedoch für die Bedeutung „leeres, ödes Land“, entsprechend dem *muna-kuni* in der Parallelstelle des Nihongi II, Kap. III, wo man zur Begründung Anm. 5 vergleiche.

[9]) Im Distrikt Ata der Provinz Satsuma, höchstwahrscheinlich das jetzige *Kaseda* (Kap von Kaseda).

[10]) d. h. am Kap von Kasasa.

[35. Die Saru-me no Kimi.]

Hierauf nun kündete er der Ame no Uzume no Mikoto: „Du, die du ganz allein diesen großen Gott Saruda-hiko, der mir als erlauchte Vorhut ehrfürchtig gedient hat, ausgefunden und mir verkündet[1]) hast, sollst ihn ehrfürchtig zurückbegleiten[2]); auch sollst du den erlauchten Namen dieser Gottheit tragen und mir ehrfürchtig dienen[3]).“ Aus diesem Grunde tragen die Sarume no Kimi den Namen dieses Mann-Gottes Saruda-hiko, und die Frauen nennt man Sarume no Kimi[4]).

[36. Gott Saruda-hiko in Azaka.]

Als nun dieser Gott Saruda-hiko in Azaka[1]) wohnte, ging er Fische fangen, wobei seine Hand von einer Hirabu-Muschel[2]) mit dem Maule gepackt wurde und er in der Salzflut des Meeres ertrank. Daher war sein Name, mit dem er genannt wurde, als er auf den Boden untersank, Soko-dzuku Mi-tama[3]); der Name, mit dem er genannt wurde, als das See-Wasser empor gurgelte, war Tsubu-tatsu Mi-tama[4]); der Name, mit dem er genannt wurde, als sich die Schaumblasen bildeten, war Awa-saku Mi-tama[5]). Da kam [die Göttin Uzume], nachdem sie den Gott Saruda-hiko begleitet hatte, zurück[6]) und trieb sogleich die Dinge mit breiten Flossen und die Dinge mit schmalen Flossen[7]) sämtlich zusammen, und fragte sie, indem sie sprach: „Wollt ihr dem erlauchten Sohne der himmlischen Gottheit ehrfurchtsvoll dienen[8])?“ Darauf erklärten alle Fische sämtlich, daß sie ihm ehrfurchtsvoll dienen wollten. Nur der Trepang[9]) sagte nichts. Da sprach Ame no Uzume no Mikoto zu dem Trepang: „Dieser Mund, he! ist ein Mund, welcher keine Antwort gibt!“, und mit diesen Worten nahm sie ihren Gürtel-Dolch[10]) und schlitzte damit seinen Mund auf. Daher ist heutzutage das Maul des Trepang geschlitzt. Deshalb wird im erlauchten Zeitalter

---

XXXV.

1) Du hast seinen Namen und sein Wesen herausgefunden und mir verkündet.

2) Nach Sanagata in Ise.

3) Uzume soll mit dem Namen auch die Dienstleistungen Saruda-hiko's übernehmen.

4) Das Uji der Sarume no Kimi trug zwar den Namen einer männlichen Gottheit, und hatte das Kabane *kimi* „Herren“, bestand aber nicht aus Männern, sondern aus Frauen, eine einzige Ausnahme von der sonst befolgten Regel. Wir würden den Namen mit „Weibliche Kimi von Saru“ interpretieren können.

XXXVI.

1) Ort im Distrikt Ichishi der Provinz Ise.

2) Jetzt *aka-gahi* (Arca inflata) genannt.

3) „Boden-berührender Erlauchter Geist.“

4) „Emporgurgelnder Erlauchter Geist.“

5) „Schaumblasen bildender Erlauchter Geist.“

6) Nach Ise, dem Heimatsland des Saruda-hiko.

7) Alle großen und kleinen Fische.

8) Als Nahrung.

9) *Ko*, jetzt *namako* (chin. Zeichen: See-Ratte).

10) *Himo-gatana*, wurde unter dem Kleid in den inneren Gürtel (shita-obi) gesteckt getragen, anscheinend häufig von Frauen benutzt.

[eines jeden Kaisers], wenn die allerersten Erträgnisse von Shima[11]) zum Mahl [des Kaisers] überreicht werden, [vom Kaiser ein Teil derselben] den Saru-me no Kimi gewährt.

[37. Oho-yama-tsu-mi no Kami's Fluch.]

Hierauf traf Ama-tsu-Hi-daka-hiko Ho no Ninigi no Mikoto am erlauchten Kap von Kasasa ein schönes Mädchen. Als er sie fragte, wessen Tochter sie sei, antwortete sie und sprach: „Ich bin eine Tochter des [Berggottes] Oho-yama-tsu-mi no Kami, und mein Name ist Kamu-Ata-tsu-hime[1]), auch werde ich mit dem Namen Ko-no-Hana no Sakuya-bime[2]) genannt." Weiterhin fragte er: „Hast du Geschwister?" Sie antwortete und sprach: „Eine ältere Schwester von mir, Iha-naga-hime[3]), ist vorhanden." Als er ihr nun kündete: „Ich möchte mich mit dir begatten; was meinst du dazu?", antwortete sie und sprach: „Meine Wenigkeit vermag das nicht zu sagen. Meiner Wenigkeit Vater Oho-yama-tsu-mi no Kami wird es dir sagen." Als er nun an ihren Vater Oho-yama-tsu-mi no Kami mit der Bitte [um seine Tochter] schickte, war dieser sehr erfreut darüber und gab sie ihm ehrfurchtsvoll hin, indem er noch ihre ältere Schwester Iha-naga-hime hinzugab und allerhand Gegenstände auf von hundert [Leuten] getragenen Tischen[4]) hinbringen ließ.

Da aber nun die ältere Schwester überaus häßlich war, war er bei ihrem Anblick erschrocken und sandte sie zurück. Nur die jüngere Schwester Ko-no-Hana no Sakuya-bime behielt er da und beschlief sie eine Nacht.

Da war Oho-yama-tsu-mi no Kami wegen der Rücksendung der Iha-naga-hime sehr beschämt[5]) und schickte eine Botschaft, welche besagte: „Der Grund, warum ich dir meine Töchter alle beide miteinander dargeboten habe, war der

---

[11]) Provinz im Osten von Ise, die kleinste Provinz Japans. Aus allen Provinzen wurden an den Hof Landesprodukte überreicht, von der auf drei Seiten vom Meere bespülten Provinz Shima wohl hauptsächlich Fische und sonstige Seeprodukte.

XXXVII.

[1]) „Die Göttliche Prinzessin von Ata." Das Kap Kasasa lag im Lande Ata, jetzt Satsuma genannt.

[2]) „Die wie Baumblüten herrlich-blühende Prinzessin." Unter den Baumblüten sind vor allem die Kirschbaumblüten zu verstehen, die sowohl wegen ihrer Pracht als der überaus kurzen Dauer ihrer Blüte der japanischen Poesie viel Material liefern. Diese Göttin wird jetzt als die Göttin des Fuji Berges verehrt. Abschnitt 20 wurde eine Schwester von ihr mit analog gebildetem Namen erwähnt: *Ko-no-Hana no Chiru-hime* „die wie Baumblüten [rasch] abfallende Prinzessin".

[3]) „Wie Felsen langdauernde Prinzessin", auch *Koke-mushi no Kami* „Moosüberwucherte Gottheit" genannt, in Anspielung darauf, daß sich uralte Felsen mit Moos bedecken. Sie ist identisch mit der *Koyasu-myōjin* „Geburt-erleichternde leuchtende Gottheit", die auch *Iha-hime* „Felsen-Prinzessin" heißt. Sie soll der Geist der Felsen, ihre Schwester der Geist der Kirschen (Blüten) sein.

[4]) Im Nihongi II, Kap. IV, Var. II nach den Zeichen: hundert Tische Speise und Trank.

[5]) Im Nihongi (Var. II und IIa) ist es naturgemäßer die Verschmähte selber, welche sich mit Scham und Schande bedeckt fühlt, und ihrem Groll unter Weinen, Ausspeien und Trampeln und Fluchen Ausdruck gibt.

folgende: indem ich dir die Iha-naga-hime sandte, sollte das Leben der erlauchten Kinder[6]) der himmlischen Gottheit, wenn auch der Schnee fiele und der Wind bliese, auf immer und ewig unerschüttert dauern gleichwie die ewigdauernden Felsen; und wiederum, indem ich dir die Ko-no-Hana no Sakuya-bime sandte, sollten sie wie das Blühen der Baumblüten blühend leben. Dies schwörend habe ich sie dir ehrfürchtig dargeboten. Aber da du jetzt Iha-naga-hime zurückgeschickt und nur Ko no Hana no Sakuya-bime allein bei dir behalten hast, so wird das Leben der erlauchten Kinder der himmlischen Gottheit wie Baumblüten so leichtvergänglich sein.“ Daher kommt es also, daß bis zur Jetztzeit die erlauchten Lebensdauern der himmlischen souveränen Hoheiten[7]) nicht lang sind.

[38. Niederkunft der Ko-no-Hana no Sakuya-bime.]

Danach nun trat Ko-no-Hana no Sakuya-bime aufwartend [vor Ho no Ninigi] hin und sagte: „Deine Magd[1]) ist hochschwanger, und die Zeit der Geburt ist herangekommen. Es schickt sich nicht, daß das erlauchte Kind der himmlischen Gottheit insgeheim geboren werde. Daher teile ich es Dir mit.“ Da sagte er: „Sakuya-bime! Was, in einer einzigen Nacht hochschwanger? Das ist nicht mein Kind. Gewiß ist es das Kind einer irdischen Gottheit!“ Darauf antwortete sie und sprach: „Wenn das Kind, mit dem ich hochschwanger bin, das Kind einer irdischen Gottheit ist, so soll meine Niederkunft nicht glücklich sein! Wenn es aber das erlauchte Kind der himmlischen Gottheit ist, soll sie glücklich sein!“

Hierauf baute sie alsbald eine türlose acht Armspannen weite Halle[2]), begab sich in das Innere der Halle hinein und schmierte [den Eingang] mit Lehmerde zu. Als die Zeit der Niederkunft herankam, steckte sie die Halle in Brand und gebar[3]).

Der Name des Kindes, welches nun geboren wurde, als das Feuer sehr heftig brannte, war Ho-deri[4]) no Mikoto — *(dieser ist der Urahn der Haya-hito-*

---

[6]) Die „Kinder“ der Himmlischen Gottheit, d. i. der Sonnengöttin, sind der souveräne Enkel und dessen Nachkommen, die Kaiser.

[7]) Nach den Zeichen: ihre Hoheiten die „Himmels-Erhabenen“ (*tennō*, chin. *t'ien-hoang*, ein 674 in China aufgebrachter Titel), altjapanisch *Sumera-mikoto* „souveräne Hoheit“; d. i. die Kaiser von Japan.

XXXVIII.

[1]) *Shō* „Konkubine“, jap. *yatsuko* „Sklave, Knecht, Magd“ (lit. Kind des Hauses).

[2]) Im Nihongi II, Kap. III eine *Muro* genannt. Siehe daselbst Anm. 14. Hier dient sie als *ubu-ya* „Geburtshaus“. Vgl. Abschn. 9, Anm. 18.

[3]) Das Verbrennen der Geburtshütte mit der Insassin erscheint hier als ein *Ordal*. Das gewöhnlichste Feuerordal der Japaner war das *Hi-watari* „auf glühenden Kohlen gehen“, das noch als zeremonielle Schaustellung existiert. Ein anderes wichtiges Ordal des Altertums war die Heißwasserprobe, *Kukatachi* oder *Yu-saguri* genannt, unserm mittelalterlichen Kesselfang entsprechend, ebenfalls noch heute als Zeremonie ausgeführt (im Shintōschrein On-take-san, im Stadtviertel Kanda in Tōkyō).

[4]) „Feuer-Schein.“

Ata[5]) *no Kimi);* der Name des Kindes, welches sodann geboren wurde, war Ho-Suseri[6]) no Mikoto; der erlauchte Name des Kindes, welches sodann geboren wurde, war Ho-wori[7]) no Mikoto, mit anderem Namen auch Ama-tsu-Hi-dakahiko Ho-ho-de-mi[8]) no Mikoto — *(drei Pfeiler)*[9]).

[39. Der Austausch der Glückswerkzeuge.]

Nun war Ho-deri no Mikoto ein Prinz, der Glück[1]) auf dem Meere hatte und breitflossige Dinge und schmalflossige Dinge fing. Ho-wori no Mikoto war ein Prinz, der Glück in den Bergen hatte, und hartfellige Dinge und weichfellige Dinge fing. Da sagte Ho-wori no Mikoto zu seinem älteren Bruder Hoderi no Mikoto: „Laß uns alle beide unsere Glückswerkzeuge miteinander austauschen und gebrauchen.“ Obwohl er dreimal darum bat, gab [der ältere Bruder] seine Zustimmung nicht; indessen erlangte er schließlich mit Mühe den gegenseitigen Austausch.

Nun angelte Ho-wori no Mikoto mit dem Meerglückswerkzeuge nach Fischen, aber er bekam keinen einzigen, und außerdem verlor er den Angelhaken im Meere. Hierauf ersuchte ihn sein älterer Bruder Ho-deri no Mikoto [wieder] um seinen Angelhaken, indem er sprach: „Bergglück einerseits ist ein eigenes Glück-Glück, Meeresglück anderseits ist ein eigenes Glück-Glück[2]). Wir wollen uns jetzt alle beide [unsere eigenen Glückswerkzeuge] zurückgeben.“ Darauf erwiederte der jüngere Bruder Ho-wori no Mikoto und sprach: „Was deinen Angelhaken anbelangt, so habe ich beim Fische-Angeln damit keinen

---

5) Die *Haya-hito,* verkürzt *Hayato* oder *Haito,* „schnellkühne Menschen“, waren die Bewohner der Provinzen Satsuma und Ohosumi. Hier sind die Haya-hito von *Ata,* d. h. von *Satsuma,* gemeint. Sie bildeten später das Fußvolk der Kaiserlichen Garde, hatten auch einen ihnen eigentümlichen Tanz (vgl. Abschn. 41).

6) „Feuer-Anwuchs.“ Im Nihongi: *Ho-Susori,* im Seishiroku auch *Ho-Susari.*

7) „Feuer-Abnahme.“ Motowori's Ableitung von *wori* aus *yohari* „Schwachwerdung“ ist aber etymologisch unmöglich.

8) „Himmels-Sonnen hoher Prinz Feuerflammen Trauter.“ Die letzten Elemente *de-mi* sind zweifelhaft, wahrscheinlich Honorifica.

9) d. i. drei Gottheiten. Das Kojiki und Nihongi, im letzteren auch der Haupttext und die Varianten, zeigen vielfache Abweichungen in der Benennung dieser drei Gottheiten. Man beachte, daß nur *Ho-wori's* Name als „erlaucht“ bezeichnet wird, was darin seinen Grund hat, daß das Kaisergeschlecht von ihm hergeleitet wird.

XXXIX.

1) *Sachi,* ein archaisches Wort, bedeutet sowohl „Glück“ als „Glücksgabe“ und „Glückswerkzeug“. Hier paßt gewöhnlich am besten der letzte Ausdruck, da Jagd- und Fischereigeräte gemeint sind. „Meerglück-Prinz“ und „Bergglück-Prinz“ werden im Nihongi II, Kap. V, Var. III als Beinamen der Brüder angegeben. Auch ist es in dieser Variante der ältere Bruder, welcher den Austausch anregte, während im Haupttext des Nihongi und in Var. I beide gegenseitig den Vorschlag machen. Also 3 Versionen, von denen die Nihongi Variante III als die beste erscheint.

2) d. h. der eine hat nur Glück als Jäger in den Bergen, der andere nur als Fischer auf dem Meere.

einzigen Fisch gefangen, und schließlich habe ich ihn im Meere verloren.“ Aber sein älterer Bruder forderte ihn in heftiger Weise zurück. Daher zerbrach der jüngere Bruder das von ihm umgürtet getragene zehn Handspannen lange Schwert, machte daraus fünfhundert Angelhaken und bot sie zum Ersatz an; doch jener nahm sie nicht. Wiederum machte er tausend Angelhaken und bot sie zum Ersatz an; doch jener nahm sie nicht und sagte: „Ich will trotzdem noch meinen richtigen ursprünglichen Angelhaken haben.“

[40. Der Palast des Meergottes.]

Als nun der jüngere Bruder am Ufer des Meeres weinte und wehklagte, kam Shiho-dzuchi[1]) no Kami herbei und fragte ihn: „Was ist der Grund, daß Sora-tsu-Hi-daka[2]) weint und wehklagt?“ Jener antwortete und sprach: „Ich hatte mit meinem älteren Bruder seinen Angelhaken [gegen mein Jagdgerät] ausgetauscht, und ich habe den Angelhaken verloren. Da er seinen Angelhaken verlangt, habe ich ihm viele Angelhaken als Ersatz geboten, aber er nimmt sie nicht an und sagt: ‚Ich will trotzdem noch den ursprünglichen Angelhaken haben.‘ Aus diesem Grunde weine und wehklage ich.“ Da sagte Shiho-dzuchi no Kami: „Ich will deiner Hoheit einen guten Rat geben.“ Darauf verfertigte er sogleich ein kleines Boot aus maschenlosem Korbgeflecht[3]), setzte ihn in das Boot und unterwies ihn, indem er sprach: „Wenn ich dieses Boot fortstoße und dahin schwimmen lasse, so gehe eine Zeit lang dahin. Es wird da ein wonnevoller erlauchter Weg[4]) sein, und wenn du dann auf diesen Weg hinaufsteigst, wird ein wie Fischschuppen gebauter Palast zum Vorschein kommen. Dieses ist der Palast des [Meergottes] Wata-tsu-mi no Kami. Wenn du bis ans Tor [des Palastes] dieses Gottes gelangt bist, wird über dem seitlich davon gelegenen Brunnen ein vielzweigiger Kassienbaum sein. Wenn du nun auf diesem

XL.

[1]) „Der Altehrwürdige der Salzflut“ oder „der Herr der Salzflut“. Er soll die vermenschlichte Erscheinung der drei großen Gottheiten von Sumiyoshi sein, d. i. der aus *Soko-dzutsu no Wo, Naka-dzutsu no Wo* und *Uha-dzutsu no Wo* bestehenden, bei der Reinigung Izanagi's entstandenen Götter-Trias.

[2]) „Des Luftraums Sonnen-Hoher.“ Abschnitt 38 heißt er auch *Ama-tsu-Hi-daka-hiko* „Himmels Sonnenhoher Prinz“, aber weiter unten in diesem Abschnitt heißt es mehrmals: *Sora-tsu-Hi-daka*, der erl. Sohn von *Ama-tsu-Hi-daka*, und im Eingang zu Abschnitt 37 steht im Namen seines Vaters das Prädikat *Ama-tsu-Hi-daka-hiko*. Daraus ergibt sich, daß schon zur Zeit der Niederschrift dieser Überlieferungen der Unterschied zwischen *Ama-tsu-Hi-daka* und *Sora-tsu-hi-daka* nicht mehr scharf beobachtet wurde, wenn er überhaupt je bestanden hat, und daß Tanigawa Shihei's Angabe, ersteres bezeichne den Kaiser, letzteres den Kronprinzen, wohl kaum historisch begründet ist. Später werden beide Prädikate auch für andere Personen angewendet. Im Nihongi (Var. Ia) steht *Sora-tsu-hiko* statt *Sora-tsu-Hi-daka*.

[3]) Geflecht aus Bambusstreifen, die so dicht geflochten sind, daß es wasserdicht wird.

[4]) Wohl ein Landweg auf dem „wonnevollen Kleinen Strande“ (Nihongi), weshalb das folgende Verbum *noru* nicht mit „dahinfahren,“ sondern „hinaufsteigen“ zu interpretieren sein wird.

Baume sitzest, wird die Tochter des Meergottes dich erblicken und dir einen Rat geben“[5]).

Als nun [Ho-wori no Mikoto] der Unterweisung gemäß ein wenig dahinging, geschah alles genau so wie jener es gesagt hatte, und alsbald stieg er auf den Kassienbaum und saß da. Als hierauf die Mägde der Toyo-tama-bime[6]), der Tochter des Meergottes, mit edelsteinernen Gefäßen gerade Wasser schöpfen wollten, war da ein Schein[7]) in dem Brunnen. Beim Aufblicken sahen sie einen schönen jungen Mann. Sie hielten das für sehr seltsam. Darauf sah Ho-wori-no Mikoto die Mägde und bat sie, ihm Wasser zu geben. Die Mägde schöpften sogleich Wasser, taten es in ein edelsteinernes Gefäß und reichten es ihm ehrerbietig dar. Darauf machte er, ohne von dem Wasser zu trinken, das Juwel an seinem erlauchten Nacken los, nahm es in den Mund und spie es in das edelsteinerne Gefäß. Hierauf blieb das Juwel an dem Gefäß fest hängen und die Mägde konnten es nicht losmachen. Deshalb nahmen sie [das Gefäß] mit dem daran fest anhängenden Juwel und überreichten es der Toyo-tama-bime no Mikoto.

Als diese das Juwel sah, fragte sie ihre Mägde und sprach: „Ist vielleicht jemand außerhalb des Tores?“ Sie antworteten und sprachen: „Es sitzt jemand oben auf dem Kassienbaum über unserem Brunnen. Es ist ein sehr schöner junger Mann. Er ist so vornehm, daß er selbst unsern König[8]) noch übertrifft. Als er nun um Wasser bat und wir ihm ehrfürchtig Wasser darreichten, trank er von dem Wasser nicht, sondern spie dieses Juwel hinein. Weil wir es nicht losmachen konnten, haben wir es drinnen hergebracht, um es dir darzureichen.“

Da verwunderte sich Toya-tama-bime no Mikoto, ging hinaus, sah nach, und war von dem Anblick entzückt. Nachdem sie miteinander Blicke gewechselt hatten, redete sie zu ihrem Vater und sprach: „An unserm Tore ist ein schöner Mensch[9]).“ Hierauf ging der Meergott selber hinaus, um nachzusehen, und mit

---

[5]) Die Hauptzüge dieser Mythe finden sich auch anderswo. Man vgl. die Algonquin Mythe bei Lang, Custom and Myth, S. 99: einer von zwei Brüdern verliert einen Pfeil im Wasser; der ältere, Panigwun, watet ihm nach; ein magisches Canoe fliegt vorüber, ein darin sitzender alter Magier ergreift Panigwun und führt ihn nach seiner Insel davon, wo er mit seinen zwei Töchtern wohnt. — Andere uralte Erzählungen berichten von einem Schloßtor mit Brunnen und Baum davor; es kommt ein Fremder, der sich in oder bei dem Baum verbirgt und von einem Wasser schöpfenden Mädchen an seinem Spiegelbild im Brunnen entdeckt wird (siehe weiter unten, und die Nihongi-Varianten).

[6]) „Üppig-Edelstein-Prinzessin,“ so nach ihrem Vater genannt, der Nihongi II, Kap. V, Var. Ia *Toyo-tama-hiko* heißt, während ihn das Kojiki hier *Wata-tsu-mi* nennt.

[7]) Nach dem Zeichen: „Licht“; es muß aber sein „Spiegelbild“ gemeint sein.

[8]) Den Meergott. Derselbe Ausdruck Nihongi, Var. IV.

[9]) So wörtlich. Aber aus der Rede der Toyo-tama-bime in Nihongi, Var. Ia ergibt sich, daß er weder das Gepräge eines himmlischen Gottes, noch das eines irdischen Menschen besitzt, also ein Mittelding zwischen beiden ist, worauf ja auch der Name *Sora-tsu-Hi-daka* „Sonnen-Hoher des Luftraums“, d. h. des Raumes zwischen dem hohen Himmelsgefilde und dem Mittellande des Schilfgefildes, hinweist. Sein Vater dagegen ist der „Sonnen-Hohe des Himmels“, d. h. des Hohen Himmelsgefildes, eine reine Himmelsgottheit.

den Worten: „Dieser Mensch da ist Sora-tsu-Hi-daka, der erlauchte Sohn von Ama-tsu-hi-daka“, führte er ihn sofort hinein, breitete acht Schichten Matten aus See-Esel[10]) Fellen hin, breitete darüber noch acht Schichten von seidenen Matten aus, und ließ ihn darauf niedersitzen; ferner ordnete er allerlei Gegenstände auf von [hundert Leuten] getragenen Tischen[11]) an, veranstaltete eine erlauchte Schmauserei und gab ihm alsbald seine Tochter Toya-tama-bime zur Frau.

Nun wohnte er drei Jahre lang in diesem Lande. Hierauf erinnerte sich Ho-wori no Mikoto der ersten Dinge[12]) und tat einen tiefen Seufzer. Als nun Toyo-tama-bime diesen Seufzer vernahm, redete sie darüber zu ihrem Vater und sagte: „Obgleich er drei Jahre hier gewohnt hat, hat er niemals geseufzt. Heute Nacht jedoch hat er einen tiefen Seufzer getan. Was für ein Grund möchte wohl dafür sein?“ Daher fragte ihr Vater, der Große Gott, seinen Schwiegersohn und sprach: „Heute Morgen hörte ich meine Tochter diese Rede sagen: ‚Obgleich er drei Jahre hier gewohnt hat, hat er niemals geseufzt. Heute Nacht jedoch hat er einen tiefen Seufzer getan‘. Was ist wohl der Grund, und aus welchem Grunde ferner bist du hierher gekommen?“ Da erzählte jener dem Großen Gotte in ausführlicher Weise den Sachverhalt, wie sein älterer Bruder ihn um den verlorenen Angelhaken dringend gemahnt hatte.

Hierauf berief der Meergott alle die großen und kleinen Fische des Meeres zusammen und richtete an sie die Frage: „Ist da vielleicht ein Fisch, der den Angelhaken genommen hat?“ Da sagten die Fische alle: „In der letzten Zeit hat der Rote Tahi Fisch[13]) darüber geklagt, daß in seiner Kehle eine Fischgräte stecke und er deshalb nicht essen könne. Er hat ihn also sicherlich genommen.“ Als man hierauf die Kehle des Roten Tahi Fisches untersuchte, fand sich der Angelhaken. Sogleich nahm man ihn heraus, wusch ihn rein und überreichte ihn ehrfurchtsvoll dem Ho-wori no Mikoto, wobei der Große Gott Wata-tsu-mi ihn unterwies und sprach: „Was du sagen sollst, wenn du diesen Angelhaken deinem älteren Bruder übergibst, ist dies: ‚dieser Angelhaken ist ein trüber Haken, ein elender Haken, ein armer Haken, ein dummer Haken‘.

---

[10]) So nach den Zeichen im NIHONGI. Die Kanaglosse dort, sowie das KOJIKI hier, hat *michi*, ein unbekanntes Wort. Vielleicht ist der Seelöwe (Otaria arsina), jap. *todo*, gemeint.

[11]) Im NIHONGI, Var. 3, gibt er ihm „einen Schmaus von hundert Tischen“.

[12]) Der früheren Zeit auf der Oberwelt. Auch in den späteren zur Lokalsage der Provinz Tango umgewandelten Bearbeitungen dieser Mythe (Erzählung im TANGO-FŪDOKI und Ballade im MANYŌSHŪ, Buch 9) erwacht die Sehnsucht nach der Heimat nach scheinbar drei Jahren Aufenthalts im Meerespalast. In Wirklichkeit sind es aber nach Menschenrechnung über 300 Jahre, und der zurückkehrende Fischer Urashima-ko aus Midzunoe — so heißt der Held der späteren Sage — findet alles gestorben und verdorben.

[13]) Art Scharfzähner oder Meerbrasse, Pagrus cardinalis. Im NIHONGI wird er mit dem archaischen Namen *aka-me* „die rote Frau“ genannt. Variante II und IV daselbst setzen aber für den Tahi die „Mundfrau“, *Kuchi-me*, ein. *Kuchi-me* ist der archaische Name des *Bora* (Mugil cephalotus). Nach der Version in Var. II wird das Verschlucken des Angelhakens durch die Mundfrau als eine Missetat betrachtet, denn der schuldige Fisch wird von der Speisekarte des Kaisers, als Nachkommen Ho-wori's, ausgeschlossen.

Nachdem du so gesprochen hast, übergib ihn mit nach hinten gehaltener Hand[14]. Und sodann, wenn dein älterer Bruder hochgelegene Reisfelder anlegt, so soll deine Hoheit tiefgelegene Reisfelder[15] anlegen; und wenn dein älterer Bruder tiefgelegene Reisfelder anlegt, so soll deine Hoheit hochgelegene Reisfelder anlegen. Wenn du dies tust, so wird dein älterer Bruder sicherlich im Zeitraum von drei Jahren infolge meiner Regelung des Wassers verarmen. Wenn dein älterer Bruder über deine Handlungsweise erzürnt dich angreifen sollte, so nimm das Flut-steige-Juwel[16] vor und ertränke ihn damit. Wenn er sein Bedauern ausspricht, so nimm das Flut-sinke-Juwel[16] vor und laß ihn leben. Auf diese Weise sollst du ihn quälen und plagen." Mit diesen Worten gab er ihm das Flut-steige-Juwel und das Flut-sinke-Juwel, zusammen zwei Stück. Darauf berief er sofort sämtliche Seeungeheuer[17] zusammen und fragte sie, indem er sagte: „Sora-tsu-Hi-daka, der erlauchte Sohn von Ama-tsu-Hi-daka, ist jetzt im Begriff sich hinaus auf das Oberland[18] zu begeben. Wer will, und in wieviel Tagen, ihm ehrfürchtig das Geleit geben und dann darüber Bericht erstatten?" Da sprach ein jedes, indem es nach der Klafterlänge seines Leibes die Anzahl der Tage bestimmte, und unter ihnen sagte ein einen Faden langes Seeungeheuer: „Dein Knecht wird in einem Tage ihn geleiten und wieder zurückkommen"[19].

---

[14]) Das Nachhintenhalten der Hand (hinter den Rücken halten) wird auch in späteren Zeiten bei Verwünschungen (*majinahi*) beobachtet. Es soll dadurch Abscheu gegen das Böse ausgedrückt werden. Nihongi Var. II erwähnt dabei auch noch ausdrücklich das Abwenden des Gesichtes.

[15]) Bei den *taka-da* oder hochgelegenen Reisfeldern und den *kubo-da* oder tiefgelegenen Reisfeldern sind die Wasserverhältnisse ganz verschieden: erstere sind Trockenfelder, letztere Schlammfelder, wo der Reis immer im Wasser steht. Die Reissorten sind natürlich verschieden.

[16]) *Shiho-mitsu-tama* „Flut-füll-Juwel" und *Shiho-hiru-tama* „Flut-ebb-Juwel". Das Nihongi berichtet unter Chūai (2. Jahr), daß die Kaiserin Jingō im Meere einen wunderbaren Edelstein fand, und eine Parallelstelle dazu in einem anderen Werke macht daraus zwei aus dem Ryūgū oder Drachenpalast stammende Juwelen, deren eines *kanju* „trockenes Juwel", das andere *man-ju* „Füll-Juwel" hieß. Das sind nur die sinojapanischen Namen für unsere *shiho-mitsu-tama* und *shiho-hiru-tama*. Das *kanju* soll von weißer, das *manju* von blauer Farbe, beide etwa 5 Zoll lang gewesen sein. Der erwähnte „Drachenpalast" ist der Palast des Meergottes, der ja ein Drachenkönig ist, und dessen Tochter sich bei ihrer Niederkunft in einen Drachen (*tatsu*) oder in ein *Wani* als ihre ursprüngliche Gestalt verwandelt (s. Abschn. 42 und die entsprechenden Stellen im Nihongi).

[17]) Hier „*Wani*-Fisch" geschrieben, während Ab. 21 die Schreibung „*Wani* des Meeres" gewählt war. Man beachte, daß im Kojiki das Wort *Wani* immer nur phonetisch, nie mit dem Zeichen für „Krokodil" geschrieben ist, offenbar weil die Vorstellung des Verfassers von dem fabelhaften Tier ihm eine solche Identifikation nicht an die Hand gab.

[18]) *Uha-tsu-kuni*, im Gegensatz zu den beiden in der Tiefe gelegenen Welten, dem Hades und der Meerwelt.

[19]) Hält man die verschiedenen Stellen, welche auf die Lage des Meerpalastes und des Wonnevollen Kleinen Strandes Bezug nehmen, zusammen, so ergibt sich einerseits, daß der Palast horizontal sehr weit vom Strande von Himuka gedacht wird, indem ein acht Faden langes Wani acht Tage, das schnellste von einem Faden Länge einen Tag für die Reise braucht; anderseits wird der Strand und der Palast als tief unten im Meere

Daher sagte denn [der Meergott] zu dem einen Faden langen Seeungeheuer: „Wenn das so ist, so gib ihm ehrfürchtig das Geleit. Ängstige ihn nicht, während du die Meeresmitte durchquerst!“ Alsbald setzte er ihn auf den Kopf des Seeungeheuers und begleitete ihn hinaus.

Nun geleitete ihn [das Seeungeheuer] ehrerbietig in einem Tage, wie es versprochen, nach seiner Heimat[20]). Als das Seeungeheuer im Begriff war zurückzukehren, band [Ho-wori no Mikoto] den von ihm im Gürtel getragenen Gürteldolch los, legte ihn auf den Hals des Seeungeheuers und schickte es zurück. Daher wird das einen Faden lange Seeungeheuer jetzt Sahi-mochi no Kami[21]) genannt.

[41. Ho-deri no Mikoto's Unterwerfung.]

Hierauf gab [Ho-wori no Mikoto seinem älteren Bruder] in genauer Übereinstimmung mit den unterweisenden Worten des Meergottes den Angelhaken. Infolgedessen wurde von nun an dieser immer ärmer und ärmer und kam mit neu erregter wütender Gesinnung zum Angriff. Als er im Begriff war ihn anzugreifen, holte jener das Flut-steige-Juwel hervor und brachte ihn zum ertrinken; als dieser sein Bedauern aussprach, holte jener das Flut-sinke-Juwel hervor und rettete ihn. Als [Ho-deri no Mikoto] so geplagt worden war, beugte er seinen Kopf und sprach: „Meine Wenigkeit wird hinfüro Tag und Nacht deiner Hoheit schützender Wachmann sein und dir ehrerbietig dienen“. So werden bis zum heutigen Tage seine verschiedenen Attitüden beim Ertrinken durch seine Nachkommen, [die Haya-hito], unaufhörlich dargestellt[1]).

[42. Das Kormoran-Federn Gebärhaus.]

Hierauf kam Toyo-tama-bime no Mikoto, die Tochter des Meergottes, persönlich hervor[1]) und sprach: „Ich[2]) bin schon schwanger, und die Zeit der

gelegen gedacht, so daß die Erde, resp. Himuka demgegenüber ein „Oberland“ ist. Man hat den Palast Ryūgū und das Land des Meergottes, das Land der Seligkeit oder der Reichtümer, zu lokalisieren versucht, und vermutet, daß die südlich von Japan gelegenen Ryūkyū Inseln, wo Drachen-Bilder und -Skulpturen besonders geläufig sein sollen, zu der Vorstellung Anlaß gegeben haben.

[20]) Das Fahren übers Meer auf Seetieren ist ein der primitiven Phantasie sehr naheliegender und daher vielen Mythen gemeinsamer Gedanke. So reitet Arion auf einem Delphin, Siati in der Samoanischen Mythe auf einem Haifisch. Toyo-tama-bime kommt Nihongi, Var. III auf einer Schildkröte ans Land geritten; Kojiki 47 angelt Sawo-ne-tsuhiko auf dem Rücken einer Schildkröte sitzend.

[21]) „Gott Klingenbesitzer“. Vgl. Nihongi III, wo während eines Seesturmes Ina-Ihi no Mikoto, dessen Mutter eine Meergöttin war, zur Beruhigung der Wogen mit gezücktem Schwerte ins Meer springt und sich in den Gott *Sahi-mochi* verwandelt. Der Zusammenhang der beiden Überlieferungen ist unklar.

XLI.

[1]) Die Nachkommen Ho-deri's, die *Haya-hito,* dienten bis in historische Zeit hinein bei Hofe als Leibwächter und als Spaßmacher. Zu den verschiedenen Attitüden Ho-deri's vgl. besonders Var. IV im Nihongi.

XLII.

[1]) Aus dem Meerpalast ans Land nach Himuka. Im Nihongi jedoch, sowohl im Haupttext als in Var. I und III, teilt sie ihm ihren Zustand noch vor seiner Abreise aus

Geburt ist jetzt herangekommen. Da ich aber dieses denke, daß das erlauchte Kind der himmlischen Gottheit nicht im Meeresgefilde geboren werden sollte, so bin ich herausgekommen und habe mich hierher begeben."

Hierauf errichtete sie sogleich dort am Meeresgestade auf der Wellengrenze[3]) ein Gebärhaus, wobei sie zur Dachdeckung Kormoranfedern benutzte. Noch ehe aber die Dachdeckung des Gebärhauses vollständig zusammengefügt war, konnte sie den Drang ihres erhabenen Leibes nicht länger zurückhalten. Deshalb ging sie hinein und verweilte in dem Gebärhaus. Als sie dann im Begriff war niederzukommen, sprach sie zu dem Sonnensohn[4]) die Worte: „Jedesmal wenn eine Fremde niederkommt, nimmt sie bei der Niederkunft die Gestalt ihres Heimatlandes an. Daher will ich jetzt beim Geburtsakt meine heimatliche Gestalt annehmen. Bitte, sieh nicht nach mir!"

Hierauf wunderte sich [Ho-wori no Mikoto] in Gedanken über diese Rede, und als er gerade im Augenblick der Geburt heimlich spähte, hatte sie sich in ein acht Faden langes Seeungetüm[5]) verwandelt und wand sich auf dem Bauche umher. Über den Anblick erschrocken und entsetzt, floh er schleunigst von dannen.

Da merkte Toya-tama-bime no Mikoto, daß er sie spähend gesehen hatte, und fühlte sich im Innersten beschämt. Sofort ließ sie das erlauchte Kind, das sie geboren hatte, zurück und sprach: „Ich habe den Wunsch gehegt, immer über den Meerpfad hinweg hinundher zu gehen und zu kommen. Aber da du spähend mich in meiner Gestalt gesehen hast, so bin ich im höchsten Grade beschämt." Alsbald sperrte sie die Meergrenze ab und begab sich wieder [ins Meer] hinein[6]).

---

dem Meerlande mit, verspricht ihm, unmittelbar vor ihrer Niederkunft ins Oberland nachzukommen, und bittet ihn, einstweilen für sie ein Gebärhaus zu bauen.

[2]) Der chinesische Text hat immer das demütige „deine Konkubine" statt „ich".

[3]) *Nagisa,* der von den Wellen bespülte Strand.

[4]) Einige Erklärer emendieren *hi-ko* in *hikoji* „Gemahl", ganz ohne Not.

[5]) In ein drachengestaltiges Wani. Der Haupttext des Nihongi sagt an dieser Stelle klipp und klar *ryū* (*tatsu*) „Drache".

[6]) Lang, Custom and Myth, gibt in dem Kapitel Cupid, Psyche and the sun-frog, S. 64ff., viele Beispiele dafür, daß die Braut oder der Bräutigam infolge Übertretung irgendwelcher mystischen Regeln verschwinden. Gewöhnlich handelt es sich um eine Etikettenregel des Ehestandes, deren Übertretung bestraft wird, und in den meisten Fällen finden wir eine Geliebte oder Gemahlin von außergewöhnlicher Art, z. B. eine Nymphe oder Fee. In der indischen Erzählung von Urvaçi und Pururavas darf sich der Gatte seiner Gattin nicht nackt zeigen, und sobald dies, freilich unabsichtlich, geschieht, verschwindet Urvaçi. In „Cupido und Psyche" darf der Gatte überhaupt gar nicht angeschaut werden; in der Geschichte von der schönen Melusine darf diese von ihrem Geliebten nicht nackt gesehen werden, usw. Eine besondere Klasse bilden die Erzählungen, wo die Gattin, wie in unserer japanischen Sage, ein metamorphosiertes Tier ist, und der Gatte gewöhnlich irgend eine bestimmte Handlung, wodurch die Assoziation der Frau mit ihrer ehemaligen tierischen Existenz wieder hervorgerufen wird, nicht tun darf. Wenn diese Assoziation durch die verbotene Handlung, oder durch Unterlassung einer anbefohlenen Vorsichtsmaßregel herbeigeführt wird, so verschwindet die Gattin. Hierher gehört die altindische Erzählung vom König und der Froschmaid Bheki, das Ojibway-

Hierauf benannte man das von ihr geborene erlauchte Kind mit dem Namen Ama-tsu-Hi-daka-hiko Nagisa-take U-gaya-fuki-ahezu[7]) no Mikoto.

Später jedoch, obwohl sie darüber zürnte, daß er sie hatte belauschen wollen, konnte sie ihr liebendes Herz nicht zurückhalten, und von der Gelegenheit, für das Aufziehen des erlauchten Kindes zu sorgen, ausgehend, betraute sie ihre jüngere Schwester Tama-yori-bime[8]) und ließ ihm durch sie ein Gedicht überreichen. Dieses Gedicht lautete:

„Rot-Edelsteine —
Wohl glänzet ihre Schnur sogar;
Doch ist der Schmuck des Gatten,
Des weiß-juweligen[9]),
Vor allen prächtig.“

Darauf antwortete ihr Gemahl in einem Gedicht, welches lautete:

„So lange die Welt besteht,
Werde ich nie meine Geliebte vergessen,
Mit der ich schlief
Auf der Insel, wo die wilden Enten einkehren,
Die Vögel der Tiefsee.“

Nun residierte Hiko-Hohodemi no Mikoto[10]) im Palaste von Takachiho fünfhundertundachtzig Jahre. Sein erlauchtes Grab ist ebenfalls im Westen des Berges Takachiho gelegen[11]).

Märchen vom Jäger und der Biber-Frau (Lang, p. 79), die Geschichte vom Schlangenwesen Pundarika Nag und der Brahmanentochter Parvati (Lang 80). In der letzteren ist, ähnlich wie bei der Lohengrinsage, der verhängnisvolle Wendepunkt das Stellen einer verbotenen Frage. Auch in der schon erwähnten Lokalsage von Tango tritt durch Verletzung eines Verbotes ein verhängnisvoller Bruch ein, obwohl mit ganz verändertem Motiv: Urashima-ko öffnet das ihm mitgegebene Juwelenkästchen, das er nicht öffnen sollte, wenn er in das Land der Seligen und zu seiner Geliebten zurückkehren wollte, und verliert dadurch nicht nur die Möglichkeit der Rückkehr, sondern wird auf einmal ein 300jähriger Greis und stirbt. Schließlich sei auf die Parallelen mit der Izanagi-Izanami Episode in der Unterwelt hingewiesen.

7) „Des Himmels Sonnen-hoher Prinz, des Wellenstrandes Tapferer, Kormoran[feder]-Schilfdach-Unfertiger.“

8) „Edelstein-gute-Prinzessin“. *Tama* ist wohl bloß Honorifikum. Sie wird erst die Pflegemutter, und später die Gemahlin ihres Neffen.

9) Das heißt wohl: des Gatten, der so schön ist wie weiße Juwelen. Motowor interpretiert „Anblick“ statt Schmuck (so auch Chamberlain), was einen guten Sinn ergibt, aber nicht dem Wortlaut entspricht. Im Nihongi stehen beide Gedichte in umgekehrter Ordnung.

10) Anderer Name von *Ho-wori no Mikoto.*

11) Sein Misasagi liegt nach neueren Festsetzungen des Kaiserlichen Haushalt-Ministeriums beim Dorfe Fumoto im Distrikte Ahira der Provinz Ohosumi. Auf dem Gipfel des Kuni-mi-dake beim Dorfe Kitagata des Distriktes Kimotsuki von Ohosumi liegt auch ein Schintoschrein, in welchem Hohodemi verehrt wird. Diese Stätte hielt man früher für das Grab des Hohodemi.

[43. Die erlauchte Nachkommenschaft des U-gaya-fuki-ahezu no Mikoto.]

Dieser Ama-tsu-Hi-daka-hiko Nagisa-take U-gaya-fuki-ahezu no Mikoto heiratete seine Tante von mütterlicher Seite, Tama-yori-bime no Mikoto und erzeugte Kinder, mit Namen Itsu-se[1]) no Mikoto, sodann Ina-hi[2]) no Mikoto, sodann Mi-ke-nu[3]) no Mikoto, sodann Waka-Mi-ke-nu[4]) no Mikoto, der mit anderem Namen Toyo-Mi-ke-nu[5]) no Mikoto, und mit noch anderem Namen Kamu-Yamato Ihare-biko[6]) no Mikoto heißt. Mi-ke-nu no Mikoto nun trat auf einen Wellenkamm und begab sich hinüber in das Land der Unvergänglichkeit. Ina-hi no Mikoto begab sich hinein in das Meergefilde, als in das Land seiner verstorbenen Mutter.

XLIII.

[1]) „Fünf-Strömungen“, oder nach Shikida, der *itsu* als Honorifikum und *se* als „älterer Bruder“ faßt: „Stattlicher Älterer Bruder“. Motowori's Ableitung von *se* aus *shine* „Reis“ hat keinerlei Berechtigung. Im Nihongi auch ***Hiko-Itsu-se.***

[2]) Oder ***Ina-ihi*** „Reisspeise“ (wörtlich: Gekochter Reis aus Reis).

[3]) „Herr der erlauchten Speise.“ Auch ***Mi-ke-Iri-nu*** „Teurer Herr der erlauchten Speise“ (Nihongi).

[4]) „Junger Herr der erlauchten Speise.“

[5]) „Üppiger Herr der erlauchten Speise.“

[6]) „Göttlicher Yamato-Ihare-Prinz.“ *Yamato* ist der Name der Provinz, wo dieser Prinz, der spätere erste Kaiser Jimmu-tennō, seine Residenz aufschlug; der Ortsname ist deshalb in den Personennamen aufgenommen worden. Das gleiche wird mit *Ihare* der Fall sein: es ist ein Ortsname im Taka-ichi Distrikt in Yamato, und soll eigentlich „Versammlung“ bedeuten.

Buch II.

[44. Kaiser Jimmu. — Seine Invasion in Ostjapan; Tod seines älteren Bruders.]

Die beiden Kamu Yamato Ihare-biko no Mikoto und sein älterer Bruder Itsu-se no Mikoto residierten im Palaste von Takachiho[1]) und beratschlagten miteinander, indem sie sprachen: „An welcher Stätte sollen wir residieren und so die Regierung des Reiches ruhig ausüben? Es wäre wohl am besten, wenn wir uns nach Osten begäben.“ Alsbald brachen sie von Himuka auf und begaben sich nach Tsukushi.

Als sie nun in Usa im Lande Toyo anlangten, bauten zwei Leute dieses Landes, Namens Usa-tsu-hiko und Usa-tsu-hime, einen auf einem Fuße errichteten Palast[2]) und boten ihnen eine große erlauchte Schmauserei dar. Von diesem Orte zogen sie um, und residierten ein Jahr lang im Palaste von Wokada in Tsukushi. Wiederum begaben sie sich von diesem Lande weiter hinauf und residierten sieben Jahre lang im Palaste von Takeri im Lande Agi[3]). Wiederum zogen sie von diesem Lande um und begaben sich weiter hinauf, und residierten acht Jahre lang im Palaste von Takashima im [Lande] Kibi.

Als sie nun von diesem Lande sich weiter hinauf begaben, trafen sie im Haya-suhi Kanal[4]) einen Menschen, der auf dem Panzergehäuse einer Schildkröte auf sie zugeritten kam, wobei er während des Angelns seine Flügel schwenkte[5]). Da riefen sie ihm zu herbeizukommen und fragten ihn: „Wer bist du?“ Er antwortete und sprach: „Ich bin eine irdische Gottheit.“ Als sie ihn wiederum fragten: „Kennst du den Seeweg?“, antwortete er und sprach: „Ich kenne ihn gut“. Als sie wiederum fragten: „Willst du Gefolgschaft leisten und ehrfürchtig dienen?“, antwortete er und sprach: „Ich will ehrfürchtig dienen“. Hierauf nun reichten sie ihm eine Stange hinüber, zogen ihn [daran]

XLIV.

1) Vergl. Ab. 34. Hinter „beide“ steht im Original das Zählwort „Pfeiler“, das eigentlich nur Göttern zukommt.

2) Im Nihongi: „einen auf einem Pfeiler errichteten Palast.“ Es ist also entweder eine zeltartige Konstruktion gemeint, die eine Reminiszenz aus dem Nomadenleben sein könnte, oder, wie Motowori meint, ein über den Fluß überhängender und im Fluß durch einen Pfeiler gestützter Bau.

3) Oder Aki; Provinz an der Nordseite des japanischen Binnenmeeres.

4) Kanal des „Schnellen Saugens“, Meerenge bei der Provinz Bungo.

5) Die langen Ärmel winkend schwenkte, wie ein Vogel seine Flügel. Das Winken mit dem Ärmel war eine alte Sitte.

in ihr erlauchtes Schiff hinein und verliehen ihm sodann den Namen Sawo-ne-tsu-hiko[6]). (*Dieser ist der Urahn der Kuni-no-miyatsuko von Yamato.*)

Als sie nun von diesem Lande sich weiter hinauf [nach Osten] begaben, passierten sie die Fahrstraße von Nami-haya[7]) und gingen im Hafen von Shirakata[8]) vor Anker.

Zu dieser Zeit hatte Naga-sune-biko aus Tomi[9]) eine Kriegsschar aufgestellt, wartete und zog ihnen zum Kampf entgegen.

Da nahmen sie die Schilde, welche sie in das erlauchte Schiff hineingelegt hatten, und stiegen [vom Schiff] herunter [ans Land]. Aus diesem Grunde gaben sie diesem Orte den Namen Tate-tsu (Schild-Hafen). Es ist derselbe, der jetzt Tadetsu von Kusaka[10]) heißt. Als sie hierauf mit dem Tomi-Prinzen kämpften, wurde Itsu-se no Mikoto in seiner erlauchten Hand von einem scharfen Pfeile des Tomi-Prinzen durchbohrt. Darauf nun sagte er: „Es war nicht gut, daß ich als ein erlauchtes Kind der Sonnengottheit mit dem Gesicht gegen die Sonne gewendet[11]) kämpfte. Aus diesem Grunde habe ich von dem elenden Sklaven die schmerzhafte Wunde bekommen. Von jetzt an will ich mich herumdrehen und mit dem Rücken gegen die Sonne gewendet ihn angreifen.“ Als er, nachdem er dies geschworen, [auf der See] von der Südseite herum vorrückte, kam er an das Meer von Chinu[12]) und wusch das Blut von seiner erlauchten Hand ab, weshalb man es das Chi-nu (Blut-Sumpf) Meer nannte. Indem er von diesem Orte herum weiter vorrückte, gelangte er an das Wassertor Wo[13]) im Lande Ki und sprach: „Ach! daß ich von der Hand des elenden Kerls getroffen sterben soll!“, und verschied in der Haltung eines wildtapferen Mannes. Daher nannte man dieses Wassertor das Wo (Mannes-)Wassertor. Die Grabstätte befindet sich ebenfalls im Lande Ki, auf dem Kama Berge.

[45. Kaiser Jimmu. — Herabsendung des Querschwertes vom Himmel.]

Als nun Kamu-Yamato Ihare-biko no Mikoto von diesem Orte herum weiter vorrückte und das Dorf Kuma-nu erreichte, kam ein großer Bär aus den Bergen hervor und verschwand gleich wieder darin. Da wurde Kamu-

---

6) „Trauter Prinz der Stange.“

7) Später *Naniha* (Naniwa), Küstenstrich der Provinz Settsu, an der Mündung des Yodo Flusses, wo jetzt Osaka liegt. *Nami-haya* „Wellen-rasch“, wegen der starken Strömung dort so benannt.

8) In der Provinz Kawachi. Vor dem Ortsnamen steht noch das Epitheton *aogumo no* „blauwolkig“ (als Makura-kotoba zum ersten Bestandteil *Shira*).

9) In Yamato, Distrikt Shiki no Kami.

10) In Kawachi.

11) In der Richtung von Westen nach Osten.

12) In Idzumi.

13) „Wassertor“ (*minato*) bedeutet gewöhnlich Flußmündung. Chinu gehört übrigens zu der benachbarten Provinz Idzumi, nicht zu Kii, sodaß das Kojiki entweder eine ungenaue Angabe gemacht, oder eine Grenzverschiebung der Provinzen stattgefunden hat. Das läßt sich natürlich jetzt nicht mehr feststellen.

Yamato Ihare-biko no Mikoto plötzlich ohnmächtig, und auch die erlauchten Kriegsscharen wurden alle ohnmächtig und fielen zu Boden[1]).

Zu dieser Zeit brachte Taka-Kuraji aus Kumanu an den Ort, wo das erlauchte Kind der Himmelsgottheit am Boden lag, ein Querschwert getragen und überreichte es ihm, und sogleich wachte das erlauchte Kind der Himmelsgottheit auf, erhob sich und sprach: „Was habe ich lange geschlafen!“ Als er nun dieses Querschwert in Empfang nahm, fielen die ungestümen Gottheiten der Berge von Kumanu von selber ohne weiteres alle [von der magischen Kraft des Schwertes] in Stücke zerhauen nieder. Darauf erwachten die ohnmächtig am Boden liegenden Kriegsscharen sämtlich und standen auf. Nun fragte das erlauchte Kind der Himmelsgottheit jenen, wieso er dieses Querschwert bekommen habe. Takakuraji antwortete und sprach: „Ich erfuhr in einem Traum, daß die beiden Gottheiten Ama-terasu Oho-mi-kami und Takagi no Kami[2]) durch Befehl den Take-mikadzuchi[3]) no Kami zu sich berufen und ihm befohlen hätten: ‚Im Mittelland des Schilfgefildes geht es im höchsten Maße lärmvoll her, wahrlich! Unsere erlauchten Kinder werden sich [dort] wohl nicht in angenehmer Lage befinden. Da dieses Mittelland des Schilfgefildes ein Land ist, das insbesondere du zur Unterwerfung brachtest, so sollst du Take-mikadzuchi no Kami dahin herabsteigen.‘ Darauf erwiderte jener mit den Worten: ‚Ich werde zwar nicht selber hinabsteigen, aber da ich das Querschwert habe, womit insbesondere ich jenes Land unterworfen habe, so will ich dieses hinabschicken. (*Der Name dieses Schwertes ist Saji-futsu no Kami; mit einem andern Namen heißt es Mika-futsu no Kami, und mit noch einem andern Namen Futsu no Mi-tama. Dieses Schwert wohnt im Tempel der Gottheit von Iso-no-Kami*)[4]). Die Art und Weise, wie ich dies Schwert hinabschicke, wird darin bestehen, daß ich in den Dachfirst am Speicher des Takakuraji ein Loch breche und es dahindurch hineinfallen lasse.‘ [Und zu mir sprach er:] ‚Nimm du es also Morgen-Augen-glücklich[5]) an dich und überreiche es dem erlauchten Kinde der Himmlischen Gottheit!‘ Als ich daher den Unterweisungen des Traumes gemäß früh am nächsten Morgen in meinem Speicher nachsah, fand sich in der Tat das Querschwert. Daher biete ich dir dieses Querschwert dar.“

XLV.

[1]) Von dem Gifthauch der Gottheit des Ortes, die soeben in Bärengestalt erschienen war, getroffen.

[2]) Der Gott Takagi „hoher Herr“ wird auch schon Ab. 31 mit der Sonnengöttin zusammen genannt. Er ist identisch mit Taka-mi-musubi.

[3]) Vgl. Ab. 8.

[4]) Im Distrikt Yamabe der Provinz Yamato. Die Schwertnamen bedeuten nach Motowori's Interpretation „Gottheit Stoß-Schnapp“, „Gottheit Gewaltig-Schnapp“ und „Erlauchter Schnapp-Geist“; dagegen nach Aston's Auffassung, wonach *futsu* = koreanisch *pul* „Feuer“, *saji (satsu)* = kor. *sal* „lebendig“ ist: „Gottheit lebendiges Feuer“, „Gottheit gewaltiges Feuer“, „Feuer-Geist“.

[5]) Als ein am Morgen gemachter Glücksfund. Gute Funde am Morgen gelten als besonders glücklich.

[46. Kaiser Jimmu. — Die Riesenkrähe und die geschwänzten Götter.]

Hierauf wiederum befahl der Große Gott Takagi, tat zu wissen und sprach: „Erlauchter Sohn der Himmlischen Gottheit! Begib dich nicht von hier weiter ins Innere hinein! Die ungestümen Gottheiten sind überaus zahlreich. Ich werde jetzt die Krähe Yata-garasu[1]) vom Himmel herabsenden. Diese Yata-garasu soll dir also dein Wegführer sein. Hinter ihr drein sollst du vorrücken."

Da er nun diesen Unterweisungen gemäß hinter der Yata-garasu her vorrückte, gelangte er an den Unterlauf des Yeshinu[2])-Flusses, woselbst sich eine Person befand, die eine Fischreuse angelegt hatte und Fische fing. Da fragte der erlauchte Sohn der Himmlischen Gottheit: „Wer bist du?", und jener antwortete und sprach: „Ich bin eine irdische Gottheit und heiße mit Namen Nihe-motsu no Ko." (*Dies ist der Urahn der Kormoran-Hüter*[3]) *von Ada.*)

Als er von hier weiter vorrückte, kam ein geschwänztes Wesen aus einem Brunnen hervor. Der Brunnen hatte leuchtenden Glanz. Da fragte er ihn: „Wer bist du?", und jener antwortete und sprach: „Ich bin eine irdische Gottheit und heiße mit Namen Wi-hika[4]). (*Dieser ist der Urahn der Obito von Yeshinu*).

Als dieser gleich darauf in die Berge hinein ging, traf Er wiederum eine geschwänzte Person an. Diese Person kam [aus Steingeklüft] heraus auf ihn zu, indem sie die Felsen auseinander stieß. Da fragte Er: „Wer bist du?" und jener antwortete und sprach: „Ich bin eine irdische Gottheit und heiße mit Namen Iha-oshi-waku no Ko[5]). Ich vernahm soeben, daß der erlauchte Sohn der Himmlischen Gottheit auf dem Vormarsch begriffen sei. Lediglich aus diesem Grunde bin ich hierher dir entgegen gekommen." (*Dieser ist der*

XLVI.

[1]) Wörtlich „Acht-Hand-Krähe", von einigen als „acht Fuß große Krähe", d. h. eine sehr große Krähe verstanden; von Motowori als „achtköpfige Krähe". Sehr beachtenswert ist Aston's Auffassung, wonach die *Yata-garasu* mit der chinesischen Sonnenkrähe oder Goldkrähe identisch ist, einem roten Vogel mit drei Klauen, der in der Sonne horstet. Die Yata-garasu als Symbol der Sonne war auf eine der Fahnen gemalt, welche bei feierlichen Gelegenheiten vor dem Kaiserpalast aufgestellt wurden. Zwar haben wir die erste Erwähnung einer solchen Aufstellung erst für das Jahr 700 nach Chr., aber der Gebrauch ist wohl viel älter. Zu dieser Krähe als Diener und Boten der Sonnengöttin erinnert Aston, Shinto S. 136 an den Habicht, den schnellen Gesandten des Phöbos. (Homer, Odyssee, 15 Vers 525), den Habicht des egyptischen Ra und den Kondor des peruanischen Sonnengottes. Weitere Beispiele dafür, daß wunderbare Vögel usw. die Führerrolle bei Einzügen in fremde Gebiete unternehmen, siehe bei A. Lang, Custon and Myth, Bd. II, S. 71. Ich interpretiere „vielhändige (vielklauige) Krähe" und halte die japanische und chinesische Krähe wenn nicht für identische, so doch für nah verwandte Mythengestalten. Auf besondere Größe deutet die Erwähnung in der Vorrede („große Krähe").

[2]) Später *Yoshino* genannt, und wegen der Blütenpracht seiner Kirschbäume berühmt.

[3]) Die Kormorane wurden zum Fischfang benutzt.

[4]) „Brunnen-Schein." [5]) Der „junge Felsenauseinanderstoßer".

Urahn der Kunisu von Yeshinu.) Von diesem Orte drang Er zu Fuß [über die Berge] hinüber ein und marschierte nach Uda. Daher spricht man von „Ugachi von Uda“ [6]).

[47. Kaiser Jimmu. — Die Gebrüder Ukashi.]

Nun waren aber in Uda zwei Männer, Ukashi der ältere Bruder und Ukashi der jüngere Bruder. So schickte er also die Yata-garasu Krähe voraus und ließ durch sie die beiden Männer fragen mit den Worten: „Der erlauchte Sohn der Himmlischen Gottheit ist jetzt auf seinem Marsch hierher gekommen. Wollt ihr ihm ehrfürchtig dienen?“ Hierauf erwartete Ukashi der Ältere mit einem Brummpfeile den Abgesandten und schoß nach ihm, um ihn zurückzutreiben. Daher heißt die Stelle, wo der Brummpfeil niederfiel, Kabura-zaki [1]). Sagend er wolle ihn erwarten und niederkämpfen, [versuchte er] eine Kriegerschar zu sammeln; da er aber die Kriegerschar nicht zu sammeln vermochte, gab er trügerischer Weise vor, ehrfürchtig dienen zu wollen, und baute eine große Halle, und im Inneren dieser Halle legte er eine Falle an und wartete. Indessen kam Ukashi der Jüngere zuerst hervor Ihm entgegen, verneigte sich und sprach: „Mein älterer Bruder, Ukashi der Ältere, hat den Abgesandten des erlauchten Sohnes der Himmlischen Gottheit mit einem Schuß zurückgetrieben und hat in der Absicht dich zu erwarten und anzugreifen eine Kriegerschar zu sammeln [gesucht], aber da er sie nicht zu sammeln vermochte, hat er eine Halle gebaut und im Innern derselben eine Falle aufgespannt und will dich erwarten und fangen. Daher bin ich dir entgegen gekommen, um dir davon Kunde zu geben.“

Hierauf riefen die beiden Männer Michi no Omi no Mikoto, der Urahn der Ohotomo no Muraji, und Ohokume no Mikoto, der Urahn der Kume no Atahe, Ukashi den Älteren herbei und schimpften ihn aus und sagten: „In die große Halle, die du Lump gebaut hast um ehrfürchtig zu dienen, sollst du Kerl zuerst hinein, und klar und deutlich erklären, auf welche Weise du ehrfürchtig dienen wolltest.“ Dabei faßten sie sogleich die Griffe ihrer Querschwerter, fällten [2]) die Speere, legten die Pfeile an und trieben ihn hinein. Da wurde er gleich von der von ihm selber aufgespannten Falle getroffen und starb. Hierauf zogen sie ihn sofort heraus und zerhieben ihn in Stücke. Deshalb nennt man diesen Ort Uda no Chihara [3]).

---

[6]) *Uda* ist ein Distrikt im Lande Yamato, und *Ugachi* scheint der zum Zweck der volksetymologischen Herleitung aus *ugachi* „eindringen“ entstellte Ortsname *Ugashi* oder *Ukashi* zu sein, der gleich im folgenden erwähnt wird. In Uda gibt es ein Dorf *Ugashi-mura*.

XLVII.

[1]) „Brummpfeil-Vorsprung.“

[2]) Das phonetisch geschriebene und sonst unbekannte Wort *yuke* erklärt man wohl richtig durch das moderne Verbum *shigoku* „durch die Hand stecken und hin- und herziehen.

[3]) Das Blutgefild von Uda.

Nachdem dies geschehen war, gab Er gnädigst den ganzen großen Schmaus, den Ukashi der Jüngere dargeboten hatte, an seine erlauchten Kriegsscharen. Zu dieser Zeit sang er ein Lied, welches lautete:

„Die Waldschnepfe, der ich
Eine Waldschnepfen-Schlinge legte,
Und auf sie wartete
Im hohen Schlosse von Uda,
Hat diese nicht berührt;
Ein tapferer
Walfisch aber berührt sie.
Wenn die frühere Ehefrau
Um Fisch dich bittet,
So reiße ihr ab
Ein schmales Streiflein so lang
Wie die Beeren der stehenden Soba[4]);
Wenn die junge neue Frau
Um Fisch dich bittet,
So reiße in schmalen Streiflein ab
Und gib ihr davon so viele
Wie die Beeren der starken Sakaki[5]).
Ye ye shi ya, ko shi ya!
Das besagt: Du Schurke! —
A a shi ya, ko shi ya!
Das ist verächtliches Gelächter[6])“

Also dieser Ukashi der Jüngere *(dieser ist der Urahn der Mohitori*[7]) *von Uda).*

[48. Kaiser Jimmu. — Die Tsuchigumo in der Muro von Osaka.]

Als Er von diesem Orte weiter vorrückte und zu der großen Muro[1]) von Osaka[2]) gelangte, waren geschwänzte Tsuchigumo[3]), achtzig Banditen, in dieser Muro und erwarteten ihn. Daher erließ nun der erlauchte Sohn der himmlischen Gottheit den Befehl, den achtzig Banditen einen Schmaus zu geben. Hierauf erteilte er ihnen achtzig Küchenmeister, je einen für jeden der achtzig Banditen, zu und umgürtete jeden derselben mit einem Schwert, und gab den Küchenmeistern folgende Weisung: „Wenn ihr [mein] Lied gehört habt, so haut sie alle zu gleicher Zeit nieder!“

---

[4]) *Soba* oder *Kanamegashi*, die Photinia glabra, mit kleinen Beeren.

[5]) *Ichi-sakaki.* Dies soll nicht die gewöhnliche *Sakaki* (Cleyera japonica) sein, sondern ein Baum, der je nach der Landschaft sonst *Chisakaki* (in Ōmi), *Shirashiyake* (in Owari) oder *Bishiya-Kaki* (in Mino) heißt und viele kleine schwarze Beeren trägt.

[6]) Die viertletzte und vorletzte Zeile enthält Ausrufe, angeblich der Krieger; die drittletzte und letzte Zeile sollen alte interpolierte Glossen sein; in der Nihongi Version fehlen diese vier Zeilen. Der erste Teil des überaus schwierigen Gedichtes verhöhnt den Ukashi Senior, dem statt einer schwachen Waldschnepfe ein starker Walfisch in den Sprenkel geriet und diesen natürlich zerstörte. Der damit logisch kaum zusammenhängende zweite Teil ist vielleicht aus einem anderen Spottliede kontaminiert (*konami* die frühere, geschiedene Frau; *uhanari* die zweite Frau).

[7]) „Trinkwasser (*mohi*)-Bringer“, später *Mondori* und *Mondo* genannt; die Leute, denen die Wasserversorgung des kaiserlichen Palastes oblag.

XLVIII.

[1]) Grubenwohnung, überdachte Grube. Vgl. Nihongi II, Kap. 3 und Munro, Prehistoric Japan S. 79ff.

[2]) Ortsname im Distrikt Shiki no kami von Yamato, nicht mit dem Namen der bekannten Stadt Ōzaka zu verwechseln.

[3]) Gruben- oder Höhlenbewohner. Die Etymologie ist unklar: *tsuchi-gumo* „Erd-Spinne“, von manchen als Korruption von *tsuchi-gomori* „in der Erde sich Verbergende“ gefaßt. *Kumo* „Spinne“ und *komoru* „sich verbergen“ sind stammverwandte Wörter.

Das Lied nun, durch welches er ihnen klar machte, daß sie die Tsuchigumo erschlagen sollten, lautete:

„In Osaka
Im großen Höhlenhaus,
Gar viele Feinde
Kamen herein, sind drin,
Gar viele Feinde zwar
Gingen hinein, sind drin;
Doch unsrer gewaltigen
Kriegshorde Kinder
Mit schlägelköpfigen Schwertern,
Mit Steinschlägeln
Zerschmeißen sie allesamt;
Ihr, unsrer gewaltigen
Kriegshorde Kinder,
Mit schlägelköpfigen Schwertern,
Mit Steinschlägeln,
Wohlan, zerschmeißt sie jetzo!“

Nachdem er so gesungen hatte, zogen sie ihre Schwerter und schlugen sie gleichzeitig tot.

[49. Kaiser Jimmu. — Der Fürst von Tomi und die Gebrüder Shiki.]

Hiernach, als Er im Begriff war den Fürsten von Tomi[1]) zu erschlagen, sang er wie folgt:

„Die Kinder der Kriegsschar,
Der hehr-gewaltigen,
Werden den Einzelstengel von duften-
[dem Knoblauch
In dem Hirsenfelde,
Den Stengel aus der Wurzel
Die Wurzel sowohl als die Schößlinge
Zerschlagen, den Rest ihm geben.“[2])

Wiederum sang er:

„Der Ingwer, gepflanzt
In der Nähe des Zauns
Von den Kindern der Kriegsschar,
Der hehr-gewaltigen,
Weckt Nachgeschmack mir im Munde.
Nicht werd' ich ihn vergessen, und will
Ihn zerschlagen, den Rest ihm geben.“

Und wiederum sang er:

„Den Seemuscheln gleich,
Die rund herum kriechen
Um den großen Felsen
Im Meere von Ise,
Des Götterwindlandes,
[Um den Feind] laßt uns kriechen,
Ihn zerschlagen, den Rest ihm geben!“

Wiederum als er Shiki den älteren Bruder und Shiki den jüngeren Bruder schlug, waren die erlauchten Kriegsscharen eine Zeit lang erschöpft. Da sang er:

„Während wir kämpfen,
Die Schilde gestellt in Reihen,
Und vorwärts schreiten und Wache
[halten
Zwischen Bäumen hindurch
Auf dem Berge Inasa,
Sind wir, ach! schier verhungert.
Ihr Hüter der Kormorane,
Der Vögel der Inseln,
Kommt jetzt uns zu Hilfe!“[3])

XLIX.

[1]) Nagasune-biko. Vgl. Ab. 44. Die Reihenfolge der Darstellung, die hier noch einmal zum früheren Gegenstand zurückkehrt, ist mangelhaft.

[2]) Mit der Wurzel des Knoblauchs ist *Tomi-hiko*, mit den Schößlingen sind seine Anhänger verglichen.

[3]) Berg *Inasa* im Distrikt Uda von Yamato. Die Kormoranhüter sollen mit ihren Kormoranen Fische fangen und so die ausgehungerten Krieger mit Nahrung versorgen. „Inselvogel“ ist Makura-kotoba zu Kormoran.

[50. Kaiser Jimmu. — Beruhigung des Landes.]

Hierauf nun machte Nigi-hayabi no Mikoto[1]) seine Aufwartung und sprach zu dem erlauchten Sohn der himmlischen Gottheit: „Da ich vernahm, daß der erlauchte Sohn der himmlischen Gottheit vom Himmel herabgestiegen ist, bin ich dir nachfolgend herabgekommen, dir zu Diensten zu stehen.“ Sogleich überreichte er ihm die himmlischen Kennzeichen[2]) und diente ihm in Ehrfurcht. Danach heiratete Nigi-hayabi no Mikoto die Tomi-ya-bime, eine jüngere Schwester des Tomi-biko, und erzeugte ein Kind, Umashi-maji no Mikoto. *(Dieser ist der Urahn der Mononobe no Muraji, der Hodzumi no Omi, und der Unebe no Omi).*

Nachdem Er auf solche Weise die ungestümen Götter unterworfen und zur friedlichen Ruhe gebracht und die unbotmäßigen Leute vernichtet und ausgerottet hatte, residierte er in dem Kashibara[3])-Palaste beim [Berge] Unebi und regierte von da das Reich.

[51. Kaiser Jimmu. — Seine Vermählung mit I-suke-yori-hime.]

Zur Zeit als Er in Himuka residierte, hatte er die Ahira-hime, eine jüngere Schwester des Wobashi no Kimi in Ata[1]) zum Weibe genommen und Kinder gezeugt; es waren deren zwei: Tagishi-mimi no Mikoto, sodann Kisu-mimi no Mikoto. Als er jedoch von neuem nach einem schönen Weibe suchte, um sie zur Groß-Kaiserin zu machen, sprach Oho-Kume no Mikoto: „Es gibt hier herum eine schöne Jungfrau, die man das erlauchte Kind einer Gottheit nennt. Der Grund, warum sie das erlauchte Kind einer Gottheit heißt, ist der, daß die Tochter des Mizo-kuhi von Mishima, namens Seya-datara-hime, wegen ihrer Schönheit von Gott Oho-mono-nushi[2]) von Miwa erschaut und geliebt wurde, und dieser sich, während die Jungfrau Kot ließ, in einen rotbestrichenen Pfeil verwandelte und von der zum Kotlassen dienenden Rinne her in die Scham der Jungfrau hineinstieß. Da war die Jungfrau erschrocken, stand auf und lief voll Schrecken davon. Wie sie alsdann den Pfeil herbrachte und neben ihrem Lager niederlegte, wurde dieser plötzlich zu einem schönen Jüngling, der die Jungfrau sogleich zu seinem Weibe machte und mit ihr ein Kind erzeugte, das mit Namen Hoto-tatara I-susugi-hime no Mikoto genannt wurde. Mit einem anderen Namen heißt sie auch Hime-tatara I-suke-yori-hime. *(Dies ist der später veränderte Name, da man die Erwähnung der Hoto*

L.

[1]) Gott unbekannter Abkunft. *Nigi-hayabi* bedeutet vielleicht „Reichlich-rasch“.

[2]) Die Schatzstücke, welche ihn als Abkömmling der Himmelsgötter dartun, und welche die göttliche Gefolgschaft des Großvaters Jimmu's vom Himmel auf die Erde herabgebracht hat (Schwert, Köcher, Bogen, Pfeile). Vgl. Ab. **33**.

[3]) Sonst gewöhnlich *Kashihabara* genannt. In Yamato.

LI.

[1]) Ort in Satsuma, Insel Kyūshū. Auch *Ahira* und *Wobashi* werden von Motowori für Ortsnamen in Satsuma gehalten.

[2]) Wohl identisch mit *Oho-kuni-nushi*. *Miwa* in Yamato.

[Scham] verabscheute). Aus diesem Grunde nennt man sie das erlauchte Kind einer Gottheit.“

Hiernach ergingen sich sieben schöne Mädchen spielend auf dem Takasaji-Gefilde, und unter ihnen befand sich I-suke-yori-hime. Indem nun Oho-kume no Mikoto die I-suke-yori-hime erblickte, sprach er in einem Liede zum himmlischen Souverän und sagte:

„Auf dem Takasaji Gefilde
Von Yamato
Ergehen sich sieben
Jungfrauen —
Welche wohl wird er umschlingen?“

Damals stand I-suke-yori-hime gerade vor den schönen Mädchen. Da erblickte der himmlische Souverän diese Mädchen und wußte in seinem erlauchten Herzen, daß I-suke-yori-hime am weitesten vorn stand, und antwortete in einem Liede mit den Worten:

„Wohl, wohl!
Die am weitesten vorn stehende
Liebliche werde ich umschlingen.“

Als nun Oho-kume no Mikoto die Worte des himmlischen Souveräns der I-suke-yori-hime mitteilte, sang diese voller Erstaunen beim Anblick der geschlitzten scharfen Augen des Oho-kume no Mikoto:

„Ame tsutsu
Chidori mashitoto
Wozu die geschlitzten scharfen Augen?“[3])

Worauf Oho-kume no Mikoto zur Antwort in einem Liede sagte:

„Auf daß dem Mädchen
Ich allsogleich begegne
[Hab ich] meine geschlitzten scharfen Augen.“

Da sagte das Mädchen, daß sie ehrfürchtig dienen wolle.

Nun aber war das Haus der I-suke-yori-hime am Ufer des Sawi Flusses. Der himmlische Souverän begab sich nach der Wohnstätte der I-suke-yori-hime und brachte eine Nacht in erlauchtem Schlaf zu. *(Der Grund, daß man diesen Fluß Sawi-Fluß nannte, lag darin, daß am Ufer dieses Flusses Berg-Lilien-Pflanzen in großer Menge sich befanden. Deshalb nahm man den Namen dieser Berg-Lilien-Pflanzen und benannte damit den Sawi-Fluß. Der ursprüngliche Name der Berg-Lilien-Pflanzen hieß Sawi.)* Später als diese I-suke-yori-hime ins Innere des Palastes hereinkam, sagte der himmlische Souverän in einem erlauchten Liede:

„In einem feuchten Hüttlein
Des Schilfgefildes

---

[3]) Die Bedeutung der beiden ersten Zeilen ist höchst unsicher. Am wahrscheinlichsten sind es vier Vogelnamen, also: Warum hast du solche Augen wie ein Ame (?), ein Himalaya-Kuckuk, ein Regenpfeifer oder eine Ammer?

Die Binsenmatten
Schicht auf Schicht reinlich übeinander breitend
Haben wir beide geschlafen."

Die Namen der nunmehr geborenen erlauchten Kinder waren Hiko-ya-wi no Mikoto, sodann Kamu-ya-wi-mimi no Mikoto, sodann Kamu-nuna-kaha-mimi no Mikoto (*drei Gottheiten*)[4].

[52. Kaiser Jimmu. — Familienzwist nach Kaiser Jimmu's Tode.]

Als nun nach dem Tode des Himmlischen Souveräns der ältere Stiefbruder Tagishi-mimi no Mikoto[1]) die Kaiserin I-suke-yori-hime zum Weibe nahm, beabsichtigte er seine drei jüngeren [Stief-]Brüder zu töten; aber während er dies plante, war deren erlauchte Ahne I-suke-yori-hime in Kümmernis und machte es durch ein Lied ihren erlauchten Kindern kund. Das Lied lautete:

„Vom Sawi-Flusse her
Erheben sich Wolken und breiten sich aus;
Auf dem Unebi-Berg
Haben die Blätter der Bäume geraschelt:
Der Wind schickt sich an zu blasen."

Und wiederum sang sie:

„Auf dem Unebi-Berge
Weilt es als Wolken am Tage;
Wenn der Abend kommt,
Wird sicherlich blasen der Wind:
[Drum] raschelten die Blätter der Bäume."

Als nun ihre erlauchten Kinder es hörten und wußten und in Bestürzung darauf im Begriff standen, den Tagishi-mimi zu töten, sprach Kamu-nuna-kaha-mimi no Mikoto zu seinem älteren Bruder Kamu-ya-wi-mimi no Mikoto: „Du meine liebe Hoheit, nimm eine Waffe, geh hinein und töte den Tagishi-mimi." Als hierauf dieser eine Waffe nahm, hineinging und jenen töten wollte, zitterten ihm Hände und Füße so, daß er ihn nicht töten konnte. Deshalb bat nun sein jüngerer Bruder Kamu-nuna-kaha-mimi no Mikoto die von seinem älteren Bruder gehaltene Waffe nehmen zu dürfen, ging hinein und tötete den Tagishi-mimi. Seinen erlauchten Namen zu lobpreisen, nannte man ihn daher auch Take-nuna-kaha-mimi no Mikoto[2]). Hierauf trat Kamu-ya-wi-mimi no Mikoto zugunsten des jüngeren Bruders Take-nuna-kaha-mimi no Mikoto zurück und sprach: „Ich vermochte den Feind nicht zu töten; deine Hoheit hat es fertig gebracht den Feind zu töten. Obgleich ich der ältere Bruder bin, geziemt es

[4]) Im Original das Zählwort „Pfeiler" für Gottheiten.

LII.

[1]) Sohn des verstorbenen Kaisers Jimmu und der Ahira-hime, wie im Eingang von Ab. 51 berichtet wurde, somit also als Stiefsohn der I-suke-yori-hime und Stiefbruder von deren drei Söhnen. Ahne bedeutet hier, wie mehrmals im folgenden, Mutter.

[2]) Der erste Bestandteil seines Namens *Kamu* „göttlich" wurde durch *Take* „tapfer" ersetzt.

mir daher nicht der Obere zu sein. Daher soll deine Hoheit der Obere sein und die Welt regieren. Meine Wenigkeit wird deiner Hoheit Beistand leisten, ein Priester[3]) werden und dir ehrfürchtig dienen.“

Abschnitt 53 zählt die Familien und Stämme auf, welche sich von Hiko-ya-wi no Mikoto und Kamu-ya-wi-mimi no Mikoto als Ahnherren herleiten; Abschnitt 54 schließt die Geschichte des ersten japanischen Kaisers Kamu-yamato-ihare-biko mit der Bemerkung ab, daß er 137 Jahre alt geworden sei, und daß seine Grabstätte auf dem Kashi-no-wo auf der Nordseite des Unebi Berges liege.

Abschnitt 55 bis 62 machen lediglich genealogische Angaben, Verzeichnisse der Geschlechter, welche sich vom zweiten bis neunten Kaiser ableiten. Die posthumen Namen dieser Kaiser sind Suizei, Annei, Itoku, Kōshō, Kōan, Kōrei, Kōgen, Kaikwa; sie sollen nach der hergebrachten Chronologie von 581 bis 98 vor Chr. regiert haben. Auch das Nihongi bringt nichts von Belang über sie.

Von den nächsten sechs Kaisern, welche im zweiten Buche des Kojiki noch behandelt werden, finden fünf eingehendere Beachtung; neben genealogischen Aufzählungen, Berichten über Kriegstaten, Hofintriguen, Liebesaffären usw. werden vor allem Mythen und Sagen beigebracht und Vorgänge erzählt, welche auf die religiösen Vorstellungen und Gebräuche des japanischen Altertums Licht werfen. Diese 6 Kaiser sind:

Kaiser	Sujin,	reg. angeblich	97—32 vor Chr.;	Abschnitt	63—68
„	Suinin,	„ „	31 vor Chr. bis 70 nach Chr.;	Abschnitt	69—75
„	Keikō,	„ „	71—130 nach Chr.;	Abschnitt	76—93
„	Seimu,	„ „	131—190 „ „	„	94 (nur Genealogie)
„	Chūai,	„ „	191—200 „ „	„	95—103
„	Ōjin,	„ „	201—310 „ „	„	104—118.

Die Ära des Kaisers Ōjin schließt die Regierung seiner Mutter, der durch ihren Feldzug nach Korea bekannten Jingō-kōgu, ein. Sie regierte von 201 bis 269, und das Nihongi widmet ihr ein besonderes Buch (Buch 9). Die Abschnitte über Kaiser Keikō beschäftigen sich fast ausschließlich mit den Taten des größten japanischen Sagenhelden Wo-usu no Mikoto, gewöhnlich Yamato-takeru „Japanheld“ genannt, eines jüngeren Sohnes des Kaisers.

Das dritte und kürzeste Buch des Kojiki umfaßt die Ären des 16. bis 32. Herrschers; aber nur zwei von ihnen, Nintoku und Yūryaku, werden eingehender behandelt, fünf andere ziemlich knapp, der Rest wird ganz kursorisch abgetan. An religionsgeschichtlichem Material enthalten diese Abschnitte fast gar nichts mehr. Der gegen Ende dieser Zeit neueingeführte Buddhismus wird mit keiner Silbe erwähnt. Das Kojiki versagt also mit Eintritt der eigentlich historischen Zeit fast gänzlich und kommt nunmehr neben dem Nihongi als Quelle auch für den Shintō als urjapanischen Volksreligion kaum mehr in Betracht.

Die im dritten Buche des Kojiki behandelten Herrscher sind:

Kaiser	Nintoku,	reg. 311—399;	Abschnitt	119—130
„	Richū,	„ 400—405;	„	131—135
„	Hanzei,	„ 406—411;	„	136
„	Ingyō,	„ 412—453;	„	137—143
„	Ankō,	„ 454—456;	„	144—149

[3]) *Ihahi-hito,* von *ihafu* „die Götter verehren“ und *hito* „Mensch“. *Ihafu* ist mit *imu* „meiden, Unreines meiden“ stammverwandt; vom letzteren Verb ist der Name des Priestergeschlechts der *Imube* (auch *Imibe* und *Imbe*) abgeleitet.

Kaiser	Yūryaku,	reg.	457—479;	Abschnitt	150—162
„	Seinei,	„	480—484;	„	163—166
„	Kenzō,	„	485—487;	„	167—170
„	Ninken,	„	488—498;	„	171
„	Buretsu,	„	499—506;	„	172
„	Keitai,	„	507—531;	„	173
„	Ankan,	„	534—535;	„	174
„	Senkwa,	„	536—539;	„	175
„	Kimmei,	„	540—571;	„	176
„	Bidatsu,	„	572—585;	„	177
„	Yōmei,	„	586—587;	„	178
„	Sushun,	„	588—592;	„	179
„	Suiko,	„	593—628;	„	180.

[Aus Abschnitt 60, Kaiser Kōrei. — Weihkrüge als Opferspenden.]

[Zwei Söhne des Kaisers Kōrei] die beiden Gottheiten[1]) Oho-kibi-tsu-hiko no Mikoto und Waka-take-kibi-tsu-hiko no Mikoto stellten miteinander Weihekrüge[2]) vor den Fluß Hi im [Lande] Harima hin, und Harima als Ausgangspunkt nehmend unterwarfen und beruhigten sie das Land Kibi.

[Aus Abschnitt 63, Kaiser Sujin. — Kaiserliche Prinzessin als Vestalin in Ise.]

[Die eine der fünf Töchter des Kaisers] Toyo-suki-hime no Mikoto *verrichtete die Kulthandlungen im Schrein der Großen Gottheit zu Ise*[1]). [Ihr Bruder] Yamato-hiko no Mikoto — *zur Zeit [des Begräbnisses] dieses Prinzen wurde zum ersten Mal an seiner Grabstätte eine Menschenhecke errichtet*[2]).

LX.

[1]) Wörtlich „Pfeiler", als Zählwort für Gottheiten. Diese ehrfurchtsvolle Bezeichnung für die Abkömmlinge der Götter findet sich noch an vielen anderen Stellen.

[2]) Die *ihahi-be*, aus Ton gefertigt, enthielten den heiligen Reiswein, der den Göttern als Opfergabe dargebracht wurde, um ihre Hilfe zu erflehen. Der untere Teil der Krüge wurde in die Erde gegraben. Vgl. Manyōshū 3, 132 in dem Kultgedicht der Ohotomo no Saka-no-uhe no Iratsume: „Die erhabene Gottheit — — — bete ich an und flehe ich an, indem ich an die Äste des Sakaki-Baumes aus den tiefsten Bergen die Yufu-Tuchstücke mit daran angebrachten weißen Papierstreifen befestige, die Weihekrüge weihe und auf den Boden (lit. grabend) stelle — — — und wie Wildschweine auf gebogenen Knieen mich niederwerfe — — —."

LXIII.

[1]) Sie wurde Hohepriesterin im Schrein der Sonnengöttin in Yamada im Lande Ise. Bei der Thronbesteigung eines jeden Kaisers wurde eine unverheiratete Prinzessin aus dem kaiserlichen Hause zu diesem Dienst erkoren. Nach dreijähriger Vorbereitungszeit, während welcher sie sich einer Reihe von Reinigungszeremonien zu unterziehen hatte, trat sie den Dienst in Ise an und wohnte dort im Kultpalast. War keine ledige kaiserliche Prinzessin vorhanden, so wurde eine andere Prinzessin durch Divination zur „Kultprinzessin" bestimmt. Der Ise-Schrein wurde unter dem nächstfolgenden Kaiser Suinin, dem Bruder der Toyo-suki-hime, für die Göttin Ama-terasu gebaut.

[2]) Genaueres über das Lebendigbegraben der Dienstmannen eines Herrn bei dessen Begräbnis ersehe man in der Parallelstelle im Nihongi, 28. Jahr des Kaisers Suinin. Das Nihongi hat offenbar recht, wenn es diese barbarische Sitte im Gegensatz zum Kojiki als eine alte bezeichnet.

[64. Kaiser Sujin. — Einhalt einer gottgesandten Seuche durch Oho-tata-neko.]

Im erlauchten Zeitalter dieses himmlischen Souveräns brach eine große Seuche aus, und das Volk starb, daß es fast ausgetilgt wurde. Der himmlische Souverän war darüber sehr bekümmert, und in der Nacht, als er auf seinem göttlichen Lager lag, offenbarte sich ihm im erlauchten Traume der große Gott Oho-mono-nushi[1]) und sprach: „Dies ist mein Tun. Wenn du mir nunmehr durch Oho-tata-neko in Andacht dienen lassen wirst, so wird der göttliche Geist nicht [länger] erregt sein[2]), und das Volk wird zu Ruhe und Frieden gelangen.“ Als daher Eilboten nach den vier Himmelsrichtungen ausgesandt wurden, um nach dem Oho-tata-neko genannten Manne zu forschen, bekam man diesen Mann in dem Dorfe Minu in Kafuchi zu Gesicht und bot ihn dem Hofe dar. Da geruhte der himmlische Souverän ihn zu fragen: „Wessen Kind bist du?“ Er antwortete und sprach: „Dein Knecht ist Oho-taka-neko, ein Kind von Take-mika-dzuchi[3]) no Mikoto, des Kindes von Ihi-gata-sumi no Mikoto, des Kindes von Kushi-mi-gata no Mikoto, des Kindes des großen Gottes Oho-mono-nushi gezeugt mit seinem Weibe Iku-tama-yori-bime, der Tochter von Suwe-tsu-mimi no Mikoto.“ Der himmlische Souverän war nun höchlich erfreut und befahl, daß das Reich ruhig sei und das Volk gedeihe, und ernannte weiterhin den Oho-tata-neko no Mikoto zum Götterherrn[4]), um auf dem Berge Mimoro die große Gottheit von Miwa[5]) zu verehren und anzubeten. Wiederum befahl er den Ikaga-shiko-wo no Mikoto himmlische achtzig flache Näpfe zu verfertigen[6]) und ließ in Ehrfurcht die Schreine der Himmelsgötter und Erdengötter bestimmen, ließ die Gottheit von Sumisaka in Uda mit einem rotfarbigen Schild und Speer verehren, und die Gottheit von Ohosaka mit einem schwarzfarbigen[7]) Schild und Speer; und ließ ferner allen Göttern der erlauchten Hänge der Berge und allen Göttern der Flußläufe, ohne einen auszulassen, Mitegura[8]) darbringen. Infolgedessen hörte der Seuchengeist vollständig auf und das Reich erlangte Ruhe und Frieden.

[65. Kaiser Sujin. — Wie Oho-tata-neko göttlich gezeugt wurde.]

Der Grund, warum dieser Oho-tata-neko genannte Mann als Kind einer Gottheit bekannt ist, war, daß die oben genannte Iku-tama-yori-bime (Lebens-Juwel-gute Prinzessin) eine schöne Erscheinung hatte, und daß hierauf ein

LXIV.

[1]) Vgl. Ab. 51.

[2]) Der Gott, welcher die Seuche verursacht hat, wird nicht länger zürnen.

[3]) Vgl. Ab. 8 und Nihongi, Kap. 4.

[4]) *Kamu-nushi,* jetzt *Kannushi,* der amtierende Priester eines Shintoschreins.

[5]) d. i. *Oho-mono-nushi,* alias *Oho-kuni-nushi.* Der in einem alten Hain gelegene Schrein dieses Gottes zu Miwa ist einer der ältesten und heiligsten Tempel Japans. Er galt für so heilig, daß der Ausdruck *Oho-gami* „die große Gottheit“ gemeinhin auf den Gott von Miwa bezogen wurde, wenn nicht ein anderer Gottesname damit verbunden war.

[6]) Aus Ton, für Opfergaben.

[7]) Ob den Farben rot und schwarz eine besondere Bedeutung beizumessen sei, ist nicht bekannt.

[8]) Opfergaben für die Götter, aus Hanf- oder Maulbeerrindenzeug.

göttlicher Jüngling, der ihre schöne Erscheinung für ohne Gleichen in der Welt hielt, um Mitternacht plötzlich [zu ihr] kam. Sie liebten sich und verweilten ehelich mit einander, und nach kurzer Weile wurde die Schöne schwanger. Da waren ihre Eltern über ihr Schwangerwerden erstaunt und fragten ihre Tochter: „Du bist ganz von selbst schwanger geworden, ohne daß du einen Mann hast. Wie kommt es, daß du schwanger bist?“ Sie antwortete: „Ich bin ganz natürlicher Weise schwanger geworden, indem ein schöner Jüngling, dessen Namen ich nicht kenne, jede Nacht zu mir kommt und bei mir verweilt.“ Da nun ihre Eltern den Mann zu kennen wünschten, unterwiesen sie ihre Tochter mit den Worten: „Streue vor dem Bettlager roten Lehm umher, stecke eine Strähne Hanf durch eine Nadel und stich sie in den Saum seines Gewandes ein.“ Als sie hierauf, wie unterwiesen, getan hatte, und man am folgenden Morgen nachsah, da war der durch die Nadel gesteckte Hanffaden durch das Loch des Türhakens hindurch nach außen gezogen, und es waren nur noch drei Windungen (*mi-wa*) von dem Faden zurückgeblieben. Da sie nun den Umstand wußten, daß er durch das Loch des Türhakens hinausgegangen war, und dem Faden folgend auf die Suche gingen, [sahen sie, daß dieser] nach dem Berge Miwa hinging und im Tempel der Gottheit aufhörte. Hieraus erkannten sie, daß [das gezeugte Kind, Oho-tata-neko] das Kind der betreffenden Gottheit sei. Daher, weil von dem Faden drei Windungen (*mi-wa*) zurückgeblieben waren, nannte man diesen Ort Miwa. — Dieser erwähnte Oho-tata-neko no Mikoto ist der Ahn der Kimi von Miwa und der von Kamo.

[Aus Abschnitt 66, Kaiser Sujin.][1])

[Der Kaiser schickte Oho-hiko no Mikoto, einen Sohn des früheren Kaisers Kōgen, auf eine Expedition nach Koshi im Norden des Reiches. Bei seinem Aufbruch gab ihm ein Mädchen in einem Lied, das sie sang, warnende Andeutungen von verräterischen Anschlägen gegen das Leben des Kaisers.] Oho-hiko no Mikoto wunderte sich darüber, wandte sein Pferd zurück und fragte das junge Mädchen, indem er sprach: „Die Rede, die du sprichst, was für eine Rede ist das?“ Das junge Mädchen antwortete und sprach: „Ich habe nichts geredet. Ich habe bloß ein Lied gesungen.“ Hierauf verschwand sie, ohne daß man sehen konnte wohin[2]). Zufolge dessen kehrte Oho-hiko no Mikoto wieder zurück und berichtete den Vorfall dem himmlischen Suverän, der ihm antwortete und den Auftrag erteilte: „Dies scheint mir ein Zeichen zu sein, daß mein Halbbruder Prinz Take-hani-yasu, der im Lande Yamashiro wohnt, schmutzige Gesinnung hegt. Mein Onkel, bringe ein Heer zusammen und marschiere [gegen ihn]!“ Als man ihn hierauf abschickte, indem ihm Hiko-kuni-baku no Mikoto, der Ahnherr der Wani[3]) no Omi beigesellt wurde, stellten sie Weihkrüge[4]) auf dem Wani Paß hin und marschierten ab.

LXVI.

[1]) Vgl. Nihongi, Kaiser Sujin, 10. Jahr.

[2]) Es war somit eine göttliche Erscheinung.

[3]) Ort in der Provinz Yamato. [4]) Vgl. Ab. 60.

[Aus Abschnitt 69, Kaiser Suinin. — Opfergaben. Vestalin in Ise.]

[Das eine von den sechzehn Kindern des Kaisers, sein Sohn] Inishiki no Iri-biko no Mikoto — — — wohnte in dem Kahakami Palaste zu Totori [im Lande Idzumi] und ließ tausend Quer-Schwerter verfertigen und überreichte dieselben dem Tempel der Gottheit von Iso-no-kami [im Lande Yamato][1]. — — [Die kaiserliche Tochter] Yamato-hime no Mikoto *verrichtete die Kulthandlungen im Schrein der Großen Gottheit zu Ise.*

[Aus Abschnitt 70, Kaiser Suinin[1] — Traum als Omen.]

[Suinin's Gemahlin Saho-hime no Mikoto wurde von ihrem älteren Bruder angestiftet, mit einem Dolche, den er ihr gab, den Kaiser im Schlafe zu ermorden]. Der himmlische Suverän, der von dem Anschlag nichts wußte, hielt erlauchten Schlaf, indem er die erlauchten Knie der Kaiserin zum Kopfkissen genommen hatte. Da versuchte die Kaiserin den erlauchten Hals des himmlischen Suveräns mit dem Dolche zu stechen, erhob ihn dreimal, vermochte aber vor Gefühl der Trauer den Hals nicht zu stechen und weinte Tränen, die auf das erlauchte Gesicht fallend überflossen. Da fuhr der himmlische Suverän erstaunt auf und fragte die Kaiserin, indem er sprach: „Ich habe einen seltsamen Traum gehabt: aus der Himmelsrichtung von Saho kam ein heftiger Regenschauer und näßte plötzlich mein Gesicht; ferner schlang sich eine brokatfarbene kleine Schlange um meinen Hals. Von was mag ein solcher Traum das ominöse Anzeichen sein[2]?“

[72. Kaiser Suinin. — Der stumme Prinz Homuji-wake.]

Die Art und Weise, wie man das erlauchte Kind[1]) leitete und ergötzte, bestand darin, daß man aus einer zweigabligen Zeder aus Ahi-tsu-in Wohari einen zweigabligen Kahn[2]) machte, ihn heraufbrachte und auf dem Ichishi Teich und Karu Teich in Yamato schwimmen ließ und so das erlauchte Kind leitete

---

LXIX.

[1]) Vgl. Nihongi, Kaiser Suinin, 39. Jahr. Das Querschwert ist das gewöhnliche, quer getragene Schwert (*tachi*).

LXX.

[1]) Vgl. Nihongi, Kaiser Suinin, 4. und 5. Jahr.

[2]) Die Kaiserin bekennt hierauf den Anschlag. In der ausführlicheren Nihongi-Version sagt sie dabei: „Der heutige Traum muß daher die Wirkung dieser [meiner Absichten] sein. Die kleine brokatfarbene Schlange ist nichts anderes als der mir gegebene Dolch, und der plötzlich entstandene große Regenschauer ist nichts anderes als deiner Sklavin Tränen.“ Sie legt also den Traum des Kaisers selber aus.

LXXII.

[1]) Prinz *Homuji-wake* oder *Homutsu-wake* (so im Nihongi), der Sohn Suinin's mit der oben genannten Saho-hime. Das Nihongi läßt ihn 30 Jahre alt sein, mit einem acht Handbreiten langen Bart, wie ein Kind weinen, aber nicht sprechen. Man vergleiche das Ab. 12 von *Susanowo* Gesagte. Das Nihongi, 23. Jahr des Suinin, hat die Geschichte bloß bis zum Fang des Schwans, der dort im Lande geschieht durch einen gewissen *Ama no Yukaha Tana*.

[2]) Wohl einen Doppelkahn, durch Aushöhlen des gabligen Stammes.

und ergötzte. Aber obgleich dieses erlauchte Kind einen acht Handbreiten langen Bart hatte, der bis vor das Herz reichte, konnte es kein Wort sprechen. Nun war es gerade, als es die Stimme eines hoch dahinfliegenden Schwanes hörte, daß es zuerst Laute hervorbrachte. Da sandte [der Kaiser] den Yamanobe no Ohotaka, um den Vogel zu fangen. In der Verfolgung des Schwans gelangte nun dieser vom Lande Ki ins Land Harima, und weiter in der Verfolgung durchquerte er das Land Inaba und gelangte dann in das Land Taniha und das Land Tajima; in der Runde nach Osten hin verfolgend gelangte er in das Land Afumi und durchquerte dann das Land Minu; und am Land Wohari vorübergehend verfolgte er ihn in das Land Shinanu, und zuletzt gelangte er in das Land Koshi und am Wassertor von Wanami spannte er ein Netz aus, fing den Vogel, brachte ihn [nach der Hauptstadt) herauf und überreichte ihn dem Kaiser. Aus diesem Grunde heißt jenes Wassertor das Wassertor von Wanami[3]). Man hatte geglaubt, [das Kind] würde sprechen, wenn es den Vogel wieder sähe; aber es sprach nicht, wie man geglaubt hatte.

Da geruhte der himmlische Suverän traurig zu sein und schlief erlaucht ein, als er in einem erlauchten Traum eine Weisung empfing, welche besagte: „Wenn du meinen Tempel so wie des himmlischen Suveräns erlauchtes Wohnhaus bauest, so wird das erlauchte Kind sicherlich sprechen." Als er so unterwiesen worden war, divinierte er mit der großen Divination, um zu erfahren welcher Gottheit Sinn dies sei. Der Fluch[4]) erwies sich als von der Großen Gottheit von Idzumo[5]) ausgehend. Als er nun im Begriff stand das erlauchte Kind hinzusenden, um im Tempel der Großen Gottheit Andacht zu verrichten, ließ er divinieren, wen er ihm beigesellen solle. Die Divination traf auf den Prinzen Ake-tatsu. Daher ließ er den Prinzen Ake-tatsu mit einem Schwure sagen: „Wenn es hinsichtlich der Verehrung dieser Großen Gottheit wahrlich ein Zeichen gibt, so soll der auf dem Baum beim Sagi-su[6])-Teiche wohnende Reiher durch meinen Schwur herabfallen!" Als er so sprach, fiel durch den Schwur der Reiher auf die Erde herab und war tot. Wiederum als er durch Schwur aussprach: „lebe!", wurde er wieder lebendig. Ferner machte er, daß eine am Vorsprung Amakashi[7]) befindliche breitblättrige Bären-Eiche[8]) durch seinen Schwur verdorrte und wieder durch seinen Schwur zu Leben gelangte. Darauf verlieh [der Kaiser] dem Prinzen Ake-tatsu den Namen Prinz Yamato-oyu Shikitomi Toyo-asakura Ake-tatsu. Als man danach die beiden Prinzen Ake-tatsu

[3]) *Wanami* wird als *wana-ami* „Schlinge (Falle) -Netz" erklärt, was eine besondere Netzart gewesen sein soll. Wassertor = Flußmündung.

[4]) *tatari,* Fluch oder böser Einfluß, von einer Gottheit oder einem Totengeist ausgehend. Jedes Übel, so auch die Stummheit, geht auf ein *tatari* zurück. Vgl. auch NORITO 25.

[5]) *Oho-kuni-nushi,* über dessen Abdankung zugunsten des Sonnenenkels Ab. 32 berichtet.

[6]) Reiher-Nest; in der Provinz Yamato.

[7]) Süß-Eiche. Nach Motowori in der Provinz Yamato gelegen, also kein Kap an der See.

[8]) „Bär" ist nur epitheton ornans.

und Prinz Unakami als Begleiter des erlauchten Kindes schickte, wurde durch Divination bestimmt, daß sie beim Ausgang aus dem Nara-Tor[9]) Lahme und Blinde antreffen würden[10]); daß sie vom Ohosaka[11])-Tor aus ebenfalls Lahme und Blinde antreffen würden; daß nur das Ki-Tor, ein Seitentor[12]), ein glückliches Tor sei. Als sie sich nun fort auf den Weg machten, setzten sie an jedem Orte, an den sie gelangten, einen Homuji Be[13]) ein. Als sie in Idzumo angelangt waren und die Verehrung der Großen Gottheit beendigt hatten und [nach der Hauptstadt] hinauf zurückkehrten, machten sie inmitten des Flusses Hi[14]) eine schwarze Flechtbrücke[15]) und boten ehrfürchtig einen provisorischen Palast zum Wohnen [des erlauchten Kindes] an[16]). Als dann der Ahnherr der Kuni-no-miyatsuko von Idzumo, mit Namen Kihisa-tsu-mi, einen künstlichen Grünblätterberg gemacht hatte und in den Unterlauf des Flusses stellte und im Begriff war, die große erlauchte Speise darzubieten, redete das erlauchte Kind und sprach: „Was im Unterlauf des Flusses einem grünblättrigen Berge gleicht, sieht aus wie ein Berg, ist aber kein Berg. Vielleicht ist es der große Hof der Hafuri[17]), welche die im Tempel von So zu Ihakuma in Idzumo wohnende Große Gottheit Ashihara Shiko-wo[18]) verehren?“ So geruhte er zu fragen. Wie nun die ihm zur erlauchten Gefolgschaft geschickten Prinzen mit Freude hörten und mit Freude sahen [daß der Fluch beseitigt war], ließen sie das erlauchte Kind im Palaste Nagaho zu Ajimasa residieren und schickten Eilboten hinauf [zum Kaiser]. Hierauf nahm das erlauchte Kind eine Nacht die Hinaga-hime zum Weibe. Als er jedoch nach dem schönen Mädchen verstohlen spähte, war es eine Schlange[19]). Kaum sah er dies, als er erschrocken davonfloh. Da

[9]) Das nach der Richtung von Nara hin gelegene Tor der Residenz.

[10]) Böse Omina für Wanderer.

[11]) „Großer Hügel oder Paß“; an der Grenzscheide der Provinzen Yamato und Kawachi gelegen.

[12]) Das nach der Provinz Ki (Kii) führende Tor ist für die Reise nach Idzumo ein Seitentor, d. h. nicht das übliche Ausgangstor, weil die Provinz Ki südlich von Yamato, Idzumo aber nordwestlich liegt. Trotzdem wird der Umweg gemacht, weil der Divinator gerade diese Richtung als die glückliche bezeichnet hat. Noch heute lassen die meisten Leute bei Wohnungswechsel durch Divination bestimmen, nach welcher Himmelsrichtung sie ausziehen sollen.

[13]) Volksgruppen (*Be*), zunftartige Organisationen, denen der Name des Prinzen verliehen wurde.

[14]) Vgl. Ab. 18 (Susanowo's Abenteuer).

[15]) *Kurogi su-bashi*, eine Brücke aus schwarzen Ästen, d. h. Ästen mit der Rinde geflochten, eine primitive Brückenart, die auch jetzt noch in entlegenen Gegenden vorkommt.

[16]) Man hat sich die Wohnung entweder als Pfahlbau oder als auf einer Flußinsel errichtet zu denken.

[17]) „Aufwartende“, eine niedrigere Klasse von Shintō-Priestern, unter den *Kannushi* stehend. Der „große Hof“ *oho-niha* ist der Tempelvorhof, wo die heiligen *Sakaki* Bäume aufgestellt werden.

[18]) Der „häßliche Mann des Schilfgefildes“, einer der vielen Namen des Gottes *Oko-kuni-nushi*. Die hier genannten Namen der Tempelstätte sind unbekannt. Der Haupttempel des Gottes ist der berühmte *Oho-yashiro* in *Kidzuki* (Idzumo).

[19]) Zur Verwandlung von Schlangengeistern in schöne Mädchen vgl. in meiner japan. Literaturgeschichte Seite 515f. die Geschichte von der Lüsternen Schlange.

war Hinaga-hime ärgerlich und erleuchtete das Seegefilde und kam in einem Schiff zur Verfolgung[20]. Über den Anblick immer mehr erschrocken, zogen [die Verfolgten] das erlauchte Schiff quer über die Senkungen der Berge und begaben sich fliehend hinauf [nach der Hauptstadt]. Hierauf erstatteten sie Bericht mit den Worten: „Da infolge der Verehrung der Großen Gottheit das große erlauchte Kind die Sprache erlangt hat, sind wir heraufgekommen.“ Der himmlische Suverän war daher voller Freude und schickte sodann den Prinzen Unakami zurück mit dem Auftrag einen Tempel der Gottheit zu bauen.

[74. Kaiser Suinin. — Tajima-mori bringt Orangen aus dem Land der Ewigkeit.]

Der himmlische Suverän schickte den Ahnherrn der Miyake no Muraji, Namens Tajima-mori, nach dem Lande der Ewigkeit[1], um die Früchte des ewigen duftenden Baumes zu holen. Demnach gelangte Tajima-mori endlich in jenes Land, pflückte die Früchte jenes Baumes und brachte von Keulenbärlapp acht Keulenbärlapp, und von Speeren acht Speere[2]. Inzwischen aber war der himmlische Suverän bereits gestorben. Hierauf teilte Tajima-mori von den Keulenbärlapp vier Keulenbärlapp und von den Speeren vier Speere ab und überreichte sie der Großkaiserin, und von den Keulenbärlapp vier Keulenbärlapp und von den Speeren vier Speere überreichte und stellte er (als Opfergabe) an die Tür des erlauchten Grabmals[3] des himmlichen Suveräns, und indem er die Früchte dieses Baumes aufschichtete, wehklagte und weinte er mit den Worten: „Mit den Früchten des ewigen duftenden Baumes des Landes der Ewigkeit bin ich heraufgekommen zu dienen.“ Schließlich wehklagte und weinte er sich zu Tode. Diese Frucht des ewigen duftenden Baumes ist die jetzige Orange[4].

---

[20]) Die Provinz Idzumo liegt am Japanischen Meer. Die danach erwähnte Fahrt über die Berge stimmt aber wenig in diesen Zusammenhang.

LXXIV.

[1]) *Toko-yo no Kuni;* vgl. Ab. 27. In der Parallelstelle im Nihongi, im Jahr nach dem 99. Jahr, dem Todesjahr, Suinin's gibt *Tajima-mori* in seinem Klagelied davon folgende Beschreibung: „Auf Befehl des Kaiserlichen Hofes ging ich weit weg in ein entferntes Land. Zehntausend Meilen durchfuhr ich die Wogen, fern kam ich über das schwache Wasser. Das Land der Ewigkeit ist kein andres als das geheimnisvolle Reich der Götter und Genien, wohin gewöhnliche Sterbliche nicht gelangen können. Daher sind auf die Hin- und Rückfahrt zehn Jahre von selbst vergangen.“ Im Nihongi nennt sich *Tajima-mori* einen Sohn des Königs von *Silla* in Korea. Aston bemerkt dazu, daß das *Tokoyo no Kuni* aber kaum Korea gewesen sein kann, weil dort zur Zeit wenig, oder keine Orangen wachsen, und daß es wahrscheinlicher China gewesen sei.

[2]) Diese dunklen Ausdrücke sucht Motowori dahin zu erklären, daß Keulenbärlapp-Orangen die Orangen seien, wie sie an den Zweigen inmitten der Blätter wachsen, dagegen Speer-Orangen solche, welche an den Zweigen hängen, von denen man die Blätter abgestreift hat. Das Nihongi hat dafür die Ausdrücke „acht Stöcke und acht Bündel“.

[3]) *Misasagi,* ein Tumulus mit Steinkammer. Suinin war drei Monate vor der Rückkunft Tajima-mori's in einem Misasagi zu Fushimi in Sugahara beigesetzt worden.

[4]) *Tachibana.*

[Aus Ab. 76, Kaiser Keikō.]

Wo-usu[1]) no Mikoto unterwarf die ungestümen Gottheiten[2]) und ebenso die widerspenstigen Menschen im Osten und Westen.

[Aus Ab. 80, Kaiser Keikō. — Beruhigung von feindlichen Gottheiten.]

Als [Yamato-takeru no Mikoto] nach diesen Taten nach der Hauptstadt hinauf zurückkehrte, unterwarf und beruhigte er die Berggottheiten, die Flußgottheiten und die Gottheiten von Anado[1]) sämtlich, und begab sich so nach der Hauptstadt.

[82. Kaiser Keikō. — Yamato-takeru erhält Hülfe von der Vestalin in Ise.]

Hierauf erteilte wiederum der himmlische Suverän an Yamato-takeru no Mikoto den dringenden Befehl: „Unterwirf und beruhige die ungestümen Götter sowie auch die widerspenstigen Menschen auf den zwölf Wegen[1]) des Ostens," und indem er ihm den Ahnherrn der Kibi no Omi, Namens Mi-suki-tomo-mimi-take-hiko, beigesellte, schenkte er ihm einen acht Armspannweiten [langen] Speer aus Hihiragiholz[2]). Als daher [Yamato-takeru] den Befehl erhalten hatte und sich auf den Weg machte, begab er sich in den Tempel der Großen erlauchten Gottheit von Ise hinein, verehrte den erlauchten Hof der Gottheit und sprach dann zu seiner Tante Yamato-hime[3]) no Mikoto: „Gewiß wohl denkt der himmlische Suverän darauf, daß ich bald sterben soll; denn kaum bin ich wieder in die Hauptstadt hinauf zurückgekehrt, nachdem er mich die bösen Menschen der Westgegend niederzuschlagen ausgeschickt hatte, als er mich jetzt wieder, ohne mir Kriegsleute zu geben, ausschickt, um die bösen Menschen auf den zwölf Wegen der Ostgegend zu beruhigen. Aus diesem Grunde denke ich, daß er gewiß darauf denkt, ich solle bald sterben." Als er bekümmert und weinend aufbrach, gab ihm Yamato-hime no Mikoto das Grasmähe-Schwert[4]),

---

LXXVI.

[1]) „Klein-Mörser." In Ab. 80 erhält er von einem Kumaso-Helden, den er erschlägt, den Ehrennamen *Yamato-takeru no Mikoto* „Der Held von Yamato". Er ist ein Sohn des Kaisers *Keikō*.

[2]) Der Ausdruck kommt in den nächsten Abschnitten wiederholt vor.

LXXX.

[1]) „*Ana*-Tor" oder „Loch-Tor", die Meerenge von *Shimonoseki*. Eine Überlieferung, die Motowori zitiert, erzählt, die Hauptinsel habe ursprünglich dort mit der Insel Kyūshū zusammengehangen, aber es sei ein tunnelartiges Loch dagewesen, wohindurch Boote fahren konnten.

LXXXII.

[1]) Etwa „Ländergebiete". Der ganze Osten und Nordosten Japans ist hier zu verstehen.

[2]) Osmanthus aquifolium.

[3]) Ab. 69 wurde ihre Einsetzung als kaiserliche Vestalin in Ise berichtet, nach dem Nihongi im Jahre 5 vor Chr.; der Besuch *Yamato-takeru*'s bei ihr findet nach derselben Quelle im Jahre 110 nach Chr. statt.

[4]) Das magische Schwert, welches *Susanowo* im Schwanze der achtgabligen Schlange in Idzumo fand. Vgl. Ab. 18.

auch gab sie ihm einen erlauchten Beutel[5]), und sprach: „Wenn eine Gefahr eintritt, so binde die Öffnung dieses Beutels auf!“

[83. Kaiser Keikō. — Yamato-takeru tötet die Herren von Sagamu].

Als er nunmehr das Land Wohari erreichte, ging er in das Haus der Miyazu-hime, der Ahnin der Kuni-no-miyatsuko von Wohari. Obgleich er nun die Absicht hegte, sie zu seinem Weibe zu machen, dachte er wiederum, er wolle sie zur Zeit seiner Rückkehr nach der Hauptstadt zu seinem Weibe machen, gab ihr das Heiratsgelöbnis, begab sich in die östlichen Länder und unterwarf und beruhigte die ungestümen Gottheiten der Berge und der Flüsse und die widerspenstigen Menschen alle samt und sonders. Als er nunmehr ins Land Sagamu gelangte, sprach der Miyatsuko dieses Landes gleißnerisch zu ihm: „In der Mitte dieses Gefildes gibt es einen großen Sumpf, und die inmitten dieses Sumpfes wohnende Gottheit ist eine überaus ungestüme Gottheit.“ Hierauf trat [Yamato-takeru] auf jenes Gefilde ein, um diese Gottheit zu sehen. Da steckte der Miyatsuko dieses Landes das Gefilde in Brand. Nun erkannte [Yamato-takeru], daß er von jenem betrogen worden war, band die Öffnung des Beutels auf, den ihm seine Tante Yamato-hime no Mikoto gegeben hatte, und sah, daß darinnen ein Feuerzeug enthalten war. Hierauf mähte er zuerst mit dem erlauchten Schwerte das Gras weg, schlug aus dem Feuerzeug Feuer heraus, zündete ein Gegenfeuer an, trieb durch Brand [das andere Feuer] zurück, kehrte wieder [aus dem Gefilde] heraus zurück, tötete und vernichtete samt und sonders die Miyatsuko dieses Landes[1]) und zündete dann Feuer an und verbrannte sie. Aus diesem Grunde nennt man jetzt [diese Stätte] Yaki-dzu „Brenn-Hafen“.

[84. Kaiser Keikō. — Yamato-takeru's Gemahlin beruhigt die stürmischen Wogen.]

Als er von da weiter [ins Ostland] hineinging, und über das Meer von Hashiri-midzu[1]) setzte, türmte die Gottheit der Übergangsstraße die Wogen auf und stieß das Schiff umher, daß es nicht vorwärts und hinüber konnte. Da sprach Yamato-takeru's Gemahlin[2]), welche Oto-tachibana-hime no Mikoto hieß, zu ihm: „Ich will anstatt des erlauchten Kindes[3]) in das Meer hinein eintreten. Das erlauchte Kind muß die ihm anvertrauten Staatsobliegenheiten er-

---

[5]) Mit einem Feuerzeuge, *hi-uchi* „Feuer-Schläger“, darin. Vgl. den folgenden Ab.

LXXXIII.

[1]) d. h. die ganze Sippe des Miyatsuko von Sagamu (jetzt Sagami).

LXXXIV.

[1]) „Lauf-Wasser“. Im Nihongi bekommt die Straße diesen Namen erst auf Grund der hier erzählten Geschichte. Die Bucht von *Yedo* (Tōkyō) ist gemeint.

[2]) Im Kojiki *kisaki* „Königin, Kaiserin“, ein übertriebener Ausdruck. Das Nihongi nennt sie eine Nebenfrau im Gefolge Yamato-takeru's.

[3]) Statt Deiner.

ledigen und muß Bericht darüber erstatten.“ Wie sie im Begriff stand, in das Meer einzugehen, breitete sie acht Schichten Binsenmatten, acht Schichten Fellmatten und acht Schichten Seidenmatten auf die Wogen und setzte sich darauf nieder. Hierauf beruhigten sich die stürmischen Wogen von selbst, und das erlauchte Schiff konnte weiterfahren. Da sang die Gemahlin im Liede:

„Ach weh, du mein Herr, [nach dem ich] fragte,
Stehend inmitten der Flammen
Des brennenden Feuers
Auf dem Gefildchen von Sagamu,
Wo der treffliche Gipfel [des Fuji] ragt.“

Sieben Tage danach trieb der erlauchte Kamm der Gemahlin an das Meeresgestade an, und man nahm diesen Kamm, machte ein erlauchtes Grabmal und legte ihn darin nieder.

[85. Kaiser Keikō. — Yamato-takeru erschlägt die Gottheit des Ashigara Passes.]

Als er von da [weiter ins Land] eindringend alle die ungestümen Yemishi[1]) unterworfen und ferner die ungestümen Gottheiten der Berge und Flüsse beruhigt hatte und im Begriff stand nach der Heimat zurückzukehren, gelangte er an den Fuß des Ashigara-Passes[2]) und war gerade dabei, seine erlauchten Speisen zu essen, als die Gottheit dieses Passes in einen weißen Hirsch verwandelt herbeikam und dastand. Als er nun mit einem Ende des von seiner Speise übriggebliebenen Knoblauchs ihn erwartete und schlug, wurde [der Hirsch] ins Auge getroffen und starb von dem Schlage. Demnach stieg er hinauf und stand auf dem Paß, seufzte drei Mal und sprach die Worte: „Adzuma ha ya (o wehe, mein Weib)!“ Infolge dessen nennt man dieses Land Adzuma[3]).

[Aus Ab. 87, Kaiser Keikō. — Unterwerfung feindlicher Gottheiten.]

Nachdem [Yamato-takeru] aus diesem Lande [des Ostens] in das Land Shinanu hinübergegangen war und die Gottheit des Shinanu Passes[1]) unterworfen hatte, kam er in das Land Wohari zurück, und ging im Hause der Miyazu-hime zu wohnen, der er vorher das Heiratsgelöbnis gegeben hatte. — — — Nachdem er ihr beigeschlafen hatte, legte er im Hause der Miyazu-hime sein erlauchtes Schwert, das Grasmähe-Schwert, nieder und brach auf, um die Gottheit des Ibuki-Berges[2]) zu ergreifen.

LXXXV.

[1]) Die Ainu, welche jetzt noch in *Yezo* (Hokkaidō) und Sachalin wohnen, früher aber über den größten Teil Japans verbreitet saßen und von den Japanern vernichtet, nach Norden verdrängt oder in ihr Volkstum verschmolzen wurden.

[2]) Bergpaß zwischen den Provinzen Sagami und Suruga.

[3]) Natürlich eine Volksetymologie. *Adzuma* ist noch jetzt der Name für Ostjapan.

LXXXVII.

[1]) Paß zwischen den Provinzen Shinanu (Shinano) und Mino.

[2]) An der Grenze der Provinzen Afumi (Ōmi) und Mino.

[88. Kaiser Keikō. — Yamato-takeru und die Gottheit des Ibuki-Berges.]

Hierauf sprach er: „Die Gottheit dieses Berges will ich bloß mit leerer Hand ergreifen[1])". Und als er den Berg hinaufstieg, traf er auf dem Hang des Berges einen weißen Eber, der so groß war wie ein Ochs. Da erhob er die Rede und sprach: „Dies in einen weißen Eber verwandelte Wesen ist ein Bote jener Gottheit. Wenn ich ihn auch jetzt gleich nicht töte, so werde ich ihn doch bei meiner Rückkehr töten." Damit stieg er hinauf. Da ließ [die Gottheit des Berges] großen Eisregen fallen und schlug und verwirrte damit den Yamato-takeru no Mikoto. *Dieses in einen weissen Eber verwandelte Wesen war nicht der Bote jener Gottheit, sondern muss jene Gottheit selbstleiblich gewesen sein. Wegen der Erhebung der Rede wurde er verwirrt*[2]). Als er demnach wieder hinunterstieg, an die Quelle von Tama-kura-be gelangte und ausruhte, wurde sein erlauchtes Herz einigermaßen wieder munter. Daher nennt man jene Quelle die Wi-same-Quelle[3]).

[90. Kaiser Keikō. — Yamato-takeru verwandelt sich in einen weißen Vogel.]

[Als sie durch den aus Ise gesandten Boten von dem Tode Yamato-takeru's gehört hatten], gingen seine Gemahlinnen und ebenfalls seine erlauchten Kinder, die in Yamato wohnten, sämtlich hinab [in das Land Ise] und errichteten ein Misasagi. Indem sie sodann auf den rings [um das Misasagi] herumliegenden Reisfeldern hin und her krochen, machten sie weinend ein Lied, welches lautete:

„In den Reisstoppeln
Der ringsherumliegenden Reisfelder,
In den Reisstoppeln
Kriechen hin und her
Die Tokoro-dzura"[1]).

LXXXVIII.

[1]) Ohne Waffen. Daß er das Wunderschwert „Grasmäher" bei Miyazu-hime zurückließ, wurde ihm, wie der Fortgang der Erzählung zeigt, zum Schaden, und er verfiel dem bösen Einfluß der Gottheit, die ihn mit Hagelschlag betäubte. Er erholt sich nicht wieder vollständig und stirbt auf der Heimkehr unterwegs auf dem Nobo Gefilde in Ise. Das Lied, das er (Ab. 89) unmittelbar vor seinem Tode singt: „Das scharfschneidige Schwert, das ich neben dem Lager der Maid hingelegt habe, ach über dieses Schwert!" drückt offenbar sein Bedauern darüber aus, daß er sich zur Unzeit des magischen Schutzes dieses Schwertes begeben hat.

[2]) Weil er in seiner Rede gedroht hatte, auf dem Rückweg den Eber, der die Gottheit selber war, zu töten, wurde er von der Gottheit behext. Siehe Genaueres in der Parallelstelle des NIHONGI, Keikō 40. Jahr, wo die Gottheit übrigens nicht als Eber, sondern als Riesenschlange erscheint.

[3]) *Wi-same* „weilend munter werden", also die Quelle Qui si sana.

XC.

[1]) Schlingpflanzen, Dioscorea quinqueloba, die auf Reisfeldern wachsen, und mit deren Schlingungen das Hinundhergehen der Trauernden um das Misasagi verglichen wird.

Hierauf verwandelte sich [der tote Yamato-takeru] in einen acht Armspannen [großen] weißen Vogel[2]), schwang sich zum Himmel empor und flog in der Richtung nach dem Strande davon. Darauf verfolgten ihn seine Gemahlinnen und seine erlauchten Kinder jammernd, des Schmerzes vergessend, ob sie gleich sich auf den Mäh-Stoppeln des Bambusgrases die Füße zerrissen. Damals sangen sie mit den Worten:

„Auf der Heide von kurzem Bambusgras
Sind unsre Lenden beschwerdet;
Nicht durch den Luftraum gehen wir [wie du],
Zu Fuß, ach! gehen wir."

Wiederum zur Zeit als sie [bei der Verfolgung des Vogels] in die Salzsee hineingingen und unter Beschwerden dahingingen, sangen sie mit den Worten:

„Da wir in der See-Stätte dahingehen
Sind unsere Lenden beschwerdet;
Wie die in einem großen Flußbett
Wachsenden Pflanzen [in der Flußströmung schwanken],
So schwanken wir in der See-Stätte."

Und wiederum zur Zeit als er dahinflog und am Meeresufer sich setzte, sangen sie mit den Worten:

„Der Regenpfeifer des Strandes
Geht nicht am Strande dahin,
Am Meeresufer [über den Wellen][3]) gleitet er entlang."

Diese vier Gesänge wurden alle bei seinem erlauchten Begräbnis gesungen. Darum werden bis zur Jetztzeit diese Gesänge beim großen erlauchten Begräbnis eines himmlischen Souveräns gesungen.[4])

Demnach flog [der Vogel] von diesem Lande [Ise] hinweg und rastete zu Shiki im Lande Kafuchi. Daher errichteten sie an diesem Orte ein Misasagi und brachten ihn da zur Ruhe. Dieses Misasagi nannte man nun das Misasagi des Weißen Vogels. Trotzdem schwang sich [der Vogel] von diesem Orte wieder empor zum Himmel und flog weg.

[Aus Ab. 95, Kaiser Chūai. — Muttermal als Omen.]

Ferner nahm [der Kaiser Chūai] zum Weibe die Okinaga-Tarashi-hime[1]) no Mikoto. Diese Großkaiserin gebar erlauchte Kinder: Homu-ya-wake no Mikoto,

[2]) *Shira-tori* oder *shiro-chidori* „weißer Regenpfeifer".

[3]) *Hama* „Strand" ist hier als Landstreifen am Meere, *iso* „Meeresufer" als Wasserstreifen am Gestade verstanden. Diesen Unterschied macht man jetzt nicht mehr zwischen den beiden Wörtern.

[4]) Auch in der Folgezeit hat sich diese Sitte erhalten. Bei der Leichenfeier für den 1912 verstorbenen Kaiser *Meiji-tennō* zu Aoyama in Tōkyō wurden die obigen vier Gesänge von den Hofmusikanten mit altertümlicher Instrumentenbegleitung im Chor gesungen, und die traurig wehklagenden Weisen machten einen tiefen Eindruck auf die Zuhörer.

XCV.

[1]) Die später als Jingō-kōgu berühmte Kaiserin. Das Nihongi behandelt sie im Buch 9 als besonderen Souverän, während das Kojiki, welchem der offizielle Gebrauch hier folgt, ihre Regierung als einen Teil der Regierung ihres Sohnes Ōjin betrachtet.

sodann Oho-tomo-wake[2]) no Mikoto, der mit anderem Namen auch Homuda-wake[3]) no Mikoto heißt. Der Grund warum dieser Thronfolger[4]) den erlauchten Namen Oho-tomo-wake no Mikoto erhielt, war folgender: zuerst als er geboren wurde, war an seinem erlauchten Arme ein einem Prallpolster (Tomo) ähnlicher Fleischwuchs. Aus diesem Grunde legte man ihm diesen erlauchten Namen bei. Daher regierte er von seinem Verweilen im Mutterleibe her das Land[5]).

[96. **Kaiser Chūai. — Göttliche Verkündung des Besitzes von Korea.**]

Diese Großkaiserin Okinaga-Tarashi-hime no Mikoto war zu dieser Zeit von Gottheiten besessen[1]). Als daher der himmlische Souverän im Kashihi Palaste in Tsukushi residierte und im Begriff stand das Land der Kumaso[2]) zu unterwerfen, spielte der himmlische Souverän auf seiner erlauchten Koto[3]), und der Groß-Omi[4]) Take-uchi no Sukune, der sich im Reinen Hofe[5]) befand, fragte nach den göttlichen Befehlen[6]). Hierauf beauftragte ihn die Großkaiserin von den Gottheiten besessen folgendermaßen mit Unterweisung und Rat: „In der westlichen Gegend gibt es ein Land, und in diesem Lande gibt es in Menge allerhand in die Augen glänzende Schätze, allen voran Gold und Silber. Ich will jetzt dir dieses Land verleihen.“ Da antwortete der himmlische Souverän und sprach: „Wenn man einen hohen Ort besteigt und nach der westlichen Gegend blickt, so sieht man kein Land. Nur das große Meer ist da vorhanden.“ Und [zu sich selber] sagend: „Es sind lügnerische Gottheiten“, stieß er seine erlauchte Koto beiseite, spielte nicht[7]) und saß schweigend da. Da gerieten jene Gottheiten in großen Zorn und sprachen: „Überhaupt ist dieses Reich nicht ein Land, das du regieren solltest. Was dich anbelangt, begib dich hin auf den einen Weg“[8])! Hierauf sprach der Groß-Omi Take-uchi no Sukune: „Ich hege Furcht, mein großer Herrscher. Geruhe noch weiter die große erlauchte

---

[2]) Groß-Prallpolster-Herr. Das *Tomo* „Prallpolster“ aus Leder wurde am linken Vorderarm als Schutz gegen das Anprallen der Bogensehne getragen.

[3]) Herr von Homuda (Ortsname). Das Nihongi hat aber Anfang Buch 10 die Bemerkung: „Im frühesten Altertum wurde das *Tomo* gemeiniglich *Homuda* genannt“.

[4]) Er ist nämlich der spätere Kaiser Ōjin.

[5]) Das *Tomo* wird von Bogenschützen, also Kriegern, getragen. Daher galt das einem Tomo ähnliche Muttermal als Omen seiner künftigen kriegerischen Eigenschaften. Er ist ja auch als Kriegsgott *Hachiman* deifiziert.

XCVI.

[1]) Es sind, wie später erwähnt wird, vier Gottheiten, von denen sie besessen war.

[2]) In Ohosumi, auf der Insel Kyūshū.

[3]) Die japanische Laute oder Harfe, mit bis zu 13 Saiten.

[4]) Das Haupt aller *Omi* Familien, dem Ministerpräsidenten späterer Zeiten entsprechend.

[5]) Tempelhof, wo die zu verehrende oder zu befragende Gottheit herabgerufen wird.

[6]) Der durch den Mund der Kaiserin sprechenden Gottheiten.

[7]) Das *Koto*-Spiel scheint hier Teil der Kulthandlung zu sein. Die *Koto* gehört zu den Musikinstrumenten für die gottesdienstliche Musik in den Shintotempeln.

[8]) d. h. in den Hades; der Weg der Toten in die Unterwelt. Vgl. Ab. 32 den Ausdruck „die achtzig Wegwindungen“, der in gleichem Sinne gebraucht ist.

Koto zu spielen!“ Da zog er allmählich seine erlauchte Koto an sich heran und spielte ganz matt darauf. Da, kaum ein kleines Weilchen danach, wurden die Töne der erlauchten Koto unhörbar. Wie man nun ein Feuer in die Höhe hob und nachsah, war er verschieden.

[97. Kaiser Chūai. — Vorbereitungen für die Eroberung Koreas.]

Hierauf setzten sie ihn erstaunt und furchterfüllt in einen provisorischen Begräbnis-Palast[1]), nahmen wiederum die großen Opfergaben[2]) des Landes, suchten die mannigfachen Arten der Sünden hervor, als da sind: Das Rückwärtsschinden [von Tieren] bei lebendigem Leibe, das Durchbrechen von Reisfelddämmen, das Verstopfen der Wasser zuleitenden Gräben der Reisfelder, das Lassen von Exkrementen [an heiligen Orten], Blutschande zwischen Eltern und Kindern, Unzucht mit Pferden, Unzucht mit Rindern, Unzucht mit Vögeln, Unzucht mit Hunden[3]), und vollzogen die Große Reinigung des Landes, worauf Take-uchi no Sukune, wieder im Reinen Hofe weilend[4]), den Befehl der Gottheiten erflehte. Hierauf war die Art und Weise ihrer Unterweisung und Ermahnung genau so wie an dem früheren Tage: „Überhaupt, dieses Land ist ein Land, welches das in deiner Hoheit[5]) erlauchtem Mutterleibe befindliche Kind regieren soll.“ Hierauf sprach Take-uchi no Sukune: „In Furcht, meine großen Gottheiten! Das erlauchte Kind, das sich im Mutterleibe dieser Gottheit befindet, was für ein Kind ist es?“ „Es ist ein männliches Kind“, war die Antwort. Hierauf fragte er genau: „Ich möchte den erlauchten Namen der großen Gottheiten wissen, welche soeben auf solche Weise Unterweisung gegeben haben.“ Die Antwort lautete: „Es ist das erlauchte Tun[6]) der Ama-terasu Oho-mi-kami, ferner auch der drei großen Gottheiten Soko-tsutsu no Wo, Naka-tsutsu no Wo und Uha-tsutsu no Wo[7]). *(Zu dieser Zeit wurden die erlauchten Namen der drei großen Gottheiten offenbart)*[8]). Wenn du nun in Wahrheit gedenkst dieses Land zu suchen, so überreiche den himmlischen Gottheiten und irdischen Gott-

---

XCVII.

[1]) *Araki no miya,* ein Haus, wo die Leiche so lange beigesetzt wird, bis das endgültige Begräbnis stattfindet.

[2]) *Oho-nusa,* Opfergaben in Zeug bestehend, die von den Leuten des Landes Chikuzen (Tsukushi), wo der Kaiser residiert hatte, geliefert wurden. Sie wurden für die Reinigungszeremonie eingefordert, fanden also Verwendung als *harahi-tsu-mono.* Bei „große Reinigung des Landes“ ist aber wohl ganz Japan zu verstehen. Man könnte in beiden Fällen auch durch den Plural „Länder“ (Provinzen) übersetzen.

[3]) Diese und noch einige andere Sünden werden im Ritual der Großen Reinigung aufgezählt. Mit dem Aussuchen ist die Ermittelung solcher Übeltäter gemeint; sie sollen gereinigt und so eine Entsühnung des Landes vorgenommen werden, damit der Zorn der Götter, der sich im Schicksale des Kaisers gezeigt hatte, besänftigt werde.

[4]) d. i. nach japanischer Weise am Boden kauernd.

[5]) Die Gottheiten, welche durch den Mund der Kaiserin sprechen, reden hier auch diese selber an, so daß sie eigentlich sich selber anredet.

[6]) Wörtlich „Herz“ (*kokoro*), wie schon vorher in den analogen Fällen.

[7]) Gottheiten der Bai von *Sumi, Sumi-no-ye.* Ihre Geburt bei der Reinigung Izanagis nach seiner Rückkehr aus der Unterwelt wurde Ab. 10 berichtet.

[8]) Eine überflüssige und wohl spät interpolierte Glosse.

heiten, und auch den Gottheiten der Berge und allen Gottheiten der Flüsse und des Meeres einem jeden von ihnen Mitegura, setze unsre erlauchten Seelen auf das Schiff, tue die Asche vom Maki Baum[9]) in Kürbisse[10]), mache eine Menge Eßstäbchen und flache Näpfe[11]), und verstreue alles und laß es auf dem großen Meere schwimmen, auf daß du übersetzen könnest."

Als [sie] daher genau der Unterweisung und Ermahnung entsprach, ein Heer ausrüstete, die Schiffe in Reihen stellte und hinüberfuhr, setzte sie über, indem die Fische des Meergefildes, sowohl die großen als die kleinen, sämtlich das erlauchte Schiff[12]) auf ihren Rücken trugen. Dazu blies kräftig ein günstiger Wind, und das erlauchte Schiff ging mit den Wellen dahin.

[98. Kaiser Chūai. — Die Kaiserin Jingō erobert Korea.]

Die [Flut-] Welle [welche durch die Kraft] des erlauchten Schiffes [verursacht wurde], drängte sich in das Land Shiragi[1]) hinauf und reichte bis mitten in das Land hinein. Hierauf sprach der Häuptling[2]) dieses Landes erschrocken und zitternd [zu der Kaiserin]: „Von jetzt an in alle Zukunft will ich den Befehlen des himmlischen Souveräns gehorchen, seine erlauchten Rosse füttern, jedes Jahr Schiffe in Bereitschaft stellen und niemals die Bäuche der Schiffe trocken werden lassen oder die Stangen und Ruder trocken werden lassen, und will ehrfürchtig Dienste leisten ohne Unterlaß solange Himmel und Erde dauern." Daher wurde infolgedessen das Land Shiragi zum Fütterer der erlauchten Rosse eingesetzt, und das Land Kudara[3]) wurde zum Überfahrts-Miyake[4]) eingesetzt. Hierauf stach [die Kaiserin] ihren erlauchten Stab am Tore des Häuptlings des Landes Shiragi ein, machte dann die Rauhen erlauchten Geister[5]) der Großen Gottheiten von Sumi-no-ye[6]) zu den Schutzgöttern des Landes, verehrte und beruhigte sie[7]) und schiffte wieder in die Heimat zurück.

---

[9]) Podocarpus chinensis. Es könnte auch die Chamaecyparis obtusa gemeint sein; oder *maki* ist überhaupt gar nicht der bestimmte Baum Maki, sondern das Kompositum *ma-ki* „trefflicher Baum", d. i. heiliger Baum.

[10]) Der Flaschenkürbis, jetzt *hyōtan,* ist gemeint.

[11]) Aus Eichenblättern, zum Auflegen von Speisen. [12]) Das Schiff der Kaiserin.

XCVIII.

[1]) Der japanisierte Name des koreanischen Königreichs *Silla,* sinojap. *Shinra*; ehemaliger Staat im Südosten Koreas, nördlich von dem kleinen Staate *Mimana* oder *Kara* (kor. *Imna*). Vgl. die Kartenskizze der Halbinsel Korea in Rein's Japan, Bd. I, S. 246.

[2]) Die japanische Lesung hat das altkoreanische Wort *konikishi* „König", in der chinesischen Schreibung ist aber in der Absicht, den Rang des Fürsten herabzusetzen, das Zeichen für „Häuptling" statt für „König" gebraucht.

[3]) Der japanische Name unbekannten Ursprungs für das im Südwesten gelegene koreanische Königreich Pèkché, sinojapanisch Hyaku-sai.

[4]) *Miyake,* kaiserliche Speicher zur Aufbewahrung von Reisvorräten, besonders zur Verpflegung der Truppen (*mi* „erlaucht", *yake* „Haus").

[5]) Über den *ara-mi-tama* „rauhen erlauchten Geist" und *nigi-mi-tama* „sanften erlauchten Geist" bei Göttern und Menschen vgl. das Nihongi I, Kap. 7 Gesagte.

[6]) Die im vorigen Abschnitt genannten drei Meergottheiten.

[7]) Im Nihongi verlangen die drei Götter, daß ihre *Ara-mi-tama* im Dorfe Yamada

Als nun diese Verwaltungsangelegenheiten noch nicht zu Ende gebracht waren, war das im Mutterleibe befindliche Kind der Geburt nahe[8]). Um daher ihren erlauchten Leib zu beruhigen, nahm sie einen Stein, wickelte ihn auf dem Lendenstück ihres erlauchten Unterkleids [quer über den Leib], und das Kind wurde [erst] geboren, nachdem sie nach dem Lande Tsukushi hinübergefahren war. Daher wurde der Ort, wo sie das erlauchte Kind gebar, Umi[9]) genannt. Ferner befindet sich der Stein, den sie um ihr erlauchtes Untergewand wickelte, im Dorfe Ito[10]) im Lande Tsukushi.

[Aus Ab. 100, Kaiser Chūai. — Jagd auf Omina.]

Als danach Okinaga-Tarashi-hime no Mikoto nach Yamato hinauf zurückkehrte, richtete sie aus Zweifel an den Gesinnungen der Leute ein Trauer-Schiff[1]) her, setzte das erlauchte Kind in dieses Trauer-Schiff und ließ das Gerede aussprengen, daß das erlauchte Kind gestorben sei. Als sie sich nun so hinaufbegab und [ihre Stiefsöhne] Prinz Kagosaka und Prinz Oshikuma davon hörten, gedachten diese ihr aufzulauern und sie zu packen, begaben sich hinaus auf das Gefilde von Toga[2]) und jagten nach einem Omen[3]). Da stieg Prinz Kagosaka auf einen Eichenbaum. Da kam ein großer zorniger Eber zum Vorschein, grub den Eichbaum aus und fraß den Prinzen Kagosaka[4]).

[101. Kaiser Chūai. — Der Thronfolger wechselt mit der grossen Gottheit Izasa-wake den Namen aus.]

Als nun Take-uchi no Sukune no Mikoto den Thronfolger mit sich nahm, um die Misogi- [Reinigungszeremonie][1]) zu vollziehen, und durch die Länder

---

in Anato verehrt würden. Es wird ihnen demgemäß ein Schrein daselbst errichtet und ein Kultherr für sie eingesetzt.

[8]) Das Nihongi erwähnt dies *vor* der Expedition nach Korea, und läßt die Kaiserin bei Anlegung des Steins beten: „Laßt meine Entbindung in diesem Lande (Japan) stattfinden an dem Tage, wo ich nach Beendigung unseres Unternehmens hierher zurückkehre.“ Die Anlegung des Steins wird für einen Tag des 9. Monats des Jahres 200 nach Chr. erwähnt, die Geburt für den 14. Tag des 12. Monats angegeben.

[9]) „Gebären.“ Nach dem Nihongi hieß der Ort vorher *Kada*.

[10]) „Am Wege im Distrikt Ito“ (Nihongi). Aston bemerkt dazu: Die Tradition erwähnt zwei weiße eiförmige Steine, über einen Fuß lang, als die bei dieser Gelegenheit gebrauchten. Sie wurden später gestohlen.

C.

[1]) Ein Schiff mit einem Sarge.

[2]) In der Provinz Settsu. Es heißt auch das *Yume-nu* „Traumfeld“.

[3]) *Ukehi-gari* „Omen-Jagd“, Jagd nach glücklichen oder unglücklichen Vorzeichen für das Gelingen der beabsichtigten Tat.

[4]) Trotz dieses bösen Omens ließ sich sein jüngerer Bruder auf den Anschlag gegen die Kaiserin ein und fand dabei seinen Untergang.

CI.

[1]) Reinigung mit Wasser, wie Izanagi nach seiner Rückkehr aus der Unterwelt. Die weite Reise zu diesem Zweck deutet darauf, daß es sich um Sühnung einer schweren Verunreinigung handelt.

Afumi und Wakasa zog, baute er einen provisorischen Palast in Tsunuga[2]) am Mund des Weges nach Koshi für ihn zur Wohnung. Da erschien die an diesem Platze wohnende Hoheit, die Große Gottheit Izasa-wake in nächtlichem Traume[3]) und sprach: „Ich wünsche meinen Namen mit dem erlauchten Namen des erlauchten Kindes zu vertauschen.“ Da betete [der Träumende] und sprach: „In Ehrfurcht, dem Befehle gemäß werde ich ehrfürchtig tauschen.“ Wiederum befahl jene Gottheit: „Morgen früh soll [der Thronfolger] sich an den Strand begeben. Ich werde für den Namenstausch meinen Dank abstatten.“ Als daher [der Thronfolger] am Morgen sich nach dem Strande begab, lagen das ganze Ufer entlang Delphin-Fische mit zerbrochenen Nasen[4]). Hierauf ließ das erlauchte Kind der Gottheit [durch Take-uchi no Sukune] mitteilen und sprach: „Mir verleihst du Fisch von [deiner] erlauchten Speise.“ Daher nannte man auch seinen erlauchten Namen lobpreisender Weise Mi-ke tsu Oho-kami „die Große Gottheit der erlauchten Speise“. Daher nennt man ihn in der Jetztzeit Ke-hi[5]) no Oho-kami. Ferner war das Blut der Nasen der Delphin-Fische stinkend. Deshalb nannte man diesen Strand Chi-ura „Blut-Ufer“. Jetzt heißt er Tsunuga.

[114. Kaiser Ōjin. — Ama no Hi-boko kommt nach Japan herüber.]

Vor alten Zeiten war einmal ein Kind des Häuptlings des Landes Shiragi, Namens Ama no Hi-boko[1]). Dieser Mensch kam herüber nach hier[2]). Der Grund, warum er hier herüber kam, war folgender: Im Lande Shiragi gab es einen Sumpf, genannt der Agu-Sumpf. Am Ufer dieses Sumpfes hielt ein gewisses armes Mädchen einen Mittagsschlaf. Da schienen die Sonnenstrahlen wie ein Regenbogen in ihre Scheide hinein. Wiederum war da ein gewisser armer Mann, der sich über diese Erscheinung wunderte und fortwährend das Benehmen dieses Weibes beobachtete. Da nun dieses Weib seit der Zeit dieses Mittagsschlafes schwanger geworden war, gebar sie ein rotes Juwel. Hierauf bat sie jener arme Mann, der sie beobachtet hatte, das Juwel nehmen zu dürfen, und trug es beständig eingewickelt an seinen Lenden. Da dieser Mann in einem Gebirgstale Reisfelder kultivierte, hatte er Nahrungsmittel für die Feldarbeiter auf ein Rind geladen und war in die Mitte des Gebirgstales eingetreten, als er dem Sohn des Landeshäuptlings, dem Ama no Hi-boko, begegnete, der diesen Mann mit

---

[2]) In der Provinz Etchizen, die zu dem weiten *Koshi* Gebiete gehörte. *Tsunu-ga* bedeutet wahrscheinlich „gehörnter Hirsch“, wie das Nihongi angibt.

[3]) Wem von beiden, wird nicht gesagt. Motowori entscheidet für Take-uchi no Sukune.

[4]) Die Delphine waren von der Gottheit gefangen worden, indem sie ihnen die Nasen mit einer Harpune durchstieß.

[5]) *Ke* „Speise“; *hi* ist zweifelhaft, aber wahrscheinlich dasselbe Element wie *bi* in *musubi*, etwa „wunderbar“.

CXIV.

[1]) „Des Himmels Sonnen-Speer“; im Kogoshūi mit Zeichen geschrieben, welche „Fischers Lebensbaum-Speer“ bedeuten. Der Name ist japanisch, nicht koreanisch.

[2]) Nach Japan. Man vergleiche im Nihongi, Kaiser Suinin 2. Jahr, die Geschichte von *Tsunoga Arashito*.

der Frage anredete: „Warum hast du die Nahrungsmittel auf das Rind geladen und bist in das Bergtal hereingekommen? Du wirst sicherlich dieses Rind töten und essen.“ Hierauf ergriff er den Mann und war im Begriff ihn ins Gefängnis zu stecken, als der Mann antwortete und sprach: „Ich will das Rind nicht töten. Ich bringe bloß den Feldarbeitern Nahrung.“ Da jedoch [der Häuptlingssohn] ihn immer noch nicht loslassen wollte, löste jener das Juwel an seinen Lenden los und bestach damit den Sohn des Landeshäuptlings. Darauf ließ dieser den armen Mann los, nahm das Juwel mit [nach Hause] und legte es neben sein Bettlager. Da verwandelte es sich in ein schönes Mädchen, das er heiratete und zu seiner Hauptfrau machte. Hierauf bereitete dieses Mädchen stets allerlei Leckerbissen und gab sie immer und immer ihrem Gatten zu essen. Weil nun aber dieser Landeshäuptlingssohn in seinem Herzen hochmütig wurde und die Frau [oft] schalt, sprach die Frau zu ihm: „Ich bin überhaupt nicht so eine Frau, welche dein Eheweib werden sollte. Ich werde in das Land meiner Ahnen gehen.“ Verstohlen stieg sie in ein kleines Schiff, floh hierher herüber und blieb in Naniha. *(Dies ist die Akaru-hime genannte Gottheit, welche im Hime-goso Schrein zu Naniha*[3]*) wohnt.)* Als hierauf Ama no Hi-boko hörte, daß seine Frau geflohen sei, kam er alsbald auf der Verfolgung hierher herüber, aber gerade als er im Begriff war Naniha zu erreichen, verhinderte ihn die Gottheit jener Überfahrtsstätte[4]) am Eintritt. Deshalb kehrte er wieder um und landete im Lande Tajima.

[115. Kaiser Ōjin. — Ama no Hi-boko's Nachkommen und die von ihm mitgebrachten Schätze.]

Sonach blieb er in diesem Lande und heiratete eine Tochter von Tajima[1]) no Matawo, Namens Saki-tsu-mi, und das von ihr geborene Kind war Tajima Morosuke. Das Kind von diesem nun war Tajima Hine. Das Kind von diesem war Tajima Hinaraki. Die Kinder von diesem waren Tajima Mori, sodann Tajima Hitaka, sodann Kiyo-hito *(drei Gottheiten)*. Dieser Kiyo-hito heiratete Tagima[2]) no Mehi, und die von ihr geborenen Kinder waren Suka no Morowo, sodann dessen jüngere Schwester Suga-kama Yuradomi. Nächstdem heiratete der oben genannte Tajima Hitaka seine Nichte Yuradomi, und das von ihr geborene Kind war Kadzuraki no Taka-nuka-hime no Mikoto. *(Diese war die erlauchte Ahnin von Okinaga Tarashi-hime no Mikoto)*[3]). Die Dinge nun, welche Ama no Hi-boko von drüben hierher herübergebracht hatte, und welche die

---

[3]) Ort an der Mündung des Yodo Flusses, wo das heutige Ōsaka liegt. *Akaru-hime* „Leuchtende Prinzessin“, auch *Shita-teru-hime* (vgl. Nihongi II, Kap. 1) „Unten scheinende Prinzessin“ genannt. Ein *Hime-goso* Schrein liegt im Distrikt Higashi-nari der Provinz Settsu.

[4]) d. i. die Wassergottheit jener Meeresgegend.

CXV.

[1]) Provinzname.

[2]) Ortsname, wahrscheinlich in der Provinz Yamato.

[3]) Jingō-kōgū. „Ahnin“ bedeutet hier „Mutter“, wie oft im archaischen Japanisch.

Juwelen-Schätze genannt wurden, waren: zwei Juwelenschnuren[4]: ferner eine Wellen-Errege-Binde, eine Wellen-Abschneide-Binde, eine Wind-Errege-Binde, eine Wind-Abschneide-Binde[5]; ferner ein Tiefsee-Spiegel und ein Ufer-Spiegel[6]; im ganzen acht Gegenstände[7]. *(Diese sind die achtfältige Große Gottheit von Idzushi)*[8].

[116. Kaiser Ōjin. — Die Wette der göttlichen Brüder. Magische Kraft der Verfluchung.]

Nun hatte diese Gottheit eine Tochter Namens Idzushi-wotome[1] no Kami. Nun wünschten achtzig Gottheiten diese Idzushi-wotome [zum Weibe] zu erhalten, aber keine von ihnen konnte sie bekommen. Da waren zwei Gottheiten, von denen der ältere Bruder Aki-yama no Shita-bi-wotoko[2] hieß, während der jüngere Bruder Haru-yama no Kasumi-wotoko[3] hieß. Nun sprach der ältere Bruder zu dem jüngeren Bruder: „Obgleich ich um die Idzushi-wotome bitte[4], kann ich sie nicht zum Weibe bekommen. Wirst du diese Jungfrau erlangen können?“ Er antwortete und sprach: „Ich werde sie leicht erlangen.“ Darauf sagte der ältere Bruder: „Wenn du diese Jungfrau wirklich erlangst, so will ich mein Ober- und Untergewand ablegen[5], in einem Kruge so groß wie mein Körper Reiswein brauen und ferner sämtliche Dinge der Berge und der Flüsse[6] zubereiten und als Wette bieten.“ Darauf berichtete der jüngere Bruder seiner Mutter ausführlich alles was sein älterer Bruder gesagt hatte. Da nahm seine Mutter Wistarien-Ranken, wob und nähte innerhalb einer einzigen Nacht ein Oberkleid und eine Hose, dazu noch Schuhe und Strümpfe, machte ferner einen Bogen und Pfeile, ließ ihn dieses Oberkleid, die Hose usw. anziehen, ließ ihn

---

[4] Schnuren mit daran aufgefädelten Juwelen, wie schon im mythologischen Teil erwähnt.

[5] „Abschneiden“ = „Stillen“. Man vgl. die Ab. 23 erwähnten Binden (*hire*) zur Abwehr von Schlangen, Wespen und Tausendfüßlern.

[6] Mit diesen Ausdrücken weiß kein Erklärer etwas anzufangen. Das Nihongi erwähnt einen „Sonnenspiegel“.

[7] Das Nihongi, 3. Jahr Suinin, zählt statt dessen sieben Gegenstände auf; in einer Variante noch einen achten, aber in der Mehrzahl sind sie von denen des Kojiki ganz verschieden.

[8] Die acht Gottheiten, welche durch die genannten Gegenstände dargestellt sind, werden als eine höhere Einheit aufgefaßt, ähnlich wie die dreifältige Gottheit von Suminoye. Ein Schrein der Gottheit befand sich nach dem Shiki im Distrikt *Idzushi* der Provinz Tajima. *Idzushi* bedeutet wahrscheinlich „heiliger Stein“.

CXVI.

[1] Mädchen von Idzushi.

[2] „Mann der Glühröte der Herbstberge“, mit Anspielung auf die intensive Rotfärbung des Laubes der Bergwälder im Herbst.

[3] „Mann des Nebeldunstes der Frühlingsberge.“

[4] d. h. mich um sie bewerbe. Nach anderer Auffassung: obgleich ich sie liebe.

[5] Und es dir geben.

[6] Wild und Fische. Man vergleiche die Aufzählungen der Opfergaben in den Norito.

den Bogen und die Pfeile nehmen und schickte ihn in das Haus der Jungfrau. Da verwandelten sich seine Kleider sowie Bogen und Pfeile sämtlich in Wistaria-Blüten. Hierauf hing Haru-yama no Kasumi-wotoko seinen Bogen und seine Pfeile auf dem Abort der Jungfrau auf, und wie dann Idzushi-wotome über die Blüten verwundert diese mitnahm, schritt er hinter der Jungfrau her, ging in ihr Zimmer hinein und heiratete sie. Darauf gebar sie ein Kind. Da berichtete er es seinem älteren Bruder und sagte: „Ich habe die Idzushi-wotome erlangt.“ Hierauf war der ältere Bruder neidisch darüber, daß der jüngere Bruder sie geheiratet hatte und lieferte ihm die verwetteten Sachen nicht aus. Als dann [der jüngere Bruder] sich bei seiner Mutter beklagte, antwortete und sprach die erlauchte Vorfahre: „Während meiner erlauchten Lebenszeit soll man sich ordentlich nach der Weise der Götter richten. Er scheint sich aber nach der Weise des lebenden grünen Menschengrases zu richten, daß er jene Sachen nicht ausliefert.“ Erzürnt über ihren älteren Sohn, nahm sie darauf knotigen Bambus von einer Flußinsel des Idzushi Flusses [in Tajima], fertigte daraus einen achtmaschigen groben Korb [7]), nahm Steine aus dem Fluß, mischte sie mit Salz [8]) und wickelte sie in die Blätter des Bambus ein und ließ [durch den jüngeren Sohn] einen Fluch aussprechen: „Wie diese Bambusblätter grünen und wie diese Bambusblätter verwelken, so grüne du und verwelke du! Wiederum, wie diese Salzflut [8]) flutet und ebbt, so flute und ebbe du! Und wiederum, wie diese Steine untersinken, so sinke du unter und liege darnieder!“ Auf solche Weise ließ sie fluchen und [den Korb] über den Rauch stellen [9]). Daher vertrocknete, verwelkte, siechte und verdorrte [10]) der ältere Bruder während acht Jahren. Als daher nun der ältere Bruder mit Jammern und Weinen seine erlauchte Vorfahre mit Bitten anging, nahm sie den Fluch wieder zurück [11]). Hierauf wurde sein Körper wieder wie in früherer Zeit ruhig [12]). *(Dieses ist der Ursprung der Worte: „Göttliches Wetten“.)*

---

[7]) Korb aus grobem Bambusgeflecht, mit vielen großen Maschen.

[8]) In beiden Fällen dasselbe japanische Wort (*shiwo*), welches sowohl festes Salz als Meerwasser bedeutet.

[9]) d. i. über den Rauchabzug im Dach oberhalb des Küchenherdes (*kamado*), und zwar im Hause des jüngeren Bruders, der den Zauber ausübt.

[10]) Nach Motowori's Emendation: lag darnieder.

[11]) Wörtlich: „sie ließ den Fluchgegenstand retournieren“ (sono tokohi-do wo kahesashimeki), was Motowori wohl richtig so auffaßt, daß der den Zauber ausübende Korb entfernt wurde.

[12]) d. i. gesund.

Buch III.

[128. Kaiser Nintoku. — Omen durch Eierlegen einer Wildgans in Japan.]

Wiederum einstmals, als der himmlische Souverän, im Begriff, ein üppiges Gastmahl abzuhalten, eine Fahrt nach Hime-shima[1]) unternahm, hatte eine Wildgans auf dieser Insel ein Ei gelegt[2]). Da berief er den Take-uchi no Sukune no Mikoto und befragte ihn in einem Lied über das Eierlegen der Wildgans. Das Lied lautete:

„Uchi no Aso!
Du bist fürwahr
Ein hochbetagter Mensch[3]).
Vernahmst du je, daß eine Wildgans Eier legte
Im Lande Yamato?“

Hierauf redete und berichtete Take-uchi no Sukune in einem Liede:

„Der hochscheinenden
Sonne erlauchtes Kind!
Mit Fug und Recht fürwahr
Geruhst du zu fragen,
Mit vollem Recht
Geruhst du zu fragen.
Ich bin führwahr
Ein hochbetagter Mensch,
Doch hört' ich noch niemals
Daß Wildgänse Eier legten
Im Lande Yamato.“

Nachdem er so berichtet hatte, entlieh er die erlauchte Koto [des Souveräns] und sang:

„O du erlauchtes Kind!
Zum Zeichen, daß du schließlich regieren wirst,
Wird die Wildgans das Ei gelegt haben.“[4])

Das ist ein Glückwunschgedicht in Kata-uta-[Form].

CXXVIII.

---

[1]) „Prinzessin Insel“, im Distrikt Nishinari der Provinz Settsu. Die Geburt der Insel wurde Ab. 5 erwähnt.

[2]) Ein außergewöhnlicher und darum als Omen betrachteter Vorfall. Die Wildgänse ziehen gegen Frühlingsanfang nach dem hohen Norden und sollen in Japan, ja sogar auf Yezo, keine Eier legen.

[3]) *Uchi no Aso* „Edler von Uchi“, nach seinem Wohnort im Distrikt Uchi in Yamato so benannt. Nach der Rechnung des Nihongi war er damals über 200 Jahre alt. Die Makura-kotoba (epitheta ornantia) zu *Uchi* und *Yamato* sind bei der Übersetzung ausgelassen worden.

[4]) Der Vorfall wäre diesem Wortlaut nach in die Zeit vor dem Regierungsantritt Nintoku's zu setzen. Das Nihongi hat dieses dritte Lied nicht, und setzt den Vorfall

[Aus Ab. 132, Kaiser Richū. — Oho-nihe Feier.]

Ursprünglich, als der himmlische Suverän im Naniha Palast residierte, und als er beim Oho-nihe[1]) eine üppige Schmauserei abhielt, wurde er von dem großen erlauchten Wein[2]) trunken und schlief groß erlaucht ein. — — Daher begab er sich hinauf und wohnte im Schrein der Gottheit von Iso-no-kami[3]).

[Aus Ab. 133, Kaiser Richū. — Reinigung vor Gottesverehrung.]

— — — — Als [Midzu-ha-wake no Mikoto][1]) hinaufging und in Yamato ankam, sprach er: „Ich will heute hier bleiben, und nachdem ich die Reinigung vollzogen habe, will ich morgen hingehen und den Schrein der Gottheit verehren.

[Aus Ab. 139, Kaiser Ingyō. — Das Heisswasser-Ordal.]

Da nun der himmlische Suverän die Verwirrung bezüglich der Uji und Kabane[1]) bei den Leuten all der Uji und Namen im Reiche bedauerte, stellte er am Wunderbaren Vorsprung der Achtzig Übel der Rede zu Amakashi[2])

---

ins 50. Regierungsjahr Nintoku's (362 nach Chr.). Eine andere Interpretation (von Keichū) will in den Ausdruck „schließlich“ (*tsuhi ni*) die Bedeutung „lange Zeit“ legen, damit die Zeitangabe des Nihongi retten und auf den noch 36 jährigen Zeitraum der Regierung Nintoku's hingedeutet wissen. — *Kata-uta* ist die kürzeste Gedichtform des Altertums, ein Dreizeiler.

CXXXII.

[1]) „Großes Speiseopfer“, das besonders feierliche Reisopferfest, das gewöhnlich im ersten Jahr nach der Thronbesteigung des neuen Souveräns gefeiert wurde, sinojap. *Daijōwe* genannt. Siehe Aston, Shinto, S. 268—277.

[2]) *Mi-ki*, der für das Fest gebraute und auch den Göttern dargebotene heilige Reiswein.

[3]) Sein jüngerer Bruder Sumi-no-ye no Naka-tsu-miko hatte ihm nachgestellt und den Naniha Palast angezündet. Auf der Rückfahrt nach der Residenz nahm der gewarnte Souverän einen Umweg und wohnte im Tempel der schon Ab. 45 erwähnten Gottheit, im Distrikt Yamabe von Yamato.

CXXXIII.

[1]) Ein anderer jüngerer Bruder des Suveräns. Er hatte einen gewissen Sobakari, einen Gefolgsmann Sumi-no-ye Naka-tsu-miko's, angestiftet, seinen Herrn im Abort zu ermorden, dann aber selber den Mörder nach scheinbarer Anerkennung und Ehrung meuchlings getötet. Er vollzieht offenbar die Reinigung (*harahi*), um sich von der Bluttat rein zu waschen, ehe er zur Gottesverehrung im Tempel der Gottheit von Iso-no-kami (vgl. Ab. 45) schreitet.

CXXXIX.

[1]) *Uji* „Familien, Geschlechter“ und ihre Namen (z. B. Nakatomi, Fujiwara, Minamoto, Taira usw. sind *Uji*); *Kabane* „Klassenverband“ (z. B. Omi, Muraji, Atahi, Kimi, Obito, Sukune, Miyatsuko usw.). Im Laufe der Zeit waren die alten Geschlechterordnungen in Verwirrung geraten, wobei von Vielen höhere Ansprüche an Familien- und Geschlechtsverband-Zugehörigkeit gestellt wurden, als ihnen erblich zukam.

[2]) d. h. am Vorsprung *Amakashi*, der wohl aus Anlaß des eben erwähnten Vorgangs mit diesem schwülstigen Namen *Amakashi no Koto Ya-so-maga-tsu-hi* belegt wurde. Zu *Amakashi* vgl. Ab. 72, zu *Ya-so-maga-tsu-hi* Ab. 10 und Nihongi I, Kap. IV (Reinigung des Izanagi).

Heißwasserordal-Krüge[3]) auf und geruhte die Uji und Kabane der Achtzig Tomo-no-wo[4]) zu bestimmen.

[158. — Kaiser Yūryaku. — Sichtbare Erscheinung der grossen Gottheit Hito-koto-nushi von Kadzuraki.]

Wiederum zu einer Zeit, als der himmlische Souverän sich auf den Berg Kadzuraki [in Yamato] hinaufbegab, hatten die Leute der verschiedenen Ämter sämtlich blaugefärbte[1]) Kleider mit roten Bändern daran angezogen, welche sie [vom Souverän] erhalten hatten. Zu dieser Zeit waren da Leute, welche an dem gegenüberliegenden Berghang den Berg hinaufstiegen in derselben Anordnung wie der Zug des himmlischen Souveräns; auch die Art und Weise der Ausrüstung sowie die Leute zeigten eine Ähnlichkeit zum Verwechseln[2]). Da blickte der himmlische Souverän hin und ließ eine Frage stellen und sagen: „In diesem Lande Yamato gibt es keinen anderen Herrscher als mich. Was für ein Mensch schreitet jetzt in solcher Weise dahin?“ Die Art und Weise der Antwort war wieder wie die befehlende Rede des himmlischen Souveräns. Hierauf geriet der himmlische Souverän in großen Zorn und legte den Pfeil [an den Bogen zum Schuß] an, und die Leute der verschiedenen Ämter sämtlich legten die Pfeile an. Da legten jene Leute ebenfalls alle die Pfeile an. Daher fragte der himmlische Souverän wieder und sagte: „Sodann nenne deinen Namen! Ein jeder von uns nenne seinen Namen und schieße den Pfeil ab.“ Hierauf lautete die Antwort: „Da ich zuerst gefragt wurde, will ich zuerst den Namen nennen. Ich bin die Gottheit, welche sowohl die Übel mit einem Worte als auch das Gute mit einem Worte zerteilt, die große Gottheit Hito-koto-nushi[3]) von Kadzuraki.“ Der himmlische Souverän erschauerte hierauf in Ehrfurcht und sprach: „In Ehrfurcht! meine große Gottheit! Ich hatte nicht erwartet, daß du dich sichtbar leiblich offenbaren würdest.“ Nachdem er so gesprochen hatte, legte er zuerst sein großes erlauchtes Schwert sowie den Bogen und die Pfeile ab und die Kleider, welche die Leute der verschiedenen Ämter anhatten, und überreichte sie andächtig [der Gottheit.] Da klatschte die große Gottheit Hito-koto-nushi in die Hände[4]) und nahm die dargebotenen Gegenstände in Empfang. Als nun der himmlische Souverän sich auf den Rückweg machte, kam die große Gottheit den Berg herabgestiegen und gab ihm ergebenst das Geleite zum Ausgang des Hatsuse Berges[5]). Zu dieser Zeit also war es, daß die große Gottheit Hito-koto-nushi sich [zum erstenmal] offenbarte.

[3]) *Kuka-he*, beim Heißwasserordal (*kukadachi*) gebrauchte Krüge (*he*) mit heißem Wasser. Wer sich verbrannte, indem er die Hände hineintauchte, galt als Betrüger; wer sich dabei nicht verletzte, galt als wahrhaftig.

[4]) Volksgruppen; man spricht auch von 180 *Tomo-no-wo*.

CLVIII.

[1]) *Ao* ist blaugrün.

[2]) Also wohl sämtlich gespenstige Doppelgänger des kaiserlichen Aufzuges.

[3]) „Herr des Einen Wortes.“ Sein Tempel liegt im Dorfe Moriwaki in Yamato.

[4]) Zeichen der Freude.

[5]) In die Nähe des kaiserlichen Palastes, der zu *Asakura* in *Hatsuse* (jetzt *Hase* gesprochen) in Yamato lag.

[168. Kaiser Kenzō. — Ausfindung eines Ortes durch Divination.]

Der himmlische Souverän suchte nach dem greisen Wildschweinhüter [von Yamashiro], der ihm dazumals im Anfang, als er in Unglück geraten und geflohen war, seinen erlauchten Imbiß geraubt hatte[1]). Nachdem man ihn entdeckt hatte, rief er ihn hinauf [nach der Hauptstadt], enthauptete ihn im Flußbett des Asuka-Flusses [in Yamato) und zerschnitt seinen Familienangehörigen die Kniesehnen. Aus diesem Grunde hinken seine Nachkommen immer von selber bis zur Jetztzeit an den Tagen, wo sie nach Yamato heraufkommen. Man hatte den Wohnort des Alten gut durch Divination herausgefunden[2]). Daher nannte man den Ort Shimesu.

[169. Kaiser Kenzō. — Rache an einem Totengeist durch Zerstörung seines Grabes.]

Der himmlische Souverän hegte tiefen Haß gegen den himmlischen Souverän Oho-hatsuse[1]), der seinen fürstlichen Vater[2]) getötet hatte, und wünschte sich an jenes Seele zu rächen. Als er daher mit dem Wunsche, das erlauchte Grab des himmlischen Souveräns[3]) Oho-hatsuse zu zerstören, gerade Leute ausschickte, sprach sein älterer Bruder Ohoke no Mikoto zu ihm und sagte: „Um das erlauchte Grab zu zerstören, darfst du nicht andere Leute schicken. Nur ich selber will gehen und nach dem erlauchten Belieben des himmlischen Suveräns die Zerstörung vornehmen und darüber berichten.“ Da befahl der himmlische Souverän: „Wenn das so ist, so begib dich hin nach deiner Hoheit Belieben.“ Hierauf ging Ohoke no Mikoto selber hinab, grub ein wenig an der Seite des erlauchten Grabes, kehrte [nach der Hauptstadt] zurück und erstattete Bericht darüber, daß er es durch Graben zerstört hätte. Da wunderte sich der himmlische Suverän, daß er so schnell herauf zurückgekehrt war,[4]) und fragte, auf welche Weise er es zerstört hätte. Die Antwort lautete: „Ich habe die Erde an der Seite jenes Grabes ein wenig abgegraben.“ Der himmlische Souverän sprach: „In dem Wunsche mich an dem Feinde meines fürstlichen Vaters zu

CLXVIII.

[1]) Der Raub des Imbisses durch einen im Gesicht tätowierten alten Wildschweinhüter wird Ab. 149 erzählt.

[2]) *Mi-shimeki. Shimeki* ist phonetisch geschrieben und schließt wohl hier wie in einer Stelle im NIHONGI (Yūryaku-ki: *yoki tokoro wo shime-tamahe*) den Begriff der Bestimmung durch Divination in sich. Der Ortsname *Shimesu* wird, vielleicht nur volksetymologisch, von diesem Verbalstamm *shime* abgeleitet.

CLXIX.

[1]) Kaiser *Yūryaku. Yūryaku* hatte, als er noch der Prinz *Oho-hatsuse* war, den Prinzen *Ichi-no-be no Oshiha*, den Vater *Kenzō*'s, meuchlings getötet (Ab. 148).

[2]) *Chichi-kimi* „Vater-Fürst“, Vater und Fürst.

[3]) Das Misasagi Yūryaku's lag in Takawashi in Tajihi, Provinz Kafuchi.

[4]) Die Tumuli der fürstlichen Misasagi hatten ja einen bedeutenden Umfang: oft eine Länge und Breite von mehreren tausend Fuß bei einer Höhe von mehr als zwanzig Fuß. Das SHO-RYŌ-SHIKI gibt die Maße des Misasagi Yūryaku's auf 1080 Fuß von Norden nach Süden und ebensoviel von Osten nach Westen an.

rächen, wollte ich durchaus jenes Grab gänzlich zerstören. Warum hast du ein wenig abgegraben?“ Die Antwort lautete: „Der Grund, warum ich so handelte, ist der, daß es wahrlich recht ist, sich an der Seele des Feindes unseres fürstlichen Vaters rächen zu wollen. Indessen war dieser himmlische Souverän Oho-hatsuse zwar der Feind unseres Vaters, aber doch andererseits unser Oheim und ferner auch ein himmlischer Souverän, der das Reich regierte. Wenn wir daher jetzt lediglich daran dächten, daß er ein Feind unseres Vaters war, und das Grab eines himmlischen Souveräns, der das Reich regiert hat, vollständig zerstörten, so würden die Leute der Nachwelt sicherlich von uns übel reden. Es geht jedoch nicht an, daß wir uns an dem Feind unseres fürstlichen Vaters nicht rächen. Deshalb habe ich die Seite seines Grabes ein wenig abgegraben. Diese Schande wird schon genügen, um die Nachwelt zu bedeuten.“ Nachdem er so gesprochen hatte, sagte der himmlische Suverän: „Dies auch ist vollständig recht. Es ist so gut wie deine Hoheit [gehandelt hat.]“

[Aus Ab. 173, Kaiser Keitai. — Kaiserliche Prinzessin als Vestalin in Ise.]

Die Prinzessin Sasage[1]) verrichtete die Kulthandlungen im Schrein der Gottheit von Ise.

CLXXIII.

[1]) Tochter des Kaisers von Wo-kumi no Iratsume, einer seiner Nebenfrauen.

Nihongi

oder

»Japanische Annalen«

Nihongi.

Erstes Buch.

Des Götterzeitalters erster Teil.

[Kapitel I.]

[Anfang von Himmel und Erde. Die sieben Göttergenerationen.]

Vor alters, als Himmel und Erde noch nicht von einander geschieden, und das weibliche und männliche Prinzip[1]) nicht getrennt waren, bildeten sie ein Chaos, gleichsam wie ein Hühnerei, und in ihrer chaotischen Masse war ein Keim enthalten.

Das Reine und Helle davon breitete sich dünn aus und wurde zum Himmel; das Schwerere und Trübere blieb schwerfällig zurück und wurde zur Erde.

Bezüglich der Vereinigung des feinen [Elementes] war das Zusammenballen leicht; dagegen das Gerinnen des schweren und trüben [Elementes] kam nur schwer vollständig zustande.

Daher ward der Himmel zuerst, und erst hiernach nahm die Erde bestimmte Form an.

Hierauf entstanden zwischen ihnen göttliche Wesen.[2])

Kapitel I.

Zum Inhalt vergleiche Kojiki Abschnitt 1 und 2.

[1]) Chinesich *Yin* und *Yang*, sinojapanisch *In* und *Yō*; reinjapanisch *me-wo* „Weib und Mann" umschrieben. Die kosmischen Dualkräfte der chinesischen Philosophie, hervorgegangen aus dem Urprinzip *T'ai-kih.* Vgl. W. Grube, Geschichte der Chinesischen Literatur, S. 334 ff. Die Vorstellung, daß Himmel und Erde ursprünglich eins waren und sich später trennten, indem der Himmel sich nach oben verflüchtigte, findet sich auch in anderen Mythen, z. B. in der Maori Mythe. Zum kosmischen Ei bei den Chinesen vgl. de Groot 222 ff., bei anderen alten Völkern Lang 233 und 293.

[2]) Dieser Einleitung, im Originaltext 65 chin. Zeichen, liegt keinerlei japanische Überlieferung zugrunde. Sie ist von den nach gelehrter rationalistischer Darstellung strebenden Verfassern des Nihongi nachweisbar aus chinesischen Quellen gezogen und wird von den Shintoisten der strengen Schule verworfen. Das folgende „daher" soll den Anschein erwecken, als bestände zwischen dem Vorhergehenden und dem Nachfolgenden, der echten japanischen Mythe, ein Zusammenhang.

Daher heißt es, daß im Anfang der Weltschöpfung das Umherschwimmen des Länderbodens mit dem Schwimmen eines spielenden Fisches auf dem Wasser zu vergleichen war.

Nun entstand zwischen Himmel und Erde ein Ding, welches in der Form einem Schilfschößling glich. Hierauf verwandelte es sich in eine Gottheit mit Namen Kuni no Toko-tachi no Mikoto. Sodann kam Kuni no Sa-dzuchi[3]) no Mikoto, sodann Toyo-kumu-nu no Mikoto zum Vorschein, — im ganzen drei Gottheiten.[4])

Das Prinzip des Himmels[5]) für sich allein brachte sie hervor, und daher entstanden diese absolut-reinen Männer.

I. — In einer Schrift heißt es: — Als Himmel und Erde sich zuerst von einander trennten, befand sich mitten im Leeren[6]) ein Ding von schwer zu beschreibender Gestalt.

Darinnen entstand von selbst eine Gottheit, mit Namen Kuni no Toko-tachi no Mikoto, auch Kuni no Soko-tachi[7]) no Mikoto genannt.

Ferner Kuni no Sa-dzuchi no Mikoto, auch Kuni no Sa-dachi[8]) no Mikoto genannt.

Ferner Toyo-kuni-nushi[9]) no Mikoto, auch Toyo-kumu-nu no Mikoto, oder auch Toyo-kafushi-nu[10]) no Mikoto, oder auch Uki-fu-nu-Toyo-kahi[11]) no Mikoto, oder auch Toyo-Kuni-nu[12]) no Mikoto, oder auch Toyo-kuhi-nu[13]) no Mikoto, oder auch Ha-ko-kuni-nu[14]) no Mikoto, oder auch Mi-nu[15]) no Mikoto genannt.

II. — In einer Schrift heißt es: — Vor alters, zur Zeit da das Land jung war und die Erde jung war, schwamm es umher etwa wie schwimmendes Öl. Zu dieser Zeit entstand im Innern des Landes ein Ding, das an Gestalt wie ein Schilf-Schößling im Hervorschießen war. Daraus entstanden durch Transformation Gottheiten, mit Namen Umashi-ashi-kabi-

---

[3]) „Des Landes Schmale Erde" (?). Im Kojiki nicht genannt.

[4]) In der jap. Umschreibung *mi-hashira no kami* „drei Pfeiler Gottheiten" gelesen. Über dieses merkwürdige Zählwort siehe Kojiki, Abschnitt 1, Anm. 5.

[5]) D. i. das *Yang* oder männliche Prinzip. Wieder chinesische Vorstellung.

[6]) *Sora* oder *Oho-zora* (großes Sora): „das Leere, der Luftraum zwischen Himmel und Erde". Der eigentliche Himmel, der Aufenthalt der Götter, heißt *ame* oder *ama,* oder *takama* (taka-ama) *no hara* „das Gefilde des hohen Himmels".

[7]) „Auf dem Boden des Landes Stehender."

[8]) „Des Landes Recht-Stehender." (?)

[9]) „Des üppigen (fruchtbaren) Landes Herr."

[10]) „Üppig-wunderbarer Herr." Nach den Zeichen: *toyo-ka-fushi-nu* üppig-Duft-Glied-Gefild.

[11]) Unklar. Wohl *uki* „Schlamm", *fu* „enthalten", *nu* „Herr", *toyo* „üppig", *kahi?* (das chin. Zeichen dafür bedeutet: kaufen).

[12]) „Des Üppigen Landes Herr" (Zeichen: üppig-Land-Gefild).

[13]) „Üppig-Pfahl-Herr" (Zeichen: reichlich-beißen-Gefild).

[14]) „Zuerst-gerinnen-Land-Herr", d. h. Herr des zuerst in festen Zustand übergegangenen Landes.

[15]) „Hehrer Herr", oder „hehres Gefild" (Zeichen: sehen-Feld).

hiko-ji no Mikoto, ferner Kuni no Toko-tachi no Mikoto, ferner Kuni no Sa-dzuchi no Mikoto.

III. — In einer Schrift heißt es: — Als Himmel und Erde in chaotischem Zustande waren, da waren zuerst göttliche Wesen, mit Namen Umashi-ashi-kabi-hiko-ji no Mikoto, und ferner Kuni no Soko-tachi no Mikoto.

IV. — In einer Schrift heißt es: — Als Himmel und Erde sich zuerst von einander trennten, da waren zuerst gleichzeitig-mit-einander entstandene Gottheiten, mit Namen Kuni no Toko-tachi no Mikoto und Kuni no Sa-dzuchi no Mikoto.

IV a. — Ferner heißt es: Die Namen der auf dem Gefilde des Hohen Himmels entstandenen Gottheiten waren Ame no Mi-naka-nushi no Mikoto, ferner Taka-mi-musubi no Mikoto, ferner Kamu-mi-musubi no Mikoto.

V. — In einer Schrift heißt es: — Zur Zeit da Himmel und Erde noch nicht entstanden waren, waren sie etwa wie auf dem Meere schwimmende Wolken, welche nirgends einen Stützpunkt haben.

Mitten darinnen entstand ein Ding wie ein Schilf-Schößling, der zuerst in dem Schlamm wächst, und wurde durch Transformation zu einem [göttlichen] Wesen mit Namen Kuni no Toko-tachi no Mikoto.

VI. — In einer Schrift heißt es: — Als Himmel und Erde sich zuerst von einander trennten, entstand mitten im Leeren ein Ding, das einem Schilf-Schößling ähnelte, und sich hierauf in Gottheiten verwandelte, mit Namen Ame no Toko-tachi no Mikoto und Umashi-ashi-kabi-hiko-ji no Mikoto. Ferner entstand mitten im Leeren ein Ding, das schwimmendem Öle ähnelte und sich hierauf in eine Gottheit verwandelte mit Namen Kuni no Toko-tachi no Mikoto.

Sodann waren da die Gottheiten U-hiji-ni no Mikoto und Su-hiji-ni no Mikoto. Man nennt sie auch U-hiji-ne no Mikoto und Su-hiji-ne no Mikoto. —

Sodann waren da die Gottheiten Oho-tono-ji[16]) no Mikoto — anders heißt sie Oho-tono-be — und Oho-toma-be no Mikoto; dieselben heißen auch Oho-toma-hiko no Mikoto und Oho-toma-hime no Mikoto; auch heißen sie Oho-toma-ji no Mikoto und Oho-tomu-be no Mikoto. —

Sodann waren da die Gottheiten Omo-taru no Mikoto und Kashiko-ne no Mikoto — man nennt [die letztere auch Aya-kashiko-ne no Mikoto, oder auch Ayu-kashiki no Mikoto, oder auch Awo-kashiki-ne no Mikoto, oder auch Aya-kashiki no Mikoto.[17])

Sodann waren da die Gottheiten Izanagi no Mikoto und Izanami no Mikoto.

---

16) „Der Alte der Großen Halle“; „Frau der Großen Halle“; „Frau des Großen Hauses“. *Be* = *me* „Frau“ ist eine ehrende Bezeichnung bei weiblichen Gottheiten, wie *ji* bei männlichen Gottheiten.

17) *Kashiko* „ehrfurchtgebietend“. *Ne* „Wurzel“ soll nach Iida den „Schamteil“ bedeuten, während andere es als Honorifikum („lieb, traut“) betrachten. *Aya, ayu* und *awo* sind Interjektionen der Überraschung: ah! oh! *Kashiki* = *Kashiko*.

I. — In einer Schrift heißt es: — Diese beiden Gottheiten waren die Kinder von Awo-kashiki-ne no Mikoto.

II. — In einer Schrift heißt es: — Kuni no Toko-tachi no Mikoto erzeugte Ame-kagami[18]) no Mikoto; Ame-kagami no Mikoto erzeugte Ame-yorodzu[19]) no Mikoto; Ame-yorodzu no Mikoto erzeugte Awa-nagi[20]) no Mikoto; Awa-nagi no Mikoto erzeugte Izanagi no Mikoto.

Im ganzen waren es acht Gottheiten. Sie hatten sich durch gegenseitige Verbindung der Prinzipien des Himmels und der Erde transformatorisch gebildet, weshalb diese Männer und Weiber gebildet wurden.[21]) Die Götter von Kuni no Toko-tachi no Mikoto bis zu Izanagi no Mikoto und Izanami no Mikoto nennt man die Sieben Generationen des Götterzeitalters.[22])

I. — In einer Schrift heißt es: — Die männlichen und weiblichen paarweise entstandenen Gottheiten waren zuerst U-hiji-ni no Mikoto und Su-hiji-ni no Mikoto; sodann waren es Tsunu-guhi no Mikoto und Iku-guhi no Mikoto, sodann waren es Omotaru no Mikoto und Kashiko-ne no Mikoto; sodann waren es Izanagi no Mikoto und Izanami no Mikoto.

[Kapitel II.]

[Izanagi und Izanami's Vermählung und Länderzeugung.]

Izanagi no Mikoto und Izanami no Mikoto standen auf der Schwebe-Brücke des Himmels und beratschlagten mit einander und sprachen: „Ist unten am Boden nicht etwa gar ein Land?"

Hierauf stießen sie mit dem Himmlischen Juwelen-Speer nach unten, und als sie damit herumtasteten, fanden sie da das blaue Meeresgefilde.[1]) Das von der Spitze des Speeres herabtröpfelnde Meerwasser gerann und wurde eine Insel, welche den Namen Ono-goro-jima bekam.

Die beiden Gottheiten stiegen hierauf herab und wohnten auf jener Insel. Demnach wünschten sie miteinander Mann und Frau zu werden und Länder zu erzeugen.

So machten sie Ono-goro-jima zum Pfeiler der Land-Mitte,[2]) worauf die männliche Gottheit sich nach links wendete und die weibliche Gottheit sich nach rechts wendete,[3]) und sie beide getrennt um den Pfeiler des Landes [in

---

[18]) „Himmels-Spiegel."

[19]) „Himmels-Myriade." *Yorodzu* „10.000", d. i. unendlich viel.

[20]) „Schaum-Stille."

[21]) Chinesische Vorstellung!

[22]) Man vgl. Kojiki 2 und den Eingang des Kujiki.

Kapitel II.

Zum Inhalt vergleiche Kojiki Abschnitt 3 bis 5.

[1]) *Awo-una-hara*, eine stehende feierliche Floskel für „Meer".

[2]) Indem sie den *Nu-boko* „Juwelenspeer" auf der Insel einstachen. Vgl. Kojiki 4.

[3]) Die linke Seite ist die vornehmere, daher geht der Mann nach links. Für „männliche Gottheit" und „weibliche Gottheit" stehen hier die Ausdrücke „Gottheit des männlichen resp. weiblichen Prinzips".

entgegengesetzter Richtung] herumgingen. Als sie auf der anderen Seite zusammentrafen, sprach die weibliche Gottheit zuerst und sagte: „O wie herrlich! Ich habe einen holden Jüngling angetroffen!“ Die männliche Gottheit war darüber mißgestimmt und sprach: „Ich bin ein Mann, und sollte von Rechts wegen zuerst sprechen. Wie kommt es, daß du als Weib im Gegenteil zuerst sprichst? Das war keine glückbedeutende Sache. Wir sollten noch einmal herumgehen.“ Hierauf gingen die beiden Gottheiten zurück, und als sie wieder einander begegneten, sprach diesmal die männliche Gottheit zuerst und sagte: „O wie herrlich! Ich habe eine holde Jungfrau angetroffen!“ Dann fragte er die weibliche Gottheit: „Gibt es an deinem Körper irgend ein Gebilde?“ Sie antwortete und sprach: „An meinem Körper ist eine Stelle, welche der Ursprung der Weibheit ist.“ Die männliche Gottheit sagte: „An meinem Körper hinwiederum gibt es eine Stelle, welche der Ursprung der Mannheit ist. Ich habe den Wunsch die Ursprungs-Stelle meines Körpers mit der Ursprungs-Stelle deines Körpers zusammenzubringen. Hierauf pflegten die weibliche und männliche Gottheit zum ersten Male geschlechtlichen Verkehr und wurden Mann und Frau.

Als nun die Zeit der Geburt herangekommen war, wurde zunächst die Insel Ahaji als Mutterkuchen betrachtet, und ihre Gemüter hatten keine Freude daran. Daher erhielt sie den Namen Insel Ahaji.[4])

Hierauf wurde die Insel Oho-yamato[5]) no Toyo-aki-tsu-shima erzeugt. —

Sodann erzeugten sie die Insel Iyo no Futa-na; sodann erzeugten sie die Insel Tsukushi; sodann erzeugten sie in Zwillingsgeburten die Insel Oki und die Insel Sado. Dies ist das Urbild der Zwillingsgeburten,[6]) welche manchmal bei den Menschen dieser Welt vorkommen. Sodann erzeugten sie die Insel Koshi;[7]) sodann erzeugten sie die Insel Oho-shima; sodann erzeugten sie die Insel Kibi no Ko-jima. Hieraus entstand zuerst die Bezeichnung Oho-ya-shima Land. Hierauf kamen die Insel Tsushima, die Insel Iki und die kleinen Inseln der verschiedenen Orte alle durch Gerinnen des Meerwasser-Schaums zustande. — Es wird auch berichtet, daß sie durch Gerinnen des Schaums von Süßwasser zustande gekommen seien. —

I. — In einer Schrift heißt es: — Die Himmelsgötter sprachen zu Izanagi no Mikoto und Izanami no Mikoto: „Es gibt ein Land Toyo-ashi-hara

---

[4]) Hier volksetymologisch als „die Nichtzufriedenstellende“ genommen (Negativum des Verbums *afu*).

[5]) *Yamato* ist hier mit den chinesischen Zeichen für *Nippon* geschrieben. *Nippon* (oder *Nihon*) „Sonnenaufgang“ als Bezeichnung für Japan ist erst im siebenten Jahrhundert nach Chr. aufgekommen und wurde den Koreanern als offizieller Name des Landes im Jahre 670 angekündigt.

[6]) Jede einzelne der beiden Inseln ist als eine Zwillingsgeburt zu betrachten. Die Insel *Oki* wird auch oft Drillingsinsel genannt, vgl. Kojiki 5. *Sado* zerfällt in *Oho-Sado* „Groß Sado“ und *Ko-Sado* „Klein Sado“.

[7]) *Koshi* ist keine Insel, sondern die weite, den ältesten Japanern nur sehr ungenau bekannte Länderstrecke im Nordwesten von Japan, welche die jetzigen Provinzen Etchū, Echigo und Echizen einbegreift. Es ist die ferne Thule der jap. Poesie.

no Chi-i-ho-aki no Midzu-ho.[8]) Du sollst dich dorthin begeben und dort Ordnung herstellen." Hierauf verliehen sie ihnen den himmlischen Juwelen-Speer. Darauf stellten sich die beiden Gottheiten auf die schwebende Brücke des Himmels, stießen den Speer nach unten und suchten nach Land. Als sie dann das blaue Meeresgefilde damit rührten und ihn hinaufzogen, da gerann das von der Speerspitze herabträufelnde Meerwasser und wurde zu einer Insel, welche Onogoro-jima genannt wurde. Die beiden Gottheiten stiegen hinab und wohnten auf jener Insel und errichteten einen Acht-Klaftern-Palast. Auch richteten sie den Himmels-Pfeiler auf. Die männliche Gottheit fragte die weibliche Gottheit: „Gibt es an deinem Körper irgend ein Gebilde?" Sie antwortete und sprach: „Mein Körper ist vollkommen gebildet und hat eine Stelle, welche der Ursprung der Weibheit heißt." Die männliche Gottheit sagte: „Mein Körper ebenfalls ist vollkommen gebildet und hat eine Stelle, welche der Ursprung der Mannheit heißt. Ich hege den Wunsch den Ursprung der Mannheit meines Körpers mit dem Ursprung der Weibheit deines Körpers zusammenzubringen." Nachdem sie so gesprochen hatten, waren sie im Begriff um den Himmels-Pfeiler herumzugehen, und gaben sich folgendes Versprechen: „Meine Liebe,[9]) gehe du von links herum, während ich von rechts herumgehen will." Hierauf gingen sie getrennt herum und trafen zusammen. Da sprach die weibliche Gottheit zuerst und sagte: „Ach, wie schön! ein lieblicher Jüngling!" Die männliche Gottheit antwortete darauf und sprach: „Ach, wie schön! Eine liebliche Jungfrau!" Endlich wurden sie Mann und Frau. Zuerst erzeugten sie das Blutegel-Kind, das sie sofort in ein Schilf-Boot setzten und fortschwimmen ließen. Darauf erzeugten sie die Insel Aha. Auch diese schlossen sie nicht in die Zahl ihrer Kinder ein. Daher kehrten sie zurück und stiegen wieder nach dem Himmel hinauf, wo sie von den Umständen genauen Bericht erstatteten. Da divinierte der Himmelsgott [Taka-mi-musubi no Mikoto] darüber vermittels der großen Divination und belehrte sie folgendermaßen: „Wie konnten die Worte des Weibes je zuerst gesprochen werden? Ihr müßt noch einmal dorthin zurückkehren." Nachdem er hierauf die geeignete Zeit durch Divination bestimmt hatte, ließ er sie hinabsteigen. Demgemäß gingen die beiden Gottheiten wieder um den Pfeiler herum, die männliche Gottheit von links und die weibliche Gottheit von rechts, und als sie zusammentrafen, sprach die männliche Gottheit zuerst und sagte: „Ach, wie schön! Eine

---

[8]) „Land der Frischen Ähren von Tausendfünfhundert Herbsten des Üppigen Schilfgefildes." Poetischer Name Japans.

[9]) *Imo* (jüngere Schwester) ist einfach als Kosewort gebraucht. In der alten Zeit wurde jede Frau mit *imo* angeredet, und eine Frau redete jeden Mann mit *se* (Gemahl, älterer Bruder) an. Vgl. auch das Hohe Lied, Kap. 4, Vers 9, 10 und 12, wo „Schwester" für Geliebte und Braut als Kosewort gebraucht ist.

liebliche Jungfrau!“ Daraufhin antwortete die weibliche Gottheit und sprach: „Ach, wie schön! Ein lieblicher Jüngling!“ Hierauf nun wohnten sie zusammen in demselben Palaste und erzeugten Kinder, deren Namen waren: Oho-yamato Toyo-aki-tsu-shima, sodann die Insel Ahaji, sodann die Insel Iyo no Futa-na, sodann die Insel Tsukushi, sodann die Drillings-Insel Oki, sodann die Insel Sado, sodann die Insel Koshi, sodann die Insel Kibi no Ko. Infolgedessen nannte man sie das Oho-ya-shima Land.

II. — In einer Schrift heißt es: — Die beiden Gottheiten Izanagi no Mikoto und Izanami no Mikoto standen inmitten des Nebels des Himmels und sprachen: „Wir wollen ein Land finden.“ So stießen sie mit dem himmlischen Juwelen-Speer nach unten und suchten damit umher, als sie die Insel Ono-goro fanden. Darauf zogen sie den Speer zurück und freuten sich, indem sie sagten: „Vortrefflich! Es ist ein Land da!“

III. — In einer Schrift heißt es: — Die beiden Gottheiten Izanagi no Mikoto und Izanami no Mikoto saßen auf dem hohen Himmelsgefilde und sprachen: „Es muß sicherlich ein Land geben.“ Hierauf rührten sie mit dem himmlischen Juwelen-Speer die Insel Ono-goro zusammen.

IV. — In einer Schrift heißt es: — Die beiden Gottheiten Izanagi no Mikoto und Izanami no Mikoto sprachen zu einander und sagten: „Da ist etwas, das fließendem Öle ähnelt. In der Mitte davon ist vielleicht ein Land.“ Darauf rührten sie mit dem himmlischen Juwelen-Speer umher und formten eine Insel, welche den Namen Insel Ono-goro bekam.

V. — In einer Schrift heißt es: — Die weibliche Gottheit sprach zuerst und sagte: „Ach, wie schön! ein hübscher Jüngling!“ Nun aber wurde es nicht als glückbedeutend erachtet, daß die weibliche Gottheit zuerst gesprochen hatte. Als sie zum zweitenmal wieder von neuem herumgingen, da sprach die männliche Gottheit zuerst und sagte: „Ach, wie schön! eine hübsche Jungfrau!“ Schließlich waren sie im Begriff miteinander den Beischlaf auszuüben, aber sie verstanden die Kunst nicht. Da war eine Bachstelze[10]), welche herbeigeflogen kam und ihren Kopf und Schwanz hin und her bewegte. Die beiden Gottheiten sahen es und ahmten es nach und fanden so die Art und Weise des Beischlafens heraus.

VI. — In einer Schrift heißt es: — Die beiden Gottheiten vereinigten sich miteinander und wurden Mann und Frau. Zunächst, indem sie die Insel Ahaji als den Mutterkuchen[11]) betrachteten, erzeugten sie die Insel Oho-yamato Toyo-aki-tsu-shima; sodann die Insel Iyo; sodann die Insel Tsukushi; sodann erzeugten sie als Zwillingsgeburt die Insel Oki und die Insel Sado; sodann die Insel Koshi; sodann Oho-shima; sodann Ko-jima.[12])

---

[10]) Dieser Vogel wird noch heute um dieser Mythe willen besonders geschont.

[11]) *Ye* oder *yena.* Im Kujiki steht an der betreffenden Stelle *ye* mit dem Schriftzeichen für „älterer Bruder“, was wohl eine irrtümliche Auffassung ist.

[12]) D. i. die Insel *Kibi no Ko.*

VII. — In einer Schrift heißt es: — Zuerst erzeugten sie die Insel Ahaji; sodann die Insel Oho-yamato Toyo-aki-tsu-shima; sodann die Insel Iyo no Futa-na; sodann die Insel Oki; sodann die Insel Sado; sodann die Insel Tsukushi; sodann die Insel Iki; sodann die Insel Tsushima.

VIII. — In einer Schrift heißt es: — Indem sie die Insel Onogoro als Mutterkuchen betrachteten, erzeugten sie die Insel Ahaji; sodann die Insel Oho-yamato Toyo-aki-tsu-shima; sodann die Insel Iyo no Futa-na; sodann die Insel Tsukushi, sodann die Insel Kibi no Ko; sodann erzeugten sie in Zwillingsgeburt die Insel Oki und die Insel Sado; sodann die Insel Koshi.

IX. — In einer Schrift heißt es: — Indem sie die Insel Ahaji als Mutterkuchen betrachteten, erzeugten sie die Insel Oho-yamato Toyo-aki-tsu-shima; sodann die Insel Aha-shima; sodann die Insel Iyo no Futa-na; sodann die Drillingsinsel Oki; sodann die Insel Sado; sodann die Insel Tsukushi; sodann die Insel Kibi no Ko; sodann die Insel Oho-shima.

X. — In einer Schrift heißt es: — Die weibliche Gottheit sprach zuerst und sagte: „Ach, wie schön! ein lieblicher Jüngling!“ Hierauf nahm sie die männliche Gottheit bei der Hand und schließlich wurden sie Mann und Frau und erzeugten die Insel Ahaji und sodann das Blutegel-Kind.

[Kapitel III.]

[Götterzeugung. Sonnengöttin, Mondgott, Blutegelkind und Susa no Wo gezeugt. Zeugung des Feuergottes usw. Tod der Izanami.]

Sodann erzeugten sie das Meer;[1]) sodann erzeugten sie die Flüsse; sodann erzeugten sie die Berge; sodann erzeugten sie Ku-ku-no-chi, den Ahnen der Bäume;[2]) sodann erzeugten sie Kaya-nu-hime, die Ahnin der Gräser und Kräuter, *die mit anderem Namen auch Nu-dzuchi heißt.*

Hiernach beratschlagten Izanagi no Mikoto und Izanami no Mikoto zusammen und sprachen: „Wir haben nun schon das Land Oho-ya-shima nebst Bergen, Flüssen, Kräutern und Bäumen erzeugt. Warum sollten wir nicht Jemand erzeugen, welcher der Herr der Welt sei?“ Hierauf erzeugten sie miteinander die Sonnengöttin, welche Oho-hiru-me no Muchi[3]) genannt wurde. —

Kapitel III.

[1]) Die *Götter des Meeres* sind gemeint, wie auch im folgenden „Flüsse“ und „Berge“ als „Götter der Flüsse“ und „Götter der Berge“ zu verstehen sind. Auch bei den unmittelbar folgenden Namen sind die Epitheta „Gott“ oder „Hoheit“ weggelassen; der ganze Passus ist in lakonischer Kürze gegeben.

[2]) *Ki no oya*, fast gleichbedeutend mit *Ki no Kami* „Baumgott“; letzterer Ausdruck in Variante VI und im Kojiki.

[3]) „Großes-Mittags-Weib-Edle.“ *Hiru* verhält sich zu *hi* „Sonne“ wie *yoru* „Nacht“ zu *yo*. *Hiru* = Mittag, helle Tageszeit, Tag. *Muchi* oder *muji* ist ein Epitheton ornans, das durch „Edler, Edle“ wiedergegeben werden kann. Es findet sich auch in einigen anderen Namen, wie *Oho-na-muchi no Kami* und *Michi-nushi no Muchi.*

In einer Schrift heißt sie Ama-terasu Oho-[mi]-kami.[4]) — *In einer [anderen] Schrift heißt sie Ama-terasu Oho-hiru-me no Mikoto.*[5]) —

Der schimmernde Glanz dieses Kindes durchstrahlte das ganze Universum. Daher freuten sich die beiden Gottheiten und sprachen: „Obgleich unserer Kinder viele sind, so haben wir doch noch keines, welches diesem wunderbaren Kinde vergleichbar wäre. Wir sollten sie nicht lange in diesem Lande verweilen lassen, sondern sollten sie selbstverständlich schnell nach dem Himmel schicken und ihr die Angelegenheiten des Himmels[6]) anvertrauen."

Zu dieser Zeit waren Himmel und Erde noch nicht weit von einander entfernt, und daher schickten sie sie durch Vermittlung des himmlischen Pfeilers[7]) nach dem Himmel hinauf.

Sodann erzeugten sie den Mondgott. — *In einer Schrift heißt er Tsuki-yumi (Mond-Bogen) no Mikoto, oder Tsuki-yo-mi (Mond-Nacht-sehen) no Mikoto, oder Tsuki-yomi (Mond-zählen) no Mikoto.* — Sein Glanz kam zunächst hinter dem der Sonne. Er sollte der Sonne zugesellt werden und [mit ihr] regieren. Daher wurde er ebenfalls nach dem Himmel geschickt.

Sodann erzeugten sie das Blutegel-Kind, welches selbst nachdem es drei Jahre alt geworden war noch immer nicht auf den Beinen stehen konnte. Daher setzten sie es in das himmlische Fels-Kampferholz-Boot und überließen es den Winden.

Sodann erzeugten sie Susa no Wo no Mikoto. — *In einer Schrift heißt er Kamu-susa no Wo*[8]) *no Mikoto oder Haya-Susa no Wo*[9]) *no Mikoto.* — Dieser Gott hatte ein ungestümes Temperament und grausamen Sinn. Überdies hatte er beständig die Angewohnheit zu weinen und zu wehklagen. Daher verursachte er vielfach den vorzeitigen Tod von Bewohnern des Landes. Ferner bewirkte er, daß grüne Berge dürr wurden. Daher sprachen seine Eltern, die beiden Gottheiten, zu Susa no Wo no Mikoto: „Du bist ein außerordentlicher Bösewicht, und darfst die Welt nicht als Fürst beherrschen. Wahrlich, du mußt dich weit weg nach der Unterwelt machen!" So jagten sie ihn schließlich von dannen.

I. — In einer Schrift heißt es: — Izanagi no Mikoto sagte: „Ich wünsche ein herrliches Kind zu erzeugen, das die Welt regieren soll." Als er hierauf in seine linke Hand einen Spiegel von weißem Kupfer[10]) nahm,

---

[4]) „Die am Himmel scheinende Große erlauchte Gottheit."

[5]) „Ihre Hoheit das am Himmel scheinende Große Tages-Weib." Manyōshū Buch 2 findet sich auch *Ama-terasu Hiru-me no Mikoto.*

[6]) Die Regierung des hohen Himmelsgefildes.

[7]) Der himmlische Pfeiler, *ame no mi-hashira*, ist nach Iida der Himmelspfeiler, welcher auf der Insel Onogoro bei Erbauung des Acht-Klaftern-Palastes errichtet wurde. Nach Shikida's Ansicht ist Ame no mi-hashira der Wind, oder vielmehr der Windgott. Der Wind (Luft) wird nämlich als Pfeiler zwischen Himmel und Erde, gleichsam als Träger des Himmels, betrachtet, und in den Norito heißt der Windgott ***Ame no Mi-hashira no Mikoto, Kuni no Mi-hashira no Mikoto*** „Himmels Pfeiler, Land Pfeiler".

[8]) „Der göttliche ungestüme Mann." [9]) „Der rasche ungestüme Mann."

[10]) So nach den Zeichen; aber die altüberlieferte jap. Lesung *ma-sumi-kagami* „trefflich heller Spiegel" möchte hier den Vorzug verdienen. Der Ausdruck kommt auch

kam daraus eine Gottheit zum Vorschein. Diese nannte man Oho-hiru-me no Mikoto. Als er in seine rechte Hand den Spiegel von weißem Kupfer nahm, kam daraus eine Gottheit zum Vorschein. Diese nannte man Tsuki-yumi no Mikoto. Ferner als er seinen Kopf umdrehte und nach hinten blickte, entstand eine Gottheit. Diese nannte man Susa no Wo no Mikoto. Nun waren Oho-hiru-me no Mikoto und Tsuki-yumi no Mikoto beide in ihrer natürlichen Beschaffenheit glänzend und schön, und daher ließ [Izanagi no Mikoto] sie auf den Himmel und die Erde herabscheinen, Susa no Wo no Mikoto dagegen war von Natur dazu geneigt Schaden und Verderben zu stiften, und deswegen sandte man ihn hinab und ließ ihn die Unterwelt regieren.

II. — In einer Schrift heißt es: — Nachdem die Sonne und der Mond schon erzeugt waren, erzeugten sie zunächst das Blutegel-Kind. Als dieses Kind das Alter von vollen drei Jahren erreicht hatte, konnte es immer noch nicht auf den Beinen stehen. Der Grund, warum ihnen jetzt das Blutegel-Kind geboren wurde, war, daß im Anfang, als Izanagi no Mikoto und Izanami no Mikoto um den Pfeiler herumgingen, die weibliche Gottheit zuerst Worte der Freude äußerte und so gegen das Prinzip von Mann und Weib verstieß. Sodann erzeugten sie Susa no Wo no Mikoto. Dieser Gott war von boshafter Natur und war immer zum Wehklagen und Ergrimmen geneigt. Viel Volk des Landes starb, und die grünen Berge machte er dürr. Deshalb sprachen seine Eltern zu ihm: „Im Falle daß du dieses Land regierest, würde sicherlich viel Schaden und Verderben entstehen. Darum sollst du die weit entfernte Unterwelt regieren.“ Sodann erzeugten sie das Vogel-Felsen-Kampferholz-Boot. Hierauf nahmen sie dies Boot und setzten das Blutegel-Kind hinein und überließen es der Strömung des Wassers. Hierauf erzeugten sie den Feuergott Kagu-dzuchi. Dabei verbrannte sich Izanami no Mikoto an Kagu-dzuchi und verschied in Folge davon. Während sie im Begriff war zu verscheiden und darniederlag, gebar sie die Erdgöttin[11]) Hani-yama-bime[12]) und die Wassergöttin Mitsu-ha no Me.[13])

---

im Manyōshū vor: *ma-somi-kagami* und *ma-so kagami*; in Norito No. 27: *ma-sobi-kagami* (sobi = somi); in späteren Gedichten *masu-kagami*. Die Spiegel der Japaner waren seit der ältesten Zeit aus Metall gefertigt. (*Kagami* aus *kage-mi* Reflex-sehen.)

[11]) *Tsuchi no Kami. Tsuchi* bedeutet Lehm, Humus, nie den Erdball.

[12]) „Prinzessin Lehm-Berg.“ Vgl. unten Var. VI *Hani-yasu no Kami* „Lehm-Klebende Gottheit“, und Kojiki 7, Anm. 2.

[13]) *Mitsu-ha* ist mit dem chin. Zeichen *wang-hsiang* geschrieben, was Giles No. 12512 als ein imaginäres Ungetüm, welches das Gehirn der Toten unter der Erde verzehrt, erklärt. Nach Chuang-tszĕ und Huai-nam-tszĕ lebt es aber im Wasser, ebenso nach einem Zitat in den häuslichen Gesprächen (Kia-yü). Das alte Wörterbuch Wamyōshō sagt: „*wang-liang* (Flußgeist) wird im Nihongi eine „Wassergottheit“ (midzu no kami) genannt; der japanische Name ist *mi-tsu-ha.*“ Aus den gegebenen Zitaten glaubt Shikida mit Sicherheit feststellen zu können, daß *wang-hsiang* alias *mitsu-ha* ein Drachenschlangengeist ist und analysiert *mitsuha* in *mi* Wasser, *tsu* (Gen.) *ha* Schlange: „Wasserschlange“. Zur Begründung der Gleichung *ha* = „Schlange“ zitiert er das im Kogoshūi belegte *haha*

Hierauf nahm Kagu-dzuchi die Hani-yama-bime zur Frau, und sie erzeugten den Waku-musubi.[14]) Oben auf dem Kopfe dieser Gottheit entstanden die Seidenraupe und der Maulbeerbaum,[15]) und in ihrem Nabel entstanden die fünf Körnerfrüchte.[16])

III. — In einer Schrift heißt es: — Als Izanami no Mikoto den Ho-musubi[17]) gebar, wurde sie von dem Kinde verbrannt und ging göttlich von dannen. Als sie im Begriff war göttlich von dannen zu gehen, gebar sie die Wassergöttin Mitsu-ha no Me und die Erdgöttin Hani-yama-bime. Ferner gebar sie den himmlischen Kürbis.[18])

IV. — In einer Schrift heißt es: — Als Izanami no Mikoto im Begriff war den Feuergott Kagu-dzuchi zu gebären, bekam sie Fieber und wurde krank. Infolge davon erbrach sie sich, und dies [Erbrochene] verwandelte sich in einen Gott, welcher Kana-yama-biko genannt wurde. Sodann verwandelte sich ihr Urin in eine Göttin Namens Mitsu-ha no Me. Sodann verwandelten sich ihre Exkremente in eine Göttin Namens Hani-yama-bime.

V. — In einer Schrift heißt es: — Als Izanami no Mikoto den Feuergott gebar, verbrannte sie sich und verschied. Daher wurde sie in dem Dorfe Arima in Kumanu[19]) in dem Lande Ki[20]) begraben. Die Ein-

---

= „große Schlange“ und mehrere Dorfnamen, wo ein Element *ha* mit der überlieferten Bedeutung Schlange vorkommt. Nach Shikida würden wir also *Mitsu-ha no Me* als „Wasser-Schlangen-Weib“ oder „Wasser-Drachen-Weib“ zu deuten haben. — Eine andere Ansicht vertreten Suzuki Shigetane und Iida: *mitsu* = *midzu* „Wasser“, *ha* „entstehen“. Danach wäre *Mitsu-ha no Me* die Göttin, welche das Wasser hervorsprudeln läßt.

[14]) Nach Kojiki 7 haben *Waku-musubi* und *Mitsu-ha no Me* anderen Ursprung.

[15]) *Kuha* „Maulbeer“, wörtlich „Eß-Blätter“ (*kuhi-ha*), weil sie den Seidenraupen als Nahrung dienen.

[16]) Die „Fünf Körnerfrüchte“, *go-koku,* sind Reis, Gerste, Hirse, Mohrhirse und (seltsamerweise!) Bohnen. Eine beliebte chinesische Floskel. Die Erwähnung der Seidenraupe und der Fünf Körnerfrüchte deutet auf späte Entstehung dieses Teils der Mythe.

[17]) „Feuer-Erzeuger.“ So lautet auch der Name des Feuergotts (Kagu-dzuchi) im Ritual zur Beschwichtigung des Feuers. Unter diesem Namen wird der Feuergott auf dem Atago Berge bei Kyōto, sowie in zahlreichen anderen Schreinen auf Hügeln in der Nähe von Städten verehrt; er soll nämlich Schutz gegen Feuersbrünste verleihen.

[18]) *Ame no yosadzura.* Der Kürbis wurde in alter Zeit zum Wasserschöpfen gebraucht; mit dem darin enthaltenen Wasser sollte der Feuergott zur Ruhe gebracht werden, wenn er sich ungestüm geberdete. Vgl. das Ritual zur Beschwichtigung des Feuers, etwa in der Mitte, wo Izanami noch einmal aus der Unterwelt zurückkehrt. Im Ritual heißt er übrigens *hisago.*

[19]) *Kumanu* ist der allgemeine Name einer größeren Landschaft im Distrikt Muro von Kii; das ganze Meer an der Südküste von Kii heißt Kumano-Meerbusen. Nicht mit Kumanu in Idzumo zu verwechseln! Beim Dorfe Arima befindet sich ein Schintōtempel *Ubuta-jinja* „Geburtsfeld-Tempel“, und eine Höhle *Hana no iha-ya* „Blumenfelsenhöhle“, worin Izanami begraben sein soll. Die dortigen Bewohner nennen sie *Daihannya no ihaya* (Mahā-prajñā Höhle), haben sie also mit dem Buddhismus in Beziehung gebracht, wahrscheinlich weil das jap. Wort *hana* „Blume“ dem bud.-sanskritischen *hannya (prajñā)* ähnlich klingt. Diese Transformation ins Buddhistische entspricht ganz dem, was wir in den Gegenden der Hauptwirksamkeit Kōbō-daishi's, des Gründers der schintōbuddhistischen

wohner [dieses Dorfes] verehren den Geist dieser Göttin, indem sie zur Zeit der Blumen ihr auch Blumen opfern;[21]) ferner verehren sie sie mit Handtrommeln, Flöten, Fahnen, Gesang und Tanz.

[Kapitel IV.]

[Weitere Varianten. Zerhauen des Feuergottes. Izanagi's Fahrt in die Unterwelt. Rückkehr. Reinigung. Götter-Schöpfungen. Göttin der Nahrung.]

VI. — In einer Schrift heißt es: — Nachdem Izanagi no Mikoto und Izanami no Mikoto zusammen das Große-acht-Inseln-Land erzeugt hatten, sagte Izanagi no Mikoto: „Über dem Lande, das wir erzeugt haben, ist nichts als Morgennebel, der alles mit seinem Duft erfüllt." Hierauf wurde der Atem, mit welchem er [den Nebel] wegblies, zu einer Gottheit mit dem Namen Shina-tobe no Mikoto. Dieselbe heißt auch Shina-tsu-hiko[1]) no Mikoto. Es ist der Windgott. Ferner das Kind, welches

---

Mischreligion Ryōbu-Shintō, erwarten können. Einer anderen Überlieferung zufolge soll der Tempel *Ubuta-jinja* die Begräbnisstätte Izanamis sein, und die „Blumen-Felsenhöhle" die des Feuergottes.

Das Kojiki hat eine verschiedene Version, wonach Izanami von Izanagi auf dem Berge *Hiba* an der Grenze der Provinzen Idzumo und Hahaki (Hōki) begraben wurde.

[20]) *Ki no Kuni* bedeutet das „Land der Bäume" und war der Sitz des Gottes Idakeru, welcher Bäume anpflanzt. Seit 713 wurde *Ki* in *Ki-i* erweitert, in Anlehnung an einen chinesischen Brauch, wonach hinfort alle Provinz- und Distriktnamen mit zwei chinesischen Zeichen geschrieben wurden.

[21]) Daher die in Anmerkung 19 zitierte Benennung der Grabhöhle als „Blumen Felsenhöhle". Die Zeit der Blumen oder Blüten ist wahrscheinlich der Frühling, namentlich wenn man unter den *hana* die Blüten par excellence, die Kirschblüten, versteht. Diese Vermutung wird bekräftigt durch eine Angabe in einem Werke Namens Na-chi-mi-maki no bumi, wonach ein Fest ganz derselben Beschreibung wie im Nihongi im Spätfrühling jeden Jahres bei der angeblichen Begräbnisstätte der Izanami in *Arima* abgehalten wurde. Nach anderen Angaben wurden der Göttin am $^2/_3$ und $^3/_{12}$ jeden Jahres Blumen der Jahreszeit geopfert; statt des $^3/_{12}$ soll in noch früherer Zeit der $^2/_9$ gegolten haben.

Kapitel IV.

Zum Inhalt vergl. Kojiki 8 bis 12 und 17.

[1]) Kojiki 6 wird nur *Shina-tsu-hiko no Kami* genannt, aber im Norito zum Fest der Windgötter von Tatsuta ist deutlich von zwei Windgöttern, einem Gott und einer Göttin die Rede, als deren Namen uns *Ama no mi-hashira* und *Kuni no mi-hashira* genannt werden. In Tatsuta sind zwei kleinere Schreine dem *Tatsuta-hiko* und der *Tatsuta-hime* geweiht. Wird schon hierdurch der Verdacht erregt, daß die beiden Namen des Nihongi nicht einer einzigen Persönlichkeit angehören, sondern einer männlichen und einer weiblichen Gottheit, so wird die Hypothese fast zur Gewißheit, wenn wir die Etymologie der Namen näher betrachten. *Shina-tsu-hiko* ist selbstverständlich ein Mann. *Shi* ist ein archaisches Wort für *kaze* „Wind", wie es in *ara-shi* „Sturmwind", *ni-shi* „Westwind", *oro-shi* „Wind aus den Bergen", *kogara-shi* „Winterwind, Herbstwind" noch vorliegt. *Na* wird wohl richtig als apokopierte Form von *naga* „lang" (auch im Nihongi mit dem Zeichen „lang" geschrieben) erklärt, *shi-na* also „Atem lang, langatmig". Demnach heißt *Shi-na tsu hiko* „Atem-langer Prinz". Die Silbe *be* in *Shina-tobe* ist augenscheinlich die häufig vorkommende lautliche Veränderung von *me* „Weib"; *to* könnte die Genetivpartikel *tsu* sein (vgl. im

sie zeugten als sie hungrig waren, bekam den Namen Uka no Mi-tama[2]) no Mikoto. Ferner erzeugten sie die Meergötter, welche Wata-tsu-mi[3]) no Mikoto hießen; und die Berggötter, welche Yama-tsu-mi[4]) hießen; und die Götter der Flußmündungen,[5]) welche Haya-aki-tsu-hi no Mikoto hießen; und die Baumgötter, welche Ku-ku no Chi[6]) hießen; und die Erdgöttin, welche Hani-yasu no Kami hieß. Hierauf erzeugten sie alle Dinge insgesamt. Als es dazu kam, daß der Feuergott Kagu-dzuchi geboren wurde, verbrannte sich seine Mutter Izanami no Mikoto [an ihm] und verschied. Da geriet Izanagi no Mikoto in grimmen Zorn

---

Manyōshū den Wechsel von *mato* und *matsu* und den überhaupt häufigen Wechsel von *u* und *o*), also „Atem-langes Weib“.

Daß der Windgott geschaffen wird, um die Morgennebel zu vertreiben, paßt vortrefflich zu den Witterungsverhältnissen Japans mit seinen dichten Morgennebeln. Auch bei den Indianern bekämpft der Windgott immer die Nebel, und die Finnen haben eine besondere Windgöttin zum Verjagen der Wolken (Réville, Religions des peuples non civilisés I, 217 und II, 193). Man vergl. übrigens in der weiter unten, Var. VIb, angeführten *P'an-ku* Mythe: „Sein Odem verwandelte sich in Wind und Wolken.“

²) „Der erlauchte Geist der Nahrung“, d. h. die Göttin der Nahrung. Vgl. Kojiki 6, Anm. 26.

³) *Wata-tsu-mi* etwa „Herren des Meeres“. *Wata* ist ein altes Wort für „Meer“, *tsu* Genetivpartikel, *mi* dasselbe Honorificum wie in *Tsuki-yo-mi* und *Yama-tsu-mi*, welches ich aus Mangel einer zuverlässigeren Deutung mit „Herr“ übersetze, ohne von der Mabuchischen Herleitung von *mi* aus *mochi* „Besitzer“ überzeugt zu sein. Hier ist *wata-tsu-mi* mit den Zeichen „Kleine Jungen“, im Jimmu-ki „Meer-Jungen“, einer spezifisch chinesischen Ausdrucksweise für „Meergötter“ geschrieben. Shikida hält *mi* für ein altes Wort für „Schlange“ und begründet diese Bedeutung des zweifelhaften Wortes durch einen Hinweis auf die in Buch 2, Kap. V enthaltene Sage, wonach *Toyo-tama-bime*, die Tochter des Meergottes, bei der Geburt ihres Kindes die Gestalt eines Drachen als ihre eigentliche Gestalt annahm. Diese Hypothese hat sachlich manches für sich, besonders wenn man in Betracht zieht, daß weiter unten die Berggottheit *Kura-yama-tsu-mi*, deren Name dasselbe Suffix aufweist, im Zusammenhang mit *Kura-Okami* und *Kura-mitsuha*, zwei unzweifelhaft in Drachen- oder Schlangengestalt gedachten Gottheiten, genannt wird. Die ältesten Japaner müssen einen ziemlich ausgedehnten Schlangenkult besessen haben, was bei dem überaus häufigen Vorkommen von Schlangen in dem gebirgigen Japan auch ganz erklärlich ist. Was aber den sprachlichen Teil der Frage anbetrifft, so bestehen die stärksten Bedenken gegen die Annahme so vieler Wörter für „Schlange“ wie Shikida tut. Eine Gottheit kann recht gut zum Schlangen- oder Drachengeschlecht gehörig gedacht sein, ohne daß wir deshalb in ihrem Namen ein „Schlange“ bedeutendes Element finden müssen, oder gar dem unbekannten Bestandteil eines solchen Namens eine derartige Deutung geben dürfen. Der Name der *Toyo-tama-bime*, einer wirklichen Drachengottheit, der keinerlei solche Anspielung enthält, ist eines von vielen Beispielen hierfür.

⁴) „Herren der Berge.“ Den Berggöttern, resp. dem obersten Berggott, sind viele Tempel geweiht, z. B. der *Oho-yama-tsu-mi no jinja* im Distrikt Ochi von Iyo.

⁵) Wir haben hier ausdrücklich den Plural: *Minato no Kami-tachi.* Es ist nämlich eine männliche und eine weibliche Gottheit zu verstehen, welche in Kojiki Abschnitt 6 *Haya-aki-tsu-hiko* und *Haya-aki-tsu-hime* heißen. *Hi* ist das in *hi-ko* und *hi-me* enthaltene ehrende Präfix, wohl ursprünglich *hi* „Sonne“, also das geschlechtsindifferente Honorificum, welches sowohl *hiko* als *hime* einschließt.

⁶) „Vater der Baumstämme“ oder „der Altehrwürdige der Bäume“. Auch hier steht ausdrücklich *kami-tachi* „Götter“.

und sprach: „Ach daß ich für ein einziges Kind meine geliebte jüngere Schwester ausgetauscht habe!" Wie er nun so ihr zu Häupten und ihr zu Füßen kroch und weinte und wehklagte, fielen seine Tränen herab und wurden zu einer Göttin. Es ist dies die Göttin, welche in Unewo no Konomoto wohnt und Naki-saha-me no Mikoto heißt. Schließlich zog er das umgegürtete zehn Handbreiten lange Schwert[7]) heraus und hieb damit den Kagu-dzuchi in drei Stücke,[8]) deren jedes zu einem Gotte wurde. Hiernach wurde das von der Schneide des Schwertes herabträufelnde Blut zu fünfhundert Felssteinen,[9]) welche im Bett des himmlischen Ruhigen Flusses[10]) liegen. Dies war der Ahn von Futsu-nushi[11]) no Kami. Ferner spritzte das von dem Stichblatt[12]) des Schwertes herabträufelnde Blut weg und wurde zu Gottheiten, deren Namen Mika-haya-hi no Kami und sodann Hi-haya-hi no Kami waren. Dieser Mika-haya-hi no Kami war der Ahn von Take-mika-dzuchi[13]) no Kami. — [Nach einer anderen Version] hießen sie auch Mika-haya-hi no Mikoto, sodann Hi-haya-hi no Mikoto, sodann Take-

---

7) Das Längemaß bezieht sich auf die Klinge *(mi)* des Schwertes. In den Varianten wird auch von acht und neun Handbreiten gesprochen. Der Name des Schwertes war *Ame no Wo-ha-bari* oder *Itsu no Wo-ha-bari* oder *Itsu no Wo-bashiri*. Vgl. Buch 2, Kap. II, Anm. 2 und das Kojiki, Ab. 8, Anm. 20.

8) Kojiki 8 schneidet er ihm nur den Kopf ab.

9) *I-ho tsu iha-mura*, d. h. unzählig viele Felsstücke. „Fünfhundert" steht für eine große unbestimmte Zahl. In ähnlicher unbestimmter Bedeutung der Vielheit wird gebraucht 8, 80, 180, 80000, 8000000, 100, 10000, letztere beiden unter chinesischem Einfluß. Das Kojiki hat *yutsu* „viele" statt *i-ho* 500. Man sah in der Milchstraße einen Himmelsfluß ganz nach Art der japanischen Flüsse, nämlich ein meist trockenes, von mächtigem Steingeröll angefülltes Flußbett.

10) *Yasu-kawa* „ruhiger Fluß", die Milchstraße. *Yasu* ist aber wahrscheinlich aus *ya-se* korrumpiert, und somit die ursprüngliche Bedeutung: der „Acht (Viel)-Strömungen-Fluß". Die Form *ya-se* beruht auf der Autorität des Kogoshūi.

11) „Zisch-Herr". *Futsu* soll ein onomatopoetisches Wort sein, welches etwa unserem „ritsch-ratsch" entspricht, hier auf das Zischen des Schwertes beim Hieb gedeutet. Aston hat jedoch Shinto S. 155ff. dargetan, daß *futsu (fut)* lautgesetzlich dem koreanischen *pul* „Feuer" entspricht, und daß wir in *Futsu-nushi* „Feuer-Herr" einen Feuergott koreanischer Herkunft zu sehen haben. In späterer historischer Zeit ist er, wie Take-mika-dzuchi, ein Kriegsgott, und sein Shintai oder Götter-Emblem ist ein Schwert.

12) *Tsumi-ha* (von *tsumu* festmachen, *ha* Schneide, Klinge), woraus das moderne *tsuba* „Stichblatt". Im Kojiki steht *moto* „der obere Teil" des Schwertes.

13) Zu „Ahn" vgl. die Buch 2, Eingang zu Kap. II aufgestellte Genealogie. Im Kojiki haben wir für ihn die Namen *Take-mika-dzuchi no Wo no Kami, Take-futsu no Kami* und *Toyo-futsu no Kami*. Der *Futsu-nushi* des Nihongi fehlt. Betrachten wir, was sehr wahrscheinlich, *Take-futsu* und *Toyo-futsu* des Kojiki als identisch mit dem *Futsu-nushi* des Nihongi (*Take* und *Toyo* sind nur *Honorifica*) so bleibt noch die Verschiedenheit, daß nach ersterer Quelle *Take-futsu* und *Toyo-futsu* alias *Futsu-nushi* mit *Take-mika-dzuchi* identisch sind, nach letzterer Quelle aber, wobei noch besonders Buch 2, Kap. II zu vergleichen, *Futsu-nushi* und *Take-mika-dzuchi* verschiedene Gottheiten sind. Die bessere und klarere Überlieferung wird hier auf Seiten des Nihongi sein. Zu bemerken ist noch, daß für *Take-mika-dzuchi* auch *Take-ikadzuchi* vorkommt, was auf eine Kontraktion von *mika* aus *mi-ika* „hehr-gewaltig" zu deuten scheint.

mika-dzuchi no Kami. — Ferner spritzte das von der Spitze des Schwertes herabträufelnde Blut weg und wurde zu Gottheiten, deren Namen waren Iha-saku no Kami, sodann Ne-saku no Kami, sodann Ihatsutsu no Wo no Mikoto. (Dieser Iha-saku no Kami war der Ahn von Futsu-nushi no Kami.[14]) — In einem anderen Bericht aber nennt man Iha-tsutsu no Wo no Mikoto und Iha-tsutsu no Me[15]) no Mikoto. —

Ferner spritzte das Blut, welches vom Knopf des Schwertes herabträufelte, weg und wurde zu Gottheiten, deren Namen waren Kura-Okami, sodann Kura-yama-tsumi,[16]) sodann Kura-mitsuha.

Hierauf folgte Izanagi no Mikoto [seiner dahingeschiedenen Gattin] Izanami no Mikoto und trat in die Unterwelt ein. Als er sie eingeholt hatte, sprachen sie miteinander, und Izanami no Mikoto sagte: „Mein Herr und mein Gemahl, warum kommst du so spät? Ich habe nun schon von Yomi's Kochherd gegessen. Trotzdem[17]) bin ich im Begriff mich zum Schlafen niederzulegen. Bitte, sieh nicht her!“ Izanagi no Mikoto hörte jedoch nicht auf sie, sondern nahm heimlich seinen vielzähnigen Kamm, brach den Endzahn davon ab, machte daraus eine Fackel und sah nach ihr. Da [sah er, daß] eitrige Masse aufgesprudelt war, und es von Maden schwärmte. Dies ist der Grund, warum heutigen Tages die Leute nachts vermeiden [nur] ein einziges Licht anzuzünden, und warum sie ferner nachts vermeiden einen Kamm wegzuwerfen.[18]) Da war Izanagi no Mikoto im höchsten Grade überrascht und sprach: „Ich bin unerwartet in ein pfui! scheußliches, schmutziges Land gelangt.“ Hierauf ergriff er schleunigst die Flucht und machte sich auf den Rückweg. Da erzürnte Izanami no Mikoto und sprach: „Warum hast du das Ausbedungene nicht beachtet und mir Schande zugefügt?“[19]) Damit schickte sie die acht Scheußlichen Weiber der Unterwelt — auch Stirnrunzelnde Weiber der Unterwelt genannt — um ihn zu verfolgen und festzuhalten. Izanagi no Mikoto

---

[14]) Vgl. Buch 2, Kap. II, wo Futsu-nushi als Sohn von Iha-tsutsu-wo und Iha-tsutsu-me, den Kindern von Iha-saku Ne-saku, aufgeführt ist.

[15]) „Felsen-Altehrwürdige Frau.“

[16]) Im Kojiki wird er nicht im gleichen Zusammenhang erwähnt, sondern etwas später als aus dem Geschlechtsteil des Feuergottes entstanden aufgeführt.

[17]) Der Satz scheint korrumpiert zu sein. Am einfachsten wäre vielleicht die Änderung in „nun“. Vgl. den offenbar besseren Text im Kojiki 9, und die Darstellung im Ritual zur Beschwichtigung des Feuers.

[18]) Beide abergläubische Sitten bestehen noch, namentlich die letztere, welche z. B. in der Provinz Kadzusa, wie ich aus eigener Erfahrung weiß, aufs strengste befolgt wird. Im Adzuma-kagami wird der ebenfalls noch jetzt vorhandene Aberglaube berichtet, daß derjenige, welcher einen weggeworfenen Kamm aufhebt, in eine andere Person verwandelt wird.

[19]) Das Verbot der Izanami, nicht nach ihr zu sehen, welches nach der Kojiki-Version eine Vorbedingung für ihre Rückkehr in die Oberwelt ist, erinnert an die Bedingung des Pluto, daß Orpheus sich nicht nach der ihm folgenden Eurydice umsehen darf, bis sie die Oberwelt erreicht haben. In beiden Fällen wird das Verbot übertreten,

zog daher sein Schwert, schwang es hinter seinem Rücken und lief davon. Dann warf er ihnen seinen schwarzen Kopfschmuck hin, worauf sich dieser in Weintrauben verwandelte. Die Scheußlichen Weiber sahen sie und nahmen und assen sie. Nachdem sie dieselben aufgegessen hatten, nahmen sie die Verfolgung von Izanagi no Mikoto wieder auf. Nunmehr warf ihnen dieser seinen vielzähnigen Kamm[20]) hin, worauf sich derselbe in Bambusschößlinge verwandelte. Die Scheußlichen Weiber rissen auch diese heraus und assen sie. Nachdem sie dieselben aufgegessen hatten, nahmen sie die Verfolgung wieder auf. Hierauf kam auch Izanami no Mikoto selbst und verfolgte ihn. Inzwischen hatte aber Izanagi no Mikoto bereits den Flachen Abhang der Unterwelt erreicht.

VIa. — Anderweitig wird berichtet, daß Izanagi no Mikoto gegen einen großen Baum Wasser ließ, und daß sich dieses hierauf sofort in einen großen Fluß verwandelte.[21]) Während die Stirnrunzelnden Weiber der Unterwelt sich anschickten über diesen Fluß zu setzen, hatte Izanagi no Mikoto bereits den Flachen Abhang der Unterwelt erreicht. Hierauf nahm er nun einen von tausend Menschen zu ziehenden Felsen, verbarrikadierte damit den Weg über den Hügel, und indem er mit Izanami no Mikoto Angesicht gegen Angesicht stand, sprach er schließlich die Ehescheidungsformel aus. Da sagte Izanami no Mikoto: „Mein geliebter Herr und Gemahl, wenn du solches sprichst, so will ich die Bewohner des von dir regierten Landes erwürgen, tausend an einem Tage.“ Darauf antwortete Izanagi no Mikoto und sprach: „Meine geliebte jüngere Schwester, wenn du solches sprichst, so will ich in einem Tage ein tausend und fünfhundert Menschen geboren werden lassen.“ Dann sagte er: „Komme nicht weiter als bis hierher!“ Dann warf er seinen Stock hin, welcher Funato[22]) no Kami genannt wurde. Ferner warf er seinen Gürtel

---

und die Folge davon ist der endgültige Verlust der Gemahlin, ihr Verbleiben in der Unterwelt. Die Geschichte von Hiko-hoho-demi und Toyo-tama-bime, welche in Buch II, Kapitel 5, erzählt wird, und in der die Verletzung einer gewissen Frauensitte den Verlust der Gattin zur Folge hat, verdient gleichfalls schon hier einen Hinweis.

[20]) Den er, nach dem Kojiki, aus seinem rechten Haarschopf nahm.

[21]) In der Samoanischen Sage von Siati und Puapae werfen diese auf der Flucht eine Flasche mit Wasser hin, die sich sofort in ein Meer verwandelte, worin die Verfolger ertranken.

[22]) *Funato* „Geh-nicht-vorüber Stelle“, Stelle wo Halt gemacht werden muß (Verbotener Weg!). Ein alternativer Name ist *Kunato* „komm-nicht Stelle“, von *kuru* „kommen“. Iida möchte unter dem Stock den *Speer* des Izanagi verstehen, es scheint aber natürlicher, an einen wirklichen Stock zu denken, wie ihn die Bergbewohner brauchen, zumal da aus ihm der Gott der Wege wird. Es findet sich auch die Aussprache *Funado* und *Kunado.* Im Kojiki heißt er *Tsuki-tatsu-funa-do* „Aufrecht [in die Erde] stoßen Geh-nicht-vorüber Ort“. Der Gott hat seinen Namen daher, daß er an der Grenze zwischen dem Hades und der Oberwelt steht und die Dämonen des ersteren vom Eintreten in letztere abhält. Es ist somit ein Schutzgott der Menschen gegen die bösen Geister der Unterwelt. Aston

hin, welcher Naga-chi-ha[23]) no Kami genannt wurde. Ferner warf er sein Obergewand hin, welches Wadzurahi no Kami[24]) genannt wurde. Ferner warf er seine Hose hin, welche Aki-guhi no Kami[25]) genannt wurde. Ferner warf er seine Schuhe hin, welche Chishiki[26]) no Kami genannt wurden.

VIb. — Einige sagen, daß der Flache Hügel der Unterwelt überhaupt kein besonderer Ort sei, sondern nur den Zeitraum bedeute, wo beim Herannahen des Todes der Atem ausgeht.[27])

Der Felsen, womit der Flache Hügel der Unterwelt versperrt worden war, wurde Yomi-do ni sayarimasu Oho-kami genannt. Ein anderer Name ist auch Chi-gaheshi no Oho-kami.

Nachdem Izanagi no Mikoto zurückgekehrt war, sprach er in reuevoller Erinnerung: „Da ich vorher nach einem pfui! scheußlichen, schmutzigen Orte gegangen bin, so gehört es sich, daß ich meinen Körper von der Verunreinigung reinwasche.“ Darauf begab er sich nach dem Ahagi Gefilde von Tachibana bei [dem Flusse] Woto im [Lande] Himuka auf [der Insel] Tsukushi[28]) und reinigte sich. Als er schließlich im Begriff war, die Beschmutzung seines Körpers wegzuwaschen, erhob er seine Stimme und sprach: „Die obere Strömung ist überaus rasch und die untere Strömung ist überaus schwach.“ Hierauf wusch er sich im Mittellauf. Der dabei entstandene Gott hieß Ya-somaga-tsu-hi no Kami; sodann um diese Übel wieder gut zu machen, entstanden Gottheiten, welche genannt wurden Kamu-naho-bi no Kami und sodann Oho-naho-bi no Kami.

---

hält ihn für einen phallischen Gott (Shinto, S. 189). Man vergleiche den Gebrauch von Stöcken zur Vertreibung von Totengeistern bei den Indianern (Réville, Religions des peuples non-civilisés I, 259).

[23]) Im Kojiki *Michi no Naga-chi-ha.* Nach den Zeichen „Lang-Weg-Fels“, doch will Moribe *ha* = *ma* „Raum. Zwischenraum“ setzen: „Lange-Weg-Strecke“. Der verbindende Gedanke zwischen diesem Namen und dem Gürtel (*obi*) scheint zu sein: ein Weg so lang wie ein vielmals um den Leib geschlungener Obi lang ist.

[24]) „Gott der Leiden oder Krankheiten“, im Kojiki *Wadzurahi no Ushi no Kami* „der Gott-Herr der Leiden“. Eine annehmbare Erklärung seines Zusammenhangs mit dem Kleid ist noch nicht gefunden.

[25]) Wahrscheinlich „Gott des Satt-essens“. Im Kojiki entsteht der entsprechende *Aki-guhi no Ushi no Kami* aus der Kammuri (Mütze) des Izanagi. Die Version des Kojiki, wonach aus der Hose der *Chimata no Kami* „Kreuzweg-Gott“ (wörtl. Weg-Gabel-Gott) entsteht, verdient wegen des treffenden Vergleichs zwischen den Hosenbeinen und einem sich gabelförmig spaltenden Weg entschieden den Vorzug.

[26]) „Die auf dem Weg einholende Gottheit“. Kojiki 9 wird aber der Name *Chishiki no Oho-kami* „die auf dem Weg einholende Große Gottheit“ der *Izanami* beigelegt, weil sie ihren Bruder verfolgt und eingeholt habe.

[27]) Es ist zu bezweifeln, daß diese rationalistische Fortinterpretierung schon aus der Zeit der Nihongiverfasser herrührt. Wir haben es augenscheinlich mit einer späteren Interpolation in den Text des Nihongi, die zudem an unpassender Stelle eingefügt ist, zu tun.

[28]) Oder: bei Tachibana an der kleinen Flußmündung in Himuka auf Tsukushi.

Ferner durch sein Hineintauchen und Waschen auf dem Boden des Meeres entstanden Gottheiten mit den Namen Soko-tsu-wata-tsu-mi no Mikoto und sodann Soko-tsutsu-wo no Mikoto. Ferner als er in der Mitte der Flut untertauchte und sich wusch, entstanden Gottheiten mit den Namen Naka-tsu-wata-tsu-mi no Mikoto und sodann Naka-tsutsu-wo no Mikoto. Ferner als er oben auf der Flut schwimmend sich wusch, entstanden Gottheiten mit den Namen Uha-tsu-wata-tsu-mi no Mikoto und sodann Uha-tsutsu-wo no Mikoto. Im ganzen waren es neun Gottheiten. Die Götter Soko-tsutsu-wo no Mikoto, Naka-tsutsu-wo no Mikoto und Uha-tsutsu-wo no Mikoto sind die [drei] Grossen Gottheiten von Suminoye. Die Götter Soko-tsu-wata-tsu-mi no Mikoto, Naka-tsu-wata-tsu-mi no Mikoto und Uha-tsu-wata-tsu-mi no Mikoto sind die Götter, welche von den Adzumi no muraji[29]) verehrt werden.

Hiernach entstand durch Waschen seines linken Auges eine Gottheit mit dem Namen Ama-terasu Oho-mi-kami. Dann entstand durch Waschen seines rechten Auges eine Gottheit mit dem Namen Tsuki-yomi no Mikoto.[30]) Dann entstand durch Waschen seiner Nase eine Gottheit mit dem Namen Susa no Wo no Mikoto. Im ganzen waren es drei Gottheiten. Hierauf beauftragte Izanagi no Mikoto seine drei Kinder, indem er sprach: „Du Ama-terasu Oho-mi-kami sollst

---

[29]) Das Kojiki charakterisiert die Verehrung der drei letztgenannten Götter ausdrücklich als „Ahnenkult“.

[30]) Es scheint mir, daß wir in der Anfang Kap. III mitgeteilten Erzählung von der Entstehung der Sonnengöttin und des Mondgottes durch gemeinsame Zeugung Izanagi's und Izanami's eine spezifischer japanische Mythe besitzen, als in der hier und im Kojiki gegebenen Version, die auffallende Ähnlichkeit mit einem Zug der chinesischen P'anku Mythe zeigt. Vgl. über diese Mayers, Chinese Reader's Manual, pag. 173f., wo es unter anderem heißt: „P'an-ku entstand in der großen Wüste — sein Anfang ist unbekannt. Durch sein Sterben ließ P'an-ku die gegenwärtige materielle Welt entstehen. Sein Odem verwandelte sich in Wind und Wolken, seine Stimme in den Donner, *sein linkes Auge in die Sonne, sein rechtes Auge in den Mond*, seine vier Glieder und fünf Extremitäten in die vier Himmelsgegenden und die fünf großen Berge, sein Blut in die Flüsse, seine Muskeln und Adern in die Erdschichten, sein Fleisch in den Boden, Bart und Haar in die Gestirne, Haut und Härchen darauf in Pflanzen und Bäume, Zähne und Knochen in Metalle, sein Mark in Perlen und Edelsteine, sein Körperschweiß in Regen, und die Parasiten auf ihm, vom Wind befruchtet, in das Menschengeschlecht.“ Es ist natürlich nicht ausgeschlossen, daß auch die Japaner eine so verbreitete Mythe von der Entstehung der Sonne und des Mondes gehabt haben könnten. Bietet ja sogar die germanische Mythologie eine Parallele zur P'anku Mythe, indem sie die Welt aus dem Körper des getöteten Riesen Ymir erschaffen sein läßt. Aber die *Doppelform der Mythe* scheint verdächtig. Hirata ist gegen eine Entlehnung aus China wegen der Geschlechtsverschiedenheit der Gottheiten von Sonne und Mond bei Chinesen und Japanern, doch wäre dieser Einwurf unmaßgeblich, da Beispiele vorhanden sind, daß selbst nah verwandte Volksstämme mit Mythologie gleichen Ursprungs verschiedene Geschlechtsanschauungen von der Sonnen- und Mondgottheit haben. Zur Sonnenaugen Mythe vgl. Lang 178ff., 227, 346; Gautier, Madagascar 295; Revue d'histoire des religions Bd. 37, S. 273; Réville, Religions des peuples non-civilisés Bd. II 36 und 166.

das hohe Himmelsgefilde regieren; du Tsuki-yomi no Mikoto sollst die achthundertfachen Salzfluten des blauen Meeresgefildes regieren; du Susa no Wo no Mikoto sollst die Welt regieren!"[31]) Zu dieser Zeit war Susa no Wo no Mikoto schon volljährig und hatte sich ferner einen acht Handbreiten langen Bart wachsen lassen. Nichtsdestoweniger aber übte er die Regierung der Welt nicht aus, sondern weinte und wehklagte und zürnte und wütete beständig. Daher fragte ihn Izanagi no Mikoto und sprach: „Warum weinst du immerfort auf diese Weise?" Er antwortete und sprach: „Ich möchte meiner Mutter in das Unterland nachfolgen, und nur deshalb weine ich." Da verabscheute ihn Izanagi no Mikoto und sprach: „Mach daß du fortkommst, so wie du Lust hast!" Hierauf jagte er ihn von dannen.

VII. — In einer Schrift heißt es: — Izanagi no Mikoto zog sein Schwert und hieb Kagu-dzuchi in drei Stücke. Aus einem derselben wurde Ikadzuchi-gami,[32]) aus einem wurde Oho-yama-tsu-mi no Kami, und aus einem wurde Taka-okami.[33]) Ferner heißt es: Als er Kagu-dzuchi zerhieb, spritzte dessen Blut aus und befleckte die inmitten der achtzig Flüsse[34]) des Himmels befindlichen fünfhundert Felsen und wurde zu Gottheiten mit den Namen Iha-saku no Kami, sodann Ne-saku no Kami, und deren beider Kinder Iha-tsutsu-wo no Kami und Iha-tsutsu-me no Kami, und deren beider Kind Futsu-nushi no Kami.

VIII. — In einer Schrift heißt es: — Izanagi no Mikoto zerhieb Kagu-dzuchi no Mikoto in fünf Stücke, deren jedes sich zu [einem der] fünf Berggötter verwandelte. Das erste, nämlich der Kopf, wurde zu Oho-yama-tsu-mi; das zweite, nämlich der Rumpf, wurde zu Naka-yama-tsu-mi;[35]) das dritte, nämlich die Hände, wurde zu Ha-yama-tsu-mi; das vierte, nämlich die Hüften, wurde zu Masaka-yama-tsu-mi; das fünfte, nämlich die Füsse, wurde zu Shigi-yama-tsu-mi. Dabei spritzte das

---

[31]) Vgl. jedoch Variante XI, wo *Tsuki-yo-mi*, der Sonne zugesellt, die Angelegenheiten des Himmels, *Susa no Wo* aber das Gefilde des Meeres regieren soll. Dies stimmt mehr zur Darstellung des Kojiki, wo der Mondgott das Reich der Nacht, Susa no Wo das Meergefilde von Izanagi angewiesen bekommt. In der Version des Kojiki überreicht zudem Izanagi der Sonnengöttin sein Juwelenhalsband.

[32]) Oder *Ikadzuchi no Kami* „Donnergott". Nach Hirata ist Ikadzuchi nicht spezifisch „Donner", sondern ein Name für alle gewaltigen, fürchterlichen Wesen: *ika* = *mika* „gewaltig", *dzu* = *tsu* Partikel, *mi* Honorificum. Er heißt auch *Oho-ikadzuchi no Kami* „großer Donner Gott" oder *Ame no Nari-ikadzuchi no Kami* „des Himmels tönender Donner Gott." Ein ihm geweihter Tempel befindet sich z. B. im Distrikt Ohotori von Idzumi, der *Oho-ikadzuchi-gami no jinja*.

[33]) „Der hohe hehre Gott, der hehre Gott auf den Höhen", ein auf den Bergen residierender Regengott von drachenförmiger Gestalt.

[34]) Die „achtzig Flüsse des Himmels" *Ame no ya-so kawara* sind die oben *Ame no Yasu-kawa* (oder *Ya-se-kawa* „achtströmiger Fluß") genannte Milchstraße. Wir haben also für den ersten Bestandteil des Namens der Milchstraße drei Formen: *yasu, yase, yaso*.

[35]) „Mittel-Berg-Herr", d. i. Herr der Bergseite oder des Bergabhangs.

Blut aus den Schnittwunden und befleckte die Felsen, Bäume und Kräuter. Dies ist der Grund, warum Kräuter, Bäume und Kiesel von Natur Feuer enthalten.

IX. — In einer Schrift heißt es: — Da Izanagi no Mikoto seine jüngere Schwester zu sehen wünschte, begab er sich nach der temporären Begräbnisstätte.[36]) Da zu dieser Zeit Izanami no Mikoto noch immer wie bei Lebzeiten war, kam sie heraus ihm entgegen und sie redeten mit einander. Hierauf sprach sie zu Izanagi no Mikoto: „Mein erlauchter Herr und Gemahl, ich bitte mich nicht anzusehen." Als sie so gesprochen hatte, wurde sie plötzlich unsichtbar. Es war zu dieser Zeit dunkel. Da zündete Izanagi no Mikoto ein einzelnes Licht an und sah nach ihr. Da sah er, daß Izanami no Mikoto aufgedunsen und angeschwollen war und auf ihr die acht Arten der Donnergötter waren. Izanagi no Mikoto war erschrocken und entfloh und kehrte zurück. Da erhoben sich die Donner alle und kamen in Verfolgung. Nun wuchs an der Seite des Weges ein großer Pfirsichbaum. Daher verbarg sich Izanagi no Mikoto unten an diesem Baume. Darauf nahm er die Früchte desselben und warf sie nach den Donnern, worauf die Donner alle sich zurückzogen. Dies ist der Ursprung des Gebrauchs mit Hilfe von Pfirsichen die bösen Geister fern zu halten. Hierauf warf Izanagi no Mikoto seinen Stock hin und sagte: „Die Donner sollen nicht weiter als bis hierher kommen!" Diesen [Stock] nennt man Funato no Kami; sein ursprünglicher Name war Kunato no Kami.

Von den sogenannten Acht Donnern hieß derjenige, welcher sich auf ihrem Kopfe befand, Oho-ikadzuchi (der Große Donner); derjenige, welcher sich auf ihrer Brust befand, hieß Ho-ikadzuchi (Feuer-Donner); derjenige, welcher sich auf ihrem Leibe befand, hieß Tsuchi-ikadzuchi (Erd-Donner); derjenige, welcher sich auf ihrem Rücken befand, hieß Waki-ikadzuchi (Junger Donner); derjenige, welcher sich auf ihrem Hinteren befand, hieß Kuro-ikadzuchi (Schwarzer Donner); derjenige, welcher sich auf ihrer Hand befand, hieß Yama-ikadzuchi (Berg-Donner); derjenige, welcher sich auf ihrem Fuß befand, hieß Nu-ikadzuchi (Feld-Donner); und derjenige, welcher sich auf ihrer Scham befand, hieß Saku-ikadzuchi (Spalt-Donner).

X. — In einer Schrift heißt es: — Izanagi no Mikoto folgte ihr, und als er an den Ort gelangte, wo Izanami no Mikoto sich befand, sprach er zu ihr und sagte: „Weil ich um dich trauerte, bin ich hierher gekommen." Sie antwortete und sprach: „Verwandter! sieh mich nicht an!" Izanagi no Mikoto aber gehorchte ihr nicht, sondern sah noch immer nach

[36]) Es war eine alte Sitte, nach dem Tode einer vornehmen Person ein *mo-ya* „Trauerhaus" zu bauen, wo die Leiche bis zum Begräbnis hingestellt wurde. Diese temporäre Beisetzung konnte bis zu einigen Monaten oder sogar Jahren dauern, je nach dem Zeitaufwand, den die Errichtung der eigentlichen Begräbnisstätte mit ihrem megalithischen Gewölbe erforderte.

ihr hin. Daher schämte sich Izanami no Mikoto, wurde zornig und sprach: „Du hast meinen Zustand gesehen. Nun will ich hinwiederum deinen Zustand sehen." Da schämte Izanagi no Mikoto sich ebenfalls und schickte sich an aufzubrechen und zurückzukehren, aber er kehrte nicht ohne weiteres schweigend zurück, sondern er tat einen Schwur und sprach: „Die Verwandtschaft wird geschieden werden!"[37]) Ferner sprach er: „Ich will einem Verwandten nicht unterliegen."[38]) Der hierauf von ihm ausgespuckte Gott[39]) wurde Haya-tama no Wo[40]) genannt; sodann der reinigende Gott wurde Yomi-tsu-koto-saka no Wo[41]) genannt. Im ganzen waren es zwei Gottheiten. Und als es dazu kam, daß er mit seiner jüngeren Schwester auf dem Flachen Abhang der Unterwelt stritt, sprach Izanagi no Mikoto: „Daß ich zuerst um einer Verwandten willen traurig war und wehmütige Sehnsucht empfand, das war eine Schwäche von mir."

Da sagten die Weg-Wächter[42]) der Unterwelt: Wir haben dir [von Izanami no Mikoto] folgendes auszurichten: „Ich und du haben Länder erzeugt. Warum sollten wir wieder welche zu zeugen verlangen? Ich will hinfort in diesem Lande bleiben und darf mit dir nicht davongehen." Zu dieser Zeit sagte Kukuri-hime[43]) no Kami ebenfalls etwas, was Izanagi no Mikoto hörte und gut hieß, worauf sie verschwand.

---

[37]) *Ugara hararemu* oder *hanarenamu*. Dies soll die alte Ehescheidungsformel gewesen sein.

[38]) Bezieht sich auf die 1000 Todesfälle und 1500 Geburten.

[39]) Meine Interpretation schließt sich an den chinesischen Text an. Iida macht einen Zusatz und liest: „Der Gott, welcher bei seinem Spucken entstand, hieß Haya-tama no Wo no Kami; sodann der Gott, welcher bei seiner Reinigung entstand, hieß Yomo-tsu-koto-saka no Wo no Kami". Anders Shikida, der auch diese beiden Götter nicht als Kinder Izanagi's betrachtet und interpretiert: „Darauf war da ein Gott, welcher spuckte und Haya-tama no Wo no Kami hieß; sodann war da ein Gott, welcher reinigte und Yomi-tsu-koto-toke no Wo no Kami hieß". Das Ausspucken Izanagi's ist wohl einerseits Ausdruck des Abscheus, anderseits aber auch eine Art Lustration. Im letzteren Sinne vergleiche man z. B. eine Sitte der Sekte der Messalianer, welche auszuspeien und sich zu schneuzen pflegten, um die Dämonen, welche sie etwa mit ihrem Atem in sich aufgenommen haben möchten, zu entfernen (Tylor, Anfänge der Kultur, Bd. I, S. 103; andere Beispiele für den Speichel als Lustrationsmittel daselbst Bd. II, S. 441 u. 443). Über Ausspeien zum Vertreiben unreiner Geister bei den Neuseeländern und Indianern s. Réville, Religions I, 236 und II, 114.

[40]) Zeichen: „Schnell-Edelstein-Mann"; aber Shikida möchte recht haben, wenn er *tama* mit *tamiha* „Erbrochenes" zusammenbringt: „Schnell-Erbrechen-Mann". In Idzumo und Kii sind ihm Tempel geweiht.

[41]) „Der bei der Ehescheidung in der Unterwelt [entstandene] Mann."

[42]) *Yomi tsu Chi-mori*, Grenzwächter oder Sperr-Götter auf dem flachen Abhang der Unterwelt. Ob einer oder mehrere Weg-Wächter zu verstehen sind, ist zweifelhaft.

[43]) „Die Gehör gebende Prinzessin." (?) Die Göttin soll so genannt sein, weil sie zwischen den streitenden Gottheiten vermittelte, der männlichen Gottheit die Worte der weiblichen zu hören gab, und umgekehrt.

Jedoch da er in eigner Person das Land der Unterwelt besucht hatte und weil dies unglücklich war, gedachte er die Verunreinigung wegzuwaschen und besuchte das Aha Tor[44]) und das Tor Haya-suhi na To.[45]) Jedoch die Flut in diesen beiden Toren war überaus schnell, weshalb er nach der Flußmündung von Tachibana umkehrte und sich daselbst reinigte und wusch. Als er bei dieser Gelegenheit in das Wasser hineinstieg, erzeugte er durch Blasen den Iha-tsuchi[46]) no Mikoto; indem er aus dem Wasser herausstieg, erzeugte er durch Blasen den Oho-naho-bi no Kami. Als er noch einmal hineinstieg, erzeugte er durch Blasen den Soko-dzuchi[47]) no Mikoto; beim Herauskommen erzeugte er durch Blasen den Oho-aya-tsu-hi[48]) no Kami. Als er nochmals hineinstieg, erzeugte er durch Blasen den Aka-dzuchi[49]) no Mikoto; beim Herauskommen erzeugte er durch Blasen die verschiedenen Gottheiten des Himmels, der Erde und des Meeresgefildes.

XI. — In einer Schrift heißt es: — Izanagi no Mikoto beauftragte seine drei Kinder, indem er sagte: „Du Ama-terasu Oho-mi-kami sollst das Gefilde des hohen Himmels regieren; du Tsuki-yo-mi no Mikoto sollst der Sonne zugesellt die Angelegenheiten des Himmels regieren; du Susa no Wo no Mikoto sollst das Gefilde des blauen Meeres regieren."

Als nun Ama-terasu Oho-mi-kami sich im Himmel befand, sprach sie: „Ich höre, daß im Mittellande des Schilfgefildes [die Göttin] Uke-mochi no Kami[50]) ist. Du Tsuki-yo-mi no Mikoto sollst hingehen und dich nach ihr erkundigen!" Als Tsuki-yo-mi no Mikoto den Befehl erhalten hatte, stieg er hinab und begab sich nach dem Ort, wo Uke-mochi no Kami war. Uke-mochi no Kami drehte hierauf ihren Kopf und wandte ihn nach dem Lande hin, worauf aus ihrem Munde gekochter Reis herauskam; ferner als sie ihn dem Meere zuwandte, kamen aus ihrem Munde breitflossige Dinge und schmalflossige Dinge; ferner als sie ihn den Bergen zuwandte, kamen aus ihrem Munde hartfellige Dinge und weichfellige Dinge. Diese verschiedenen Dinge wurden sämtlich bereit hingesetzt auf hundert Tischen und [Tsuki-yo-mi no Mikoto] wurde damit bewirtet.[51]) Da wurde Tsuki-yo-mi no

[44]) *Aha no mi-to* „Aha's Wasser-Tor", der *Naruto* Kanal zwischen den Inseln Ahaji und Shikoku (Provinz Aha), bekannt durch die reißende Strömung seiner Wasser.

[45]) „Schnell-saugendes Tor." Es ist die Bungo-Straße, beim jetzigen *Saga-no-seki* in der Provinz Bungo, von wo man nach Iyo übersetzt. Benannt nach der schnellen Strömung des Meeres dort.

[46]) „Felsen-Altehrwürdiger", identisch mit *Iha-tsutsu no Wo* in Variante VI.

[47]) Oder *Soko-tsuchi* „[Meer]-Boden-Altehrwürdiger" = *Soko-tsutsu no Wo.*

[48]) Gleichbedeutend mit *Oho-maga-tsu-hi* „Große-Übel-Wunderbarer", der Gott des Übels. *Aya* „Übel" ist der in den Verben *ayamatsu* „sich vergehen", *ayamuru* „verderben" (trans.) enthaltene Stamm.

[49]) „Roter Altehrwürdiger", mit *Naka-tsutsu no Wo* identisch.

[50]) Göttin der Nahrung (*uke* „Nahrung", *mochi* „haltend, besitzend").

[51]) Alle diese Dinge gehören zu den Opfergeschenken, welche in den Norito häufig aufgezählt werden, z. B. im Norito zur Wegtreibung des Fluchgottes: „Mit dieser Bitte

Mikoto vor Zorn rot und sprach: „Wie schmutzig! wie gemein! Wie kannst du es wagen, mich mit aus deinem Munde ausgespienen Dingen[52]) zu bewirten!" Hierauf zog er sein Schwert und tötete sie. Darauf kehrte er zurück und erstattete einen Bericht von seiner Mission, indem er die Vorgänge genau mit allen Einzelheiten erzählte. Da wurde Ama-terasu Oho-mi-kami überaus zornig und sprach: „Du bist ein böser Gott! Ich will dich nicht [länger] von Angesicht zu Angesicht sehen!" Hierauf trennte sie sich {von Tsuki-yo-mi no Mikoto durch einen Tag und eine Nacht und sie wohnten von einander getrennt.

Hierauf schickte Ama-terasu Oho-mi-kami zum zweitenmal [Jemand, und zwar dies Mal den] Ame-kuma-bito,[53]) um zu ihr hinzugehen und sie zu sehen. Zu dieser Zeit war Uke-mochi no Kami in der Tat schon tot. Jedoch auf dem Scheitel dieser Göttin waren das Rind und das Pferd entstanden; auf ihrer Stirne war die Kolbenhirse entstanden; auf ihren Augenbrauen waren Seidenraupen-Cocons[54])

---

opfern wir ehrerbietigst die darzureichenden Opfergeschenke, nämlich . . . und sowohl gehülsten Reis als auch ungehülsten Reis; und was die in den Bergen wohnenden Dinge anbelangt, [opfern wir] Dinge mit weichem Fell und Dinge mit hartem Fell; . . . und was die im blauen Meeresgefilde wohnenden Dinge anbelangt, Dinge mit breiten Flossen und Dinge mit schmalen Flossen . . . . und legen sie wie einen Querberg auf den Tischen in Fülle hin usw."

Hata no Hiro-mono „breitflossige Dinge" sind Seefische wie *Tai* Meerbrase, *Katsuwo* Bonitus usw.; *Hata no Sa-mono* „schmalflossige Dinge" sind *Awabi* Seeohr, *Ebi* Krebs, *Iwashi* Sardine, *Ika* Tintenfisch und alle Arten von Flußfischen (gewöhnlich *Koi* Karpfen).

Ke no Ara-mono „hartfellige Dinge" sind *Inoshishi* Wildschwein, *Usagi* Hase, usw. *Ke no Nigo-mono* „weichfellige Dinge" sind *Gan* Wildgans, *Kamo* Wildente, *Kiji* Fasan, *Hato* Taube usw. Durch Einfluß des Buddhismus sind später die hartfelligen und weichfelligen Dinge aus der Zahl der Opfergaben *(sonahe-mono)* verdrängt worden. Die „Opfertische" haben acht Beine und heißen daher *Yatsu-ashi* „Achtbein"; sie sind im Durchschnitt 5 Fuß lang, 1 Fuß breit und 3 Fuß hoch, aus *Hinoki*-Holz gefertigt. „Hundert" = „viele".

[52]) Nach der Version im Kojiki 17 wird der Zorn des Bewirteten, als welcher dort *Susa no Wo* genannt ist, noch erklärlicher, denn dort „nahm die Göttin Oho-ge-tsu-hime allerhand leckere Dinge aus Nase, Mund und Hinterem und richtete daraus allerlei her". Die Version des Nihongi, daß der *Mondgott*, und nicht Snsa no Wo, der Übeltäter war, ist auch durch das Kujiki vertreten und ist zweifellos die ältere Fassung der Mythe. Sie erklärt am besten den Umstand, daß die Sonne und Mond nicht zusammen gesehen werden. Auch die Mythen vieler anderer Völker erzählen vom Antagonismus der Sonne und des Monds, als der Gottheiten von Tag und Nacht; vgl. z. B. Tylor, Anfänge der Kultur I, 347; II, 324 usw. Die Sonnengöttin und die Nahrungsgöttin sind die beiden in *Ise* (Yamada) verehrten Hauptgottheiten, erstere im *Naigū*-, letztere im *Gekū*-Schrein verehrt.

[53]) Oder nach Motowori *Ame-kuma no Ushi.* Zeichen: „Himmels-Bären-Mensch". Suzuki hält *kuma* für ein Wort mit der Bedeutung „Reis" *kome*; nach Anderen soll *kuma* = *kumo* „Wolke" sein, indem die Wolken als Boten der Götter betrachtet würden. Diese Analogie zum indischen *Megha-dūta* (Wolken-Bote) ist aber in der japanischen Mythologie meines Wissens ganz ungerechtfertigt. *Ushi* = „Herr".

[54]) Dieser Sagenzug verdankt augenscheinlich seine Entstehung einem Wortspiel zwischen *mayu* „Augenbraue" und *mayu* (coll. *mai*) „Cocon". Die Volksetymologie leitet

entstanden; in ihren Augen war die Hahnenfußhirse entstanden; in ihrem Leibe war der Reis entstanden; in ihrer Scheide waren Gerste, große Bohnen und Adzuki Bohnen entstanden.

Ame-kuma-bito nahm alles an sich und ging und bot es [der Ama-terasu Oho-mi-kami] dar. Da freute sich Ama-terasu Oho-mi-kami und sprach: „Dies sind die Dinge, welche das sichtbare grüne Menschengras essen und davon leben soll." Hierauf machte sie die Hirse, die Hiye Hirse, den Mugi und die Bohnen zum Samen der Trockenfelder, und den Reis machte sie zum Samen der bewässerten Felder. Demgemäß setzte sie ferner einen Mura-gimi[55]) des Himmels ein. Nachdem sie dann den Reissamen zum erstenmal auf den schmalen Reisfeldern und den langen Reisfeldern des Himmels gesäet hatte, waren in dem betreffenden [darauf folgenden] Herbste die [von

---

übrigens letzteres von ersterem ab. In dem Bericht über Kaiser Nintoku, angeblich im Jahre 399 n. Chr. gestorben, haben wir im Kojiki 124 eine Stelle, welche darzutun scheint, daß die damaligen Japaner mit der Seidenraupenzucht noch nicht bekannt waren, sondern erst durch Vermittlung von Koreanern Kenntnis derselben erhielten. Nach einer Überlieferung hießen die eingeführten Raupen oder Cocons *Kara-mayu* d. i. koreanische (oder chinesische) Cocons. Nun gibt es auch sog. (*yama-mayu*) „Berg-Cocons", d. i. Cocons der wilden Seidenraupe, Antheraea yamamai, und man hat daher die Hypothese aufgestellt, daß die vor Nintoku's Zeit erwähnten, also im Jindai-ki besprochenen *mayu* wilde Cocons d. i. *yama-mayu* gewesen seien. Auch die wilden Seidenraupen werden gezüchtet, können aber ihre Cocons auch wild bilden. Es ist nicht leicht, mit Sicherheit zu entscheiden, ob die frühesten Erwähnungen von Seidenraupen und Cocons im Kojiki und Nihongi in einer bloßen Rückspiegelung späterer Zustände auf ältere Zeiten ihren Ursprung haben, oder ob man wirklich in Japan vor Einführung der *Kara-mayu* aus China resp. Korea schon Seidenraupen mit Cocons gekannt und deren Gespinste für Kleiderstoffe verwendet hat. Der ausgezeichnete Kenner des jap. Altertums Prof. Kurokawa ist letzterer Ansicht, ich kann aber nicht umhin zu ersterer Hypothese zu neigen. An dieser Stelle können wir fast mit Gewißheit annehmen, daß *mayu* „Cocon" durch das Streben nach einem Wortspiel mit *mayu* „Augenbraue" in die Mythe verpflochten wurde, und an der einzigen anderen Stelle des Jindai-ki, oben Variante II, wo die Seidenraupe *kahiko* erwähnt wird, geschieht es in einem Atem mit den ganz unjapanischen, spezifisch chinesischen „fünf Körnerfrüchten". Damit ist das chinesische Kolorit dieser Stelle und somit ihre historische Wertlosigkeit für die Charakteristik echter altjapanischer Zustände erwiesen. Die nächstälteste Erwähnung der Seidenraupen, Kojiki 124 (oben angezogen), spricht für Import aus Korea; die demnächst folgende im Jahre 462 n. Chr., Yūryaku-ki Buch 14 im Nihongi, gibt ebenfalls Zeugnis dafür, daß man erst letzthin mit den Seidenraupen und ihrer Verwendung bekannt geworden war (dies ist etwa 100 Jahre später als die Zeit, von der das Kojiki spricht!) und sie zu züchten begann. Alles Beweise, daß die Seidenkultur erst anfing, nachdem man schon längst mit Korea und somit indirekt auch mit China in häufigem Wechselverkehr gestanden hatte. Mag es nun in Japan von jeher Seidenraupen gegeben haben oder nicht, so kann es nach obiger Darlegung kaum noch einem Zweifel unterliegen, daß die Kultur der Seidenraupe von außen her gegen Anfang der eigentlich historischen Zeit, d. i. im vierten oder fünften Jahrhundert unserer Zeitrechnung, importiert worden ist. Alle anderen Angaben sind Anachronismen und haben nur den Wert einer Legende.

[55]) „Dorf-Herr, Dorfschulze", auch *mura-tsukasa* und am häufigsten *mura-wosa* „Dorf-Ältester" genannt.

ihrem eigenen Gewicht] nieder hangenden Ähren von acht Handbreiten Länge nieder umgebogen und überaus lieblich anzusehen.

Ferner nahm sie die Seidenraupen-Cocons in ihren Mund, und darauf gelang es ihr Fäden von ihnen zu haspeln. Damit begann die Kunst Seidenraupen zu züchten.

[Kapitel V.]

[Susa no Wo's Besuch bei der Sonnengöttin. Zeugung männlicher und weiblicher Gottheiten.]

Hierauf bat Susa no Wo no Mikoto und sprach: „Ich will jetzt deiner Unterweisung gemäß nach dem Unterlande gehen. Daher wünsche ich auf kurze Zeit nach dem Hohen Himmelsgefilde zu gehen, um mit meiner jüngeren Schwester zusammenzutreffen, worauf ich auf immer weggehen will.“ Es wurde ihm die Erlaubnis dazu gegeben, und er stieg alsdann zum Himmel hinauf.

Hiernach baute sich Izanagi no Mikoto, da seine göttliche Aufgabe bereits erfüllt war und seine wunderbare Bahn eine andere Richtung nehmen sollte, einen Versteck-Palast[1]) auf der Insel Ahaji, und hielt sich dort in aller Stille für immer verborgen.

a. — Ein anderer Bericht sagt: Nachdem Izanagi no Mikoto seine Aufgabe erfüllt hatte und auch seine Macht groß war, stieg er zum Himmel hinauf und erstattete von seiner Sendung Bericht. Sodann blieb er dort wohnen im Kleineren-Palaste der Sonne.[2])

Als nun zuerst Susa no Wo no Mikoto zum Himmel hinaufstieg, da rollte das große Meer [wie Donner] und geriet in Bewegung, und die Berge und Hügel stöhnten laut; dies in folge der Heftigkeit seiner göttlichen Natur. Als Ama-terasu Oho-mi-kami, welche die Heftigkeit und Bosheit dieses Gottes von früher her kannte, die Art und Weise seines Kommens hörte, war sie erschrocken und wechselte die Farbe und sprach: „Wie kann mein jüngerer Bruder [auf diese Weise] mit guten Absichten kommen? Ich denke er wird die Absicht haben, mich meines Landes zu berauben. Da unsere Eltern allen ihren Kindern Auftrag gegeben haben, so ist ein jedes im Besitz eines bestimmten Gebietes. Warum dann gibt er das Land, wohin er gehen sollte, auf und wagt es diesen

---

Kapitel V.

Zum Inhalt vergl. Kojiki 13 und 14.

[1]) *Kakure no miya*, nach dem Zeichen „dunkler, unsichtbarer Palast, Palast des Dunkels“. Im Dorfe *Taga* des Distriktes Tsuna der Insel Ahaji liegt ein hiermit identifizierter Shintōtempel namens *Izanagi-jinja* „Tempel des Izanagi“, auch *mi-yake* oder *kami-yake* „Gottes-Haus“ genannt. Die irdische Tätigkeit Izanagis begann und endete nach der Sage somit auf der Insel Ahaji. Kojiki 12 läßt Izanagi in *Taga* in der Provinz *Afumi* residieren, und die Leute daselbst sagen, die Stätte sei von Taga in Ahaji nach Taga in Afumi später verlegt worden. Ich glaube aber, daß dies eine auf Verwechslung der beiden *Taga* und Adaption beruhende Verderbung der ursprünglichen Sage ist, zumal da auch das Kujiki Izanagi in Taga von Ahaji wohnen läßt.

[2]) *Hi no waka-miya*, so genannt im Gegensatz zum *Hi no miya* „Sonnenpalast“, welchen die Göttin Ama-terasu bewohnt.

Ort hier auszuspionieren?" Hierauf band sie ihr Haar [wie ein Mann] zu [zwei] Schöpfen auf und wickelte ihren [weitbauschigen] Frauenrock zu einer Hose zusammen. Dann nahm sie einen Faden mit daran aufgereihten fünfhundert Yasaka Juwelen und flocht ihn um ihre Haarschöpfe und um ihre Handgelenke. Ferner hing sie sich einen tausendpfeiligen Köcher und einen fünfhundertpfeiligen Köcher auf den Rücken, und am Unterarm befestigte sie ein gewaltiges laut-tönendes Rückschlagpolster. Indem sie die [eine] Kerbe ihres Bogens emporschwang und den Griff ihres Schwertes fest anpackte, stampfte sie auf den harten Hof, so daß sie mit ihren beiden Schenkeln hineintrat als ob es Schaum-Schnee wäre, und trat ihn mit Fußtritten auseinander. Indem sie so zu gewaltiger männlicher Tapferkeit sich anstrengte, erhob sie ein gewaltiges Schelten und richtete direkt gebieterische Fragen an ihn. Susa no Wo no Mikoto antwortete und sprach: „Ich habe von allem Anfang an kein schwarzes Herz gehabt. Aber da ich dem ernsten Geheiß unserer Eltern gemäß im Begriff bin auf immer in das Unterland zu gehen, wie könnte ich da mich unterstehen aufzubrechen, ohne erst meine ältere Schwester von Angesicht zu Angesicht gesehen zu haben? Aus diesem Grunde habe ich die Wolken und Nebel zu Fuß gehend überschritten und bin von fern her hierher gekommen. Ich hatte nicht erwartet, daß meine ältere Schwester im Gegenteil ein so ernstes Gesicht machen würde."

Darauf fragte ihn Ama-terasu Oho-mi-kami wieder und sprach: „Wenn dies wirklich so wäre, wie wolltest du dann dein rotes Herz[3]) klar darlegen?" Er antwortete und sprach: „Bitte, ich will mit dir, meiner älteren Schwester, einen Schwur tun. Während [wir durch] diesen Schwur [gebunden sind], werden wir sicherlich Kinder erzeugen. Wenn meine Sprößlinge Mädchen sind, dann kannst du annehmen, daß ich ein unlauteres Herz habe. Wenn sie aber Knaben sind, dann kannst du annehmen, daß ich ein lauteres Herz habe."

Hierauf ließ sich Ama-terasu das zehn Handbreiten lange Schwert des Susa no Wo no Mikoto geben, zerbrach es in drei Stücke und wusch sie im Trefflichen Brunnen des Himmels durch Hin- und Herschwenken rein. Dann kaute sie dieselben mit knirschendem Geräusch und blies sie weg, und aus dem dichten Nebel ihres Hauches entstanden Göttinnen, deren Namen waren: Ta-gori-bime[4]), sodann Tagi-tsu-hime[5]), sodann Ichiki-shima-hime[6]). Im ganzen waren es drei weibliche [Gottheiten].

Hierauf ließ sich Susa no Wo no Mikoto den von Ama-terasu Oho-mi-kami um ihre Haarschöpfe und um ihre Handgelenke geflochtenen Faden mit den daran aufgereihten fünfhundert Yasaka Juwelen geben und schwenkte dieselben

[3]) Lautere Gesinnung.

[4]) Nach Suzuki ist *Ta-gori* aus *Take-gori* „tapferes Herz" herzuleiten, doch glaube ich, daß *gori* = *giri*, die nigorierte Form von *kiri* „Nebel" ist, wie die Göttin denn auch im Kojiki 13 *Ta-kiri-bime* heißt. Ein anderer im Kojiki gegebener Name von ihr ist *Oki-tsu-shima-bime no Mikoto* „Prinzessin der Tiefsee-Insel".

[5]) „Schäumend brausende Prinzessin", nach den Zeichen „Wasserfall-Prinzessin".

[6]) „Prinzessin der Lieblichen Insel." Ihr alternativer Name ist *Sa-yori-bime no Mikoto* „Trefflich-gute Prinzessin" (Kojiki 13).

im Trefflichen Brunnen des Himmels aus. Dann kaute er sie mit knirschendem Geräusch und blies sie weg, und aus dem dichten Nebel seines Hauches entstanden Götter, deren Namen waren: Masaka-a-katsu Kachi-hayabi Ame no Oshi-ho-mimi no Mikoto; sodann Ame no Ho-hi no Mikoto — *dieser ist der Ahn der Idzumo no omi*[7]) *und der Haji no muraji*[8]) —; sodann Ama-tsu-hiko-ne no Mikoto — *dieser ist der Ahn der Ohoshi-kafuchi no atahi und der Yamashiro no atahi*[9]) —; sodann Iku-tsu-hiko-ne no Mikoto; sodann Kuma-nu no Kusu-hi no Mikoto. Im ganzen waren es fünf männliche [Gottheiten].

Da sagte Ama-terasu Oho-mi-kami: „Wenn man ihrem Ursprung auf den Grund geht, so [stammen diese männlichen Gottheiten aus dem] Faden mit den daran aufgereihten fünfhundert Yasaka Juwelen, welcher mein Eigentum war. Daher sind jene fünf männlichen Gottheiten sämtlich meine Kinder.“ Hierauf nahm sie dieselben und erzog sie. Ferner sagte sie: „Das zehn Handbreiten lange Schwert hat dir, Susa no Mikoto, gehört. Daher sind diese drei weiblichen Gottheiten sämtlich deine Kinder.“ Hierauf übergab sie dieselben dem Susa no Wo no Mikoto. Diese [letzteren] sind die Gottheiten, welche von den Munakata no kimi[10]) von Tsukushi verehrt werden.

I. — In einer Schrift heißt es: — Die Sonnengöttin, welche von allem Anfang an die heftig-wilden und eigenmächtigen Absichten des Susa no Wo no Mikoto kannte, dachte während seines Heraufsteigens bei sich: „Das Kommen meines jüngeren Bruders geschieht nicht mit guter Absicht. Gewiß will er mich um mein Himmelsgefilde berauben.“ Hierauf traf sie männliche kriegerische Vorbereitungen und gürtete sich mit einem zehnspannigen Schwerte, einem neunspannigen Schwerte und einem achtspannigen Schwerte. Ferner hing sie auf den Rücken einen Köcher, ferner befestigte sie an ihrem Unterarm ein gewaltiges laut-tönendes Rückschlagpolster. In die Hand nahm sie einen Bogen und Pfeil, ging ihm in eigener Person entgegen und stellte sich zur Abwehr. Da sprach Susa no Wo no Mikoto zu ihr: „Ich habe von allem Anfang an keine bösen Absichten gehabt. Mein Wunsch war nur meine ältere Schwester von Angesicht zu Angesicht zu sehen, und so bin ich nur auf ein kleines Weilchen gekommen.“ Hierauf tat die

---

[7]) Die Omi der Provinz Idzumo.

[8]) „Haji-Volksherr.“ Statt *Haji* spricht man auch *Hashi, Hase* und *Hanishi;* letzteres wahrscheinlich die ursprüngliche Form = „Lehm-Arbeiter“. Nihongi Buch 6, im 32. Jahr Suinin, wird die Entstehung dieses Namens mitgeteilt. Ein gewisser Nomi no sukune ließ Lehmfiguren von Pferden, Menschen usw. anfertigen und bewog den Kaiser dieselben als Substitute für die Opfer von lebenden Menschen und Tieren bei Begräbnissen vornehmerer Personen einzuführen. Nomi wurde darauf zum Haupt der Lehmarbeiter-Volksgruppe gemacht, bekam den Namen *Haji no omi*, und seine Nachkommen, die *Haji no muraji*, hatten in Zukunft die Leitung bei kaiserlichen Begräbnissen.

[9]) Im Kojiki 14 führen beide das Kabane *Kuni-no-miyatsuko*.

[10]) „Herren von Munakata.“ *Tsukushi* wird hier im engeren Sinn als Gesamtbezeichnung der beiden Provinzen Chikuzen und Chikugo gebraucht sein; im weiteren Sinn bezeichnet es ganz Kyūshū. Die fünf männlichen und drei weiblichen Gottheiten werden jetzt zusammen unter dem Namen *Hachi-ō-ji* „die acht Prinzen“ verehrt.

Sonnengöttin, indem sie Susa no Wo no Mikoto gegenüberstand, einen Schwur und sprach: „Wenn dein Herz rein und lauter ist und du keine Absichten hast eigenmächtig zu rauben, so werden die von dir erzeugten Kinder sicherlich Knaben sein.“ Als sie so zu Ende gesprochen hatte, aß sie zuerst das von ihr umgegürtete zehn Handbreiten Schwert und erzeugte [auf diese Weise] ein Kind mit dem Namen Oki-tsu-shima-hime.[11]) Sodann aß sie das neun Handbreiten Schwert und erzeugte ein Kind mit dem Namen Tagi-tsu-hime. Sodann aß sie das acht Handbreiten Schwert und erzeugte ein Kind mit dem Namen Ta-gori-bime. Im ganzen waren es drei weibliche Gottheiten. Darauf nahm Susa no Wo no Mikoto die um seinen Hals hängenden fünfhundert zusammengefädelten Juwelen, schwenkte sie im Juwel-Brunnen[12]) des Himmels, der mit anderem Namen auch der Reine Treffliche Brunnen[13]) heißt, aus und aß sie. Hierauf erzeugte er ein Kind Namens Masaka-a-katsu Kachi-haya-bi Ame no Oshi-ho-ne[14]) no Mikoto, sodann Ama-tsu-hiko-ne no Mikoto, sodann Iku-tsu-hiko-ne no Mikoto, sodann Ama no Ho-hi no Mikoto, sodann Kuma-nu no Oshi-homu[15]) no Mikoto. Im ganzen waren es fünf männliche Gottheiten. Als daher so Susa no Wo no Mikoto den Beweis seines Sieges erlangt hatte, erlangte die Sonnengöttin erst jetzt Kenntnis davon, daß Susa no Wo no Mikoto von allem Anfang an keine schlechten Absichten gehabt hatte. Die von der Sonnengöttin erzeugten drei weiblichen Gottheiten wurden hierauf von ihr [vom Himmel] nach dem Lande Tsukushi herab geschickt. Sie sprach deshalb zu ihnen: „Ihr drei Gottheiten sollt hinabsteigen und in der Mitte der Ländergruppe[16]) wohnen, den himmlischen Nachkommen[17]) ehrfurchtsvoll Beistand leisten und von den himmlischen Nachkommen verehrt werden.“

II. — In einer Schrift heißt es: — Als Susa no Wo no Mikoto im Begriff stand, nach dem Himmel emporzusteigen, da war eine Gottheit Namens Ha-akaru-tama.[18]) Diese Gottheit kam ihm ehrfurchtsvoll entgegen und

---

[11]) „Prinzessin der Tiefsee-Insel“, alternativer Name von *Ta-gori-bime*.

[12]) *Nu-na-wi*, von *nu* = *ni* „Juwel“, *na* = *no* Genetiv-Partikel, *wi* „Brunnen“.

[13]) *Isa no ma-na-wi*. Die Interpretation von *isa no* ist sehr schwierig. Nicht ausgeschlossen ist, daß *Isa* ein Ortsname wäre, wie Aston es nimmt: the true well of Isa. Aber viel wahrscheinlicher ist, daß wir in *isa no* ein schmückendes Beiwort haben, nämlich die Wurzel des Adjektivums *isagiyoshi* „rein, klar, lauter“, oder vielmehr das erste Element des Wortes, denn *isagiyoshi* ist zweifellos ein Kompositum, aus *isa* und *kiyoshi* „rein“.

[14]) *Oshi-ho-ne* „[Alles] überwindender großer Teurer“, sonst *Oshihomimi* genannt.

[15]) *Homu* wohl für *Ho-mi* oder *Ho-mi-mi* „große erlauchte Person“, resp. „großes Ohr“.

[16]) *Michi no naka*. *Michi* bezeichnet eine Provinz oder Gruppe von Provinzen, hier Tsukushi gemeint, und *Michi no naka* entspricht der Provinz Chikuzen.

[17]) D. i. den Kaisern.

[18]) „Glänzend-leuchtender Edelstein.“ *Ha* von *haye* „Glanz“, Verbum *hayu* „glänzen“; *haye* findet sich auch oft lautgesetzlich als *haya* z. B. in *Haya-tama no Wo*, *Kumanu no Haya-tama no yashiro* usw., wo stets *haya* = „glänzend“ ist, obgleich mit dem Zeichen

überreichte ihm schöne Maga-tama aus Yasaka-Juwel. Susa no Wo no Mikoto nahm diese Edelsteine und begab sich nach dem Himmel hinauf. Zu dieser Zeit argwöhnte Ama-terasu Oho-mi-kami, daß ihr jüngerer Bruder schlechte Absichten habe, machte kriegerische Anstalten und stellte Fragen an ihn. Susa no Wo no Mikoto antwortete und sprach: „Der Grund, warum ich hierher gekommen bin, ist wahrlich nur, daß ich wünschte meine ältere Schwester von Angesicht zu Angesicht zu sehen und ihr ferner diese prächtigen kostbaren schönen Maga-tama aus Yasaka-Juwel überreichen wollte. Ich würde mich nicht unterstehen andere Absichten zu hegen.“ Da fragte ihn Ama-terasu Oho-mi-kami wiederum und sprach: „Wodurch willst du beweisen, daß deine Rede Wahrheit oder Lüge sei?“ Worauf er antwortete und sprach: „Bitte laß mich und dich zusammen einen Eid schwören. Wenn ich, während [ich durch] diesen Eid [gebunden bin], Mädchen erzeuge, so halte mich für schwarzherzig; wenn ich aber Knaben erzeuge, so halte mich für rotherzig.“ Hierauf gruben sie an drei[19]) Stellen Treffliche Brunnen des Himmels und stellten sich einander gegenüber. Darauf sprach Ama-terasu Oho-mi-kami zu Susa no Wo no Mikoto und sagte: „Das von mir umgegürtete Schwert will ich jetzt dir geben; gib du mir die Maga-tama aus Yasaka-Juwel, welche du hast.“ Nachdem sie so miteinander ein Abkommen getroffen und gegenseitig [die betreffenden Objekte] ausgetauscht hatten, nahm Ama-terasu Oho-mi-kami die Maga-tama aus Yasaka-Juwel, ließ sie auf dem Trefflichen Brunnen des Himmels schwimmen,[20]) zerbiß die Kopfenden[21]) der Juwelen und blies sie heraus. Die Gottheit, welche dabei mitten in ihrem Hauch entstand, hieß Ichiki-shima-hime no Mikoto. Dies ist dieselbe, welche in Oki-tsu-miya[22]) wohnt. Ferner die Gottheit, welche mitten

für *haya* „schnell“ geschrieben. Diese Etymologie von *ha* wird über jeden Zweifel erhoben durch die Namensvarianten der Gottheit im Kogoshūi und Kujiki, wo er ***Kushi-akaru-tama no Mikoto*** heißt (***kushi*** „wunderbar, herrlich“). Es existieren noch andere Varianten des Namens, wie ***Ama no Akaru-tama, Toyo-tama, Tama-no-ya no Mikoto.*** Sie ist die Juwelier-Gottheit und Ahnengöttin der ***Tama-tsukuri*** „Edelsteinmacher“.

19) Die *drei* Stellen sind in äußerlicher Analogie zu dem *dreimaligen* Zerkauen der Juwelen gesetzt.

20) Nach einer Erklärung heißt „schwimmen lassen“ so viel wie „schwenken, ausschwenken“.

21) Nach Iida aber wäre unter dem ***Kopfende, Mittelteil*** und ***Schwanzende*** das obere, mittlere und untere Ende der ***Schnur*** mit den daran befestigten Juwelen zu verstehen.

22) Zeichen: „Im fernen Ozean“, ein spezifisch chinesischer Ausdruck, sich anlehnend an *ying-chou* „Ozean-Insel“ = Genienberg, Feenland. Die jap. Lesung ist ***Oki-tsu-miya*** „Tempel in der hohen See“, Kojiki 14 dieser Bedeutung entsprechend geschrieben; davor ist aber noch, ebenso wie vor Naka-tsu-miya und He-tsu-miya ***Munakata no*** d. i. „in Munakata“ (von Chikuzen) gesetzt. Dies ***Oki-tsu-miya*** ist die Insel ***Oki-tsu-shima,*** wo jedoch die Göttin ***Ta-gori-bime*** verehrt wird. Das Nihongi hat also hier die Residenzen von ***Tagori-bime*** und ***Ichiki-shima-hime*** mit einander verwechselt, während das Kojiki die richtige Angabe macht.

in ihrem Hauch entstand, als sie die Mittelteile der Juwelen zerbiß und herausblies, hieß Ta-gori-bime no Mikoto. Dies ist dieselbe, welche in Naka-tsu-miya[23]) wohnt. Ferner die Gottheit, welche mitten in ihrem Hauche entstand, als sie die Schwanzenden der Juwelen zerbiß und herausblies, hieß Tagi-tsu-hime no Mikoto. Dies ist dieselbe, welche in He-tsu-miya[24]) wohnt. Im ganzen waren es drei weibliche Gottheiten.

Hierauf ließ Susa no Wo no Mikoto das von ihm gehaltene Schwert auf dem Trefflichen Brunnen des Himmels schwimmen, zerbiß das Ende des Schwertes und blies es heraus. Die dabei mitten in seinem Hauch entstandenen Gottheiten hießen: Ame no Ho-hi no Mikoto, sodann Masaka-a-katsu Kachi-hayabi Ame no Oshi-ho-ne no Mikoto, Ama-tsu-hiko-ne no Mikoto, sodann Iku-tsu-hiko-ne no Mikoto, sodann Kuma-nu no Kusu-bi no Mikoto. Im ganzen waren es fünf männliche Gottheiten. So erzählt man.

III. — In einer Schrift heißt es: — Die Sonnengöttin stand Susa no Wo no Mikoto gegenüber, von ihm durch den Ruhigen Fluß des Himmels getrennt, und tat mit ihm ein Gelübde und sprach: „Wenn du keine bübischen Absichten hast, so werden die von dir erzeugten Kinder sicherlich Knaben sein. Wenn du Knaben erzeugst, so will ich sie als meine Kinder betrachten und will sie das Himmelsgefilde regieren lassen.“ Hierauf aß die Sonnengöttin zuerst ihr zehn Handbreiten Schwert, aus welchem ein Kind wurde, [nämlich die Göttin] Oki-tsu-shima-hime no Mikoto, die mit anderem Namen auch Ichiki-shima-hime no Mikoto heißt.[25]) Wiederum aß sie ihr neun Handbreiten Schwert, aus welchem ein Kind wurde, [die Göttin] Tagi-tsu-hime no Mikoto. Wiederum aß sie ihr acht Handbreiten Schwert, aus welchem ein Kind wurde, [die Göttin] Ta-giri-bime no Mikoto. Hiernach nahm Susa no Wo no Mikoto die fünfhundert angefädelten Juwelen, welche um seinen linken Haarschopf geschlungen waren, in den Mund und legte sie [dann] auf die innere Fläche seiner linken Hand, worauf dieselben zu einem Knaben wurden. Darauf hub er an und sprach: „Wahrlich, ich habe gewonnen!“[26]) Aus diesem Grunde wurde [dieser Knabe] Kachi-hayabi Ame no Oshi-ho-mimi no Mikoto genannt. Weiterhin nahm er die Juwelen seines rechten Haarschopfes in den Mund und legte sie [dann] auf die innere Fläche seiner rechten Hand, worauf dieselben zu Ame no Ho-hi no Mikoto wurden. Weiterhin nahm er die um seinen Hals geschlungenen Juwelen in den Mund und legte sie mitten auf seinen linken Vorderarm, worauf sie zu Ama-tsu-hiko-ne no Mikoto wurden. Weiterhin mitten von seinem rechten Vorderarm entstand Iku-tsu-hiko-ne no Mikoto. Weiterhin mitten von seinem

[23]) „Mittel-Tempel“, die zum Distrikt Munakata von Chikuzen gehörige Insel *Oho-shima.*

[24]) „Ufer-Tempel“, die Insel *Ta-shima.*

[25]) Vom Haupttext abweichende Version.

[26]) „*Masaka! Are kachinu*“!

linken Fuße entstand Hi-haya-bi no Mikoto. Weiterhin mitten von von seinem rechten Fuße entstand Kuma-nu no Oshi-homu no Mikoto, welcher mit anderem Namen auch Kuma-nu no Oshi-zumi[27]) no Mikoto heißt. Die von Susa no Wo no Mikoto erzeugten Kinder waren alle Knaben. Daher erkannte die Sonnengöttin erst jetzt, daß Susa no Wo no Mikoto von allem Anfang an ein rotes Herz gehabt hatte. Hierauf nahm man diese sechs Knaben und machte sie zu Kindern der Sonnengöttin und ließ sie das Himmelsgefilde regieren. Und was die von der Sonnengöttin erzeugten drei weiblichen Gottheiten anbelangt, so ließ man sie [vom Himmel] herabsteigen und sie in Usashima[28]) im Mittellande des Schilfgefildes wohnen. Jetzt befinden sie sich inmitten der Region Nördlich vom Meere und heißen die Michinushi no Muchi[29]). Dies sind die Gottheiten, welche von den Minuma no kimi[30]) von Tsukushi verehrt werden.

[Kapitel VI.]

[Susa no Wo's grober Unfug. Verbergen und Wiedererscheinen der Sonnengöttin.]

Hiernach war Susa no Wo no Mikoto's Betragen überaus frech. Denn nachdem Ama-terasu Oho-mi-kami die himmlischen schmalen Reisfelder und

---

27) „Der allüberwindende Herr von Kumanu.“

28) Oder *Usa no shima* „die Insel Usa“. Nach Iida wäre es *Usa* im Distrikt Usa der Provinz Buzen, und zwar keine wirkliche Insel im Meere, sondern eine von zwei Flüssen umflossene Landstrecke, eine Flußinsel zwischen den beiden Flüssen *Moyori-gawa* und *Omono-gawa*. Shikida hält es für *Usa* im Distrikt Minuma (Mitsuma) von Chikugo. Dies sind aber nur unsichere Vermutungen. Prof. K. Tsuboi macht mich dagegen auf einen von Kwan Masatomo in No. 48 der „Historischen Zeitschrift“ publizierten Aufsatz über *Usa-shima*, welcher die Frage eingehend behandelt, aufmerksam. Ich zitiere im folgenden die wesentlichsten Punkte nach Tsuboi's Resümee: — Nach Kwan wäre *Usa-shima* nichts anders als die „Insel U-san“ der alten koreanischen Geschichte. Diese Insel heißt jetzt *Utsu-ryō-tō* (Kor. Aussprache *Ul-lŏng-do?*) bei den Koreanern, und Take-shima „Bambus-Insel“ bei den Japanern, da man viel Bambus auf der Insel findet. Diese kleine Insel bildete in alleraltesten Zeiten aller Wahrscheinlichkeit nach eine Seefahrtstation zwischen Shiragi und Idzumo, und die drei Göttinnen verrichteten gemeinsam die Aufsicht über die Seefahrt vom Norden von Shiragi nach Idzumo via Oki, und hießen deshalb *Michi-nushi no Muchi* „die über den [See]weg herrschenden Edlen“. „Nördlich vom Meere“ ist der Name, womit man damals die koreanische Halbinsel benannte, weil eben diese Halbinsel im Norden von Idzumo liegt. Die alte Usa-Insel wurde im Jahre *512* A. D. von Shiragi okkupiert und ist seither immer koreanisch geblieben. Der Tempel der Seefahrtgöttinnen wurde natürlich darauf zu nichte, und dieselben wurden weiter im Bezirk Munakata in Japan verehrt. — Diese Hypothese hat zwar wegen ihrer Einfachheit viel für sich, doch scheint es wegen des Ausdrucks Mittelland des Schilfgefildes sicher, daß man zur Zeit der Aufzeichnung der Sage an Örtlichkeiten im eigentlichen Japan gedacht hat. Die Kompilatoren des Nihongi hatten wohl selber keine klare Auffassung der Sache.

29) Entweder „die den [See-]Weg beherrschenden Edlen“, oder „landesherrliche Edle“, *michi* = *kuni* „Land“, und *michi-nushi* ungefähr dasselbe wie *kuni-nushi*.

30) „Herren von Minuma.“ Wie der Name besagt, war das Geschlecht im Distrikt *Minuma* (jetzt *Mitsuma*) von Chikugo ansässig.

die himmlischen langen Reisfelder zu ihren erlauchten Reisfeldern gemacht hatte, übersäete Susa no Wo no Mikoto im Frühling dieselben,[1]) zerstörte ferner die Dämme derselben, und im Herbst ließ er die himmlischen scheckigen Pferde los und ließ sie sich mitten auf den Reisfeldern lagern. Weiterhin als er sah, daß Ama-terasu Oho-mi-kami eben im Begriff war den neuen Reis zu kosten, ließ er heimlich Kot im Palast des Neuen-Schmauses.[2]) Ferner als er sah, daß Ama-terasu Oho-mi-kami gerade Götter-Kleider webend sich in der heiligen Web-Halle befand, zog er einem himmlischen scheckigen Pferde die Haut ab, brach durch den Dachfirst der Halle ein Loch und warf [das geschundene Pferd] hinein. Da fuhr Ama-terasu Oho-mi-kami erschrocken auf und verletzte sich mit dem Webschiff.[3]) Darüber erzürnt begab sie sich hierauf in die Felsen-Höhle des Himmels hinein, schloß die Felsen-Tür zu und hielt sich darin eingeschlossen. Infolgedessen war das ganze Universum beständig dunkel und der Wechsel von Tag und Nacht war nicht mehr zu erkennen.

Hierauf versammelten sich die achtzig Myriaden Götter am Ufer des Achtströmigen Flusses des Himmels und beratschlagten über die Art und Weise, wie man sie anflehen solle. Omohi-kane no Kami überlegte daher reiflichst und dachte weithin [über die Möglichkeiten der Zukunft] nach; [als Resultat seines Nachdenkens] holte er schließlich die langkrähenden-Hähne der beständigen Nacht zusammen und ließ sie miteinander lange krähen. Weiterhin ließ er den Tachikara-wo no Kami sich seitwärts neben die Felsen-Tür stellen. Hierauf gruben Ama no Ko-ya-ne no Mikoto, der Urahn der Nakatomi no muraji[4]), und Futo-tama[5]) no Mikoto, der Urahn der Imube no obito,[6]) einen fünfhundert

---

Kapitel VI.

Zum Inhalt vergl. Kojiki 15 bis 17.

[1]) Zu den hier aufgezählten Bubenstreichen Susa no Wo's vgl. man auch die Aufzählung der himmlischen Sünden im Norito der Großen Reinigung, Oho-harahe no kotoba. Durch das nochmalige Übersäen eines schon besäeten Feldes sollte die erste Saat in Unordnung gebracht und die Ernte unmöglich gemacht werden.

[2]) Nach den Zeichen „neuer Palast"; es wurde nämlich für das Fest extra ein Palast oder Tempel (*miya*) mit zwei Hallen errichtet. Meiner Übersetzung des Ausdrucks liegt die Lesung *nihi-nahe no miya* zugrunde. Vgl. Kojiki 15, Anm. 2.

[3]) Ähnlich wie Dornröschen beim Spinnen. Das Kojiki hat eine drastischere Version.

[4]) Die *Nakatomi no muraji* waren ein Geschlecht mit priesterlichen Funktionen; sie rezitierten das Oho-harahe Ritual, und auch am Tage der Thronbesteigung eines Kaisers rezitierten sie, resp. der Chef der Familie, das Nakatomi no yogoto „Glückwunschworte des Nakatomi" genannte Norito. *Nakatomi* ist kontrahiert aus *Naka-tsu-omi* „Omi der Mitte", „Vermittler" zwischen dem Fürsten und den Göttern. Die Fujiwara-Familie ist ein Zweig dieses Geschlechts.

[5]) Nach den Zeichen *futo-tama* oder *futo-dama* = „Gewaltiges Juwel". Shikida nimmt jedoch *tama* im Sinn von „wahrsagen", also: „großer Wahrsager"; und Iida schließt sich an Motowori's Interpretation an, wonach *tama* als Abkürzung von *tamuke* „opfernd, als Opfer in der Hand haltend," zu betrachten wäre (kontrahiertes *muke* wird aber eigentlich *me*). Im Seishiroku und Kogoshūi *Ama no Futo-dama no Mikoto* genannt.

[6]) *Imu-be*, *Imi-be* oder verkürzt *Imbe*, von *imu* „(Unreines) vermeiden", und *be* = *me* aus *mure* „Gruppe von Leuten". Nach Angaben des Kogoshūi, welches die Traditionen der Imube Familien enthält und von einem gewissen Imube no Hironari 807 verfaßt

[zweigigen] trefflichen Sakaki-Baum des Himmlischen Kagu Berges aus, und an den oberen Zweigen hingen sie einen erlauchten Faden mit fünfhundert Stück Yasaka-Juwelen auf, und an die mittleren Zweige hängten sie einen Yata-Spiegel. — *Nach anderem Berichte heißt er ein Ma-futsu-Spiegel.*[7]) — An die unteren Zweige hängten sie grüne weiche Opfergaben und weiße weiche Opfergaben. Dann sagten sie miteinander Gebete[8]) her. Ferner nahm Ama no Uzume no Mikoto, die Urahne der Sarume no kimi,[9]) einen mit Chi-Gras[10]) umwundenen Speer in die Hand, stellte sich vor die Tür der himmlischen Felsenhöhle und führte in kunstvoller Weise eine Pantomime auf.[11]) Ferner nahm sie einen trefflichen Sakaki Baum des Himmlischen Kagu Berges und machte sich daraus einen Kopfschmuck; aus Keulenbärlapp machte sie sich ein

---

wurde, waren die Imube eine erbliche Klasse von Priestern, welchen meist die niedrigeren Funktionen im Shintōdienst oblagen: sie stellten die dauerhafteren Gegenstände her, welche den Göttern bei den Hauptfesten dargeboten wurden, fällten Bauholz zur Errichtung von Shintōtempeln und bauten die Tempel selbst; sie lasen auch das Norito beim Oho-tono-hogahi Fest. Imube Familien wohnten in verschiedenen Provinzen, in Awa, Sanuki, Kii, Tsukushi und Ise. Zur Aufklärung der ursprünglichen Funktionen der Imube sei auf eine Stelle aus dem Hou-han-shu „Geschichte der jüngeren Han“, im fünften Jahrhundert geschrieben, (Auszug im Ishōnihonden fol. 4b) verwiesen: „Die [Japaner] ernennen einen Mann, den sie einen ‚Enthaltsamen‘ nennen. Er darf sich nicht die Haare kämmen, sich nicht waschen, kein Fleisch essen, keinen Umgang mit Frauen pflegen. Wenn es [den Japanern] gut geht, so machen sie ihm Geschenke; aber wenn sie krank werden oder wenn ihnen ein Unglück widerfährt, so schreiben sie es dem Enthaltsamen zu, der seine Gelübde nicht gehalten habe, und sie alle zusammen töten ihn.“

Unter *Be* „Volksgruppe“ versteht man eine Gruppe von Leuten, welche, ohne miteinander blutsverwandt zu sein oder sein zu müssen, seitens der Obrigkeit (ev. des Kaisers) zu einem bestimmten Zwecke vereinigt und meist an einem bestimmten Orte angesiedelt wurden. Sie führen ihren Namen meist nach ihrem Berufe: *Miya-be* Palast- und Tempelbauer, *Kinu-nuhi-be* Kleidermacher, *Ori-be* Weber, *Makami-be* Friseure, *Tsuki-tsukuri* Gefäßmacher, *Aya-be* Weber von gemusterten Stoffen, *Ama-be* Fischer, *Tana-be* oder *Ta-be* Reisfeldbauern, *Osaka-be* Strafvollstrecker usw. Der Name der Gruppe wurde häufig zum Namen des Ortes, wo sie ansässig waren. So ist z. B. der Name der Hafenstadt *Kōbe* entstanden: *Kōbe* ist kontrahiert aus *Kamu-be* „Götter-Volksgruppe, Volksgruppe eingesetzt zum Dienste der Gottheit“ (von Ikuta?).

Obito „Häuptling“ ist der Name des Kabane. Im Februar 680 bekam das Haupthaus (*oho-uji*) der Imube des Kabane *Muraji*, und im Januar 685 das Kabane *Sukune*; die Zweighäuser (*ko-uji*) behielten aber noch eine zeitlang das ursprüngliche Kabane *Obito*.

[7]) *Ma-futsu-kagami* „trefflich-dicker-Spiegel“, *futsu* = *futo* „dick, groß“. Doch könnte *futsu* auch das koreanische *pul* „Feuer“ sein. Im Suinin-ki bringt, angeblich 27 vor Chr., der Silla Prinz Ama no Hihoko einen *hi-kagami* „Sonnen-Spiegel“ von Korea mit. Im japanischen bedeutet *hi* sowohl „Sonne“ als „Feuer“. *Hi-kagami* könnte also auch ein „Feuer-Spiegel“ sein, und dann identisch mit *futsu (= pul)-kagami*.

[8]) *Norito* gemeint. Im Kojiki: prächtige Ritualworte.

[9]) Vgl. Buch 2, Kap. IV, Anm. 11 (S. 191).

[10]) Eine Art Riedgras. Nach Iida = *suge*, eine Carex Binsenart. Aston: Eulalia grass.

[11]) Angeblicher Ursprung der sogenannten *Kagura* Tänze, Pantomimen, welche bei Gelegenheit von Shintōfesten auf einer ständigen oder temporär errichteten erhöhten Bühne (*Kagura-dō*) aufgeführt werden. Ursprünglich von den *Saru-me* „Affen-Weibern“ aufgeführt.

Handstützband und machte [*auf der Feuerstätte*] Feuer an;[12]) sie stellte einen Trog umgekehrt mit dem Boden nach oben hin[13]), und gab göttlich inspirierte Worte von sich.

Nun hörte Ama-terasu Oho-mi-kami dies und sprach: „Seitdem ich mich in der Felsenhöhle eingeschlossen halte, sollte meiner Meinung nach doch in dem Mittellande des Üppigen Schilf-Gefildes jedenfalls beständige Nacht sein. Wie kommt es daher, daß Ama no Uzume no Mikoto so ausgelassen lustig ist?“ Hierauf öffnete sie ein klein wenig mit ihrer erlauchten Hand die Felsentür und sah hinaus. Da ergriff Ta-chikara-wo no Kami sofort Ama-terasu Oho-mi-kami an der Hand und zog sie ehrerbietig heraus. Hierauf zogen Nakatomi no Kami und Imube no Kami[14]) sofort ein mit den Wurzelenden verflochtenes Seil[15]) — *es heißt auch ein linkes Seil*[16]) — als Grenzlinie vor [den Eingang zur Höhle] und baten sie nicht wieder hinein zurückzukehren.

Hierauf schoben alle Götter die Schuld auf Susa no Wo no Mikoto und erlegten ihm eine Buße von tausend Tischen [mit Opfergaben] auf und bestraften ihn schließlich [auf diese Weise]. Sie ließen ihm auch die Haare ausreißen und ließen ihn dadurch für seine Schuld Genugtuung geben.

Es wird auch berichtet, daß sie ihm die Nägel an seinen Händen und Füßen ausrissen und ihn so Genugtuung geben ließen.

Nachdem dies geschehen war, verbannten sie ihn endlich mit göttlicher Verbannung.

I. — In einer Schrift heißt es: — Hiernach befand sich Waka-hiru-me[17]) no Mikoto in der heiligen Webhalle und webte die erlauchten Kleider der Götter. Als Susa no Wo no Mikoto dies sah, zog er einem

---

[12]) *Ho-dokoro taki* (oder *yaki*). Auf den ersten Blick erscheint hier *tokoro* überflüssig, da das Anzünden von Feuern ohne nähere Ortsbestimmung gemeint ist; *ho-dokoro* (Feuer-Stätte) ist aber als Bezeichnung für dasjenige Feuer gebraucht, welches bei Götterfesten auf dem Hofe (*niha*) angezündet wurde. Es ist identisch mit den sogenannten *niha-bi* „Hof-Feuern“, die schon im Kogoshūi erwähnt werden und auch dem späteren Shintōkult angehören.

[13]) Die Darstellung des Nihongi ist hier lückenhaft verglichen mit der des Kojiki. Es sollte angegeben sein, daß die Göttin sich auf den Trog stellte und durch Herumstampfen darauf Lärm verursachte.

[14]) *Nakatomi no Kami* „der Gott Nakatomi“, d. i. der Ahngott der Nakatomi-Familie, als dessen eigentlichen Namen wir *Ame no Koyane no Mikoto* kennen lernten. *Imube no Kami* „der Ahngott der Imube-Familie“ ist *Futo-tama no Mikoto.* Auch in einigen anderen Fällen werden diese beiden Götter nach ihren menschlichen Nachkommen benannt. So gibt es in der Provinz Aha einen *Imube-jinja,* und die Benennung *Nakatomi no Kami* kehrt im Keikō-ki (Buch 7) wieder, ferner im Götternamenregister der Provinz Chikugo.

[15]) *Shiri-kume-naha* oder *Shime-naha*, s. Kojiki 16, Anm. 22.

[16]) Wegen seiner Flechtart, weil es in der Richtung von rechts nach links geflochten wird.

[17]) „Junges Sonnen-Weib.“ Im Kujiki wird sie als jüngere Schwester der Sonnengöttin Ama-terasu Oho-mi-kami aufgeführt, im Shi-ki aber als Tochter der Ama-terasu bezeichnet. Erstere Auffassung verdient den Vorzug und wird allgemein angenommen. Suzuki und Iida verlangen übrigens die Lesung *Waka-hi-me* statt *Waka-hiru-me.*

scheckigen Pferde mit Rückwärtsschindung die Haut ab und warf es in das Innere der Halle hinein. Da erschrak Waka-hiru-me no Mikoto, fiel von dem Webstuhl herab, verwundete sich mit dem Webschiff, welches sie in der Hand hielt, und verschied göttlich. Daher sprach Ama-terasu Oho-mi-kami zu Susa no Wo no Mikoto und sagte: „Du hast immer noch ein schwarzes Herz. Ich wünsche nicht, dich von Angesicht zu Angesicht zu sehen." Darauf begab sie sich in die Felsenhöhle des Himmels hinein und schloß die Felsentür zu. Hierauf war die ganze Welt beständig dunkel und es gab keinen Unterschied zwischen Tag und Nacht mehr. Daher versammelten sich die achtzig Myriaden Götter auf dem Hohen Marktplatz des Himmels[18]) und hielten Nachfrage. Nun war da ein Gott namens Omohi-kane no Kami, ein Sohn des Taka-mi-musubi no Mikoto, welcher Talent zum Ausdenken von Plänen hatte. Derselbe dachte nun nach und sprach: „Laßt uns die Gestalt jener Göttin[19]) verfertigen und ihr Gebete darbringen." Sie machten daher hierauf Ishi-kori-dome[20]) zum Verfertiger, welcher Metall[21]) vom Himmlischen Kagu Berge nahm und daraus einen Sonnen-Speer[22]) verfertigte. Ferner zog er in einem Stück das Fell eines trefflichen Hirsches ab und verfertigte daraus einen Himmlischen Blasebalg[23]). Die mit dessen Hilfe ehrfurchtsvoll angefertigte Göttin ist die im Lande Ki wohnende Göttin Hi no Kuma no Kami[24]).

---

[18]) *Ama no taka-ichi* oder *takechi*, ein Ort am achtströmigen Flusse des Himmels. Der Versammlungsort der Götter ist wohl so benannt, weil sie hier wie die Leute auf einem Marktplatz aus allen Himmelsgegenden zusammenkamen. Man beachte auch, daß *Takechi* „hoher Marktplatz" der Name eines Distriktes in der Provinz Yamato ist.

[19]) Es handelt sich aber nicht um die Gestalt der anthropomorphen Göttin, sondern um die Gestalt der Sonne selbst in Form eines metallnen Spiegels. Vgl. die folgende Legende, sowie den Ausdruck „Sonnen-gestaltiger Spiegel" im Kogoshūi.

[20]) „Stein-Hauer", der Werkgott des Himmels. In der nächstfolgenden Variante dieser Legende wird der Gott *Ama no Nukado*, der Urahn der *Kagami-tsukuri* d. i. der Spiegelmacher (Name einer Volksgruppe, *Be*), der nach einer anderen Quelle Ishi-kori-dome's Vater ist, an seiner Stelle genannt.

[21]) Was für ein Metall gemeint sei, ist unklar. Iida denkt an *Eisen*, Aston übersetzt geradezu mit *Kupfer* (wohl in Anlehnung an das Kujiki). Keinesfalls aber ist unter *kane* hier „Gold" zu verstehen.

[22]) Dieser *Hi-boko* „Sonnenspeer" scheint identisch mit dem im Haupttext erwähnten *chi-maki no hoko* „mit Chi-Gras umwundenen Speer" zu sein. Die Ausdrucksweise des Nihongi ist an dieser Stelle plump. Die Figur der Göttin (der Spiegel) und der Sonnenspeer *(hi-boko)* sind zwei verschiedene Dinge, und wir sollten hier zunächst die Erwähnung des Spiegels erwarten. Durch Vergleichung der betreffenden Stellen im Kojiki und Kujiki ergibt sich ferner, daß der Schmiedegott *Ama-tsu-mara* (himmlischer Penis), und nicht Ishi-kori-dome, den *hi-boko* verfertigte.

[23]) *Ha-buki* „Fell-Blaser", aus Tierfell hergestellt.

[24]) Man sollte nach dem Vorhergehenden erwarten, daß diese Göttin die Sonnengöttin Ama-terasu sei. Die Darstellung des Nihongi ist aber richtig, obgleich lückenhaft. Die entsprechende Stelle im Kogoshūi klärt uns über den wahren Sachverhalt auf: „Hierauf ließen [die Götter] im Anschluß an den Plan des Omohi-kane no Kami durch Ishi-kori-dome no Kami einen Sonnengestaltigen Spiegel gießen. Der das erstemal ge-

II. — In einer Schrift heißt es: — Ihre Hoheit die Sonnengöttin machte ein Himmlisches umzäuntes Reisfeld[25]) zu ihrem erlauchten Reisfeld. Da, als es Frühling war, verstopfte Susa no Wo no Mikoto die Kanäle [der Reisfelder] und zerstörte die Dämme, und ferner im Herbst, als die Körnerfrüchte bereits reif geworden waren, zog er Abgrenzungsseile rings um sie herum.[26]) Ferner als die Sonnengöttin sich in ihrer Webhalle befand, zog er einem scheckigen Pferde bei lebendigem Leibe die Haut ab und warf es in das Innere der Halle hinein. In allen diesen mannigfaltigen Dingen war sein Betragen im höchsten Grade roh. Trotz alledem machte ihm die Sonnengöttin in ihrer gütigen und freundlichen Gesinnung gegen ihn keine Vorwürfe und hegte kein Übelwollen gegen ihn, sondern ertrug alles mit Gleichmut und Geduld.

Als die Zeit herangekommen war, wo die Sonnengöttin das Fest des Neuen Schmauses halten wollte, ließ Susa no Wo no Mikoto unter dem erlauchten Sitze im Neuen Palaste heimlich Kot. Die Sonnengöttin, welche nichts davon wußte, nahm direkt auf dem Sitze Platz. Infolgedessen wurde der Sonnengöttin überall in ihrem Körper übel. Deshalb wurde sie zornig, nahm gleich ihren Aufenthalt in der Felsenhöhle des Himmels und verschloß die Felsentür derselben.

Da waren alle Götter darüber betrübt und ließen den Gott namens Ama no Nukado,[27]) den Urahnen der Kagami-tsukuri Volksgruppe,[28]) einen Spiegel machen; den Gott Futo-tama, den Urahnen der Imube, beauftragten sie mit der Anfertigung von Opfergaben [aus

---

gossene gefiel aber nicht ganz; dieser ist die Göttin Hi no Kuma no Kami des Landes Kii. Der das zweitemal gegossene war von schöner Beschaffenheit; dieser ist die große Göttin von Ise [d. h. Amaterasu Oho-mi-kami, deren Haupttempel bekanntlich in der Provinz Ise sich befindet]." Das Nihongi berichtet uns hier also nur von dem ersten mißlungenen Gusse, ohne des zweiten Erwähnung zu tun, wodurch die ganze Darstellung schief wird.

Der Göttin ist der Tempel *Hi-no-Kuma no miya* im Distrikt Nakusa der Provinz Kii geweiht; für den Namen dieses Tempels sind jetzt auch die Aussprachen *Hi-no-saki no miya* und sinico-jap. *Nichi-zen-gū* im Gebrauch. Iida bemerkt, daß der Name *Hi no Kuma no Kami* sich auf den Sonnenspeer *und* Spiegel beziehe: beide zusammen wären eine Gottheit, oder vielmehr deren Emblem. Der Spiegel ist am Speere aufgehängt.

[25]) *Kaki-da,* ein mit einem Zaun zur Abwehr der Tiere umgebenes Reisfeld.

[26]) Die um die Felder gezogenen Seile waren ein Zeichen des Besitzrechtes dessen, welcher die Seile aufspannte. Susa no Wo maßt sich also hier widerrechtlich das Besitztum der Ama-terasu an.

[27]) Vater des oben genannten *Ishi-kori-dome.* Die Bedeutung des Namens ist dunkel.

[28]) *Kagami-tsukuri no Be,* das Be der Spiegelmacher. Sie müssen an verschiedenen Orten gewohnt haben, wie durch Dörfer in den Provinzen Yamato, Idzu usw., welche ihren Namen tragen, bewiesen wird. Auch nach ihnen benannte Shintōtempel gibt es, nämlich den Kagami-tsukuri Ita no jinja, in welchem der Gott Ishi-kori-dome no Mikoto, und den Kagami-tsukuri Maki no jinja, in welchem sein Vater, der Gott Ama no Nukado no Mikoto, verehrt wird. Die Be der Kagami-tsukuri müssen etwa im 8. Jahrhundert verschwunden sein, denn in späteren Geschichtswerken vom Shoku-Nihongi an wird ihrer nie mehr Erwähnung getan, auch sind sie im Seishiroku nicht mit aufgeführt.

Hanf und Maulbeerrindenzeug]; und die Göttin Toyo-tama,[29]) die Urahne der Tama-tsukuri Volksgruppe,[30]) beauftragten sie mit der Anfertigung von Juwelen. Ferner beauftragten sie den Gott Yama-dzuchi[31]), achtzig Tama-gushi[32]) von dem fünfhundertästigen trefflichen Sakaki Baum zu beschaffen, und den Gott Nu-dzuchi[33]), achtzig Tama-gushi von dem fünfhundertzweigigen Nu-susu[34]) zu beschaffen. Nachdem alle diese Gegenstände sämtlich zusammengebracht worden waren,

---

[29]) „Herrliches Juwel.“ Hirata zitiert aus dem Engi-shiki den Namen eines Shintōtempels im Distrikt Nakata (jetzt Myōtō und Myōsai) der Provinz Aha (Shikoku), welcher *Ama no Ishi-kado-waki-toyo-tama-hime no jinja* heißt, und bemerkt, daß in diesem Tempel wohl die Gottheit *Toyo-tama* verehrt wurde, deren voller Name „Himmels-Stein-Tür-öffnen-üppiges-Juwel-wunderbares Weib“ auf die Rolle hinweist, welche sie bei Öffnung der himmlischen Felsentür spielte. Aus dem Namen dieses Tempels ergibt sich ferner, daß *Toyo-tama* nicht ein Gott, sondern eine *Göttin* ist, was durch das Jhon-Kogoshūi und Jimmeihisho bekräftigt wird, wo es heißt: *„Kushi-akaru-tama no Mikoto* ist eine Tochter von Taka-mi-musubi no Kami und jüngere Schwester von Taku-hata-chi-chi-hime no Mikoto.

[30]) *Tama-tsukuri, oder Tama-suri* „Juwelen-Macher“.

[31]) „Berg-Edler“ (Zeichen: „Bergdonner“) ist identisch mit dem Kap. IV genannten *Oho-yama-tsu-mi no Kami*, dem Berggott.

[32]) Mabuchi versteht unter *tama-gushi* einen Bambus oder einen Baumzweig mit daran gehängten *tama* „Juwelen“, und gibt dem Wort die Bedeutung „Juwelen-[geschmückter]-Stock“. Unter *kushi* versteht man im allgemeinen einen Gegenstand, der in etwas hineingesteckt wird, warum ein Kamm, der ins Haar gesteckt wird, auch *kushi* heißen soll. Im speziellen ist *kushi* ein kleiner Sakaki-Zweig oder auch Susu-Zweig, den man in ein Behältnis steckt oder in der Hand hält, im Gegensatz zum großen mit der Wurzel ausgegrabenen Sakaki Baum. Das *Tama-gushi* ist ein solches *kushi*, woran durchbohrte und mit einer Schnur durchfädelte Juwelen angehängt sind. Hirata bemerkt, daß man wohl die Tama-gushi, wie dies auch später geschah, in der Hand gehalten und den Göttern dargebracht habe. Aus den Zeremonienbüchern zum Shintō Gottesdienst erhellt, daß man in alter Zeit beim Gottesdienst sowohl im Miya als an den Türen desselben Sakaki zum Schmucke hinstellte. Noch jetzt werden beim Matsuri zwei Sakakibäume mit den Wurzeln rechts und links vor den Eingang des Tempels gestellt. Ferner werden beim Gottesdienst von den Teilnehmern an der Kulthandlung Sakakizweige dargebracht. Auch bei der Begräbniszeremonie ist es üblich, daß man vor dem Sarge achtbeinige Tische aufstellt, und daß die Leidtragenden darauf kleine Sakakizweige mit daran hängenden Papierstreifen (eigentlich Streifen aus *yufu* Papiermaulbeerrindenzeug) als Opfergabe für die Seele des Verstorbenen hinlegen.

Motowori will *tama* in *tama-gushi* als eine Kontraktion aus *tamuke* „Opfer- oder Weihgeschenk“ erklären, was lautgesetzlich sehr bedenklich ist, aber insofern den treffendsten Sinn ergibt, als das im Kult verwendete *Tama-gushi* immer ein Zweig mit Yufu oder Papier, also eine Opfergabe, nicht aber ein Zweig mit *Tama* ist. Indessen könnten auch mit der Zeit die Tama durch Yufu ersetzt worden sein. Noch eine Möglichkeit wäre übrigens, daß *tama* hier nur im Sinn eines Honorifikums, wie so oft, gebraucht ist.

[33]) „Der Feld-Altehrwürdige,“ d. i. der Feldgott.

[34]) „Feld-Susu“, eine sehr kleine Bambusart von schwarzer Farbe, die noch jetzt in den Provinzen Aha, Tosa u. s. w. *Susu* genannt wird. Sowohl aus *Sakaki*-Zweigen als aus *Susu* wurden *Oho-tama-gushi* gefertigt und bei der Divination gebraucht, doch sind die näheren Umstände ihrer Verwendungsweise dabei nicht mehr bekannt.

bat Ama no Koyane no Mikoto, der Urahn der Nakatomi, [die Göttin Amaterasu] inständig mit göttlich inständiger Bitte. Hierauf öffnete gleich die Sonnengöttin die Felsentür und kam heraus. Bei dieser Gelegenheit schlug der Spiegel, als man ihn in die Felsenhöhle hineintat, gegen die Tür und bekam einen kleinen Sprung. Dieser Sprung ist heutigen Tags noch vorhanden. Dieser [Spiegel] ist die in Ise verehrte große Gottheit. Hiernach wurde Susa no Wo no Mikoto für schuldig erklärt und es wurden von ihm Bußgegenstände[35]) gefordert, und zwar [nahmen sie] die Enden seiner Hände als gute wegzuwerfende Dinge und die Enden seiner Füße als schlechte wegzuwerfende Dinge[36]); seinen Speichel wiederum nahmen sie als weiße weiche Opfergabe, und seinen Nasenfluß nahmen sie als grüne weiche Opfergabe, und damit war die Reinigung zu Ende geführt. Zuletzt verbannten sie ihn gemäß dem Gesetze der göttlichen Verbannung.

III. — In einer Schrift heißt es: — Hierauf hatte die Sonnengöttin drei Reisfelder, deren Namen waren: das Leichte[37]) Reisfeld des Himmels, das Ebene Reisfeld des Himmels, und das Dorf-nahe Reisfeld des Himmels. Alle diese waren gute Reisfelder und litten niemals Schaden, auch wenn sie von langandauerndem Regen oder von Dürre betroffen wurden. Nun hatte auch Susa no Wo no Mikoto drei Reisfelder, deren Namen waren: das Pfahl-Reisfeld[38]) des Himmels, das Fluß-nahe[39])

---

[35]) ***Harahe-tsu-mono,*** wörtlich „Reinigungsdinge", weil sie zur Zeremonie der Reinigung verwendet wurden.

[36]) *Yoshi-kirahi-mono* „gute wegzuwerfende Dinge" sind nach Suzuki die Zeichen oder Merkmale der Reinigung, welche bei jedem Kultusdienst vorgenommen wird, ***ashi-kirahi-mono*** „schlechte wegzuwerfende Dinge" die Bußgegenstände für wirkliche Vergehen. Beim Reinigungsprozeß *harahe* werden nämlich zwei Seiten unterschieden: eine gute Seite, bei der es sich um die Herbeischaffung von Glück, und eine schlechte Seite, bei der es sich um die Hinwegschaffung von Unglück handelt. Im Rui-jū-san-dai-kyaku werden vier Arten von *harahe-tsu-mono* mit Unterabteilungen aufgeführt:

Dai no harahe-tsu-mono	28	Sorten	(große)
Kami no „ „ „	26	„	(obere)
Naka „ „ „ „	22	„	(mittlere)
Shimo „ „ „ „	22	„	(untere)

im ganzen 98 Sorten. Darunter sind Besitzgegenstände fast jeglicher Art einbegriffen. Ein Edikt vom 28. Sept. 676 bezeichnet als solche Pferde, Hirschfelle, Hacken, Sicheln, Schwerter, Pfeile, Hanfleinen, Hanf, Reis in der Ähre; ein anderes sogar Sklaven.

Motowori versteht ganz ähnlich unter den guten Reinigungsopferspenden die beim Reinigungsritus dienenden sakralen Geräte, und unter den schlechten die Gegenstände, welche der Sünder besessen und gebraucht hat, und die deshalb als verunreinigt wegzuwerfen sind.

Mit den „Enden" sind die Nägel gemeint, wie aus der weiter unten folgenden Parallelstelle hervorgeht. Auch im Kojiki wird das Ausreißen seiner Finger- und Zehennägel erwähnt.

[37]) D. i. leicht zu kultivierendes Reisfeld.

[38]) Ein Feld, wo noch zahlreiche unausgerodete Stümpfe das Bebauen erschweren.

[39]) Welches leicht Überschwemmungen ausgesetzt ist.

Reisfeld des Himmels, und das Mund-scharfe[40]) Reisfeld des Himmels. Diese alle waren unfruchtbare Ländereien. Wenn es regnete, wurde [der Boden] weggeschwemmt, und wenn Dürre herrschte, war er ausgetrocknet. Deshalb war Susa no Wo no Mikoto neidisch und zerstörte die Reisfelder seiner älteren Schwester. Im Frühling zog er die Schleusen auf, verstopfte die Kanäle und durchbrach die Reisfelddämme: ferner übersäete er auch die Saat. Im Herbst steckte er spitzige Stäbchen[41]) [in den Boden der Felder] und ließ Pferde darin lagern. Trotz aller dieser Niederträchtigkeiten, die er unaufhörlich verübte, machte ihm die Sonnengöttin keine Vorwürfe, sondern hatte immer in versöhnlichem Sinne mit ihm Nachsicht, usw. usw.

Als es dazu kam, daß die Sonnengöttin sich in der Felsenhöhle des Himmels einschloß, schickten sämtliche Götter Kogoto-Musubi's[42]) Sohn Ama no Koyane no Mikoto, den Urahn der Nakatomi no Muraji, und ließen ihn ein Gebet hersagen. Hierauf riß Ama no Koyane no Mikoto einen trefflichen Sakaki Baum des Himmlischen Kagu Berges mit den Wurzeln heraus, und an den oberen Zweigen hing er einen Yata Spiegel auf, welcher von Ama no Nukado's Sohn Ishi-kori-tobe, dem Urahn der Spiegelmacher, gefertigt worden war; an den mittleren Zweigen hing er krumme Edelsteine von Yasaka Juwelen auf, welche von Izanagi no Mikoto's Sohn Ama no Akaru-tama, dem Urahn der Juwelenmacher, gefertigt worden waren; an die unteren Zweige [endlich] hängte er Baum-Fasern[43]), die von Ama no Hi-washi[44]), dem

[40]) Reisfeld, auf welches vom Flusse her das Wasser jäh hineinstürzt (?).

[41]) Damit man sich die Füsse verletzen sollte, wenn man das Feld betrat. Die vom SHI-KI gegebene Erklärung, daß *kushi* (spitze Stäbchen) unter Beschwörungsformeln in die Reisfelder gesteckt wurden, damit jeder, welcher die Reisfelder unrechtmäßiger Weise beanspruchte, vernichtet werden sollte, wird hier wenigstens nicht in Betracht kommen. Es handelt sich nicht um Bestreitung der Eigentümerschaft der Felder, sondern um groben Unfug und Schabernack. Das Übersäen der Saat des schon bebauten Feldes soll die erste Saat in Unordnung bringen und dadurch die Ernte vereiteln. Man vgl. Loki's Hafer. Die erstgenannten fünf bösen Streiche werden auch im *Oho-harahe no kotoba* als „himmlische Sünden“, weil von Susa no Wo im Himmel begangen, aufgezählt.

[42]) Im KUJIKI als Enkel von Tsu-haya-musubi no Mikoto angegeben.

[43]) Aus der Rinde des *Kaji* Baums (Papiermaulbeer) gefertigt, und *yufu* genannt.

[44]) „Sonnen-Adler des Himmels.“ Iida zitiert mehrere Bruchstücke aus einem „Stammbaum der Imube der Provinz Aha,“ die inhaltlich wenig Wert haben und zur Erklärung kaum etwas beitragen. Nach dieser Schrift, welche die Ahnenschaft der Imube von Aha auf den *Hi-washi* zurückführt, soll *Hi-washi no Mikoto* einen Sohn *Oho-asa-hiko no Mikoto*, und dieser wieder einen Sohn *Yufutsu-nushi no Mikoto* gehabt haben. Als dieser letztere Gott nach den östlichen Ländern (Ostprovinzen) kam, „war da ein wunderbarer Vogel und flog am weiten Himmel. Seine goldnen Flügel glänzten vom Sonnenlicht und sahen wie Blitze aus. Sein Geschrei machte Berge und Flüsse wiederhallen und die Erde beben. Deshalb fürchteten sich alle Leute und flüchteten in Verwirrung. Yufutsu-nushi no Mikoto hielt ihn für ein wunderbares Wesen . . . . . . usw. Zu jener Zeit erschien einem Menschen ein Gott und teilte ihm mit: Ich bin der Gott *Hi-washi*-

Urahn der Imube des Landes Aha, verfertigt worden waren. Dann ließ man Futo-tama no Mikoto, den Urahn der Imube no Obito, [den Sakaki-Baum] in die Hand nehmen und mit reichen und inbrünstigen Worten eine Preisrede vollenden.

Als nun die Sonnengöttin dies hörte, sagte sie: „Obgleich in letzter Zeit die Leute viele Gebete an mich gerichtet haben, so war doch keines darunter von solcher Eleganz und Schönheit der Sprache." Dann öffnete sie ein wenig die Felsentür und schaute hervor. Da zog Ama no Ta-chikara-wo no Kami, welcher neben der Felsentür lauerte, [die Schiebetür vollends] auf, und der Glanz der Sonnengöttin füllte das ganze Universum. Daher waren die Götter alle hoch erfreut und legten dem Susa no Wo no Mikoto alsdann eine Buße von tausend Tischen auf. Die Nägel seiner Hände machten sie zu guten wegzuwerfenden Dingen, und die Nägel seiner Füße machten sie zu schlechten wegzuwerfenden Dingen. Dann ließen sie Ama no Koyane no Mikoto die prächtigen Ritualworte mit Bezug auf jenes Reinigung handhaben und ließen ihn dieselben rezitieren. Dieses ist der Grund, warum die Leute der Welt ihre eigenen Nägel sorgfältig aufbewahren[45].

Hierauf machten alle Götter dem Susa no Wo no Mikoto Vorwürfe und sprachen: „Dein Betragen ist im höchsten Grade frech gewesen. Deshalb darfst du nicht im Himmel wohnen. Auch darfst du nicht im Mittellande des Schilfgefildes wohnen. Mache schleunigst, daß du nach dem Grund-Unterlande[46]) fortkommst!" Damit trieben sie miteinander ihn nach unten fort. Zu dieser Zeit nun gerade fiel unaufhörlich Regen. Susa no Wo no Mikoto band grünes Gras zusammen und verfertigte sich daraus einen Regenmantel und einen

---

kakeru-ya (Sonnen-Adler-fliegender-Pfeil). Ich will in diesem Lande meinen Sitz aufschlagen — usw. Hierauf fühlte Yufutsu-nushi no Mikoto Ehrfurcht vor der Macht seines Ahnengottes —. Er ließ ihm einen Sitz (Tempel) herrichten und ihn verehren, und nannte den Tempel Matsubara-jinja." Der „Sonnenadler" erinnert jedenfalls stark an die Sonnenkrähe *Yata-garasu*, den Boten der Sonnengöttin, und ist ein weiteres Beispiel für die Assoziation von Vögeln mit Sonnengottheiten, wie wir sie auch bei Egyptern und Griechen finden.

[45]) Mit diesem Aufbewahren ist das Vergraben in die Erde gemeint. Von alten abergläubischen Sitten, die in Japan wie auch anderswo an das Schneiden der Nägel geknüpft sind, erwähne ich noch das Wegwerfen der Nagelabfälle in einen Fluß. Nach dem Tosa-nikki werden die Nägel nur am *Ne*-Tage (Tag der Ratte) geschnitten, nach dem Shūgaishō am *Ushi*-Tage (Tag des Ochsen) die Fingernägel, am *Tora*-Tage (Tag des Tigers) die Zehennägel. Ein noch jetzt bestehender Aberglaube: Am 6. Tage des 1. Monats wird *nadzuna* „Täschelkraut" gepflückt und unter verschiedenen Zeremonien zerhackt. Am folgenden Tage tut man das gehackte Kraut in ein Becken mit Wasser und taucht die Finger- und Zehenspitzen beider Hände und Füße einmal hinein. Nach Vollzug dieser Zeremonie kann man dann das ganze Jahr hindurch unbeschadet zu jeder beliebigen Zeit seine Nägel schneiden.

[46]) Der Hades, das *Yomi-tsu-kuni*.

breiten Hut[47]) und bat so die Götter alle um Herberge. Die Götter alle sprachen: „Dein Betragen ist schmutzig und böse gewesen, und darum bist du verbannt worden. Wie kannst du von uns Herberge verlangen?“ Schließlich wiesen sie alle miteinander ihn ab. Obgleich Wind und Regen fürchterlich waren, stieg er deshalb, da er kein Obdach zur Ruhe finden konnte, schmerzlich betrübt hinab. Seit dieser Zeit bis zum heutigen Tage vermeidet man in der Welt mit einem Regenmantel und breiten Hut bekleidet in das Haus anderer Leute einzutreten[48]); ferner auch vermeidet man mit einem Bündel Gras auf dem Rücken in das Haus anderer Leute einzutreten. Demjenigen, der hiergegen verstößt, wird jedenfalls eine Buße auferlegt. Dies ist eine Vorschrift, die von der allerältesten Zeit her auf uns überkommen ist.

Hiernach sprach Susa no Wo no Mikoto: „Alle Götter haben mich verbannt, und ich bin jetzt im Begriff, auf ewig fortzugehen. Warum sollte ich meine ältere Schwester nicht von Angesicht zu Angesicht sehen, sondern eigenwillig von selbst so ohne weiteres von dannen gehen?“ Darauf stieg er wiederum zum Himmel empor und machte den Himmel und machte die Erde widerhallen. Als nun Ame no Uzume ihn erblickte, gab sie der Sonnengöttin davon Nachricht. Die Sonnengöttin sprach: „Der Grund, warum mein jüngerer Bruder heraufgekommen ist, liegt wiederum nicht in guten Absichten. Sicherlich will er mich meines Landes berauben. Warum aber sollte ich zurückweichen, wenn ich auch nur ein Weib bin?“ Hierauf legte sie kriegerische Rüstung an, usw. usw.

Hierauf tat Susa no Wo no Mikoto einen Schwur und sprach: „Wenn ich Ungutes im Sinne führend wieder heraufgekommen bin, so werden die von mir jetzt durch Kauen der Edelsteine erzeugten Kinder sicherlich Mädchen sein, und in diesem Falle sollst du die Mädchen nach dem Mittellande des Schilfgefildes hinabschicken. Wenn ich aber ein lauteres Herz habe, so werde ich sicherlich Knaben erzeugen, und in diesem Falle sollst du die Knaben den Himmel

[47]) *Mino* „Regenmantel“ und *kasa* „breiter Hut“, aus Suge, einer Art Schilfgras, oder Reisstroh, noch jetzt bei Regenwetter von Bauern usw. getragen.

[48]) In den Dörfern Dowi-mura und Kanda-mura im Distrikt Abu der Provinz Nagato, und in dem Dorfe Ohokubo im Distrikt Kanoashi der Provinz Iwami gilt es seit der ältesten Zeit als verabscheuenswert, das Haus eines anderen mit einem *suge-gasa* „breiten Hut aus Sugeschilf“ und einem *kahara-mino* „Regenmantel“ (ebenfalls aus Sugeschilf) zu betreten. Dagegen ist das Betreten der Häuser anderer erlaubt, wenn man mit einem *take-gasa* „Bambushut“ und *wara-mino* „Strohregenmantel“ bekleidet ist. Die beiden letzteren Fabrikate scheinen in späterer Zeit erlaubt worden zu sein, um die alte rigoröse und ziemlich unbequeme Sitte eines absoluten Verbotes zu mildern. Auf die erwähnte Sitte bezieht sich auch ein Gedicht von dem Dichter *Tame-ihe*, welches lautet: „Mit einem Regenkleid und einem breiten Hute bekleidet in ein Haus einzutreten, vermeidet man, wie es heißt, seit der göttlichen Verbannung [des Susa no Wo].“

regieren lassen. Ferner soll es ebenso diesem Eide gemäß mit den [Kindern] gehalten werden, welche meine ältere Schwester erzeugen wird.“ Hierauf kaute die Sonnengöttin zuerst ihr zehnspanniges Schwert, usw. usw.

Susa no Wo no Mikoto wickelte dann Windung für Windung die Schnur mit den daran aufgeschnürten fünfhundert Juwelen, welche um seinen linken Haarschopf gewickelt war, ab, und unter dem klingelnden Geräusch der Juwelen spülte er dieselben an der Oberfläche des Himmlischen Juwelen Brunnens. Dann kaute er die Enden dieser Juwelen, legte sie auf seine linke Handfläche und erzeugte so ein Kind Masaka-a-katsu Kachi-haya-bi Ama no Oshi-ho-ne no Mikoto. Ferner kaute er die Juwelen des rechten [Haarschopfes], legte sie auf seine rechte Handfläche und erzeugte so ein Kind Ama no Ho-hi no Mikoto; dieser ist der Urahn der Idzumo no Omi, der Kuni no Miyatsuko von Muzashi, und der Haji no Muraji. Sodann [erzeugte er] Ama-tsu-hiko-ne no Mikoto; dieser ist der Urahn der Kuni no Miyatsuko von Ibaraki[49]), und der Nukatabe no Muraji. Sodann [erzeugte er] Iku-tsu-hiko-ne no Mikoto, sodann Hi-hayabi no Mikoto, sodann Kuma-nu no Oho-sumi no Mikoto, im ganzen sechs männliche [Gottheiten]. Hierauf sprach Susa no Wo no Mikoto zur Sonnengöttin und sagte: „Der Grund, warum ich zum zweiten Male gekommen bin, ist der, daß ich, nachdem alle Götter mich in das Unterland verbannt haben und ich jetzt im Begriff bin, mich nach dort fortzubegeben, nicht ertragen kann, mich von meiner älteren Schwester zu trennen, ohne sie von Angesicht zu Angesicht gesehen zu haben. Daher bin ich wahrlich mit lauterem Herzen wieder heraufgekommen. Da nun jetzt meine Zusammenkunft mit dir zu Ende ist, bin ich im Begriff, gehorsam dem Willen aller Götter, von hier auf ewig nach dem Unterlande zurückzukehren. Ich bitte darum, daß du meine ältere Schwester leuchtend das Land des Himmels regierest und daß du jedenfalls glücklich seiest! Außerdem übergebe ich meiner älteren Schwester auch die von mir mit lauterem Herzen erzeugten Kinder.“ Hiernach kehrte er wieder nach unten zurück.

Kapitel VII.

[Susa no Wo's Niederfahrt nach Idzumo. Vermählung und Kinderzeugung. Die achtgablige Schlange. Oho-na-muchi und Sukuna-bikona. Das Meerwunder.]

Nunmehr stieg Susa no Wo no Mikoto vom Himmel herab und gelangte an den Oberlauf des Flusses Hi im Lande Idzumo. Da hörte er am Oberlaufe des Flusses eine laut weinende Stimme, und als er deshalb nach der Stimme

[49]) Die verschiedenen Lesungen sind *Mubaraki, Ubaraki* und *Ibaraki*. Jetzt gibt es zwar keine Provinz, aber einen Regierungsbezirk Ibaraki (mit der Hauptstadt Mito, Provinz Hitachi).

forschend auf die Suche ging[1]), fand er daselbst einen alten Mann und eine alte Frau. Zwischen ihnen in der Mitte befand sich ein junges Mädchen, welches sie liebkosten und beweinten. Susa no Wo no Mikoto fragte sie und sprach: „Wer seid ihr, und warum weint ihr so?" [Der Alte] antwortete und sprach: „Ich bin eine irdische Gottheit und heiße Ashi-nadzu-chi. Meine Frau heißt Te-nadzu-chi[2]). Dieses junge Mädchen ist unser Kind und heißt Kushi-nada-hime. Der Grund, warum wir weinen, ist, daß wir früher acht Töchter hatten, von denen in jedem Jahre [eine] von einer acht-gabligen Riesenschlange verschlungen worden ist, und jetzt ist die Zeit, wo auch dieses junge Mädchen verschlungen werden wird. Es gibt keine Möglichkeit zu entfliehen, und darum sind wir voll Kummer." Susa no Wo no Mikoto sprach: „Wenn dies so ist, willst du mir deine Tochter geben?" Er antwortete und sprach: „Eurem Befehle gehorsam will ich sie Euch geben." Daher verwandelte Susa no Wo no Mikoto die Kushi-nada-hime auf der Stelle in einen viel-engzähnigen Kamm und steckte denselben in seinen erlauchten Haarschopf. Dann ließ er Ashi-nadzu-chi und Te-nadzu-chi achtmal-gebrauten Sake brauen, errichtete acht erhöhte Gestelle neben einander, stellte auf jedes derselben ein mit Sake angefülltes Gefäß und wartete. Als der Zeitpunkt gekommen war, kam die Riesenschlange wirklich zum Vorschein. Sowohl Kopf als Schwanz waren acht-gablig, die Augen waren rot wie Blasenkirschen, und Kiefern und Kaya[3]) wuchsen auf ihrem Rücken. Wie sie daherkroch, reichte sie über acht Hügel und acht Täler. Als sie nun herangekommen war und den Sake gefunden hatte, trank sie mit jedem Kopfe aus je einem der Gefäße, wurde betrunken und schlief ein. Da zog Susa no Wo no Mikoto das von ihm umgegürtet getragene zehnspannige Schwert heraus und hieb die Schlange in kleine Stücke. Wie er zum Schwanz kam, bekam die Schneide seines Schwertes eine kleine Scharte; und als er daher den Schwanz auseinander spaltete und nachsah, kam darinnen ein Schwert zum Vorschein. Dieses ist das sogenannte Kusa-nagi no tsurugi (Gras-mähe Schwert).

I. — In einer Schrift heißt es: — Der ursprüngliche Name desselben war Ama no Mura-kumo no tsurugi[4]).

Vielleicht bekam es diesen Namen deshalb, weil über dem Orte, wo die Schlange sich befand, beständig Wolkendunst war. Später zur Zeit des Prinzen Yamato-takeru wurde sein Name in Kusa-nagi no tsurugi umgewandelt.

Susa no Wo no Mikoto sprach: „Dieses ist ein Götterschwert. Wie dürfte

---

Kapitel VII.

Zum Inhalt vergl. Kojiki Abschnitt 18 bis 20, 27, 28. Mehrere wichtige Sagen und Gedichte, welche das Kojiki in Abschnitt 21—25 bringt, hat das Nihongi weggelassen.

[1]) Im Kojiki wird seine Aufmerksamkeit durch herabschwimmende Eßstäbchen erregt.

[2]) Vgl. aber Variante II, wo *Ashi-nadzu-te-nadzu* „Fuß-streichelnd Hand-streichelnd" der Name des alten Mannes ist, und seine Frau *Inada no Miya-nushi Susa no Ya-tsu-mimi* heißt.

[3]) Eine Cypressenart, Torreya nucifera S. u. Z.

[4]) „Schwert der sich anhäufenden Wolken des Himmels."

ich wagen, es mir selbst anzueignen?" Hierauf gab er es ehrfurchtsvoll der Himmelsgöttin[5]).

Hiernach ging er auf die Suche nach einem Orte, wo er seine Vermählung vollziehen könnte, und gelangte schließlich nach Suga in Idzumo. Dann sprach er und sagte: „Mein Herz ist heiter." — *Deshalb nennt man jetzt diesen Ort Suga.* — Dort baute er sich einen Palast.

a) — Anders heißt es auch: Nun verfaßte Take[6]) Susa no Wo no Mikoto ein Gedicht, welches lautet:

„In Idzumo, wo viele Wolken aufsteigen,
Einen achtfachen Zaun,
Um die Gemahlin aufzunehmen,
Einen achtfachen Zaun mache ich. —
Oh, über den achtfachen Zaun!"

Hierauf pflegten sie geschlechtlichen Verkehr mit einander[7]), und es wurde ein Kind geboren: Oho-na-muchi no Kami.

Demnach sprach [Susa no Wo no Mikoto]: „Die Häupter des Palastes meines Sohnes sind Ashi-nadzu-chi und Te-nadzu-chi." Daher verlieh er diesen beiden Gottheiten den Namen Inada no Miya-nushi[8]) no Kami.

Nachdem dies erledigt war, begab sich Susa no Wo no Mikoto endlich nach dem Unterlande.

I. — In einer Schrift heißt es: — Als Susa no Wo no Mikoto vom Himmel herabgestiegen war, gelangte er an den Oberlauf des Flusses Hi in Idzumo. Da sah er Susa no Yatsu-mimi's[9]), des Herrn des Inada Schreins, Tochter mit Namen Inada-hime. Hierauf pflegte er geschlechtlichen Verkehr mit ihr und zeugte einen Sohn mit Namen

---

[5]) Mit *Ama-tsu-kami* „Himmelsgottheit" ist die Sonnengöttin *Amaterasu* gemeint, welche im entsprechenden Abschnitt des Kojiki auch direkt genannt wird. In Variante IV schickt er Ama no Fuki-ne no Kami, seinen Nachkommen in der fünften Generation, um es im Himmel zu überreichen.

[6]) *Take* = wild, heftig.

[7]) So der Sinn der chinesischen Phrase; transkribiert mit *kumi-do ni mito no maguhahi shite. kumi-do* wird als „Verbergungsstätte, geheime Stätte", oder „Einschließungsstätte" erklärt und bezeichnet die eigens errichtete Vermählungshütte, worin neuvermählte Ehepaare in der ältesten Zeit den ersten ehelichen Umgang pflegten; *mi-to* „erlauchter Ort", ein anderes Wort für die Vermählungshütte; *maguhahi suru* „geschlechtlichen Verkehr pflegen" also: „in der Vermählungshütte den vermählungshüttlichen Verkehr pflegen".

[8]) „Palast-Herr (Tempel-Herr) von Inada."

[9]) Im Wamyōshō wird ein Ort *Susa* im Distrikt Iishi der Provinz Idzumo aufgeführt, und manche Interpretatoren wollen unser *Susa* mit diesem Ortsnamen identifizieren. Dagegen wendet sich Suzuki, indem er *Susa* für den ersten Bestandteil des Götternamens *Susa no Wo* erklärt. Er meint, daß dieser Miya von Anfang an dem Gott *Susa no Wo* angehörte, und daß deshalb der Name *Susa* sich in die Namen des Gottes *Susa no Yatsu-mimi* und seiner Frau eingedrängt habe. Der ursprüngliche Name dieses alten Götterpaares soll einfach bloß *Yatsumimi* gewesen sein. Im Kojiki hat dieser Name übrigens als ersten Bestandteil *Suga* statt *Susa*.

Suga no Yu-yama-nushi Mina-sa-moru-hiko Ya-shima-shinu[10]). Anders heißt er auch Suga no Kake-na-zaka Karu-hiko Yashimate no Mikoto[11]). Noch anders heißt er auch Suga no Yu-yama-nushi Mina-sa-moru-hiko Yashima-nu[12]). Ein Nachkomme dieses Gottes in der fünften Generation war Oho-kuni-nushi no Kami.

II. — In einer Schrift heißt es: — Zu dieser Zeit stieg Susa no Wo no Mikoto hinab und gelangte an den Oberlauf des Flusses Ye im Lande Agi[13]). An jenem Orte war ein Gott Namens Ashi-nadzu-Te-nadzu. Der Name seiner Frau war Inada no Miya-nushi Susa no Ya-tsu-mimi. Diese Gottheit war damals gerade schwanger, und Mann und Frau miteinander waren in Betrübnis. Darauf berichteten sie Susa no Wo no Mikoto und sprachen: „Obgleich der von uns gezeugten Kinder viele sind, kommt jedesmal nach der Geburt eine achtgablige Riesenschlange und verschlingt sie, und wir haben kein einziges am Leben erhalten können. Jetzt sind wir wieder im Begriff ein Kind zu bekommen und sind in Furcht, daß es auch verschlungen werde. Deshalb sind wir traurig und betrübt.“ Hierauf belehrte sie Susa no Wo no Mikoto und sprach: „Ihr sollt allerhand Früchte nehmen und daraus acht Krüge Sake brauen, und ich will für euch die Schlange töten.“ Die beiden Gottheiten bereiteten seiner Unterweisung gemäß Sake. Als die Zeit der Geburt herangenaht war, kam in der Tat jene Riesenschlange vor die Tür [des Hauses] und war im Begriff das Kind zu verschlingen. Susa no Wo no Mikoto redete die Schlange an und sprach: „Du bist eine ehrfurchtgebietende Gottheit. Wie könnte ich wagen dich nicht zu bewirten?“ Hierauf nahm er die acht Krüge Sake und goß einen in jedes Maul [der Schlange]. Die Schlange trank den Sake und schlief ein. Susa no Wo no Mikoto zog sein Schwert heraus und zerhieb sie. Als er dazu kam den Schwanz zu zerhauen, bekam die Schneide seines Schwertes ein wenig eine Scharte, und wie er [den Schwanz] auseinander spaltete und nachsah, war mitten in dem Schwanz ein Schwert. Dieses Schwert nennt man Kusa-nagi

---

[10]) Wenn *Minasa* ein Ortsname ist, etwa „Suga's Heißwasser-Berg-Herr, Minasa bewachender Prinz, Besitzer der Acht Inseln“. Iida glaubt, daß dies ein anderer Name für *Oho-na-muji* sei und so ziemlich dieselbe Bedeutung habe wie dessen Name *Oho-kuni-nushi no Mikoto* „Seine Hoheit der große Landes-Herr“.

[11]) *Kake-na-zaka* „Namen-behafteter Abhang“ (?); *Karu-hiko* „flinker Prinz“; *Yashima* „die acht Inseln“; *te* Kosewort, etwa „Alter“.

[12]) *Yashima-nu* „Herr der Acht Inseln“.

[13]) Iida akzeptiert die Ansicht eines gewissen Fujihara no Norimasa, wonach der Fluß *Ye* identisch sei mit dem *Hōki no ohogawa* „großer Fluß von Hōki“ und auch *Hatagawa* heiße. Derselbe entspringt auf dem Berge Kudzuno an der Grenze der beiden Distrikte Nita und Ou von Idzumo. Shikida aber wendet sich gegen Norimasa's Konjektur und adoptiert die Ansicht von Katawoka Masaura, einem Eingeborenen der Provinz Aki. Danach hätten wir es mit einem Fluß *Ye* zu tun, der auf dem Berge Hiba in der Provinz Hōki seinen Ursprung hat. *Agi* heißt jetzt *Aki*.

no tsurugi. Dasselbe befindet sich jetzt in dem Dorfe Ayuchi[14]) im Lande Wohari. Dieses ist nämlich die Gottheit, welcher die Hafuri[15]) von Atsuta[16]) in Ehrfurcht dienen. Das Schwert, womit die Schlange zerhauen wurde, heißt Worochi no Ara-masa[17]). Es befindet sich jetzt in Iso-no-Kami[18]).

Hiernach wurde das Kind, welches von Inada no Miya-nushi Susa no Ya-tsu-mimi geboren wurde, nämlich Ma-kami-furu Kushi-nada-hime[19]), nach dem Oberlauf des Flusses Hi im Lande Idzumo fortgeschafft und dort großgezogen. Darauf machte Susa no Wo no Mikoto sie zu seiner Gemahlin, und der Nachkomme in sechster Generation des von ihm mit ihr gezeugten Kindes hieß Oho-na-muchi no Mikoto.

III. — In einer Schrift heißt es: — Susa no Wo no Mikoto wünschte Kushi-nada-hime zum Weibe zu haben und bat um sie. Ashi-nadzu-chi und Te-nadzu-chi antworteten und sprachen: „Wir bitten dich zuerst jene Schlange zu töten, und dann wird es gut sein, wenn du sie zur Frau nimmst. Jene große Schlange hat auf jedem Kopfe Fels-Kiefern, und an beiden Seiten [des Leibes] hat sie einen Berg. Sie ist überaus fürchterlich. Wie willst du es anfangen sie zu töten?“ Susa no Wo no Mikoto überlegte hierauf, braute giftigen Sake und gab ihn [der Schlange] zu trinken. Die Schlange wurde betrunken und schlief ein. Susa no Wo no Mikoto nahm hierauf sein Schwert Worochi no Kara-sahi[20]), hieb ihr den Kopf ab und zerhieb ihren Leib. Als er ihren Schwanz zerhieb, bekam die Schneide seines Schwertes ein wenig eine Lücke, weshalb er den Schwanz auseinander spaltete

---

[14]) Jetzt *Aichi*.

[15]) Die *Hafuri* sind eine niedere Klasse von Shintōpriestern, unter den Kannushi stehend. Das Wort hängt wahrscheinlich etymologisch mit dem noch jetzt gebrauchten Verbum *haberu* (ältere Form *haburu*) „aufwarten“ zusammen und bedeutet daher ursprünglich „die [den Göttern] Aufwartenden“.

[16]) Nicht weit von Nagoya.

[17]) *Ara* „rauh“, aber nach Iida eine Kontraktion von *akara* „hell, glänzend“. *Ma-sa* wird als *ma-sahi* „treffliches Schwert“ erklärt. Also „das rauhe oder glänzende treffliche Schlangenschwert“.

[18]) Ort im Distrikt Yamanobe von Yamato.

[19]) *Ma-kami-furu* „das treffliche Haar berührend“ ist eine Art von Makura-kotoba zu *kushi* „Kamm“. *Kushi* im Namen der Prinzessin bedeutet zwar „wunderbar“, ist aber wortspielend zugleich in der Bedeutung „Kamm“ genommen, und zu dieser letzteren ist das Makura-kotoba als Epitheton ornans zugesetzt. Der Sinn des Namens ließe sich umschreiben durch „Kushi-nada-hime, bei deren Namenselement *kushi* man an einen das herrliche Haar berührenden Kamm denkt“. Unter den Götternamen finden sich noch andere, welche solche Makura-kotoba enthalten, z. B. Konohana no Sakuya-hime, Komo-makura Taka-mi-musubi no Mikoto, Ama-zakaru Muka-tsu-hime no Mikoto, Asagiri Kibata-hime, Ishikiri Tsurugiya no Mikoto.

[20]) „Schlangen-Kara-Schwert.“ *Kara* = Korea; eigentlich ist *Kara* nur einer der alten Staaten, welche Korea ausmachten, und wurde von den Japanern gewöhnlich *Mimana* genannt. Es entspricht im wesentlichen demjenigen Teile der gegenwärtigen koreanischen Provinz Kyŏng-sang-do, welcher im Südwesten des Flusses Nak-dong-gang liegt; nur

und nachsah. Da war da ein anderes wunderbares Schwert, welches er Kusa-nagi no tsurugi nannte. Dieses Schwert befand sich früher bei Susa no Wo no Mikoto. Jetzt befindet es sich im Lande Wohari. Das Schwert, womit Susa no Wo no Mikoto die Schlange zerhieb, befindet sich jetzt bei den Kamu-tomo[21]) von Kibi[22]). Der Ort, wo die Schlange getötet wurde, ist der Berg am Oberlauf des Flusses Hi in Idzumo.

IV. — In einer Schrift heißt es: — Susa no Wo no Mikoto's Betragen war frech. Deshalb erlegten ihm alle Götter eine Buße von tausend Tischen auf und verbannten ihn schließlich. Zu dieser Zeit stieg Susa no Wo no Mikoto in Begleitung seines Sohnes Idakeru[23]) no Kami nach dem Lande Shiragi[24]) hinab und wohnte in dem Orte Soshimori[25]).

---

ein kleiner Teil von Kara erstreckte sich auch nordöstlich von diesem Flusse. Hier bedeutet *Kara-sahi* überhaupt ein „koreanisches Schwert", welche wegen ihrer Güte im Altertum berühmt waren. Man vergleiche damit den Ausdruck *Kure no ma-sahi* „treffliche Schwerter aus Kure, d. i. China".

[21]) *Kamu-tomo, Kamu-tomo no Wo* oder *Kambe*. Es müssen hier Shintōpriester im allgemeinen gemeint sein. Nach Suzuki sind unter den *Kamu-tomo* (sprich *Kantomo*) die Familien der Nakatomi und Imube und überhaupt alle Leute, welche dem Götterkult obliegen, zu verstehen. Aber man macht auch einen Unterschied zwischen *Kamu-tomo* und *Hafuri*, und zwar sind jene die Beamten des Kultusamtes, diese die Priester in den Tempeln. Demnach würde der Ausdruck *Kamu-tomo* hier nicht genau passen, da ja nicht Kultusbeamte, sondern Tempelpriester gemeint sind. Iida führt aus dem Kokonkenchu die Lesart *Kamu-hafuri-be* „göttliche-Hafuri-Gruppe" an, welche in der Tat aufs schärfste den Sinn wiedergibt, welchen der Ausdruck in unserer Nihongistelle haben muß. *Kamu-tomo* bedeutet wörtlich „göttliche Gefolgschaft", *Kamu-tomo no Wo* „Männer der göttlichen Gefolgschaft", *Kambe* „göttliche Gruppe".

[22]) Die jetzige Provinz Bizen; gemeint ist also der Tempel *Futsu no Mitama* von Iso-no-kami im Distrikt Akasaka, Bizen.

[23]) Oder *Itakeru*; die Lesung *Iso-takeru* dagegen, welche man aus den Zeichen *i-so* „fünfzig" schließen könnte, wird nicht anerkannt: „der außerordentlich (wörtlich fünfzigfach) Tapfere". Der Kojiki 29 genannte *Kara no Kami* „Gott von Korea" wird mit *Itakeru* identifiziert. Wahrscheinlich ist *Itakeru* auch mit *Idate* identisch, der im Engishiki *„Idate von Kara"*, was dem *Kara no Kami* des Kojiki entspricht, heißt. Wir haben es also wohl mit einer ursprünglich koreanischen Gottheit zu tun, und *Idakeru* könnte eine japanische Adaption des originelleren *Idate* sein.

[24]) *Silla,* von den Japanern *Shinra* oder *Shiragi* genannt, das östlichste der drei alten koreanischen Königreiche Silla, Koryö und Pèkché. Später vereinigte Shiragi die ganze Halbinsel von Korea unter dem Dynastienamen Silla. Die alten Araber nannten diesen Staat *Syla.*

[25]) *Soshimori,* im Text phonetisch geschrieben, ist ein koreanischer Ortsname und bedeutet „Ochsenkopf", wahrscheinlich der uralte echt koreanische Name für Chhunchhön in der Provinz Kang-wön-do. Diese Stadt wurde im Jahre 637 offiziell in *U-su* oder *U-du* „Ochsenkopf" umgenannt, offenbar in Anlehnung an die damalige Sitte, die Ortsnamen ins Chinesische umzuwandeln. Man erinnere sich daran, daß *Susanowo* unter dem Namen *Gōzu-Tennō* „Kaiser Ochsenkopf" an vielen Orten verehrt wird. Es gibt noch in Japan eine alte Tanz-Melodie, welche *Soshimori* oder *Kwai-tei-gaku* heißt und wahrscheinlich eine Volksmelodie aus diesem Orte ist. Auf einem Bilde, welches den Tanz darstellt, beugt sich der mit Regenmantel und breitem Hut (*mino-gasa*) bekleidete Tänzer zur Seite, und man hat vermutet, daß dieser Tanz das Umherirren des Susa no Wo im Elende darstellt (vgl. die Schilderung von der Verbannung Susa no Wo's).

Dann erhob er seine Stimme und sprach: „In diesem Lande will ich nicht wohnen!“ Schließlich nahm er Lehmerde, machte daraus ein Schiff, setzte sich darauf und fuhr nach Osten hinüber, bis er an der Bergspitze Tori-kami no Mine[26]), welche am Oberlauf des Flusses Hi im Lande Idzumo liegt, ankam. Nun war an diesem Orte eine menschenfressende Riesenschlange. Hierauf nahm Susa no Wo no Mikoto sein Schwert Ama no Haha-kiri[27]) und zerhieb die Riesenschlange. Da, als er den Schwanz der Schlange zerhieb, bekam die Schneide eine Scharte. Darauf spaltete er ihn auseinander und sah nach. Mitten im Schwanz war ein Götter-Schwert. Susa no Wo no Mikoto sprach: „Dieses darf ich nicht zu meinem eigenen Gebrauch nehmen.“ Darauf schickte er seinen Nachkommen in fünfter Generation, Ama no Fuki-ne no Kami[28]), um es im Himmel zu überreichen. Dieses nennt man jetzt das Schwert Kusa-nagi.

Zuerst als Idakeru no Kami vom Himmel herabstieg, nahm er in großer Menge Baumsamen mit sich herab. Er pflanzte sie jedoch nicht im Lande Kara, sondern brachte sie alle wieder zurück und säete sie schließlich von Tsukushi aus anfangend allüberall im Inneren des Landes Oho-yashima, und auf diese Weise entstanden die grünen Berge. Aus diesem Grunde bekam Idakeru no Mikoto den Namen Isawo no Kami[29]). Er nämlich ist die große Gottheit, welche im Lande Kii wohnt.

V. — In einer Schrift heißt es: — Susa no Wo no Mikoto sprach: „In der Gegend des Landes Kara[30]) gibt es Gold und Silber. Es wäre nicht gut, wenn das von meinem Sohne regierte Land keine schwimmenden Schätze[31]) hätte.“ Hierauf riß er sich die Barthaare aus und verstreute sie, und es entstanden Kryptomerien (Sugi). Ferner riß er sich die Haare an der Brust aus und verstreute sie und diese wurden Hinoki Bäume. Die Haare seines Hinteren wurden Maki[32]) Bäume. Die Haare seiner Augen-

---

[26]) Oder *Tori-kami no Take*, im Distrikt Nita von Idzumo. Nach dem Kojiki-den heißt dieser Berg noch jetzt *Funa-tohori-yama* „der Berg, wo das Schiff vorbeifährt“, vielleicht auf die Sage von Susa no Wo's Fahrt Bezug nehmend.

[27]) „Der himmlische Schlangen-Zerschneider.“

[28]) Im Kojiki *Ama no Fuyu-kinu no Kami. Fuki* soll die Bedeutung *furi* (das Schwert) „schwingend“ haben; *ne* scheint das Kosewort zu sein: „Himmlischer [Schwert-] schwingender Trauter“.

[29]) „Der verdienstvolle Gott.“

[30]) Korea. Wörtlich: „auf der Insel (*shima*) des Landes Kara“; *shima* wird aber oft im Sinn von *kuni* „Land, Gegend“ gebraucht. *Silla* speziell ist gemeint.

[31]) *Uku-takara*, d. i. Schiffe. Von den gleich weiter unten erwähnten Materialien wird das Kampferholz zu diesem Zweck nicht mehr verwendet, wohl aber für widerstandsfähige Kisten, Koffer usw. Die Ausdrücke Felsen[hartes]-Kampferholz-Boot Kojiki 6 und Nihongi I, Kap. 3 lassen aber den Schluß zu, daß die Japaner in der Urzeit wirklich Kampferholz zum Bootsbau (ausgehöhlte dicke Stämme) benutzt haben.

[32]) Podocarpus macrophylla. Die Neuseeländer benutzten dieses Holz für Boote, und diese hinwiederum unter Umständen als Särge. Vgl. dazu den Bericht eines chi-

brauen wurden Kampferbäume. Nachdem dies geschehen war, bestimmte er, wozu sie zu brauchen seien. Hierauf nahm er das Wort und sprach: „Was diese beiden Bäume hier, nämlich die Kryptomerie und den Kampferbaum, anbelangt, so sollen daraus schwimmende Schätze gemacht werden; aus dem Hinoki Baum soll man Bauholz für schöne Paläste[33]) machen; aus dem Maki Baum soll man Behältnisse (Särge) machen, worin das sichtbare grüne Menschengras in abgeschlossenen verlassenen Stätten (Gräbern) liegen soll.“ Was die zur Nahrung notwendigen achtzig Fruchtarten anbelangt, so säete und pflanzte er sie alle in gehöriger Weise.

Der Sohn des Susa no Wo no Mikoto hieß nun also mit Namen Idakeru no Mikoto, dessen jüngere Schwestern Oho-ya-tsu-hime[34]) und nach ihr Tsuma-tsu-hime[35]) no Mikoto. Alle diese drei Gottheiten säeten und verstreuten ebenfalls in gehöriger Weise den Samen der Bäume und begaben sich dann hinüber nach dem Lande Kii.

Hiernach wohnte Susa no Wo no Mikoto auf dem Gipfel des Berges Kumanashi[36]) und schließlich ging er in das Unterland ein.

VI. — In einer Schrift heißt es: — Oho-kuni-nushi no Kami heißt auch Oho-mono-nushi[37]) no Kami. Ferner heißt er auch Kuni-tsukuri Oho-na-muchi[38]) no Mikoto. Ferner heißt er auch Ashi-hara no Shiko-wo. Ferner heißt er auch Ya-chi-hoko no Kami. Ferner heißt er auch Oho-kuni-tama[39]) no Kami. Ferner heißt er auch Utsushi-kuni-tama no Kami. Seine Kinder alle zusammen waren hundert und einundachtzig Gottheiten.

Also Oho-na-muchi no Mikoto und Sukuna-biko-na no Mikoto machten mit vereinten Kräften und einmütigen Herzens die unter dem Himmel befindliche Welt. Sodann bestimmten sie zugunsten des sichtbaren grünen Menschengrases und des Viehs die Methode Krankheiten zu heilen, und ferner, um das von Vögeln, Tieren und kriechendem

---

nesischen Reisenden, der Japan etwa um das Jahr 600 besuchte und angibt, daß beim Begräbnis der Körper in ein Boot gelegt wurde, das man über den Boden hinzog (Parker, Ma-Twan-Lin's Account of Japan, T. A. S. J. Bd. 22).

[33]) Oder Shintōtempel, denn *miya* „hehres Haus“ bedeutet beides. Sowohl die Shintoschreine als der Kaiserliche Palast wurden aus Hinokiholz gebaut.

[34]) „Prinzessin des Großen Hauses.“ Ihr älterer Bruder *Idakeru* heißt auch *Oho-ya-hiko* „Prinz des Großen Hauses“.

[35]) „Bauholz-Prinzessin“. Sonach liegt in den Namen aller 3 Geschwister eine Beziehung auf das Haus oder den Hausbau.

[36]) Motowori will *Kumanasu* lesen und behauptet, dies sei dann in *Kumanu* zusammengezogen worden: Berg *Kumanu* im Distrikt Ou von Idzumo. Im benachbarten Orte *Suga* hatte allerdings Susa no Wo seinen Palast gebaut, wie Var. I berichtet wurde.

[37]) „Großer Geister Herr“, oder „Großer Herr [aller] Wesen“.

[38]) „Der Land-Schöpfer *Oho-na-muchi*.“

[39]) Nach den Zeichen „Groß-Land-Juwel“. Die Interpretation *tama* = „Seele, Geist“ scheint aber vorzuziehen, zumal da im Kogoshūi der Name mit dem Zeichen *tama* „Seele“ geschrieben ist. Also „Geist des Großen Landes“.

Gewürm herrührende Unheil abzuwenden, bestimmten sie die Methode der Hinwegbeschwörung[40]). Bis auf den heutigen Tag erfreut sich das Volk des wohltätigen Einflusses dieser [Einrichtungen].

Noch ehe dies geschah, sprach Oho-na-muchi no Mikoto zu Sukuna-biko-na no Mikoto: „Wie können wir sagen, daß das von uns gemachte Land gut gemacht ist?“ Sukuna-biko-na no Mikoto antwortete und sprach: „Teilweise ist es vollkommen und teilweise ist es unvollkommen.“ — Diese Unterredung hat wahrscheinlich eine tiefere Bedeutung.

Hiernach begab sich Sukuna-biko-na no Mikoto nach dem Kap Kumanu[41]) und ging schließlich ins Land der Unvergänglichkeit[42]) hinüber.

VIa. — Anders auch heißt es, daß er sich nach der Insel Aha[43]) begab, wo er auf einen Hirsen-Halm hinaufkletterte. Er wurde jedoch [von dem sich wieder aufrichtenden Halm, der sich beim Hinaufklettern niedergebeugt hatte] abgeschnickt und begab sich darauf nach dem Lande der Unvergänglichkeit.

Wo immer seit dieser Zeit im Lande ein noch nicht vollkommener Ort war, dort reiste Oho-na-muchi no Kami allein umher und machte es ordentlich. Als er endlich in das Land Idzumo gelangte, nahm er das Wort und sprach: „Dieses Mittelland des Schilfgefildes ist von jeher wüst und öde gewesen. Sogar die Felsen, Kräuter und Bäume sind alle recht ungestüm gewesen[44]). Aber ich habe sie nun schon zur Unterwerfung gebracht, und sie sind nun alle willfährig.“ Schließlich sagte er daher: „Derjenige, welcher jetzt dieses Land in Ordnung bringt, bin nur ich ganz allein. Ist vielleicht irgend jemand vorhanden, der mit mir zusammen die unter dem Himmel gelegene Welt in Ordnung bringen könnte?“ Hierauf erleuchtete ein göttlicher Glanz das Meer, und plötzlich war da etwas, was auf ihn zu-

---

[40]) *Majinahi no nori. Majinahi* „Beschwörung“ wird gewöhnlich als „Wegschaffung von Unheil mit Hilfe der Shintōgötter oder Buddha's“ definiert. Wenn ansteckende Krankheiten oder sonstige Übel vorkamen, wurde in alter Zeit in der Hauptstadt ein besonderes Fest gefeiert, wobei Norito No. 25 rezitiert wurde. Die Götter, welche das Unheil verhängten, wollte man dadurch aus der Hauptstadt wegziehen lassen und versöhnen. Die Vorstellung des Unglücks als Strafe der Götter zeigt noch jetzt der Ausdruck *ten-kei-byō* „Himmels-Strafe-Krankheit“ für den Aussatz. Das „von Vögeln, Tieren und kriechendem Gewürm herrührende Unheil“ wird auch im *Oho-harahe* erwähnt, wo man das Nähere ersehe.

[41]) Im Distrikt Ou, Idzumo.

[42]) *Toko-yo no kuni.* Vgl. KOJIKI 27, Anm. 7.

[43]) *Aha-shima* im Distrikt Aimi von Hōki. Später zur Zeit des Kaisers Montoku (851—858) sollen Sukuna-biko-na und Oho-na-muchi vom Toko-yo Lande nach der Provinz Hitachi zurückgekehrt sein (MONTOKU-JITSUROKU).

[44]) Auch im NORITO zur Wegbannung der Fluchgötter und im OHO-HARAHE ist von den früher sprechenden Felsen, Baumstümpfen und vereinzelten Blättern der Kräuter, welche zum Verstummen gebracht wurden, die Rede.

geschwommen kam und sprach: „Wenn ich nicht hier wäre, wie könntest du dann dieses Land ordentlich unterwerfen? Nur darum, weil ich hier bin, ist es dir möglich geworden, so große verdienstliche Taten zu leisten.“ Hierauf erkundigte sich Oho-na-muchi no Kami und sprach: „Wenn dies so ist, wer bist du dann?“ Die Antwort lautete: „Ich bin dein Schutzgeist, der wunderbare Geist[45]).“ Oho-na-muchi no Kami sprach: „Wohlan denn, ich weiß es nun. Du bist mein Schutzgeist, der wunderbare Geist. An welchem Orte wünschest du nun zu wohnen?“ Die Antwort lautete: „Ich wünsche auf dem Berge Mimoro im Lande Yamato zu wohnen.“ Daher also baute er einen Tempel an diesem Orte und ließ [den Geist] dahin gehen und dort wohnen. Dieses ist der Gott Oho-miwa[46]).

Die Kinder dieser Gottheit waren die Kamo no Kimi und die Oho-miwa no Kimi[47]), und ferner auch Hime-tatara Isuzu-hime[48]) no Mikoto.

VI. b. — Ferner heißt es auch, daß Koto-shiro-nushi no Kami[49]) sich in ein acht Faden [langes] Bären-Seeungeheuer[50]) verwandelte,

---

[45]) *Saki-mitama kushi-mitama. Saki-mitama* „glücklich oder selig machender erhabener Geist“, „Schutzgeist“. *Kushi-mitama* „wunderbarer erhabener Geist“. Beide Ausdrücke stehen in Apposition zu einander. Man unterscheidet nämlich, nach Hirata, auch bei gewöhnlichen Menschen einen sog. *nigi-mi-tama* „sanften Geist“ und einen *ara-mi-tama* „rauhen Geist“, welche je nachdem in verschiedenem Verhältnis in jedem vorhanden sind, was an das Faustische „Zwei Seelen wohnen, ach, in meiner Brust“ erinnert. Wenn einer dieser Geister besonders kräftig ist, so verläßt er den Körper und wirkt verschiedene Wunder. Motowori meint, daß damals in Oho-na-muchi nur der *ara-mi-tama* vorhanden gewesen sei, welcher bei der Unterwerfung der ungestümen Götter zwar notwendig war, aber zur friedlichen Regierung des Landes nicht ausreichte. Daher habe ihm wohl Kami-musubi no Kami seinen eigenen *nigi-mi-tama* in sichtbarer Gestalt gezeigt. Der *Saki-mi-tama* und *Kushi-mi-tama* unseres Textes sind ein und derselbe *Nigi-mi-tama* von zwei verschiedenen Gesichtspunkten aus betrachtet.

[46]) *Miwa* ist ein Ortsname, und *Oho-miwa no Kami* bedeutet daher „der große in Miwa residierende Gott“. *Miwa-yama* oder *Oho-miwa-yama* sind die jetzigen Namen des *Mimoro-yama*.

[47]) Spätere Nachkommen des *Oho-na-muchi*. Sein Nachkomme in achter Generation Oho-tata-neko no Mikoto gilt als Urahn der beiden Geschlechter. *Kamo* ist ein Ort im Distrikt Katsujō von Yamato, wonach das Geschlecht benannt ist: „Herren von Kamo“; *Oho-miwa no kimi* = „Herren von Oho-miwa“.

[48]) Identisch mit der Kojiki 51 genannten *Hoto-tatara-isuzuki-hime no Mikoto*, alias *Hime-tatara-isuke-yori-hime. Hime* im ersten Teil des Namens ist der spätere anständigere Einsatz statt *hoto* „Vagina“. Der Name bedeutet also ursprünglich „die in die Vagina gestoßene erschrocken auffahrende Prinzessin“.

[49]) „Der die Dinge regierende Herr.“ Vgl. Kojiki 26, Anm. 5. Er ist ein Sohn des *Oho-mono-nushi* (auch *Oho-mono-shiro-nushi*, alias *Oho-na-muchi, Oho-kuni-nushi*). Die Zeichen, womit der Name hier geschrieben ist, bedeuten „Ding-Stellvertretung-Herr“.

[50]) *Kuma-wani.* Das *wani* der alten Mythe ist ein Seeungeheuer von drachenähnlicher Gestalt. Dieser Vorstellung liegen vielleicht vage Erinnerungen an das Krokodil zugrunde, die von dem aus dem Süden eingewanderten Bruchteil des japanischen Volkes

mit Mizo-kuhi-hime[51]) — anders heißt sie auch Tama-kushi-hime[52]) — von [der Insel] Mishima[53]) Verkehr pflegte und mit ihr ein Kind erzeugte: Hime-tatara Isuzu-hime no Mikoto. Dieselbe wurde die Kaiserliche Gemahlin des Kaisers Kamu-Yamato Ihare-biko Hoho-demi[54]).

Vorher noch begab sich Oho-na-muchi no Kami, zur Zeit als er das Land unterwarf, an das Strändchen von Isasa[55]) im Lande Idzumo, und war gerade im Begriff, Speise und Trank zu sich zu nehmen, als auf der Oberfläche des Meeres sich

---

mitgebracht wurden, doch wird dadurch eine Übersetzung durch „Krokodil" noch nicht gerechtfertigt. Die Variante IV zu NIHONGI II Kap. 5 spricht von „aufwärtsgerichteten Flossen" des Tieres, und manche japanischen Erklärer möchten im *Wani* wohl darum eine Art Haifisch sehen. Das *Wani* ist eben ein *fabelhaftes* Tier, dessen Bild man sich aus heterogenen Elementen zusammengesetzt zu haben scheint, und das zur Zeit der Niederschrift unserer Quellen dem Bild des chinesischen Drachen mindestens stark angeähnlicht worden war. Darum hat die eine Variante im NIHONGI direkt „Drache" statt *Wani*. Ich zitiere einen Teil von Astons sehr beachtenswerter Note zu dieser Stelle mit dem Bemerken, daß ich jetzt der am Schluß gegebenen etymologischen Hypothese skeptisch gegenüberstehe: „Satow und Anderson haben bemerkt, daß das *Wani* in der Kunst gewöhnlich als ein Drache dargestellt wird, und daß Toyo-tama-bime, welche nach einer Legende bei der Geburt eines Kindes sich in ein Wani als ihre eigentliche Gestalt verwandelt, nach einer anderen Version sich in einen Drachen verwandelt. Nun aber war Toyo-tama-bime die Tochter des Meergottes. Dies bringt auf den Gedanken, daß der letztere einer von den Drachen-Königen war, welche in der chinesischen (vgl. Mayers' Manual, p. 142) und koreanischen Sage so oft erwähnt werden und herrliche Paläste auf dem Meeresgrunde bewohnen. Es ist unnötig hier die Drachen-Könige bis in die indische Mythologie zu verfolgen, wo sie als Nāga-rāja oder Cobra-Könige erscheinen. Der wißbegierige Leser möge Anderson's British Museum Catalogue p. 50 einsehen. Chamberlain hat bemerkt, daß »die ganze Geschichte vom Palast des Meergottes chinesische Züge an sich trägt und der dabei erwähnte Kassienbaum sicherlich chinesisch ist«. Wäre es möglich, daß wir in *wani* das koreanische *wang-i* „König" hätten, wobei *i* die koreanische Definitpartikel wäre wie in *zeni*, *fumi*, *yagi* und anderen chinesischen Wörtern, welche über Korea nach Japan gekommen sind? Wir haben denselben Wechsel von *ng* in *n* in dem Namen des Koreaners, welcher den japanischen Kronprinzen zur Regierungszeit des Ōjin Tennō im Chinesischen unterrichtete. Sein Name war *Wang-in* im Koreanischen, wurde aber von den Japanern *Wani* ausgesprochen".

„Bären-Seeungeheuer", bedeutet ein Seeungeheuer so mächtig und stark wie ein Bär. Ohne Zweifel war der Bär auf den japanischen Inseln in der alten Zeit außerordentlich verbreitet, wie er ja auch in Nordjapan noch jetzt sehr häufig ist, und war das wegen seiner Stärke angesehenste Tier. Das Beiwort *kuma* im obigen Sinn findet sich noch mit anderen Tiernamen verbunden: *kuma-taka* Bären-Falke, *kuma-washi* Bärenadler, *kuma-bachi* Bärenbiene, d. i. Horniss usw., auch mit zahlreichen Pflanzennamen.

[51]) „Prinzessin Graben-Pfahl", Tochter des Gottes Mizo-kuhi-mimi von Mishima in der Provinz Settsu.

[52]) *Tama-kushi*, nach den Zeichen „Juwelen-Kamm", aber wohl im Sinn von „schön-wunderbar" zu nehmen, also „die wunderbar schöne Prinzessin".

[53]) Name einer Landschaft in Settsu. *Mishima* „drei Inseln".

[54]) Der erste Kaiser, *Jimmu-tennō*. Siehe S. 76, Anm. 8 und S. 84, Anm. 6.

[55]) Beim Dorfe Karimiya, im Bezirk Kidzuki (Idzumo). Der Strand bei diesem Orte heißt populär *Inasa-bama*. Statt *Isasa* finden sich auch die Formen *Itasa* und *Inasa*.

plötzlich eine menschliche Stimme vernehmen ließ. Als er darüber erstaunt Nachsuche hielt, war nichts zu sehen. Nach einer Weile kam ein Zwerg zum Vorschein, welcher sich aus Kagami-Rinde ein Schiff verfertigt hatte und aus Zaunkönigs-Federn[56]) ein Kleid gemacht hatte. Er kam mit der Flut auf ihn zugeschwommen, und Oho-na-muchi no Kami nahm ihn und setzte ihn auf seine Handfläche. Als er mit ihm spielte, sprang [der Zwerg] empor und biß ihn in die Wange. Er wunderte sich über seine Gestalt und schickte einen Boten ab, um es den Himmelsgöttern zu berichten. Als nun Taka-mi-musubi no Mikoto es vernahm, sprach er: „Der von mir erzeugten Kinder sind im ganzen eintausendfünfhundert. Unter ihnen ist ein Kind, das im höchsten Grade böse war und meinen Unterweisungen nicht gehorchte. Es schlüpfte zwischen meinen Fingern hindurch und fiel herab, und sicherlich ist es dieses. Es sollte mit liebender Sorgfalt aufgezogen werden.“ Dieses [Kind] war nämlich Sukuna-biko-na no Mikoto.

---

[56]) Im Kojiki „Gänsefedern“, was allgemein verworfen wird. Vorliegende Variante kommt der Erzählung des Kojiki am nächsten. Nur enthält letztere noch einen eigentümlichen Zug in der Teilnahme einer Kröte am Gespräche der Götter.

Zweites Buch.

Des Götterzeitalters zweiter Teil.

Kapitel I.

[Herabsendung von Göttern ins Mittelland des Schilfgefildes. Vergebliche Missionen. Die Botschaft des Fasanen. Tod und Begräbnis des Ame-waka-hiko. Die Ajisuki Episode.]

Masaka-a-katsu Kachi-haya-hi Ame no Oshi-ho-mi-mi no Mikoto, der Sohn der Ama-terasu Oho-mi-kami, heiratete Taku-hata-chi-chi-hime[1]), eine Tochter des Taka-mi-musubi no Mikoto, und zeugte mit ihr den Ama-tsu-hiko Hiko-ho no Ni-nigi[2]) no Mikoto. Deshalb behandelte ihn sein erlauchter Urahn Taka-mi-musubi no Mikoto mit besonderer Liebe und zog ihn mit großer Achtung auf. Schließlich wünschte er seinen suveränen erhabenen Nachkommen Ama-tsu-hiko Hiko-ho no Ninigi no Mikoto zum Herrn des Mittellandes des Schilfgefildes einzusetzen. Aber in jenem Lande waren viele Gottheiten, welche wie Johanneswürmchen leuchteten, und böse Gottheiten, welche wie Fliegen summten. Ferner waren da Kräuter und Bäume, welche alle sprechen konnten. Daher rief Taka-mi-musubi no Mikoto alle achtzig Götter zu einer Versammlung

---

Kapitel I.

Zum Inhalt vergl. Kojiki 30 und 31.

[1]) *Taku* „Papiermaulbeerrindenzeug", *hata* „Webstuhl", nach Motowori = „Gewebe"; „Prinzessin der tausend und aber tausend Zeug-Webstühle". Wenn das höchst problematische *ho* im Namen des Gottes *Oshi-ho-mimi* etwa „Reisähren" bedeuten sollte (*oshi-ho* = große oder viele Ähren), der Gott also nach dem Reis, seine Frau nach der Kleidung benannt ist, so hätten wir in den Namen der beiden Gottheiten eine sehr passende Beziehung auf Ackerbau und Weberei kombiniert.

[2]) „Der himmlische Prinz, der Rot-Reichliche der herrlichen Ähren." Wie ich durch das Komma andeute, haben wir es eigentlich mit zwei Namen derselben Person zu tun, welche in einen zusammengezogen sind. Kojiki 33 haben wir für den ersten Bestandteil den längeren Ausdruck *Ame-nigishi Kuni-nigishi Ama-tsu-hi-daka* „Himmels-Fülle Erden-Fülle Himmels-Sonnen-Hoher". Das Element *ho* „Ähre" im Namen des Sohnes dürfte auch auf die Interpretation desselben Elementes im Namen des Vaters einen Rückschluß gestatten.

zusammen und fragte sie und sprach: „Mein Wunsch ist, daß man die bösen Geister im Mittellande des Schilfgefildes fortbanne und unterwerfe. Wen wird es gut sein zu schicken? Wohlan, ihr Götter alle, verberget nicht eure Meinung!“ Sie alle sprachen: „Ame no Ho-hi no Mikoto ist der heldenhafteste der Götter. Sollten wir es nicht einmal mit ihm versuchen?“

Hierauf ließ man[3]) also in Gemäßheit mit dem Rate Aller den Ame no Ho-hi no Mikoto dorthin gehen und die Unterwerfung vornehmen. Dieser Gott jedoch schmeichelte dem Oho-na-muchi no Kami und tat ihm schön, und es waren schon drei Jahre verflossen, ohne daß er einen Bericht von seiner Mission gegeben hatte. Daher schickte man seinen Sohn Oho-se-ihi-Mikuma no Ushi[4]), der mit anderem Namen auch Take-Mikuma no Ushi[5]) hieß. Auch dieser jedoch gehorchte seinem Vater und erstattete schließlich keinen Bericht von seiner Mission. Daher versammelte Taka-mi-musubi no Mikoto wiederum alle Götter und fragte sie, wer geschickt werden sollte. Sie alle sprachen: „Ame-waka-hiko, der Sohn des Ama no Kuni-tama[6]). Er ist ein tapferer Mann. Versuche es mit ihm!“ Hierauf gab Taka-mi-musubi no Mikoto dem Ame-waka-hiko einen himmlischen Hirschbogen und himmlische gefiederte Pfeile und schickte ihn ab. Dieser Gott war ebenfalls untreu, und so bald als er [unten] angelangt war, nahm er die Shita-teru-hime, eine Tochter von Utsushi-kuni-tama[7]), zum Weibe. — *Mit anderen Namen heißt sie auch Taka-hime oder Waka-kuni-tama*[8]). — Also er blieb und wohnte dort und sprach: „Auch ich wünsche das Mittelland des Schilfgefildes zu regieren.“ Schließlich erstattete er keinen Bericht von seiner Mission. Da wunderte sich Taka-mi-musubi no Mikoto darüber, daß er so lange keinen Bericht von seiner Mission gab, und schickte den Fasanen Na-naki[9]) ab, um sich nach ihm zu erkundigen. Der Fasan flog herab und setzte sich auf den Wipfel eines vielästigen Kadzura-Baumes, welcher vor dem Tore [des Hauses] des Ame-waka-hiko stand. Da sah ihn Ame no Sagu-me und sprach zu Ame-waka-hiko: „Ein seltsamer Vogel ist gekommen und sitzt auf dem Wipfel des Kadzurabaums.“ Hierauf ergriff Ame-waka-hiko den himmlischen Hirschbogen und die himmlischen gefiederten Pfeile, welche er von Taka-mi-musubi no Mikoto erhalten hatte, und tötete den Fasan durch einen Schuß[10]). Der betreffende Pfeil durchbohrte die Brust

---

3) Man kann auch *Taka-mi-musubi* allein als Subjekt annehmen.

4) *Oho-se-ihi* nach den Zeichen „groß-Rücken-gekochter Reis“. Shikida nimmt *se* als „Körperlänge“; sowohl *Ihi* als *Mikuma* betrachtet er als Ortsnamen in der Provinz Idzumo; *ushi* „Herr“. Also etwa „der großgestaltige Herr von Ihi und (oder bei) Mikuma“.

5) „Der ungestüme oder tapfere Herr von Mikuma.“

6) Im Kojiki *Ama-tsu-Kuni-tama*.

7) Anderer Name für Oho-kuni-nushi.

8) Nach den Zeichen „Jung-Landes-Juwel“.

9) Hier mit den Zeichen „ohne Namen“ geschrieben, im Kojiki aber mit den Zeichen „den [eigenen] Namen rufend“, was die richtigere Etymologie zu sein scheint. Vgl. Kojiki 31, Anm. 5.

10) Im Kojiki reizt Ame no Sagu-me ihn zu dieser Tat an, ebenso weiter unten in der Variante.

des Fasanen und [indem er bis zum Himmel hinaufflog,] gelangte er vor den Sitz[11]) des Taka-mi-musubi no Mikoto. Als nun Taka-mi-musubi no Mikoto diesen Pfeil sah, sprach er: „Dieser Pfeil ist einer von den Pfeilen, welche ich ehedem dem Ame-waka-hiko gegeben habe. Daß er mit Blut befleckt ist, mag wohl daher kommen, daß [Ame-waka-hiko] mit den irdischen Gottheiten einen Kampf gehabt hat." Hierauf ergriff er den Pfeil und warf ihn wieder zurück nach unten. Im Herabfallen traf der Pfeil oben auf die Brust des Ame-waka-hiko. Zu dieser Zeit nämlich hatte Ame-waka-hiko von dem neuen Schmaus genossen[12]) und lag gerade schlafend auf dem Boden. Von dem Pfeil getroffen, starb er auf der Stelle. Dieses ist der Grund, warum die Leute dieser Welt sagen: „Vor einem zurückgesandten Pfeile muß man sich fürchten."

Die weinende und kläglich trauernde Stimme von Ame-waka-hiko's Gemahlin Shita-teru-hime war bis in den Himmel hinein hörbar. Da hörte Ame no Kuni-tama die weinende Stimme und wußte sofort, daß jener Ame-waka-hiko schon tot sei, und schickte [den Gott des Wirbelwindes] Haya-ji[13]), um den Leichnam zum Himmel heraufzubringen[14]). Hierauf errichtete man ein Trauerhaus und setzte die Leiche temporär darin bei. Fluß-Wildgänse wurden zu Hänge-Kopf-Trägern[15]) und zu Besen-Trägern gemacht. — *Anders heißt es auch: Die Hühner wurden zu Hänge-Kopf-Trägern und die Fluß-Wildgänse zu Besen-Trägern gemacht.* — Ferner die Sperlinge wurden zu Stampf-Weibern gemacht. — *Anders heißt es auch: Die Fluß-Wildgänse wurden hierauf zu Hänge-Kopf-Trägern und ferner zu Besen-Trägern gemacht, der Eisvogel wurde zum Stellvertreter des Totengeistes*[16]) *gemacht, die Sperlinge*

[11]) Im Flußbett des Ruhigen Flusses des Himmels.

[12]) D. i. das *Nihi-name* Fest gefeiert. Daß in der ältesten Zeit dieses Götterfest in jedem Hause gefeiert wurde, geht aus den Adzuma-uta in Manyōshū Buch 14 hervor.

[13]) Auch *Haya-tsu-muji no Kami.* Ihm sind mehrere Shintōtempel in Idzumo geweiht. *Haya-ji* ist in jetziger Sprache *haya-te* „Orkan auf dem Meere". Die ungeheure Kraft der Taifune, die oft schwere Gegenstände in die Luft reißen und wegtragen, erklärt diesen Mythenzug.

[14]) Im Kojiki kommt Ame no Kuni-tama, der Vater des Ame-waka-hiko, mit Frau und Kindern des Getöteten, welche während seiner irdischen Mission im Himmel zurückgeblieben waren, auf die Erde herab und die Begräbniszeremonien finden in Idzumo statt.

[15]) *Kizari-mochi*: vgl. Kojiki 31 Anm. 17. Shikida aber liest hier *kabushi-mochi,* d. h. „solche welche den Sarg von unten stützen", um zu vermeiden, daß er auf eine Seite überneige.

[16]) *Mono-masa*: *mono* „Geist, Seele [des Toten]". Das dunkle *masa* leitet Iida von *masu* „sein" ab, also „der an Stelle der Seele Seiende", und vermutet, daß der Eisvogel, *sohi* oder *soni,* dazu benutzt wurde, weil die grüne Farbe des Vogels der des Totenkleides ähnlich gewesen sei. Er ist der Ansicht, daß die Trauerkleider und Totenkleider ursprünglich grün waren, was er durch einen Hinweis auf das eine Gedicht des Ya-chi-hoko im Kojiki begründen will. Ein Kleid von Eisvogel-grüner Farbe scheint nach diesem Gedicht etwas Schlimmes zu bedeuten, und Iida sieht dieses Schlimme eben darin, daß Grün die Farbe des Totenkleides war. Das ist zwar nicht unwahrscheinlich, aber mit gleichem Rechte ließe sich dies auch behaupten von dem im selben Gedichte mit Abscheu erwähnten schwarzen Kleide.

Eine nicht unähnliche Sitte bestand vor alters in China, wie aus dem Li-ki hervorgeht. Zu dem im Text des Li-ki erwähnten Ausdruck *gu-shi* bemerkt der chinesische

zu Stampf-Weibern, die Zaunkönige zu Heulweibern[17]), *die Weihen zu Totenkleidmachern*[18]), *und die Raben zu Speisebereitern*[19]). *Sämtlichen Vögeln insgesamt wurde die Angelegenheit anvertraut.* — Acht Tage und acht Nächte lang weinten sie und sangen sie traurige Lieder[20]).

Noch ehe dies geschah, stand Ame-waka-hiko, zur Zeit als er im Mittellande des Schilfgefildes wohnte, mit [seinem Schwager] Aji-suki Taka-hiko-ne no Kami in guten freundschaftlichen Beziehungen. Deshalb stieg Aji-suki-taka-hiko-ne no Kami zum Himmel hinauf, um den Toten zu betrauern. Nun war aber dieser Gott in seinem äußeren Aussehen aufs vollkommenste ähnlich dem Ame-waka-hiko, wie derselbe bei Lebzeiten gewesen war, und daher sprachen Ame-waka-hiko's Verwandte, Frau[21]) und Kinder sämtlich: „Unser Herr ist noch am Leben!“ Dabei klammerten sie sich an sein Gewand und seinen Gürtel, und waren teils erfreut, teils befremdet[22]). Da wurde Aji-suki Taka-hiko-ne no Kami vor Zorn rot und rief: „Die Art und Weise [der Verpflichtung] zwischen Freunden ist eine solche, daß es sich mit Recht geziemt einander zu kondolieren. Deshalb habe ich mich vor der Verunreinigung[23])

Kommentar: „*gu* bedeutet „beruhigen“ [*gu-shi* also: die Leiche, den Toten beruhigen]. Nach Beendigung des Begräbnisses kehrt man mit der eingeladenen Seele zurück und verehrt sie am Mittag in dem *hinkyū* (Tempel des temporären Begräbnisses), um sie zu beruhigen. Bei männlichen Toten wird der Sohn, bei weiblichen Toten die Tochter zum *shi* (Leichnam, dem jap. *mono-masa* entsprechend) gemacht. *shi* bedeutet so viel wie *shu* „Herr“. Wenn man die Gestalt der Eltern nicht sieht, so hat unser Herz keinen Anhaltepunkt. Deshalb setzt man einen *shi* ein, läßt ihn die Kleidung des Toten anziehen und läßt das Herz des pietätvollen Kindes hier Herr sein.“ Nach einer anderen Stelle im Li-ki trägt der *Shi* (*Mono-masa*) das Oberkleid des Verstorbenen; bei männlichen Toten wird ein Mann, bei weiblichen Toten ein Weib zum *Shi* gemacht, immer aber ein Mensch von verschiedenem Familiennamen, und niemals werden Unfreie dazu verwendet.

Sollte vielleicht zwischen der chinesischen und japanischen Sitte ein Zusammenhang existieren?

[17]) Zeichen „Heuler“, im Kojiki genauer *naki-me* „Heul-Weib“. Dort fungieren Fasanen als Heulweiber.

[18]) *Wata-tsukuri*, „Wata-macher, Baumfaser-Krempler“. Drei Meinungen sind vertreten: a) Leute, welche die Kleider der Toten verfertigen; b) Leute, welche im Sarg die Lücken zwischen Sarg und Leiche mit Wata ausstopfen (Hirata); c) Leute, welche mit in Wasser getränkten Baumfasern die Leiche waschen. Im Kojiki nicht erwähnt.

[19]) *Shishi-hito*, lit. „Fleisch-Menschen“, im Kojiki *mi-ke-hito* „erlauchte-Speise-Menschen“, Bereiter der Speise für die Toten. Vgl. auch die interessante Stelle Buch 14, Yūryaku 2. Jahr 10. Monat, wo von der Einsetzung eines *Shishi-hito Be* „Fleischer Be“ berichtet wird.

[20]) Aber im Kojiki: „und nachdem sie so alles angeordnet hatten, brachten sie acht Tage und acht Nächte mit *lustigen Vergnügungen* zu“.

[21]) Die erste, im Himmel gebliebene Frau des Gottes, nicht seine auf der Erde wohnende zweite Frau Shita-teru-hime, welche natürlich den Bruder mit dem Gemahl nicht verwechselt hätte.

[22]) So nach der japanischen Lesung *madohiki*. Das Zeichen bedeutet „wehklagen“.

[23]) Teilnahme an einem Begräbnis verunreinigt nach Shintōbegriffen. So darf man bei der Heimkehr von einem Begräbnis unterwegs keinen Besuch abstatten. Das

nicht gescheut, sondern bin von fern her herbeigekommen, um zu trauern. Warum verwechselt man mich mit dem Toten?“ Hierauf zog er sein umgegürtetes Schwert Oho-ha-gari — *mit anderem Namen heißt es auch das Schwert von Kamu-do* — heraus und hieb damit das Trauerhaus zusammen. Dasselbe fiel [auf die Erde] herab und wurde zu einem Berg. Es ist jetzt der in der Provinz Minu am Oberlaufe des Flusses Awimi gelegene Mo-yama (Trauer-Berg). Dieses ist der Grund, warum die Leute der Welt verabscheuen eine lebende Person mit einem Toten zu verwechseln.

Kapitel II.

[Futsu-nushi's und Take-mikadzuchi's erfolgreiche Mission. Oho-kuni-nushi's Abdankung. Beruhigung des Landes.]

Hiernach versammelte Taka-mi-musubi no Mikoto abermals sämtliche Götter, um irgend jemand auszuwählen, den sie nach dem Mittellande des Schilfgefildes schicken könnten. Sie alle sprachen: „Es wird gut sein Futsu-nushi no Kami zu schicken, den von Iha-saku-ne-saku no Kami's Kindern Iha-tsutsu-wo und Iha-tsutsu-me gezeugten Sohn.“

Nun aber gab es Götter, welche in den Felsenhöhlen des Himmels wohnten, nämlich Mika-haya-bi[1]) no Kami, ein Sohn des Itsu no Wo-bashiri[2]) no Kami; [sodann] Hi-haya-bi[3]) no Kami, ein Sohn des Mika-haya-bi no Kami; [und drittens] Take-mika-dzuchi[4]) no Kami, ein Sohn der Hi-haya-bi no Kami. Dieser [letztere] Gott trat vor und sprach: „Ist etwa Futsu-nushi no Kami einzig und allein ein Held? Und bin ich nicht ein Held?“ Seine Worte waren mit heftig aufgeregtem Atem gesprochen. Man gesellte ihn daher dem Futsu-nushi no Kami zu und gab [auch ihm] den Auftrag das Mittelland des Schilfgefildes zu unterwerfen. Die beiden Götter stiegen hierauf herab und gelangten an das Strändchen von Itasa[5]) in der Provinz Idzumo. Darauf zogen sie ihre zehnspannigen Schwerter heraus, pflanzten sie umgekehrt [mit der Spitze nach oben] auf dem Erdboden[6]) auf, hockten mit gekreuzten Beinen auf die Spitzen derselben und befragten Oho-na-muchi no Kami, indem sie sprachen: „Taka-mi-musubi no Mikoto wünscht seinen suveränen erlauchten Enkel herabzuschicken

---

Sankei suru (einen Shintōtempel besuchen und dort beten) ist durch viele Einzelvorschriften verboten, wenn man zu einem Trauerfall Beziehung gehabt hat.

Kapitel II.

Zum Inhalt vergl. Kojiki 32.

1) „Klingenglänzender-schneller-wunderbarer Gott.“

2) „Der gewaltige männliche Schwertschneiden-scharfe Gott“, ein Schwertgott. Im Kojiki heißt er *Itsu no Wo-ha-bari no Kami* und das Schwert, womit Izanagi den Gott Kagu-dzuchi in Stücke zerhieb, *Ama no Wo-ha-bari* oder *Itsu no Wo-ha-bari*. (Kojiki 8, Anm. 20).

3) „Feuer-schnell-wunderbarer Gott.“

4) „Tapferer Klingenglänzender Altehrwürdiger Gott.“

5) Buch 1, Kap. VII *Isasa* geschrieben, im Kōjiki 32 *Inasa*.

6) Im Kojiki auf dem Kamm einer Woge.

und ihn über dieses Land als Herrn regieren zu lassen. Daher hat er zuerst uns beiden Götter geschickt, um [die bösen Geister] wegzubannen und zu unterwerfen. Was ist deine Absicht? Willst du dich hinwegbegeben[7]) oder nicht?“ Da antwortete Oho-na-muchi no Kami und sprach: „Ich muß zuerst meinen Sohn befragen; dann erst werde ich Antwort geben.“ Zu dieser Zeit war sein Sohn Koto-shiro-nushi no Kami auf einer Reise begriffen und befand sich am Kap Miho im Lande Idzumo, wo er sich damit vergnügte Fische mit der Angel zu fangen. Nach einer anderen Version vergnügte er sich damit Vögel zu fangen. Daher nahm er das vielhändige Schiff[8]) von Kumanu[9]) — *ein anderer Name desselben ist: das himmlische Tauben-Schiff*[10]) —, und indem er seinen Boten Ina-se-hagi[11]) darauf setzte, schickte er denselben ab und erstattete an Koto-shiro-nushi no Kami Bericht von dem Befehle des Taka-mi-musubi no Mikoto. Ferner fragte er, mit welchen Worten er antworten sollte.

Koto-shiro-nushi no Kami sprach nun zu dem Boten: „Jetzt hat die himmlische Gottheit diese befehlende Frage an uns gerichtet. Mein Vater sollte ehrfürchtig von dannen gehen, und auch ich will keinen Widerstand leisten.“ Hierauf machte er im Meere einen achtfachen Zaun aus grünen Zweigen, trat auf das Seitenbrett des Schiffes und ging fort[12]). Nachdem der Bote zurückgekehrt war, gab er einen Bericht von seiner Mission. Daher sprach Oho-na-muchi no Kami in Gemäßheit mit den Worten seines Sohnes zu den beiden Gottheiten: „Mein Sohn, auf den ich mich verlasse, ist bereits von dannen gegangen, daher will auch ich fortgehen. Wenn ich Widerstand leistete, dann würden auch alle Götter innerhalb des Landes sicherlich mit einander Widerstand leisten. Aber da ich jetzt ehrfürchtig fortgehe, wer anders will dann wagen nicht Folge zu leisten?“ Hierauf nahm er den breiten Speer, welchen er wie einen Stock benutzt hatte, als er das Land unterwarf, und übergab ihn den beiden Gottheiten, indem er sprach: „Mit Hilfe dieses Speeres habe ich schließlich meine Aufgabe erfolgreich ausgeführt. Wenn der himmlische erlauchte Enkel diesen Speer gebraucht, indem er das Land regiert, so wird er

---

7) Die Herrschaft der sichtbaren Welt abtreten und dann die göttlichen unsichtbaren Angelegenheiten übernehmen.

8) *Moro-te-bune* oder *moro-ta-bune*. Nach Shikida ein Boot mit vielen Rudern, nach Suzuki ein von zwei Leuten gerudertes Boot. *Moro-te* bedeutet noch jetzt in der Schriftsprache „alle beide Hände“. Jedenfalls ist ein Boot gemeint, das von mehr als einem Schiffer gerudert wird, also ein schnelles Boot.

9) Im Distrikt Ou (jetzt Iu), Idzumo.

10) *Ama no hato-bune*, d. h. ein Schiff so schnell wie eine Taube.

11) *Ina-se-hagi* „Nein oder Ja Bein“, d. i. ein Bote, welcher als Antwort Nein oder Ja holen soll. Auch den oben mehrfach erwähnten Ortsnamen *Inasa* haben Motowori und Andere als *Ina-se* „Nein oder Ja“ mit Bezug auf die vorliegende Geschichte erklären wollen, doch scheitert diese Etymologie an den Nebenformen *Isasa* und *Itasa*, welche diese Erklärung nicht zulassen.

12) Im Kojiki: „hierauf trat er auf das [Seitenbrett des] Bootes und warf es um, und klatschte mit seinen himmlichen sich entfernenden Händen im grünen Zweig-Zaune und verbarg sich.“ Daß der Gott erst, wie das Nihongi sagt, den Fischzaun eigens hergestellt haben sollte, scheint eine weniger gute Fassung der Sage zu sein.

es sicherlich unterwerfen und beruhigen[13]). Ich bin jetzt im Begriff, mich in den weniger als hundert seienden achtzig Wegkrümmungen zu verbergen." Nachdem er seine Rede beendigt hatte, verbarg er sich schließlich[14]). Hierauf töteten die beiden Gottheiten alle rebellischen Geister und Götter. — *In einer anderen Version heißt es: Die beiden Gottheiten töteten schließlich die bösen Gottheiten, sowie die verschiedenen Arten von Kräutern, Bäumen und Steinen. Nachdem bereits alle vollständig zur Unterwerfung gebracht worden waren, war da nur noch der Stern-Gott Kagase-wo*[15]*), welcher sich nicht unterwerfen wollte. Daher schickten sie obendrein den Weber-Gott*[16]*) Take-ha-dzuchi*[17]*) no Mikoto, worauf er sich unterwarf. Daher stiegen die beiden Gottheiten [wieder] zum Himmel empor.* —

Endlich erstatteten sie Bericht von ihrer Mission.

Kapitel III.

[Herabkunft des souveränen erlauchten Enkels. Seine Vermählung. Feuerprobe seines Weibes. Sein Tod.]

Darauf nahm Taka-mi-musubi no Mikoto die Decke[1]), welche sein treffliches Bettlager bedeckte, warf sie über seinen souveränen erlauchten Enkel Ama-tsu-hiko Hiko-ho no Ninigi no Mikoto und ließ ihn hinabsteigen. Der souveräne erlauchte Enkel verließ hierauf seinen himmlischen Felsensitz, und indem er sich durch die achtfachen Wolken des Himmels mit gewaltigem Wegbahnen einen Weg bahnte, stieg er auf den Gipfel des Taka-chi-ho in [der Landschaft] So[2]) in Himuka herab.

---

[13]) Im Kojiki wird von diesem Speere nichts erwähnt. Dagegen macht dort Oho-na-muchi die Bedingung, das ihm ein Tempel errichtet werde, dessen Pfeiler fest und sicher auf dem Felsboden errichtet und dessen gekreuzte Giebelbalken bis ans Himmelsgefilde reichen sollten. Dieser Tempel wurde ihm an der Küste von Tagishi in der Provinz Idzumo errichtet: der berühmte, an Bedeutung nur dem Tempel von Ise nachstehende *Kidzuki no Oho-yashiro* „große Tempel von Kidzuki".

[14]) Verschwand in der Unterwelt.

[15]) „Der glänzend helle Mann." Dies ist der einzige in der japanischen Mythologie ausdrücklich als „Sterngott" bezeichnete Gott, und wegen seiner Widerspenstigkeit wurde er wahrscheinlich als ein Unheil stiftender Gott betrachtet. Auch ihm wird, wie dem Ame-waka-hiko, niemals das Attribut *Kami* oder *Mikoto* beigelegt.

[16]) *Shidori no kami; shidori* aus *shidzu-ori* „streifiges Gewebe". In alter Zeit wurde solches Zeug hauptsächlich zu Gürteln (*obi*) gebraucht und war entweder aus *kachi* (Papiermaulbeer) oder *asa* (Hanf) gefertigt. *Shidori no Kami* heißt also wörtlich „der Gott des streifigen Gewebes". Vielleicht ist er auch ein Sterngott?

[17]) Nach den Zeichen „Tapfer-Blatt-Schlägel". Hirata faßt *ha* als „Webstoff", doch scheint die Ableitung von *haya* „schnell" plausibler. Also etwa „der ungestüme schnelle Altehrwürdige".

Kapitel III.

Zum Inhalt vergl. Kojiki 34, 37 Eingang und 38.

[1]) *Fusuma*, dick wattierte Kleider mit Ärmeln, welche nachts angezogen wurden und statt der Überdecken dienten.

[2]) *So no Taka-chi-ho. So* ist später zu *Soo* geworden und ist der Name eines Distriktes in der Provinz *Ohosumi* (die jetzigen beiden Distrikte *Higashi-Sō* und *Nishi-Sō* im Kago-

Nachdem dies geschehen war, nahm der souveräne erlauchte Enkel in folgender Weise seinen Weg: Von der Schwebe-Brücke des Himmels auf dem Wunderbaren Doppelgipfel[3]) [fortschreitend] kam er auf der Schwebenden Sand-

---

shima Ken). *Ohosumi* war früher ein Teil von *Himuka*, daher in unserem Text *„So in Himuka“*. Nach dem SHAKU-KI soll *So* „über einander gehäuft“ (von Bergen) bedeuten; Iida dagegen meint, daß es dasselbe *so* sei, welches in den Verben *sosori* „aufstreben“, *sobiyuru* „hoch emporragen“ usw. wurzelhaft enthalten ist und die Bedeutung *sosorika* „aufstrebend“ hat. Ein gewisser Mutaribe Yoshika hat eine Monographie über den Berg *Taka-chi-ho* verfaßt, worin er die Ansicht vertritt, daß in dem Ausdruck *So no Taka-chi-ho* der Vorsatz *So* ursprünglich ein Honorificum zum Namen des Berges gewesen sei, weil dieser Berg eine so sonderbare, schroffe Gestalt hat, so daß *So no Taka-chi-ho* also eigentlich „der steil-emporragende Taka-chi-ho“ gewesen sein würde. Sodann sei das Epitheton *So* auf die Gegend um den Berg herum übertragen worden und auf diese Weise *So* endlich zum Namen eines Distriktes geworden, welcher als Distrikt *So-o* einen Teil der jetzigen Provinz Ohosumi bildet. Ich hege jedoch starke Zweifel, daß der Name der Landschaft von dem Epitheton des Berges hergenommen ist. *So* ist wohl ursprünglich der Name der Stämme, welche den Süden von Kyūshū, die jetzigen Provinzen Hyūga, Ohosumi und Satsuma, bewohnten, und welche wegen ihrer Stärke, Wildheit und Tapferkeit gewöhnlich *Kuma-so* „Bären-So“, d. h. „die *So*, welche wie Bären stark und tapfer sind“, genannt werden. Daher spricht man vom Lande der *So* (*So no Kuni*) oder *Kuma-so*. Über die *Kuma-so* vgl. Buch 7, KEIKŌ-KI, 12. und 13. Jahr.

Unter dem *Taka-chi-ho* „Hohe-tausend-Reisähren“ ist der jetzt *Kiri-shima-yama* genannte Vulkan zu verstehen (vgl. Murray's Handbook, 3rd ed. pag. 409). Genau genommen sind zwei Berge zu unterscheiden. Der eine, welcher auch jetzt noch *Taka-chi-ho-take* heißt, liegt im Distrikt Usuki von Hyūga (im Distrikt Usuki liegt auch ein Sato Namens Chi-ho), und zwar am Nordrande von Hyūga, nahe an der Grenze der Provinz Bungo. Die dortige Gegend heißt noch jetzt Taka-chi-ho no shō. Der andere in Betracht kommende Berg, der *Kiri-shima-yama* im Distrikt Morogata von Hyūga, liegt am Südrande der Provinz Hyūga, an der Grenze der heutigen Provinz Ohosumi. (Die heutige Provinz Ohosumi wurde im 6. Jahre Wadō, d. i. 713, aus dem Distrikt *So-o* und drei anderen Distrikten von Himuka gebildet). Während manche Erklärer noch zweifelhaft sind, ob wir unter unserem *Taka-chi-ho* den jetzigen *Taka-chi-ho-take* oder den *Kiri-shima-yama* zu verstehen haben, entscheiden sich Iida und überhaupt die besten Autoritäten für letzteren. Man lasse nicht außer Acht, daß die ehemaligen Provinz- und Distriktgrenzen sich im Laufe der Zeit vielfach verschoben haben und oft Neueinteilungen vorgenommen worden sind.

[3]) *Kushibi no futa-kami. Kushibi*, im KOJIKI und weiter unten *kushiburu*, = „wunderbar“; *futa-kami* = „zweigipflig“. Auch in MANYŌSHŪ Buch 16 kommt der Ausdruck *futa-kami-yama* „zweigipfliger Berg“ vor. Der *Taka-chi-ho* ist gemeint. Iida jedoch will *futa-kami* als „zwei Gottheiten, Doppelgottheit“ erklären und weist darauf hin, daß in der ältesten Zeit das Meer und die Berge als Götter betrachtet wurden, und daß in MANYŌSHŪ Buch 3 eine Stelle vorkommt, wo zwei Berge, die als männlicher Gott und weiblicher Gott fungieren, die „beiden Gottheiten“ genannt werden. Nach dieser ganz plausiblen Auffassung würden wir zu übersetzen haben: „Von der Himmlischen Schwebebrücke auf der wunderbaren Doppelgottheit.....“ Der Sinn ist aber wesentlich derselbe, weil unter dieser „Doppelgottheit“ die beiden vergötterten Gipfel des *Taka-chi-ho* Berges zu verstehen sind.

Die *Schwebe-Brücke des Himmels* ist nach Suzuki zunächst die Leiter, worauf der Gott vom Himmel auf den *Futa-kami* herabstieg, und welche sodann als Brücke vom *Futa-kami* aus nach dem Kap *Kasasa* benutzt wurde.

bank über eine flache Stelle zu stehen[4]), und durch das leere Land, das mager wie Rückenfleisch war[5]), schritt er über lauter Hügel auf der Suche nach Land hindurch und gelangte nach dem Kap von Kasasa beim [Berge] Nagaya[6]) im [Lande] Ata[7]). In dieser Gegend war ein gewisser Mann, der sich selbst Koto-katsu-Kuni-katsu-Nagasa[8]) nannte. Der souveräne erlauchte Enkel fragte: „Gibt es hier ein Land oder nicht?" Er antwortete und sprach: „Hier ist ein Land. Bitte begib dich dahin, wenn es dir beliebt." Daher gelangte der souveräne erlauchte Enkel dorthin und nahm daselbst seinen Aufenthalt. Nun war da in jenem Lande ein schönes Mädchen Namens Ka-ashi-tsu-hime[9]) — *mit anderem Namen heißt sie auch Kamu-Ata-tsu-hime*[10]), *oder auch Ko-no-Hana no Saku-ya-hime*[10]).

Der souveräne erlauchte Enkel fragte dieses schöne Mädchen und sprach: „Wessen Tochter bist du?" Sie antwortete und sprach: „Deine Magd[11]) ist

---

[4]) So nach dem chinesischen Text. Die jap. phonetische Glosse dazu ist: *uki-jimari tahira ni tatashite.* Nach Suzuki's und Iida's Meinung scheint der Enkel auf der Brücke nach Kasasa gegangen zu sein. Ich stimme dieser Auffassung zu und gebe der Stelle folgende Bedeutung: „Auf der Schwebe-Brücke des Himmels vom wunderbaren Doppelgipfel des Berges Taka-chi-ho aus dahinschreitend, kam er über eine flache Stelle der Schwebenden Sandbank, worüber die Brücke führte, zu stehen." Die Parallelstelle im Kojiki lautet (teilweise phonetisch geschrieben): *ame no uki-hashi ni uki-jimari sori tatashite,* was Chamberlain in Anlehnung an Hirata übersetzt: „er machte sich auf den Weg schwebend und eingeschlossen in der Himmlischen Schwebebrücke." Bei dieser Interpretation ist zu bemerken, daß Hirata die „Himmlische Schwebebrücke" mit dem „Himmlischen Felsen-Boot" identifiziert.

[5]) *so-jishi no muna-kuni: so* „Rücken", *shishi* „Fleisch", *muna* „leer"; *so-jishi* wird noch im Satsuma Dialekt für das Rückenfleisch wilder Tiere gebraucht. Das Land zwischen dem Taka-chi-ho und Kasasa in Satsuma ist gänzlich gebirgig, mit sehr wenig Reisfeldern und überhaupt wenig angebaut, daher seiner Ertragslosigkeit wegen mit dem fleischarmen Rücken verglichen (gemeint ist zumal der mittlere Teil des Rückens am Rückgrad, wie denn auch das Zeichen, hier *so* gelesen, das Rückgrad bezeichnet). Mit fast identischem Ausdruck wird in Buch 8, Chū-ai-ki 8. Jahr, 9. Monat, das Land der *Kuma-so,* also das südliche Kyūshū, bezeichnet.

[6]) Der jetzige *Chō-ei-san,* der in der Nähe des Dorfes Oho-ura im Kaseda-Bezirk im Distrikt Kahanabe von Satsuma liegt und sich bis zum Kap von *Kaseda* (= *Kasasa*) hinzieht.

[7]) *Ata* oder *Ada,* auch *Ata no kuni* „das Land (Provinz) Ata", ist der alte Name von *Satsuma.* Später ist *Ata* der Name eines Distrikts der Provinz Satsuma geworden.

[8]) Nach Hirata *koto-katsu kuni-katsu* = „tüchtig in Sachen und mächtig im Lande", d. i. „reich und mächtig". Die Bedeutung von *naga-sa,* lit. „lang-schmal", ist nicht klar. Weiter unten wird dieser Gott als ein Sohn von Izanagi no Mikoto bezeichnet. Suzuki meint, es sei der Name einer Gottheit, in welcher die drei Gottheiten *Soko-dzutsu no Wo, Naka-dzutsu no Wo* und *Uha-dzutsu no Wo,* drei Söhne von Izanagi, zu einer Person vereinigt sind.

[9]) Bedeutung unklar. Nach den Zeichen „Hirsch-Schilf-Prinzessin".

[10]) „Göttliche Prinzessin von Ata." Vgl. Anm. 7. „Die wie Baumblüten herrlich-blühende Prinzessin."

[11]) Zeichen *Shō* „Konkubine", ein spezifisch chinesisches Idiom, von Frauen als demütig-höfliche Bezeichnung ihrer eigenen Person gebraucht, jap. *yatsuko* „Sklave, Magd" umschrieben.

ein von [dem Berggott] Oho-yama-tsu-mi[12]) no Kami mit einer Himmlischen Gottheit erzeugtes Kind.“ Demnach vermählte sich der souveräne erlauchte Enkel mit ihr, worauf sie in einer einzigen Nacht [hoch] schwanger wurde[13]). Der souveräne erlauchte Enkel schöpfte darüber Argwohn und sprach: „Ich bin zwar freilich eine himmlische Gottheit, aber wie kann ich im Zeitraum einer einzigen Nacht eine Frau [hoch] schwanger machen? Das was du in deinem Schoße trägst, ist sicherlich nicht mein Kind.“ Darüber wurde Ka-ashi-tsu-hime zornig und grollte. Dann machte sie eine türlose Muro[14]), ging hinein, nahm im Inneren derselben ihren Aufenthalt und sprach mit feierlichem Schwur: „Wenn das, was ich in meinem Schoße trage, nicht die Nachkommenschaft des Himmlischen Enkels ist, so wird sie sicherlich durch Verbrennen zu Grunde gehen, aber wenn es in der Tat die Nachkommenschaft des Himmlischen Enkels ist, so wird das Feuer ihr keinen Schaden zuzufügen imstande sein.“ Hierauf legte sie Feuer an und verbrannte die Muro. Das Kind, welches geboren wurde, als der allererste Rauch emporstieg, bekam den Namen Ho no

---

[12]) Der Urtext des NIHONGI ist hier emendationsbedürftig, denn er heißt wörtlich: „ein Kind, welches erzeugt wurde, indem eine himmlische Gottheit Oho-yama-tsu-mi no Kami zum Weibe nahm“. *Oho-yama-tsu-mi* müßte demnach ein Weib sein, was der ausdrücklichen Überlieferung widerspricht. Sodann ist auch die „himmlische Gottheit“ in dieser Verbindung Bedenken erregend. *Oho-yama-tsu-mi no Kami* im allgemeinen Sinn von „Berggottheit“ zu nehmen, wie Aston vorschlägt, geht nicht an; es werden sonst noch verschiedene *Yama-tsu-mi* erwähnt, aber *Oho-yama-tsu-mi* ist eine individuelle Gottheit, der oberste Berggott. Um die Schwierigkeit zu beseitigen, habe ich den einfachsten Ausweg gewählt: eine bloße Umstellung von Subjekt und Objekt.

[13]) Die näheren Umstände der Vermählung siehe weiter unten Kap. IV, Var. II, und KOJIKI 37. Hier und im ganzen Verlauf dieser Erzählung ist „schwanger“ immer im Sinn der höchsten Schwangerschaft, unmittelbar vor der Geburt, zu verstehen.

[14]) Zeichen „türlose Muro“, mit *utsu-muro* „leere Muro“ umschrieben. Die *Muro* wurde dadurch türlos, daß Ka-ashi-tsu-hime nach dem Hineingehen den Eingang mit Lehm zuklebte, wie im KOJIKI berichtet wird. Unter *Muro* versteht man ursprünglich eine in der Erde oder über dem Boden mit Erde gebaute Schlafstätte, eine Erdkammer. Ihre einfachste Form ist eine viereckige mehrere Fuß tiefe Grube in der Erde mit einem Dach aus Ried u. dergl. darüber. Eine solche riedbedachte Grube befand sich noch vor wenigen Jahren am Fuße des Oho-yama und wurde von den auf den Berg wallfahrenden Pilgern als Schlafstätte benutzt. Aston erwähnt, daß in Korea mit Stroh oder starkem Ölpapier bedeckte Gruben, *um* oder *um-mak* genannt, den Leuten der ärmsten Klasse als Obdach dienen. Eine Grube von ganz ausserordentlicher Größe wird in Buch 3 (Jimmu-ki) Kap. III. auf Befehl des Kaisers gegraben und in einem Gedichte daselbst das „große Muro-Haus“ genannt. Manchmal waren die Gruben nicht einfach überdacht, sondern enthielten ein primitives Haus, dessen Hauptgestell aus Holz aufgebaut war, die einzelnen Holzstücke mit zähen Schlingpflanzen zusammengebunden, die Wände mit Riedgras, Gras und Lehm konstruiert, und das Dach mit Ried gedeckt. Etwas erhöhte Stellen in der Muro dienten als Ruhelager, die Tür zum Hause war innerhalb der Grube und Stufen führten zu ihr hinab. In der ältesten Zeit wurden Muro sowohl von Vornehmen als von Armen benutzt. So wird im IDZUMO-FŪDOKI berichtet, daß sich Susa no Wo no Mikoto eine Muro machte; von Jimmu-tennō's ältestem Sohne Tagishi-mimi no Mikoto wird erwähnt, daß er in einer großen Muro zu Katawoka auf einem großen Bettlager schlief, also offenbar eine Muro als Wohnhaus hatte; die oben angezogene Stelle aus Buch 3 berichtet, daß eine Muro als Bankethalle benutzt wurde, usw.

Susori[15]) no Mikoto — *er ist der Urahn der Hayahito* —; sodann das Kind welches geboren wurde, als sie sich von der Glut zurückzog und [davon weg] blieb[16]), wurde Hiko-Ho-ho-de-mi[17]) no Mikoto genannt; das danach geborene Kind wurde Ho-Akari[18]) no Mikoto genannt — *er ist der Urahn der Wohari no muraji* —. Im ganzen waren es drei Kinder.

Nach längerer Zeit starb Ama-tsu-hiko Hiko-ho no Ninigi no Mikoto und wurde in dem Misasagi von Ye[19]) in Himuka in Tsukushi begraben.

Kapitel IV.

[Varianten zu Kap. I—III, mit Intermezzo zwischen Gott Sarudahiko und Göttin Uzume.]

I. — In einer Schrift heißt es: — Ama-terasu no Oho-mi-kami befahl dem Ame-waka-hiko und sprach: „Das Mittelland des üppigen Schilfgefildes ist eine Gegend, welche mein Kind als Herrscher beherrschen soll. Indem ich jedoch darüber nachdenke, [fällt mir bei] daß es dort rebellische, grausame, gewalttätige und böse Gottheiten gibt. Deshalb geh du zuerst dorthin und bringe [das Land] zur Unterwerfung." Hierauf gab sie ihm den Himmlischen Hirsch-Bogen und die Himmlischen trefflichen Hirsch-Pfeile und sandte ihn ab. Nach Empfang dieses Befehles kam Ame-waka-hiko [auf die Erde] herab und vermählte sich sofort mit einer großen Anzahl von Töchtern irdischer Gottheiten. Es vergingen acht Jahre, ohne daß er von seiner Mission Bericht erstattete. Daher berief nun Ama-terasu Oho-mi-kami [den Denker-Gott] Omohi-kane no Kami und fragte ihn nach den Umständen, warum jener nicht zurückkomme. Da dachte Omohi-kane no Kami nach und sprach: „Du solltest obendrein noch den Fasanen hinschicken, um Erkundigungen einzuziehen." Hierauf nun ließ sie in Gemäßheit mit dem Plane dieses Gottes den Fasanen hingehen und spähen. Der Fasan flog herab, setzte sich auf den Wipfel des vielzweigigen Kadzura Baumes vor dem Tore des Ame-waka-hiko und schrie: „Ama-waka-hiko! Warum hast du schon acht Jahre lang noch keinen Bericht von deiner Mission erstattet?" Nun war da aber eine irdische Göttin Namens Ama no Sagu-me, welche diesen Fasanen sah und sprach: „Ein Vogel

---

[15]) Oder *Ho-Susori*, im Kojiki *Ho-Suseri* „Feuer-Anwuchs". Die Zeichen *ran-ko* bedeuten eigentlich „abnehmen, kleiner werden", und *Shikida* gibt mit Bezug hierauf der jap. Lesung *susori* je nach den Umständen die Bedeutung „abnehmen" oder „zunehmen".

[16]) Iida interpretiert aber: „als das Feuer abgebrannt war".

[17]) *Hiko* ist Honorificum, also etwa der „Prinzherrliche Feuerflammen-Traute".

[18]) „Feuer-Licht", im Kojiki *Ho-deri* „FeuerSchein", welche Lesung Shikida auch hier annimmt. Iida hält *Ho-akari* aber für identisch mit *Ho-susori*, und nimmt somit nicht eine Dreizahl, sondern nur eine Zweizahl von Kindern an.

[19]) Dieses *Ye no misasagi* ist identisch mit dem jetzigen *Yahata-yama* im Dorfe Miya-uchi im Midzuhiki-no-sato im Distrikt Takaki, Satsuma. *Misasagi* „Grabstätte" bedeutet „erlauchtes kleines Schloß" (*mi-sasa-ki*). Die Bezeichnung des Grabes als ein Schloß (*ki*) war bei den alten Japanern, bes. in der Poesie, sehr beliebt.

von übel lautender Stimme sitzt auf dem Wipfel dieses Baumes. Es wird gut sein ihn zu schießen.“ Ame-waka-hiko nahm also den Himmlischen Hirsch-Bogen und die Himmlischen trefflichen Hirsch-Pfeile, welche die Himmlische Gottheit ihm gegeben hatte, und schoss. Da durchbohrte der Pfeil die Brust des Fasanen und gelangte [im Weiterfliegen] schließlich bis dahin, wo die Himmlische Gottheit weilte. Als die Himmlische Gottheit nun diesen Pfeil erblickte, sprach sie: „Dies ist ein Pfeil, den ich ehedem dem Ame-waka-hiko gegeben habe. Warum mag er wohl hierher gekommen sein?“ Hierauf nahm sie den Pfeil und sprach eine Verwünschung darüber aus, indem sie sagte: „Wenn er mit böser Absicht geschossen hat, so soll Ame-waka-hiko sicherlich von der Wirkung des Fluches getroffen werden; aber wenn er mit lauterer Gesinnung geschossen hat, so soll ihn kein Unheil treffen!“ Mit diesen Worten warf sie ihn zurück. Da fiel der Pfeil herab und traf den Ame-waka-hiko oben auf die Brust, so daß derselbe auf der Stelle starb. Dies ist der Grund, warum die Leute der gegenwärtigen Zeit sagen: „Fürchte einen zurückgesandten Pfeil!“ Hierauf kamen die Frau und die Kinder Ame-waka-hiko's vom Himmel herab, nahmen den Sarg mit sich hinweg hinauf, machten dann im Himmel ein Trauer-Haus, bestatteten ihn darin temporär und weinten. Noch ehe alles dies geschah, war Ame-waka-hiko mit Aji-suki-taka-hiko-ne no Kami in freundschaftlichen Beziehungen gewesen. Deshalb stieg Aji-suki-taka-hiko-ne no Kami zum Himmel hinauf und bezeigte sein Beileid bei der Trauer und weinte sehr. Nun aber war dieser Gott in seiner äußeren Erscheinung von Natur aus dem Ame-waka-hiko außerordentlich ähnlich, weshalb Ame-waka-hiko's Frau und Kinder bei seinem Anblick sich freuten und sprachen: „Unser Herr ist noch am Leben!“ Darauf klammerten sie sich an sein Kleid und seinen Gürtel und konnten nicht fortgestossen werden. Da wurde Aji-suki-taka-hiko-ne no Kami zornig und sprach: „Mein Freund ist dahingeschieden; deshalb bin ich jetzt hergekommen, um mein Beileid zu bezeigen. Warum verwechselt man den Toten mit mir?“ Hierauf zog er sein zehnspanniges Schwert heraus und hieb das Trauer-Haus zusammen. Das Haus fiel [auf die Erde] herab und wurde zu einem Berge. Dies ist demnach der Mo-yama [Trauer-Berg] in der Provinz Minu. Dieses ist der Grund, warum die Leute der Zeit verabscheuen, daß man sie mit einem Toten verwechselt.

Nun aber war der von Aji-suki-taka-hiko-ne no Mikoto [ausgehende] Schimmer[1]) so herrlich, daß er den Raum von zwei Hügeln und zwei

---

Kapitel IV.

Zum Inhalt vergl. Kojiki 30 bis 35, 37 und 38.

[1]) Die Kommentatoren sind sich nicht einig, ob der Schimmer von dem glänzenden Schmuck, den er trug, oder von seinem Körper selber ausging.

Tälern mit Glanz erfüllte. Diejenigen, welche sich zur Trauer versammelt hatten, sangen deshalb ein Lied, welches lautet:

„Wie die Perlenschnur aus Juwelen,
Welche um den Hals getragen wird von
Der jungen Weberin,
Die im Himmel wohnt —
Wie [diese] durchlochten Juwelen glänzend
Überstrahlt zwei Täler
Aji-suki-taka-hiko-ne.“

Ferner sangen sie ein Lied, welches lautet:

„Wie die Maschen des Netzes herankommen,
Welches man hinüberspannte
Über die seitliche Tiefe
Die seitliche Tiefe des Steingeröll-Flusses —
Über den engen Wasserlauf, welchen überschreitet
Das Mädchen vom Lande —
Dem [von der Hauptstadt] himmelweit entfernten [Lande]—,
So komm doch heran, oh [du Mädchen]!
Über die seitliche Tiefe des Steingeröll-Flusses.[2])“

Diese beiden Gedichte sind solche, welche man jetzt Ländliche Weisen[3]) nennt.

Hierauf gesellte Ama-terasu Oho-mi-kami die Yorodzu-hata Toyo-akitsu-hime[4]), die jüngere Schwester des Omohi-kane no Kami, zu Masaka-a-katsu Kachi-haya-bi Ama no Oshi-ho-mimi no Mikoto, machte sie zu dessen Gemahlin und schickte sie [beide] nach dem Mittellande des Schilfgefildes hinab. Zu dieser Zeit stellte sich Kachi-haya-bi Ama no Oshi-ho-mimi no Mikoto auf die Himmlische Schwebe-Brücke, sah hinab und sprach: „Ist dieses Land denn schon beruhigt? Nein, durch-

---

[2]) Das Herankommen des Landmädchens wird mit dem Herankommen des von den Fischern herangezogenen Netzes verglichen. Die seitliche Tiefe und der rege Wasserlauf ist die fast allen japanischen Flüssen bei normalem Wasserstand eigentümliche Wasserrinne auf der einen Seite, wo das meist spärliche Wasser fließt, während der übrige Teil des Flußbettes eine breite Fläche von Steingeröll darstellt, die sich nur nach starken Regengüssen mit Fluten bedeckt.

[3]) *Hina-buri* „Ländliche Weise“ ist wohl von dem im 2. Verse des 2. Gedichtes vorkommenden Worte *hina* „Land“ hergenommen. Das zweite Gedicht paßt offenbar nicht in den Zusammenhang der Erzählung, und die jap. Kommentatoren meinen, daß es sich hier eingeschlichen habe, weil es gleichfalls wie das erste eine *hina-buri* ist und beide deshalb als zusammengehörig betrachtet wurden. Auch die Musikbehörden rechneten beide Gedichte in eine Gattung. Im Kojiki steht bloß das erstere.

[4]) „Myriaden Webstühle Üppige-Libellen-Prinzessin“, d. h. etwa: „Prinzessin der überreichlichen wie Libellenflügel zarten Stoffe von Myriaden von Webstühlen“. Im Kojiki heißt sie *Yorodzu-hata Toyo-aki-tsu-shi-hime no Mikoto.* Andere Varianten ihres Namens siehe Kap. I und Kap. IV, Var. VI dieses Buches.

aus nicht! Es ist ein den Kopf senkendes[5]), häßlich anzuschauendes Land!“ Darauf kehrte er wieder nach oben zurück und erklärte ausführlich die Gründe, warum er nicht hinabstieg. Deshalb schickte Ama-terasu Oho-mi-kami weiterhin Take-mika-dzuchi no Kami und Futsu-nushi no Kami, um zuerst hinzugehen und [das Land] zu säubern. Nun stiegen diese beiden Götter hinab und gelangten nach Idzumo, worauf sie den Oho-na-muchi no Kami fragten und sprachen: „Willst du dieses Land der himmlischen Gottheit übergeben oder nicht? Er antwortete und sprach: „Mein Sohn Koto-shiro-nushi befindet sich gerade beim Kap Mitsu und vergnügt sich mit dem Schießen von Vögeln. Ich will ihn jetzt fragen und euch Bericht erstatten.“ Nachdem er hierauf einen Boten auf Erkundigung abgeschickt hatte, brachte derselbe die Antwort, welche lautete: „Wie dürften wir verweigern das zu übergeben, was die Himmlische Gottheit fordert?“ Hierauf teilte Oho-na-muchi no Kami die Worte seines Sohnes den beiden Göttern mit. Die beiden Götter stiegen hierauf zum Himmel empor und gaben von ihrer Mission Bericht und sprachen: „Das Mittelland des Schilfgefildes ist nun schon gänzlich unterworfen.“ Da befahl Ama-terasu Oho-mi-kami und sprach: „Wenn dies so ist, so will ich mein Kind hinabschicken.“ In der Zwischenzeit, als sie gerade im Begriff war [ihren Sohn] hinabzuschicken, war ein souveräner erlauchter Enkel geboren worden, welcher Ama-tsu-hiko Hiko-ho no Ninigi no Mikoto genannt wurde. Da sprach [ihr Sohn] zu ihr und sagte: „Ich möchte, daß du diesen souveränen erlauchten Enkel an [meiner] Statt hinabschickest.“ Daher gab Ama-terasu Oho-mi-kami dem Ama-tsu-hiko Hiko-ho no Ninigi no Mikoto die drei Schatzstücke, nämlich: den krummen Edelstein aus Yasaka-Juwel, sowie den acht-händigen Spiegel und das Grasmähe-Schwert, und ferner gesellte sie zu ihm als sein Gefolge: Ame no Koyane no Mikoto, den Urahn der Nakatomi; Futo-tama no Mikoto, den Urahn der Imube; Ame no Uzume no Mikoto, die Stammmutter der Saru-me; Ishi-kori-dome no Mikoto, den Urahn der Spiegelmacher; und Tama-no-ya no Mikoto, die Stammmutter der Juwelenmacher, im ganzen fünf Häuptlingsgötter[6]). Sodann befahl sie dem souveränen erlauchten Enkel und sprach: „Dieses Land der eintausendfünfhundert herbstlichen frischen Ähren des Schilfgefildes[7]) ist die Region, welche meine Nachkommen als Herrscher beherrschen sollen. Gehe du, mein souveräner erlauchter Enkel, hin und regiere es! Möge das Blühen und Gedeihen der himmlischen Dynastie wie Himmel und Erde ohne Ende dauern!“ Als er

---

[5]) *Kabushi* „den Kopf auf eine Seite neigend“, nach Shikida „den Kopf nach vorn senkend“: das Land mit gesenktem Kopf, was etwas Schlechtes bedeuten soll. Iida dagegen interpretiert: „Nein“, sagte er mit geneigtem Haupte, „es ist ein häßlich anzuschauendes Land“.

[6]) *Itsu-tomonowo no kami*, Götter der fünf Volksgruppen.

[7]) *Ashi-hara no Chi-i-ho-aki no Midzu-ho no Kuni.*

hierauf im Begriff war hinabzusteigen, kehrte einer von den Vorläufern zurück und sprach: „Es ist dort ein Gott, welcher an den himmlischen acht Kreuzwegen wohnt: seine Nase ist sieben Handbreiten lang, und sein Rücken ist mehr als sieben Fuß lang. Außerdem leuchten sein Mund und sein Hinterer mit hellem Glanze. Seine Augen sind wie der acht-händige Spiegel, und leuchten und glänzen wie die Akakagachi.“ Hierauf schickte er einen seiner Gefolgs-Götter, um hinzugehen und Erkundigungen einzuziehen. Nun waren da zwar achtzig Myriaden Gottheiten, aber unter allen war keine, welche jenem siegreich entgegenblicken und ihn fragen konnte. Daher erteilte [der souveräne erlauchte Enkel] im besonderen der Ame no Uzume Befehl und sprach: „Du bist den Anderen in der Stärke des Blickes überlegen. Du solltest hingehen und ihn fragen.“ Ame no Uzume entblößte hierauf ihre Brüste, zog das Schnürband ihres Frauenrockes bis unter den Nabel herab und trat ihm so höhnisch lachend gegenüber. Da fragte der Gott der Kreuzwege sie und sprach: „Ame no Uzume! aus welchem Grunde tust du das?“ Sie antwortete und sprach: „Ich möchte mir erlauben zu fragen, wer derjenige ist, der auf diese [flegelhafte] Weise auf dem Wege verharrt, den das Kind von Ama-terasu Oho-mi-kami entlang geht?“ Der Gott der Kreuzwege antwortete und sprach: „Ich habe gehört, daß das Kind von Ama-terasu Oho-mi-kami jetzt im Begriff ist herabzusteigen, und deshalb bin ich ihm in aller Ehrfurcht entgegengekommen, um ihm meine Aufwartung zu machen. Mein Name ist Saruda-hiko no Oho-kami[8].“ Da fragte ihn Ame no Uzume wieder und sprach: „Willst du vor mir hergehen, oder soll ich vor dir hergehen?“ Er antwortete und sprach: „Ich will als sein Vorläufer vorangehen.“ Ame no Uzume fragte wieder und sprach: „Wohin willst du dich begeben? und wohin wird der souveräne erlauchte Enkel sich begeben?“ Er antwortete und sprach: „Das Kind der himmlischen Gottheit soll sich nach dem Wunderbaren Gipfel des Takachiho in Himuka in Tsukushi begeben, und ich will mich nach dem Oberlauf des Flusses Isuzu im [Bezirk] Sanagata in Ise begeben.“ Weiterhin sprach er: „Du bist diejenige Person, welche mich entdeckt[9] hat. Du mußt deshalb mich begleiten und mich zum Ziele [nach Ise] führen[10].“ Ame no Uzume kehrte zurück und erstattete über die Lage der Dinge Bericht. Der souveräne erlauchte Enkel verließ hierauf den Felsensitz, stieß die achtfachen Wolken des Himmels auseinander, und indem er sich mit gewaltigem Wegbahnen einen Weg bahnte, stieg er vom Himmel herab. Zuletzt gelangte, wie vorher abgemacht worden war,

---

[8]) Der große Gott *Saruda-hiko* „Affenfeld-Prinz“.

[9]) Durch ihre furchtlosen Fragen seinen Namen und den Grund seines Dortseins ausfindig gemacht hat.

[10]) Im Kogoshūi wird eine geheime Verabredung erwähnt, derzufolge Sarudahiko das *Mitamashiro* (Sinnbild) der Ama-terasu, d. h. den Spiegel, nach Ise bringen sollte.

der souveräne erlauchte Enkel auf dem Wunderbaren Gipfel des Takachiho in Himuka in Tsukushi an. Saruda-hiko no Kami seinerseits begab sich hierauf nach dem Oberlauf des Flusses Isuzu bei Sanagata in Ise. Hiernach wartete Ame no Uzume no Mikoto in Gemäßheit mit dem Ersuchen des Saruda-hiko no Kami demselben auf und begleitete ihn. Nun befahl der souveräne erlauchte Enkel der Ame no Uzume no Mikoto: „Du sollst den Namen der Gottheit, welche du entdeckt hast, zu deinem Kabane und Uji machen!“ Hierauf verlieh er ihr die Bezeichnung Sarume no Kimi[11]). Dies ist daher also der Ursprung davon, daß die Sarume no Kimi, die Männer wie die Frauen, sämtlich die Bezeichnung Kimi „Herr“ führten.

II. — In einer Schrift heißt es: — Die himmlische Gottheit schickte den Futsu-nushi no Kami und den Take-mika-dzuchi no Kami und ließ durch sie das Mittelland des Schilfgefildes unterwerfen. Da sagten diese beiden Götter: „Im Himmel ist eine böse Gottheit mit Namen Ama-tsu-Mika-boshi[12]), oder auch Ame no Kagase-wo genannt. Wir bitten, daß man zuerst diese Gottheit hinrichte, bevor wir hinabsteigen und das Mittelland des Schilfgefildes säubern.“ Zu dieser Zeit wurde der als Leiter des Götterkultus fungierende Gott[13]) Ihahi no Ushi[14])

---

[11]) „Die Sarume-Herr(inn)en.“ *Saru-me* „Affen-Weib“ ist von dem ersten Bestandteil des Namens *Saru-da-hiko* hergenommen, mit Zusatz von *me* „Weib“. Ban Nobutomo ist der Ansicht, daß der Name von dem Beruf hergenommen ist. Die *Sarume* waren nämlich die Tänzerinnen der bei Götterfestlichkeiten aufgeführten Kagura Tänze (komische Pantomimen, wie der *saru-mahi* „Affen-Tanz“). Auch bei anderen Shintōfeiern, wie dem Nihi-name Feste, fungierten sie mit den priesterlichen Geschlechtern der Nakatomi und Imube. Vgl. auch Buch 1, Kap. VII, wo Uzume eine Pantomime aufführt und dann in eine Verzückung gerät und göttlich inspirierte Worte von sich gibt. Den *Sarume*-Tänzerinnen wurde später das Kabane *kimi* verliehen, und während Motowori meint, daß dieser Titel *Sarume no kimi* stets nur von Frauen geführt wurde, behauptet Nobutomo, daß er auch auf Personen männlichen Geschlechts (aus der Nachkommenschaft der Sarume) ausgedehnt wurde. Jedenfalls haben wir es hier mit einer Ausnahme von der gewöhnlichen Regel zu tun, da den Frauen sonst dergleichen Titel nicht beigelegt wurden. Als die modernen Vertreter der *Sarume* hat man die *Miko* zu betrachten, d. i. Jungfrauen, welche in einem Shintōtempel einen pantomimischen Tanz zur Unterhaltung der Götter aufführen, und ferner Frauen, welche vorgeblich mit einem Gott oder mit den Geistern von Abgeschiedenen in Verkehr stehen und wahrsagen.

[12]) „Der Himmlische Sake-Krug Stern.“

[13]) *Ihahi-nushi no kami* „der Gott, welcher als *ihahi-nushi* d. i. ‚Kult-Herr‘ fungiert“. Der *ihahi-nushi* hat die Oberleitung bei einer gottesdienstlichen Handlung. Bei dieser Gelegenheit fungierte der Gott Futsu-nushi als *ihahi-nushi*, wie aus dem Folgenden hervorgeht, und zwar deshalb, weil er das Haupt der Mission zur Unterwerfung des Mittellandes war. Eine uralte Sitte erforderte nämlich, daß vor Beginn eines kriegerischen Unternehmens, um den Erfolg zu sichern, Opfer dargebracht wurden, bei welcher Zeremonie der Oberanführer als *ihahi-nushi* fungierte. Vgl. folgende Stelle im Kojiki: (Kaiser Kōrei, Abschn. 60) „Die beiden Gottheiten Oho-kibi-tsu-hiko no Mikoto und Waka-take-kibi-tsu-hiko no Mikoto miteinander setzten heilige [Sake-] Krüge hin...... und unterwarfen und beruhigten das Land Kibi“. Eine ähnliche Stelle Abschn. 66, unter Kaiser Sujin.

[14]) „Kult-Herr“, d. i. *Futsu-nushi no Kami.*

genannt. Dieser Gott residiert jetzt im Lande Kadori[15]) in Adzuma. Hierauf stiegen die beiden Gottheiten herab und gelangten nach dem Strändchen von Idasa in Idzumo und fragten Oho-na-muchi no Kami, indem sie sprachen: „Willst du dieses Land der himmlischen Gottheit übergeben oder nicht?“ Er antwortete und sprach: „Ich argwöhne, daß ihr beiden Götter keineswegs [mit göttlicher Mission] zu mir gekommen seid. Daher will ich meine Zustimmung nicht geben.“ Hierauf nun kehrte Futsu-nushi no Kami nach oben zurück und erstattete von seiner Mission Bericht. Dann schickte Taka-mi-musubi no Mikoto die beiden Götter wieder zurück und befahl dem Oho-na-muchi no Kami, indem er sprach: „Da ich jetzt deine Worte gehört habe, [so finde ich, daß darin] eine tiefe Begründung liegt. Daher befehle ich noch einmal in ausführlich ins Einzelne gehender Weise: Was die von dir geleiteten weltlichen Angelegenheiten[16]) anbelangt, so soll mein Enkel dieselben leiten, und was dich anbetrifft, so sollst du göttliche Angelegenheiten[17]) leiten. Ferner, du sollst in dem Palaste Ama no Hi-su[18]) wohnen, und ich will denselben [für dich] bauen. Sodann will ich ein tausend Faden langes Seil aus Papiermaulbeer nehmen und es in ein hundert und achtzig Knoten knüpfen[19]). Was die Konstruktion des Palastbaues anbelangt, so sollen dessen Pfeiler hoch und stark sein, und die Bretter sollen breit und dick sein. Auch will ich deine Reisfelder [für dich] bebauen lassen. Ferner will ich als Vorrichtung für dich, wenn du auf dem Meere zum Vergnügen hin und her fährst, eine hohe Brücke[20]), eine Schwebe-Brücke[21]) und ein himmlisches Vogel-Boot[22]) machen. Ferner will ich auch über den Ruhigen Fluß des Himmels eine Schlagbrücke[23]) machen. Ferner will ich dir auch einhundertachtzig Stück

---

[15]) Distrikt in der Provinz Shimōsa, auch Name eines Sato in diesem Distrikt, woselbst ein Shintōtempel steht, der *Kadori-jinja,* in welchem *Futsu-nushi no Kami* verehrt wird (Emblem Schwert). *Adzuma* ist eine Gesamtbezeichnung aller östlichen Provinzen Japans.

[16]) Regierung des Landes.

[17]) Leitung des Schicksals (Glück und Unglück), sowohl der Einzelnen als auch des ganzen Landes.

[18]) *Ama no Hi-su no miya,* im Kojiki *Ama no Misu.* Sowohl *hi* „Sonne“ als *mi* „erlaucht“ sind nur als Honorificum vor *su* „Nest“ präfigiert, also „des Himmels sonnenherrliches Nest“. Der *Kidzuki no Oho-yashiro* in Idzumo ist gemeint.

[19]) Hirata macht zwei Konjekturen: nach der einen sollte das Seil als Maß zur Abmessung des Grund und Bodens, nach der anderen zum Zusammenbinden der Balken und Hölzer des Gebäudes gedient haben (Balken wurden nicht ineinander gefügt oder durch Klammern verbunden, sondern mit Seilen aus Baumrindenfasern zusammengebunden).

[20]) Eine auf Pfeilern fest errichtete Brücke.

[21]) Eine *funa-bashi* „Schiffsbrücke“ ist gemeint.

[22]) Ein Boot, welches so schnell fährt wie ein Vogel fliegt. Vergl. oben das „himmlische Tauben-Boot“.

[23]) *Uchi-hashi,* eine fliegende Brücke, welche temporär über einen Fluß geschlagen wird.

weiße Schilde[24]) machen; und ferner soll Ama no Ho-hi no Mikoto derjenige sein, welcher bei deinen Festen als [Kult-] Herr[25]) fungieren wird.“ Hierauf antwortete Oho-na-muchi no Kami und sprach: „Die Befehle und Unterweisungen der Himmlischen Gottheit sind in solchem Grade freundlich, daß ich mich nicht unterstehen darf nicht zu gehorchen. Die von mir geleiteten weltlichen Angelegenheiten soll [von jetzt an] der souveräne erlauchte Enkel leiten. Ich will mich zurückziehen und die verborgenen[26]) Angelegenheiten leiten.“ Hierauf präsentierte er den beiden Göttern den [Scheideweg-Gott] Funato no Kami und sprach: „Dieser soll an meine Stelle treten und ehrfurchtsvoll Gehorsam leisten. Ich werde mich von hier entfernen und fortgehen.“ Demnach die reinen Yasaka Juwelen an seinen Körper anlegend verbarg er sich für immer[27]). Daher machte Futsu-nushi no Kami den Funato no Kami zum Wegführer und unternahm eine Rundreise zur Unterwerfung. Diejenigen, welche sich gegen seine Befehle auflehnten, tötete er, und diejenigen andererseits, welche gehorsam waren, belohnte er. Diejenigen Häuptlinge, welche damals Gehorsam leisteten, waren Oho-mono-nushi no Kami und Koto-shiro-nushi no Kami. Diese beriefen nun die achtzig Myriaden [irdischer] Götter zu einer Versammlung auf dem Himmlischen Hohen Marktplatze[28]), stiegen an ihrer Spitze zum Himmel hinauf und erklärten [vor Ama-terasu Oho-mi-kami und Taka-mi-musubi no Mikoto] ihre loyalste Gesinnung. Da befahl Taka-mi-musubi no Mikoto dem Oho-mono-nushi no Kami: „Wenn du eine irdische Gottheit zu deinem Weibe machst, so muß ich immer noch annehmen, daß du ein nicht williges Herz hast. Daher will ich dir jetzt meine Tochter Mi-ho-tsu-hime[29]) zugesellen und sie zu deinem Weibe machen. Nimm die achtzig

---

[24]) *Shira-tate*, nach Hirata Schilde aus weißem Holz, nach Shikida weiß angestrichene Schilde. Im letzten Buche des Nihongi (Jitō-ki) ist von innen und außen *schwarz lackierten* Götterschilden die Rede. Auf der Außenseite der Schilde wurden Felle aufgenäht, auf der Innenseite oft Tuch; daher spricht man vom Nähen *nufu* der Schilde, und hat die Familie der Schildmacher in der Provinz Tamba, welche die Götterschilde anfertigte, den Namen *Tate-nuhi* „Schild-Näher“. Aus dem gleichen Grunde wird für Schilde, wie an unserer Stelle, das Zählwort *nuhi*, etwa „Nähstück“ verwendet. Das Wort *tate* „Schild“ bedeutet ursprünglich ein „Hinstellding“. Die alten Japaner trugen die Schilde nicht in der Hand oder am Arm, sondern stellten sie vor sich hin.

[25]) Der Gott, welcher in diesem Lande als Kultherr eingesetzt war, ist eigentlich *Ama no Hina-tori no Mikoto*, ein Sohn des *Ama no Ho-hi no Mikoto*. Er ist der Urahn der Kuni-no-miyatsuko der Provinz Idzumo.

[26]) Weiter oben *göttliche* Angelegenheiten genannt.

[27]) Unter dem sich für immer Verbergen ist nicht sein Tod zu verstehen, sondern er zieht sich nur von den sichtbaren Angelegenheiten in die Unsichtbarkeit zurück, um von nun an die göttlichen Angelegenheiten zu leiten.

[28]) *Ame no Takechi.*

[29]) Nach den Zeichen „Drei-Ähren-Prinzessin“; vielleicht aber besser „Prinzessin der erlauchten Ähren“. Oder sollte es heißen „Prinzessin von Miho“, nach dem Orte *Miho* in der Provinz Idzumo?

Myriaden Götter mit dir und seid für alle Zeiten in Ehrfurcht die Beschützer des souveränen erlauchten Enkels." Hierauf ließ [Takami-musubi no Mikoto] sie wieder nach unten zurückkehren. Hiernach wurde Ta-oki-ho-ohi[30]) no Kami, der Urahn der Imube der Provinz Kii, zum Hutmacher[31]) eingesetzt; Hiko-sajiri[32]) no Kami wurde zum Schildmacher[33]) gemacht; Ama no Ma-hitotsu[34]) no Kami zum Metallarbeiter[35]); Ama no Hi-washi[36]) no Kami zum Yufu-Zeugmacher[37]); und Kushi-akaru-tama[38]) no Kami zum Juwelenmacher.

Hierauf ließ man Futo-tama no Mikoto um die schwachen Schultern das dicke Armstützband tragen[39]) und als Stellvertreter [des souveränen erlauchten Enkels] diesen Gott [Oho-na-muchi] verehren, und hierin hat [die Sitte des Armstützbandtragens] seinen ersten Ursprung. Ferner war Ama no Koyane no Mikoto derjenige, welcher den Urgrund der

---

[30]) Auch *Te-oki-ho-ohi* gelesen; von *te, ta* „Hand", *oki* (die Hand) „anlegen" (um die Länge zu messen), *ho* (Zeichen: „Segel")?, *ohi* „Träger". Nach Hirata ist *Te-oki-ho-ohi no Kami* identisch mit *Mike-mochi no Kami,* einem Sohn des Kami-musubi no Mikoto, dem Gott des Bauholzes und der Tempelbauten (*Mi-ke-mochi* „Besitzer des erlauchten Holzes"). Sein Nachkomme in vierter Generation Michi-ne no Mikoto wurde zur Zeit des Kaisers Jimmu zum Kuni-no-miyatsuko der Provinz Kii (Ki) eingesetzt und erhielt das Kabane *Atahi.* Die *Ki no atahi* waren seine Nachkommen und wohnten im Distrikt Nagusa von Kii. *Imube* ist wohl ihre Bezeichnung nach ihrem Beruf: sie hatten über Bauholz und Palastbau (Tempelbau) zu walten, und Hüte uud Schilde anzufertigen, die beim Götterkult Verwendung fanden, also überhaupt mit den gottesdienstlichen Gerätschaften zu tun. Nach dem Kogoshūi ist *Te-oki-ho-ohi no Kami* der Urahn der Imube der Provinz Sanuki, und diese Imube waren *hoko-saho-tsukuri* „Lanzenschaftmacher".

[31]) *Kasa-nuhi* „Näher von breiten Hüten". Die Hüte wurden aus *suge* „Binsen" gemacht: *suge-gasa.*

[32]) „Prinzherrlicher Längenmaß Leiter", nach Hirata ein Sohn von *Te-oki-ho-ohi no Kami.*

[33]) *Tate-nuhi* „Schildnäher", vgl. Anm. 24.

[34]) „Der einäugige Gott des Himmels", ein Sohn von Ama-tsu-hiko-ne no Mikoto und Urahn der Imiki von Yama-shiro. Das Kogoshūi bezeichnet ihn als Urahn der [Imube der] beiden Provinzen Tsukushi und Ise. Die Einäugigkeit des japanischen Schmiedegottes bietet eine merkwürdige Parallele zur Einäugigkeit der Kyklopen, der Gesellen des griechischen Schmiedegottes Hephaistos. Ein rationalistischer Erklärer will die Einäugigkeit so verstehen, daß sich der Gott das eine Auge verletzt habe und nur noch mit dem andern sehen konnte. Der Name beweist aber, daß man sich den Gott mit bloß einem Auge im Kopf vorgestellt hat. Hirata identifiziert ihn mit dem Kojiki 16 genannten Schmiedegott *Ama-tsu-ma-ra* „Himmlischer Penis".

[35]) Sie machten Schwerter, Beile, Klingeln usw., alles zum Gottesdienst verwendete Gegenstände.

[36]) „Sonnen-Adler des Himmels."

[37]) *Yufu-tsukuri; yufu* ein weißes gewebtes Zeug, das aus den Fasern der inneren Rinde des Papiermaulbeerbaums *kōzo* (morus papyrifera) hergestellt wurde. *Yufu*-Zeug wurde bei Opfern den Göttern dargeboten.

[38]) „Wunderbar-leuchtender-Edelstein", nach dem Kogoshūi der Urahn der Imube von Idzumo, welche Juwelenmacher waren.

[39]) Stehende Formel in den Norito.

göttlichen Angelegenheiten[40]) zu leiten hatte. Daher ließ man ihn mit der Divinierung der Großen Divination[41]) ehrfürchtig Dienst leisten.

Taka-mi-musubi no Mikoto befahl hierauf und sprach: „Ich will ein himmlisches Himorogi[42]) aufstellen und eine himmlische Felsen-Umgrenzung[43]), [welche] ich für meinen Enkel ehrfurchtsvoll gottesdienstlich verehren will. Ihr [beiden], Ama no Koyane no Mikoto und Futo-tama no Mikoto, sollt das himmlische Himorogi an euch nehmen

---

[40]) D. h. die *Divination*. Ein anderer Name *Ama no Koyane's* ist *Kushi-machi*, was man durch „wunderbare Divination“ erklärt.

[41]) *Futo-mani no ura-goto*, das Wahrsagen aus den Rissen eines über dem Feuer gerösteten Hirschschulterblattes.

[42]) Sinojap. *shin-ri* „Götter-Zaun“, jap. *himorogi*. *Himorogi* ist wahrscheinlich zu analysieren in *hi* „Sonne“ = Honorificum, etwa „heilig“; *moro* vokalharmonisch aus *mori* „Wald‘; *gi* nigoriert aus *ki* „Baum“, also „heiliger Waldbaum“ oder „heilige Waldbäume“. Moribe ist der keineswegs unwahrscheinlichen Ansicht, daß in der ältesten Zeit, mit Ausnahme von wenigen Orten, natürliche Wälder als Sitz der Gottheit angesehen und keine Tempelbauten errichtet wurden. Auch die folgende Erwähnung der „himmlischen Felsenumgrenzung“, sowie noch andere Stellen deuten darauf, daß als Kultstätte für den Shintō-Gottesdienst einfach ein zu diesem Zweck eingefriedigter Platz dienen konnte. Aston macht auch darauf aufmerksam, daß das moderne Wort für einen Shintōschrein *yashiro* „Haus-Einfriedigung, Haus-Flächenraum“ dieselbe Schlußfolgerung an die Hand gebe. Man vergleiche damit die Etymologie von griechisch τέμενος und lateinisch *templum* (*tem-p-lu-m*) „Abgeschnittenes, Abgegrenztes“, daher „heiliger Bezirk, Gotteshaus“ (zu griechisch τέμνω „schneiden“). Moribe nimmt daher *himorogi* als identisch mit „Göttersitz“. Dies stimmt zu dem Begriff, welchen man noch jetzt mit dem *himorogi* im Shintōkult verbindet. In der Mitte eines achtbeinigen, oben auf der Platte mit einem Geländer versehenen Tisches *(yatsu-ashi no dai)* ist ein Sakaki-Zweig mit daran hängenden weißen Papierstreifen aufgestellt. Der Tisch ist gewöhnlich drei Fuß hoch, das Geländer $2^1/_2$ Fuß, die Länge und Breite des Tisches etwa 3 Fuß, der Sakaki-Zweig hat eine Länge von etwa 5 Fuß. Das Ganze heißt *himorogi*. Vor einem Matsuri wird es in einem sog. *harahi-dokoro* „Reinigungsort“ aufgestellt und ein Priester, der *harahi-nushi* „Reinigungsherr“ ruft durch die Zeremonie des *kami-oroshi* „Herabkommenlassen des Gottes“ den Gott in das *himorogi* herab. Der gerufene Gott heißt der *harahi-dono-kami* „Reinigungspalastgott“. Darauf werden dem Gott Opfergaben *sonahe-mono* dargereicht und vom Priester wird das Norito *Oho-harahi no kotoba* auswendig hergesagt. Nach mancherlei weiteren Zeremonien kommt das *kami-age* „Hinaufsendung (Zurücksendung in den Himmel) des Gottes.“ Nunmehr sind die Priester alle rituell rein, und die übrigen Zeremonien des Kultus finden statt.

Nach Hirata hat in diesem Fall Taka-mi-musubi no Mikoto seine eigene Seele in das Himorogi hineinversetzt zum Schutz des suveränen erlauchten Enkels, und um dieses letzteren willen soll es von Ama no Koyane no Mikoto usw. verehrt werden.

[43]) *Iha-saka*. Da gleich weiter unten nur noch das *himorogi* erwähnt, das *iha-saka* aber mit Stillschweigen übergangen wird, so bin ich geneigt, das *iha-saka* als zum *himorogi* zugehörig zu betrachten. Sollte vielleicht das Geländer um den Sakaki-Zweig in meiner obigen Beschreibung des aktuell gebrauchten *himorogi* die „Felsen-Umgrenzung“ darstellen? Wir hätten dann im *himorogi* das Symbol der eingefriedigten Kultstätte mit dem heiligen Baum als Sitz des Gottes darin! Die „Felsen-Umgrenzung“ wird ursprünglich ganz dem Wortlaute gemäß eine Einfriedigung der Kultstätte mit Steinen gewesen sein; sonst könnte man in dem Ausdruck auch eine oft gebrauchte Metapher sehen: eine Einfriedigung so ewig dauernd wie Felsen.

und nach dem Mittellande des Schilfgefildes hinabsteigen, und auch ihr sollt es für meinen Enkel gottesdienstlich verehren!" Danach gesellte [Taka-mi-musubi no Mikoto] die beiden Götter dem Ama no Oshi-ho-mi-mi no Mikoto als Gefolge zu und ließ sie hinabsteigen.

Zu dieser Zeit nahm Ama-terasu Oho-mi-kami den Schatz-Spiegel in die Hand, übergab ihn dem Ama no Oshi-ho-mi-mi no Mikoto, äußerte glückwünschende Worte[44]) und sprach: „Mein Kind, wenn du diesen Schatz-Spiegel[45]) ansiehst, so soll es so sein, als ob du mich ansähest. Laß ihn mit dir auf demselben Lager und in derselben Halle sein und betrachte ihn als einen heiligen Spiegel." Ferner befahl sie dem Ama no Koyane no Mikoto und Futo-tama no Mikoto: „Bitte, ihr beiden Götter! seid auch ihr zusammen zu Diensten im Inneren der Halle und bewahret und schützet ihn wohl!" Weiterhin befahl sie und sprach: „Auch die Reisähren des reinen Hofes[46]), welche ich im Hohen Himmelsgefilde genieße, will ich meinem Kinde[46]) [zum Genusse] übergeben." Gleich darauf gesellte sie Taka-mi-musubi no Mikoto's Tochter mit Namen Yorodzu-hata-hime zu Ama no Oshi-ho-mi-mi no Mikoto, machte sie zu dessen Frau und schickte sie hinab. Zu dieser Zeit nun, als diese [beim Hinabsteigen] sich in der Himmelsleere[48]) befand, gebar sie ein Kind, welches Ama-tsu-hiko Ho no Ninigi no Mikoto hieß. Daher wünschte [Ama-terasu] diesen souveränen erlauchten Enkel statt seiner Eltern hinabzuschicken. Deshalb teilte sie ihm den Ama no Koyane no Mikoto, den Futo-tama no Mikoto und die Häuptlingsgötter der verschiedenen Be samt und sonders zu, und

---

[44]) Die „glückwünschenden Worte" sollen in der folgenden Rede nicht eingeschlossen, sondern besonders gesprochen worden sein. Man betrachtet den hier erzählten Vorgang als den Ursprung der späteren Sitte, daß bei jeder Thronbesteigung der *Nakatomi* die sog. Gratulationsworte der Himmlischen Gottheit rezitierte, und der *Imube* die göttlichen Insignien, Spiegel und Schwert, überreichte.

[45]) In der ältesten Zeit soll der Kaiser den Spiegel bei sich, und zwar an seinem *motodori* „Schopf" getragen haben.

[46]) *Yu-niha* ist nach Hirata ein *niha* (Hof, Platz), welcher durch Zeremoniell in den Zustand ritueller Reinheit versetzt worden ist, damit die Göttin Amaterasu den Großen Schmaus (*oho-nihe*) genießen könne, d. i. das Fest der ersten Früchte feiern könne. Nach anderer Ansicht wäre unter den „Reisähren des reinen Hofes" (*yu-niha no inaho*) der Reis von den *ihahi-ta* „geweihten Reisfeldern", d. i. den in Buch 1, Kap. VI Anfang erwähnten himmlischen schmalen Reisfeldern und langen Reisfeldern (*ame no sanada nagata*) der Sonnengöttin, zu verstehen. Modzume's Daijirin erklärt *yu-niha* als einen Ort, wo man nach zeremonieller Reinigung die Götter verehrt. In unserer Stelle scheint *yu-niha* das Feld zu bezeichnen, wo der Reis für den Genuß der Göttin unter Bedingungen strenger zeremonieller Reinheit gebaut wird, also das oben genannte *ihahi-ta*.

[47]) Nach Hirata soll damit der souveräne erlauchte Enkel selber und alle seine Nachkommen gemeint sein. Man könnte demnach mit „meinen Kindern" übersetzen.

[48]) *Oho-sora*, der Raum zwischen Himmel und Erde, wohl zu unterscheiden von dem Hohen Himmelsgefilde *takama no hara*.

übergab ihm ferner die nötige Ausstattung[49]), wie vorher [seinen Eltern]. Nachdem dies geschehen war, kehrte Ama no Oshi-ho-mi-mi no Mikoto wieder in den Himmel zurück.

Nun also stieg Ama-tsu-hiko Ho no Ninigi no Mikoto auf den Gipfel des Wunderbaren Takachiho in Himuka herab und passierte auf der Landsuche durch das wie Rückenfleisch magere und leere Land über lauter Hügel und kam über eine flache Stelle der Schwebenden Sandbank zu stehen. Hierauf berief er Koto-katsu Kuni-katsu Naga-sa, den Herrn des Landes, und fragte ihn, worauf derselbe antwortete und sprach: „Hier ist ein Land. Jedenfalls deinen Befehlen gemäß.“ Da nun errichtete der souveräne erlauchte Enkel einen Palast und ruhte darin. Als er nachher am Seestrande dahinging, sah er ein schönes Mädchen. Der souveräne erlauchte Enkel fragte sie und sprach: „Wessen Kind bist du?“ Sie antwortete und sprach: „Deine Magd ist ein Kind von Oho-yama-tsu-mi no Kami. Ich heiße Kamu-Ata-Ka-ashi-tsu-hime; auch heiße ich Ko-no-Hana no Sakuya-bime.“ Dann sagte sie: „Ich habe auch eine ältere Schwester Iha-naga-hime.“ Der souveräne erlauchte Enkel sprach: „Ich wünsche dich zu meiner Frau zu machen. Wie wäre es?“ Sie antwortete und sprach: „Deine Magd hat einen Vater Oho-yama-tsu-mi no Kami. Bitte frage ihn!“ Der souveräne erlauchte Enkel sprach demgemäß zu Oho-yama-tsu-mi no Kami: „Ich habe deine Tochter gesehen und möchte sie zu meiner Frau machen.“ Hierauf nun schickte Oho-yama-tsu-mi no Kami seine beiden Töchter mit hundert Tischen Speise und Trank, um sie ehrfürchtig darzubieten. Nun aber war dem souveränen erlauchten Enkel die ältere Schwester zu häßlich und er wollte sie nicht zur Frau; und somit schickte er sie zurück. Die jüngere Schwester aber, da sie eine erklärte Schönheit war, nahm er mit sich und beschlief sie. Hierauf wurde sie in einer einzigen Nacht schwanger.

Iha-naga-hime fühlte sich nun in hohem Maße beschämt und fluchte ihm und sprach: „Wenn der souveräne erlauchte Enkel mich nicht zurückgewiesen, sondern mich zu seiner Frau gemacht hätte, so würden die Kinder, die ihm geboren werden, langlebig gewesen sein und würden eine ewig lange Existenz gehabt haben gleichwie die Felsensteine[50]). Da er jedoch jetzt nicht so gehandelt hat, sondern nur meine jüngere Schwester zum Weibe genommen hat, so werden die Kinder, welche er zeugen wird, sicherlich wie Baumblüten[51]) abfallen.“

---

49) Nahrung, Kleidung und alles zur Reise Benötigte. Die Kaiserlichen Insignien: Schwert, Spiegel und Edelstein sind nicht darin eingeschlossen.

50) Anspielung auf ihren eigenen Namen.

51) Anspielung auf den Namen der jüngeren Schwester. Noch besser würde aber die Anspielung auf den Namen der dritten Schwester *Ko no Hana no Chiru-hime* passen, welche Kojiki 20 erwähnt wird. Die gleich folgende Variante IIa erklärt, daß sich der

IIa. — In einer anderen Version heißt es: Iha-naga-hime war voll Scham und Groll, spie aus und weinte mit Fußstampfen, indem sie sagte: „Das sichtbare grüne Menschengras soll so schnell absterben und vergehen wie die Blüten der Bäume wechseln und welken.“ Dies ist der Grund, warum das Leben der Menschen dieser Welt so kurz ist.

Danach sah Kamu-Ata-Ka-ashi-tsu-hime den souveränen erlauchten Enkel und sprach: „Deine Magd ist mit einem Kinde des Himmlischen Enkels schwanger. Es schickt sich nicht, daß es insgeheim geboren werde.“ Der souveräne erlauchte Enkel sprach: „Ich bin zwar das Kind einer Himmlischen Gottheit, aber wie könnte ich in einer einzigen Nacht bewirken, daß eine Frau schwanger werde. Oder sollte es etwa gar nicht mein Kind sein?“ Ko no Hana na Sakuya-bime war darüber im höchsten Grade voll Scham und Zorn. Hierauf machte sie eine türlose Muro, tat einen Schwur und sprach: „Wenn das Kind, welches ich im Schoße trage, das Kind einer anderen Gottheit ist, so soll es sicherlich nicht glücklich gedeihen. Aber wenn es in Wirklichkeit das Kind des Himmlischen Enkels ist, so soll es sicherlich unversehrt am Leben bleiben.“ Danach begab sie sich in das Innere der Muro hinein und verbrannte sie mit Feuer. Da, als die Flammen zuerst aufstiegen, wurde gleichzeitig ein Kind geboren mit Namen Ho-suseri no Mikoto; sodann, als das Feuer die höchste Höhe erreicht hatte, wurde ein Kind geboren mit Namen Ho-akari no Mikoto; sodann wurde ein Kind geboren mit Namen Hiko-Ho-ho-de-mi no Mikoto, oder mit anderem Namen Ho-wori no Mikoto.

III. — In einer Schrift heißt es: — Als zuerst die Flammen des Feuers hell wurden, wurde ein Kind geboren: Ho-akari no Mikoto; sodann als die Feuersglut ihre höchste Höhe erreicht hatte, wurde ein Kind geboren: Ho-susumi[52]) no Mikoto, auch genannt Ho-suseri no Mikoto; sodann als sie sich von der Feuersglut zurückzog, wurde ein Kind geboren: Ho-wori Hiko-ho-ho-de-mi no Mikoto — im ganzen drei Kinder. Das Feuer vermochte ihnen keinen Schaden zuzufügen, und die Mutter ebenfalls wurde nicht im geringsten verletzt. Sodann schnitt sie mit einem Bambusmesser[53]) die Nabelschnur der Kinder durch.

Fluch der Sterblichkeit nicht bloß auf das Kaisergeschlecht, das Kojiki 37 allein genannt ist, bezieht, sondern selbstverständlich auf das ganze Menschengeschlecht. Der Tod ist also als Strafe in die Welt gekommen, wie bei so vielen anderen Völkern.

[52]) „Vorrücken des Feuers.“

[53]) Dies wurde in gleicher Weise auch später praktiziert. Ein älterer Kommentator erwähnt das Durchschneiden der Nabelschnur mit einem bambusnen oder kupfernen Messer als eine Lokalsitte. Auch das Durchbeißen der Nabelschnur, wobei ein dünnes Gewand zwischen Nabelschnur und Zähne gelegt wurde, wird erwähnt. Vor dem Schneiden soll man die betreffende Stelle sieben Mal anhauchen. Ein merkwürdiger Aberglaube zeigt sich darin, daß man für das Schneiden der Nabelschnur (*hozo no wo*) nicht das Verbum *kiru* „schneiden“, sondern ein Verbum mit dem Sinn des Gegenteils, nämlich *tsugu* „zusammenfügen“ gebraucht. Das Wort *kiru* wird in diesem Falle als ominös

Das von ihr weggeworfene Bambusmesser wurde endlich zu einem Bambuswalde. Daher nannte man den betreffenden Platz Taka-ya[54]).

Nun bestimmte Kamu-Ata-Ka-ashi-tsu-hime durch Divination ein Reisfeld und gab ihm den Namen Sana-da[55]). Mit dem Reis, welcher auf diesem Reisfeld [gewachsen war], braute sie himmlischen süßen Sake und bewirtete ihn damit. Ferner nahm sie Reis von dem Nuna-da-Reisfeld, bereitete daraus gekochten Reis und bewirtete ihn damit[56]).

IV. — In einer Schrift heißt es: — Taka-mi-musubi no Mikoto nahm die Schlafdecke, welche das treffliche Lager zudeckte, und hüllte den Ama-tsu-hiko Kuni-teru-hiko[57]) Ho no Ninigi no Mikoto darin ein. Hierauf zog er das himmlische Felsentor auf, stieß die achtfachen Wolken des Himmels auseinander und ließ ehrfurchtsvoll ihn hinabsteigen. Bei dieser Gelegenheit nahm Ama no Oshi-hi no Mikoto, der Urahn der Oho-tomo no muraji, als Begleiter den Ame-kushitsu-Oho-kume[58]) den Urahnen des Kume-Be[59]) mit sich, nahm den Himmlischen Felsen-[harten]Köcher auf den Rücken, legte an seinem Vorderarm ein mächtiges lauttönendes Anprallpolster an, faßte in die Hand den Himmlischen Haji-Bogen und die Himmlischen gefiederten Pfeile, wozu er noch einen achtlöchrigen Brummpfeil fügte, und umgürtete sich außerdem mit seinem schlägelköpfigen Schwerte. So stellte er sich vor den Himmlischen erlauchten Enkel und stieg vor demselben einhergehend hinab. Auf der Himmlischen Schwebebrücke am Wunderbaren

---

verabscheut. Nach einem Werke Fujin-yashinahi-gusa soll das Bambusmesser bei männlichen Kindern aus weiblichem Bambus, und bei weiblichen Kindern aus männlichem Bambus verfertigt sein. Wenn nämlich ein Bambusrohr beim ersten Aufsprießen nur einen Zweig aus dem Stamme hat, so heißt es männlich; wenn sich zwei Zweige zugleich abzweigen, so heißt es weiblich.

Aston bemerkt noch: „Aberglaube und Ritual haben eine Vorliebe für Messer aus primitiverem Material als Eisen. Medea schneidet ihre Zauberkräuter, ‚curvamine falcis ahenae‘, und Zipporah vollzieht den Ritus der Beschneidung mit einem scharfen Steine. Aber ein befreundeter Chirurg suggeriert eine prosaischere Erklärung der vorliegenden Stelle. Beim Gebrauch stumpfer Instrumente tritt weniger Blutung ein.“

54) „Bambus-Haus.“ *Taka-ya* gehörte vor 708 zum Distrikt Ata, später aber zum Distrikt Kahabe in Satsuma. Die Ortsbewohner nennen den Ort ***Kami-yama*** „Götter-Berg“ oder *Taka-ya ga wo* „Bambushaus-Hügel“ oder auch *Take ga wo* „Bambushügel“. Auf dem Gipfel des Hügels ist ein flacher Platz, wo die türlose Muro gestanden haben soll.

55) „Sana Reisfeld.“ *Sana* soll nach Hirata nach den himmlischen Reisfeldern ***Sata*** und *Nagata* benannt sein, durch Zusammenfügung der ersten Silben beider Wörter.

56) Mythisches Gegenstück zu dem jährlichen Feste *Nihi-nahe* oder ***Nihi-name***, das jetzt am 23. November gefeiert wird, und an welchem der Reis der neuen Saison den Göttern dargeboten und vom Kaiser gekostet wird.

57) ***Kuni-teru-hiko*** „Land bescheinender Prinz“, ein Epitheton ornans.

58) „Himmels-wunderbar-gewaltige-große-Kriegsschar.“ Kojiki **34** heißt er ***Ame-tsu-kume no Mikoto.***

59) „Kriegsschar-Gruppe.“ Der Gott wird seinen Namen daher haben, daß er die ***Kume-be*** anführte.

Doppelgipfel des Takachiho in So in Himuka angelangt, stellte er sich über eine flache Stelle der Schwebenden Sandbank und passierte auf der Landsuche durch das wie Rückenfleisch magere und leere Land über lauter Hügel bis zum Kap von Kasasa beim [Berge] Nagaya in Ata. Nun aber befand sich an diesem Orte ein Gott Namens Koto-katsu-Kuni-katsu-Naga-sa. Daher fragte der souveräne erlauchte Enkel diesen Gott und sprach: „Ist hier ein Land?" Er antwortete und sprach: „Jawohl". Dann sagte er: „Deinen Befehlen gemäß will ich es dir übergeben". Deshalb blieb der souveräne erlauchte Enkel an diesem Orte. Dieser Koto-katsu-Kuni-katsu no Kami war ein Sohn von Izanagi no Mikoto. Mit anderem Namen heißt er auch Shiho-dzuchi no Wo-ji[60]).

V. — In einer Schrift heißt es: — Der Himmlische erlauchte Enkel beschlief Oho-yama-tsumi no Kami's Tochter Ata-Ka-ashi-tsu-hime. Hierauf wurde sie in einer einzigen Nacht schwanger und gebar schließlich vier Kinder. Daher nahm Ata-Ka-ashi-tsu-hime die Kinder in ihre Arme, kam so auf ihn zu und sprach: „Sollten die Kinder des Himmlischen Gottes etwa im geheimen aufgezogen werden?" Deshalb kündete sie ihm den Tatbestand und tat es ihm zu wissen. Da sah der Himmlische erlauchte Enkel die Kinder an und sprach mit höhnischem Lachen: „Fürtrefflich in der Tat! Meine Kinder? Eine nette Nachricht, diese Nachricht von ihrer Geburt!" Darüber nun geriet Ata-Ka-ashi-tsu-hime in Zorn und sprach: „Warum lachst du so höhnisch über deine Magd?" Der Himmlische erlauchte Enkel sprach: „Weil ich in meinem Herzen darüber meine Zweifel hege, deshalb habe ich höhnisch gelacht. Denn wie sollte ich wohl imstande sein im Zeitraum einer einzigen Nacht eine Frau schwanger zu machen, wenn ich auch das Kind einer Himmlischen Gottheit bin? Fürwahr, es sind nicht meine Kinder." Hierüber wurde Ata-Ka-ashi-tsu-hime immer zorniger und zorniger. Sie machte eine türlose Muro, begab sich in das Innere derselben, tat einen Schwur und sprach: „Wenn das, was deine Magd in ihrem Schosse trägt, nicht die Sprossen des Himmlischen Gottes sind, so sollen sie sicherlich zugrunde gehen. Aber wenn sie die Sprossen des Himmlischen Gottes sind, so sollen sie keinerlei Schaden erleiden." Hierauf legte sie Feuer an die Muro und verbrannte sie. Als das Feuer zuerst hell aufloderte, kam ein Kind daraus mutig stampfend hervor und kündigte sich selbst an: „Ich bin ein Kind der Himmlischen Gottheit und heiße Ho-akari no Mikoto. Wo ist mein Vater?" Sodann als das Feuer seine höchste Höhe erreicht hatte, kam ein Kind mutig stampfend hervor und verkündete gleich-

60) „Shiho-dzuchi der Alte", im Kojiki: *Shiho-dzuchi no Kami*. Der Zusatz *Wo-ji* „Alter" kommt auch bloß als Epitheton ornans vor, ist hier aber im eigentlichen Sinne als alter Mann zu nehmen, wie sich aus anderen Stellen ergibt. *Shiho-dzuchi* „der Altehrwürdige der Salzflut" oder „Herr der Salzflut".

falls: „Ich bin ein Kind der Himmlischen Gottheit und heiße Ho-susumi no Mikoto. Wo sind mein Vater und mein älterer Bruder?“ Sodann als die Feuersglut im Verlöschen begriffen war, kam ein Kind mutig stampfend hervor und verkündete gleichfalls: „Ich bin ein Kind der himmlischen Gottheit und heiße Ho-wori no Mikoto. Wo sind mein Vater und meine älteren Brüder?“ Sodann als sie sich von der Feuersglut entfernte, kam ein Kind mutig stampfend hervor und verkündete gleichfalls: „Ich bin ein Kind der himmlischen Gottheit und heiße Hiko-Ho-ho-de-mi no Mikoto. Wo sind mein Vater und meine älteren Brüder?“ Hiernach kam ihre Mutter Ata-Ka-ashi-tsu-hime mitten aus der Glutasche hervor, ging heran und erhub diese Rede: „Die Kinder, welche deine Magd geboren hat, und deine Magd haben aus freien Stücken sich der Gefahr des Feuers[61]) ausgesetzt und sind nicht im geringsten davon verletzt worden. Will der souveräne erlauchte Enkel sie etwa nicht ansehen?“ Er antwortete und sprach: „Ich wußte von Anfang an, daß sie meine Kinder sind. Jedoch da du in einer einzigen Nacht schwanger geworden warst, so glaubte ich, daß Zweifler vorhanden sein könnten und wünschte allen Leuten samt und sonders darzutun, daß sie meine Kinder sind, und ferner, daß eine Himmlische Gottheit im Stande ist, in einer einzigen Nacht Schwangerschaft zu bewirken. Weiterhin wünschte ich klärlich darzutun, daß du eine wunderbar seltsame ehrfurchtgebietende Würde besitzest, und daß auch unsere Kinder alle Anderen an Geist-und-Mut übertreffen. Aus diesem Grunde brauchte ich an jenem früheren Tage die hohnlachenden Worte“ [62]).

VI. — In einer Schrift heißt es: — Ame no Oshi-ho-ne[63]) no Mikoto nahm Taka-mi-musubi no Mikoto's Tochter Taku-hata-chi-chi-hime Yorodzu-hata-hime[64]) no Mikoto zur Frau — in einer anderen Version heißt es: Ho no To-hata-hime-ko Chi-chi-hime no Mikoto[65]), welche eine Tochter von Taka-mi-musubi no Mikoto war — und erzeugte ein

---

[61]) D. h. dem Feuer-Ordal.

[62]) Diese Rede des souveränen erlauchten Enkels klingt wie eine Ausflucht; er sieht seinen früheren Irrtum ein und möchte sich auf möglichst gute Weise aus der Verlegenheit ziehen. Die vorliegende Version ist die wohlgesetzteste von allen, sie dürfte aber auch die jüngste Überarbeitung der Mythe sein.

[63]) D. i. *Ame no Oshi-ho-mimi.*

[64]) Kap. I, S. 176 ist sie nur mit dem ersten Teil dieses Namens benannt. *Yorodzu-hata-hime* bedeutet „Myriaden-Webstühle-Prinzessin“, d. i. etwa „überaus reiche Prinzessin“.

[65]) Nach der einen Auffassung ist *Ho* (oder *Hi*) *no To-hata-hime-ko Chi-chi-hime no Mikoto* ein einziger Name, was vielleicht wegen des nur einmaligen Vorkommens von *Mikoto* den Vorzug vor der zweiten Auffassung verdient, wonach wir es mit zwei Namen zu tun hätten, nämlich: „*Chi-chi-hime no Mikoto*, Tochter der *Ho no To-hata-hime*“. Im letzteren Falle wäre zu übersetzen: „[Er nahm] Chi-chi-hime no Mikoto [zur Frau], eine Tochter der Ho no To-hata-hime, welche [ihrerseits wieder] eine Tochter von Taka-mi-musubi no Mikoto war“. Das doppelte Vorkommen von *hime* spricht an und für sich nicht gegen die Einheit des Namens, denn das gleiche findet sich in dem Namen *Oto-*

Kind: Ame no Ho-akari[66]) no Mikoto. Sodann erzeugte er den Ama-tsu-hiko-ne Ho no Ninigi-ne no Mikoto[67]). Dieses Ame no Ho-akari no Mikoto's Kind war Ame no Kagu-yama no Mikoto[68]). Derselbe ist der Urahn der Wohari no Muraji[69]).

Als es dazu kam, daß man den souveränen erlauchten Enkel Ho no Ninigi no Mikoto nach dem Mittellande des Schilfgefildes ehrfürchtig hinabschickte, befahl Taka-mi-musubi no Mikoto den achtzig vielen Göttern und sprach: „Im Mittellande des Schilfgefildes haben die Felsen, Baumstümpfe und vereinzelten Kräuterblätter immer noch die Fähigkeit zu sprechen. In der Nacht machen sie ein Geräusch wie knisterndes Feuer, und bei Tage schwärmen und lärmen sie wie Fliegen im fünften Monat, usw., usw.“ Nun kündete Taka-mi-musubi no Mikoto und sprach: „Ich habe vor einiger Zeit den Ame-waka-hiko ins Mittelland des Schilfgefildes geschickt, aber da er bis jetzt schon lange Zeit nicht hierher gekommen ist, haben ihn wahrscheinlich einige von den irdischen Göttern mit Gewalt zurückgehalten.“ So schickte er denn den Fasanen-Hahn Na-naki, um hinzugehen und zu spähen. Dieser Fasan kam herab; aber als er die Hirsenfelder und Bohnenfelder sah, blieb er da und kehrte nicht zurück[70]). Dieses ist der Grund, warum man in der Welt sagt: „der wegbleibende Fasanen-Bote.“ Daher schickte er später die Fasanen-Henne Na-naki. Dieser Vogel kam herab und wurde von einem von Ame-waka-hiko abgeschossenen Pfeil getroffen, worauf er wieder nach oben ging und Bericht erstattete[71]), usw., usw. Da nahm Taka-mi-musubi no Mikoto die Schlafdecke, welche das treffliche Bett zudeckte, hüllte den souveränen erlauchten Enkel Ama-tsu-hiko-ne Ho no

---

hime-ma-waka-hime no Mikoto. Hi „Feuer-“ oder „Weberschiff“; *to* = *toyo* „üppig“ (Honorificum); *hata* „Webstuhl“; *hime-ko* „Prinzesschen“; *chi-chi* „tausend und tausend“.

[66]) Mit den Zeichen „Feuer-scheinend“ geschrieben, welche jedoch nur phonetische Geltung haben: die wirkliche Bedeutung ist „Reisähren-rötlich (d. i. reif)“, also „Himmels-Reisähren-Reife“. Dieser *Ama no Ho-akari no Mikoto* darf nicht mit dem S. 186, Anm. 18 kommentierten *Ho-akari no Mikoto* „Feuer-Schein“, alias *Ho-deri no Mikoto* verwechselt werden! Vollerer Name desselben unten Anm. 82.

[67]) „Himmels-Prinz-teurer, der Ähren Rot-Reichlich-teurer.“ Man beachte den zweimaligen Zusatz des Honorificums *ne* „teuer, lieb“.

[68]) Seine Name ist von dem Berge *Ame no Kayu-yama* hergenommen. Er wird im Tempel *Wohari no jinja* im Distrikt Nakajima der Provinz Wohari verehrt. In demselben Distrikt befindet sich auch ein Shintōtempel Masumida no jinja, wo sein Vater *Ame no Ho-akari no Mikoto* verehrt wird. Das TEN-SON-HON-GI bezeichnet *Ame no Michi-hime* als seine Mutter.

[69]) Sie saßen ursprünglich in Kadzuraki von Yamato. Kadzuraki hieß auch *Taka-Wohari*, wovon sie ihren Namen bekamen. Später siedelten sie nach der Provinz *Wohari* über, die vermutlich nach ihnen benannt wurde und vordem einen anderen Namen hatte.

[70]) Dies erinnert auffällig an Noah und die Taube, 1. Mose. Kap. 8. Vers 12.

[71]) Iida möchte das Zeichen für „nach oben gehen“ in die Negation „nicht“ emendieren. Dann hieße es: „worauf er keinen Bericht erstattete“. Die ursprüngliche Fassung kann nur dann richtig sein, wenn man annimmt, daß der Fasan nicht wie in den anderen Versionen getötet, sondern nur leicht verwundet wurde.

Ninigi-ne no Mikoto darin ein, und indem er die achtfachen Wolken des Himmels auseinanderstieß, schickte er ihn ehrfurchtsvoll hinunter. Deshalb gab man diesem Gott den Namen Ame-kuni-nigi-shi-hiko Ho no Ninigi[72]) no Mikoto. Der Ort nun, wohin er beim Hinabsteigen gelangte, hieß der Gipfel des Sohori-no-yama[73]) des Takachiho von So in Himuka. Als er also so dahinging, usw., usw., gelangte er nach dem Kap von Kasasa in Ata, und schließlich stieg er zum Takashima[74]) beim [Berge] Nagaya hinauf. Sodann inspizierte er das Land auf einer Rundreise und traf da einen Mann Namens Koto-katsu-Kuni-katsu-Naga-sa. Der Himmlische erlauchte Enkel fragte ihn hierauf und sprach: „Wessen Land ist dies?“ Er antwortete und sprach: „Dies ist das Land, welches Naga-sa bewohnt. Ich will es jedoch jetzt dem Himmlischen souveränen Enkel ehrfurchtsvoll übergeben.“ Der Himmlische erlauchte Enkel fragte ihn nochmals und sprach: „Und die Mädchen, welche auf den prächtig aufsteigenden Wellenkämmen eine acht-klaftrige Halle erbaut haben und unter dem Geklingel der Juwelen an ihren Hand [-gelenken] am Webstuhl weben, wessen Töchter sind sie?“ Er antwortete und sprach: „Es sind die Töchter von Oho-yama-tsu-mi no Kami. Die ältere heißt Iha-naga-hime, und die jüngere heißt Ko-no-Hana no Sakuya-bime, oder mit anderem Namen auch Toyo-Ata-tsu-hime, usw., usw. Der souveräne erlauchte Enkel beschlief hierauf Toyo-Ata-tsu-hime, und sie wurde in einer einzigen Nacht schwanger. Der souveräne erlauchte Enkel hatte seine Zweifel usw., usw. Schließlich gebar sie den Ho-suseri no Mikoto; sodann gebar sie den Ho-wori no Mikoto, der mit anderem Namen auch Hiko-Ho-ho-de-mi no Mikoto heißt. Nachdem der Schwur der Mutter schon seine Wirkung getan hatte, wußte [der erlauchte Enkel] genau, daß es in Wirklichkeit die Sprossen des souveränen erlauchten Enkels waren. Jedoch Toyo-Ata-tsu-hime grollte dem souveränen erlauchten Enkel und wollte nicht mit ihm sprechen. Darüber nun betrübt machte der souveräne erlauchte Enkel ein Lied, welches lautete:

„Das Seegras der Tiefsee —
Wohl nähert es sich dem Gestade,
Aber auf dem trefflichen Schlaflager
Ach leider! schlafen wir nicht beisammen.
O ihr Regenpfeifer des Strandes!

VII. — In einer Schrift heißt es: — Taka-mi-musubi no Mikoto's Tochter Ame-yorodzu-taku-hata-chi-hata-hime[75]).

---

[72]) „Himmel-Erde-reichlich-Prinz, Rot-reichlicher der Ähren.“ *Ame-kuni-nigishi* ist eine Abkürzung von *Ame-nigishi-Kuni-nigishi.*

[73]) *Sohori* „neben einander stehen“. Parallelausdruck zu „Doppelgipfel“, *Futa-kami no mine*, in Kap. III.

[74]) „Bambus-Insel“ nach Iida ein Berg, nach Shikida eine Insel.

[75]) „Himmels-Myriaden-Papiermaulbeer-Webstühle-tausend-Webstühle-Prinzessin.“

VII a. — In einer anderen Version heißt es: Yorodzu-hata-hime-ko Tama-yori-bime no Mikoto[76]), welche eine Tochter von Taka-mi-musubi no Mikoto war. Diese Göttin wurde die Gemahlin von Ame no Oshi-hone no Mikoto und gebar ihm ein Kind: Ame no Ki-ho-ho-oki-se[77]) no Mikoto.

VII b. — Eine andere Version ist: Kachi-haya-bi no Mikoto's Kind war Ame no Oho-mi-mi[78]) no Mikoto. Dieser Gott nahm Nigu-tsu-hime[79]) zum Weibe und erzeugte mit ihr ein Kind: Ho no Ninigi no Mikoto.

VII c. — Eine andere Version ist: Kamu-Taka-mi-musubi no Mikoto's Tochter Taku-hata-chi-hata-hime gebar ein Kind: Ho no Ninigi no Mikoto.

VII d. — Eine andere Version ist: Ame no Ki-se[80]) no Mikoto nahm Ata-tsu-hime zum Weibe und erzeugte mit ihr Kinder: Ho-akari no Mikoto, sodann Ho-yo-ori no Mikoto[81]), sodann Hiko-Ho-ho-de-mi no Mikoto.

VIII. — In einer Schrift heißt es: — Masaka-a-katsu Kachi-haya-bi Ame no Oshi-ho-mi-mi no Mikoto nahm Taka-mi-musubi no Mikoto's Tochter Ame-yorodzu-taku-hata-chi-hata-hime zum Weibe und erzeugte mit ihr ein Kind Namens Ama-teru-Kuni-teru Hiko-ho-akari no Mikoto[82]). Derselbe ist der Urahn der Wohari no Muraji. Sodann [erzeugte er] den Ame-nigishi-Kuni-nigishi Ama-tsu-hiko Ho no Ninigi no Mikoto. Dieser Gott nahm Oho-yama-tsu-mi no Kami's Tochter Ko-no-Hana no Sakuya-bime no Mikoto zum Weibe und erzeugte mit ihr ein Kind Namens Ho-suseri no Mikoto, und sodann Hiko-Ho-ho-de-mi no Mikoto.

Kapitel V.

[Der Bruderzwist zwischen Ho-susori no Mikoto und Hiko-Ho-ho-de-mi no Mikoto. Im Palast des Meergottes. Das Flut-Steige-Juwel und das Flut-Sinke-Juwel. Beilegung des Zwistes. Niederkunft der Tochter des Meergottes, Toyo-tama-bime, im Kormoranfedern-Gebärhaus.]

Der ältere Bruder Ho-susori no Mikoto hatte von Natur Glück auf dem Meere; der jüngere Bruder Hiko-Ho-ho-de-mi no Mikoto hatte von Natur

[76]) Auch diesen Namen zerlegen manche Erklärer in zwei Namen: „*Tama-yori-bime no Mikoto*, einer Tochter der *Yorodzu-hata-hime*“.

[77]) Die Bedeutung des Namens ist sehr problematisch. Etwa: „Himmels-reichlich-Ähren-Ähren-Spät-Reis“.

[78]) *Oho-mi-mi* Abkürzung von *Oshi-ho-mi-mi.*

[79]) *Nigu-tsu* wohl = *nigo tsu* „sanft“: „Sanfte Prinzessin“.

[80]) *Ki-se* vielleicht = *oki-se.* Vgl. Anm. 77.

[81]) Nach den Zeichen „Feuer-Nacht-Gewebe“. Die wirkliche Etymologie ist unbekannt. Iida liest *Ho-yori no Mikoto* und dürfte vielleicht mit seiner Vermutung, daß *Ho-yori* eine Korruption von *Ho-wori* sei, recht haben.

[82]) „Himmel-bescheinender Erde-bescheinender Prinzherrlich-Ähren-Rötlicher“, vollerer Name des oben genannten *Ama no Ho-akari no Mikoto.* Im Kujiki heißt er *Ama-teru-Kuni-teru-hiko Ama no Ho-akari Kushi-tama-nigi-haya-bi no Mikoto.*

Glück in den Bergen. Im Anfang sprachen die beiden, der ältere und der jüngere Bruder, mit einander und sagten: „Wir wollen versuchsweise unsere Glücks[werkzeuge] austauschen. Schließlich tauschten sie mit einander, aber keiner von beiden erlangte dadurch irgend welchen Vorteil. Der ältere Bruder bereute [den Austausch] und gab seinem jüngeren Bruder dessen Bogen und Pfeile zurück und verlangte seinen eigenen Angelhaken wieder. Der jüngere Bruder hatte jedoch inzwischen bereits den Angelhaken seines älteren Bruders verloren, und es gab keine Mittel und Wege ihn zu finden. Deshalb verfertigte er einen anderen neuen Haken und bot denselben seinem älteren Bruder. Der ältere Bruder jedoch wollte ihn nicht annnehmen, sondern verlangte den alten Haken. Hierüber betrübt nahm nun der jüngere Bruder sein Querschwert[1]) und schmiedete daraus neue Angelhaken, häufte dieselben auf einen Worfler und bot sie ihm dar. Der ältere Bruder aber wurde zornig und sprach: „Wenn es nicht mein alter Angelhaken ist, so will ich diese nicht nehmen, wenn ihrer auch eine große Menge sind.“[2]) Und wieder und wieder verlangte er ihn in heftiger Weise. Daher war Hiko-Ho-ho-de-mi im allerhöchsten Grade bekümmert und betrübt, und jener ging und wehklagte am Ufer des Meeres. Da traf er Shiho-dzuchi den Alten. Der Alte fragte ihn und sprach: „Weshalb bist du hier und trauerst?“ Als Antwort teilte jener ihm den ganzen Sachverhalt von Anfang bis Ende mit. Der Alte sprach: „Trauere nicht länger! Ich will für dich ein Mittel ersinnen.“ Hierauf machte er einen maschenlosen Korb, setzte Hiko-Ho-ho-de-mi no Mikoto in den Korb hinein und versenkte denselben ins Meer. Darauf befand sich [Hiko-Ho-ho-de-mi no Mikoto] unversehens an dem Wonnevollen Kleinen Strand. Nachdem er dann den Korb verlassen hatte und dahinging, gelangte er plötzlich zu dem Palaste des Meergottes[3]). Dieser Palast war mit Umzäunungen und Brustwehren ausgerüstet und prangte herrlich mit hohen Türmen. Vor dem Tore war ein Brunnen, und über dem Brunnen war ein vielzweigiger Kassienbaum mit dichten Zweigen und Blättern. Nun ging Hiko-Ho-ho-de-mi no Mikoto hin an den Fuß dieses Baumes und stand und wandelte umher. Nach einer Weile erschien eine schöne Maid, welche das Tor öffnete und daraus hervorkam. Schließlich nahm sie ein edelsteinernes Gefäß, kam heran und war im Begriff Wasser zu schöpfen, als sie ihren Blick erhob und ihn sah. Da war sie erschrocken und kehrte ins Innere zurück und berichtete ihrem Vater und ihrer Mutter mit den Worten: „Ein fremder Mensch ist vor dem Tore unter dem Baum!“ Der Meergott breitete hierauf eine acht-

Kapitel V.

Zum Inhalt vgl. Kojiki 39 bis 43.

Ho-susori = *Ho-deri, Hiko-Hoho-demi* = *Ho-wori* im Kojiki.

[1]) Quer an der Seite getragenes Schwert. Auf eine besondere Schwertform deutet der Ausdruck nicht.

[2]) Nach Lubbock (Anfänge der Zivilisation) ist den Indianern ein einziger Angelhaken, mit dem man schon einmal einen größeren Fisch gefangen hat, lieber als eine ganze Handvoll ungebrauchter Haken.

[3]) In Variante Ia wird er mit Namen *Toyo-tama-hiko* genannt.

fache Matte auf dem Boden aus und führte ihn herein. Nachdem sie ihre Sitze eingenommen hatten, fragte er ihn nach der Ursache seines Kommens. Da erzählte ihm als Antwort Hiko-Ho-ho-de-mi no Mikoto den Sachverhalt in ausführlicher Weise. Hierauf berief der Meergott die großen und kleinen Fische zusammen und fragte sie gebieterisch. Alle sagten: „Wir wissen es nicht. Nur die Rote Frau — *die Rote Frau*[4]) *ist ein Name für den Fisch Tahi* — hat seit einiger Zeit einen kranken Mund und ist somit nicht hergekommen.“ Sie wurde zwangsweise berufen, und als man ihren Mund untersuchte, fand man wirklich den verlorenen Angelhaken.

Nachdem dies geschehen war, nahm Hiko-Ho-ho-de-mi no Mikoto des Meergotts Tochter Toyo-tama-bime zur Frau und blieb und wohnte im Meer-Palaste. Drei Jahre waren verflossen, und obgleich er an diesem Orte in Ruhe und Freude lebte, hatte er doch noch ein sehnsüchtiges Verlangen nach seiner Heimat. Deshalb seufzte er von Zeit zu Zeit. Toyo-tama-bime hörte es und berichtete es ihrem Vater, indem sie sprach: „Der himmlische erlauchte Enkel seufzt oft in wehmütiger Weise. Vielleicht sehnt er sich nach seinem Heimatlande und ist deshalb betrübt.“ Der Meergott zog hierauf den Hiko-Ho-ho-de-mi no Mikoto herbei und redete ihn in ruhig gelassener Weise an und sprach: „Wenn der himmlische erlauchte Enkel in sein Heimatland zurückzukehren wünscht, so will ich ihn ehrerbietig hinschicken.“ Darauf gab er ihm den aufgefundenen Angelhaken und belehrte ihn und sprach: „In dem Augenblick, wo du diesen Haken deinem älteren Bruder übergibst, sprich heimlich zu diesem Haken: ‚Armer Haken!‘ Dann erst gib ihn hin.“ Ferner schenkte er ihm das Flut-steige-Juwel und das Flut-sinke-Juwel und belehrte ihn und sprach: „Wenn du das Flutsteige-Juwel [ins Wasser] tauchst, so wird die Flut plötzlich zur Hochflut steigen, und dadurch ertränke deinen älteren Bruder. Wenn dein älterer Bruder Reue zeigt und um Verzeihung bittet, so tauche andererseits das Flut-sinke-Juwel ein, und die Flut wird von selbst sich ebben. Damit rette ihn. Wenn du ihn auf diese Weise plagst, so wird sich dein älterer Bruder dir unterwerfen.“

Als es dazu kam, daß er im Begriff war, sich zur Rückkehr fortzubegeben, redete Toyo-tama-bime zu dem himmlischen erlauchten Enkel und sprach: „Deine Magd ist schon schwanger und wird in nicht langer Zeit entbinden. Deine Magd wird jedenfalls an einem Tage, wo Wind und Wellen stürmisch sein werden, an das Ufer des Meeres hinauskommen. Bitte errichte für mich ein Gebärhaus[5]) und erwarte mich!“

Nachdem Hiko-Ho-ho-de-mi no Mikoto nach seinem Palaste zurückgekehrt war, befolgte er voll und ganz die Instruktionen des Meergottes. Als nun der ältere Bruder Ho-susori no Mikoto [auf besagte Weise] geplagt worden war, gestand er selbst seine Schuld ein und sprach: „Von nun an und für alle Zeit

---

[4]) *Aka-me*, ein archaisches Wort für den *Tahi*. Shikida bemerkt, daß im Meere von Satsuma eine Art Tahi vorkomme, welche *ha-aka-me* heißt, ein offenbar unserem *aka-me* entsprechender Name.

[5]) Kojiki 42 baut Toyo-tama-bime selbst das Gebärhaus.

will ich dein [kurzweilige] Schauspiele aufführender Untertan[6]) sein. Bitte, lasse mich freundlichst leben!“ Hierauf ließ er ihm schließlich seinen Bitten gemäß Verzeihung zu teil werden. Dieser Ho-susori no Mikoto wurde der Urahn des Ata no kimi Wobashi und Anderer.

Späterhin kam wirklich Toyo-tama-bime, wie sie vorher versprochen hatte, mit ihrer jüngeren Schwester Tama-yori-bime an das Ufer des Meeres heran, indem sie dem Wind und den Wellen direkt Widerstand leistete. Als die Zeit ihrer Niederkunft herangenaht war, sprach sie bittend: „Während deine Magd im Geburtsakt begriffen ist, bitte ich dich nicht zuzusehen!“[7]) Der himmlische erlauchte Enkel konnte jedoch nicht geduldig ausharren, sondern ging heimlich hin und spähte. Da hatte sich Toyo-tama-bime bei dem Geburtsakt in einen Drachen verwandelt. [Weil sie in diesem Zustand belauscht worden war], deshalb war sie in hohem Grade beschämt[8]) und sprach: „Wenn du mich nicht beschämt hättest, so würde ich das Meer und das Land in wechselseitige Verbindung mit einander gebracht und bewirkt haben, daß sie in Ewigkeit sich nicht wieder von einander trennten. Da du mich aber jetzt beschämt hast, wodurch soll ich nun freundliche Gesinnungen [mit dir] knüpfen?“ Hierauf hüllte sie das Kind in Binsengras[9]) ein und setzte es am Ufer des Meeres aus. Hierauf sperrte sie den Weg zum Meere ab und begab sich stracks hinweg. Deshalb wurde dem Kinde der Name Hiko-nagisa-take U-gaya-fuki-ahezu[10]) no Mikoto gegeben. Längere Zeit hierauf starb Hiko-Ho-ho-de-mi no Mikoto und wurde in dem Misasagi auf dem Berge Taka-ya[11]) in Himuka begraben.

I. — In einer Schrift heißt es: — Der ältere Bruder Ho-suseri no Mikoto pflegte Meer-Glück zu haben, und der jüngere Bruder Hiko-Ho-ho-de-mi no Mikoto pflegte Berg-Glück zu haben. Nun wünschten der ältere und der jüngere Bruder gegenseitig ihre Glücksgabe auszutauschen. Deshalb nahm der ältere Bruder den Glücks-Bogen des jüngeren Bruders und ging in die Berge hinein auf die Suche nach wilden Tieren. Aber schließlich sah er von wilden Tieren auch nicht die geringste Spur. Der jüngere Bruder nahm seines älteren Bruders Glücks-Angelhaken und begab sich auf das Meer, um Fische zu angeln; aber er bekam

---

[6]) Vgl. unten Varianten No. II und IV und Kojiki 41.

[7]) Kojiki 42 sagt sie: So oft als eine Fremde niederkommt, nimmt sie zur Niederkunft die Gestalt ihres Heimatlandes an. So will ich jetzt beim Geburtsakt meine heimatliche Gestalt annehmen. Bitte, sieh nicht nach mir!“

[8]) Man beachte die Ähnlichkeit mit der Geschichte von Izanagi und Izanami in der Unterwelt. Die Analogie wird noch deutlicher in der Variante Ia, wo Ho-ho-de-mi einen Kamm anzündet und guckt. Offenbar hat in beiden Fällen dasselbe Motiv zur Bildung der Mythe beigetragen.

[9]) *Kaya*, im weiteren Sinne jede Art Gras, die zum Dachdecken benutzt wird.

[10]) „Prinzherrlicher Strand-Tapferer, Kormoran[federn]-Schilfdach-Unfertiger“; im Kojiki noch mit dem Vorsatz *Ama-tsu-Hi-daka.*

[11]) Nach dem Takaya Sanryōkō liegt dieses Misasagi auf dem Hügel Kamiwari, auf der Nordseite des Dorfes Fumoto, im Distrikt Ahira der Provinz Ohosumi. In der Nähe dieses Hügels ist ein Shintōschrein, *Takaya-jinja.*

gar nichts, und schließlich verlor er den Angelhaken. Da gab der ältere Bruder seinem jüngeren Bruder den Bogen und die Pfeile zurück und verlangte seinen eigenen Angelhaken. Der jüngere Bruder war bekümmert darüber, nahm hierauf das von ihm umgegürtet getragene Quer-Schwert, verfertigte daraus Angelhaken, häufte dieselben auf einen Worfler und bot sie dem älteren Bruder dar. Der ältere Bruder aber nahm sie nicht an und sagte: „Ich will meinen Glücks-Angelhaken wieder haben!" Da hierauf Hiko-Ho-ho-de-mi no Mikoto nicht wußte, wo er ihn finden sollte, war er nur traurig und stöhnte. Dann begab er sich an das Ufer des Meeres, wanderte da auf und ab und seufzte. Da kam auf einmal ein hochbejahrter Mann daher und nannte sich selbst Shiho-dzuchi der Alte. Dieser fragte ihn und sprach: „Herr, wer bist du, und warum bist du hier in solcher Betrübnis?" Hiko-Ho-ho-de-mi no Mikoto erzählte ihm ausführlich die Angelegenheit. Hierauf nahm der Alte aus einem Beutel heraus einen schwarzen Kamm, und als er ihn auf die Erde warf, verwandelte sich derselbe in ein fünfhundert[halmiges] Bambusgefilde[12]). Darauf nahm er diesen Bambus und verfertigte daraus einen weitmaschigen groben Korb[13]), setzte den Hiko-Ho-ho-de-mi no Mikoto in den Korb hinein und warf ihn in das Meer.

Ia. — Eine andere Version lautet: Er nahm einen maschenlosen Katama, machte daraus ein Floß, band mit einem dünnen Seile den Ho-ho-de-mi no Mikoto daran und versenkte es so. — *Der sogenannte Katama ist das, was man jetzt einen Bambuskorb nennt.* —

Nun aber gibt es auf dem Meeresgrunde von Natur ein [sogenanntes] Wonnevolles Strändchen. Als er hierauf an diesem Strande entlang weiter schritt, gelangte er auf einmal nach dem Palaste des Meergottes Toyo-tama-hiko[14]). Dieser Palast hatte erhaben verzierte Schloßturmtore und höchst prächtige Türme und Zinnen. Außerhalb des Tores war ein Brunnen, und neben dem Brunnen stand ein Kassienbaum. Hierauf ging er an den Fuß des Baumes heran und stand da. Nach einer Weile kam ein schönes Mädchen, das an [Schönheit des] Gesichts alle Welt übertraf und von einer Schar weiblicher Dienerinnen gefolgt war, aus dem Inneren hervor und war gerade im Begriff, mit einem edelsteinernen Gefäß Wasser zu schöpfen, als sie aufblickte und den Ho-ho-de-mi no Mikoto sah. Da kehrte sie erschrocken wieder zurück und meldete es ihrem Vater, dem Gotte, und sprach: „Unter

---

[12]) Vgl. Buch 1, Kap. IV, Var. V, wo Izanagi den verfolgenden Scheußlichen Weibern seinen vielzähnigen Kamm hinwirft, worauf sich derselbe in Bambusschößlinge verwandelt.

[13]) Diese Variante berichtet also das Gegenteil von dem, was der Haupttext besagt, wo von einem „maschenlosen" Korbe die Rede ist.

[14]) „Üppig-Edelstein-Prinz." Das KOJIKI nennt ihn *Wata-tsu-mi.*

dem Baume neben dem Brunnen vor dem Tore steht ein edler Fremder von nicht gewöhnlicher Gestalt. Wenn er vom Himmel herabgekommen wäre, so würde er den Schmutz des Himmels an sich haben; wenn er von der Erde hergekommen wäre, so würde er den Schmutz[15]) der Erde an sich haben. Sollte er wirklich der herrlich schöne Prinz des Luftraums[16]) sein?"

Ib. — Eine andere Version heißt: Eine Dienerin der Toyo-tama-bime schöpfte Wasser mit einem edelsteinernen Eimer, aber schließlich war sie nicht imstande ihn zu füllen. Als sie in den Brunnen hinuntersah, war darin das lächelnde Gesicht eines Mannes umgekehrt wiedergespiegelt. Als sie darauf emporblickte, war da ein schöner Gott, welcher an den Kassienbaum gelehnt dastand. Deshalb kehrte sie nach innen zurück und berichtete es dem Könige. —

Hierauf schickte Toyo-tama-bime jemand, um mit diesen Worten zu fragen: „Fremder, wer bist du? warum bist du hierher gekommen?" Ho-ho-de-mi no Mikoto antwortete und sprach: „Ich bin der Enkel der Himmlischen Gottheit." Darauf erzählte er schließlich den Grund seines Kommens.

Da ging der Meergott ihm entgegen, verneigte sich vor ihm[17]), führte ihn hinein, tröstete ihn in freundlicher Weise und gab ihm dann seine Tochter Toyo-tama-bime zur Frau. Deshalb blieb er und wohnte in dem Meerespalast. Nachdem drei Jahre verflossen waren, seufzte Ho-ho-de-mi no Mikoto öfters, so daß Toyo-tama-bime ihn fragte und sprach: „Hat der Himmlische erlauchte Enkel etwa den Wunsch, nach seinem Heimatlande zurückzukehren?" Er antwortete und sprach: „So ist es." Toyo-tama-bime erstattete hierauf ihrem Vater, dem Gotte, Bericht und sprach: „Der hier weilende edle Gast hat den Wunsch, nach dem Ober-Lande zurückzukehren." Der Meergott versammelte hierauf alle Fische des Meeres und befragte sie um den [Verbleib des verlorenen] Angelhakens. Da antwortete ein Fisch und sprach: „Die rote Frau hat seit langem eine Mundkrankheit — in einer anderen Version heißt es: Die rote Frau hat ihn vermutlich verschluckt. — Daher wurde nun die rote Frau vorgefordert, und als man ihren Mund besah, steckte der Angelhaken noch immer in ihrem

---

15) Chines. Zeichen *ko* „Schmutz", jap. mit *furi* „Miene, Betragen", oder *kaho* „Gesicht", oder *katachi* „Gestalt" umschrieben.

16) *Sora-tsu-hiko.* Kojiki 40 kommt diesem Ausdruck entsprechend *Sora-tsu-Hi-daka* „des Luftraums Sonnen-Hoher" vor im Gegensatz zu *Ama-tsu-Hi-daka* „des Himmels Sonnen-Hoher", womit sein Vater gemeint ist.

17) Die uralte Weise des Begrüßens war mit der noch jetzt gebräuchlichen wesentlich identisch: auf den Boden knieend neigt man den Kopf und Oberkörper nach vorn und drückt dabei beide Hände mit den Handflächen flach vor sich auf den Boden. Bei Ausgrabungen hat man eine *Haniwa*-Figur, die beschriebene Grußweise darstellend, aufgefunden.

Munde. Sogleich nahm man denselben und überreichte ihn dem Hiko-Ho-ho-de-mi no Mikoto, wozu [der Meergott] ihn belehrte und sprach: „Wenn du den Angelhaken deinem älteren Bruder gibst, dann mußt du zuerst diese Verwünschung sprechen: ‚Ursprung der Armut, Anfang des Verhungerns, Wurzel des Elends', und dann erst gib ihn hin. Ferner, wenn dein älterer Bruder über das Meer fährt, so werde ich sicherlich Wirbelwind und hohen Wellenschlag erregen und ihn durch dieselben in die Qual des Ertrinkens versetzen." Hierauf setzte er den Ho-ho-de-mi no Mikoto auf ein großes Seeungeheuer und schickte ihn so nach seinem Heimatlande zurück.

Noch zu einer anderen Zeit, bevor dies [geschah], redete Toyo-tama-bime in ruhig gelassener Weise und sprach: „Deine Magd ist schwanger. Ich werde an einem Tage, wo Wind und Wellen ungestüm sind, an die Meeresküste herauskommen. Bitte, errichte für mich ein Gebärhaus und erwarte mich daselbst."

Hierauf kam Toyo-tama-bime wirklich, wie sie gesagt hatte, [an die Küste] heran und sprach zu Ho-ho-de-mi no Mikoto: „Deine Magd wird heute Nacht entbunden werden. Bitte, sieh nicht nach ihr!" Aber Ho-ho-de-mi no Mikoto hörte nicht darauf, sondern nahm einen Kamm, zündete ihn an und sah nach ihr[18]). Da hatte sich gerade Toyo-tama-bime in ein acht Faden langes großes Bären-Seeungeheuer verwandelt und wand sich auf dem Bauche umher. Schließlich war sie zornig darüber, daß sie beschämt worden war, und kehrte daher stracks nach ihrer Heimat auf dem Meeresgrund zurück, indem sie ihre jüngere Schwester Tama-yori-bime zurückließ, um ihr Kind zu warten und großzuziehen. Daß man dem Kinde den Namen Hiko-nagisa-take U-gaya-fuki-ahezu no Mikoto gab, hatte seinen Grund darin, daß das Gebärhaus am Meeresufer gänzlich mit Kormoranfedern statt mit Riedgras bedacht war, und daß das Kind geboren wurde, als die Ziegel[19]) noch nicht zusammengefügt waren. Deshalb benannte man ihn so[20]).

[18]) Vgl. Buch 1, Kap. IV, Var. VI (S. 137): „Izanagi no Mikoto hörte jedoch nicht auf sie, sondern nahm heimlich seinen vielzähnigen Kamm, brach den Endzahn davon ab, machte daraus eine Fackel und sah nach ihr".

[19]) *Iraka*, ein ganz unpassender Ausdruck, da die alten Japaner überhaupt keine Dachziegel kannten, sondern die Dächer stets mit *kaya* deckten. In historischer Zeit kamen hin und wieder auch Schindeldächer vor, wie bei dem im 1. Jahre Saimyō, d. i. 655, erwähnten Palast *Asuka no Ita-buki no miya* „Schindeldachpalast von Asuka". Im selben Jahre wollte man in Woharida einen Palast mit einem Ziegeldach bauen, was eine so ungeheuerliche Neuerung war, daß die Götter selbst sich dagegen ins Mittel legten. Nach dem Fusō-ryakki wurden zuerst im 11. Jahre Jitō, d. i. 697, öffentliche Gebäude mit Ziegeln gedeckt. Da den Verfassern des Nihongi all dies sehr wohl bekannt war, müssen wir annehmen, daß sie das Wort „Ziegel" nur als Floskel für „Dachbedeckung" brauchten.

[20]) Aston erwähnt hier den Aberglauben, daß eine Frau bei ihrer Niederkunft dadurch Erleichterung bekommen soll, daß sie eine Kormoranfeder in der Hand hält. Zu gleichem Zweck wird auch die *koyasu-gai* „Leichtentbindungs-Muschel", eine Art

II. — In einer Schrift heißt es: — Vor dem Tore war ein guter Brunnen, und über dem Brunnen war ein hundertzweigiger Kassienbaum. Daher stieg Hiko-Ho-ho-de-mi no Mikoto mit einem Sprung auf diesen Baum hinauf und stand dort. Zu dieser Zeit kam des Meergottes Tochter Toyo-tama-bime mit einem edelsteinernen Gefäß in der Hand daher und war im Begriff Wasser zu schöpfen, als sie in dem Brunnen das Spiegelbild eines Mannes sah. Da sah sie empor und ließ erschrocken das Gefäß fallen. Das Gefäß war in Stücke zerbrochen, aber ohne sich darum zu bekümmern, ging sie wieder hinein und berichtete ihrem Vater und ihrer Mutter, indem sie sprach: „Ich habe einen Mann gesehen, welcher sich auf dem Baume neben dem Brunnen befindet. Sein Gesicht ist außerordentlich schön, seine Gestalt zierlich fein, und es ist so zu sagen kein gewöhnlicher Mensch.“ Als ihr Vater, der Gott, dies vernahm, wunderte er sich. Hierauf richtete er eine achtfache Sitzmatte her, ging ihm entgegen, führte ihn herein und nahm mit ihm Platz. Als er ihn hierauf nach dem Grunde seines Kommens fragte, antwortete jener mit ausführlicher Darlegung der Sachlage. Da fühlte der Meergott gleich in seinem Herzen Mitleid mit ihm, berief sämtliche breitflossigen und schmalflossigen Wesen und befragte sie. Alle sagten: „Wir wissen es nicht.“ Nur die rote Frau hatte einen kranken Mund und war nicht gekommen.

— Anders auch heißt es: die Mund-Frau hatte einen kranken Mund. Hierauf rief man sie schleunigst herbei, und als man ihren Mund untersuchte, fand man auf der Stelle den verlorenen Angelhaken. Darauf stellte der Meergott sie zur Rede und sprach: „Du Mund-Frau! Von nun an darfst du niemals wieder einen Köder verschlingen, und ferner sollst du nicht mit zu den Speisen des himmlischen erlauchten Enkels zugelassen werden!“ Dieses ist der Grund, warum der Fisch Kuchime (Mund-Frau)[21] dem Kaiser nicht als Speise vorgesetzt wird. —

Als die Zeit gekommen war, daß Hiko-Ho-ho-de-mi no Mikoto im Begriff war zurückzukehren, sprach der Meergott zu ihm und sagte: „Ich freue mich in meinem innersten Herzen, daß der Enkel der Himmlischen Gottheit sich gnädigst herabgelassen hat mich zu besuchen. Welchen Tag würde ich es je vergessen?“ Sodann nahm er das Juwel, welches die Flut steigen macht, sobald man es denkt, und das Juwel, welches die Flut ebben läßt, sobald man es denkt, fügte sie zu dem Angelhaken und überreichte sie ehrfurchtsvoll, indem er sprach: „Wenn der souveräne erlauchte Enkel auch durch achtfache

Kauri oder Otternköpfchen, benutzt. Wichtig für eine Frau, welche niederkommt, ist es auch, daß sie den Besengott (*hōki no kami*) nicht durch schlechte Behandlung des Hausbesens, wie Treten und Hinwerfen, beleidigt hat.

[21]) Der moderne Name der *Kuchime* ist *Bora* (Mugil cephalotus). Der Bora ist tatsächlich von der Tafel des Kaisers verbannt; ist übrigens auch wenig schmackhaft.

Wegwindungen[22]) von mir entfernt ist, so bitte ich doch, daß du von Zeit zu Zeit wieder an mich denken und mich nicht vergessen wirst!" Sodann belehrte er ihn und sprach: „In dem Augenblick, wo du diesen Angelhaken deinem älteren Bruder übergeben wirst, sprich darüber: ‚Haken der Armut, Haken des Verderbens, Haken des Unterganges.' Nachdem du diese Rede beendet hast, wirf ihm [den Haken] hin, indem du die Hand nach hinten hältst; gib ihn aber nicht mit zugewandtem Gesicht. Wenn dein älterer Bruder zornig wird und die Absicht hat, dir ein Leids zuzufügen, dann nimm das Flut-steige-Juwel vor und ertränke ihn damit. Sobald er dann in Gefahr [des Ertrinkens] ist und um Gnade bittet, nimm das Flut-sinke-Juwel vor und rette ihn damit. Wenn du ihn auf diese Weise quälst und plagst, so wird er sich von selbst dir als dein Untertan unterwerfen." Als nun Hiko-Ho-ho-de-mi no Mikoto diese Juwelen und den Angelhaken empfangen hatte, kam er nach seinem Heimatspalast zurück und handelte in allem der Weisung des Meergottes gemäß. Zunächst gab er seinem älteren Bruder den Angelhaken. Sein älterer Bruder wurde zornig und wollte ihn nicht annehmen. Als daher der jüngere Bruder das Flut-steige-Juwel vornahm, schwoll die Flut außerordentlich hoch an und in natürlicher Folge davon ertrank der ältere Bruder [beinahe]. Deshalb sprach er bittend: „Ich will dir als dein Sklave dienen. Bitte, laß mich am Leben!" Als der jüngere Bruder das Flut-sinke-Juwel vornahm, trat die Flut von selbst wieder zurück, und der ältere Bruder wurde wieder in Ruhe gelassen. Hiernach aber änderte der ältere Bruder seine vorige Rede und sagte: „Ich bin dein älterer Bruder. Wie kann ein älterer Bruder seinem jüngeren Bruder dienen[23])?" Da nahm der jüngere Bruder das Flut-steige-Juwel vor, bei dessen Anblick der ältere Bruder auf einen hohen Berg hinauf floh. Aber die Flut überschwemmte auch den Berg. Als der ältere Bruder auf einen hohen Baum stieg, überschwemmte die Flut auch den Baum. Nun war der ältere Bruder in größter Not und hatte keine Zufluchtsstätte mehr. Darauf bekannte er seine Schuld und sprach: „Ich habe gefehlt. Von jetzt an sollen meine Kinder und Kindeskinder für achtzig Generationen beständig dir als Possenreisser dienen. — In einer Version heißt es: als Hunde-Menschen[24]). — Bitte, habe Mitleid!" Der jüngere Bruder nahm hierauf wieder das Flut-sinke-Juwel vor, worauf die Flut von selbst zurücktrat. Da nun erkannte der ältere Bruder, daß sein jüngerer Bruder wunderbare Macht besaß und unterwarf sich endlich seinem jüngeren Bruder.

Aus diesem Grunde verlassen die von Ho-suseri no Mikoto abstammenden verschiedenen Hayahito bis zur gegenwärtigen Zeit nicht

[22]) Poetischer Ausdruck für „sehr weit". Vgl. die „achtzig Wegkrümmungen" als metaphorischen Ausdruck für den weit entfernten Hades.

[23]) Der ältere Bruder hat stets den Vortritt vor dem jüngeren.

[24]) D. h. als Wächter, welche wie Hunde Wacht halten.

die Einfriedigung des Kaiserlichen Palastes und leisten statt bellender Hunde ehrfürchtig Dienste[25]).

Dies ist die Ursache davon, daß die Leute der Gegenwart Niemand drängen, eine verlorene Nadel[26]) zurückzugeben.

III. — In einer Schrift heißt es: Der ältere Bruder Ho-suseri no Mikoto pflegte Meerglück zu haben und hieß deshalb Umi-sachi-hiko, d. i. Meerglück-Prinz; der jüngere Bruder Hiko-Ho-ho-de-mi no Mikoto pflegte Bergglück zu haben und hieß deshalb Yama-sachi-hiko, d. i. Bergglück-Prinz. So oft als der Wind blies und der Regen fiel, verlor der ältere Bruder sein gutes Glück; der jüngere Bruder dagegen, wenn er auch in Wind und Regen geriet, ging seines guten Glückes nicht verlustig. Da sprach der ältere Bruder zu seinem jüngeren Bruder: „Ich möchte versuchsweise mit dir meine Glücksgabe austauschen." Der jüngere Bruder gab seine Zustimmung, und sie tauschten demgemäß mit einander aus. Nun nahm der ältere Bruder des jüngeren Bruders Bogen und Pfeile und begab sich in die Berge, um wilde Tiere zu jagen; der jüngere Bruder nahm des älteren Bruders Angelhaken und begab sich auf das Meer, um Fische zu angeln. Aber alle beide erlangten keinen Glücksvorteil, sondern kamen mit leeren Händen zurück. Der ältere Bruder gab hierauf dem jüngeren Bruder den Bogen und die Pfeile zurück und verlangte wieder seinen eigenen Angelhaken. Nun aber hatte der jüngere Bruder den Angelhaken im Meere verloren, und es waren keine Mittel und Wege denselben aufzufinden. Daher

---

[25]) Wie schon erwähnt, fanden die *Hayahito* aus den Provinzen Satsuma und Ohosumi als Kaiserliche Leibwache Verwendung. Sie nahmen nach dem Engi-shiki bei gewissen Zeremonien, wie der Neujahrs- und Krönungszeremonie, auf eigentümliche Weise teil. Zwanzig höhere Hayahito, zwanzig sog. Ankömmlings-Hayahito und 132 gewöhnliche Hayahito nahmen gruppenweise vor dem Palasttore links und rechts Aufstellung, und beim ersten Eintreten der Beamten, sowie wenn dieselben ihre Sitze verließen, mußten die Ankömmlings-Hayahito dreimal *bellen*. Also auch hier fungieren sie als „Hunde-Menschen". In Nara befindet sich eine Skulptur, in der Hayahito mit Hundeköpfen dargestellt sind.

[26]) Hier ist für *hari* das Zeichen „Nadel" gebraucht, während im Vorhergehenden immer das Zeichen „Angelhaken" stand. Das Wortspiel, welches dadurch entsteht, daß im Japanischen sowohl „Angelhaken" als „Nadel" durch dasselbe Wort *hari* dargestellt werden, ist weder im Chinesischen (2 ganz verschiedene Zeichen!) noch im Deutschen nachahmbar.

Was das Drängen auf Rückgabe eines verlorenen Gegenstandes anbelangt, so teilt Ban Nobutomo einen interessanten Spruch mit, dessen sich die Knaben der Provinz Wakasa bedienen, wenn sie einen zum Ersatz gebotenen Gegenstand nicht annehmen wollen. Dann sagen sie nämlich:

Fuite mo, iya iya!
Arōte mo, iya iya!
Moto no hari modose!

„Wenn du es auch abswischest, mag ich's nicht, mag ich's nicht!
Wenn du es auch wäschest, mag ich's nicht, mag ich's nicht!
Gib die alte Nadel (oder Angelhaken?) zurück!"

verfertigte er mehrere tausend andere neue Angelhaken und gab sie ihm, aber sein älterer Bruder wurde zornig und nahm sie nicht an, sondern verlangte ungestüm seinen alten Angelhaken, usw., usw.

Darauf begab sich der jüngere Bruder an die Meeresküste und wanderte da bekümmert und ächzend umher. Nun war da aber eine Fluß-Wildgans, die sich in einer Schlinge gefangen hatte und nun in Bedrängnis geraten war. Da hatte er Mitleid mit ihr, machte sie los und ließ sie frei. Ein kleines Weilchen danach erschien Shiho-dzuchi der Alte, welcher daherkam, einen Nachen aus maschenlosem Korbgeflecht verfertigte, den Ho-ho-de-mi no Mikoto hineinsetzte und [den Nachen] in die See hinaus fortstieß, worauf er von selbst versank. Plötzlich kam der Wonnevolle Weg[27]) zum Vorschein. Als er daher den Weg entlang dahinging, gelangte er von selbst nach dem Palaste des Meergottes. Da kam der Meergott selber ihm entgegen und führte ihn hinein. Sodann breitete er acht Schichten von See-Esel[28])-Fellen hin, ließ ihn sich darauf niedersetzen, gab ihm einen Schmaus von hundert Tischen, der schon in Bereitschaft gehalten war, und erfüllte so die zermoniellen Pflichten eines Hausherrn. Sodann fragte er ihn in ruhig gelassener Weise und sprach: „Aus welchem Grunde hat der Enkel der Himmlischen Gottheit sich gnädigst herabgelassen hierher zu kommen?"

III a. — Eine andere Version heißt: „Vor kurzem kam mein Kind und sagte mir, daß der himmlische erlauchte Enkel am Ufer des Meeres in Betrübnis weile. Ich weiß nicht, ob dies wahr oder falsch ist; vielleicht ist es so." —

Hiko-Ho-ho-de-mi no Mikoto erzählte ihm die Angelegenheit von Anfang bis Ende. Darauf blieb er da wohnen, und der Meergott gab ihm seine Tochter Toyo-tama-bime zur Frau. Endlich als schon drei Jahre in herzlicher Liebe verflossen waren, und die Zeit gekommen war, wo er sich anschickte zurückzukehren, ließ der Meergott die Tahi-Frau holen, und als man ihren Mund untersuchte, fand man den Angelhaken. Hierauf überreichte er diesen Angelhaken dem Hiko-Ho-ho-de-mi no Mikoto und unterwies ihn und sprach: „In dem Augenblick, wo du dies deinem älteren Bruder gibst, mußt du folgendes hersagen: ‚Ein trüber Haken, ein elender Haken, ein armer Haken, ein dummer Haken.' Nachdem du dies alles gesprochen hast, mußt du ihn mit der Hand nach hinten überreichen." Hiernach rief er die Seeungeheuer zusammen und fragte sie und sprach: „Der Enkel der Himmlischen Gottheit ist jetzt im Begriff sich auf die Heimkehr fortzubegeben. In wie viel Tagen werdet ihr diesen Dienst verrichten?" Da bestimmten

[27]) Weg am Wonnevollen Kleinen Strande. Derselbe Ausdruck Kojiki 40.

[28]) So nach den Zeichen. Die Kanaglosse hat das sonst unbekannte Wort *michi*. Da mit denselben Zeichen auch *todo* „Seelöwe" geschrieben wird, ist möglicherweise letzteres die richtige Bedeutung.

alle die verschiedenen Seeungeheuer je nach ihrer verschiedenen [Leibes-] Länge oder Kürze die Anzahl der Tage. Unter ihnen war ein einen Faden langes Seeungeheuer, welches selber sagte: „Innerhalb eines Tages werde ich es vollbringen.“ Deshalb wurde also das einen Faden lange Seeungeheuer als seine Begleitschaft geschickt. Weiterhin gab er ihm zwei Schatzstücke, nämlich das Flut-steige-Juwel und das Flut-sinke-Juwel, und belehrte ihn über die Art und Weise des Gebrauchs dieser Juwelen. Ferner belehrte er ihn und sprach: „Wenn dein älterer Bruder hochgelegene Reisfelder anlegt, so sollst du tiefgelegene Reisfelder anlegen; wenn dein älterer Bruder tiefgelegene Reisfelder anlegt, so sollst du hochgelegene Reisfelder anlegen.“ Auf diese Weise half ihm der Meergott ehrerbietig mit vollster Aufrichtigkeit. Nachdem nun Hiko-Ho-ho-de-mi no Mikoto zurückgekehrt war, befolgte er in allem und jedem die Unterweisungen des Meergottes und handelte demgemäß. Als nun der jüngere Bruder das Flut-steige-Juwel vornahm, hob der ältere Bruder in der Angst des Ertrinkens die Hände in die Höhe, und als er anderseits das Flut-sinke-Juwel vornahm, wurde dieser wieder in Ruhe und Frieden gelassen. Hiernach wurde Hosuseri no Mikoto von Tag zu Tag immer magerer und sprach klagend: „Ich bin verarmt.“ Hierauf unterwarf er sich seinem jüngeren Bruder.

Noch ehe dies geschah, sprach Toyo-tama-bime zu dem Himmlischen erlauchten Enkel und sagte: „Deine Magd ist schwanger. Wie dürfte ich den Sprößling des Himmlischen erlauchten Enkels mitten im Meere gebären? Daher will ich zur Zeit meiner Niederkunft sicherlich zu dem Wohnsitz meines Herrn kommen und ich hoffe, daß du für mich am Ufer des Meeres ein [Gebär-] Haus errichten und mich daselbst erwarten wirst.“ Sobald daher Hiko-Ho-ho-de-mi no Mikoto in sein Heimatland zurückgekehrt war, errichtete er ein Gebärhaus, wobei er zur Dachdeckung Kormoranfedern benutzte. Noch ehe das Dach vollständig zusammengefügt war, kam Toyo-tama-bime selbst auf einer großen Schildkröte reitend in Begleitung ihrer jüngeren Schwester Tama-yori-bime das Meer mit Glanz bestrahlend heran. Der Geburtsmonat war jetzt bereits erfüllt und der Zeitpunkt der Niederkunft in allernächste Nähe gerückt. Aus diesem Grunde wartete sie nicht, bis die Dackbedeckung vollständig zusammengefügt war, sondern ging stracks hinein und weilte darin. Hierauf redete sie in ruhig gelassener Weise zu dem Himmlischen erlauchten Enkel und sagte: „Deine Magd wird bald niederkommen. Bitte, sieh nicht nach ihr!“ Der Himmlische erlauchte Enkel war in seinem Herzen über diese Worte verwundert, und als er [trotzdem] heimlich hinschaute, sah er, daß sie sich in ein acht Faden langes großes Seeungeheuer verwandelt hatte. Sie wußte, daß der Himmlische erlauchte Enkel durch die Scheidewand geguckt hatte, und war tief beschämt und voller Groll. Nachdem das Kind geboren war, ging der Himmlische erlauchte Enkel zu ihr hin und fragte: „Wie soll der Name des Kindes am besten heißen?“ Sie antwortete und sprach: „Du sollst es Hiko-nagisa-take U-gaya-fuki-ahezu no Mikoto nennen“. Nachdem sie so gesprochen hatte, ging sie stracks von dannen über das Meer hinweg. Da machte Hiko-Ho-ho-de-mi no Mikoto ein Lied und sang:

„So lange die Welt besteht,
Werde ich nie meine Geliebte vergessen,
Mit der ich schlief
Auf der Insel, wo die wilden Enten einkehren,
Die Vögel der Tiefsee.“

Ferner auch heißt es: Hiko-Ho-ho-de-mi no Mikoto nahm Frauen und machte sie zu Säugammen[29]), Heißwasserfrauen[30]), sowie zu Kauerinnen des gekochten Reises[31]) und zu Baderüsterinnen[32]). Alle diese verschiedenen Be wurden dazu eingerichtet und bestimmt [das Kind] ehrerbietig aufzuziehen. Daß man damals zeitweise fremde Frauen[33]) dafür in Anspruch nahm, um das erlauchte Kind mit Milch grosszuziehen, ist der Ursprung des gegenwärtig bestehenden Gebrauchs Säugammen anzunehmen, um Kinder groß zu ziehen.

Als Toyo-tama-bime hiernach von der Herrlichkeit ihres Kindes hörte, war sie in ihrem Herzen überaus tief von Mitleid bewegt und wünschte wieder zurückzukehren und es aufzuziehen, aber sie konnte es von Rechts wegen nicht tun und schickte deshalb ihre jüngere Schwester Tama-yori-bime, um zu kommen und es aufzuziehen. Darauf nun ließ Toyo-tama-bime durch Tama-yori-bime ein Antwortsgedicht mitnehmen und überreichen, welches lautete:

„Wenn auch die Leute sagen,
Daß Rote Edelsteine
Leuchteglanz haben,
Ist meines Gatten Schmuck doch
Vor allen prächtig[34]).“

---

[29]) *Chi-omo* „Milch-Mutter“.

[30]) *Yu-omo* „Heißwasser-Mutter“. Eine alte Glosse bemerkt, daß *yu-omo* Frauen seien, welche den Kindern warmes Wasser zu trinken geben und Arzneien besorgen. Demnach scheinen sie eine Art ärztlicher Funktion zu haben. *Omo* „Mutter“ ist identisch mit Mandschu *eme,* Ostjak *am,* Kottisch *ama* etc.

[31]) *Ihi-kami.* Sie kauten den Kindern den Reis vor, ähnlich wie auch bei uns die Mütter ihren kleinen Kindern oft feste Nahrung vorkauen. Das gleiche geschieht noch jetzt in Japan, wenn natürlich auch von besonderen *ihi-kami* nicht die Rede sein kann.

[32]) *Yuwe* „Badefrauen“, welche das Kind zu waschen hatten. *yuwe* ist vielleicht aus *yu-be* „Bade-Volksgruppe“ entstanden. *Yuwe* oder *Yube* ist später zu einem wirklichen Geschlechtsnamen geworden. Aston bemerkt treffend: Der Erzähler beschreibt hier offenbar das Personal der Kaiserlichen Kinderstube seiner Zeit.

[33]) D. i. andere Frauen als die Mutter des Kindes.

[34]) Das Kojiki läßt dieses Gedicht (mit einigen Abweichungen im Text) als erstes von Toyo-tama-bime geschickt werden, und das im Nihongi vorangehende Gedicht die Antwort darauf sein.

Gewöhnlich gibt man diesen zwei Gedichten, dem gegebenen und dem erwiderten, den Namen Age-uta[35]).

IV. — In einer Schrift heißt es: — Der ältere Bruder Ho-suseri no Mikoto hatte eine Bergglückgabe, und der jüngere Bruder Ho-wori no Mikoto hatte eine Meerglückgabe[36]) usw. usw.

Als der jüngere Bruder bekümmert und stöhnend an der Meeresküste weilte, traf er mit Shiho-dzuchi dem Alten zusammen. Der Alte fragte ihn und sprach: „Warum bist du so betrübt?“ Ho-wori no Mikoto antwortete und sprach, usw., usw.

Der Alte sprach: „Trauere nicht länger! Ich will einen Plan ersinnen.“ Er machte folgenden Plan und sprach: „Das schnelle Roß, auf welchem der Meergott reitet, ist ein acht Faden langes Seeungeheuer. Dasselbe befindet sich mit aufwärtsgerichteten Flossen in der kleinen Straße von Tachibana. Ich will mich mit ihm zusammen beraten.“ Hierauf nahm er Ho-wori no Mikoto mit sich und ging mit ihm zusammen, um es zu sehen. Da machte das Seeungeheuer einen Plan und sprach: „Was mich anbelangt, so könnte ich den Himmlischen erlauchten Enkel in acht Tagen nach dem Meerpalast bringen; indessen das schnelle Roß meines Königs ist ein Seeungeheuer von einem Faden, und dieses würde dich innerhalb eines einzigen Tages sicherlich dorthin bringen. Ich will daher jetzt zurückkehren und jenes hierher hervorkommen lassen. Du solltest es besteigen und darauf dich in das Meer begeben. Wenn du dich in das Meer hineinbegibst, so wird mitten im Meere der Wonnevolle Kleine Strand von selbst zum Vorschein kommen, und wenn du an diesem Strande entlang hingehst, so wirst du sicherlich nach dem Palaste meines Königs gelangen. Über dem Brunnen am Tore des Palastes wird ein vielzweigiger Kassienbaum sein. Du mußt auf diesen Baum hinaufklettern und daselbst verweilen[37]).“ Nachdem es so gesprochen hatte, begab es sich ins Meer hinein und ging von dannen. Den Worten des Seeungeheuers gemäß blieb also der Himmlische erlauchte Enkel da und wartete acht Tage lang. Nach [dieser] längeren Zeit kam in der Tat ein Seeungeheuer von einem Faden herbei. Daher bestieg er es, und begab sich darauf in das Meer hinein, und befolgte in allem die Unter-

[35]) *Age-uta* „Hebe-Gedichte“ sind Gedichte, bei deren Vortrag die Stimme allmählich immer höher erhoben wird. Der Name bezieht sich somit nicht auf den Inhalt des Gedichtes, sondern auf die Weise des Vortrages. Verwandte Bezeichnungen sind *moro-age* „vollständig (d. h. vom Anfang bis zum Ende die Stimme) hebend“; *shirage (shiri-age)* „[die Stimme] am Ende hebend“; *kata-oroshi* „auf einer Seite (d. h. am Ende, die Stimme) sinken lassend“.

[36]) Diese verschiedene Verteilung der Glücksgaben beruht auf einem Irrtum.

[37]) Im Kojiki wird dieser Rat ungefähr mit denselben Worten von Shihodzuchi gegeben. Er erwähnt dabei auch schon, daß die Tochter des Meergottes ihn auf dem Baume entdecken und ihm Rat geben werde.

weisungen des vorigen Seeungeheuers. Nunmehr [als er auf dem Kassienbaume saß,] erschien eine Dienerin der Toyo-tama-bime und trug ein edelsteinernes Gefäß, womit sie im Begriff stand das Wasser des Brunnens zu schöpfen, als sie auf dem Grunde des Wassers das Spiegelbild eines Mannes erblickte. Obgleich sie zu schöpfen versuchte, konnte sie es nicht bewerkstelligen, und als sie demnach nach oben blickte, sah sie den Himmlischen erlauchten Enkel. Hierauf ging sie hinein und berichtete es ihrem König, indem sie sprach: „Ich war der Meinung, daß mein König allein überaus schön sei, aber jetzt ist da [draußen] ein Fremder, welcher ihn noch bei weitem übertrifft.“ Als der Meergott dies vernahm, sprach er: „Ich will es versuchen und ihn sehen.“ Hierauf richtete er drei Räume [zum Empfang] her[38]) und lud ihn ein hereinzukommen. Darauf wischte der Himmlische erlauchte Enkel in dem zunächst liegenden Raume seine beiden Füße ab; in dem mittleren Raume drückte er seine beiden Hände gegen den Boden; in dem innersten Raume setzte er sich mit kreuzweise übergeschlagenen Beinen[39]) auf die Decke, welche das treffliche Schlaflager bedeckte. Als der Meergott dies sah, erkannte er, daß es der Enkel der Himmlischen Gottheit war, und bezeugte ihm immer mehr und mehr Ehrfurcht, usw. usw.

Der Meergott rief die rote Frau und die Mund-Frau herbei und fragte sie. Da zog die Mund-Frau aus ihrem Munde den Angelhaken heraus und überreichte ihn ehrerbietig. — Die rote Frau ist der rote Tahi; die Mund-Frau ist der Nayoshi[40]). — Da gab der Meergott dem Hiko-Ho-ho-de-mi no Mikoto den Angelhaken und unterwies ihn dazu und sprach: „Wenn du den Angelhaken deines älteren Bruders zurückgibst, so soll der Himmlische erlauchte Enkel sprechen: ‚Für alle deine Nachkommen bis zu achtzig Generationen sei es ein armer Haken, ein jämmerlich armer Haken.‘ Nachdem du so gesprochen hast, speie

---

[38]) Das primitive japanische Haus hatte keine Dielung, sondern die Erde selbst, auf der das Haus errichtet war, diente als Fußboden. Nur ein Teil des inneren Raumes wurde vom *yuka*, einem sehr wenig erhöhten, wohl aus Brettern hergestellten Sims eingenommen, worauf man schlief. Nach und nach wurde das *yuka* immer umfangreicher, bis es als durchgehender Fußboden, wie jetzt, den ganzen Hausraum einnahm. Ich habe mich an Iida angeschlossen, welcher *yuka* hier als gleichbedeutend mit *ma* „Raum, Zimmer“ erklärt. Der „zunächst liegende Raum“ bildet eine Art Vorzimmer; der Mittelraum eine Art Durchgangszimmer; der innerste Raum das im Innersten des Hauses gelegene Hauptzimmer. Zudem muß man sich das zweite *yuka* höher als das erste, und das dritte wieder höher als das zweite vorstellen.

[39]) Diese Art des Sitzens gilt in der modernen Zeit als unhöflich, und war wahrscheinlich auch schon im Altertum weniger höflich als die gewöhnliche hockende Sitzweise auf den nach hinten untergeschlagenen Fersen und Fußsohlen.

[40]) In den östlichen Provinzen *bora*, aber in den westlichen Provinzen noch jetzt *nayoshi* genannt. In der Provinz Aha, dem Fischerlande, heißt dieser Fisch je nach seiner Größe der Reihenfolge nach: *Ina, Nayoshi, Bora, Toso.*

dreimal aus[41]) und gib ihn hin. Ferner wenn dein älterer Bruder sich zum Angeln auf die See begibt, so soll der Himmlische erlauchte Enkel am Ufer des Meeres stehen und eine Windaufregung bewerkstelligen. Die Windaufregung besteht im Pfeifen[42]). Wenn du dies tust, so werde ich die Winde der Tiefsee und die Winde der Küste aufregen und mit stürmischen Wellen ihn überfluten und quälen.“ Als Ho-wori no Mikoto zurückgekehrt war, befolgte er aufs genaueste die Unterweisungen des Gottes, und als ein Tag gekommen war, an welchem sein älterer Bruder angeln ging, da stand der jüngere Bruder an der Küste und pfiff. Da erhob sich auf einmal ein Orkan, so daß der ältere Bruder überflutet und gequält wurde und keine Mittel und Wege sah, sein Leben zu retten. Darauf bat er von weitem seinen jüngeren Bruder und sagte: „Du hast lange Zeit im Meeresgefilde gewohnt und besitzest gewißlich eine treffliche Kunst. Bitte, rette mich damit! Wenn du mich leben lässest, so werden meine Nachkommen für achtzig Generationen die Nähe deiner [Palast-]Umzäunung nicht verlassen, sondern werden als deine Schauspiele aufführenden Untertanen fungieren.“ Hierauf hörte der jüngere Bruder auf zu pfeifen, und der Wind legte sich wieder. Daher erkannte der ältere Bruder seines jüngeren Bruders Macht und wünschte seine Schuld zu bekennen, aber der jüngere Bruder war zornig und redete mit ihm kein Wort. Hierauf sprach der ältere Bruder, indem er [nur] ein Schamtuch um die Lenden hatte und mit roter Erde sowohl seine Handflächen beschmierte und sein Gesicht beschmierte, zu seinem jüngeren Bruder und sagte: „Auf solche Weise beschmutze ich meinen Körper und mache mich für immer zu deinem Possenreißer.“ Hierauf hob er die Füße und ging im Tanzschritt einher und übte die Art und Weise [der Bewegungen] in der Qual des Ertrinkens ein. Zuerst, als die Flut an seine Füße reichte, vollführte er die Fuß-Divination[43]); als sie bis an seine Knie reichte, hob er die Füße in die Höhe; als sie ihm bis an die Oberschenkel reichte, lief er rings im Kreise umher; als sie ihm bis an die Lenden reichte, wand er seine Lenden hin und her; als sie ihm bis an die Achselhöhlen reichte, legte er die Hände auf die Brust[44]); als sie ihm bis an den Hals reichte, hob er die Hände empor und schwenkte die Handflächen hin und her[45]). Seit dieser Zeit bis jetzt hat diese Sitte nicht aufgehört.

[41]) Ausdruck der Verachtung. Der Zahl „drei“ wohnt bei den Japanern sonst keine besondere Symbolik inne.

[42]) Vgl. Buch 1, Kap. IV, wo aus dem Atem Izanagi's der Windgott entsteht. Ähnliche Vorstellungen finden sich bei den Chinesen: der Wind erhebt sich, wenn der Tiger pfeift (faucht); durch das Pfeifen des Drachen entstehen die Wolken.

[43]) D. h. er bewegte die Beine, wie bei der „Fuß-Divination“, über welche nichts Näheres bekannt ist.

[44]) Dies ist nach einer alten Glosse Ausdruck der inneren Qual.

[45]) Nach einer alten Glosse soll dies das Patschen im Wasser symbolisieren.

Noch vorher kam Toyo-tama-bime hervor, und als die Zeit ihrer Niederkunft herangerückt war, bat sie den souveränen erlauchten Enkel und sprach, usw., usw.

Der souveräne erlauchte Enkel folgte jedoch nicht [ihrer Bitte], und Toyo-tama-bime war darüber sehr ungehalten und sprach: „Du hast auf meine Worte nicht geachtet, sondern hast mich beschämt. Deshalb sollst du von jetzt an, wenn Dienerinnen von mir zu deinem Wohnorte sich begeben, dieselben nicht wieder [nach dem Orte ihrer Herkunft] zurückschicken, und wenn Diener von dir nach meinem Wohnorte gelangen, so werde ich ebenfalls sie nicht wieder zurücksenden.“ Schließlich nahm sie die Bettdecke, welche das treffliche Bettlager zudeckte, und Binsengras, hüllte ihr Kind darin ein und legte es auf den Strand. Sodann begab sie sich in das Meer hinein und ging von dannen. Dies ist der Grund, warum zwischen Meer und Land kein Wechselverkehr besteht.

IV a. — In einer anderen Version heißt es: Die Angabe, daß [Toyo-tama-bime] das Kind auf den Strand hinlegte, ist falsch. Toyo-tama-bime nahm das Kind in ihre eigenen Arme und ging von dannen. Längere Zeit darauf sprach sie: Der Sproß des Himmlischen erlauchten Enkels sollte eigentlich nicht hier mitten im Meere gelassen werden.“ Hierauf ließ sie Tama-yori-bime ihn [in die Arme] nehmen und schickte ihn hinaus. Zuerst, als Toyo-tama-bime sich von ihm trennte und wegging, waren ihre grollenden Worte nachdrücklich gewesen und Ho-wori no Mikoto wußte daher, daß sie sich nie wieder treffen würden. Darauf schickte er ihr als Geschenk das Gedicht, welches man bereits oben gesehen hat.

Hiko-nagisa-take U-gaya-fuki-ahezu no Mikoto nahm seine Tante Tama-yori-bime zur Gattin und erzeugte mit ihr Hiko-itsu-se[46]) no Mikoto, sodann Ina-ihi[47]) no Mikoto, sodann Mi-ke-iri-nu[48]) no Mikoto, und sodann Kamu-Yamato Ihare-biko no Mikoto; im ganzen erzeugte er vier Knaben. Lange Zeit hiernach starb Hiko-nagisa-take U-gaya-fuki-ahezu no Mikoto im Palaste des Westlichen Landes[49]) und wurde in dem Misasagi auf dem Berge Ahira[50]) in Himuka begraben.

I. — In einer Schrift heißt es; Zuerst erzeugte er den Hiko-itsu-se no Mikoto, sodann Ina-ihi no Mikoto, sodann Mi-ke-iri-nu no Mikoto, und

---

[46]) „Prinzherrlich-fünf-Strömungen“, oder wohl besser „Prinzherrlicher-stattlicher-älterer Bruder“. Im Kojiki nur *Itsu-se.*

[47]) Oder *Inahi.* Var. IV *Hiko-Ina-hi.*

[48]) „Teurer Herr der erlauchten Speise“. Weiter unten in Variante II, sowie im Kojiki steht nur *Mi-ke-nu* „Herr der erlauchten Speise“.

[49]) Soll identisch mit dem *Takachiho no miya* am Fuße des Kirishima-yama sein.

[50]) Der Berg *Ahira* ist der *Naka no take* (Mittel-Gipfel) beim Dorfe Kami-miyau no mura im *Ahira no sato,* Distrikt Kimotsuki der Provinz Ohosumi (früher ein Teil von Himuka).

sodann Sanu[51]) no Mikoto, der mit anderem Namen auch Kamu-Yamato Ihare-biko no Mikoto hieß. Mit dem Namen Sanu wurde er benamst, als er sich im Jugendalter befand. Später, nachdem er das Reich gesäubert und unterworfen hatte und die acht Inseln als Herrscher regierte, wurde ihm deshalb noch der Name Kamu-Yamato Ihare-biko no Mikoto beigelegt.

II. — In einer Schrift heißt es: Zuerst erzeugte er den Itsu-se no Mikoto, sodann Mi-ke-nu no Mikoto, sodann Ina-ihi no Mikoto, und sodann Ihare-biko no Mikoto, welcher mit anderem Namen auch Kamu-Yamato Ihare-biko Ho-ho-de-mi no Mikoto hieß.

III. — In einer Schrift heißt es: Zuerst erzeugte er den Hiko-itsu-se no Mikoto, sodann Ina-ihi no Mikoto, sodann Kamu-Yamato Ihare-biko Ho-ho-de-mi no Mikoto, und sodann Waka-Mi-ke-nu[52]) no Mikoto.

IV. — In einer Schrift heißt es: Zuerst erzeugte er den Hiko-itsu-se no Mikoto, sodann Ihare-biko Ho-ho-de-mi no Mikoto, sodann Hiko-Ina-ihi[53]) no Mikoto, und sodann Mi-ke-iri-nu no Mikoto.

---

[51]) „Schmal-Feld“, Name eines Ortes am Fuße des Kirishima-yama.

[52]) „Junger Herr der erlauchten Speise.“ Hier liegt wieder eine Konfusion in der Überlieferung vor, denn nach dieser Aufzählung ist *Waka-mi-ke-nu* identisch mit *Mi-ke-iri-nu* und verschieden von *Kamu-Yamato-Ihare-biko*, während nach Kojiki 43 *Waka-mi-ke-nu* und *Toyo-mi-ke-nu* „Üppiger Herr der erlauchten Speise“ andere Namen von *Kamu-Yamato-Ihare-biko* sind.

[53]) *Ina-ihi* mit praefigiertem Honorificum *hiko* „prinzherrlich“.

Drittes Buch.

Kaiser Kamu-Yamato Ihare-biko. (Jimmu tennō).

[I.]

Der persönliche Name des Kaisers Kamu-Yamato Ihare-biko war Hiko-Hoho-demi. Er war das vierte Kind von Hiko-nagisa-take U-gaya-fuki-ahezu no Mikoto. Seine Mutter hieß Tama-yori-bime, und sie war eine jüngere Tochter des Meergottes. Der Kaiser hatte von Geburt an einen klaren, durchdringenden Verstand und festen, starken Willen. Im Alter von fünfzehn Jahren wurde er zum Thronfolger eingesetzt, und als er herangewachsen war, vermählte er sich mit Ahira-tsu-hime aus Ada-no-mura im Lande Himuka[1]) und machte sie zu seiner Gemahlin. Dieselbe gebar [ihm] den Tagishi-mimi no Mikoto. Als er das Alter von fünfundvierzig Jahren erreicht hatte, sprach er zu allen seinen älteren Brüdern und Kindern mit diesen Worten: „Vor Alters gaben unsere himmlischen Gottheiten Taka-mi-musubi no Mikoto und Oho-hirume no Mikoto den ganzen Komplex dieses Landes der frischen Reisähren des üppigen Schilfgefildes unserem himmlischen Ahn Hiko-ho no Ninigi no Mikoto. Hierauf öffnete [Hiko-]Ho no Ninigi no Mikoto die Schranken des Himmels und bahnte sich einen Weg durch die Wolken und verfolgte seine kaiserliche Straße bis er [auf dem Berge Takachiho] anlangte. Zu dieser Zeit lag die Welt weithin in ödem Zustande; es war eine Zeit der Unordnung und des Dunkels. Daher pflegte er in dieser Dunkelheit das Rechte und regierte [so] dieses weltliche Grenzland[2]). [Unsere] kaiserlichen Ahnen und unser kaiserlicher Vater, bald als Götter, bald als Weise, häuften Glückseligkeit an und häuften ruhmvolle Taten und verlebten viele Jahre. Seit [der Zeit, da unser] himmlischer Ahn [vom Himmel] herabstieg, bis zur Gegenwart sind es schon über 1 792 470 Jahre[3]).

[I.]

[1]) Jetzt Provinz *Hyūga* auf der Insel Kyūshū.

[2]) *Kyūshū.*

[3]) In der willkürlichen Ansetzung solch hoher Zahlen folgen die Japaner dem Beispiel der Chinesen in ihrer alten Geschichte. Mit „Gegenwart" ist das 45. Lebensjahr Jimmu's gemeint.

Aber die Länder der fremden Gegenden erfreuen sich noch immer nicht der Segnungen der kaiserlichen Regierung. Schließlich waren allen Flecken ihre Herren und allen Dörfern ihre Oberhäupter zugewiesen, von denen ein jeder für sich selbst Länderteilungen vornahm, infolgedessen sie untereinander Unterdrückung und Streitereien übten. Wiederum habe ich von dem greisen Shihodzuchi[4]) gehört, daß es im Osten ein schönes Land gibt, welches in allen vier Himmelsrichtungen von blaugrünen Bergen umgeben ist. Dort drinnen ist auch Einer, der in einem himmlischen Felsenkahne fahrend [dort] hinab geflogen ist. Nach meiner Meinung ist jenes Land sicherlich dazu geeignet, die kaiserliche Herrschaft weiter auszubreiten und die ganze Erde zu regieren, denn es ist wohl ohne Zweifel der Mittelpunkt des Universums. Derjenige, welcher [dorthin vom Himmel] hinab geflogen ist, war meiner Meinung nach Nigi-haya-hi[5]). Warum sollten wir uns nicht dorthin begeben und daselbst die Hauptstadt einrichten?"

Alle kaiserlichen Prinzen antworteten und sagten: „Die Vernünftigkeit [dieses Vorschlages] ist einleuchtend. Auch wir haben stets diesen Gedanken gehegt. Wir sollten schleunigst uns nach dort begeben."

In diesem Jahre stand der Jahresplanet im zyklischen Zeichen Ki-no-ye Tora[6]).

In diesem Jahre, im Winter, am 5. Tage des 10. Monats, unternahm der Kaiser in eigener Person an der Spitze sämtlicher kaiserlichen Prinzen und einer Flottenmacht einen Kriegszug nach Osten. Als er das Haya-suhi Tor[7]) erreicht hatte, fand sich dort ein Fischer, welcher in einem Kahn herbeigefahren kam. Der Kaiser rief ihn herbei und richtete an ihn die Frage: „Wer bist du?" Er antwortete und sprach: „Euer Untertan ist ein Gott des Landes und heißt Udzu-hiko. Ich angele Fische an der geschlängelten Küste. Ich hörte von der Ankunft des Sohnes der himmlischen Gottheit und bin deshalb nun [ihm] entgegen gekommen." Wiederum fragte ihn [der Kaiser]: „Kannst du meinen Führer machen?" Er antwortete und sprach: „Ich werde als Führer dienen." Der Kaiser befahl, dem Fischer das Ende einer Stange aus Shihi-Holz[8]) zu reichen, ließ ihn dasselbe ergreifen und ließ ihn in das kaiserliche Schiff hineinziehen und machte ihn zum Lotsen. Darauf gab ihm der Kaiser eigens den Namen Shihi-ne-tsu-hiko[9]). Er wurde sodann der Urahn der Yamato no Atahe.

---

[4]) Vgl. KOJIKI 40, Anm. 1 (S. 77) und NIHONGI II, S. 200, Anm. 60.

[5]) „Sanfte schnelle Sonne." Das KOJIKI erzählt ausführlicher von diesem auf göttlichen Befehl erfolgten Hinabflug des *Nigi-haya-hi no Mikoto* ins Land *Kawachi*.

[6]) d. i. im 51. Jahre des chinesischen Sechzigerzyklus, der übrigens in China selbst erst in nachchristlicher Zeit in Gebrauch kam und daher den alten Japanern frühestens im fünften Jahrhundert bekannt wurde.

[7]) Die Bungo Straße. Vgl. Buch I, Kap. 4, Var. 10 (S. 144, Anm. 45).

[8]) Quercus cuspidata.

[9]) Shihi-Wurzel-Prinz.

Auf ihrem Wege gelangten sie nach Usa im Lande Tsukushi[10]). Damals wohnten dort die Ahnen der Kuni-no-miyatsuko[11]) von Usa, mit Namen Usa-tsu-hiko und Usa-tsu-hime. Dieselben errichteten am Ufer des Flusses Usa einen auf einem Pfeiler aufgerichteten Palast — *itchū tōkyū ist hier ashi hitotsu agari no miya „ein auf einem Bein aufgerichtetes erlauchtes Haus" zu lesen*[12]) — und richteten [für den Kaiser] ein Bankett her. Darauf wurde auf Befehl des Kaisers die Usa-tsu-hime dem aufwartenden [kaiserlichen] Kammerherrn Ame no Taneko no Mikoto zur Frau gegeben. Ame no Taneko no Mikoto ist der Urahn des Uji der Nakatomi[13]).

11. Monat, 9 Tag.

Der Kaiser kam im Hafen von Woka[14]) im Lande Tsukushi an.

12. Monat, 27. Tag.

Ankunft in der Provinz Aki[15]), wo er im Palaste Ye-no-miya wohnte.

[II.]

Jahr Ki-no-to U [666 vor Chr.].

3. Monat, 6. Tag.

Beim weiteren Vorrücken hielt er seinen Einzug in das Land Kibi[1]) und errichtete einen temporären Palast, in welchem er wohnte. Man nannte ihn den Takashima Palast. Im Laufe der drei Jahre, welche vergingen, brachte man die Schiffe und Ruder in Ordnung und machte Anstalten zur Beschaffung von Proviant für die Armee. Der Kaiser hegte nämlich den Wunsch, mit einem einzigen Schlage das ganze Reich zu unterwerfen.

[III.]

Jahr Tsuchi-no-ye Uma [663 vor Chr.].

Frühling, 2. Monat, 11. Tag.

Das kaiserliche Heer brach endlich nach Osten auf [in einem langen Zuge], indem die Vorderteile und Hinterteile der Schiffe einander berührten. Gerade als sie beim Kap von Naniha[1]) anlangten, gerieten sie in eine überaus schnelle

---

[10]) *Tsukushi* ist bald das ganze, bald bloß das nördliche *Kyūshū*. *Usa* ist Name eines Distriktes in der Provinz Buzen, im nördlichen Kyūshū.

[11]) Häuptlinge des Landes, der alte erbliche Landadel.

[12]) Das Kojiki hat „auf einem Fuß", wie die Glosse hier. Vgl. Kojiki **44**, Anm. **2** (S. 85).

[13]) *Uji* = Familie, Familienverband. Zu *Nakatomi* vgl. Nihongi I, Kap. 6, Anm. 4 (S. 154).

[14]) In der Provinz Chikuzen.

[15]) Auf der Hauptinsel gelegen.

[II.]

[1]) Die jetzigen 3 Provinzen *Bingo*, *Bitchū*, *Bizen*, östlich von *Aki* auf der Hauptinsel.

[III.]

[1]) Das jetzige *Ōsaka*. Aston a. a. O. bemerkt dazu: Die hier erwähnte Meeresströmung ist zweifellos die Flut an der Barre vor der Flußmündung, eine überaus gefährliche Stelle für kleine Fahrzeuge bei schlechtem Wetter.

Meeresströmung. Deshalb benannten sie [diese Gegend] mit dem Namen Nami-haya Land (Wellen-schnelles Land) oder auch Nami-hana (Wellen-Blume). Jetzt nennt man es mit korrumpierter Aussprache Naniha.

3. Monat, 10. Tag.

Indem sie stromaufwärts gerade aus weiter fuhren, erreichten sie den Hafen Awo-kumo no Shira-kata im Stadtgebiet von Kusaka in der Provinz Kafuchi[2]).

Sommer, 4. Monat, 9. Tag.

Mit den Waffen in Bereitschaft marschierte das kaiserliche Heer auf Tatsuta los. Der Weg war jedoch steil und eng, so daß die Leute nicht nebeneinander gehen konnten. Deshalb kehrten sie um und wollten anderwärts in östlicher Richtung mit Überschreitung des Berges Ikoma in das innere Land [Yamato] rücken.

Als nun Naga-sune-biko[3]) davon hörte, sprach er: „Der Grund, warum die Kinder der Himmlischen Gottheit hierher gekommen sind, ist zweifellos der, daß sie mich meines Landes berauben wollen.“ Daher hob er sämtliche ihm Gehorsam pflichtigen Truppen aus und trat jenen beim Hügel Kusawe-zaka entgegen. Als sie miteinander in Kampf geraten waren, wurde Itsuse no Mikoto[4]) von einem irre gegangenen Pfeil am Ellbogen getroffen. Das kaiserliche Heer war nicht imstande, vorzurücken und zu kämpfen. Der Kaiser war darob bekümmert und überdachte im Inneren seines Herzens einen göttlichen Plan und sprach: „Ich bin der Nachkomme der Sonnengöttin, und wenn ich jetzt dem Sonnen[lauf] entgegen den Feind angreife, so handle ich damit gegen die Norm des Himmels. Am besten wäre es, wenn wir den Rückzug anträten und [für den Augenblick scheinbar] Schwäche zeigten, und dann, nachdem wir den Himmelsgöttern und Erdengöttern ehrerbietig geopfert haben und auf unserem Rücken die Macht der Sonnengöttin tragen, ihrer Strahlenrichtung folgend, [die Feinde] angriffen und zu Boden träten. Wenn wir es so machen, dann werden wir wohl zweifellos die Feinde ganz von selbst besiegen, ohne daß wir vorher unsere Schwerter mit Blut beflecken.“ Sie alle sagten: „Ja, so ist's recht!“ Hierauf ließ er an das Heer den Befehl ergehen: „Haltet für kurze Zeit ein! Rückt nicht wieder weiter vor!“ So zog er sich mit seinen Truppen zurück und der Feind auch wagte nie, ihnen nahe zu kommen. Er zog sich bis zum Hafen Kusaka zurück, wo er Schilde aufstellte und eine kriegerische Haltung annahm. Aus diesem Grunde änderte man den Namen dieses Hafens in Tate-tsu[5]), was jetzt in Tadetsu korrumpiert worden ist.

Vorher noch, im Gefecht bei Kusawe, war ein Mann, welcher sich in einem großen Baume versteckte und dem es so gelang, der Gefahr zu ent-

---

[2]) Jetzt *Kawachi*. *Awo-kumo-no* „blaubewölkt“ ist nur Epitheton ornans zum folgenden Namen.

[3]) Prinz Langschenkel, oder Prinz von Nagasune (Ortsname).

[4]) Oder *Hiko-itsu-se*, Bruder Jimmu's.

[5]) Schild-Hafen.

gehen. Indem er nun auf diesen Baum zeigte, sagte er: „Er hat sich mir gütig wie eine Mutter erwiesen.“ Die Zeitgenossen benannten deshalb diesen Ort Omo-no-ki no Mura[6]).

5. Monat, 8. Tag.

Das Heer erreichte den Hafen Yamaki in Chinu[7]) — *oder mit anderem Namen Hafen Yama-no-wi.* — Zu dieser Zeit schmerzte dem Itsuse no Mikoto seine Pfeilwunde sehr stark. Er faßte sein Schwert und sprach, indem er eine kriegerische Positur einnahm: „Wie traurig ist es doch, daß ein heldenhafter Mann an einer von Sklavenhand zugefügten Wunde sterben soll, ohne erst Rache genommen zu haben!“ Die Zeitgenossen nannten deshalb diesen Ort Wo no Minato[8]).

Im Weitermarsch kamen sie bei dem Berge Kama im Lande Ki an, woselbst Itsuse no Mikoto beim Heere starb und daher auf dem Berge Kama begraben wurde.

6. Monat, 23. Tag.

Das Heer kam im Dorfe Nagusa an, wo sie den Tobe[9]) von Nagusa töteten. Endlich überschritten sie [das Gefilde von] Sanu und kamen im Dorfe Kamu in Kumanu an. Darauf stieg [der Kaiser] auf den himmlischen Felsenschild[10]) und danach rückte er allmählich an der Spitze seines Heeres vor. In der Mitte des Meeres gerieten sie plötzlich in einen heftigen Sturm, und das kaiserliche Schiff wurde hin und her geschleudert. Da klagte Inahi no Mikoto[11]) und sprach: „Ach! meine Ahnen waren himmlische Gottheiten, und meine Mutter war eine Meergöttin. Warum denn nur plagen sie mich auf dem Lande und plagen mich wieder auf dem Meere?“ Wie er diese Rede beendet hatte, zog er sein Schwert aus der Scheide und sprang ins Meer hinein, wo er sich in den Gott Sahi-mochi[12]) verwandelte.

Mi-ke Iri-nu no Mikoto[13]) war gleichfalls voller Groll und sprach: „Meine Mutter und meine Tante sind beide Meergöttinnen. Warum doch erregen sie so große Wogen und ersäufen uns damit?“ Hierauf trat er auf die Wellenähren und ging hin ins Land der Ewigkeit. Der Kaiser war nun allein mit dem kaiserlichen Prinzen Tagishi-mimi no Mikoto. An der Spitze des Heeres weitergehend, erreichte er den Hafen von Arazaka in Kumanu — *auch die Bai von Nishiki genannt,* — wo er den Tobe von Nishiki tötete. Zu dieser Zeit spieen die Götter einen giftigen Atem aus, wovon die Leute alle bewußtlos wurden. Aus diesem Grunde konnte das kaiserliche Heer wiederum sich nicht regen. Da aber war an jenem Ort ein Mann mit Namen Kumanu no Takakuraji,

6) Dorf Mutterbaum.

7) Küstenstrich der Provinz Idzumi.

8) Mann-Hafen.

9) Häuptling.

10) d. i. auf den Berg Kami-kura-yama in Kumanu.

11) Bruder Jimmu's.

12) „Schwert-Besitzer, Schwertherr.“

13) Ebenfalls Bruder Jimmu's.

welchem plötzlich in der Nacht träumte, daß Ama-terasu Oho-mi-kami zu dem Gott Take-mika-dzuchi die Worte spräche: „Vom Mittellande des Schilfgefildes vernehme ich noch immer ein unruhiges Geräusch. Gehe du wieder hin und bringe es zur Unterwerfung.“ Take-mika-dzuchi no Kami antwortete und sprach: „Auch wenn ich nicht [persönlich] gehe, sondern nur mein Schwert, womit ich das Land unterwarf, hinabschicke, so wird das Land ganz von selbst ruhig werden.“ Ama-terasu Oho-mi-Kami stimmte dem zu. Nun sprach Take-mika-dzuchi no Kami zu Takakuraji und sagte: „Mein Schwert, welches den Namen Futsu no Mitama führt, will ich jetzt in deinem Speicher niederlegen. Du sollst es nehmen und dem himmlischen Enkel überreichen.“ Takakuraji sagte „Jawohl“ und erwachte. Am nächsten Morgen öffnete er, wie ihm im Traume gelehrt worden war, den Speicher und sah hinein, und da war wirklich das [vom Himmel] herabgefallene Schwert und stand umgekehrt [mit der Spitze nach unten] auf den Fußbodenbrettern des Speichers. Da nahm er es und überreichte es dem Kaiser. Zu dieser Zeit lag der Kaiser gerade im Schlafe. Plötzlich erwachte er und sagte: „Wie habe ich doch so lange geschlafen!“ Gleich darauf kamen die von dem Gift angegriffenen Truppen sämtlich wieder zu sich und waren wieder auf den Beinen. Hierauf versuchte das kaiserliche Heer in das innere Land vorzurücken, aber in den Bergen war es steil und gab es zudem keine gangbaren Wege, so daß sie zögerten und nicht wußten, wohin sie gehen sollten. Da belehrte Ama-terasu Oho-mi-kami in einem nächtlichen Traume den Kaiser und sprach: „Ich will [dir] jetzt die Yata-garasu[14]) schicken; mache sie zu deinem Wegführer!“ In der Tat erschien die Vielhändige Krähe, aus dem Luftraum herabfliegend. Der Kaiser sagte: „Die Ankunft dieser Krähe ist gleichsam in Übereinstimmung mit meinem glückverheißenden Traume. Wie großartig! wie herrlich! Meine kaiserliche Ahnin Ama-terasu Oho-mi-kami wünscht mir dadurch bei der Begründung der himmlischen Thronfolge Beistand zu leisten.“

Zu dieser Zeit führte Hi-omi no Mikoto, der Urahn der Oho-tomo Familie, die Oho-kume [Abteilung] an, betrat als Heerführer der Krieger die Berge und öffnete die Wege, blickte hinauf wohin immer die Krähe dahinflog und folgte ihr nach. So endlich gelangten sie in den Unteren Uda Distrikt, und aus diesem Grunde gaben sie dem Ort, zu welchem sie gelangt waren, den Namen das Dorf Ugachi[15]) in Uda.

Hierauf richtete der Kaiser rühmende Worte an Hi-omi no Mikoto und sprach: „Du bist loyal gesinnt und dazu auch noch tapfer, und hast dir außerdem noch Verdienste durch deine erfolgreiche Wegeführung erworben. Deshalb wandle ich deinen Namen in Michi-omi[16]) um.

---

[14]) Die vielhändige (dreiklauige) Sonnenkrähe. Hier und an den beiden folgenden Stellen mit den chinesischen Zeichen „Kopf-acht-Fuß [lange]-Krähe“ geschrieben. Siehe Kojiki Ab. 46, Anm. 1 (S. 88).

[15]) „Eindringen.“

[16]) *Hi-omi* „Sonnen-Omi“, *Michi-omi* oder *Michi no Omi* „Weg-Omi“.

Herbst, 8. Monat, 2. Tag.

Der Kaiser ließ [die beiden Brüder] Ukashi den Älteren und Ukashi den Jüngeren vor sich rufen. Diese beiden Männer waren Stammhäuptlinge im Distrikt Uda. Ukashi der Ältere kam nun nicht; dagegen erschien Ukashi der Jüngere, machte seine Reverenz am Tore des Lagers und redete zum Kaiser wie folgt: „Der ältere Bruder Eures Dieners, Ukashi der Ältere, nimmt empörerische Haltung an. Als er davon hörte, daß der himmlische Enkel im Begriff sei, hierherzukommen, brachte er seine Kriegsmannschaften auf die Beine und schickte sich an [Euch] anzugreifen. Wie er jedoch aus der Ferne die Stärke des Kaiserlichen Heeres bemerkte, fürchtete er sich und wagte keinen Widerstand zu leisten. Nun hat er insgeheim seine Kriegsmannschaften in einen Hinterhalt gelegt, hat zeitweilig einen neuen Palast errichtet und im Inneren der Palasthalle eine Falle aufgestellt. Es ist seine Absicht, Euch demnächst [in diesen Palast] zu einem Bankett einzuladen und Euch Übels zuzufügen. Ich wünsche diese Verräterei kundzutun; bereitet Euch wohl darauf vor!" Der Kaiser schickte sofort den Michi-omi no Mikoto, um den Zustand der Widersetzlichkeit zu untersuchen. Nunmehr verschaffte sich Michi-omi no Mikoto klare und deutliche Kenntnis von dem Vorhandensein der schadendrohenden Absichten [des älteren Ukashi], und indem er in großen Zorn geriet, schalt er ihn und sprach: „Du miserabler Kerl! in dem von dir gebauten Hause sollst du selbst wohnen!" Hierauf faßte er sein Schwert am Griffe, spannte den Bogen, und indem er ihn so bedrängte, trieb er ihn hinein. Ukashi der Ältere hatte sich vor dem Himmel schuldig gemacht, und die Sache war unverzeilich. So kam es, daß er selber auf die Falle trat und durch Zerschmetterung seinen Tod fand. Hierauf zog man seinen Leichnam hervor und schlug ihm den Kopf ab. Das herausfließende Blut reichte bis über den Knöchel [der Umstehenden], aus welchem Grunde man dem betreffenden Orte den Namen Uda no Chi-hara (Blutgefilde von Uda) gab. Nachdem dies geschehen war, veranstaltete Ukashi der Jüngere eine große Schmauserei von Rindfleisch und Reiswein[17]) und bewirtete damit das kaiserliche Heer. Der Kaiser verteilte diesen Reiswein und das Fleisch an die Mannschaften des Heeres, worauf er das folgende Lied machte:

„Im hohen Schloß (oder Baum) von Uda
Stellt' ich einen Schnepfen-Sprenkel auf,
Und lauerte wohl;
Doch keine Schnepfe geriet daran,
Ein Walfisch aber, ein Tapferer, geriet daran.
Wenn das frühere Weib um Zuspeise [zum Sake] bittet,
[So gib] ihr, indem du dünne Streiflein abreißest,
Die so lang sind wie die Früchte des stehenden Baumes Soba:
Wenn das jüngere Weib um Zuspeise bittet,

[17]) Chinesische Phrase; die alten Japaner genossen kein Rindfleisch!

[So gib] ihr in einer so großen Menge
Wie die Früchte des Baumes Ichi-sakaki,
Indem du dünne Streiflein abreißest[18].“

Dies nennt man einen Kume Gesang (Krieger-Gesang). Wenn man in der Jetztzeit im Musik-Amt diesen Gesang singt, unterscheidet man noch groß und klein bezüglich der Handmessung (Taktschlag mit der Hand?), sowie stark und schwach bezüglich der Gesangsstimme. Dies ist die vom Altertum her überkommene Weise.

Hiernach begehrte der Kaiser die Örtlichkeiten von Yeshinu zu besichtigen. Daher machte er vom Dorfe Ugachi in Uda aus unter persönlicher Anführung der leichten Truppen eine Rundreise.

Als er in Yeshinu ankam, war da ein Mann, der aus dem Inneren eines Brunnens hervorkam, Lichtglanz verbreitete und einen Schwanz hatte. Der Kaiser fragte ihn und sagte: „Was für ein Mann bist du?“ Er antwortete und sprach: „Euer Diener ist eine Gottheit dieses Landes, mit Namen Wi-hikari[19].“ Er ist der erste Ahnherr der Yeshinu no Obito.

Als sie wieder ein wenig weiter gingen, war da abermals Einer mit einem Schwanze, welcher einen Felsen aufbrach und daraus hervorkam. Der Kaiser fragte ihn und sagte: „Was für ein Mann bist du?“ Er antwortete und sprach: „Euer Diener ist ein Nachkomme von Iha-oshi-waku[20].“ Er ist der erste Ahnherr der Kunisu von Yeshinu.

Als er dann am Ufer des Flusses entlang nach Westen ging, da erschien abermals Einer, welcher eine Reuse verfertigt hatte und Fische fing. Als der Kaiser ihn befrug, antwortete er und sprach: „Euer Diener ist ein Nachkomme von Nihe-motsu[21].“ Er ist der erste Ahnherr der Ukahi von Ada.

9. Monat, 5. Tag.

Der Kaiser stieg auf den Gipfel des Berges Takakura in Ada hinauf, von wo er das Innere des Landes überblicken konnte. Auf dem Hügel Kuni-mi[22]) waren da achtzig (viele) tapfere Leute [sichtbar]. Ferner war auf dem Me-saka ein Heer von Weibern aufgestellt, und auf dem Wo-saka war ein Heer von Männern aufgestellt. Auf dem Abhang Sumi-saka hatte man brennende Holzkohlen hingelegt. Dies ist der Ursprung der Namen Me-saka, Wo-saka und Sumi-saka[23].

---

[18]) Siehe Kojiki Ab. 47, Anm. 4 bis 6 (S. 90).

[19]) „Brunnenglanz.“

[20]) „Der Felsen-Zersprenger“.

[21]) „Der Nahrunghabende oder Nahrungverleihende.“ *U-kahi* „Kormoranhüter“, welche die zum Fischfang benutzten Kormorane pflegen.

[22]) „Landschau.“

[23]) Weiberhügel, Männerhügel, Holzkohlenhügel. Von zwei Aufgängen zu einem hoch gelegenen Ort nennt man den bequemeren, weniger steilen den „Weiberabhang“, den steilen aber „Männerabhang“. Weiberheer und Männerheer soll nach einer Auffassung schwächere resp. stärkere Krieger oder Streitmacht bedeuten.

Wiederum war da das Heer des Ye-Shiki (Shiki Senior), welches das ganze Dorf Ihare ausfüllte. Alle Orte, wo die Feinde standen, waren strategisch wichtige Stellungen, infolgedessen ohne Wege dahin und [durch natürliche Hindernisse] versperrt, und man konnte nirgends passieren. Der Kaiser war darüber böse, betete in dieser Nacht persönlich und legte sich dann schlafen. Im Traume erschien ihm die himmlische Gottheit [Amaterasu Oho-mi-kami] und belehrte ihn, indem sie sprach: „Nimm Erde aus dem Tempel[grund] des himmlischen Berges Kagu[24]) und mache davon achtzig himmlische flache Schüsseln. Dazu mache heilige Krüge und bringe damit den himmlischen Göttern und den Erdengöttern ehrerbietig Opfer[25]) dar. Fernerhin sprich eine feierliche Verwünschung. Wenn du es so machst, dann werden die Feinde ganz von selbst sich unterwerfen." Der Kaiser nahm die Traum-Unterweisung mit Ehrfurcht auf und schickte sich demgemäß an sie auszuführen.

Jetzt sprach Ukashi der Jüngere wieder zum Kaiser und sagte: „Im Dorfe Shiki der Provinz Yamato sind achtzig Shiki Tapfere. Auch im Dorfe Taka-wohari — *in einem anderen Werke heißt es Kadzura-ki* — sind achtzig Rotmetall Tapfere[26]). Diese Stämme haben sämtlich die Absicht, gegen den Kaiser sich zu widersetzen und zu kämpfen, und Euer Diener ist insgeheim um des Kaisers willen in Betrübnis. Ihr solltet jetzt den Lehm vom himmlischen Kagu Berge nehmen, davon himmlische flache Schüsseln machen und den Gottheiten der himmlischen Tempel und der irdischen Tempel opfern. Wenn Ihr danach die Feinde angreift, dann werdet Ihr sie mit leichter Mühe fortjagen." Der Kaiser hatte bereits die Traum-Unterweisung für ein gutes Omen gehalten, und freute sich nun noch weit mehr in seinem Herzen, als er die Worte des Ukashi des Jüngeren vernahm. Nun ließ er den Shihi-ne-tsu-hiko ein zerlumptes Kleid anziehen, einen Regenmantel und Hut aus Binsen aufsetzen und das Ansehen eines Greises annehmen. Ferner ließ er den Ukashi den Jüngeren eine Worfelwanne aufsetzen und das Ansehen einer alten Frau annehmen. Dann sprach er zu ihnen und sagte: „Ihr beiden sollt euch nach dem himmlischen Kagu Berge begeben, von seinem Gipfel heimlich Erde nehmen und hierher zurückkehren. Durch euch will ich dann divinatorisch bestimmen, ob mein Unternehmen zur Begründung der himmlischen Thronfolge erfolgreich sein wird oder nicht. Strengt euch an und seid wachsam!"

Zu dieser Zeit füllten die feindlichen Truppen die Wege, und alles Gehen und Kommen war dadurch unmöglich gemacht. Da betete Shihi-ne-tsu-hiko und sprach: „Wenn unser Kaiser imstande sein wird, dieses Land zu erobern, so laßt den Weg, den [wir beide] gehen müssen, ohne weiteres gangbar sein; wenn er aber dazu nicht imstande sein wird, so laßt den Feind jedenfalls unserem Zuge sich widersetzen." Nachdem er so gesprochen hatte, machten sie sich schnurstracks auf den Weg. Wie nun die feindliche Truppe die beiden

[24]) Berg in Yamato.

[25]) Reis auf den Schüsseln und Reiswein in den Krügen.

[26]) Räuberbandenname chinesischen Ursprungs; ähnliche dort übliche Bezeichnungen waren Weißwellen, Gelbtücher usw.

Leute erblickte, lachte sie laut und sprach: „Seht doch da die überaus scheußlichen [Menschen]! den alten Mann und die alte Frau!“ Hierauf gaben sie allesamt den Weg frei und ließen [die beiden] passieren. Als es den beiden gelungen war, nach dem Berge zu gelangen, nahmen sie Erde [von dort] und kehrten [damit] zurück. Hierauf war der Kaiser sehr erfreut und fertigte aus dieser Lehmerde achtzig flache Schüsseln und achtzig Stück himmlische, mit der Hand gehöhlte[27]) heilige Krüge, worauf er zum oberen Flußlaufe des Flusses Nifu (Nibu) hinaufstieg und damit den Himmelsgöttern und Erdengöttern Opfer darbrachte. Darauf betete er auf dem Asa-hara Gefilde beim Flusse Uda [murmelnd] gleichsam wie [das gleichmäßige Gemurmel aufsteigender] Wasserblasen[28]).

Der Kaiser tat nun wiederum ein Gelübde und sprach: „Ich will jetzt in den achtzig flachen Schüsseln Süßekuchen[29]) bereiten, ohne dabei Wasser zu verwenden. Wenn der Süßekuchen zustande kommt, so werde Ich mit Gewißheit, ohne erst Meine Zuflucht zur Waffengewalt nehmen zu müssen, ohne Anstrengung das Reich zur Ruhe bringen.“ Hierauf bereitete er Süßekuchen, und der Süßekuchen kam ganz von selbst zustande.

Wiederum tat er ein Gelübde und sprach: „Ich will jetzt die heiligen Krüge im Flusse Nifu versenken. Wenn [dann] die Fische, die großen sowohl als die kleinen, sämtlich betrunken werden und von der Flußströmung mit hinab genommen werden, gleich als wären sie Maki[30])-Blätter, welche auf der Strömung hinabschwimmen, dann werde Ich mit Gewißheit imstande sein, dieses Land zur Ruhe und Ordnung zu bringen. Wenn dies aber nicht so geschieht, so wird [Mein Unternehmen] nimmermehr Erfolg haben.“ Hierauf versenkte er die heiligen Krüge in den Fluß, und die Mundlöcher derselben kehrten sich [von selbst] nach unten. Nach einer kleinen Weile tauchten die Fische alle an der Oberfläche auf und sperrten die Mäuler auf und schnappten, wie sie vom Wasser dahingetragen wurden. Als nun Shihi-ne-tsu-hiko dies sah, berichtete er es dem Kaiser, welcher sich in hohem Grade freute, am Oberlaufe des Flusses Nifu einen fünfhundertzweigigen Ma-sakaki-Baum mit der Wurzel herausriß und allen Göttern damit opferte. Hiermit begann [der Gebrauch], heilige Krüge aufzustellen.

Nunmehr befahl der Kaiser dem Michi-omi no Mikoto: „Wir wollen jetzt in eigener Person[31]) dem [Gotte] Taka-mi-musubi no Mikoto ein öffentliches

---

[27]) *ta-kujiri*, mit den Fingern geknetete und innen gehöhlte irdene Geschirre, also ohne Benutzung der schon in sehr alter Zeit bekannten Töpferscheibe hergestellt. Der reine Shintō benutzt auch heute noch möglichst primitive Gefäße für den Opferdienst: rote unglasierte irdene Schüsseln und Krüge, allerdings mit der Töpferscheibe gedreht.

[28]) Anders Aston: it became as it were like foam on the water, the result of the curse clearing to them.

[29]) Damals *takane* oder *tagane*, jetzt *ame* genannt, eine Art Malzextrakt, gewöhnlich aus Hirse bereitet. Vgl. Rein, Japan, II 121f.

[30]) Podocarpus (chinensis) macrophylla.

[31]) Die höheren Kulthandlungen werden sonst meist von dem priesterlichen *Nakatomi* Geschlecht ausgeführt.

Fest[32]) feiern und ernennen dich zum Kult-Herrn[33]) und verleihen dir den Titel Itsu-hime (Lautere Prinzessin)[34]). Die aufgestellten Tonkrüge sollen Itsu-he (Lautere Krüge) genannt werden; ferner das Feuer soll Itsu Kagu-dzuchi[35]) (Lauterer Glühend-Altehrwürdiger) genannt werden; das Wasser soll Itsu Mitsuha no Me[36]) (Lauteres Wasserdrachen-Weib) genannt werden; die Speise soll Itsu Uka no Me (Lautere Nahrungsfrau) genannt werden; das Brennholz soll Itsu Yama-dzuchi (Lauterer Berg-Altehrwürdiger) genannt werden; und das Gras soll Itsu Nu-dzuchi (Lauterer Feld-Altehrwürdiger) genannt werden."

Winter, 10. Monat, 1. Tag.

Der Kaiser kostete[37]) die Speise der Itsu-he (lauteren Krüge), ordnete seine Truppen und brach auf. Zunächst griff er die achtzig Tapferen auf dem Hügel Kuni-mi an, schlug sie und tötete sie. Bei diesem Kriegszug war es, daß der Kaiser, fest entschlossen, auf jeden Fall zu siegen, das folgende Gedicht verfaßte und sang:

„Wie die Shitadami
Welche herumkriechen
Um den großen Felsen
Des Meeres von Ise
Wo der Götterwind [bläst] —
Wie die Shitadami
Meine Bursche! meine Bursche!
Wie die Shitadami [so zahlreich]
Wollen wir herumkriechen [um die Feinde]
Und sie gänzlich zerschmeißen,
Und sie gänzlich zerschmeißen[38])."

In diesem Gedichte ist mit dem „großen Felsen" der Hügel Kuni-mi gemeint[39]).

Hiernach war jedoch die übrig gebliebene Schar [der Feinde] immer noch zahlreich, und ihre Gesinnung war unmöglich zu ergründen. Daher befahl der Kaiser insgeheim dem Michi-omi no Mikoto: „Du sollst die Oho-kume Ab-

---

[32]) *Utsushi-ihahi* „sichtbare Verehrung".

[33]) Der „Kultherr" oder „Festleiter", *ihahi-nushi*, hat die Oberleitung bei einer gottesdienstlichen Handlung. Vgl. S. 191, Anm. 13.

[34]) In historischer Zeit sehen wir wenigstens in einigen der Hauptschreine, zumal im *Ise* und *Kamo* Schreine, die Leitung der Kulthandlungen in den Händen weiblicher *Kannushi*. Dies wird früher noch allgemeiner der Brauch gewesen sein, und gerade diese Stelle deutet auf solchen Brauch hin: während der kriegerischen Unternehmungen war eine geeignete weibliche Person nicht gleich zur Hand, so daß zwar *Michi-omi* die Funktion übernahm, aber dabei zugleich den weiblichen Titel annehmen mußte, als wäre er ein Weib. *Itsu* oder *Idzu* „rein von Schmutz (des Körpers und der Seele) lauter, heilig".

[35]) Name des Feuergottes; vgl. Kojiki 6, Anm. 27 (S. 18).

[36]) Vgl. S. 132, Anm. 13: *mitsuha* = „Wasserdrache" oder „Wassersprudel".

[37]) d. i. feierte das Fest des Kostens (*name*) des neuen Reises, das Erntefest.

[38]) Die *shitadami* sind eine kleine Seemuschelart. Mit dem großen Felsen könnte der bekannte Doppelfelsen *Meoto ga seki* bei Futami in Ise gemeint sein.

[39]) Offenbar eine später interpolierte Glosse.

teilung anführen, beim Dorfe Osaka[40]) eine große Höhle anlegen, ein üppiges Gelage veranstalten, die Feinde dazu verlocken und dich dann ihrer bemächtigen.“ Gehorsam dem heimlichen Geheiß des Kaisers, grub hierauf Michi-omi no Mikoto bei Osaka eine Höhle, und nachdem er seine tapfersten Krieger ausgewählt hatte, okkupierte er dieselbe mit den Feinden vermischt. Insgeheim traf er [mit den Seinen] eine Verabredung, indem er ihnen sagte: „Wenn sie mitten in der Zecherei sind, so werde ich aufstehen und ein Lied singen. Wenn ihr den Klang meines Gesanges vernehmt, so stechet alle miteinander die Feinde nieder.“ Hierauf nahmen sie ruhig ihre Sitze ein und das Gelage nahm seinen Gang. Die Feinde hatten keine Ahnung von dem gegen sie geschmiedeten verborgenen Komplott, [tranken] nach Herzenslust und wurden sehr bald betrunken. Da stand Michi-omi no Mikoto auf und sang:

„Im großen Höhlen-Haus
Von Osaka —
Wenn auch Menschen in großer Zahl
Eintreten und [drin] sind,
Wenn auch Menschen in großer Zahl
Hereinkommen und [drin] sind, —
Wir, der herrlichen
Kriegshorde Söhne,
Wollen mit Schlägelköpfen,
Mit Steinschlägeln
Sie gänzlich zerschmeißen[41]).“

Als nun unsere Krieger den Gesang vernahmen, zogen sie alle zugleich ihre schlägelköpfigen Schwerter heraus und töteten zu gleicher Zeit die Feinde, und kein einziger Mann wurde übrig gelassen. Das Kaiserliche Heer freute sich sehr; sie sahen zum Himmel hinauf und lachten. Daher sangen sie:

„Jetzunder, ho!
Jetzunder, ho!
A-a-shi-ya-wo!
Ja jetzt, meine Kinder,
Ja, jetzt, meine Kinder!“

Daß in der Jetztzeit die Kume-be [so] singen und dann laut lachen, das hat hierin seinen Ursprung.

Wiederum sangen sie:

„Zwar sagen die Leute,
Daß ein einziger Yemishi[42])
Hundert Leuten [die Spitze bieten könne];
Aber sie leisten ja nicht einmal Widerstand.“

---

[40]) Im Distrikt Shiki no Kami von Yamato.

[41]) Zu *kubu-tsutsui* oder *kabu-tsutsui, kabu-dzuchi* „Schlägelköpfe“ und *ishi-tsutsui* „Stein-Schlägel“ vgl. Nihongi II, Kap. 4, Var. IV, S. 199, und Munro, Prehistoric Japan S. 413, auch die Abbildungen daselbst in Fig. 236.

[42]) Ainu, Ureinwohner Japans vor der Besiedelung durch die Japaner.

Alle diese [Lieder] wurden auf den geheimen Befehl des Kaisers hin gesungen; sie hätten sich nicht unterstanden, dieselben aus eigenem Antriebe zu singen.

Hierauf sprach der Kaiser: „Nach dem Sieg im Kampfe sich nicht prahlerisch zu blähen, das ist die Handlungsweise eines guten Feldherrn. Jetzt sind die Haupt-Feinde zwar schon vernichtet, aber es sind noch über zehn Scharen ähnlich schlechter lärmender Gesellen [übrig], deren Gesinnung wir unmöglich wissen können. Wenn wir lange an einem und demselben Orte verweilen würden, wie könnten wir dann etwaige Unglücksfälle bemeistern?“ Hierauf verlegte er das Lager nach einem anderen Platze.

11. Monat, 7. Tag.

Das Kaiserliche Heer schickte sich an mit starker Macht die Hiko (Männer) von Shiki anzugreifen. Zuerst schickte [der Kaiser] einen Boten und ließ den älteren Shiki vorladen, aber der ältere Shiki leistete dem Kaiserlichen Befehl keine Folge. Nunmehr schickte man die Yata-garasu hin und ließ ihn [durch dieselbe] vorladen. Als die Krähe in seinem Lager anlangte, krächzte sie ihm zu: „Das Kind der Himmlischen Gottheit läd dich vor. Auf! auf!“ Der ältere Shiki war darob erzürnt und sprach: „Gerade wie ich höre, daß die Überwältigende Gottheit des Himmels käme, und ich darüber verdrossen bin, wie darfst du Krähen-Vogel da in solch unangenehmer Weise krächzen?“ Mit diesen Worten spannte er den Bogen und schoß nach ihr. Die Krähe machte sich hierauf von dannen und begab sich nächstdem nach dem Hause des jüngeren Shiki, wo sie rief: „Das Kind der himmlischen Gottheit lädt dich vor. Auf! auf!“ Da geriet der jüngere Shiki in Furcht, änderte seine Haltung und sprach: „Dein Diener, welcher von der Ankunft der Überwältigenden Gottheit des Himmels hört, ist morgens und abends voll ehrfürchtiger Angst. Trefflich hast du, o Krähe, mir so zugesungen.“ Sofort fertigte er acht flache Schüsseln (Blatt-Teller), welche er mit Speise anfüllte und sie damit bewirtete. Der Krähe gehorsam begab er sich nun zum Kaiser und berichtete ihm: „Als mein älterer Bruder, Shiki der Ältere, von der Ankunft des Kindes der himmlischen Gottheit hörte, versammelte er sofort die achtzig Tapferen und setzte die Waffen in Bereitschaft in der Absicht Dir eine entscheidende Schlacht zu liefern. Du mußt sofort ohne Verzug Vorkehrungen treffen.“ Der Kaiser versammelte hierauf alle seine Heerführer und stellte an sie die Frage: „Wie erwartet, hat Shiki der Ältere jetzt empörerische Absichten. Ich habe ihn vorgeladen, aber er will wieder nicht kommen. Was ist zu tun?“ Die Heerführer sagten: „Shiki der Ältere ist ein verschlagener Schurke. Es wird gut sein zuerst Shiki den Jüngeren zu ihm hinzuschicken, um ihn aufzuklären und zu ermahnen und zu gleicher Zeit Kuraji den Älteren und Kuraji den Jüngeren zu bereden. Wenn sie auch danach noch die Unterwerfung verweigern, dann wird es immer noch nicht zu spät sein kriegerische Maßregeln gegen sie zu ergreifen.“

Demgemäß wurde Shiki der Jüngere hingeschickt, um ihnen die Vorteile und Nachteile [die aus ihrer Verhaltungsweise entstehen würden] klar auseinanderzusetzen. Shiki der Ältere und die Übrigen jedoch verharrten noch immer bei ihren törichten Plänen und wollten sich nicht in die Unterwerfung fügen.

Da gab Shihi-ne-tsu-hiko [dem Kaiser] folgenden Rat: „Wir sollten jetzt zuerst unsere schwächeren Truppen über den Osaka Weg hinaus schicken, und sobald als der Feind sie bemerkt, wird er sicherlich ihnen mit allen seinen besten Truppen entgegenrücken. Dann sollten wir sofort unsere Elite-Truppen schleunigst vorrücken lassen und gerades Weges auf den Sumi-saka (Holzkohlen-Hügel) losmarschieren. Mit Wasser von dem Flusse Uda-gawa sollten wir dann das Holzkohlenfeuer besprengen und ganz urplötzlich, ehe sie sich dessen versehen, vor ihnen erscheinen. Wir werden sie dann mit absoluter Gewissheit schlagen.“ Der Kaiser befand diesen Plan für gut und schickte die schwächeren Truppen gegen den Feind aus. Der Feind war der Meinung, daß schon eine starke Truppenmacht sich nahe und erwartete sie mit Aufgebot aller seiner Kräfte. Die ganze Zeit her bis jetzt hatte das Kaiserliche Heer jedesmal wenn es angriff sicher [die feindliche Stellung] genommen, und jedesmal wenn es kämpfte gewiß den Sieg davongetragen, und so waren die Kriegsleute nicht ohne Müdigkeit. Daher verfaßte der Kaiser jedenfalls ein Lied, um die Gemüter der Krieger aufzumuntern, und sang:

„Als wir kämpften
Die Schilde neben einander stellend,
Indem wir zwischen den Bäumen
Des Berges Inasa hervor
Herauskamen und Wache hielten,
Sind wir, ach! schier entkräftet [vor Hunger]!
Ihr Gefährten, die ihr Hüter seid der Kormorane,
Der Inselvögel,
Kommet uns jetzt zu Hilfe[43])!“

Wie erwartet überschritt er mit der stärkeren Truppenmacht den Sumi-saka, umging sie von hinten, griff sie von zwei Seiten an und brachte ihnen eine Niederlage bei, wobei er ihren Häuptling Shiki den Älteren und Andere tötete.

12. Monat, 4. Tag.

Das kaiserliche Heer griff endlich Naga-sune-hiko an und kämpfte wiederholt mit ihm, war aber nicht im Stande den Sieg davonzutragen. Da verdunkelte sich plötzlich der Himmel und es hagelte. Darauf erschien eine goldfarbige wunderbare Weihe, welche herangeflogen kam und sich auf das eine Ende des Bogens des Kaisers niedersetzte. Diese Weihe leuchtete und glänzte und glitzerte, daß sie wie ein Blitzstrahl aussah. Infolge dessen wurden die Krieger des Naga-sune-hiko alle so geblendet und verblüfft, daß sie nicht mehr mit rüstiger Kraft kämpften.

Naga-sune war der ursprüngliche Name des [betreffenden] Dorfes und war dann auch zum Personennamen gemacht worden. Aber mit Bezug darauf, daß der kaiserlichen Armee [bei diesem Dorfe] das glückliche Omen der Weihe zu

---

[43]) Siehe Kojiki Ab. 49, Anm. 3 (S. 91).

teil wurde, [änderten] die Leute jener Zeit [den Namen des Dorfes und] nannten es Tobi-no-mura „Weihen-Dorf“. Jetzt heißt es Tomi, was eine Verderbung [des Wortes Tobi] ist.

Seit der Zeit, daß [des Kaisers Bruder] Itsuse no Mikoto in der Schlacht bei Kusawe von einem Pfeil getroffen wurde und starb, dachte der Kaiser in seinem Geiste [an diesen Unglücksfall] und hegte fortwährend in Gedanken Groll. Als es zu diesem Kriegszug kam, hatte er in seinem Herzen den Wunsch alle [seine Feinde] zu töten, und daher verfaßte er das folgende Lied:

„[Ihr] herrlichen
Kriegsscharen· Kinder!
Auf dem Hirsenfelde
Ein Einzelstengel von duftendem Knoblauch —
Seinen Wurzelstengel
Seine Schößlinge bindend,
Laßt uns sie zerschmeißen, den Rest ihnen geben[44])!“

Ferner sang er:

„[Ihr] herrlichen
Kriegsscharen Kinder!
Der Ingwer, gepflanzt
Am Fuße des Zauns
Prickelt mir noch im Munde;
Ich kann es nicht vergessen, so laßt uns
Ihn zerschmeißen, den Rest ihm geben!“

Hierauf ließ er wieder seine Truppen los und griff ihn plötzlich an. Im allgemeinen werden [diese] vom Kaiser verfaßten Lieder alle Kume-uta [d. i. Gesänge der Kume] genannt, und zwar geschieht dies mit Beziehung auf diejenigen, welche sie sangen.

Da schickte Naga-sune-hiko einen Laufboten, welcher den Kaiser folgendermaßen anredete: „Vor Zeiten war ein Kind der Himmlichen Gottheit, welches in einem himmlischen Felsenboote fahrend vom Himmel herabkam und [hier] wohnte. Es hieß Kushi-tama Nigi-haya-hi no Mikoto. Dieser nahm zum Weibe meine jüngere Schwester Mi-kashiki-ya-hime — *welche mit anderem Namen auch Naga-sune-hime oder Tomi-ya-bime heißt* —, von der er schließlich ein Kind hatte, dessen Name Umashi-ma-ji[45]) no Mikoto war. Daher machte ich Nigi-haya-hi no Mikoto zu meinem Herrn und diente ihm. Kann es denn nun sein, daß es von den Kindern der Himmlischen Gottheit zwei [verschiendene] Samen gibt? Warum sollte wiederum Jemand sich das Kind der Himmlischen Gottheit nennen und unter diesem [Vorwande] andere Leute ihres Landes berauben? Ich schließe daraus in meinem Herzen, daß dies wohl nicht wahr ist.“ Der Kaiser sagte: „Es gibt viele Kinder auch von der Himmlichen Gottheit.

[44]) Ich habe hier einzelne Ausdrücke anders zu fassen versucht, als in der Kojiki Version, Ab. 49 (S. 91).

[45]) Oder *Umashi-ma-te* gelesen.

Wenn derjenige, den du zu deinem Herrn gemacht hast, wirklich ein Kind der Himmlischen Gottheit wäre, so müßte notwendiger Weise auch ein Beweisobjekt vorhanden sein, welches du uns vorzeigen könntest.“ Naga-sune-hiko brachte hierauf einen breitgefiederten Pfeil von himmlischer Art und einen Fußsoldaten-Köcher des Nigi-haya-hi no Mikoto und zeigte dieselben ehrfurchtsvoll dem Kaiser. Der Kaiser prüfte sie und sprach: „Sie sind nicht falsch“. Dann zeigte er seinerseits dem Naga-sune-hiko den Himmlischen breitgefiederten Pfeil und den Fußsoldatenköcher, welche er trug. Als Naga-sune-hiko diese himmlischen Kennzeichen sah, hegte er immer größere ehrfurchtsvolle Scheu. Aber die unglückseligen [Mord-]Werkzeuge waren bereits in Bereitschaft und die Dinge lagen so, daß er nicht mehr [in seinem Vorhaben] inne halten konnte. Daher verharrte er noch immer bei seinem irrtümlichen Plane und wollte seine Absicht nicht ändern.

Nigi-haya-hi no Mikoto, welcher im Grunde wußte, daß die Himmlische Gottheit einfach ihre Gnade nur dem Himmlischen Enkel erwiesen hatte, und welcher außerdem sah, daß wegen der trotzigen und widerspenstigen Natur Naga-sune-hiko's es unmöglich sein würde ihn über den Abstand zwischen Himmel und Mensch[46]) zu belehren, tötete ihn hierauf und kam an der Spitze seiner gesamten Scharen und unterwarf sich. Als der Kaiser, der von Anfang an gehört hatte, daß Nigi-haya-hi no Mikoto vom Himmel herabgekommen war, fand, daß derselbe jetzt wie erwartet treue Dienste geleistet hatte, lobte er ihn und bezeigte ihm seine Gnade. Dieser [Nigi-haya-hi no Mikoto] ist der Urahn der Mononobe[47]) Familie.

[IV.]

Jahr Tsuchi-no-to Hitsuji [662 vor Chr.].

Frühling, 2. Monat, 20. Tag.

Der Kaiser befahl allen seinen Heerführern, die Truppen einzuüben. Zu dieser Zeit gab es an drei Orten Tsuchigumo[1]), nämlich: die Nihiki-Tobe[2]) in Hata no Woka-zaki im Distrikte Sofu, die Kose-Hafuri[3]) in Wani no Saka-moto, und die Wi-Hafuri in Hosomi no Nagara no Woka-zaki. Im Vertrauen auf ihre Tapferkeit und Stärke weigerten sich diese alle nach Hofe zu kommen. Der Kaiser schickte deshalb eine Abteilung seiner Truppen aus und ließ sie alle töten. Ferner gab es Tsuchigumo in dem Dorfe Taka-wohari, welche folgender-

---

[46]) Metaphorisch für Herr und Untertan (*kimi* und *tami*).

[47]) Oder *Mononofu*, eine berühmte Kriegerfamilie, die bis zu Kaiser Temmu's Zeit den Rang Muraji inne hatte, dann zu Asomi befördert wurde.

[IV.]

[1]) „Erdspinnen“, vgl. Kojiki Ab. 48, Anm. 3 (S. 90). Es ist zweifelhaft, ob der Ausdruck sich auf die Ainu bezieht, oder ob nicht auch Abkömmlinge der japanischen Rasse darunter verstanden werden können. Die hier genannten Namen lassen letztere Auffassung zu.

[2]) Häuptlinge von *Nihiki* (alter Dorfname in Yamato).

[3]) *Hafuri* „niedere Shintopriester“ von *Kose* (Ortsname in mehreren Distrikten von Yamato).

maßen aussahen: Ihre Körper waren kurz, und ihre Hände und Füße lang: sie waren den Zwergen ähnlich. Die kaiserlichen Truppen woben Netze aus Kadzura-Schlingpflanzen, warfen ihnen dieselben beim Angriff über und töteten sie. Aus diesem Grunde änderte man den Namen des Dorfes in Kadzura-ki [d. i. Schlingpflanzen-Schloß]. In ähnlicher Weise hatte die Örtlichkeit Ihare ehemals den Namen Kataru oder Katatachi. Als aber unsere kaiserlichen Truppen den Feind schlugen, versammelte sich ein großes Heer und füllte diese Örtlichkeit, und aus diesem Grunde änderte man den Namen [mit Beziehung auf das Wort *ihameru* „anfüllen"] in Ihare um.

Ein anderer Bericht erzählt, daß der Kaiser, als er bei einer früheren Gelegenheit die Speisen in den heiligen Krügen kostete, das Heer zum Kriegszuge gegen Westen herausführte. Zu dieser Zeit hatten die achtzig Tapferen des Shiki an jenem Orte zusammen ein Lager bezogen. Wie erwartet, kämpften sie einen großen Kampf mit dem Kaiser und wurden schließlich von den kaiserlichen Truppen vernichtet. Daher nannte man [den betreffenden Ort mit Anlehnung an das Wort *ihamu* „ein Lager beziehen"] das Dorf Ihare. Ferner nannte man den Ort, wo die kaiserlichen Truppen tapfer gestanden hatten, Take-da [d. i. Tapfer-Feld]. Ferner gab man dem Orte, wo das Schloß errichtet worden war, den Namen Ki-da [d. i. Schloß-Feld]. Ferner gab man dem Orte, wo die Feindesscharen in der Schlacht gefallen waren und deren Leichen mit den Vorderarmen als Kopfkissen ausgestreckt dalagen, den Namen Tsura-maki-da [d. i. Gesicht-Kissen-Feld].

Der Kaiser hatte im 9. Monat des Herbstes des verflossenen Jahres heimlich Lehmerde vom Himmlischen Kagu Berge genommen und daraus achtzig flache Schüsseln verfertigt, darauf in höchsteigener Person Abstinenz gehalten und allen Göttern geopfert. Dadurch war er schließlich imstande gewesen, den Frieden in der Welt herzustellen. Deshalb gab er dem Orte, von dem der Lehm genommen worden war, den Namen Hani-yasu [d. i. Lehm-Ruhe][4]).

3. Monat, 7. Tag.

Der Kaiser erließ einen Befehl, welcher besagte: „Seit unserem Kriegszug nach Osten sind bis jetzt wohl sechs Jahre verflossen, und durch die Hilfe der Gewalt der Himmelsgötter sind die bösen Scharen [der Feinde] getötet worden. Zwar sind die Grenzlande noch nicht zur Ruhe gebracht, und die zurückgebliebenen Übel sind noch immer unbeugsam, aber in den Gebieten des Mittellandes gibt es keine Unruhen mehr. Wir sollten fürwahr eine weite und geräumige Hauptstadt anlegen und einen großen grandiosen Palast planen. — Aber in der Gegenwart ist alles in unreifem, dunklem Zustande, und die Gemüter des Volkes sind schlicht und einfach. Sie pflegen in Nestern zu hausen oder in Höhlen zu wohnen[5]). Wenn nun ein großer Weiser Gesetze aufstellte, so würde notwendigerweise die Gerechtigkeit der Zeit gemäß sein. Und wenn irgendwie dem Volke ein Vorteil zu teil würde, wie sollte es da den Taten des

---

[4]) Nach Motowori Toyokai aber *yasu* = *neyasu* „kneten".

[5]) Nur Phrase!

Weisen entgegen sein? Überdies laßt uns die Berge und Wälder frei machen und säubern und ein Palastgebäude anlegen. Dann will Ich den Kostbaren Sitz[6]) ehrerbietig besteigen und so die Volksmassen zur Ruhe bringen. Nach oben muß Ich dann die Güte, mit der die Himmlischen Gottheiten [Ama-terasu Oho-mi-kami und Taka-mi-musubi no Mikoto meinem Vorfahren Ninigi no Mikoto] das Land anvertrauten, vergelten, und nach unten muß Ich das Bestreben des souveränen erlauchten Enkels [Ninigi no Mikoto], das Rechte zu pflegen, mehren. Würde es dann nicht gut sein, das ganze Land in eine Einheit zusammenzufassen, eine Hauptstadt anzulegen und über die ganze Welt ein einziges Dach zu decken und sie so zu einem Hause zu machen? — Wenn ich die dort südöstlich vom Berge Unebi gelegene Gegend des Kashi-hara Gefildes betrachte, so scheint sie das Zentrum des Landes zu sein. Ich muß daselbst die Hauptstadt anlegen[7]).“

In diesem Monat erließ der Kaiser demgemäß an die Beamten den Befehl, mit der Errichtung einer Kaiserlichen Residenz zu beginnen.

[V.]

Jahr Ka-no-ye Saru [661 vor Chr.].

Herbst, 8. Monat, 16. Tag.

Da der Kaiser die Absicht hatte, eine wirkliche Kaiserliche Gemahlin einzusetzen, so suchte er aufs neue weit und breit nach [Töchtern von] guten Familien. Nun war da ein Mann, welcher den Kaiser folgendermaßen anredete: „Es gibt ein Mädchen namens Hime-tatara-i-suzu-hime no Mikoto, welches aus der ehelichen Vereinigung von Koto-shiro-nushi no Kami mit Tama-kushi-hime, der Tochter des Mizo-kuhi-mimi no Kami von Mishima, geboren worden ist. Es ist ein Mädchen von ausgezeichneter Schönheit.“ Der Kaiser freute sich hierüber. Am 24. Tage des 9. Monats wurde Hime-tatara-i-suzu-hime no Mikoto dem Kaiser zugeführt, und er machte sie zur wirklichen Kaiserlichen Gemahlin.

[VI.]

Jahr Ka-no-to Tori [660 vor Chr.].

Frühling, 1. Monat, 1. Tag.

Der Kaiser nahm im Palaste von Kashi-hara die Kaiserwürde an. Dies Jahr wird als das erste Jahr [der Regierung] des Kaisers betrachtet[1]). Er zeichnete die wirkliche Kaiserliche Gemahlin dadurch aus, daß er sie zur Kaiserin machte. Sie gebar ihm die kaiserlichen Prinzen Kamu-ya-wi-[mimi] no Mikoto und Kamu-nuna-kaha-mimi no Mikoto.

---

[6]) Thron.

[7]) Dieser Erlaß in seinem bombastischen chinesischen Stil ist natürlich ein arger Anachronismus und ein bezeichnendes Beispiel dafür, wie die alten Überlieferungen in Anlehnung an chinesische Vorbilder aufgebauscht wurden.

[VI.]

[1]) Dieses Jahr, welches dem Jahr 660 vor Chr. entspricht, gilt offiziell als Gründungsjahr des japanischen Kaiserreiches, so daß z. B. das Todesjahr des Kaisers Meiji-tennō,

Daher heißt es in einem alten Spruch zum Preise davon: „Der Kaiser, welcher in Kashi-hara von Unebi fest und sicher die Palastpfeiler auf den untersten Felsenwurzeln errichtete und die Querhölzer [des Daches] hoch hinauf bis zum hohen Himmelsgefilde errichtete[2]) und so zu allererst das Reich regierte, hieß mit Namen Kaiser Kamu-Yamato Ihare-biko Ho-ho-demi.

An dem Tage, an welchem der Kaiser zuerst die himmlische Thronfolge begann, wurde Michi-omi no Mikoto, der Urahn des Oho-tomo Uji's, an der Spitze der Oho-kume Be dadurch, daß er vom Kaiser einen geheimen Plan mitgeteilt erhielt, in den Stand gesetzt vermittelst eines allegorischen Gedichtes[3]) und verdrehter Worte[4]) [alle] Übel fortzubannen. Der Gebrauch verdrehter Worte [als magische Formeln zur Bannung von Übeln] hat hierin seinen ersten Ursprung.

[VII.]

2. Jahr [Jimmu; 659 vor Chr.].

Frühling, 2. Monat, 2. Tag.

Der Kaiser stellte die Verdienste fest und teilte Belohnungen aus. Dem Michi-omi no Mikoto verlieh er ein Grundstück für ein Haus, damit er darin im Dorfe Tsuki-saka wohne, und erzeigte ihm so eine besondere Gnade. Ferner gab er dem Oho-kume eine Wohnstätte auf einem Grundstück am Ufer des Flusses westlich vom Unebi Berge. Dasselbe heißt jetzt Kume-mura. Dies ist der Ursprung [des Namens des betreffenden Dorfes]. Udzu-biko wurde zum Kuni-no-miyatsuko von Yamato ernannt. Ferner verlieh er an Ukashi den Jüngeren das Dorf Take-ta und machte ihn somit zum Agata-nushi[1]) von Take-ta. Derselbe ist der Urahn der Mohi-tori[2]) von Uda. Shiki der Jüngere, dessen Rufname Kuro-haya war, wurde zum Agata-nushi von Shiki gemacht. Weiterhin ernannte er einen Mann namens Tsurugi-ne zum Kuni-no-miyatsuko

---

1912, einem Jahre 2572 der japanischen Ära entsprechen würde, und die orthodoxe Anschauung rechnet von da an das eigentlich historische Zeitalter der japanischen Geschichte. Mit wie wenig Berechtigung dies geschieht, und daß das Zeitalter der Mythen und Sagen noch lange nicht abgeschlossen ist, lehrt ein Blick in die Berichte des Kojiki und Nihongi; die Chronologie aber gar, welche von den Verfassern des Nihongi aufgestellt wurde, beruht auf den unmöglichsten Voraussetzungen und ist für mindestens das erste Jahrtausend vollkommen frei erfunden. Einschlägige Studien über diese Frage ersehe man in Aston's Early Japanese History (T.A.S.J. Bd. 16, S. 39—75), Bramsen's Japanese Chronology and Calendars (Neudruck 1910 in T.A.S.J. Bd. 37), Murdoch's History of Japan Bd. I.

[2]) Dieselben Ausdrücke finden sich in den Ritualen, z. B. im *Oho-harahi no Kotoba*. In der Architektur des Daches der Shintō-Tempel, welche die des primitiven japanischen Hauses nachbildet, ragen die Dachsparren (*chigi*) in Kreuzung weit über den Dachfirst hinaus.

[3]) *Sohe-uta.*

[4]) *Sakasama-goto* oder *sakashima-kotoba*, Worte, die den Sinn des Gegenteils haben.

[VII.]

[1]) „Distriktsherr"; *agata*, später *kohori* genannt, ist Teil eines *kuni* „Landes, Provinz".

[2]) Siehe Kojiki Ab. 47, Anm. 7 (S. 90). Das Amt zählte 40 Mann unter einem Oberhaupt.

von Katsuragi. Ferner war auch die Ya-ta-garasu mit unter diejenigen, welche Belohnungen erhielten, einbegriffen. Ihre Nachkommen sind die Agata-nushi von Kadzunu[3]) und die Tonomori [von Kadzunu].

[VIII.]

4. Jahr [Jimmu; 657 vor Chr.].

Frühling, 2. Monat, 23. Tag.

Ein kaiserliches Edikt besagte: „Die Geister Meiner Kaiserlichen Ahnen[1]) haben vom Himmel ihren Glanz herabgestrahlt[2]) und haben so Meiner Person erleuchtend beigestanden. Jetzt sind sämtliche Feinde schon unterworfen und in der Welt herrscht Frieden. Wir sollten deshalb den Himmelsgöttern Opfer darbringen und auf diese Weise unsere große kindliche Pietät zum Ausdruck bringen.“

Hierauf errichtete er in den Tomi Bergen[3]) Opfer-Höfe[4]). Die betreffenden [beiden] Plätze nannte er Kami-tsu-Wonu no Hari-hara und Shimo-tsu-Wonu no Hari-hara[5]). Dort verehrte er seine Kaiserlichen Ahnen, die Himmelsgötter.

[IX.]

31. Jahr [Jimmu; 630 vor Chr.].

Sommer, 4. Monat, 1. Tag.

Der Kaiser[1]) machte eine Rundreise, wobei er den Hügel Waki-gami no Hohoma bestieg. Indem er die Landformation ringsum betrachtete, sagte er: „Ach! was für ein [schönes] Land habe ich erspäht! Obgleich es ein ganz schmales Land von inwendig hohlen Seidenraupenpuppen[2]) ist, so sieht es doch ganz wie eine Libelle[3]) aus, welche ihr Hinterteil leckt.“ Infolgedessen bekam es zum ersten Mal den Namen Akitsushima[4]).

---

[3]) Später *Kadono* gesprochen, Distrikt in Yamashiro. *Tono-mori* „Palasthüter“, 40 Mann unter einem Oberhaupt mit 4 Assistenten. Ihrer Obhut waren unterstellt die kaiserlichen Wagen, die Hofreinigung, die Beleuchtung (Kerzen, Fackeln) und Feuerung (Anmachen der Holzkohlenfeuer) im Palast, usw.

[VIII.]

[1]) *Taka-mi-musubi* und *Amaterasu*.

[2]) Oder: haben vom Himmel herabgeschaut. Es liegt darin wohl ein Hinweis auf die göttliche Sendung der *Yata-garasu*, der goldnen Weihe u. dgl.

[3]) Im Uda-Distrikt.

[4]) *Matsuri no niha,* Höfe, wo man den Göttern opfert. Auch *yu-niha* genannt.

[5]) „Schwarzerlen-Heide von Oberkleinfeld resp. Unterkleinfeld“. Die Spuren dieser Opferstätten sollen noch nördlich vom Hügel *Sumi-saka* vorhanden sein.

[IX.]

[1]) Nach den chinesischen Zeichen „kaiserliche Sänfte“, eine ehrfurchtsvolle Bezeichnung für den Kaiser; die japanische Lesung dafür ist aber *sumera-mikoto* „Herrscher-Hoheit“.

[2]) So nach Shikida's Auffassung; nach Mabuchi: von hohlen Maulbeerbäumen. Auf alle Fälle ist *utsu-yufu no* nur ein Makurakotoba (epitheton ornans), auf dessen Bedeutung es im Zusammenhang nicht ankommt.

[3]) *Akitsu,* jetzt *tombō* genannt.

[4]) „Libellen-Land“ ist aber nur eine volksetymologische Deutung von *aki-tsu-shima* „Land des [reichlichen] Herbstes“, „Ernte-Land“. Die ganze Textstelle verdankt offenbar ihre Entstehung der Wortwitzelei, wie so viele andere.

Als vor alters Izanagi no Mikoto dieses Land benannte, sagte er: „Yamato ist das Land Ura-yasu[5]); es ist das Land Kuhashi-boko Chi-taru[6]); es ist das Land Shiwa-Kami-Ho-tsu-ma[7]).“ Später nannte Oho-na-muchi no Oho-mi-kami es das Land Tama-gaki no Uchi-tsu-kuni[8]).

Endlich als Nigi-haya-hi no Mikoto in einem himmlischem Felsen-Boot fahrend sich rings umher in der Großen Leere erging, erspähte er dieses Land und stieg zu ihm nieder. Daher gab er ihm mit Bezug darauf den Namen Sora-mitsu[9])-Yamato.

[X.]

42. Jahr [Jimmu; 619 vor Chr.].

Frühling, 1. Monat, 3. Tag.

Er setzte den kaiserlichen Prinzen Kamu-nuna-gaha-mimi[1]) no Mikoto zum Kronprinzen ein.

[XI.]

76. Jahr [Jimmu; 585 vor Chr.].

Frühling, 3. Monat, 11. Tag.

Der Kaiser starb im Palaste von Kashi-hara. Er war damals 127 Jahre alt[1]).

Im folgenden Jahre, im Herbst, am 12. Tage des 9. Monats, wurde er in einem Misasagi im Nordosten des Unebi-Berges begraben[2]).

---

5) „Im Innern behaglich“, d. h. das Land, bei dessen Anblick ihm behaglich zu Mute war.

6) „Schöner Speere tausend Fülle“, d. h. reich an schönen Speeren; *kuhashi-boko* soll Makurakotoba zu *Chi* sein.

7) „Über den Runzeln (Wellen) ragendes treffliches“ Land? Andere Länder überragendes schönes treffliches Land.

8) „Das Land innerhalb des herrlichen (wörtlich: Juwelen-) Zauns.“

9) „Im weiten Luftraum sichtbares“, oder „Luftraum füllendes“, d. h. das himmelweite Land Yamato.

[X.]

1) Der zweite Kaiser, mit posthumem Namen *Suizei-tennō* „Der Ruhige“.

[XI.]

1) Nach dem Kojiki, Ab. 54, aber 137 Jahre.

2) Ein Misasagi im Distrikt Takaichi von Yamato mit zweifacher Umfriedigung, das im Innern zwei niedrige Hügel von je etwa 18' Durchmesser und 2' Höhe hat, ist offiziell als Grab Jimmu-tennō's anerkannt worden, und am Gedenkfest dieses Kaisers, am 3. April jeden Jahres (nationaler Feiertag), besucht ein kaiserlicher Abgesandter das Misasagi und bringt Speiseopfer dar. Es herrschen jedoch auch unter den Japanern Zweifel, ob die Identifikation des Grabes Jimmu's mit dieser beim Volke *misanzai, Jibu-dō* oder *Jibu-den* genannten Örtlichkeit richtig ist. Zwischen der Zeit des Todes und des definitiven Begräbnisses liegen nach dem Nihongi anderthalb Jahre; der Leichnam muß also inzwischen in einem *Moya* zeitweilig beigesetzt gewesen sein, bis das Misasagi fertig gestellt werden konnte.

Aus Buch V.

Kaiser Mimaki-iri-hiko I-niwe. (Sujin-tennō[1]).

5. Jahr (93 vor Chr.).

Im ganzen Lande herrschten viele Seuchen, und mehr als die Hälfte des Volkes starb.

6. Jahr (92 vor Chr.).

Die Leute streiften unstet umher, und darunter gab es Empörer, deren Macht durch die Tugend [des Kaisers] unmöglich zu beherrschen war. Am frühen Morgen sich erhebend und bis zum Abend voller Ehrfurcht flehte [der Kaiser] die Himmels- und Erdengötter um Bestrafung seiner Schuld an[2]). Vor diesem wurden die beiden Gottheiten Ama-terasu Oho-mi-kami und Yamato no Oho-kuni-tama[3]) im Innern der Großen Palasthalle des Kaisers nebeneinander gemeinschaftlich verehrt. Er fürchtete sich aber vor der Macht dieser Gottheiten und war unruhig darüber, daß er mit ihnen zusammen wohnte[4]).

---

[1]) *Sujin* oder *Sūjin* „der die Götter Ehrende“, der Gottesknecht. Gleich in den ersten Sätzen sagt das Nihongi in seiner Charakterschilderung, er sei ein eifriger Verehrer der Götter des Himmels und der Erde gewesen. Die größte Menge dessen, was das Nihongi über ihn berichtet, hat Beziehungen zum Götterkult, weshalb seine Annalen hier fast vollständig gegeben werden konnten. Ähnlich steht es mit dem nächsten Kaiser *Suinin*. *Sujin* war der 10. Mikado.

[2]) Chinesische Vorstellung! Nach chinesischem Glauben ist der Souverän für Schicksalsschläge, die sein Volk treffen, verantwortlich; nationales Unglück ist Strafe des Himmels für seine Sünden oder Unvollkommenheiten.

[3]) „Der große-Land-Geist von Yamato“ oder „Der Geist des großen Landes Yamato“, nach Nihongi I, Kap. 7, Var. 6 (S. 171) einer der vielen Namen des Gottes *Oho-kuni-nushi*, alias *Oho-na-muji*, und zwar als sein *Ara-mi-tama* aufgefaßt. *Yamato* ist hier im weitesten Sinne zu nehmen, als Name von ganz Japan, also im Sinne von *Oho-ya-shima*. Der Gott gilt als Schutzgott des Reiches; er erscheint von früh her mit *Amaterasu* alliiert. Das Shiki erwähnt einen *Oho-kuni-tama Jinja* (Schrein) im Dorfe Oho-Yamato im Distrikt Yamanobe der Provinz Yamato.

[4]) Ihre Embleme wurden im Palast verwahrt. Als diese Embleme kommen in Betracht der Spiegel *Yata-kagami* für die Sonnengöttin, und die sog *Yasaka*-Juwelen für den anderen Gott. Das Kogoshūi erwähnt die gleiche Besorgnis über das Zusammen-

Daher vertraute er Ama-terasu Oho-mi-kami der Toyo-suki-iri-bime no Mikoto[5]) an, um sie im Dorfe Kasa-nuhi in Yamato zu verehren und errichtete daselbst ein festgemauertes Himorogi[6]). Anderseits vertraute er Yamato no Oho-kuni-tama der Nunaki-iri-bime no Mikoto[7]) zur Verehrung [im Dorfe Yamabe in Yamato] an. Aber Nunaki-iri-bime war kahlköpfig geworden und am Leibe abgemagert und vermochte die Kulthandlungen nicht auszuführen.

7. Jahr (91 vor Chr.).

Frühling, 2. Monat, 15. Tag. Ein kaiserlicher Erlaß lautete: „In alten Zeiten haben meine kaiserlichen Ahnen die himmlische Thronfolge in großem Maße entfaltet, und späterhin wurden die weisen Taten [der Kaiser] immer erhabener. Der königliche Einfluß breitete sich aus und blühte. Daß unerwarteter Weise nun, wo es zu Unserem Zeitalter gekommen ist, zahlreiche Übel und Schäden vorkommen, liegt vielleicht daran, daß es bei Hofe an guter Regierung fehlt und wir uns dadurch die Züchtigung der Himmels- und Erdengötter zugezogen haben. Lasset uns zur Divination[8]) greifen und so die Ursachen, welche die Übel herbeiführen, feststellen."

Demgemäß begab sich der Kaiser nach dem Gefilde Kamu-Asachi-hara[9]), versammelte dort die achtzig Myriaden Gottheiten und befragte sie durch Divination. Zu dieser Zeit inspirierten die Götter die Yamato-Totobi-momoso-hime no Mikoto[10]) und sprachen [durch ihren Mund]: „Warum ist der Kaiser betrübt darüber, daß die Regierung des Landes nicht in Ruhe und Frieden verläuft? Wenn er mich ordentlich mit Ehrfurcht verehren würde, so würde sicherlich von selber Ruhe eintreten." Der Kaiser fragte und sprach: „Welcher Gott ist es, der mich so unterweist?" Die Antwort lautete: „Ich bin der Gott, der im Inneren der Grenzen des Landes Yamato wohnt, und mein Name ist

---

wohnen mit den Gottheiten, und die *Imube*-Familie erhält den Auftrag, durch die Nachkommen der beiden Götter *Ishi-kori-dome* und *Ama no Ma-hitotsu* »wiederum einen Spiegel gießen und ein Schwert verfertigen zu lassen, um sie zum erlauchten Emblem des Schutzes der [kaiserlichen] Person zu machen. Dies sind die göttlichen Embleme Spiegel und Schwert, welche jetzt am Tage der Thronbesteigung dem Kaiser überreicht werden«.

5) Vgl. Kojiki, Ab. 63, Anm. 1 (S. 96). Die Nihongi-Version ist genauer, da ja der *Ise* Schrein erst später gebaut und dann das Emblem der Göttin dort verwahrt wird. Ein Ort *Kasanuhi* ist jetzt nicht bekannt.

6) Heilige Einfriedigung für Kultzwecke. Siehe S. 195 die Anmerkungen 42 und 43 zu *Himorogi* und *Iha-saka*. Die Urform des Götterschreins.

7) Tochter des Kaisers.

8) Die chinesischen Zeichen besagen „göttliche Schildkröte", doch ist für diese Zeit die Divination durch Rösten von Hirschknochen wahrscheinlicher.

9) „Das göttliche *Asa-chi* (seicht — Schilf) Gefilde", offenbar ein bei dieser Gelegenheit erst gebildeter Name, in dem der Vorsatz „göttlich" auf die dort stattfindende religiöse Zeremonie hindeutet. Der eigentliche Ortsname steckt in *Chi-hara*, das noch jetzt ein Dorfname in der Nähe des Miwa-Schreins im Distrikt Shiki no Kami in Yamato ist.

10) Tochter des Kaisers *Kōrei* von einer Nebenfrau *Yamato no Kuni-ka-hime*.

Oho-mono-nushi[11]) no Kami.“ Nachdem er nun die göttliche Rede empfangen hatte, verehrte er der Weisung gemäß. Aber es trat in der Sache keine Erfüllung ein.

Hierauf badete[12]) und enthielt sich[13]) der Kaiser und reinigte das Innere der Palasthalle, und betete, indem er sprach: „Ist Unsere Ehrerbietung gegen die Gottheit noch nicht vollständig? Wie außerordentlich ist diese Nichtannahme! Ich bitte noch um eine Unterweisung im Traum, um die göttliche Gunst zu vollenden.“ In dieser Nacht erschien ihm im Traume ein edler Mann, stand ihm gegenüber an der Tür der Palasthalle, nannte sich selber Oho-mono-nushi no Kami und sprach: „Der Kaiser soll sich nicht darob betrüben, daß die Regierung des Landes nicht in Ruhe verläuft. Dies ist mein Wille. Wenn du mich durch mein Kind Oho-tata-neko[14]) verehren lässest, so wird auf der Stelle Frieden herrschen. Ferner werden auch die Länder außerhalb des Meeres[15]) sich von selber unterwerfen.“

Herbst, 8. Monat, 7. Tag. Yamato Toto Kamu-asachi-hara Ma-kuhashi-bime[16]), sowie der Ahnherr der Hodzumi no Omi [Namens] Oho-mina-kuchi no Sukune, und Womi no Kimi von Ise hatten alle drei zusammen denselben Traum und berichteten darüber dem Kaiser: „Gestern Nacht hatten wir einen Traum, in welchem ein edler Mann erschien und die Weisung aussprach: »Machet Oho-tata-neko no Mikoto zum Kultherrn für die Verehrung des Oho-mono-nushi no Oho-Kami, und machet Ichishi no Naga-wochi[17]) zum Kultherrn für die Verehrung des Yamato no Oho-kuni-tama no Kami. Sicherlich wird dann im Reiche vollkommener Friede herrschen.«“ Als der Kaiser die Traumworte [zu hören] bekam, wurde die Freude in seinem Herzen immer größer. Überall im Reiche erließ er eine Verkündigung und suchte den Oho-tata-neko. Da fand man den Oho-tata-neko im Dorfe Suwe im Distrikte Chinu[18]) und sandte ihn nach Hofe.

Der Kaiser begab sich hierauf in eigner Person auf das Kamu-asachi Gefilde, versammelte daselbst alle Prinzen, die Großwürdenträger und sämtliche achtzig Gefolgsmannen und fragte den Oho-tata-neko mit den Worten:

---

[11]) „Großer Geister-Herr“, alias *Oho-na-muji*.

[12]) *Yu-kaha-ami* „in einem reinen Flusse baden“.

[13]) *Mono-imi* „Ding-Vermeidung“, die vor einer Kulthandlung eine gewisse Anzahl von Tagen zu beobachtende Abstinenz und Reinigung von Körper und Seele, mit Baden, peinlicher Sorgfalt bezüglich der Nahrung, Vermeiden alles dessen, was als unrein gilt, gewöhnlich unter örtlicher Abschließung.

[14]) Der Bestandteil *tata* ist ein Ortsname. Sowohl im Distrikt Kawabe der Provinz Settsu wie im Distrikt Katsuragi von Yamato gibt es einen *Tata-jinja* (Schrein). *neko* ist ein Kosewort: „trautes Kind“.

[15]) Chinesische Floskel. Die noch nicht unterworfenen einheimischen Stämme der entlegeneren Gegenden Japans sind gemeint, also wohl Ainu-Stämme.

[16]) Erweiterter Name der vorgenannten *Yamato Totobi-momoso-hime* unter Bezugnahme auf die Kultstätte, wo sie die Inspiration hatte. *Ma-kuhashi* „scharfsichtig“.

[17]) *Naga-wochi* von *Ichishi* (Ortsname im Distrikt Toichi von Yamato).

[18]) Im Lande Idzumi.

„Wessen Kind bist Du?“ Die Antwort lautete: „Mein Vater heißt Oho-mono-nushi no Oho-kami; meine Mutter heißt Iku-tama-yori-bime, und sie ist eine Tochter von Suwe-tsu-mimi.“ — *Man sagt auch, sie sei eine Tochter von Kushi-hi-gata Ame-hi-gata Take-chi-nu-tsumi.* —

Der Kaiser sprach: „Wir werden nun Gedeihen erlangen.“ Durch Divination wurde festgestellt, daß es glücklich sein würde, Ikaga-shiko-wo, den Ahnherrn der Mononobe no Muraji, abzuschicken, um an die Götter[19]) Opfergaben zu verteilen; ferner wurde durch Divination festgestellt, daß es nicht glücklich sein würde, wenn man bei der Gelegenheit auch andere Götter verehren würde.

11. Monat, 8. Tag. Die auf seinen Befehl an Ikaga-shiko-wo von den achtzig Händen der Monobe gefertigten Götterverehrungs-Gegenstände[20]) nehmend, ernannte er Oho-tata-neko zum Kultherrn für die Verehrung des Oho-mono-nushi no Oho-Kami. Ferner ernannte er Naga-wochi zum Kultherrn[21]) für die Verehrung des Yamato no Oho-kuni-tama no Kami. Hiernach stellte er durch Divination fest, daß es glücklich sein würde, die anderen Götter zu verehren. Er ergriff die Gelegenheit, die Götterschar von achtzig Myriaden noch besonders zu verehren. Sodann bestimmte er, welches Himmlische Schreine und welches Irdische Schreine[22]) seien, und bestimmte Götterland[23]) und Götterhäuser[24]).

[19]) *Oho-mono-nushi* und *Yamato no Oho-kuni-tama.* Der Verteiler wurde *mitegura agatsu hito* „Mitegura-Verteiler“ genannt.

[20]) Die *kamu-matsuri no mono* sind nach der Parallelstelle im Kojiki tönerne flache Näpfe (*hiraka*); sonst hätte man eher an Schilde und Speere denken müssen, da die *Mononobe*, das *Be* der *Mononofu* „Krieger“, dem Kriegshandwerk oblagen. Die Herstellung der Gegenstände erfolgt durch achtzig d. h. viele Leute, die als Hörige zu den Mononobe gehören

[21]) *Kannushi*, oder *Kamu-dzukasa* „Gottverwalter, Götterbeamter“.

[22]) Schreine der Himmelsgötter resp. der irdischen Götter. Himmelsgötter sind die im Himmel wohnenden oder vom Himmel herabgestiegenen, Erdengötter die im irdischen Lande geborenen und wohnenden Götter. Das Ryō-gige erwähnt als Himmelsgötter unter andern diejenigen von *Ise* (Sonnengöttin und Nahrungsgöttin), von *Kamo* in *Yamashiro*, von *Sumiyoshi*, die von den *Idzumo no Miyatsuko* verehrte Gottheit (d. i. *Susanowo*); als irdische Gottheiten den „Großen Gott“ [von *Miwa*, *Oho-mono-nushi*], den *Yamato* [*no Oho-kuni-tama*], den Gott von *Kamo* in *Katsuragi*, den *Oho-na no Kami* in *Idzumo* (d. h. den im Oho-yashiro von Kidzuki verehrten *Oho-na-muji*), usw.

[23]) *Kamu-dokoro*, die den Schreinen als Unterhaltsgut zugewiesenen Reisfelder, sonst *Kami-ta* „Götter-Reisfeld“ (sinojap. *shinden*) genannt. Die zahlreichen Ortsnamen *Kami-ta*, zusammengezogen in *Kanda*, die man in allen Provinzen findet, sind aus solcher Zuteilung von Götterland an die Schreine hervorgegangen. Zum Schrein von *Ise* gehörten sogar drei ganze Distrikte: *Ihino*, *Take* und *Watarahi* in der Provinz Ise, und führten die Bezeichnung „Götter-Distrikte“.

[24]) *Kamu-be*, die das Götterland bestellenden Bauern. Das Wamyōshō erwähnt mehr als fünfzig Örtlichkeiten namens *Kamube*, die einstmals alles Orte waren, wo solche Volksgruppen gesessen haben. Die Sache selber existiert nicht mehr, aber die Namen haben sich vielfach erhalten. Die *Kamube* werden zwar an dieser Stelle zuerst erwähnt, doch hat man die Einrichtung jedenfalls als älter zu betrachten.

Hierauf begann die Seuche aufzuhören, das Landesinnere kam nach und nach zur Ruhe, die fünf Arten Körnerfrüchte[25]) gediehen, und das Volk lebte in Überfluß.

8. Jahr (90 vor Chr.).

Sommer, 4. Monat, 6. Tag. Ikuhi, ein Mann aus dem Dorfe Taka-hashi, wurde zum Sake-Brauer[26]) für die Große Gottheit ernannt.

Winter, 12. Monat, 20. Tag. Der Kaiser ließ Oho-tata-neko die Große Gottheit verehren. An diesem Tage bot Ikuhi in eigner Person den heiligen Reiswein[27]) dar und überreichte ihn dem Kaiser, wobei er sang:

„Dieser heilige Reiswein
Ist nicht mein heiliger Reiswein;
Heiliger Reiswein ist's, gebraut
Von dem in Yamato wohnenden
Oho-mono-nushi,
Wie lang ist's schon her[28]),
Wie lang ist's schon her!“

Nachdem er so gesungen hatte, wurde im Götterschrein geschmaust. Als die Schmauserei beendigt war, sangen die hohen Würdenträger alle:

„Erst aus dem Morgen-Tor
Der Halle von Miwa,
[Der Stätte] schmackhaften Reisweins,
Hinausschreitend werden wir von dannen gehn,
[Aus] dem Tor der Halle von Miwa, hei!“[29])

Hierauf sang der Kaiser:

„Erst das Morgen-Tor
Der Halle von Miwa,
[Der Stätte] schmackhaften Weins,
Möget ihr aufschieben,
Das Tor der Halle von Miwa, hei!“

Sodann öffnete man das Tor des Götterschreins und der Kaiser ging von dannen.

Der sogenannte Oho-tata-neko ist der Urahn der jetzigen Kimi von Miwa.

9. Jahr (89 vor Chr.).

Frühling, 3. Monat, 15. Tag. Dem Kaiser erschien im Traum eine göttliche Person und unterwies ihn mit den Worten: „Nimm acht Stück rote Schilde und acht Stück rote Speere und verehre damit die Gottheit von Sumi-saka.

---

[25]) Vgl. S. 132, Anm. 16.

[26]) *Saka-bito*, welcher das Brauen des Reisweins überwacht und leitet.

[27]) *Mi-ki*, die Gefäße dafür hießen *mi-wa*.

[28]) *Iku-hisa*, Wortspiel mit dem Namen *Ikuhi*.

[29]) Die Zecher wollen erst am Morgen nach Hause gehn. „Von schmackhaftem Reiswein“ ist Makurakotoba zu *Miwa*.

Ferner nimm acht Stück schwarze Schilde und acht Stück schwarze Speere und verehre damit die Gottheit von Oho-saka.“[30])

Sommer, 4. Monat, 16. Tag. In Gemäßheit mit der Unterweisung im Traume verehrte er die Gottheit von Sumi-saka und die Gottheit von Oho-saka.

10. Jahr (88 vor Chr.).

Herbst, 7. Monat, 24. Tag. Ein Edikt an die gesamten hohen Würdenträger besagte: „Die Grundlage der Leitung des Volkes besteht darin, daß man es durch Unterweisung zum Guten leitet. Da ich nun den Himmels- und Erdengöttern die gebührende Ehrerbietung erwiesen habe, sind die Übel und Schäden alle erloschen. Aber die fernwohnenden wilden Menschen gehorchen noch nicht unseren Geboten[31]); das kommt nur daher, daß sie an die kaiserliche Zivilisation noch nicht gewöhnt sind. Wir wollen daher aus den hohen Würdenträgern einige auswählen und sie nach den vier Himmelsgegenden hin entsenden und durch sie Unsere Gebote kund machen lassen.“

9. Monat, 9. Tag. Den Oho-hiko no Mikoto[32]) schickte er in die Nordgegend, den Take-nuna-kaha-wake[33]) schickte er in die Ostmeer[gegend], den Kibi-tsu-hiko[34]) schickte er auf die Weststraße[35]), den Taniha no Chi-nushi no Mikoto[36]) schickte er nach Taniha. Dabei besagte ein Edikt: „Wenn es Leute gibt, die unsere Gebote nicht annehmen, so hebt Truppen aus und schlagt sie zu Boden.“ Hierauf verlieh er ihnen allen Abzeichen[37]) und ernannte sie zu Kriegsherren.

27. Tag. Oho-hiko no Mikoto kam oben auf dem Hügel Wani-saka[38]) an. Da war dort ein Mädchen, welches sang:

— *Eine andere Version sagt: Oho-hiko no Mikoto kam an dem Hügel Nara-saka*[39]) *an. Da war dort an der Seite des Weges ein junges Weib, welches sang:* —

„Oh, Prinz Mimaki-iri[40])!
Nicht ahnend, daß Jemand verstohlen
Dir deinen Lebensfaden
Abzuschneiden droht,
Vergnügst Du dich mit Damen!“

---

30) Vgl. Kojiki Ab. 64, Anm. 7 (S. 97) und Nihongi unter Kaiser Suinin, 27. Jahr.

31) Die chinesischen Zeichen besagen: „empfangen noch nicht unsere Kalender“.

32) Sohn des Kaisers *Kōgen.*

33) Sohn des *Oho-hiko.*

34) Sohn des Kaisers *Kōrei.*

35) Die Provinzen westlich von der Hauptstadt sind wohl gemeint, nicht der später *Saikaidō* „Westmeerstraße“ benannte Provinzenkomplex, der Kyūshū nebst den Inseln Iki und Tsushima umfaßte.

36) Enkel des Kaisers *Kōgen. Taniha* später *Tamba* gesprochen.

37) *Shirushi,* die in Schwertern, Tama (Edelsteinen) und dergleichen bestanden haben werden. Die wörtliche Bedeutung der chinesischen Zeichen „Siegel und Bänder“ paßt hier natürlich nicht, wie in zahlreichen anderen Fällen.

38) Im Distrikt Sō-no-Kami von Yamato.

39) In Yamashiro, im Distrikt Kuze.

40) d. i. der Kaiser.

— *Eine andere Version lautet:*

„Nicht ahnend, daß sie trachten
Dich zu ermorden
Indem vom großen Tore [des Schlosses] her
Sie nach Dir ausspähn,
Vergnügst du dich mit Damen!"

Hierüber verwundert fragte Oho-hiko no Mikoto das junge Weib und sagte: „Was du da sagtest, was für eine Rede ist das?" Sie antwortete und sprach: „Rede nicht so etwas! Ich habe nur gesungen." Hierauf sang sie wiederholt das obige Lied, und plötzlich war sie verschwunden. Oho-hiko no Mikoto kehrte hierauf zurück und erstattete dem Kaiser über das Vorgefallene Bericht.

Des Kaisers Tante von väterlicher Seite[41]), Yamato-Totobi-momoso-hime no Mikoto, eine schlaue und kluge [Frau], welche die Zukunft vorherwußte, erkannte hierauf was das Lied vorbedeutete, und kündete dem Kaiser, dies sei ein Zeichen, daß Take-hani-yasu-hiko[42]) Verrat gegen den Kaiser plante. Sie sprach: „Ich habe gehört, daß Take-hani-yasu-hiko's Ehefrau Ada-hime heimlich gekommen ist und Erde vom Berge Kagu-yama in Yamato genommen hat. Diese hat sie in die Enden ihres Nackentuches eingewickelt und beschwörend gesprochen: ‚Dies gilt statt des Landes Yamato'. Darauf ist sie wieder zurückgegangen. Hieraus habe ich erkannt, daß es etwas Schlimmes geben wird. Wenn du nicht schleunigst deine Maßregeln triffst, wird es sicherlich zu spät sein." Hierauf rief er sämtliche Heerführer zurück und beratschlagte mit ihnen.

Nicht lange darauf plante Take-hani-yasu-hiko mit seiner Ehefrau Ada-hime Verrat gegen den Kaiser; sie hoben Truppen aus und gelangten plötzlich an. Sie kamen beide auf getrennten Wegen: Der Mann über Yamashiro, die Frau über Ohosaka, und beabsichtigten nach Vereinigung miteinander die kaiserliche Hauptstadt anzugreifen. Da schickte der Kaiser den Isaseri-hiko no Mikoto[43]), um die Truppen der Ada-hime anzugreifen. Dieser fing sie darauf bei Oho-saka auf und brachte ihnen allen eine große Niederlage bei. Er tötete Ada-hime und erschlug ihre Kriegsmannen samt und sonders. Ferner schickte er Oho-hiko mit Hiko-kuni-buku, dem Urahnen der Wani no Omi, in die Richtung auf Yamashiro, um Hani-yasu-hiko anzugreifen. Hier nahmen sie Weihekrüge und stellten sie oben auf den Hügel Take-suki in Wani[44]). Sodann rückten sie mit auserlesenen Truppen vor, stiegen auf den Nara Berg hinauf und besetzten diesen. Wie nun das kaiserliche Heer das Lager bezogen hatte, stampfte es mit den Füßen die Kräuter und Bäume eben, wovon dieser Berg den Namen Nara-yama „Geebneter Berg" bekam. Sodann verließen sie den Nara Berg und rückten bis zum Wakara Flusse vor. Hani-yasu-hiko hatte sich zu beiden Seiten des

---

[41]) Sie war eine Schwester des Kaisers *Kōgen*.

[42]) Sohn des Kaisers *Kōgen* von einer Konkubine namens *Hani-yasu-hime*, also Halbbruder des Kaisers Sujin.

[43]) Sohn des Kaisers *Kōrei*.

[44]) Um die Gunst der Götter zu erlangen. Vgl. Kojiki Ab. 60, Anm. 2 (S. 96).

Flusses gelagert, und die beiden Heere forderten sich gegenseitig zum Kampfe heraus. Aus diesem Grunde änderten die Leute jener Zeit den Namen des Flusses und nannten ihn Idomi-gawa „Herausforderungs-Fluß", was jetzt in Idzumi-gawa korrumpiert ist.

Indem Hani-yasu-hiko herüberspähte, fragte er den Hiko-kuni-buku und sprach: „Warum hast du Truppen ausgehoben und bist hierher gekommen?" Dieser antwortete und sprach: „Im Widerspruch mit dem Himmel und gegen alle Rechtsnorm hegst du die Absicht das Königshaus umzustürzen. Daher habe ich loyale Krieger ausgehoben und beabsichtige deine Widersetzlichkeit zu bestrafen. Dies ist der Befehl des Kaisers." Hierauf stritten beide, wer zuerst schießen würde. Take-hani-yasu-hiko schoß zuerst nach Hiko-kuni-buku, aber verfehlte ihn. Darauf schoß Hiko-kuni-buku nach Hani-yasu-hiko und tötete ihn durch einen Treffer in die Brust. Dessen Kriegsmannen zogen sich erschrocken zurück. Daraufhin verfolgte man sie und zerschmetterte sie nördlich vom Flusse. Der größeren Hälfte von ihnen schnitt man die Köpfe ab, und Leichen gab es die Masse. Deshalb gab man diesem Ort den Namen Hafuri-sono „Massen-Garten." Ferner flohen die Krieger voller Furcht und entleerten ihren Kot in die Hosen. Sie zogen die Rüstungen aus und flohen davon. Da sie erkannten, daß sie nicht entkommen konnten, neigten sie die Köpfe zu Boden und sprachen: „Unser Herr!" Daher gaben die Leute jener Zeit dem Ort, wo sie die Rüstungen abgelegt hatten, den Namen Kawara „Rüstung", und dem Ort, wo sie in die Hosen Kot gelassen hatten, gaben sie den Namen Kuso-bakama „Kot-Hose." Jetzt ist die Benennung in Kusu-ba „Kampfer-Blatt" korrumpiert. Ferner dem Ort, wo sie die Köpfe zu Boden geneigt hatten, gaben sie den Namen Wa-gi „Unser Herr."

Hiernach wurde Yamato-Totobi-momoso-hime no Mikoto die Ehefrau des Oho-mono-nushi no Kami. Dieser Gott war aber bei Tage niemals sichtbar, sondern kam nur in der Nacht. Yamato-Toto-hime no Mikoto sprach zu ihrem Gemahl: „Da du mein Herr niemals bei Tage sichtbar bist, so kann ich dein erhabenes Antlitz nicht deutlich erschauen; bitte, verweile ein Weilchen, so daß ich am hellen Morgen die Majestät deiner Schönheit erschauen kann." Der Große Gott antwortete und sprach: „Du sprichst so offenbar mit Fug und Recht. Ich werde morgen früh in deinen Kammkasten mich hineinbegeben und drin verweilen. Bitte, erschrick nicht über meine Gestalt." Yamato-Toto-hime no Mikoto wunderte sich heimlich im Innersten ihres Herzens darüber. Als sie bis Tagesanbruch wartete und dann in dem Kammkasten nachsah, war darin eine schöne kleine Schlange, die so lang und dick war wie die Schnur eines Gewandes. Da erschrak sie und stieß einen Schrei aus. Da war der Große Gott beschämt, verwandelte sich plötzlich in Menschengestalt und redete seine Ehefrau mit den Worten an: „Du hast dich nicht im Zaum gehalten und hast mich beschämt. Ich werde umgekehrt dich beschämen." Damit trat er in den großen Luftraum und stieg auf den Mimoro Berg hinauf. Hierauf schaute Yamato-Toto-hime no Mikoto hinauf und hatte Reue. Sie plumpste auf einen Sitz und stach sich mit [einem] Eßstäbchen in die Scheide und verschied.

Hieraur begrub man sie in Oho-ichi[45]). Aus diesem Grunde gaben die Leute jener Zeit ihrem Grabe den Namen Hashi no Mi-haka „Eßstäbchen-Grab.“

Dieses Grab wurde bei Tage von Menschen hergestellt, und bei Nacht wurde es von Göttern hergestellt. Man machte es, indem man die Steine vom Oho-saka Berge[46]) herbeischaffte. Dabei standen die Leute von dem Berge bis an das Grab nahe bei einander und schafften [die Steine] herbei, indem sie dieselben von Hand zu Hand reichten. Die Leute jener Zeit sangen ein Lied. welches lautete:

„Wenn man die Steinblöcke,
Die auf dem Oho-saka[-Berge]
Aufgetürmt übereinander liegen,
Von Hand zu Hand reichte,
Ach wie schwierig wäre es dann, sie zu reichen[47]).“

[Es folgt im 11. Jahr die Unterwerfung der wilden Stämme. Im 12. Jahr: Erhebung von Bogensteuer (Jagdprodukte) von den Männern und Handarbeitssteuer (Webstuhlprodukte) von den Weibern; tiefer Friede beglückt das Land, daß man dem Kaiser den Beinamen „Der erhabene Begründer des Landes“ verleiht; der Bau von Schiffen zur Erleichterung des Verkehrs wird unternommen.]

48. Jahr [50 vor Chr.].

Frühling, 1. Monat, 10. Tag. Der Kaiser erließ an [seine Söhne] Toyo-ki no Mikoto und Iku-me no Mikoto den folgenden Befehl: „Ihr beiden Kinder steht in meiner Gnade gleich, und ich weiß nicht, welchen von euch ich zu meinem Nachfolger machen soll. Ein jeder von euch soll einen Traum träumen, und Wir werden aus den Träumen deuten.“ Nachdem die beiden Prinzen so den Befehl empfangen hatten, nahmen sie die [rituellen] Waschungen vor, beteten und legten sich schlafen. Jeder von ihnen hatte einen Traum. Bei Tagesgrauen berichtete der ältere Bruder Toyo-ki no Mikoto dem Kaiser seine Traumgeschichte, indem er sprach: „Ich bin in eigener Person auf den Mimoro[48]) Berg gestiegen und habe, gegen Osten gewendet, achtmal meinen Speer geschwungen und achtmal mit dem Schwert gehauen.“ Der jüngere Bruder Ikume no Mikoto berichtete seine Traumgeschichte, indem er sprach: „Ich bin in eigener Person auf den Gipfel des Mimoro Berges gestiegen, und habe nach allen vier Himmelsgegenden ein Seil ausgespannt, um die die Hirse fressenden

[45]) Oder *Ohochi*, Name eines Bezirks im Distrikt Shiki-no-kami in Yamato.

[46]) Im unteren Katsuragi-Distrikt in Yamato.

[47]) Die Gräber der Vornehmen bestanden in alter Zeit aus einem mehr oder weniger umfangreichen runden Erdhügel (*tsuka*), in dessen Inneren sich eine aus großen Steinen gebaute Grabkammer mit Eingangsgalerie befand, waren also kleinere und bescheidenere Gegenstücke zu den kaiserlichen Misasagi. Solche Gräber sind besonders zahlreich in der Provinz Yamato und in den nächstliegenden Provinzen erhalten. Genaueres hierüber im Kapitel Yamato sites and sepulchres in Munro's Prehistoric Japan, S. 326--386. Mit Recht bemerkt Aston, daß so große Steine, wie zur Anlegung dieser Gräber verwendet wurden, unmöglich von Hand zu Hand transportiert werden konnten.

[48]) Anderer Name des *Miwa*-Berges.

Sperlinge zu verjagen." Demnach deutete der Kaiser die Träume miteinander und sprach zu seinen beiden Söhnen die Worte: „Der ältere Bruder hat sich nur nach einer Seite nach Osten gewandt: er soll das Ostland regieren. Der jüngere Bruder hat nach allen Seiten alle vier Himmelsgegenden überschaut: er soll Unser Nachfolger auf dem Thron werden."

Sommer, 4. Monat, 19. Tag. Iku-me no Mikoto wurde zum Kronprinzen eingesetzt, und Toyo-ki no Mikoto wurde mit der Regierung des Ostlandes beauftragt. Er ist der Urahn der Kimi von Kami-tsuke-nu und der Kimi von Shimo-tsuke-nu[49]).

60. Jahr [38 vor Chr.].

Herbst, 7. Monat, 14. Tag. Ein kaiserlicher Befehl an die Großwürdenträger besagte: „Take-hi-teru no Mikoto — *eine andere Version nennt Take-hina-tori, und wieder eine andere nennt Ame-hina-tori*[50]) — hat vom Himmel die Götterschätze herabgebracht und im Schrein der Großen Gottheit von Idzumo[51]) aufgespeichert. Ich möchte dieselben sehen." Demgemäß wurde Take-moro-sumi — *in einer anderen Schrift heißt er Oho-moro-sumi* —, der Urahn der Ya-ta-be no Miyatsuko[52]), danach ausgeschickt, um sie dem Kaiser zu überbringen. Zu dieser Zeit nun war Idzumo no Furu-ne[53]), der Urahn der Idzumo no Omi, der Oberverwalter der Götterschätze. Er hatte sich nach dem Lande Tsukushi begeben und kam nicht zum Empfang [des Abgesandten]. Sein jüngerer Bruder Ihi-iri-ne empfing daher den kaiserlichen Befehl, übergab die Götterschätze seinem jüngeren Bruder Umashi-Kara-hisa und seinem Sohne U-gatsuku-nu und bot sie so dem Kaiser dar. Als nun Idzumo no Furu-ne aus Tsukushi zurückgekommen war und hörte, daß die Götterschätze dem Kaiserhofe dargeboten worden waren, stellte er seinen jüngeren Bruder Ihi-iri-ne zur Rede und sagte: „Du hättest einige Tage warten sollen. Wovor hast du dich denn gefürchtet, daß du die Götterschätze so leichthin abtratest?" Daher hegte er noch nach Ablauf von Monaten und Jahren Groll gegen ihn und hatte die Absicht, seinen jüngeren Bruder zu töten. Er täuschte seinen jüngeren Bruder, indem er sprach: „Letzthin ist im Yamuya[54]) Teich eine große Menge Mo[55])

---

[49]) Die beiden Provinzen heißen jetzt *Kōdzuke* und *Shimotsuke*.

[50]) Im Kojiki Ab. 14 (vgl. Anm. 5 daselbst) als Sohn von ***Ame no Ho-hi no Mikoto*** (vgl. Ab. 13, Anm. 15) genannt und als Ahn der ***Kuni no Miyatsuko*** von ***Idzumo*** bezeichnet. Man liest auch *-dori* statt *-tori* und ***Ama no*** statt ***Ame-***. Das Shiki erwähnt einen ***Ama no Hina-tori*** Schrein im Distrikt Idzumo der Provinz Idzumo, einen anderen im Distrikt Takakusa in Inaba.

[51]) d. i. im *Oho-yashiro* von ***Kidzuki*** in Idzumo.

[52]) Das ***Yata Be*** wurde nach Ab. 125 des Kojiki unter Kaiser Nintoku als Namensvertreter (***Mi-na-shiro***) der ***Yata no Waki-iratsume*** eingesetzt.

[53]) Nachkomme des ***Ame no Ho-hi no Mikoto*** in zwölfter Generation.

[54]) Muß im Distrikt Kando von Idzumo gelegen haben, da das Idzumo-fudoki für dort einen Bezirk und einen Schrein ***Yamuya*** erwähnt.

[55]) Eßbares Wassergras mit runden Blättern und Stengeln, deren Länge sich nach der Tiefe des Wassers richtet.

gewachsen. Bitte laß uns zusammen dorthin gehen und es sehen.“ Daher folgte er seinem älteren Bruder dorthin. Vorher aber hatte der ältere Bruder heimlich ein hölzernes Schwert gemacht, das ganz wie das wirkliche Schwert aussah, das er zu jener Zeit umgegürtet trug. Der jüngere Bruder hatte ein wirkliches Schwert umgegürtet. Als sie zusammen an das Ende des Teiches gelangten, sprach der ältere Bruder zu seinem jüngeren Bruder: „Das Wasser des Teiches ist klar und kalt; bitte laß uns zusammen ein Bad nehmen.“ Der jüngere Bruder folgte den Worten des älteren Bruders, ein jeder von ihnen band das umgegürtete Schwert ab und legte es an dem Rande des Teiches nieder. Nachdem er mitten im Wasser gebadet hatte, stieg der ältere Bruder zuerst ans Land, nahm das wirkliche Schwert des jüngeren Bruders und gürtete es selber um. Als darauf der jüngere Bruder überrascht das hölzerne Schwert des älteren Bruders nahm und sie miteinander zu Schlägen kamen, konnte der jüngere Bruder das hölzerne Schwert nicht ziehen, und der ältere Bruder attakierte den jüngeren Bruder Ihi-iri-ne und tötete ihn.

Daher sangen die Leute jener Zeit ein Lied, welches lautete:

„Das Schwert, im Gürtel getragen
Von dem tapfren Krieger
Des wolkenreichen Idzumo, —
Schlingpflanzen umwinden es reichlich,
Doch eine Klinge hat es nicht, ach leider!“

Hierauf begaben sich Umashi-Kara-hisa und U-gatsuku-nu an den kaiserlichen Hof und berichteten ausführlich über diese Angelegenheit. Demzufolge wurden Kibi-tsu-hiko und Take-nu-kaha-wake hingeschickt, um Idzumo no Furu-ne zu töten. Demnach hatten die Idzumo no Omi Furcht wegen dieser Sache[56]) und verehrten eine Zeit lang die Große Gottheit nicht.

Ein Mann aus Hi-kami in Taniha, namens Hika-tobe, erstattete einen Bericht an den Kronprinzen Iku-me no Mikoto mit den Worten: „Unter den Kindern Deines Knechtes ist ein ganz kleines Kind. Aber aus eigenem Antrieb sagte es folgendes: „Die Götter, welche die Leute von Idzumo, des [Landes des] schönen Wassergrases am tiefen Grunde[57]), verehren, sind: der schöne tüchtige Spiegel, der gewaltige Kraft zeigende tüchtige erlauchte Gott, der Herr der erlauchten Schätze der Boden-Schätze[58]); der alle Gewässer der Bergwässer

---

56) Wegen der Tötung Furune's durch die kaiserlichen Boten.

57) *Tama-mo shidzushi* oder *tama-mo shidzukashi*, ein wortspielend schmückendes Epitheton zu *Idzumo* (wie das bekanntere *ya-kumo-tatsu* „reichbewölkt“) von unsicherer Bedeutung. Die chinesischen Zeichen dafür bedeuten „Juwelen-Mo [und] Sinkstein“, haben aber wohl nur phonetischen Wert.

58) Diese drei Bezeichnungen bilden zusammen einen einzigen Namen, bedeuten nämlich den *Spiegel*, ebenso wie die drei folgenden Ausdrücke in einen Namen zusammenzufassen und auf das *Juwel* zu beziehen sind. Japanisch: *Ma-dane no umashi-kagami, oshi-hafuru umashi-mi-kami (no), soko-takara-mi-takara-nushi.* Der letzte Bestandteil bedeutet, freier übersetzt: „Der Herr der grundlosen, d. i. unendlichen Schätze.“ Aston übersetzt nach den chinesischen Zeichen, also: the true-kind-beautiful-august-mirror, the pinion-flapping-beautiful-august-God, the bottom-treasure-august-treasure-master.

umfassende erlauchte Geist, der streifiges Gewebe tragende tüchtige erlauchte Gott, der Herr der erlauchten Schätze der Bodenschätze[59]).“ Dies ist nicht nach der Art der Rede eines ganz kleinen Kindes. Vielleicht ist es mit göttlicher Eingebung gesprochen?“ Hierauf erstattete der Kronprinz dem Kaiser Bericht darüber, worauf ein kaiserlicher Befehl die Verehrung [dieser Gottheiten] befahl.

[Anlage von Teichen als Wasserreservoire für die Landwirtschaft; Tributsendung aus Mimana in Korea; Tod des Kaisers im 12. Monat des 68. Jahres seiner Regierung, 33 vor Chr., im Alter von 120 Jahren (nach dem Kojiki 168 Jahre); Begräbnis im 8. Monat des folgendes Jahres in einem Misasagi oberhalb des Weges in Yamanobe].

Aus Buch VI.

Kaiser Iku-me-iri-hiko I-sachi. (Suinin[1])-tennō).

2. Jahr (28 vor Chr.)

— — *Eine andere Version*[2]) *besagt: In der Ära des Kaisers Mimaki*[3]) *war ein Mann mit Hörnern an der Stirn, der in einem Schiff gefahren kam und in der Bucht von Kehi im Lande Koshi vor Anker ging. Deshalb bekam dieser Ort den Namen Tsunu-ga*[4]). *Als man ihn fragte, welchen Landes Mann er wäre, antwortete er und sprach: „Ich bin ein Sohn des Königs von Gross-Kara. Mein Name ist Tsunuga Arashito; ferner heisse ich auch Ushiki Arishichi Kanki*[5]) — —“

59) Name des göttlichen Juwels, japanisch: *Yama-kaha no mi-kukuru mi-tama, shidzu-kake* (Iida: *shitsu me kake yo*) *umashi-mi-kami* (*no*), *soko-takara-mi-takara-nushi*. Der erste Bestandteil wird von Motowori als „Juwelen am Grunde der Bergwässer“ gedeutet. Aston übersetzt: the august-spirit-plunged-in-the-water-of-the-mountain-stream, the peacefully-wearing (jewels?)-august-deity, the bottom-treasure-august-treasure-master.

1) „Der Wohlwollene Austeilende.“ Dritter Sohn *Sujin's*.

2) Zum Bericht über die Rückkehr eines Koreaners nach seiner Heimat.

3) Kaiser *Sujin*.

4) Jetzt *Tsuruga*, in der Provinz Etchizen (Teil des alten Koshi). *Tsunu-ga* wird hier als Kontraktion von *tsunu-nuka* „Horn-Stirn“ aufgefasst, wohl eine Volksetymologie, statt deren sich die Ableitung von *tsunu-ka* „gehörnter Hirsch“ mehr empfehlen dürfte. Vgl. Kojiki, Ab. 101. Die alten chinesischen Kaiser werden mit Hörnern abgebildet. *Kara* ist identisch mit *Mimana*, kor. *Imna*.

5) *Arishichi* scheint nur lautliche (dialektische?) Variante von *Arashito* zu sein. *Kanki* war eine Amtsbezeichnung in Shiragi (Silla) und anderen koreanischen Ländern.

[Nachdem Arashito drei Jahre unter Kaiser Ikume gedient hat, wird er vom Kaiser mit Geschenken in sein Vaterland zurückgeschickt, dessen Namen er in Anlehnung an den Namen des vorigen Kaisers **Mimaki** in **Mimana**, die japanische Aussprache des Landes **Imna**, verändern soll. Die Leute von Silla berauben ihn der Geschenke, was der Ursprung der Feindschaft zwischen diesen beiden Ländern gewesen sein soll.]

Wieder eine Version besagt: Im Anfang, als Tsunuga Arashito noch in seinem eigenen Lande war, ging derselbe aufs Land mit einem gelben Ochsen, der mit Gerätschaften zur Bestellung der Reisfelder beladen war. Der gelbe Ochse verschwand plötzlich, und als er nach den Spuren desselben suchte, bemerkte er, dass die Spuren an einem Dorfe aufhörten. Nun war da ein alter Mann, welcher sagte: »Der Ochse, den du suchst, ist in das Dorf hereingekommen, und die Dorfvorsteher haben gesagt: „Nach den Dingen, mit denen der Ochs beladen ist, lässt sich schliessen, dass er gewiss dazu bestimmt ist, geschlachtet und gegessen zu werden. Wenn der Eigentümer kommt und nach ihm sucht, so können wir ihn ja mit [anderen] Sachen entschädigen“. Darauf töteten und assen sie ihn. Wenn man dich fragt, was für Sachen du als Preis für den Ochsen verlangst, so verlange keine Schatzstücke, sondern sage, dass du den von dem Dorfe verehrten Gott[6]) haben möchtest.« Nachdem er so gesprochen hatte, kamen bald darauf die Dorfhäuptlinge und sagten: »Was für Sachen willst du als Preis für den Ochsen haben?« Er antwortete so wie ihn der alte Mann unterwiesen hatte. Nun war aber der von ihnen verehrte Gott ein weisser Stein. Den weissen Stein gaben sie dem Eigentümer des Ochsen, der ihn darauf mit sich fortnahm und ihn in seiner Schlafkammer niederlegte. Dieser Götterstein verwandelte sich in ein schönes Mädchen, worauf Arashito sich höchlichst freute und sich mit ihr zu vereinen wünschte. Aber während Arashito nach einem anderen Orte gegangen war, verschwand das Mädchen plötzlich. Arashito war sehr überrascht und fragte seine eigene Ehefrau, indem er sprach: »Wohin ist das Mädchen gegangen?« Sie antwortete und sprach: »Sie ist nach der Ostgegend gegangen.« Daher ging er ihr nach, auf der Suche nach ihr, und kam schliesslich über das Meer herüber herein in unser Land. Das Mädchen, welches er suchte, gelangte nach Naniha, wo sie die Gottheit des Himegoso Schreins[7]) wurde. Dann begab sie sich nach dem Distrikt Kunisaki im Lande Toyo[8]) und wurde wiederum die Gottheit des Himegoso Schreins. Sie wird an diesen beiden Orten verehrt.

---

[6]) Gemeint ist der die Gottheit vorstellende Gegenstand, das **Kami-sane**, populär **shintai** genannt.

[7]) Im Distrikt Higashi-nari der Provinz Settsu war einst ein **Himegoso**-Schrein, der auch *Shita-teru-hime*-Schrein genannt wurde; die Gottheit *Shita-teru-hime* von Settsu erhielt nach dem *San-dai-jitsu-roku* im 1. Jahre Jōgwan (859) den Rang Jū-shi-i no ge (Unterklasse des sekundären 4. Ranges.

[8]) *Toyo* ist der alte Name der Provinzen **Buzen** und **Bungo** zusammen. Nordwestlich von dem genannten Distrikt im Meere liegt eine Insel **Hime-shima**, wo sich ein sog. *Hime-goso* Schrein befinden soll, der aber nicht aus einer Tempelhalle besteht, sondern aus drei Steinen mit einigen Sakaki-Bäumen ringsherum, eine jedenfalls recht primitive Kultstätte. Vgl. auch Kojiki 114 und daselbst Anm. 3 (S. 113).

3. Jahr (27 vor Chr.)

Frühling, 3. Monat. Der Shiragi Königssohn Ama no Hi-boko kam [in Japan] an. Die von ihm mitgebrachten Gegenstände[9]) waren: ein Hafuto Juwel[10]), ein Ashi-taka[11]) Juwel, ein Ukaka rotsteinernes Juwel[12]), ein Idzushi Kurzschwert[13]), ein Idzushi Speer, ein Sonnenspiegel[14]), ein Kuma-Himorogi[15]), im ganzen sieben[16]) Gegenstände. Sie wurden sodann im Lande Tajima eingespeichert und für immer zu Göttergegenständen gemacht.

9) Vgl. die abweichende Aufzählung der Schätze im Kojiki 115, S. 114.

10) *Ha-futo no tama*, wohl „Enden-dickes Juwel" (*ha* = *hashi* „Ende"), während das dafür in der Variante genannte *Ha-hoso no tama* ein „an den Enden schmales Juwel" bedeutet. Man hat dabei an Steine von länglicher Form, wie die *Kuda-tama* (Röhrenjuwel), und *Maga-tama* (Krummjuwel), zu denken; bei letzteren ist ja das eine Ende rundlich verdickt. Doch auch die Etymologie *ha* = *haye* „Glanz", wie im Namen des Gottes *Ha-akaru-tama*, könnte in Betracht kommen.

11) *Ashi-taka* „Fuss-hoch". Im alten Distrikt Kuboya der Provinz Bitchū gab es einen Schrein Namens *Ashitaka-jinja*, der mit unserm Ashitaka Juwel wohl in irgend einer Beziehung gestanden haben wird.

12) *Ukaka no akashi no tama.* Man löst *ukaka* gewöhnlich in *u-kaka* auf, dessen zweiter Bestandteil „glitzernd" bedeuten würde. Nach Shikida wäre das rätselhafte *u* eine Abkürzung von *uchi*, also *ukaka* = „im Inneren glitzernd". *Akashi*, nach den Zeichen *aka-ishi* „roter Stein", kann auch „hell" bedeuten oder der Name des Distriktes *Akashi* in der Provinz Harima sein.

13) *Idzushi* (aus *idzu-ishi*) bedeutet „hervorkommender Stein" oder „heiliger Stein". Es ist der Name eines Bezirks (Sato) im Distrikte Idzushi der Provinz Tajima. Es lässt sich nicht bestimmen, ob der Ortsname vom Gegenstand, oder umgekehrt, hergeleitet ist. Es befindet sich in jener Gegend ein „Steinberg" (Ishiyama) mit einer Höhle, aus der eigentümlich geformte Steine, wie von einem Steinmetzen gefertigt, gefördert werden sollen.

14) *Hi no kagami*, ein wie die Sonne runder und glänzender Spiegel? Manche Erklärer vermuten, dass der Spiegel am *Idzushi no hoko*, dem Speer, befestigt gewesen sei, woher der Name *Ama no Hi-boko* „himmlischer Sonnenspeer" genommen sei.

15) Was für eine besondere Art von Himorogi (zur Sache vgl. S. 195, Anm. 42) darunter zu verstehen sei, ist unklar. Nur soviel scheint festzustehn, dass es sich um eine Art Kultgerät handelt, in welchem ein Gott seinen Sitz nehmen kann. Das im Text für *Kuma* eingesetzte chinesische Zeichen bedeutet „Bär". Entspräche diese Schreibung der echten Urbedeutung des Wortes, so könnte man an ein Himorogi als Sitz einer Bärengottheit denken; man vgl. den Bärenkult der Ainu, der auch in Korea nicht unbekannt gewesen sein wird. Aber wahrscheinlicher ist, dass das Zeichen nur nach seinem Lautwert *kuma*, dem eine andere Bedeutung zukommt, verwendet wurde. Motowori im *Tama-katsuma* stellt es mit *kuma* „dunkler Ort, Winkel", *komori* „Abschliessung" usw. zusammen, und er möchte dieses koreanische *kuma-himorogi*, das offenbar vom japanischen *himorogi* verschieden sei, als ein Behältnis betrachten, worin das Götteremblem verborgen gehalten wurde, etwa wie ein buddhistisches Idol in dem *dzushi* genannten kleinen Schrein. Shikida nimmt *kuma* geradezu in der Bedeutung „Gott", unter Berufung auf mehrere Stellen im *Wamyōshō*, wo das Zeichen *shin* „Gott" japanisch *kuma* gelesen wird (*kuma-shiro, kuma-shine).* Auch er denkt an ein Behältnis für den Gott, nach Art des japanischen *mi-hishiro* (das aus purem Gold gefertigte, an Gestalt einem Reiskübel ähnliche Behältnis, worin in Ise das Emblem der Sonnengöttin aufbewahrt wird).

16) In der gleich darauf folgenden Variante werden *acht* Gegenstände, nämlich noch „ein Isasa-Langschwert" aufgezählt.

Eine andere Version besagt: Im Anfange ging Ama no Hi-boko in einem Kahne fahrend im Lande Harima vor Anker und wohnte im Dorfe Shisaha. Da schickte der Kaiser den Ohotomo-nushi, Ahnherrn der Miwa no Kimi, und Naga-wochi, Ahnherrn der Yamato no Atahe, nach Harima und ließ den Ama no Hi-boko fragen: „Wer bist du, und welchen Landes Mann bist du?“ Ama no Hi-boko antwortete und sprach: „Ich bin ein Sohn des Königs des Landes Shiragi. Da ich nun vernahm, daß es im Lande Japan einen weisen Herrscher gäbe, so habe ich mein eigenes Land meinem jüngeren Bruder Chiko gegeben und bin hergekommen, hier ein Untertan zu werden und bringe als Tribut folgende Gegenstände: ein Ha-hoso Juwel [18]*), ein Ashi-taka Juwel, ein Ukaka rotsteinernes Juwel, ein Idzushi Kurzschwert, einen Idzushi Speer, einen Sonnenspiegel, ein Kuma-Himorogi, ein Isasa Langschwert* [19]*), im ganzen acht Gegenstände.“*

5. Jahr (25 vor Chr.).

Winter, 10. Monat, 1. Tag. [**Traum des Kaisers und Auslegung des Traums wie** KOJIKI **70 (S. 99). Empörung und Tod des Prinzen Saho-hiko, des Bruders der Kaiserin.**]

23. Jahr (7 vor Chr.).

Herbst, 9. Monat, 2. Tag. Der Kaiser sprach zu den Großwürdenträgern: „Der Prinz Homutsu-wake [20]) ist schon dreißig Jahre alt, hat einen Bart von acht Handbreiten Länge, weint aber noch wie ein kleines Kind und spricht niemals. Aus welchem Grunde mag das wohl sein?“ Darauf beauftragte er Beamte, darüber zu beraten.

Winter, 10. Monat, 8. Tag. Der Kaiser stand vor der Großen Halle, und der Prinz Homutsu-wake wartete ihm auf. Da flog ein schreiender Schwan quer durch das Große Leere. Als der Kaiserliche Prinz hinaufsah und den Schwan erblickte, sprach er: „Was für ein Ding ist das?“ Als da der Kaiser wahrnahm, daß der Kaiserliche Prinz beim Anblick des Schwans die Sprache erlangt hatte, freute er sich und sprach zu den Höflingen: „Wer von euch kann diesen Vogel fangen und mir darreichen?“ Hierauf ergriff Ame no Yu-kaha Tana, der Ahn der Totori no Miyatsuko, das Wort und sprach: „Dein Untertan wird ihn sicherlich fangen und Dir darreichen.“ Daher befahl der Kaiser dem Yukaha Tana und sprach: „Wenn du mir diesen Vogel darreichst, werde ich dich gewiß reichlich beschenken.“ Nun blickte Yukaha Tana aus der Ferne nach der Richtung hin, in der der

---

17) Zu Göttergegenständen gemacht, d. h. sie wurden als *kamu-zane* „göttliche Embleme“ verehrt, und zwar im *Oho-yashiro* „Großen Schrein“ des Idzushi Distriktes, welcher nach Angabe des KOGOSHŪI zur Kultstätte des Ama no Hiboko wurde. Der Schrein liegt im Dorfe Miya-uebi des genannten Distriktes und rangiert jetzt als ein Mittlerer Provinzialtempel (Kokuhei-Chūsha).

18) „An den Enden schmales Juwel“. Vgl. Anm. 10.

19) *Isasa* ist ein Ortsname. Das ENGI-SHIKI erwähnt einen Schrein des *Ama no Isasa-hiko* in Hioka im Distrikte Kako der Provinz Harima.

20) Vgl. KOJIKI 72 (S. 99ff.). Nach dem KOJIKI ist der Prinz im Jahre der Empörung Saho-hiko's geboren, also im 5. Jahre Suinin. Dann wäre er erst 18 Jahre alt.

Schwan weggeflogen war, folgte ihm suchend nach, gelangte so nach Idzumo und fing ihn dort. — Andere sagen, er sei in das Land Tajima gelangt. —

11. Monat, 2. Tag. Yukaha Tana überreichte dem Kaiser den Schwan. Homutsu-wake spielte mit diesem Schwan und lernte schließlich sprechen. Deshalb erhielt Yukaha Tana reichlich Geschenke, und das Kabane „Totori no Miyatsuko“ [21]) wurde ihm verliehen. Infolgedessen wurde ferner das Totori-Be (Be der Vogelfänger), das Tori-kahi-Be (Be der Vogelhüter) und das Homutsu-Be eingesetzt.

25. Jahr (5. vor Chr.).

Frühling, 2. Monat, 8. Tag. [Der Kaiser lobt in einer Rede voll chinesischer Floskeln die weise und fromme Tätigkeit seines Vorgängers und äußert, daß auch unter seiner Regierung die Verehrung der Himmels- und Erdengötter nicht vernachlässigt werden solle.]

3. Monat, 10. Tag. Ama-terasu Oho-mi-kami wurde von Toyo-suki-iri-bime no Mikoto weggenommen [22]) und der Yamato-bime no Mikoto anvertraut. Nun suchte Yamato-bime no Mikoto nach einem Ort, wo sie die

[21]) Häuptling des Totori-Be. *Totori* oder *Tottori*, aus *tori-tori* „Vogel-Fänger“ kontrahiert, ist häufiger Ortsname in verschiedenen Provinzen; unter anderen schon in ältester Zeit Name eines Bezirks im Distrikt Oho-agata von Kawachi. Im selben Distrikt erwähnt das ENGI-SHIKI einen *Ame no Yu-kaha-ta* Schrein.

[22]) Das Emblem der Sonnengöttin war ihr im 6. Jahre Sujin (92 v. Chr.), also vor 87 Jahren, anvertraut worden! Vgl. S. 244. Nach Angaben des YAMATO-BIME NO MIKOTO SEIKI aber siedelte Yamato-bime im 58. Jahre Sujin (43 v. Chr.) nach einem Miya auf dem Gipfel des Mimuro in Yamato um, übte zwei Jahre Abstinenz und übernahm dann die Pflege der Amaterasu von Toyo-suki-iri-bime, so daß diese etwa 53 Jahre den Dienst versehen hätte. Die Überlieferung des Jingū von Ise berichtet dazu, daß im obengenannten 3. Monat des 25. Jahres Suinin die Übersiedelung vom Ihinu-taka no Miya nach dem Iso no Miya stattgefunden hätte.

Toyo-suki-iri-bime war die erste Tochter des Kaisers Sujin von einer Nebenfrau, *Yamato-bime* die zweite Tochter des Kaisers Suinin von der Hauptgemahlin. Sie sind die ersten Kultprinzessinnen, welche erwähnt werden, so daß möglicherweise diese Institution erst seit der Zeit dieser beiden Kaiser datiert, und zwar zunächst noch unregelmäßig, denn vom 13. bis 20. Kaiser (Seimu bis Ankō), vom 22. bis 25. Kaiser (Seinei bis Buretsu) und vom 34. bis 38. Kaiser (Jomei bis Tenji) fehlen Erwähnungen. Von Temmu an tritt keine Unterbrechung mehr ein bis in den Anfang des 14. Jahrhunderts, wo unter Go-Daigō (1319—38) mit der Kais. Prinzessin Yoshi-ko die Einrichtung der Kultprinzessinnen erlischt. Wie schon S. 96 Anm. 1 erwähnt, fand die Wahl durch Divination aus dem Kreis der unverheirateten Prinzessinnen vom Blut (kōjo, nai-shinnō), mangels einer solchen aus den übrigen Prinzessinnen (jo-ō) statt. In der Liste der 74 Kultprinzessinnen, welche das KOKUSHI DAIJITEN S. 1151—54 zusammenstellt, sind 55 Töchter von Kaisern; unter diesen aber nur 5 Töchter von Hauptgemahlinnen (kōgō), während die übrigen 50 Töchter von Kaiserl. Konkubinen oder anderen Damen sind. Das Lebensalter der Erwählten wechselt stark: wir finden Kinder von 2 und 3 Jahren, gewöhnlich aber Mädchen bis Ende der Zwanziger. Die Benennung für „Kultprinzessin“ war *Itsuki no miya*, was eigentlich die Benennung ihres Wohnortes war, sinojap. *Saigū;* auch *Sai-naishinnō,* welches in *Sai-ō* abgekürzt wurde; ihr Wohnort in Ise hieß *Itsuki no miya* (auch *Ihahi no miya* oder *Imi no miya*), sinojap. *Saigū*. In historischer Zeit wurde bei jeder kaiserlichen Thronbesteigung außer nach Ise auch eine Kultprinzessin nach dem Kamo-jinja in Yamato geschickt, wo die kaiserliche Ahnengottheit (mi-ubusuna no kami) verehrt wurde; ihr Wohnort hieß zum Unterschied von jenem *Itsuki no In* oder *Sai-in*.

Große Gottheit ruhig wohnen lassen könnte, und gelangte dabei nach Sasahata in Uda[23]). Indem sie wieder von dort umkehrte, kam sie ins Land Afumi[24]), wendete sich ostwärts nach Mino[25]) und gelangte in das Land Ise[26]). Da belehrte Ama-terasu Oho-mi-kami die Yamato-bime no Mikoto und sprach: „Dieses götterwindige Land Ise ist das Land, wohin die Wellen der Ewigen Welt, die hinter einander schwellenden Wellen herankommen. Es ist ein entlegenes Land und treffliches Land. Ich wünsche in diesem Lande zu wohnen.“ Daher wurde in Gemäßheit mit der Unterweisung der Großen Gottheit ihre Kultstätte im Lande Ise errichtet[27]). Deshalb baute man einen Enthaltsamkeits-Palast[28]) am Oberlaufe des Flusses Isuzu[29]) und nannte diesen den Iso Palast, und das ist der Ort, wo Ama-terasu Oho-mi-kami zuerst vom Himmel herabgestiegen ist.

Anders heißt es: — Der Kaiser machte Yamato-bime no Mikoto zum erlauchten Stock[30]) *und bot sie der Ama-terasu Oho-mi-kami dar. Darauf nahm Yamato-bime no Mikoto die Ama-terasu Oho-mi-kami, ließ sie zu Itsu-kashi no Moto in Shiki*[31]) *ruhig wohnen und opferte ihr. Hiernach zog sie in Gemäßheit mit der Unterweisung der Gottheit im Winter, am achtzehnten Tage des zehnten Monats des Jahres Hi-no-to Mi*[32]), *nach dem Miya von Watarahi*[33]) *in Ise um. Zu dieser Zeit inspirierte der Große Gott von Yamato*[34]) *den Oho-mina-kuchi no Sukune, den Urahn der Hodzumi no Omi, und unterwies [durch seinen Mund den Kaiser] mit den Worten: „Zur Zeit des großen Anfangs*[35]) *ist der Vertrag geschlossen worden, daß Ama-terasu Oho-mi-kami das ganze*

---

[23]) Die Angaben des NIHONGI über die verschiedenen Umzüge bis zur endgültigen Festlegung der Kultstätte in Ise sind sehr kursorisch. Das GISHIKI-CHŌ (Zeremonialregister) des Ise Tempels, das YAMATO-BIME SEIKI usw. enthalten darüber Ausführliches. *Sasahata* war ein Dorf im Distrikt *Uda* der Provinz Yamato.

[24]) Nach dem YAMATO-BIME SEIKI im 4. Jahre Suinin. Im 8. Jahre Umzug nach einem anderen Tempel derselben Provinz.

[25]) Nach derselben Quelle im 10. Jahre Suinin.

[26]) Ehe der unten genannte *Iso* Schrein gewählt wurde, wurden fünf andere Versuche gemacht, wie das Zeremonialregister berichtet.

[27]) Erste Errichtung eines besonderen Schreins für die Sonnengöttin.

[28]) *Itsuki no miya*, vgl. Anm. 22. Als Wohnsitz für Yamato-bime no Mikoto gebaut.

[29]) Der Name des Flüßchens *Isuzu* oder *Isusu* ist wohl aus *Iso-su* „Strand-Sandbank“ entstanden. Er heißt auch *Mi-mo-suso-gawa* oder *Uji-gawa*. Die zum Schrein der Sonnengöttin wallfahrtenden Pilger waschen sich darin Mund und Hände vor dem Besuch des Tempels.

[30]) *Mi-tsuwe*, wofür auch *mi-tsuwe-shiro* „erl. Stockes Stellvertreter“ gebraucht wird. Der Kaiser macht sie nicht zu seinem, sondern zu der Göttin Stock, d. h. zur Gehülfin, zunächst auf dem Reiseweg der Göttin zum künftigen Wohnort.

[31]) Mit *Shiki* ist hier der Distrikt Shiki der Provinz Yamato gemeint. *Itsu-kashi no Moto* bedeutet etwa „am Fuß der heiligen Kashi Bäume“. Nach dem YAMATO-BIME SEIKI blieb der Miya von Itsukashi no Moto acht Jahre hindurch die Kultstätte.

[32]) Das 26. Jahr Suinin.

[33]) Name eines Distriktes in der Provinz Ise.

[34]) D. i. *Yamato no Oho-kuni-tama*. Vgl. S. 243, Anm. 3.

[35]) Zur Zeit der Weltentstehung.

Himmelsgefilde regieren sollte, und daß ihre Hoheiten die souveränen erlauchten Nachkommen ausschließliche Herrschaft üben sollten über die achtzig Seelengottheiten[36]) *des Mittellandes des Schilfgefildes, und daß ich persönlich die Angelegenheiten der großen Erde regieren sollte. Der Vertrag ist bereits zu Ende. Aber obgleich der vorhergehende Mikado, der Kaiser Mimaki, die Himmels- und Erdengötter in Anbetung verehrte, hat er die Wurzeln nicht genau und ins Einzelne ergründet und nachlässiger Weise ist er an Zweigen und Blättern stehen geblieben. Daher war dieser Kaiser kurzlebig*[37]). *Aus diesem Grunde sollst jetzt du, der hohe erlauchte Nachkomme, die Mängel des vorhergehenden Mikado bereuen und den Kult mit Sorgfalt ausüben; dann wird das Leben deiner Hoheit verlängert werden und ferner wird auch im ganzen Reiche tiefer Friede sein.“ Als nun der Kaiser diese Rede gehört hatte, befahl er dem Kuka-nushi*[38]), *dem Ahnherrn der Nakatomi no Muraji, durch Divination zu erfragen, wen man mit der Kultverehrung des Großen Gottes von Yamato beauftragen solle. Hierauf entsprach Nunaki-waka-hime*[39]) *no Mikoto der Divination, und infolgedessen wurde der Nunaki-waka-hime no Mikoto der Auftrag erteilt. [Der Kaiser] bestimmte Götter-Land (Kamu-dokoro) im Dorfe Anashi*[40]) *und ließ am Naga-wo Vorsprung von Oho-chi Kulthandlungen stattfinden. Aber der Körper dieser Nunaki-waka-hime no Mikoto war schon vollständig abgemagert und geschwächt, so daß sie nicht imstande war, die Kulthandlungen auszuführen, weswegen Naga-wo-chi no Sukune, der Ahnherr der Yamato no Atahe, den Auftrag erhielt, die Kulthandlungen auszuführen.*

26. Jahr (4 vor Chr.).

Herbst, 8. Monat, 3. Tag. Der Kaiser befahl dem Mononobe no Tochine no Oho-muraji[41]) und sprach: „Obgleich Wir öfters Boten nach dem Lande

[36]) Oder „göttliche Seelen“, *mi-tama no kami. mi-tama* ist eigentlich die als Gott verehrte Seele eines Verstorbenen. Hier sind wohl die Götter überhaupt gemeint.

[37]) Der Gott ist offenbar mit der Aufmerksamkeit, die seinem eigenen Kult entgegengebracht wird, nicht zufrieden; er fühlt sich wohl vor allem hinter der Sonnengöttin zu sehr zurückgesetzt. Daß Kaiser Sujin zur Strafe für seine Nachlässigkeit kurzlebig gewesen sei, klingt eigentümlich, da dieser Kaiser 120 Jahre, nach dem KOJIKI sogar 168 Jahre alt geworden sein soll. Man darf in diesem Widerspruch einen der vielen Beweise für die Unzuverlässigkeit der altjapanischen Chronologie sehen. Suinin soll 140 Jahre alt geworden sein.

[38]) „Kuka-Herr“. Der Name hängt wahrscheinlich mit dem *Kuka-dachi* genannten Heißwasserordal zusammen, mit dessen Leitung er zu tun gehabt haben wird.

[39]) Sie ist identisch mit *Nunaki-iri-bime,* die im 6. Jahre Sujin beauftragt wurde, und konnte jetzt, nach so langer Zeit, kaum zum zweiten Mal durch Divination gewählt werden. Es liegt nahe, anzunehmen, daß Überlieferungen aus Sujin's und Suinin's Zeit durcheinander geworfen worden sind.

[40]) Im Distrikt Shiki no Kami in Yamato. Zu „Götterland“ *(kamu-dokoro,* auch *mitoshiro* genannt*)* vgl. S. 246, Anm. 23.

[41]) Der *Oho-muraji* „Große Dorfherr oder Gruppenherr“ *Tonechi* aus dem Geschlechte (Uji) der *Mononobe.* Der *Oho-muraji* war der Chef des Haupthauses aller zum Klassenverband (Kabane) *Muraji* gehörenden Uji. Er und der *Oho-omi,* das Oberhaupt aller *Omi* Familien, waren die einflußreichsten Männer des Landes nach dem Kaiser. Wann diese Bezeichnungen aufkamen, ist nicht bekannt. Im NIHONGI ist dies die erste Erwähnung; nach dem ENGI-SHIKI wäre der Titel aber erst unter dem Kaiser Chûai (192—200) eingeführt. Wenn das ENGI-SHIKI Recht hat, so könnte der vorzeitige Gebrauch des Titels hier im NIHONGI

Idzumo gesandt haben, um die Götterschätze[42]) dieses Landes zu inspizieren, hat doch keiner einen klaren Bericht erstattet. Geh du persönlich nach Idzumo, nimm eine gründliche Inspektion vor und bestimme [den Bestand der Schätze].“ Demzufolge nahm Tochine no Oho-muraji die Inspektion vor, inspizierte und bestimmte die Götterschätze und erstattete dem Kaiser einen klaren Bericht darüber. Demgemäß wurde ihm der Auftrag erteilt, die Götterschätze zu verwalten.

27. Jahr (3 vor Chr.).

Herbst, 8. Monat, 7. Tag. Es erging der Befehl an das Kultusamt[43]), durch Divination zu erfragen, ob den Göttern Waffengeräte als Opfergaben gegeben werden sollten. [Die Antwort lautete:] Es ist gut. Daher wurden Bogen, Pfeile und Querschwerter in den Schreinen sämtlicher Götter dargebracht. Ferner bestimmte man von neuem Götterländereien und Götterhäuser[44]) und führte die Kulthandlungen zu den bestimmten Zeiten[45]) aus. Also [die Sitte] den Himmels- und Erdengöttern Waffengeräte als Opfergaben darzubringen, entstand wohl zuerst in dieser Zeit. In diesem Jahre wurden im Dorfe Kume Miyake[46]) errichtet.

28. Jahr (2 vor Chr.).

Winter, 10. Monat, 5. Tag. Des Kaisers jüngerer Bruder von mütterlicher Seite, Yamato-hiko no Mikoto, starb.

11. Monat, 2. Tag. Man begrub Yamato-hiko no Mikoto auf dem Tsukisaka in Musa[47]). Hierauf versammelte man die Leute, welche in seiner Umgebung gedient hatten, und begrub sie sämtlich lebendig und in aufrechter

---

darauf beruhen, daß im internen Verkehr des Mononobe Geschlechts selber die früheren, verstorbenen Oberhäupter ehrenhalber mit dem später aufgekommenen Titel benannt wurden. Das KUJIKI läßt den Titel in der Ära Suinin entstehen, doch werden die Angaben dieses Werkes allgemein mit Mißtrauen aufgenommen.

[42]) Vgl. darüber den Bericht unter dem 60. Jahre Sujin. Über die Rückgabe der damals an den kaiserlichen Hof geholten Götterschätze *(kamu-dakara)* fehlen nähere Angaben. Ich habe gelegentlich eines Besuches bei dem „lebenden Gott“, dem Oberpriester (Gūji) von Kidzuki, Senge Takanori, im Juli 1891 einen Teil der alten Götterschätze sehen dürfen. Es befand sich darunter eine ziemlich große, schwere Kugel von gipsartigem Material, welche vom Himmel gefallen sein sollte, worüber aber der Gūji selber Bedenken äußerte.

[43]) *Kamu-tsukasa,* das später mit einer sinojap. Bezeichnung *Jingi-kwan* benannte Amt.

[44]) Vgl. S. 246, Anm. 24.

[45]) In den festgesetzten Jahreszeiten und Monaten, wie z. B. das Toshi-gohi (Erntegebets)-Fest am 4. Tage des 2. Monats, das Fest der Windgötter von Oho-imi am 4. Tage des 4. und 7. Monats, das Tsuki-nami Fest am 11. Tage des 6. und 12. Monats, das Kanname Fest am 11. Tage des 9. Monats.

[46]) *Mi-yake,* wörtlich „erlauchte Häuser“, waren die überall im Lande errichteten kaiserlichen Reisspeicher, in denen der auf den *mi-ta* „kaiserlichen Reisfeldern“ gebaute Reis eingesammelt wurde. Die Verwalter der *mi-ta* hießen *ta-tsukahi* oder *mi-ta no tsukasa,* die Oberleiter *miyake no obito* (Häuptling). Zahlreiche Ortsnamen Miyake stammen daher, daß in der betreffenden Örtlichkeit ehemals ein amtlicher Reisspeicher belegen war.

Dorf *Kume* im Distrikt Takechi von Yamato.

[47]) Derselbe Hügel *(saka)* im Distrikt Takechi von Yamato, wo später im Jahre 539 das Misasagi des Kaisers Senkwa errichtet wurde.

Stellung[48]) rings um sein Misasagi. Mehrere Tage lang starben sie nicht, und weinten und wehklagten Tag und Nacht. Schließlich starben und verwesten sie. Hunde und Raben versammelten sich und fraßen sie. Als der Kaiser die Stimmen des Weinens und Wehklagens hörte, war er in seinem Herzen überaus traurig und befahl den Großwürdenträgern, indem er sprach: „Das ist ein höchst schmerzliches Tun, daß man diejenigen, welche [jemand] während der Lebzeit geliebt hat, diesem bei seinem Tode nachzufolgen zwingt. Zwar ist dies eine alte Sitte, aber warum sie befolgen, da sie nicht gut ist? Von jetzt an haltet Rat darüber und schafft die Totennachfolge ab!"

32. Jahr (3 nach Chr.).

Herbst, 7. Monat, 6. Tag. Die Kaiserin Hibasu-hime no Mikoto starb. — *Eine Variante sagt: Hibasu-ne no Mikoto.* — Einige Tage vor dem beab-

[48]) Daher der im KOJIKI 63 (S. 96) gebrauchte Ausdruck *hito-gaki* „Menschenhecke". Die Angabe des NIHONGI, daß es sich um eine alte Sitte handle, während das KOJIKI diesen Gebrauch erst bei dieser Gelegenheit entstanden wissen will, entspricht den bekannten völkerkundlichen Tatsachen. Die Sitte war seit ältester Zeit in Ostasien verbreitet, bei Mongolen, Mandschuren, Tataren usw. In China schon im SHI-KING erwähnt (vgl. Viktor von Strauß Übersetzung S. 214: Klaggesang über die drei mit der Leiche des Fürsten Mu lebendig begrabenen Heldenbrüder), dann öfters in alten Geschichtswerken wie HAN-SHU, SHI-KI usw.

Den alten chinesischen Historikern war auch das Vorhandensein der Sitte in Japan bekannt, wie folgende Notiz im WEI-CHI, Bd. 13, Bericht über die Japaner, zeigt: „Als (247 n. Chr.) die Königin Himeko starb, wurde ein großer Erdhügel im Flächenraum von über 100 Pu errichtet, und über hundert männliche und weibliche Gefolgsleute (lit. „Sklaven", was kaum ganz zutreffend sein dürfte), folgten ihr im Tode und wurden mitbegraben."

Für Korea werden Fälle im TONG-KAM zitiert; nach derselben Quelle wurde der Brauch in Silla im Jahre 502 verboten. In Japan: Das RYŌ-GIGE erwähnt für die Provinz Shinano die Sitte, daß die Frau ihrem Gatten im Tode folgt. Die Selbstentleibung von Vasallen beim Tode ihres Herrn, um diesem auch im Jenseits zu dienen, war im japanischen Mittelalter sehr häufig; das NIHONGI zitiert schon Fälle im Jahre 454 und 649. In seiner Taikwa-Verfassung erließ Kaiser Kōtoku ein Verbot des Erdrosselns und Mitbegrabens, im Jahre 646, ohne dadurch die Sitte zu beseitigen. In neuerer Zeit noch wurde ein strenges Verbot in der Periode Kwambun (1661—72) erlassen, da in der Feudalzeit der alte Brauch besonders stark wieder aufgelebt war. Das jüngste Beispiel ist der Selbstmord des Generals Nogi und seiner Frau am Begräbnistage seines Herrn, des Kaisers Meiji, im Jahre 1912. Bis dahin galt als letzter Fall von *junshi* der Selbstmord des Vasallen Furukawa Kōichi beim Tode des Fürsten Nabeshima Kansō, Daimyōs von Hizen, im 4. Jahre Meiji (1871).

Die übliche Bezeichnung für die erzwungene oder freiwillige Nachfolge im Tode ist in Japan der chinesische Terminus *jun-shi* „Totennachfolge". In unserer Textstelle steht bloß *jun*, was japanisch *shinuru ni shitagawashimuru* „dem Verstorbenen nachfolgen lassen" transskribiert ist. Das ist aber nur eine Umschreibung; als eigentlichen altjapanischen terminus technicus muß man das im KOJIKI genannte *hito-gaki* betrachten. Die neuere volkstümliche Bezeichnung ist *oibara wo kiru* „den folgenden Bauch aufschneiden".

Meines Wissens sind Knochenreste von Menschen oder Pferden (die sich wegen ihrer Größe noch besser erhalten haben würden) in der Umringung der Misasagi und der anderen Herrengräber als Überbleibsel von *hito-gaki* nicht gefunden worden, aber eine große Anzahl von Funden in den Grabkammern zeigen außer der Hauptleiche (diese oft in Stein- oder Tonsärgen) noch die Skelettreste vieler anderen Leichen, was darauf schließen läßt, daß wir hier den Herrn und seine Gefolgsleute vor uns haben, und weiter, daß es sich wahrscheinlich um gleichzeitige Bestattung handelt. Beispiele s. bei Munro, Prehistoric Japan, S. 375ff.

sichtigten Begräbnis befahl der Kaiser den Großwürdenträgern und sprach: „Wir haben schon früher die Erkenntnis gewonnen, daß der Gebrauch, einem Toten nachzufolgen, nicht gut ist. Was sollen wir nun bei dem diesmaligen Begräbnis tun?“ Da trat Nomi no Sukune vor und sprach: „Wohlan, es ist nicht gut, beim Misasagi eines Fürsten lebende Menschen aufrecht stehend zu begraben. Wie könnten wir das späteren Generationen überliefern?! Ich bitte, daß ich jetzt ein Auskunftsmittel erwägen und vorschlagen darf.“ Demnach schickte er Boten aus und berief nach der Residenz hundert Leute des Töpfer-Be[49]) des Landes Idzumo. Er selber wies die Töpfer-Be Leute an, Ton zu nehmen und daraus die Gestalten von Menschen, Pferden und allerhand Dingen[50]) herzustellen, die er dem Kaiser mit den Worten darbot: „Laß es von jetzt an eine Gesetzesregel für die künftigen Generationen sein, daß man diese Tongegenstände nimmt und anstatt der lebenden Menschen an den Misasagi hinstellt.“

Hierauf war der Kaiser hoch erfreut und befahl dem Nomi no Sukune mit den Worten: „Das von dir erdachte Auskunftsmittel hat Unserem Herzen wahrlich gefallen.“ Demzufolge wurden solche Tongegenstände zum ersten Mal am Grabe von Hibasu-hime no Mikoto aufgestellt. Demnach benannte man diese Tongegenstände mit dem Namen Hani-wa[51]). Ein anderer Name ist Tate-mono[52]).

---

[49]) *Haji-Be. Haji* aus *hani-shi* „Lehm-Arbeiter“ kontrahiert. Ihr Sitz in Idzumo, der Korea am nächsten gelegenen Provinz, deutet auf die nahen Beziehungen zwischen der altjapanischen und koreanischen Töpferei hin.

[50]) Zahlreiche solche Tonfiguren von den Misasagi, besonders in Yamato, sind erhalten. Darunter Krieger in Helm und Panzer, Frauen, Pferde in voller Ausrüstung mit Sattel, Zügel, Steigbügeln, Glocken (besonders gutes Exemplar im Uyeno Museum, Tōkyō), ein Hase, ein Eber usw., von leblosen Gegenständen hauptsächlich Tomo (beim Bogenschießen am Arm getragenes Rückprallpolster). Abbildungen s. bei Munro a. a. O. S. 510—535 (Fig. 354—386). Eine Anzahl solcher ausgegrabenen Funde, sowie einige getreue Nachbildungen seltener Exemplare (in der Anthropologischen Abteilung der Tōkyō Universität hergestellt) habe ich 1903 dem Berliner Museum für Völkerkunde übergeben.

Die Figuren wurden mit ihrem unteren, gewöhnlich zylinderförmigen Ende in die Erde eingegraben. Der Ton, grobe Terrakotta, ist hell backsteinfarben und ziemlich weich, wie im allgemeinen die primitive Töpferei von Yamato, während die früher genannten *ihahi-be* von viel härterem Material (Farbe außerdem grau, schwarz oder rotbraun) sind und einer anderen Entwicklungsstufe der Töpferei angehören. Die Figuren waren in ein oder zwei Reihen um den Tumulus aufgestellt. Die große Mehrzahl der Funde besteht jedoch nur aus Tonzylindern (s. Munro a. a. O. S. 508f., Fig. 352, 353). In vielen Fällen ist der über die Erde herausragende Teil durch Verwitterung oder sonstige Zerstörung zugrunde gegangen, aber meist wird überhaupt gar keine Figur darauf gewesen sein, so daß die Zylinder für sich schon eine Art Zaun bildeten. Die Seitenlöcher in vielen von ihnen deuten vielleicht auf die ursprüngliche Einfügung von Verbindungsgliedern (aus Holz, Bambus?) zwischen ihnen hin.

[51]) „Ton-Ring“. Diese Bezeichnung paßt strenggenommen nur auf die Zylinder, was für die oben ausgesprochene Vermutung spricht, daß die meisten Haniwa keinen Figurenaufsatz hatten, ja, daß die figurenlose Haniwa vielleicht die ursprüngliche Form war. In viel späterer Zeit ist für die Figuren der halb sinojap. Ausdruck *tsuchi-ningyō* „Ton-Puppen“ aufgekommen.

[52]) „Aufstell-Dinge“.

Hierauf besagte ein kaiserlicher Erlaß: „Von jetzt an soll man bei den Misasagi solche Tongegenstände aufstellen; lebenden Menschen soll man kein Leids antun!" Der Kaiser belohnte die Verdienste Nomi no Sukune's gütigst, schenkte ihm auch einen Schmiede-Ort[53]) und vertraute ihm das Tonarbeiter-Amt[54]) an. Aus diesem Grunde wurde sein ursprüngliches Kabane geändert und er Haji no Omi genannt. Dies ist der Ursprung davon, daß die Haji no Muraji die Begräbnisse der Kaiser leiten. Der genannte Nomi no Sukune war der Urahn der Haji no Muraji.

34. Jahr (5 nach Chr.).

Frühling, 3. Monat, 2. Tag. Der Kaiser begab sich nach Yamashiro. Bei dieser Gelegenheit berichteten ihm die Höflinge und sprachen: „In diesem Lande gibt es ein schönes Weib Namens Kamu-hata-tobe. Sie ist von schöner Erscheinung, und ist eine Tochter [eines gewissen] Fuchi von Oho-kuni[55]) in Yamashiro." Hierauf schwur der Kaiser, die Lanze in der Hand haltend, und sprach: „Wenn ich diese Schöne gewiß treffen soll, so werde ich auf dem Wege ein glückliches Omen sehn!" Als er beim Interimspalast eintraf, kam eine große Schildkröte aus dem Flusse heraus. Der Kaiser erhob seine Lanze und stieß nach der Schildkröte[56]). Plötzlich verwandelte sich dieselbe in einen weißen Stein. Da sagte er zu den Höflingen: „Wenn man mit Bezug auf dieses Ding eine Folgerung zieht, so ist es sicherlich [als] ein Vorzeichen [zu betrachten]." Darauf wurde Kamu-hata-tobe herbeigerufen und im Frauenpalast[57]) untergebracht. Sie gebar den Iha-tsuku-wake no Mikoto, und dieser war der Urahn der Miwo no Kimi. — — —

39. Jahr (10 nach Chr.).

Winter, 10. Monat. Während Inishiki no Mikoto im Palaste zu Kahakami von Udo in Chinu[58]) wohnte, machte er tausend Stück Schwerter. Deshalb nannte man diese Schwerter Kahakami-Gruppe. Mit anderm Namen heißen sie auch Splitternackte Gruppe[59]). Sie wurden im Götterschrein von Iso-

---

[53]) So nach den Zeichen und der Lesung *katashi-dokoro*. Der Ausdruck ist dunkel, rührt aber wohl daher, daß bei den Begräbnissen aus Kupfer und Eisen gegossene und geschmiedete Gegenstände gebraucht wurden. Man sollte indessen hier eher etwas wie „Knet-Ort" oder „Brennstätte" erwarten, wo die Tonfiguren hergestellt wurden. Vielleicht liegt eine solche Bedeutung in dem jap. *katashi-dokoro* enthalten, denn *katashi* bedeutet offenbar ursprünglich bloß „härten", vom Stamm *kata* „hart", und das eigentliche Wort für „schmieden" ist *kitafu*. Also „Härtungs-Stätte"? Aston übersetzt geradezu „kneading-place".

[54]) *Haji no tsukasa*. Darüber in späterer Zeit nichts bekannt.

[55]) Bezirk im Distrikt Uji von Yamashiro.

[56]) Vgl. Yūryaku 22. Jahr die Geschichte von Urashima und der Schildkröte.

[57]) *Kisaki no miya* oder *uchi-tsu-miya* „innerer Palast", nach den chines. Zeichen aber „hinterer Palast".

[58]) Im Distrikt Hine der Provinz Idzumi.

[59]) *Kahakami-tomo* bzw. *Aka-hadaka-tomo*. Letzterer Name soll andeuten, daß die Schwerter keine Scheiden hatten.

no-kami[60]) eingelegt. Hierauf befahl der Kaiser dem Inishiki no Mikoto und ließ ihn die Götterschätze des Götterschreins von Iso-no-kami verwalten.

Eine Variante besagt: — Als der Kaiserliche Prinz Inishiki zu Kahakami von Udo in Chinu wohnte, ließ er einen Schmied Namens Kahakami rufen und fertigte tausend Stück Schwerter. Damals wurden das Schildnäher[61]) *Be, das Streifendamast-Arbeiter*[62]) *Be, das Götterbogen-Hobler*[63]) *Be, das Götterpfeilmacher*[64]) *Be, das Oho-Anashi*[64]) *Be, das Hatsu-kashi*[65]) *Be, das Juwelenschleifer*[66]) *Be, das Kamu-Osaka*[67]) *Be, das Hi-oki*[68]) *Be, das Schwertträger*[69]) *Be, die Be von allen diesen zehn Gegenständen zusammen, dem Kaiserlichen Prinzen Inishiki vom Kaiser verliehen. Diese tausend Schwerter wurden im Dorfe Osaka eingelegt. Später wurden sie von Osaka versetzt und im Götterschrein von Iso-no-kami eingelegt. Zu dieser Zeit sprach der Gott folgende Bitte aus: „Laßt einen Familiengenossen der Kasuga no Omi, Namens Ichikaha, sie in Obhut nehmen.“ Daher wurde auf Kaiserlichen Befehl Ichikaha beauftragt sie in Obhut zu nehmen. Dieser ist der Urahn der Mononobe no Obito.*

87. Jahr (58 nach Chr.).

Frühling, 2. Monat, 5. Tag. Inishiki no Mikoto redete zu seiner jüngeren Schwester Oho-naka-tsu-Hime und sprach: „Ich bin alt. Ich bin nicht imstande, die Götterschätze zu verwalten. Von jetzt an mußt du die Leitung übernehmen.“ Oho-naka-tsu-Hime weigerte sich und sprach: „Ich bin ein handschwaches Weib. Wie wäre ich imstande, zu dem himmlischen Götterspeicher[70]) hinaufzusteigen?“ Inishiki no Mikoto sprach: „Wenn der Götter-

[60]) Dort befand sich schon das Schwert, mit welchem Susanowo die achtgabelige Riesenschlange zerhieb. Vgl. S. 168 und Anm. 18.

[61]) *Tate-nuhi,* vgl. S. 193, Anm. 24. Sie fertigen Götterschilde.

[62]) *Shidori. Shidori no kami* heißt der Webergott. Vgl. S. 182, Anm. 16. Je 2 Stücke solchen Stoffes in der Länge von 14′ und Breite von 2′ 2″ wurden bei gewissen Götterfesten auf Tische gelegt dargeboten.

[63]) *Kamu-yuge.*

[64]) *Kamu-ya-hagi.*

[64]) Der Name dieses Be ist von dem Ortsnamen *Anashi* im Distrikt Shiki-no-kami in Yamato hergeleitet. Das „Große Anashi Be“ heißt es jedenfalls ehrenhalber, weil die betreffenden Leute (Kamube) Opfergegenstände herstellten.

[65]) Ortsname in mehreren Provinzen, wie in Yamashiro und Settsu.

[66]) *Tama-suri.* Sie fertigen die im Ritus verwendeten Maga-tama usw. Vgl. S. 159.

[67]) *Osaka* war ein Bezirk im Distrikt Shiki-no-kami in Yamato.

[68]) *Hi-oki* bedeutet „täglich hinlegen“ (nämlich Opfergaben auf die Opfertische). Es gibt zahlreiche Orte dieses Namens in verschiedenen Provinzen, wo wahrscheinlich Opfergaben liefernde Kamube saßen. Unser Be hat daher seinen Namen von einem dieser Orte, vielleicht dem Bezirk Hi-oki im Distrikt Katsuragi in Yamato.

[69]) *Tachi-haki.*

[70]) *Ama no hokora.* „Himmlisch“ ist nur Honorifikum. Die Speicher, zur Aufbewahrung der Götterschätze in der Nähe des Hauptschreins errichtet, waren zumteil sehr hohe Pfahlbauten, wie man sie sonst auf den Inseln des malayischen Archipels sieht, woher ja auch ein Teil der Japaner stammt. Aston erwähnt hierzu den aus dem 8. Jahrhundert stammenden Speicher beim Tōdaiji in Nara, der auf etwa zehn Fuß hohen Pfeilern steht.

speicher auch hoch ist, so kann ich doch für den Götterspeicher eine Leiter machen. Wie sollte es dann noch mühsam sein, zu dem Götterspeicher hinaufzusteigen?" Daher das Sprichwort, welches besagt: „Sogar zum Götterspeicher der Götter [kann man hinaufsteigen], wenn man nur eine Standleiter hat." Dies war der Ursprung [dieser Redeweise]. Schließlich gab Oho-naka-tsu-Hime [die Schatzstücke] an Mononobe no Tochine no Oho-muraji und beauftragte ihn mit der Verwaltung derselben. Daher liegt den Mononobe no Muraji bis zur Jetztzeit die Verwaltung der Götterschätze von Iso-no-kami ob. Obige [Übertragung] ist der Ursprung dieser [Gepflogenheit].

Ehemals war im Dorfe Kuwada des Landes Taniha einmal ein Mann Namens Mika-so. Nun war im Hause des Mika-so ein Hund mit dem Namen Ayuki[71]). Dieser Hund biß ein wildes Tier, das man Mujina[72]) nennt, und tötete es. Im Bauche des Tieres fand man einen Maga-tama von Yasaka Juwel, und überreichte es demgemäß dem Kaiser. Dieses Juwel befindet sich jetzt im Götterschrein von Iso-no-kami.

88. Jahr (59 nach Chr.).

Herbst, 7. Monat, 10. Tag. Kaiserlicher Erlaß an die Großwürdenträger, welcher besagte: „Wie Wir vernehmen, befinden sich die Götterschätze, welche der Shiragi Prinz Ama no Hi-boko mitbrachte, als er zuerst hierher kam, jetzt in Tajima. Sie wurden ursprünglich von dem Volke dieser Provinz hochgeschätzt und zu Götterschätzen gemacht. Wir hegen den Wunsch, diese Schatzstücke zu sehen." Selbigen Tages schickte man Boten mit dem Kaiserlichen Befehl, der die Überreichung an den Kaiser befahl, an Kiyo-hiko, den Urenkel des Ama no Hi-boko. Hierauf brachte Kiyo-hiko, nachdem er den Kaiserlichen Befehl entgegengenommen hatte, in eigner Person die Götterschätze und überreichte sie dem Kaiser. Es war ein Hafuto-Juwel, ein Ashi-taka Juwel, ein Ukaka rotsteinernes Juwel, ein Sonnen-Spiegel, ein Kuma-Himorogi. Aber es war da ein Kurzschwert mit Namen Idzushi[73]). Nun faßte plötzlich Kiyo-hiko den Gedanken, das Kurzschwert dem Kaiser nicht darzureichen. Daher verbarg er es im Inneren seines Kleides und trug es selber. Da der Kaiser von dem Umstand, daß er das Kurzschwert verborgen hatte, nichts wußte und dem Kiyo-hiko Gunst zu bezeigen wünschte, ließ er ihn rufen und gab ihm Reiswein im Palaste. Da kam das Kurzschwert aus dem Kleidinnern hervor und wurde sichtbar. Der Kaiser sah es und fragte persönlich den Kiyo-hiko mit den Worten: „Das Kurzschwert da im Inneren deines Kleides, was für ein Kurzschwert ist das?" Da nun Kiyo-hiko erkannte, daß er das Kurzschwert nicht verbergen konnte, bekannte er offen, daß es zu den Götterschätzen gehörte, die er dem Kaiser

[71]) Etwa „der Läufer".

[72]) Dem *tanuki* „Waschbärhund" ähnlich, dem der Volksaberglaube gespenstige, vor allem Verwandlungskünste zuschreibt. Die Verwandlung eines *mujina* in einen Menschen wird berichtet in Suiko 35. Jahr (627).

[73]) Vgl. Anm. 13 (S. 256).

überreicht hatte. Da sprach der Kaiser zu Kiyo-hiko mit den Worten: „Wie kann dieser Götterschatz von den übrigen seiner Art getrennt werden?“ Daher nahm [Kiyo-hiko] es heraus und überreichte es dem Kaiser, und alle wurden in der heiligen Schatzkammer eingelegt. Aber als man später die heilige Schatzkammer öffnete und nachsah, war das Kurzschwert von selber verschwunden. Demnach schickte man zu Kiyo-hiko einen Boten, der ihn mit den Worten fragte: „Das Kurzschwert, welches du dem Kaiser überreicht hast, ist plötzlich verschwunden. Ist es vielleicht zu dir hingelangt?“ Kiyo-hiko antwortete und sprach: „Gestern Nacht gelangte das Kurzschwert ganz von selber in das Haus deines Knechtes; heute Morgen jedoch ist es wieder verschwunden.“ Der Kaiser war darob in Furcht und versuchte nie mehr, es zu erlangen. Später gelangte das Idzushi Kurzschwert ganz von selbst nach der Insel Ahaji. Die Leute dieser Insel betrachteten es als einen Gott, und errichteten für das Kurzschwert einen Schrein. Daselbst wird es bis zur Gegenwart verehrt.

Aus Buch VII.

Kaiser Oho-tarashi-hiko Oshiro-wake. (Keikō[1])-tennō).

2. Jahr (72 nach Chr.).

Der Kaiserliche Prinz Oho-usu und Wo-usu no Mikoto wurden [von der Kaiserin] an einem und demselben Tage mit gemeinsamem Mutterkuchen als Zwillinge[2]) geboren. Der Kaiser wunderte sich darüber und machte dem Mörser[3]) Mitteilung. Daher nannte er die beiden Prinzen Oho-usu (Großer Mörser) und Wo-usu (Kleiner Mörser). Dieser Wo-usu no Mikoto hieß auch Yamato-Woguna, ferner auch Yamato-takeru[4]) no Mikoto. Schon in seiner

[1]) „Großes (glänzendes) Verhalten.“ 12ter Mikado, angeblich 71—130.

[2]) In der volkstümlichen Anschauung der Japaner galt gewöhnlich der zuletzt geborene Zwilling als der *ani* „ältere Bruder“, weil er im Mutterleibe den höheren Platz inne hatte, während das neue bürgerliche Gesetzbuch (Mimpō) unsere europäische Anschauung annimmt. In China wurde in ältester Zeit die Frage diskutiert, später aber der zweite als „älterer Bruder“ betrachtet.

[3]) *Usu ni takebu.* Näheres über diesen alten Brauch ist nicht bekannt. Aber eine Sitte auf der Insel Miyake-jima, einer der sieben Inseln von Idzu vor der Tōkyō-Bucht, wirft Licht darauf. Die Frauen tragen dort während der Schwangerschaft keinen Obi (Gürtel) und gebären sehr leicht, ohne Hebamme. Beim Herannahen der Geburt geht die Frau allein in den Haushof hinab, klammert sich an den Mörser *(usu)* an und gebiert so. Aston zitiert eine Stelle aus Hardy's Manual of Buddhism, S. 158: „Die östliche Mörserkeule findet sich in jedem Hause und ist mit so vielen abergläubischen Vorstellungen und Zeremonien verbunden wie der Besen bei den alten Weibern in Europa.“

[4]) „Held von Yamato“, vgl. S. 103. Die Lesung *takeru*, nicht die sonst allgemein gebräuchliche *take*, ist für diesen Namen als authentisch festgestellt worden. *Wo-guna* ist ein archaisches Wort für „Knabe“, sonst unbelegt.

Jugend hatte er männliche Energie; als er die Mannesjahre erreicht hatte, war sein Antlitz stattlich. Seine Körpergröße betrug eine Rute[5]), seine Kraft war eine solche, daß er einen Dreifuß[6]) heben konnte.

3. Jahr (73 nach Chr.).

Frühling, 2. Monat, 1. Tag. Es wurde diviniert, ob der Kaiser sich nach dem Lande Kii begeben sollte, um sämtlichen Himmels- und Erdengöttern Opfer darzubringen. Es wurde als nicht glücklich befunden, und die Kaiserliche Reise wurde aufgegeben. Man schickte Ya-nushi Oshi-wo Take-wo-gokoro no Mikoto — *eine Variante besagt: Take-wi-gokoro* — hin und beauftragte ihn mit der Kulthandlung. Hierauf ging Ya-nushi Oshi-wo Take-wo-gokoro no Mikoto hin und weilte in Kashiha-bara von Abi [im Distrikt Nakusa von Kii], woselbst er den Himmels- und Erdengöttern Opfer darbrachte. Er blieb daselbst neun Jahre. — —

12. Jahr (82 nach Chr.).

Winter, 10. Monat. — — — [Gelegentlich seines Feldzugs gegen die empörerischen Kumaso und Tsuchigumo] marschierte der Kaiser stracks über den Negi-Berg[7]), um [den Tsuchigumo] Uchi-saru anzugreifen. Zu dieser Zeit fielen die Pfeile des Feindes, die quer vom Berge her geschossen wurden, wie Regen vor das Kaiserliche Heer. Der Kaiser ging wieder nach Ki-hara[8]) zurück und divinierte am Ufer des Flusses [was zu tun sei]. Darauf ordnete er die Truppen und griff zunächst Yata auf dem Negi-Felde an und vernichtete ihn. Hierauf war Uchi-saru der Ansicht, daß er nicht siegen könne und bat, daß er sich unterwerfen dürfe. Da es ihm aber verweigert wurde, stürzten sie alle sich selber in einen Abgrund und starben so. Als der Kaiser anfänglich im Begriff gewesen war, den Feind anzugreifen, hatte er auf dem großen Felde von Kashihawo Halt gemacht. Auf diesem Felde war ein Stein von sechs Fuß Länge, drei Fuß Breite und anderthalb Fuß Dicke. Der Kaiser betete mit den Worten: „Wenn es Uns gelingen soll, den Tsuchigumo zu vernichten, so soll dieser Stein, wenn Wir ihm einen Tritt geben, wie ein Kashiha[9])-Blatt hochfliegen!“ Als er ihm hierauf einen Tritt versetzte, stieg er wie ein Kashiha-Blatt in die Große Leere auf. Deshalb gab man

---

[5]) Die altjapanische Rute *(tsuwe)* war 8 Fuß *(shaku)* lang.

[6]) *kanahe*, sicher ein Kompositum aus *kana* „Metall“ und *he* „Behältnis“ (vgl. *ihahibe, tsurube* Zieheimer, *nabe* Pfanne usw.), auch *ashi-ganahe* „mit Füßen versehenes Kanahe“. Der Gegenstand existierte aber im ältesten Japan nicht, und die ganze Phrase ist aus dem chin. SHI-KI entlehnt!

[7]) In der Provinz Bungo auf Kyūshū, wo die Tsuchigumo hausten. Die Namen der hier erwähnten Tsuchigumo-Häuptlinge sind japanische: *Uchi-saru* „Schlag-Affe“, *Yata* „Achtfeld“. Es handelt sich also vielleicht nicht um Ainu oder andere fremdländische Bewohner, sondern um Leute japanischen Stammes, obwohl natürlich nicht ausgeschlossen ist, daß die Japaner auch fremdrassigen Leuten japanische Namen beilegten. Ein sicherer Schluß läßt sich aus der einfachen Tatsache einer japanischen Benennung nicht ziehen.

[8]) Im Distrikt Nahori von Bungo. Noch jetzt befindet sich dort ein Kihara (Schloßfeld)-Hachiman Schrein.

[9]) Eiche.

diesem Stein den Namen Fumishi[10]). Die Götter, zu denen er damals betete waren der Gott von Shiga[11]), der Gott der Mononobe von Nahori, und der Gott der Nakatomi von Nahori[12]), drei Götter. — — — —

18. Jahr (88 nach Chr.).

— — Sommer, 4. Monat, 11. Tag. [Als der Kaiser auf einer Reise durch Tsukushi begriffen war], ging er auf dem Seeweg bei einer kleinen Insel in Ashikita[13]) vor Anker, und als er eine Mahlzeit einnahm, befahl er dem Wo-hidari, dem Ahnherrn der Yamabe no Abiko[14]), ihm kaltes Wasser zu reichen. Es gab aber gerade kein Wasser auf der Insel, und [Wo-hidari] wußte nicht, was er tun sollte. Deshalb blickte er empor und betete zu den Himmelsgöttern und Erdengöttern. Da sprudelte plötzlich eine kalte Quelle aus der Seite einer Klippe hervor. Hierauf schöpfte er daraus und brachte es dem Kaiser. Deshalb gab man dieser Insel den Namen Midzushima (Wasser-Insel). Diese Quelle ist heute noch an der Klippe von Midzushima vorhanden[15]).

5. Monat, 1. Tag. Von Ashikita begab er sich zu Schiff nach dem Lande Hi. Da ging die Sonne unter. Bei der Dunkelheit der Nacht wußten sie nicht, wie sie das Ufer erreichen sollten. Als sie in der Ferne einen Feuerschein erblickten, befahl der Kaiser dem Steuermann mit den Worten: „Nimm stracks die Richtung auf die Feuerstelle!“ Demnach fuhren sie in der Richtung auf das Feuer, und es gelang ihnen so, die Küste zu erreichen. Der Kaiser erkundigte sich nach der Feuerstelle und sprach: „Wie heißt dieses Dorf?“ Die Leute des Landes antworteten und sprachen: „Toyomura, im Distrikt Yatsushiro.“ Ferner erkundigte er sich nach jenem Feuer „Wessen Feuer ist dies?“ Aber man vermochte den Eigentümer nicht zu finden, worauf man erkannte, daß es nicht das Feuer eines Menschen war[16]). Deshalb nannte man dieses Land Hi no Kuni (Feuerland)[17]).

---

[10]) Kontr. aus *fumi-ishi* „Tritt-Stein“.

[11]) Wohl der Gott, oder die Götter (es sind deren 3) des im ENGI-SHIKI genannten „Shiga-Meergottschreins“ im Distrikt Kasuya der Provinz Chikuzen.

[12]) Die beiden werden zwar nicht im ENGI-SHIKI, aber im BUNGO-KOKUSHI aufgeführt. Ersterer war offenbar ein Kriegergott; letzterer ein Gott der Wahrsagerei und hieß mit Namen Ishikami-myōjin.

[13]) Distrikt in der Provinz Higo.

[14]) *Yamabe* ist der Familienname; *Abiko* oder *Ahiko* ein Kabane, das noch in einigen anderen Namen vorkommt, z. B. Yosami no Abiko, Karu no Abiko. Genaueres darüber nicht bekannt.

[15]) Über die Insel, die 7 Ri vom Ufer des Kuma-agata (Kumamoto-Ken) in Higo abliegt, und die Quelle berichtet auch das HIGO-FUDOKI, und zwei Gedichte im 3. Buch des MANYŌSHŪ nehmen darauf Bezug. Das Wasser soll gänzlich ohne Salzgehalt sein.

[16]) Mit Bezug auf diese Geschichte ist der Ausdruck *shiranu-hi no* „von unbekanntem Feuer“ ein Epitheton (Makura-kotoba) zu Tsukushi geworden. Solche Feuererscheinungen, die man von weitem sieht, die beim Näherkommen aber verschwinden, sollen auch jetzt in ungezählter Menge in der Nähe der Insel Amakusa im Juni und Juli beobachtet werden.

[17]) Später in zwei Provinzen, *Hizen* (Vorder-Hi) und *Higo* (Hinter-Hi) geteilt.

6. Monat, 3. Tag. Vom Distrikt Takaku setzte er nach dem Dorfe Tamaki über und tötete Tsutsura, einen Tsuchigumo dieses Ortes.

16. Tag. Er langte im Lande Aso[18]) an. Die Felder und Gefilde dieses Landes waren weithin ausgedehnt, aber keine Menschenwohnungen waren sichtbar. Der Kaiser sprach: „Gibt es in diesem Lande Leute?" Da waren zwei Gottheiten Namens Aso-tsu-hiko und Aso-tsu-hime, die sich plötzlich in Menschen verwandelten, herbeikamen und sprachen: „Wir beide sind da. Wieso wären also keine Menschen da?" Daher nannte man dieses Land Aso[19]).

Herbst, 7. Monat, 4. Tag. Er kam in Mike[20]) im Hinterlande von Tsukushi[21]) an, und wohnte im Interimspalast von Takata. Nun war hier ein umgestürzter Baum, dessen Länge 970 Ruten betrug. Als die hundert Beamten, auf den Baum tretend, darauf hin und hergingen, machten die damaligen Leute ein Gedicht, welches lautete:

„Des erlauchten Baums Stangen-Brücke
Im Morgenreif[22])!
Die Würdenträger
Schreiten darüber hin —
Über des erlauchten Baumes Stangen-Brücke!"

Hierauf erkundigte sich der Kaiser mit den Worten: „Was ist das für ein Baum?" Da war ein alter Mann, der sagte: „Dieser Baum ist ein Kunugi[23]) Baum. Ehemals, ehe er umstürzte, überschattete er den Kishima[24]) Berg, wenn die Strahlen der Morgensonne ihn trafen, und bedeckte er den Aso Berg, wenn die Strahlen der Abendsonne ihn trafen." Der Kaiser sprach: „Dieser Baum ist ein Götterbaum. Dieses Land soll deshalb Mi-ke no Kuni (Land des erlauchten Baumes) heißen!"

7. Tag, Er kam im Distrikt Yame[25]) an. Als er darauf beim Über-

---

[18]) Der jetzige Distrikt *Aso* in Higo, von dem auch der Name des bekannten Vulkans *Aso-san* stammt, der weiter unten genannt wird.

[19]) *Aso* ist dialektische Nebenform von *naso, nazo* „wieso, warum". Natürlich ist das nur eine der beliebten kalauerartigen Volksetymologien.

[20]) Alter Distrikt von Chikugo, später *Miike*. *Mi-ke* nach den Zeichen „erlauchter Baum". „Baum" ist aber sonst nur *ki* oder *ko*, und die Etymologie erscheint mir zweifelhaft. Vielleicht ist *mike* = *mi-ike* „erlauchter Teich". In Mike jetzt berühmte Kohlengruben.

[21]) Jetzt Chikugo.

[22]) *Asa-shimo no* ist wortspielendes Makura-kotoba zur Silbe *ke* von *mi-ke* in der Bedeutung „schmelzen".

[23]) Eine Eichenart, quercus serrata.

[24]) Nach dem HIZEN-FUDOKI gab es einen dreigipfligen Berg *Kishima* im Distrikt Kishima (oder Ki-no-shima) von Hizen, wo im Frühling und Herbst Götterfeste mit großen Schmausereien und Tanz und Musik abgehalten wurden. Der jetzt *Kishima* genannte Berg ist aber keineswegs ein hoher Berg, der mit dem *Aso* kontrastiert werden könnte, und man könnte daher in plausibler Weise vermuten, daß der im Nachbardistrikt gelegene *Tara-yama,* auf dem in jedem September beim Götterfest ganz solche Gelage wie das HIZEN-FUDOKI beschreibt abgehalten werden, mit dem alten Kishima Berge identisch ist.

[25]) In Chikugo.

schreiten des „Vorderberges[26])“ südwärts nach Kuri no Saki[27]) hinabblickte, äußerte er sich und sprach: „Die Gipfel und Schluchten dieses Gebirges liegen schichtweise übereinander. Das ist überaus herrlich! Wohnt in diesen Bergen vielleicht eine Gottheit?“ Da meldete Saru-Oho-ama[28]), der Agatanushi von Minuma, dem Kaiser mit den Worten: „Es gibt eine weibliche Gottheit, Namens Yame-tsu-hime[29]), die ständig in diesen Bergen wohnt!“ Der Name Yame no Kuni (das Land Yame) hat also von diesem [Vorfall] her seinen Ursprung genommen. — —

20. Jahr (90 nach Chr.).

Frühling, 2. Monat, 4. Tag. Die Kaiserliche Prinzessin Ihonu[30]) wurde für den Kult der Ama-terasu Oho-mi-kami eingesetzt. — —

27. Jahr (97 nach Chr.).

Winter, 12. Monat. — — [Nachdem der sechzehnjährige Yamato-takeru no Mikoto auf seinem Zug gegen die Kumaso seine Gegner ausgerottet hatte], kehrte er zur See nach Yamato zurück, gelangte dabei nach Kibi[31]) und fuhr über das Ana[32]) Meer. An diesem Orte war eine böse Gottheit, welche er tötete. Ferner gelangte er nordwärts nach Naniha[33]) und tötete die böse Gottheit der Kashiha-Durchfahrt[34]).

28. Jahr (98 nach Chr.).

Frühling, 2. Monat, 1. Tag. Yamato-takeru no Mikoto berichtete dem Kaiser über die Umstände bei der Unterwerfung der Kumaso und sprach: „Im Vertrauen auf den göttlichen Geist[35]) des Kaisers hat dein Knecht mit den Waffen in einem einzigen Kampf den Kumaso Häuptling erschlagen und jenes Land vollständig zur Ruhe gebracht. Daher sind die westlichen Länder nun ruhig und das Volk ist wohlbehalten. Nur die Gottheit der Ana-Überfahrt in Kibi und die Gottheit der Kashiha-Überfahrt in Naniha ließen alle beide in schadenfroher Absicht giftige Dämpfe ausströmen und quälten so die Reisenden. Beide waren der Grund von Übeln. Daher habe ich diese bösen Gottheiten sämtlich erschlagen und die Wege sowohl zu Wasser als zu Lande geöffnet.“ Der Kaiser belobte hierauf die Verdienste des Yamato-takeru no Mikoto und bezeigte ihm ganz besondere Güte.

---

[26]) *Mahe-yama*, nach einer Auffassung der jetzige *Mi-mahe no Take* (Gipfel), nach anderer der *Fuji-yama* „Glyzinien-Berg“ im Distrikt Mii von Chikugo.

[27]) Oder *Kuri-misaki;* soll jetzt *Kuro-misaki* heißen.

[28]) Oder *Saru-ohomi*.

[29]) Unbekannte Göttin. Ihr Name scheint „die Achtäugige“ zu bedeuten.

[30]) Nichte der *Yamato-bime no Mikoto* (s. S. 258, Anm. 22) und 7. Tochter des Kaisers Keikō.

[31]) Die jetzigen Provinzen Bizen, Bitchū, Bingo und Mimasaka.

[32]) Alter Distrikt der Provinz Bingo, der damals (vor der Neueinteilung des 5. Jahres Yōrō, 721) bis ans Meer reichte.

[33]) Jetzt Ōsaka.

[34]) Fahrstraße vor der Ōsaka Bucht.

[35]) *Mitama no fuyu*.

40. Jahr (110 nach Chr.).

— — Winter, 10. Monat, 2. Tag. Yamato-takeru no Mikoto trat seine Reise [zum Zug nach dem Ostlande] an.

7. Tag. Er machte einen Umweg, um im Schrein der Gottheit von Ise zu beten. Daselbst nahm er von Yamato-bime no Mikoto Abschied, indem er sprach: „Auf Befehl des Kaisers gehe ich jetzt auf einen Kriegszug nach Osten, um die Empörer zu züchtigen. Daher verabschiede ich mich.“ Hierauf nahm Yamato-bime no Mikoto das Kusa-nagi Schwert und gab es Yamato-takeru no Mikoto mit den Worten: „Sei vorsichtig, sei nicht nachlässig!“

In diesem Jahre gelangte Yamato-takeru no Mikoto zuerst nach Suruga. Die dortigen Feinde taten, als ob sie sich unterwerfen wollten und sprachen betrügerisch: „Auf dieser Heide gibt es große Hirsche in Hülle und Fülle. Ihr Atem ist wie Morgennebel, ihre Beine sind wie ein dichter Wald. Geh hin und jage sie!“ Yamato-takeru no Mikoto glaubte diesen Worten, begab sich in die Heide hinein und suchte nach dem Wild. Die Feinde hatten die Absicht, den Prinzen zu töten, und legten Feuer an die Heide. Als der Prinz aber erkannte, daß er betrogen worden war, erzeugte er vermittelst seines Feuerzeuges Feuer, zündete ein Gegenfeuer an, und es gelang ihm so, zu entkommen. — *Eine Variante besagt: Das von dem Prinzen getragene Schwert Mura-kumo fuhr von selbst aus der Scheide und mähte die Gräser in der Nähe des Prinzen weg, wodurch es ihm möglich war, zu entkommen. Daher bekam dieses Schwert den Namen Kusa-nagi (Grasmäher).* — Der Prinz sprach: „Beinahe wäre ich betrogen worden.“ Deshalb verbrannte er die ganze feindliche Bande und vernichtete sie. Daher heißt dieser Ort Yakitsu (Brennhafen)[36]). — — — [Selbstopferung der Oto-tachibana-hime, wie KOJIKI 84] — — — — [Yamato-takeru no Mikoto rückte in das wildgebirgige Land Shinano ein. Trotz der örtlichen Schwierigkeiten] überschritt er, den Rauch zerteilend und dem Nebel trotzend, fernhin einen großen Berg. Er war schon auf dem Gipfel angelangt und war matt vor Hunger. Als er auf dem Berge aß, plagte der Berggott den Prinzen. Er verwandelte sich in einen weißen Hirsch und stellte sich vor den Prinzen. Der Prinz verwunderte sich, nahm einen Stengel Knoblauch[37]) und schnellte damit gegen den weißen Hirsch. Er traf ihn ins Auge und tötete ihn dadurch. Darauf verlor der Prinz plötzlich den Weg und wußte nicht wo hinaus. Da kam ganz von selber ein weißer Hund und hatte den Anschein, als ob er den Wegführer des Prinzen

---

[36]) Jetzt *Yaitsu*, Station am Tōkaidō.

[37]) Um die verhexenden Füchse, Tanuki und allerhand andere böse Einflüsse abzuwehren, soll der vorsichtige japanische Reisende ein Feuerzeug *(hi-uchi)* und Knoblauch bei sich in der Brusttasche tragen. Auch jetzt noch schluckt man zu Anfang der Hundstage *(doyō)* mit etwas Wasser rohen Lauch *(nira)*, Knoblauch und Adzuki Bohnen herunter, um sich vor den bösen Sommerkrankheiten zu schützen. Die Chinesen essen bekanntlich sehr viel Knoblauch und dgl., was sehr zur Gesunderhaltung beiträgt. Über Knoblauch als Schutzmittel gegen böse Einflüsse im chinesischen Volksglauben s. Grube, Religion und Kultus der Chinesen, S. 175. Ähnlicher Aberglaube, zur Verscheuchung von Hexen, in Schottland.

machen wolle. Dem Hunde nachfolgend ging er dahin, und es gelang ihm, nach Mino herauszukommen. Kibi no Take-hiko, der von Koshi herauskam, traf mit ihm zusammen. Früher, wenn die Leute den Bergpaß von Shinano überschritten, bekamen sie so viel von dem Hauch des [bösen] Gottes weg, daß sie krank darniederlagen. Jedoch seitdem jener den weißen Hirsch getötet hatte, kauten die Leute, welche diesen Berg überschritten, Knoblauch, bestrichen damit Menschen sowie Rindvieh und Pferde, und wurden so ganz von selbst von dem bösen Hauch des Gottes nicht mehr getroffen.

Nachdem Yamato-takeru no Mikoto wieder nach Wohari zurückgekehrt war, nahm er gleich Miyazu-hime, eine Tochter aus dem Wohari Uji, zum Weibe, und verweilte eine Zeitlang über einen Monat. Hier hörte er, daß auf dem Ibuki Berge in Afumi eine wildwütende Gottheit sei. Darauf entgürtete er sich seines Schwertes, legte es im Hause der Miyazu-hime nieder und begab sich zu Fuße dorthin. Als er zu dem Ibuki Berge hingelangt war, nahm die Berggottheit die Gestalt einer Riesenschlange an und legte sich ihm in den Weg. Hierauf sprach Yamato-takeru no Mikoto, der nicht wußte, daß es der Herrgott[38]) [selber] war, welcher die Gestalt der Riesenschlange angenommen hatte, [bei sich selbst]: „Diese Riesenschlange wird sicherlich ein Diener der wildwütenden Gottheit sein. Wenn ich imstande wäre, den Herrgott zu töten, was sollte ich mich da um seine Diener kümmern?“ Also sprang er über die Riesenschlange hinweg und ging weiter. Da brachte die Gottheit des Berges Wolken herauf und ließ eisigen Regen fallen. Die Berggipfel umnebelten sich, die Täler verdüsterten sich, und es gab keine Wege mehr, auf denen er gehen konnte. Er konnte weder vorwärts noch rückwärts und wußte nicht, wohin er treten sollte. Jedoch dem Nebel trotzend ging er mit größter Anstrengung dahin, und es gelang ihm, gerade mit knapper Not noch herauszukommen. Doch war er noch taumelig wie ein Betrunkener. Daher ließ er sich neben einer Quelle am Fuße des Berges nieder. Nachdem er von dem Wasser derselben getrunken hatte, ermunterte er sich wieder. Daher gab man dieser Quelle den Namen Wi-same no Idzumi (Quelle der Ermunterung)[39]). — — —

[Seit dieser Zeit krank, begab er sich nach Ise.] Als er auf die Noho Heide[40]) gelangte, waren seine Schmerzen überaus heftig. Deshalb bot er die von ihm gefangen genommenen Yemishi dem Schrein der Gottheit dar[41]). — — — — [Yamato-takeru no Mikoto starb auf der Noho Heide und wurde dort in einem Misasagi begraben.] Nun nahm Yamato-takeru no Mikoto die Gestalt eines

[38]) „Herr-Gott“, d. i. der Gott, welcher der Herr ist. So nach den Zeichen. Die jap. Lesung dafür ist *kamu-sane* „Kern der Gottheit“. Im KOJIKI haben wir auch *ma-sane* „eigentlicher Kern“ (nach den Zeichen: „wirklicher Körper“).

[39]) Vgl. S. 106.

[40]) Im Distrikt Suzuga in Ise. Man liest *Noho* oder *Nobo*.

[41]) D. i. dem *Dai-Jingū* von Ise. Zu welchem Zweck die Ainu dargeboten wurden, ist den jap. Kommentatoren nicht klar. Ich vermute, daß sie als Tempelsklaven zu niedrigen Diensten verwendet wurden, besonders zu Diensten, die dem Japaner als unrein galten. Die Pariah Klasse der Eta ist wohl zum Teil aus solchen Leuten hervorgegangen.

weißen Vogels an, kam aus dem Misasagi heraus und flog in der Richtung nach dem Lande Yamato dahin. Als die Würdenträger demgemäß den Sarg öffneten und nachsahen, waren nur die leeren Kleider noch da, dagegen der Leichnam war nicht vorhanden. Hierauf sendete man Boten aus, um dem weißen Vogel zu folgen und ihn zu suchen. Auf dem Gefilde von Kotobiki in Yamato machte er Halt. Daher errichtete man an diesem Ort ein Misasagi. Aber der weiße Vogel flog wieder fort bis nach Kahachi und blieb daselbst im Dorfe Furu-ichi. Auch an diesem Orte errichtete man ein Misasagi. Daher gaben die Zeitgenossen diesen drei Misasagi den Namen „die Misasagi des Weißen Vogels“. Schließlich aber schwang er sich hoch in den Himmel hinauf, und nur sein Kleid und seine Mütze waren begraben. Um seinen verdienstvollen Namen fortdauern zu lassen, wurde das Takeru-Be errichtet. Das war im 43. Jahr der Regierung des Kaisers.

51. Jahr (121 nach Chr.).

— — Herbst, 8. Monat, 4. Tag. — — Das Kusanagi Querschwert, welches zuerst Yamato-takeru no Mikoto getragen hatte, befindet sich jetzt im Schrein zu Atsuta im Ayuchi Distrikt der Provinz Wohari. Nun aber lärmten und zankten die Yemishi, die dem Götterschrein [als Tempelsklaven] dargeboten worden waren, Tag und Nacht und verhielten sich beim Ein- und Ausgang unehrerbietig. Da sprach Yamato-bime no Mikoto: „Diese Yemishi sollte man nicht in der Nähe des Götterschreins lassen!“ Infolgedessen überwies sie dieselben an den Kaiserlichen Hof, der sie sich in der Nähe des Mimoro Berges ansiedeln ließ. Nicht lange Zeit war verflossen, da hatten sie alle Bäume auf dem Götterberge gefällt. Sie schrien und gröhlten in den Dörfern der Umgegend und erschreckten die Leute. Als der Kaiser davon hörte, befahl er den Großwürdenträgern und sprach: „Die Yemishi, die wir in der Nähe des Götterbergers, angesiedelt haben, haben eigentlich die Herzen von Tieren. Es ist unmöglich, sie im Innenlande[42]) wohnen zu lassen.“ [Man versetzte sie hierauf nach entlegeneren Provinzen.] — — —

Aus Buch VIII.

Kaiser Tarashi-naka-tsu-hiko. (Chūai[1])-tennō.)

1. Jahr (192 nach Chr.).

— — Winter, 11. Monat, 1. Tag. Der Kaiser befahl den Großwürdenträgern und sprach: „Unser Vater, der Fürst, ist schon dahingeschieden,

---

[42]) Die 5 Kinai Provinzen *(Go-kinai)*. Die Länder außerhalb des Gokinai nannte man „Ausland“, *to-tsu-kuni* oder *gwaikoku*, deren Bewohner „Ausländer“.

[1]) *Chū* „der mittlere“ von drei Söhnen; er war nämlich der zweite Sohn von Yamato-takeru *ai* „traurig“. Der 14te Mikado, 192—200.

ehe Wir das Mannesalter erreichten und die Mütze aufsetzten[2]). Sein göttlicher Geist hat die Gestalt eines weißen Vogels angenommen und ist in den Himmel aufgestiegen. Das Gefühl der Sehnsucht nach ihm hat keinen einzigen Tag aufgehört. Daher ist es Unser Wunsch, weiße Vögel zu erhalten und sie in dem Teiche ringsherum um das Misasagi[3]) zu halten, und Wir gedenken Unser sehnsüchtiges Herz durch den Anblick dieser Vögel zu trösten.“ Es ergingen daher Befehle an die verschiedenen Provinzen, weiße Vögel darzubieten. — — —

8. Jahr (199 nach Chr.).

Frühling, 1. Monat, 4. Tag. Der Kaiser begab sich nach Tsukushi. Als damals Kuma-wani, der Ahnherr der Agata-nushi von Woka, von der Kaiserlichen Reise vernahm, riß er vor [der Ankunft] einen fünfhundertzweigigen Sakaki Baum aus und stellte ihn auf den Bug eines neun Klafter [langen] Schiffes. An den Oberzweigen hängte er einen hellglänzenden Spiegel auf, an den Mittelzweigen hängte er ein zehn Handbreiten langes Schwert auf, und an den Unterzweigen hängte er Yasaka Juwelen auf[4]). Damit ging er dem Kaiser in die Saha Bucht von Suha[5]) entgegen und überreichte ihm einen Fischsalzort[6]). — —

[Kuma-wani geleitete den Kaiser in die Bucht von Woka.] Als sie an den Hafen gelangten, konnte das Kaiserliche Schiff nicht weiter. Daher fragte er Kuma-wani und sprach: „Wir haben vernommen, daß du Kuma-wani mit ehrlichem Herzen zu Uns gekommen bist. Warum kann nun das Schiff nicht weiter?“ Kuma-wani berichtete und sprach: „Daß das erlauchte Schiff nicht weiter kann, hat seinen Grund nicht in der Schuld deines Knechtes. Am Eingang zu dieser Bucht gibt es zwei Gottheiten, eine männliche und eine weibliche. Die männliche Gottheit heißt Oho-kura-nushi, die weibliche Gottheit heißt

---

[2]) So nach den Zeichen *jakkwan;* altjap. Lesung dafür *kagaburi* oder *kauburi* „Aufsetzen der Mütze“. Diese Zeremonie der Mündigkeitserklärung, seit dem Mittelalter *gembuku* „erster [Erwachsenen-]Anzug“ oder *uhi-kauburi* „erste Bemützung“ genannt, wurde aber erst viel später aus China eingeführt (altchines. Mündigkeit mit 20 Jahren) und ist hier ein Anachronismus, der Ausdruck also nur als chinesierende Floskel aufzufassen. Bei der jap. mittelalterlichen Zeremonie wurde dem Jüngling die Mütze *(ebōshi, kammuri)* vom Paten *(ebōshi-oya)* aufgesetzt und das Stirnhaar in Papier gewickelt abgeschnitten, auch wurde sein Jünglingsname *(yō-mei)* in den „wirklichen Namen“ *(jitsu-mei)* umgewandelt. Später fiel diese Zeremonie, außer bei den Vornehmen, in den Hauptzügen weg. In der Tokugawa Zeit wurde nur das Vorderhaar wegrasiert. Bei den Mädchen rasierte man die Augenbrauen, färbte die Zähne schwarz und veränderte die Haartracht. All dies ist jetzt außer Gebrauch gekommen.

[3]) Die Misasagi waren von einem Wassergraben umgeben.

[4]) Das ist ungefähr die Beschreibung des Kultgerätes, das man im Shintō Dienst *masakaki* nennt, nur daß dieses aus zwei Sakaki Bäumen besteht, am einen eine Juwelenkette und Spiegel, am anderen ein kleines Schwert in Brokatbeutel angehängt.

[5]) Jetzt Provinz *Suwō.*

[6]) *Na-shiho no tokoro,* d. h. einen Ort, wo man Fische fängt und einen Ort, wo man Salz aus Seewasser siedet. Die älteste Methode der Salzgewinnung war durch Verdunsten von Meerwasser in sog. *en-den* „Salz-Feldern“, die man am Strande anlegte.

Tsubura-hime [7]). Sicherlich ist die Gesinnung dieser Gottheiten [der Hemmungsgrund]." Demgemäß brachte ihnen der Kaiser Gebet und Opfer dar, machte den Steuermann Iga-hiko, einen Mann aus Uda im Lande Yamato, zum dienenden Priester (Hafuri) und ließ ihn [die Gottheiten] verehren. Infolgedessen konnte das Schiff weiterfahren. — —

Herbst, 9. Monat, 5. Tag. Der Kaiser befahl den Würdenträgern und beriet mit ihnen über einen Angriff auf die Kumaso. Zu dieser Zeit war da ein Gott, der die Kaiserin inspirierte und folgendermaßen unterwies: „Warum sollte sich der Kaiser beunruhigen, weil sich die Kumaso nicht unterwerfen? Jenes ist ein Land ohne Rückenfleisch. Lohnt es sich etwa, ein Heer aufzubringen und sie anzugreifen? Es gibt ein schätzereiches Land, welches jenes Land weit übertrifft, das mit den schön gezogenen Augenbrauen eines schönen Mädchens zu vergleichen ist; es ist das Drüben-Land [8]), und in diesem Lande gibt es massenhaft in die Augen schimmerndes Gold, Silber und allerhand farbige Seidenstoffe. Es heißt das Land Shiragi der Papiermaulbeerdecken [9]). Wenn du mich ordentlich verehrest, so wird sich dir dieses Land sicherlich ganz von selbst unterwerfen, ohne daß du deine Schwertklinge mit Blut befleckest. Weiterhin werden sich die Kumaso unterwerfen. Indem du mich verehrst, biete als Opfergaben dar folgende Dinge: das erlauchte Schiff des Kaisers [10]), sowie die von Homutachi, dem Atahe von Anato, dem Kaiser gegebenen Wasserfelder Namens Oho-ta [11])." Als der Kaiser die Worte der Gottheit vernahm, hegte er Zweifel in seinem Herzen. Alsbald stieg er auf einen hohen Hügel hinauf und blickte in die Ferne. Weit und breit war das große Meer, aber ein Land war nicht zu sehen. Hierauf antwortete der Kaiser dem Gott und sprach: „Wir haben rings umher geschaut: da ist das Meer, aber da ist kein Land. Kann es etwa ein Land in der Großen Leere geben? Welcher Gott betrügt Uns so unnützer Weise? Alle Kaiser, Unsere Kaiserlichen Ahnen, haben ferner alle Himmels- und Erdengötter ausnahmslos verehrt; wie sollte einer dabei ausgelassen worden sein?" Da sprach der Gott wieder, indem er die Kaiserin inspirierte, mit den Worten: „Während das Land, welches ich sehe, wie das

---

[7]) Beide Gottheiten werden im *Shimmeichō* nicht aufgeführt. Dagegen erwähnt das Zeremonialbuch des Naigū (NAIGŪ GISHIKI-CHŌ) als Kinder des Oho-midzu-kami (Große Wasser-Gottheit): *Tsubura-hiko* und *Tsubura-hime no Mikoto*. Sie sind wohl mit unseren Gottheiten identisch, wenigstens die weibliche Gottheit.

[8]) *Muka-tsu-kuni*, d. h. das Tsushima gegenüber liegende Korea.

[9]) *Taku-busuma*, aus Baumrindenfaserstoff gewebte weiße Bettdecken, ist bloß Makurakotoba zu dem Silbenkomplex *shira* „weiß" des Namens *Shiragi*. Etwas Sachliches steckt nicht dahinter.

[10]) Ein entsprechendes Beispiel im 5. Jahre Saimyō (659), wo Abe no Omi, als er das Yezo Land erobern wollte, die dortigen Götter durch Opferung eines Schiffes und farbiger Seidentücher verehrt.

[11]) Wasserfelder = bewässerte Reisfelder; *oho-ta* „große Felder". Shikida emendiert den Text in „Wasserfelder und Trockenfelder".

erlauchte Licht der Sonne[12]) überall ausgebreitet daliegt, wie kannst du da sagen, daß es kein Land gäbe und so meine Worte verunglimpfen? Da du Fürst solchermaßen gesprochen hast und schließlich mir nicht geglaubt hast, so sollst du dieses Land nicht erhalten. Aber das Kind, das die Kaiserin jetzt zuerst im Mutterleibe trägt, das soll es erhalten.“ Der Kaiser war jedoch immer noch ungläubig und griff die Kumaso gewaltsam an. Er erlangte jedoch keinen Sieg und zog sich zurück. — — [Am 5. Tag des 2. Monats des folgenden Jahres erkrankte der Kaiser plötzlich und starb den folgenden Tag im Alter von 52 Jahren.]

Aus Buch IX.

Okinaga-tarashi-hime no Mikoto. (Jingō-kogō[1]).)

— — In seinem 9. Jahre, Frühling, im 2. Monat, starb der Kaiser Tarashi Naka-tsu-hiko im Kashihi Palast in Tsukushi. Damals war die Kaiserin schmerzlich bekümmert darüber, daß der Kaiser der göttlichen Unterweisung nicht gehorchte und frühzeitig dahinschied. Sie bemühte sich, zu erfahren, welche Gottheit den Fluch verhängt hatte, in dem Wunsche, das schätzereiche Land sich anzueignen. Daher befahl sie den Würdenträgern und der ganzen Beamtenschaft, die Reinigung ihrer Sünden vorzunehmen und ihre Fehler wieder gut zu machen, und wieder im Dorfe Wo-Yamada [im Distrikt Kasuya von Chikuzen] einen Enthaltsamkeits-Palast[2]) zu bauen.

3. Monat, 1. Tag. Die Kaiserin wählte einen glücklichen Tag aus[3]), begab sich in den Enthaltsamkeits-Palast und handelte in eigener Person als Kannushi[4]). Demnach befahl sie dem Take-uchi no Sukune, die [heilige] Koto[5]) zu spielen, und den Ikadzu no Omi aus dem Nakatomi [Geschlecht] ernannte sie zum Saniha[6]). Indem sie sodann tausend Stücke hohe Stücke

---

[12]) *ama-tsu-mi-kage.* Nimmt man aber *mi* in der Bedeutung des Zeichens, mit dem es geschrieben ist, nämlich „Wasser“ (die meisten Erklärer lesen deshalb auch *midzu*), so würde es heißen: „wie die Spiegelung des Himmels im Wasser“.

[1]) *Jingō* oder *Jingu* „göttliches Verdienst“, „göttlicher Erfolg“; *kōgō* oder *kōgū* „Kaiserliche Gemahlin“. Sie bestieg den Thron nicht und führte angeblich 69 Jahre lang, bis zu ihrem Tode, die Regentschaft für ihren Sohn, den Kaiser Ōjin.

[2]) Oder „Reinigungsschrein“, *imi no miya*, sinojap. *saigū*, worin sich der Herrscher unter Vermeidung jeglicher rituellen Unreinheit einschließt, ehe er persönlich gottesdienstliche Handlungen als Kultherr vornimmt.

[3]) Vordatierte chinesische Sitte?

[4]) Der *kannushi* „Gottesherr“, d. i. Kultherr, der eigentliche diensttuende Priester eines Shintō Schreins, bringt die Opfer dar, leitet überhaupt die gottesdienstlichen Zeremonien.

[5]) Die sechsseitige *Yamato-koto* oder *Wa-gon* ist hier gemeint.

[6]) Der, welcher die Göttersprüche deutet. *Sa-niha* „reiner Hof“ ist eigentlich die durch Reinigungszeremonie geheiligte Tempelhofstätte, wo die Gottheit herabgerufen und befragt wird. Vgl. auch KOJIKI 96, S. 109.

Tuch[7]) zu Häupten und zu Füßen der Koto hinlegte, betete sie mit den Worten: „Welche Gottheit ist es, welche in den vergangenen Tagen den Kaiser unterwiesen hat? Bitte, ich möchte ihren Namen wissen." Nach sieben Tagen und sieben Nächten, da erfolgte die Antwort, welche lautete: „Ich bin die Gottheit, die im Schrein des schlitzglockigen[8]) Isuzu im Distrikt des hundertwandligen[8]) Watarahi im Lande des götterwindigen[8]) Ise wohnt, und mein Name ist Tsuki-sakaki Itsu-no-Mitama Ama-zakaru Muka-tsu-hime[9]) no Mikoto."

Wiederum fragte sie: „Sind außer dieser Gottheit [noch andere] Gottheiten da?" Die Antwort lautete: „Ich bin die [Gottheit], welche aus den Ähren der Fahnen-Susuki[10]) hervorgekommen ist, und ich wohne im Distrikt Aha von Wota Atafushi[11])." Sie frug: „Sind noch welche da?" Die Antwort lautete: „Hier ist die Gottheit, die im Himmel die Dinge regiert, die im Luftraum die Dinge regiert, der Tama-kushi-iri-hiko, der gewaltige Koto-shiro-nushi[12])." Sie frug: „Sind noch welche da?" Die Antwort lautete: „Es ist unbekannt, ob noch welche da sind oder nicht." Hierauf sagte der Saniha: „Jetzt erfolgt keine Antwort, aber später wird wieder eine Kundgebung erfolgen." Hiernach lautete die Antwort: „Es sind hier die Gottheiten, welche sich am Wassergrunde der kleinen Flußmündung von

---

7) Hohe Haufen von Tuch. In alter Zeit bestand die Sitte, an das Kopfende und Fußende der Koto allerhand Opfertücher *(chi-hata taka-hata)* hinzulegen, wenn man die Gottheit herabrufen und den Gottesspruch vernehmen wollte. Vgl. die Stelle in einem Gedicht des Buretsu-ki: *koto-kami ni ki-iru Kage-hime,* d. i. „Kage-hime, welche am Kopf der Koto herabgekommen ist".

8) Makurakotoba! „Schlitzglockig" zu *suzu* „Klingel", „hundertwandlig" zu *wataru* „übersetzen".

9) „Des aufgepflanzten Sakakibaumes gewaltiger Geist, die Prinzessin des himmelweit entfernten Mukatsu (Korea)." Man faßt diese Gottheit als den sog. *Ara-mi-tama* der Sonnengöttin auf, den man in einem etwas nördlich vom Daijingū gelegenen Schrein verehrt. Zu *ara-mitama* vgl. S. 173, Anm. 45.

10) Hohe Grasart, Eularia japonica.

11) Es scheint die Gottheit des Schreins Take-futsu no Jinja zu sein, den das ENGI-SHIKI als im Distrikt Awa der Provinz Awa gelegen aufführt, also der Gott *Take-futsu no Kami* alias *Take-mika-dzuchi.*

12) *Ame ni koto-shiro Sora ni koto-shiro Tama-kushi-iri-hiko Koto-shiro-nushi no Kami.* Zu *koto-shiro* vgl. S. 55, Anm. 5; es könnte auch „die Dinge wissend", d. h. „allwissend" bedeuten. Die Bedeutung von *Tama-kushi-iri-hiko* ist sehr problematisch. Nach den Zeichen: „Juwelen-Los (beim Losen gebrauchtes Bambusstäbchen) — hineingehen — Prinz". *kushi* kann aber auch „Kamm" und „wunderbar" bedeuten. Also etwa: „der in das Tama-gushi (vgl. S. 159, Anm. 32 über diesen Kultgegenstand) hineingehende Prinz", oder „der in den Juwelenkamm (oder „Juwelen-Kammkasten", wenn *kushi* = *kushige* sein könnte, was auch eine alte, aber unbelegte Lesung ist) hineingegangene Prinz", oder „der wie Juwelen prächtige Mann". Die letzte ist Iida's Interpretation, indem er *iri-hiko* wie Motowori als eine ehrende Benennung nimmt = *iro-hiko.* Mit dieser Bedeutung steckt *iri-hiko* vielleicht auch in dem unverständlichen jap. Namen des Kaisers Sujin: *Mimaki-iri-hiko.* Für die zweite von mir gegebene Deutung könnte die S. 250 (Sujin 10. Jahr) angeführte Legende sprechen, nach der Oho-mono-nushi, der Vater des Koto-shiro-nushi, als Schlange im Kammkasten der Yamato-Toto-hime steckte, wobei dann die beiden Götter verwechselt wären.

Tachibana in Himuka befinden und wie junges Wassergras frisch und schön hervorgekommen sind, nämlich die Götter Uha-tsutsu no Wo, Naka-tsutsu no Wo und Soko-tsutsu no Wo[13]).“ Sie frug: „Sind noch welche da?“ Die Antwort lautete: „Es ist unbekannt, ob noch welche da sind oder nicht.“ Schließlich erfolgte keine Kundgebung mehr, ob [noch andere] Gottheiten da wären. Da man nun die Worte der Gottheiten empfangen hatte, fanden den Unterweisungen gemäß die Kulthandlungen statt. — —

Sommer, 4. Monat, 3. Tag. [Nach Bekämpfung mehrerer Feinde gelangte die Kaiserin an den Fluß Wogaha im Lande Hizen.] Hier bog die Kaiserin eine Nadel und machte daraus einen Angelhaken, nahm Reiskörner und benutzte sie als Köder, zog Fäden ihres Gewandes heraus und machte daraus eine Angelschnur, stieg auf einen Stein inmitten des Flusses, warf den Angelhaken aus und betete mit den Worten: „Wir wünschen westwärts das Land der Schätze zu erhalten. Wenn Wir Erfolg haben werden, so soll der Fisch des Flusses an der Angel anbeißen.“ Wie sie demgemäß die Angelrute emporhob, hatte sie eine Forelle gefangen. — — Nachdem dies geschehen war, wußte die Kaiserin, daß die Unterweisung der Götter sich bewahrheitete, und sie brachte abermals den Himmels- und Erdengöttern Opfer dar. Sie hegte den Wunsch, in eigener Person den Westen zu unterwerfen. Hierauf bestimmte sie [ein gewisses Reisfeld als] Götter-Reisfeld und beackerte es. Um sodann Wasser aus dem Fluß Naka-kaha abzuleiten und damit das Götter-Reisfeld zu bewässern, grub sie einen Wassergraben bis hin zu dem Todoroki Hügel[14]). Aber ein großer Felsen bildete ein Hindernis, und sie war nicht imstande, den Wassergraben durchzulegen. Die Kaiserin berief Take-uchi no Sukune, opferte ein Schwert und einen Spiegel und ließ ihn zu den Himmels- und Erdengöttern beten und auf diese Weise um Durchlegung des Wassergrabens bitten. Da kam alsbald Donner und Blitz und spaltete den Felsen auseinander, so daß man das Wasser hindurchlaufen lassen konnte. Deshalb nannten die Zeitgenossen diesen Graben den Sakuta[15])-Wassergraben.

Die Kaiserin kehrte um, begab sich in die Bucht von Kashihi, löste ihre Haare auf, blickte über das Meer hin und sprach: „Im Besitz der Unterweisungen der Himmels- und Erdengötter und im Vertrauen auf die Geisterkraft der Kaiserlichen Ahnen über das blaue Meeresgefilde setzend, will ich in eigener Person den Westen unterwerfen. Deshalb wasche ich jetzt meinen Kopf in der Salzflut. Wenn ich Erfolg haben werde, so soll sich mein Haar von selbst in zwei [Strähnen] scheiteln.“ Hierauf begab sie sich ins Meer hinein und badete darin. Ihr Haar scheitelte sich ganz von selbst. Die Kaiserin band es hierauf [wie ein Mann] in [zwei] Schöpfe auf[16]).

— — Herbst, 9. Monat, 10. Tag. Sämtliche Provinzen erhielten den Be-

---

[13]) Vgl. S. 26, Anm. 2 und S. 139, sowie S. 27 f. und 140.

[14]) Im Distrikt Naka von Chikuzen.

[15]) „Spaltfeld“.

[16]) Dasselbe tat Amaterasu S. 31 und 148. Zur alten Haartracht vgl. S. 22, Anm. 4 und S. 31, Anm. 2.

fehl. Schiffe zu sammeln und Waffenübungen anzustellen. Es war jedoch zu dieser Zeit unmöglich, die Kriegsleute zusammenzubringen. Die Kaiserin sprach: „Dies ist sicherlich die [widrige] Gesinnung einer Gottheit.“ Daher errichtete sie den Oho-Miwa Schrein[17]) und bot demselben ein Schwert[18]) als Opfer dar. Die Kriegsleute kamen [nun] ganz von selbst zusammen. — —

[Nachdem ein Fischer im Nordwesten Land erspäht hatte], wurde durch Divination ein glücklicher Tag [für den Aufbruch] bestimmt. — — Hierauf gab eine Gottheit Unterweisung mit den Worten: „[Mein] sanfter Geist wird sich der Person der Kaiserin anheften und ihr Leben beschützen; [mein] rauher Geist wird die Vorhut des Heeres bilden und die Kaiserliche Kriegsflotte führen.“ Nachdem sie die göttliche Unterweisung erhalten hatte, betete sie. Demnach setzte sie Yosami no Abiko Wotariwi[19]) zum Herrn für die Verehrung[20]) der Gottheit ein.

Nun war gerade die Zeit der Entbindung der Kaiserin herangekommen. Da nahm die Kaiserin einen Stein, fügte ihn an ihrem Schoße ein und betete mit den Worten: „Laßt meine Entbindung hierzulande stattfinden an dem Tage, wo ich nach Beendigung der Angelegenheit hierher zurückkehren werde!“ Dieser Stein befindet sich jetzt an der Seite des Weges im Distrikte Ito[21]). Hierauf winkte sie den rauhen Geist herbei und machte ihn zur Vorhut des Heeres, und den sanften Geist bat sie und machte ihn zum Besänftiger des Königsschiffes[22]).

---

[17]) Im Distrikt Yasu von Chikuzen. Dort wird *Oho-na-muchi* verehrt. Nicht zu verwechseln mit dem Schrein des Gottes Oho-miwa in Yamato (S. 173).

[18]) Der chinesische Text hat Schwert und Speer, *tachi-hoko,* aber fast sämtliche Erklärer geben dafür nur die Lesung *tachi* „Schwert“ (oder „Schwerter“).

[19]) *Yosami* ist der Name des Uji, *Abiko* eine Kabane Bezeichnung (vgl. S. 269, Anm. 14). [20]) *Kamunushi, kannushi.* Vgl. S. 277, Anm. 4.

[21]) Vgl. die Darstellung KOJIKI 98, S. 111.

Das SHAKKI zitiert aus dem CHIKUZEN-FUDOKI folgende Stelle: „Im Distrikt Ito, auf dem Kofu Gefilde, gibt es zwei Steine. Der eine derselben ist 1' 2" lang, Umfang 1' 8"; der andere ist 1' 1" lang, Umfang 1' 8". Die Farbe ist weiß und sie sind gerundet und glatt wie poliert. Die Volksüberlieferung sagt: Okinaga Tarashi-hime no Mikoto wollte einst Shiragi erobern. Bei der Besichtigung ihrer Truppen fühlte sie allmählich die Schwangerschaft sich bewegen. Da nahm sie zwei Steine und steckte sie in den Lendenteil ihres Kleides. Endlich besiegte sie Shiragi. Am Tage des Triumphes erreichte sie Umino und der Prinz (Kronprinz) wurde geboren. Aus diesem Grunde nennt man diesen Ort Umi-no „Geburtsfeld“. Wenn unter den gewöhnlichen Leuten die Frauen plötzlich die Geburt herannahen fühlen, so stecken sie einen Stein in die Gegend des Schoßes und halten so die Geburt zurück. Solche Sitte kommt vielleicht von diesem Vorgang her.“

Motowori berichtet von einer Volkssitte in Tsukushi, nach der man, wenn eine Frau im Begriff steht, zu gebären, ihr mit dem Ausspruch *mada ikoku osamaranu zo* „noch ist das fremde Land nicht erobert“ Stärkung einzureden sucht.

Auch in der Beischrift *(kotoba-gaki)* zu einem Gedicht im 5. Buch des MANYŌSHŪ werden die beiden Steine erwähnt und ähnlich beschrieben. In Hizen gibt es westlich vom Flecken Fukaye einen Schrein Namens *Chinkwai-seki no Yashiro* „Schrein des Steins der Geburtsberuhigung“. Das dortige Götteremblem *(shintai)* sollen nach der Überlieferung zwei Steine gewesen sein, die aber nicht mehr vorhanden sind, sondern von Dieben gestohlen sein sollen.

[22]) Er soll dem Schiff ruhige Fahrt verleihen. — Suzuki meint, der rauhe Geist sei

Winter, 10. Monat, 3. Tag. Sie brach vom Hafen von Wani[23]) aus auf. Da erregte der Windgott einen Wind, und der Meergott ließ die Wellen sich erheben. Die großen Fische im Meere kamen sämtlich nach oben geschwommen und umringten die Schiffe. Alsbald blies ein kräftiger Wind, in günstiger Richtung treibend, und die unter Segel fahrenden Schiffe gelangten mit den Wellen, ohne Ruder noch Steuer anzustrengen, hierauf nach Shiragi. — — —

[Der überraschte König von Shiragi band sich mit einer weißen Schnur die Hände auf den Rücken und bot seine Unterwerfung und Tribut an.] Wiederholt einen Eidschwur leistend, sprach er: „Ausgenommen den Fall, daß die Sonne, statt im Osten aufzugehen, im Westen aufgeht, und daß der Fluß Arinare[24]) zurückgeht und rückwärts fließt, und daß die Kieselsteine der Flüsse emporsteigen und zu Sternen werden — wenn ich [andernfalls] insbesondere im Frühling und Herbst unterlasse, zum [japanischen] Hofe zu kommen, oder nachlässig den Tribut an Kämmen[25]) und Peitschen unterlasse, so sollen die Götter des Himmels und die Götter der Erde miteinander mich schlagen.“

Damals sagte Jemand: „Lasset uns den König von Shiragi töten!“ Darauf sprach die Kaiserin: „Als ich zuerst die göttliche Unterweisung empfing, daß mir das Land des Goldes und Silbers verliehen werden solle, gab ich den drei Heeren den Befehl und sprach: ‚Tötet nicht diejenigen, welche sich unterwerfen!‘ Jetzt haben wir bereits das Land der Schätze genommen und die Leute haben sich dazu freiwillig unterworfen. Wenn man sie tötete, so wäre das nicht glücklich.“ Hierauf löste sie die ihn bindenden Fesseln und machte ihn zum Pferdefütterer[26]). — — —

[Der König von Shiragi gibt reichlichen Tribut auf 80 Schiffen; seitdem je 80 Schiffe Tributsendung nach Japan. Auch Koma (Koryö) und Kudara (Pèkché) unterwerfen sich. Rückkehr nach Japan. Geburt des Prinzen.]

Eine andere Version besagt: Der Kaiser Tarashi-naka-tsu-hiko wohnte im Palaste von Kashihi in Tsukushi. Da waren Gottheiten, die inspirierten den Uchi-saru-taka, Kuni-saru-taka und Matsu-ya-tana, welche die Ahnherren der Agata-nushi von Saba sind, und sprachen [durch ihren Mund]: „Hoheit erlauchter Enkel! Wenn du das Land der Schätze zu erlangen wünschest, so wollen wir es dir sogleich verleihen.“ Und wiederum sagten sie: „Bringet eine Koto und übergebt sie der Kaiserin!“ Darauf spielte die Kaiserin auf der Koto den Worten der Götter gemäß. Hierauf inspirierten die Götter die Kaiserin, unterwiesen sie und sprachen: „Das Land, welches Seine Hoheit der erlauchte Enkel jetzt zu erlangen wünscht, ist, vergleichsweise auszudrücken, wie das Horn eines Hirsches, ein leeres Land. Aber wenn jetzt Seine Hoheit der erlauchte

---

vorausgeschickt worden, um der Kaiserin fern zu sein, damit er ihr nichts Übles zufüge. Dies sei dem später aufgeführten Fall analog, wo es heißt: Amaterasu Oho-mi-kami sprach: „Mein rauher Geist soll sich nicht der Kaiserin nähern.“ Vgl. S. 283.

23) Im Distrikt Kami-agata der Insel Tsushima.

24) Es soll der Fluß *Am-nok-kang* in Korea sein.

25) Es sollen darunter *uma no kushi*, Kämme zum Kämmen der Pferde zu verstehen sein.

26) *Mi-uma-kahi* oder *mi-ma-kahi*.

Enkel das Schiff, dessen er sich bedient, sowie das Ohota genannte bewässerte Reisfeld, welches Homutachi, der Atahe von Anato, ihm als Tribut gegeben hat, [uns] zur Opfergabe macht und uns so ordentlich verehrt, so wollen wir ein wie die schön gezogenen Augenbrauen eines Mädchens schönes, an Schätzen reiches strahlendes Land Seiner Hoheit dem erlauchten Enkel verleihen." Da antwortete der Kaiser den Göttern und sprach: „Wenn es auch Götter sind, warum täuschen sie? Wo denn soll das Land sein? Überdies, wenn Wir das Schiff, in dem Wir fahren, den Göttern gegeben haben, in welchem Schiffe sollen Wir dann fahren? Auch weiß ich nicht, was für Götter es sind. Bitte, ich möchte ihre Namen erfahren." Da nannten die Götter ihre Namen und sprachen: „Uha-tsutsu no Wo, Naka-tsutsu no Wo, Soko-tsutsu no Wo." Indem sie so die Namen der drei Götter nannten, sprach [Jemand] ferner wiederum: „Mein Name ist Mukahitsu Wo-kiki-so-oho-fu Itsu-no-mitama Haya-sa-agari[27]) *no Mikoto." Da redete der Kaiser zur Kaiserin und sprach: „Was für übel klingende Dinge spricht das Weib! Wieso sagt sie Haya-sa-agari*[28])*?" Hierauf sprachen die Götter zum Kaiser und sagten: „O König, da du solcher Weise ungläubig bist, so sollst du jedenfalls jenes Land nicht bekommen! Aber das Kind, welches sich jetzt im Mutterleibe der Kaiserin befindet, wird es sicherlich bekommen." In dieser Nacht wurde der Kaiser plötzlich krank und verschied. Hierauf vollzog die Kaiserin in Gemäßheit der göttlichen Unterweisung die Kulthandlung*[29]), *worauf die Kaiserin in männlicher Ausrüstung Shiragi angriff. Bei dieser Gelegenheit übernahmen die Götter die Führung. Demgemäß flutete die Schiffs-Woge bis weit hinein in das Land Shiragi. — — —*

Hierauf unterwiesen die Gottheiten, welche das Heer begleitet hatten, [nämlich] die drei Gottheiten Uha-tsutsu no Wo, Naka-tsutsu no Wo und Soko-tsutsu no Wo, die Kaiserin und sprachen: „Laß unsere Ara-mi-tama (rauhen Geister) im Dorfe Yamada in Anato verehren!" Da sprachen Homutachi, der Ahn der Anato no Atahi, und Tamomi no Sukune, der Ahn der Tsumori no Muraji, zur Kaiserin die Worte: „Die Stätte, wo die Götter zu residieren wünschen, mußt du jedenfalls bestimmen und darbieten." Demnach wurde Homutachi zum Kannushi, welcher die Ara-mi-tama verehrt, gemacht, und ein Schrein wurde im Dorfe Yamada in Anato errichtet. — —

[Im Jahre nach der Expedition planen die Prinzen Kagosaka und Oshikuma einen Handstreich gegen die von Anato nach der Hauptstadt zu Schiff zurückkehrende Kaiserin und ihr Söhnchen. Vgl. KOJIKI 100.] Da gingen Prinz Kagosaka und Prinz Oshikuma zusammen hinaus auf das Gefilde von Toga[30]) und machten eine Schwur-

---

[27]) Etymologie unklar. Es scheint aber die Sonnengöttin gemeint zu sein.

[28]) Oder *Haya-sakari*. Diese Worte bedeuten vielleicht „ungestüm hinaufsteigen (zum Himmel)" bzw. „ungestüm sich entfernen", und der Kaiser scheint mit ihnen den Begriff des Sterbens zu verbinden. Das „Weib" bezieht sich auf die durch den Mund der Kaiserin sprechende Göttin.

[29]) D. h. sie brachte die verlangten Opfergaben dar.

[30]) S. 111, Anm. 2.

Jagd[31]) mit den Worten. „Wenn unser Unternehmen Erfolg haben wird, so werden wir [zum Zeichen dessen jetzt] sicherlich ein gutes Wild fangen.“ Die beiden Prinzen weilten jeder auf seinem erhöhten Ausspähplatz[32]). Ein rotes Wildschwein[33]) brach plötzlich hervor, stieg zu dem Ausspähplatz empor und biß den Prinzen Kagosaka tot. Die Krieger alle zitterten. Da redete Prinz Oshikuma zu [seinem Heerführer] Kurami-wake und sprach: „Dieser Vorfall ist ein sehr übles Vorzeichen. Hier dürfen wir den Feind nicht erwarten.“ Darauf zog er das Heer weg, ging wieder zurück und bezog ein Lager in Suminoye. Damals hörte die Kaiserin davon, daß Prinz Oshikuma ein Heer aufgestellt hatte und auf sie wartete. Sie befahl dem Take-uchi no Sukune, den kaiserlichen Prinzen an die Brust zu nehmen, quer über das Süd-Meer[34]) hinauszufahren und im Hafen von Kii vor Anker zu gehen. Das Schiff der Kaiserin [dagegen] nahm die gerade Richtung auf Naniha. Da drehte sich das Schiff der Kaiserin mitten auf dem Meere um und konnte nicht weiter vorwärts. Sie kehrte wieder nach dem Hafen von Muko[35]) zurück und divinierte [die Ursache des Hindernisses].

Da unterwies Ama-terasu Oho-mi-kami sie und sprach: „Mein Ara-mitama darf sich der Kaiserin nicht nähern. Er soll im Lande Hirota[36]) des erhabenen Herzens wohnen.“ Demnach ließ man Yamashiro-neko's Tochter Ha-yama-hime den Kult besorgen. Ferner unterwies Waka-hiru-me[37]) no Mikoto sie und sprach: „Ich wünsche im Lande Nagawo von Ikuta [in Settsu] zu wohnen.“ Demgemäß ließ man Una-gami no Isachi den Kult besorgen. Ferner unterwies Koto-shiro-nushi no Mikoto sie und sprach: „Verehre mich im Lande Naga-ta[38]) des erhabenen Herzens.“ Daher ließ man Naga-hime,

---

[31]) *Ukehi-gari suru*, S. 111 mit „nach einem Omen jagen“ übersetzt. Schärfer gefaßt bedeutet es: „mit einem Eidschwur [zu den Göttern beten und] jagen“. Der gute oder schlechte Erfolg der Jagd ergibt das Omen: gute Jagdbeute deutet auf Glück in dem geplanten Unternehmen; jagt man nichts, so wird man Mißerfolg haben. Das Wort *ukehi* hat vielerlei Schattierungen: Schwur, Gelübde, feierliche Bekräftigung, Fluch, Wette.

[32]) Zeichen: temporäres Gestell; jap. *sazuki*, ein für einen Ausguck angelegter Ort.

[33]) *Aka-shishi*, mit feuerfarbenen Haaren, gilt daher als ein göttliches Tier *(shin-jū)*. Eine Parallelversion dieser Wildschweingeschichte findet sich im MEISHO-DZUE der Provinz Settsu als Lokalsage für das Dorf Kishiro im Distrikt Nose. Von dem Vorfall wird dort die Lokalsitte, im 10. Monat jeden Jahres dem kaiserlichen Hofe sog. *Inoko-mochi* „Wildschwein-Reiskuchen“ als Tribut einzuschicken, hergeleitet. Nach alter Sitte werden am ersten Wildschweintag des 10. Monats (Wildschwein ist ein Zeichen des Tierkreises!) *mochi* gestampft und von Hoch und Niedrig in der Wildschweinstunde gegessen, um Krankheiten zu vermeiden. Nach anderer Anschauung soll man dadurch auch reiche Nachkommenschaft erzielen, weil das Wildschwein viele Junge bekommt.

[34]) Das Meer bei der Insel Shikoku, deren 4 Provinzen mit Awaji und Kii die Südsee-Provinzgruppe (Nankaidō) bilden.

[35]) Im Distrikt Muko von Settsu, das heutige Hyōgo, das früher *Muko no Minato* hieß.

[36]) Bezirk im Distrikt Muko. *Mi-kokoro no* „des erhabenen Herzens“ ist nur Makurakotoba zu *hiro* „weit“ im Namen Hirota.

[37]) Jüngere Schwester der Sonnengöttin, s. S. 156, Anm. 17.

[38]) Nagata im Distrikt Yatabe von Settsu.

eine jüngere Schwester der Ha-yama-hime, den Kult besorgen. Ferner unterwiesen die drei Götter Uha-tsutsu no Wo, Naka-tsutsu no Wo und Soko-tsutsu no Wo sie und sprachen: „Unsere Nigi-mi-tama (sanften Geister) soll man in Nagawo [39]) von Nunakura von Oho-tsu wohnen lassen, so daß sie auf die gehenden und kommenden Schiffe blicken können.“ Hierauf ließ man die Gottheiten ihren Unterweisungen gemäß ruhig [an den betreffenden Orten] wohnen. Demnach konnte die Kaiserin geruhig über das Meer fahren.

Prinz Oshikuma wiederum retirierte mit seinen Truppen bis nach Uji [40]) und lagerte daselbst. Die Kaiserin begab sich südwärts nach dem Lande Kii und traf mit dem Kronprinzen in Hi-taka [41]) zusammen. Nach Beratung mit den Großwürdenträgern hegte sie schließlich den Wunsch, den Prinzen Oshikuma anzugreifen und zog wieder nach dem Palaste von Shinu [42]) um. Da geschah es, daß zu dieser Zeit die Tage dunkel waren wie die Nacht. Viele Tage waren bereits so verflossen. Die Leute jener Zeit sagten: „Die ewige Nacht ergeht sich!“ Die Kaiserin befragte Toyomimi, den Ahnherrn der Ki no Atahi, und sagte: „Wozu erscheint dieses seltsame Zeichen?“ Damals war da ein alter Mann, welcher sagte: „Ich habe es von Hörensagen, daß man dieses seltsame Zeichen „Atsunahi no tsumi [43])“ nennt.“ Sie fragte: „Was bedeutet das?“ Er antwortete und sprach: „Die Hafuri [44]) zweier Schreine sind wohl zusammen begraben worden.“ Als sie darauf eine Untersuchung anstellte, war da ein Mann in dem Dorfe, welcher sagte: „Der Hafuri von Shinu und der Hafuri von Ama-nu [45]) waren gute Freunde miteinander. Der Hafuri von Shinu wurde krank und starb. Der Hafuri von Amanu weinte blutige Tränen und sprach: ‚Wir sind bei Lebenszeit gute Freunde gewesen. Warum sollten wir im Tode nicht dasselbe Grab haben?‘ Daher legte er sich neben den Leichnam und starb von selber [46]). Sonach

---

[39]) Nagawoka im Distrikt Sumiyoshi von Settsu. *Ohotsu* hieß der ganze Küstenstrich der Distrikte Yatabe, Muko usw.

[40]) Distrikt Uji von Yamashiro.

[41]) Distrikt Hitaka in Kii.

[42]) Ort im Distrikt Naka von Settsu. Oder „Schrein von Shinu“ *(Shinu no miya)*.

[43]) Die *atsunahi*-Sünde. Das dunkle archaische Wort, welches im Text phonetisch geschrieben ist, scheint vom Stamm *atsu* „heiß, inbrünstig“ abzuleiten zu sein; das Suffix *-nahi*, in Verben *-nafu*, ist dasselbe wie in *uranahi* Wahrsagung, *tsuminafu* bestrafen, *makanahi* Bewirtung usw. *atsunafu* wird „sich inbrünstig lieben“ bedeuten. Wir haben es augenscheinlich mit dem, was man später mit dem sinojap. Wort *danshoku* „Knabenliebe, Päderastie“ bezeichnet, zu tun. Es ist in der japanischen Literatur die erste Erwähnung des in Japan so außerordentlich stark verbreiteten Lasters. Es scheint aber, daß mehr das Zusammenbegraben als das Laster bei Lebzeiten den Zorn der Götter erweckte. Im Sündenregister des Oho-harahi Rituals, sowie KOJIKI 97 (S. 109) wird unter den geschlechtlichen Sünden nur Verkehr mit gewissen Blutsverwandten und mit Tieren als sündhaft aufgeführt. Päderastie wird nicht erwähnt.

[44]) Priester. Vgl. S. 168, Anm. 15.

[45]) Name eines Dorfes, das in der Provinz Kawachi, aber unweit von Shinu lag.

[46]) Er beging Selbstmord.

begrub man sie zusammen. Vielleicht liegt es hieran?“ Als man darauf das Grab öffnete und nachsah, war es wirklich so. Deshalb richtete man wieder neue Särge her und begrub sie einen jeden an einem verschiedenen Platze. Hierauf schien die Sonne wieder hell, und Tag und Nacht waren unterschieden. [Prinz Oshikuma wird hierauf von Take-uchi no Sukune auf hinterlistige Weise überwunden. Homuda-wake wird Kronprinz.] — — —

13. Jahr (213).

Frühling, 2. Monat, 8. Tag. Take-uchi no Sukune erhielt den Befehl, in Begleitung des Kronprinzen den Großen Gott von Kehi in Tsunuga[47]) zu verehren.

17. Tag. Der Kronprinz traf [wieder] von Tsunuga ein. An diesem Tage gab die Großkaiserin dem Kronprinzen in der Großen Halle ein Bankett. Die Großkaiserin erhob ihre erlauchte Weinschale und beglückwünschte den Kronprinzen. Dabei machte sie ein Gedicht, welches lautete:

„Dieser erlauchte Wein
Ist nicht mein erlauchter Wein.
Vom Gott der Arzeneien,
Dem im Land der Ewigkeit wohnenden
Wie ein Fels feststehenden
Erlauchten Gott Sukuna[48])
Mit reichlicher Segnung
segnend in feierlichem Umzug,
Mit göttlicher Segnung
segnend wieder und wieder,
Zum Opfer gebrachter erlauchter Wein ist's.
Nicht wenig trinke davon, sa! sa!“

— — — [Im 47. Jahre, 247, bestehen Zweifel, ob die Sillaner oder Kudarenser bei der Tributsendung gemogelt haben.] Da beschuldigten die Großkaiserin und Homuda-wake no Mikoto die Sillaner Gesandten und beteten zu den Himmelsgöttern und sprachen: „Wen wird es passend sein nach Kudara zu schicken, um die Sache nach ihrer Richtigkeit oder Falschheit zu untersuchen, und ferner, wen sollen wir nach Silla schicken, um die Schuld auszuforschen?“ Da unterwiesen die Himmelsgötter sie und sprachen: „Laßt durch Take-uchi no Sukune einen Plan aufstellen, und macht Chikuma no Nagahiko zum Gesandten, dann wird es sein, wie ihr wünschet.“ — — —

[Im 69. Jahre stirbt die Großkaiserin, 100 Jahre alt.]

---

[47]) Vgl. KOJIKI 101, S. 112, und Suinin Annalen S. 254.

[48]) D. i. der Gott *Sukuna-bikona*, hier als Medizingott, vor allem als Gott der wundersamsten aller Arzeneien *(kushi no kami* kann sowohl „Gott der Arzenei“ als „wunderbarer Gott“ bedeuten), des Reisweins, genannt. Vgl. S. 56, Anm. 5.

Aus Buch X.

Kaiser Homuda.
(Ōjin[1]-tennō.)

— — Als der Kaiser noch im Mutterleibe war, verliehen ihm die Götter des Himmels und der Erde die drei Kara[-Staaten][2]. Als er geboren wurde, erschien an seinem Arm ein Fleischwuchs, der an Gestalt einem Prallpolster ähnlich war[3]. Dies entspricht der Tatsache, daß die Großkaiserin sich männlich kleidete und das Prallpolster [der Bogenschützen] trug. Daher benannte man ihn mit diesem Namen und nannte ihn Kaiser Homuda. *Im höchsten Altertum nannte man das Prallpolster gemeinhin Homuda.*

Eine Version besagt: Im Anfang, als der Kaiser Thronfolger wurde, begab er sich nach dem Lande Koshi und verehrte den Großen Gott von Kehi in Tsunuga. Damals tauschten der Große Gott und der Thronfolger ihre Namen miteinander aus[4]. *Daher wurde der Große Gott Izasa-wake no Kami genannt, und der Thronfolger bekam den Namen Homuda-wake no Mikoto.* — — —

9. Jahr (278).

[Take-uchi no Sukune wird von seinem jüngeren Bruder Umashi-uchi no Sukune beim Kaiser verleumdet und staatsverräterischer Absichten bezichtigt. Jener behauptet seine Unschuld.] Der Kaiser verhörte daher Take-uchi no Sukune und Umashi-uchi no Sukune. Da waren beide ein jeder von ihnen hartnäckig und sie stritten miteinander. Es war unmöglich, festzustellen, was richtig oder falsch war. Der Kaiser erließ einen Befehl und ließ sie unter Anrufung der Götter des Himmels und der Erde das Heißwasser-Ordal[5] vornehmen. Daraufhin gingen Take-uchi no Sukune und Umashi-uchi no Sukune an das Ufer des Shiki Flusses[6] hinaus und vollzogen das Heißwasser-Ordal. Take-uchi no Sukune siegte. Da ergriff er sein Querschwert, schlug Umashi-uchi no Sukune zu Boden und wollte ihn schließlich töten. Der Kaiser befahl ihm, ihn freizulassen und schenkte ihn dem Ahnherrn der Ki no Atahi[7]. — — —

[1]) „Übereinstimmend mit den Göttern". 15. Mikado, 201—310. Später als Kriegsgott unter dem Namen *Yahata* (jap.) oder *Hachiman* (sinojap.) „acht Flaggen" vergöttlicht. Zahlreiche Tempel im ganzen Lande sind ihm geweiht, die *Hachiman-gū*.

[2]) Drei *Kara*, sinojap. *San-kan*, die drei koreanischen Han-Staaten: Shiragi, Kudara, Koma (Silla, Pèkchè, Koryö). [3]) Vgl. KOJIKI 95, S. 108, Anm. 2 bis 5. [4]) Vgl KOJIKI 101. S. 112.

[5]) Nach den Zeichen: „das heiße Wasser prüfen". Das beigeschriebene archaische Wort ist *kukadachi*, oder *kugatachi*, von unbekannter Etymologie; das zweite Element *tachi* scheint mit dem Verbum *tatsu* „stehen" zusammenzuhängen. Unter Gebet zu den Göttern tauchte man den Arm in kochendes Wasser. Wer unverletzt blieb, hatte recht; wer sich verletzte, hatte unrecht. Anderes Beispiel Ingyō-tennō 4. Jahr, zur Feststellung der Kabane und Uji; Hinweis darauf Keidai-tennō 24 Jahr (viele verbrannten sich beim Ordal).

[6]) Der Hatsuse-gawa im Distrikt Shiki in Yamato.

[7]) Take-uchi und Umashi-uchi waren Stiefbrüder von verschiedener Mutter; die Ki no Atahi gehörten zum Mutterhaus des ersteren, während des letzteren Mutter aus dem Wohari-Uji stammte. Umashi-uchi wurde also zur Strafe als Sklave an das Uji der Ki gegeben.

[Im 15. Jahr, 284, kommt der klassikerkundige Koreaner Achiki (kor. A-chik-ki), im 16. Jahr der noch gelehrtere Wani (kor. Wang-in) als Lehrer des Thronfolgers Uji no Waka-iratsuko nach Japan. Von dieser Zeit (in Wirklichkeit 120 Jahre später, denn die japanische Chronologie irrt sich um zwei Sechzigerzyklen) an datiert das eigentliche und immer intensiver werdende Studium der chinesischen Schrift, Sprache, Literatur und Zivilisation. — — — Der Koreaner Achi no Omi war nach China geschickt worden, um Näherinnen von dort zu importieren. Im 2. Monat des 41. Jahres, 310, als der Kaiser starb, kam er aus China (Wu) mit vier Näherinnen und Weberinnen in Tsukushi an.] Da bat die Große Gottheit von Muna-kata[8]) um Arbeiterinnen. Deshalb wurde Ye-hime [die eine der vier Näherinnen] der Großen Gottheit von Muna-kata dargeboten. — —

Aus Buch XI.

Kaiser Oho-sazaki.
(Nintoku[1])-tennō.)

[Der vom verstorbenen Kaiser ausgewählte Thronfolger Uji no Waka-iratsuko, Sohn einer Beifrau, besteht darauf, seine Rechte an Oho-sazaki no Mikoto, den Sohn der legitimen Kaiserin, abzutreten. Drei Jahre, 310—312, bleibt daher der Thron frei. Schließlich entscheidet ersterer den Edelmutsstreit durch Selbstmord.] Als nun Oho-sazaki no Mikoto von dem Tode des Thronfolgers hörte, war er sehr erschrocken, eilte aus Naniha herbei und gelangte im Palaste von Uji an. Nun waren drei Tage verflossen, seitdem der Thronfolger gestorben war. Da schlug Oho-sazaki no Mikoto seine Brust, schluchzte und weinte und wußte nicht, was er tun solle. Hierauf löste er seine Haare auf, stellte sich mit gespreizten Beinen über den Leichnam und rief ihm dreimal die Worte zu: „O mein jüngerer Bruder, kaiserlicher Prinz!" Da nach einer Weile wurde dieser lebendig. Von selber sich aufrichtend saß er da. Hierauf redete Oho-sazaki no Mikoto den Thronfolger mit den Worten an: „O wie traurig! o wie bedauerlich! Warum bist du freiwillig gestorben?! Wenn die Toten [von den Vorgängen in der Menschenwelt] Kenntnis hätten, was würde der frühere Kaiser [unser Vater] von mir sagen?" Da redete der Thronfolger zu seinem älteren Bruder-Prinz und sprach: „Es ist der Befehl des Himmels. Wer kann ihn hemmen? Wenn ich zu dem Ort, wo der [verstorbene] Kaiser sich befindet, hingelangt sein werde, so werde ich ihm ausführlich mitteilen, daß mein älterer Bruder-Prinz ein weiser Mann ist und noch dazu, daß er [meinetwegen] auf den Thron verzichtete. Indessen hörte der weise Prinz von meinem Tode und kam eiligst von weit her herbei. Er wird wohl [von der Reise] sehr ermüdet sein." Hierauf bot er ihm seine jüngere Schwester von derselben Mutter[2]), die kaiserliche Prinzessin Yata, dar und sprach: „Obgleich sie

---

[8]) Im Distrikt Munakata von Chikuzen. Im Muna-kata-jinja werden drei Göttinnen verehrt, darunter Tagi-tsu-hime als Hauptgottheit; vgl KOJIKI 14, S. 35.

[1]) „Menschlichkeit und Tugend". 16. Mikado, 313—399.

[2]) Tochter von demselben Vater, wie die beiden Prinzen! Nur die Abstammung von derselben Mutter galt als Blutsverwandtschaft im engeren Sinne und war Ehehindernis, wäh-

eigentlich nicht gut genug ist, um [dir zur Gefährtin] gegeben zu werden, so setze sie dennoch immerhin in die Zahl [der Insassen] des Inneren Palastes[3]) ein." Hierauf legte er sich wieder in dem Sarge hin und verschied. Danach legte Oho-sazaki no Mikoto hanfene Kleider[4]) an und trauerte um ihn. Er weinte um ihn und wehklagte bitterlich[5]). Darauf fand das Begräbnis auf dem Uji-Berge statt.

[Oho-sazaki no Mikoto besteigt nun im Januar 313 den Thron und hält Hof in Naniha.]

Ganz im Anfang, an dem Tage, wo der Kaiser geboren wurde, kam eine Eule in die Gebärhalle[6]) herein. Am folgenden Morgen berief der Kaiser Homuda den Minister[7]) Take-uchi no Sukune zu sich und redete zu ihm mit den Worten: „Was für eine Vorbedeutung mag das haben?" Der Minister antwortete und sprach: „Es ist ein glückliches Omen. Ferner am gestrigen Tage, als deines Untertanen Weib niederkam, kam ein Zaunkönig in das Gebärhaus hereingeflogen. Auch das ist seltsam." Hierauf sprach der Kaiser: „Nun sind Unser Kind und das Kind des Ministers alle beide an demselben Tage geboren worden. Bei beiden sind Omina erschienen. Das sind himmlische Zeichen. Ich halte dafür, daß wir die Namen dieser Vögel nehmen, [die Namen] beide gegenseitig austauschend die Kinder benennen und so für spätere Generationen ein bindendes Vorbild aufstellen." Daher nahm er den Namen Sazaki „Zaunkönig" und benannte den Kaiserlichen Prinzen mit dem Namen der Kaiserliche Prinz Oho-sazaki „Großer Zaunkönig". Den Namen Dzuku „Eule" nahm er und benannte das Kind des Ministers mit dem Namen Dzuku no Sukune. Dieser war der Urahn der Heguri no Omi. — — —

11. Jahr (323).

— — Um das Überfluten des nördlichen Flusses[8]) zu verhindern, wurde der Mamuda-Damm gebaut. Bei dieser Gelegenheit stürzte der Bau an zwei

rend Geschwister vom selben Vater, aber mit verschiedener Mutter, einander ehelichen durften, was auf mutterrechtlichen Anschauungen beruht. Auch geht aus dieser Stelle hervor, daß nach dem Tode des Vaters der ältere Bruder die Verfügung über seine ledigen Schwestern von DERSELBEN MUTTER hatte.

[3]) *Uchi-tsu-miya*, auch *Kisaki no miya* „Frauenpalast" genannt.

[4]) *Asa no mi-mo* oder *asa no mi-so*. Ein alter Name für „Trauerkleider" ist auch *fuji-goromo*: Kleider, welche aus Fuji-Bast (Bast der Pueraria Thunbergiana) gewoben sind.

[5]) Die alte Sitte heischte lautes Wehklagen, mit Heulweibern usw. Vgl. das Begräbnis des Ame-waka-hiko, S. 179.

[6]) Ob, wie hier im Anschluß an die verschiedenen Zeichen, in alter Zeit wirklich ein Unterschied zwischen einer vornehmeren Gebär-Halle, *ubu-dono*, und einem geringeren Gebär-Haus, *ubu-ya*, gemacht wurde, ist zweifelhaft. Motowori hält wohl mit Recht nur *ubu-ya* für das echte alte Wort.

[7]) Anachronistischer Ausdruck. Ministerien wurden erst im 7. Jahrhundert eingerichtet.

[8]) Der *Yamato-gawa*, der im Norden der drei alten Distrikte Shiki, Shibukawa und Mamuda der Provinz Kawachi fließt und ehemals, vor der Regulierung, beim Dorfe Tsuchiwi im Distrikt Mamuda in den *Yodo-gawa* mündete. Letzterer umfließt den Nordwesten des Mamuda Distriktes. *Mamuda* ist jetzt *Matta*, ein Ortsname. Von Überbleibseln des Dammes wird noch in späteren Zeiten berichtet (KAWACHI-SHI).

Stellen zusammen, und es war unmöglich, [das Überfluten] einzuhemmen. Da träumte der Kaiser von einem Gott, der ihn unterwies und sprach: „Wenn du zwei Leute, nämlich einen Mann aus Musashi [Namens] Koha-kubi[9]) und einen Mann aus Kahachi [Namens] Mamuta no Muraji Koromo-no-ko dem Flußgotte[10]) opferst, so wird es dir gewiß gelingen, [die Überschwemmung] einzuhemmen.“ Demnach suchte er die beiden und fand sie. Hierauf opferte er sie dem Flußgotte. Da weinte und wehklagte Koha-kubi, versank im Wasser und starb. Hierauf kam der Damm vollständig zustande[11]). Koromo-no-ko jedoch nahm zwei ganze Kürbisse[12]), trat an das unmöglich einzuhemmende Wasser heran, dann nahm er die beiden Kürbisse, warf sie in die Mitte des Wassers hinein und sprach bittend: „O Flußgott! Infolge des von dir ausgehenden Fluches hat man mich zur Opfergabe bestimmt. Deswegen bin ich jetzt hierhergekommen. Wenn du durchaus mich [als Opfergabe] erlangen willst, so versenke diese Kürbisse und laß sie nicht auf der Oberfläche schwimmen. Dann werde ich wissen, daß du ein wirklicher Gott bist und werde von selber in das Wasser hineingehen. Aber wenn du die Kürbisse nicht versenken kannst, so werde ich selbstverständlich erkennen, daß du ein falscher Gott bist. Warum sollte ich dann nutzloser Weise Leib und Leben verlieren?“ Hierauf erhob sich plötzlich ein Wirbelwind, zog die Kürbisse fort und [versuchte] sie im Wasser zu versenken. Aber die Kürbisse drehten sich auf den Wellen herum und sanken nicht unter; sondern geschwind schwebend und tanzend schwammen sie in die Ferne davon. Hierauf nun wurde der Damm doch zur Vollendung gebracht, obwohl Koromo-no-ko nicht starb. Also wohl nur infolge seiner Geschicklichkeit verlor Koromo-no-ko nicht sein Leben. Deswegen gaben die Zeitgenossen diesen beiden Stellen die Namen „die Kohakubi-Bresche“ und „die Koromonoko-Bresche“. — — —

38. Jahr (350).

[Der Kaiser ist in der Sommerfrische und hört jede Nacht mit Wohlbehagen vom Toga Gefilde her den Schrei eines Hirsches. Eines Nachts ist der Hirsch verstummt, und am nächsten Morgen bringt man ihn zum großen Leidwesen des Kaisers tot als Jagdbeute. Daran knüpft sich folgende Traumdeutungsgeschichte:] Im Volke erzählt man sich: In

---

[9]) „Starkhals“.

[10]) Zeichen: „Fluß-Onkel“, „Fluß-Alter“, nach dem WAMYŌSHŌ im Japanischen *kaha no kami*. Je nach den Lokalitäten wechseln die Namen des Flußgottes. So heißt er in den westlichen Provinzen *kaha no tono* „Flußherr“ oder *kaha-tarō (tarō* „ältester Sohn“ ist häufiges Suffix in Personennamen); in Idzumo *kaha-ko* (wohl „Flußkind“); in den Zentralprovinzen *enkō* „Drache“; im Osten *kappa* (fabelhaftes Tier mit Kindergesicht); in Ise *kahara-kozō* „Flußbett-Bursche“; auch *kaha-warambe* „Flußknabe“ kommt vor. Er soll in großen Flüssen, auch in Teichen, wohnen.

[11]) Ich glaube den Sinn der etwas vagen Erzählung dahin präzisieren zu sollen, daß Kohakubi für die eine Stelle, Koromonoko für die andere Bruchstelle des Dammes bestimmt war. Durch den Opfertod Kohakubis wurde die Bresche, in der er starb, geheilt; die andere fand ihre Heilung in der weiter unten erwähnten Weise.

[12]) *Hisago*, der Flaschenkürbis. Der Text sagt ausdrücklich „ganze“ Kürbisse, denn geteilt dienten sie in ältester Zeit als Schöpfkellen. Vgl. das Ritual zur Feuerbeschwichtigung.

alter Zeit war ein Mann, der ging nach Toga und verbrachte die Nacht auf dem Gefilde. Da waren zwei Hirsche, die sich neben ihn hinlegten. Als die Stunde des Hahnenschreis herankam, redete das Hirschmännchen zum Hirschweibchen und sprach: „In dieser Nacht träumte mir, daß weißer Reif massig herabsank und meinen Leib bedeckte. Welche Vorbedeutung wird das haben?" Das Hirschweibchen antwortete und sprach: „Wenn du hinausgehst, so wirst du sicherlich von Menschen geschossen werden und sterben, und dann wird man deinen Leib mit weißem Salz beschmieren und er wird so der Weiße des Reifes entsprechen." Da wunderte sich der herbergende Mann darüber im Inneren seines Herzens. Noch war die Morgendämmerung nicht genaht, da kam ein Jäger, schoß das Hirschmännchen und tötete es. Daher sagten die Zeitgenossen in einem Sprichwort: „Sogar bei einem Hirsch geht es nach der Traumdeutung." — — —

55. Jahr (367).

Die Yemishi machten einen Aufstand. Tamichi wurde hingesandt, um sie anzugreifen. Da wurde er von den Yemishi besiegt und starb im Hafen von Ishi [im Lande Mutsu]. — — Einige Zeit danach brachen die Yemishi wieder ein und schleppten Leute hinweg. Als sie aber danach Tamichi's Grab aufgruben, kam eine große Schlange zum Vorschein mit funkelnden Augen, kam aus dem Grabe heraus und biß die Yemishi. Sie wurden alle von dem Gifte der Schlange betroffen und die meisten von ihnen starben. Nur einem oder zwei von ihnen gelang es, zu entfliehen. Daher sagten die Leute jener Zeit: „Obgleich Tamichi schon tot war, nahm er schließlich doch an seinen Feinden Rache. Wieso hätten also die Toten keine Kenntnis [von den Vorgängen in dieser Welt]?" — —

60. Jahr (372).

Winter, 10. Monat. Die Wächter des Shiratori Misasagi[13]) wurden verwendet und als Knechte zum Frondienst abgeordnet. Damals begab sich der Kaiser hin an den Ort der Frondienstleistung. Da verwandelte sich plötzlich der Misasagi-Wächter Meki in einen weißen Hirsch und lief davon. Hierauf befahl der Kaiser und sprach: „Dieses Misasagi ist von allem Anfang an leer. Daher wollte ich diese Misasagi-Wächter abschaffen und gebrauche sie zum ersten Mal als Fronknechte. Aber jetzt, wo ich dieses Wahrzeichen erblicke, erfüllt mich höchste ehrfürchtige Scheu. Man nehme die Misasagi-Wächter nicht von ihrer Stelle weg!" Demnach übergab er sie an die Haji no Muraji[14]). — — —

67. Jahr (379).

In diesem Jahre war an der Flußgabelung des Kahashima Flusses im mittleren Lande von Kibi[15]) eine große Wasserschlange[16]) und peinigte die

---

[13]) „Misasagi des Weißen Vogels", die Grabstätte des Yamato-takeru. Vgl. S. 107.

[14]) Sie hatten die Aufsicht über die Misasagi. Vgl. S. 264.

[15]) Distrikt Kuboya der Provinz Bitchū. [16]) *Midzuchi*, die Gottheit der Untiefe.

Leute. Jedesmal wenn die des Weges reisenden Leute an der betreffenden Stelle vorbeikamen, wurden sie sicherlich von ihrem Gifte betroffen, so daß viele starben. Nun war da Agata-mori, der Ahnherr der Kasa no Omi, ein ungestüm tapferer und körperlich starker Mann, der trat an die Untiefe der Gabelung heran, warf drei ganze Kürbisse in das Wasser und sprach: „Du speiest fortwährend Gift aus und peinigst die des Weges Wandernden. Ich werde dich Wasserschlange töten. Wenn du diese Kürbisse versenkst, so werde ich mich fortbegeben; wenn du sie aber nicht versenken kannst, so werde ich deinen Körper in Stücke zerschneiden." Da verwandelte sich die Wasserschlange in einen Hirsch und [versuchte] die Kürbisse [in die Tiefe] hereinzuziehen. Die Kürbisse versanken nicht. Daher begab sich jener mit erhobenem Schwerte in das Wasser hinein und zerschnitt die Wasserschlange. Außerdem suchte er nach den Gefährten der Wasserschlange. Die gesamte Wasserschlangen-Sippe füllte eine Höhle am Boden der Untiefe. Samt und sonders zerschnitt er sie. Das Flußwasser verwandelte sich in Blut. Deshalb gab man diesem Wasser den Namen „die Agatamori-Untiefe".

Aus Buch XII.

Kaiser Iza-ho-wake.
(Richū [1])-tennō.)

5. Jahr (404).

Frühling, 3. Monat, 1. Tag. Die in Tsukushi residierenden drei Gottheiten [2]) erschienen im Palaste und sprachen: „Warum beraubst du uns unseres Volkes? Wir werden dich jetzt beschämen." Hierauf betete der Kaiser nur, aber veranstaltete keine Feier [3]).

Herbst, 9. Monat, 18. Tag. Der Kaiser ging auf der Insel Ahaji auf die Jagd. An diesem Tage hatten die [Leute des] Roßhüter-Be [4]) die Aufwartung beim Kaiser und hielten den Zaum. Die vorher im Gesicht der Roßhüter-Be Leute eingebrannten Zeichen waren sämtlich noch nicht geheilt. Da inspirierte der auf der Insel wohnende Gott Izanagi [5]) einen Hafuri und sprach [durch seinen Mund]: „Ich kann den Gestank von Blut nicht vertragen."

---

[1]) „Der in der Mitte (auf dem rechten Pfade) Schreitende". 17. Mikado, 400—450.

[2]) Die Gottheiten von Munakata in Chikuzen. Vgl. S. 35.

[3]) Die Beraubung bestand, wie weiter unten erzählt, in der Verwendung der Tempelhörigen für weltliche Zwecke. „Beschämen" ist milder Ausdruck für „bestrafen", „mit dem Fluch der Gottheit beladen". Durch die Nichtveranstaltung einer Feier erzürnte der Kaiser die Gottheiten noch mehr.

[4]) *Uma-kahi Be.* Diese Leute gehörten zum niedrigsten Volke, waren Hörige, und wurden zum Unterschied von den „guten Leuten" (ryōmin), die beim Kaiser Dienst taten, neben dem Auge gebrandmarkt (Verbum *mesaku,* das Zeichen hieß *mesaki).* Außerdem gab es schon in ältester Zeit ein Brandmarken als Strafzeichen.

[5]) Er wohnte im Izanagi-jinja, im Distrikt Tsuna der Insel Ahaji.

Darauf wurde darüber diviniert, und die Weissagung lautete: „Der Gott haßt den Geruch der Brandzeichen im Gesicht der Leute des Roßhüter-Be." Infolgedessen unterließ man von dieser Zeit an vollständig, die Roßhüter im Gesicht zu brandmarken.

19. Tag. Es war ein Getön wie von Wind, das in die Große Leere rief und sagte: „O Thronfolger-Prinz von Schwert und Degen[6])!" Wiederum rief etwas und sagte: „Deine jüngere Schwester vom vogelbesuchten Hata ist zum Begräbnis in Hasa aufgebrochen[7])." Wiederum lautete es: „Sanakita no Komotsu no Mikoto[8]) ist zum Begräbnis in Hasa aufgebrochen." Plötzlich kam ein Bote in Eile herbei und sagte: „Die Kaiserliche Beifrau ist gestorben." Der Kaiser war in hohem Maße erschrocken, befahl sofort den Wagen[9]) und kehrte zurück.

22. Tag. Er kam von Ahaji [in seinem Palaste Waka-zakura in Ihare] an.

Winter, 10. Monat, 11. Tag. Die Kaiserliche Beifrau wurde begraben. Der Kaiser hatte bereits bedauert, daß er den von der Gottheit ausgehenden Fluch nicht beschwichtigt und dadurch die Kaiserliche Beifrau verloren hatte, und suchte wiederum zu erfahren, woran die Schuld lag. Jemand sagte: „Der Kimi der Wagenhalter[10]) ist nach dem Lande Tsukushi gegangen, wo er eine Zählung des ganzen Wagenhalter-Be vornahm und obendrein die Kambe[11]) Leute an sich nahm. Sicherlich muß das die Vergehung sein." Der Kaiser ließ daraufhin den Kimi der Wagenhalter zu sich kommen und verhörte ihn. Die Sache verhielt sich in Wirklichkeit so. Deshalb machte er ihm Vorhaltungen und sprach: „Du bist zwar der Kimi der Wagenhalter, aber du hast über die Untertanen des Kaisers in ganz willkürlicher Weise verfügt. Das ist das erste Vergehen. Sodann hast du die schon an die Götter des Himmels und der Erde [zu deren Dienst] zugeteilten Wagenhalter-Be Leute wieder raubend weggenommen. Das ist das zweite Vergehen." Hierauf erlegte er ihm schlechte Reinigungs[dinge] und gute Reinigungs-

---

[6]) *Tsurugi-tachi hitsugi no miko ya.* Tsurugi-tachi „Schwert und Degen", „Schwerter" soll Makurakotoba zur Silbe *hi* in *hitsugi* sein, wobei *hi* in der Bedeutung „Klinge" statt „Sonne" genommen ist. Der SHŪGE Kommentator sieht in dem Ausruf eine Prophezeiung des wenige Monate später erfolgenden Todes des Kaisers und der Thronbesteigung des Thronfolgers.

[7]) *Tori-kayofu* „vogelbesucht" ist Makurakotoba zu *ha* „Federn" in *Hata.* Gemeint ist die Konkubine des Kaisers, *Kurohime,* eine Tochter von *Hata no Yashiro no Sukune.* Mit *imo* „jüngere Schwester" wurde die Frau vom Manne angeredet. *Hasa* ist ein Berg im Distrikt Yoshino von Yamato *(Hasa no yama* im 13. Buch). Der Ausspruch prophezeit, daß Kurohime auf dem Berge Hasa begraben werden würde.

[8]) Anderer Name der Kurohime.

[9]) So nach den Zeichen; die japanische Lesung *oho-muma ni tate matsurite* bedeutet: „bediente sich des Pferdes".

[10]) *Kuruma-mochi no Kimi.* Die kuruma-mochi ziehen die Wagen und bilden zusammen ein *Be*; der *kimi* „Herr" ist ihr Oberhaupt.

[11]) *Kambe, kamube* die im Dienst der Schreine stehenden Hörigen, hier die Kambe des Munakata Schreins.

[dinge][12]) auf und ließ ihn nach dem Kap Nagasu[13]) hinausgehen und dort die Reinigungszeremonie[14]) vollziehen. Nachdem dies geschehen, befahl der Kaiser und sprach: „Von jetzt an sollst du die Verwaltung des Wagenhalter-Be von Tsukushi nicht mehr innehaben.“ Darauf beschlagnahmte er sie alle, verteilte sie von neuem und teilte sie den drei Gottheiten zu.

Aus Buch XIII.

Kaiser Wo-asa-tsuma Wakugo no Sukune. (Ingyō[1])-tennō.)

---

4. Jahr (415).

[Es herrschten vielfach Zweifel darüber, zu welchem Klassenverband oder Geschlecht[2]) dieser oder jener durch seine Abstammung gehörte, und es erschien angezeigt, eine autoritative Entscheidung zu treffen.]

9. Monat, 28. Tag. Ein Kaiserlicher Erlaß besagte: „Die Würdenträger, Beamten, Miyatsuko der verschiedenen Provinzen usw. alle und jede sagen, daß sie entweder Abkömmlinge von Kaisern seien oder wunderbarer Weise vom Himmel herabgestiegen wären[3]). Indessen seit der Trennung der drei Potenzen[4]) sind viele Myriaden von Jahren vergangen. Infolgedessen haben die einzelnen Uji sich wieder in zehntausende von Familien vermehrt. Die wirklichen Verhältnisse lassen sich unmöglich erkennen. Daher lasse man die Leute der verschiedenen Uji und Kabane reinliche Enthaltsamkeit üben und sich reinigen und einen jeden sich dem Heißwasserordal unterziehen[5]).“ Demgemäß stellte man die Heißwasserordal-Kessel[6]) am Koto-Maga-to Vorsprung des Amakashi Hügels[7]) auf und führte die Leute alle

---

[12]) *Ashi-harahe yoshi-harahe,* vgl. S. 160.

[13]) Im Distrikt Kahabe der Provinz Settsu.

[14]) *Harahe-misogi* „Reinigungsabwaschung“. Vgl. S. 26.

[1]) Der „aufrichtig Höfliche“. Der Ausdruck ist aus dem SHU-KING entlehnt. 19. Mikado, 412—453.

[2]) Vgl. KOJIKI 139, S. 117, Anm. 1.

[3]) Die Abkömmlinge von Kaisern, *mikado no mikohana* (Blumen der erl. Kinder?) oder *mi-ana-suwe* (?), sind diejenigen Geschlechter, welche in dem 804 abgefaßten SEISHIROKU „Verzeichnis der Kabane und Uji“ als *Kōbetsu* „Abspaltungen von Kaisern“ bezeichnet werden; die vom Himmel Herabgestiegenen sind die *Shimbetsu* „Abspaltungen von Göttern“ des SEISHIROKU, d. h. diejenigen Geschlechter, welche einerseits von den mit Jimmu-tennō aus Tsukushi eingewanderten Uji, andererseits von den damals schon in Yamato usw. ansässigen, ihren Stammbaum von den Landesgottheiten ableitenden Uji abstammten.

[4]) Chinesische Phrase = seit Anfang von Himmel und Erde.

[5]) Das *Kukadachi* machen, hier nach den Zeichen: „unter Beschwörung der Götter das heiße Wasser prüfen“. Vgl. S. 286, Anm. 5.

[6]) *Kuka-he* oder *kuga-he,* auch *kuga-be.* Vgl. S. 118, Anm. 3.

[7]) *Koto-maga-to* etwa „Ort des Übels der Rede“, der Ort, wo die Falsches Aussagenden von Übeln betroffen werden. Der Amakashi Hügel liegt beim Dorfe To'yo-ura im Distrikt Takechi von Yamato; daselbst war nach dem ENGI-SHIKI auch ein Schintoschrein.

dorthin mit den Worten: „Wenn man die Wahrheit gesprochen hat, bleibt man unversehrt; wer gelogen hat, wird sicherlich Schaden erleiden.“ *Meishin tan-tō „unter Anrufung der Götter das heiße Wasser prüfen“ nennt man [auf japanisch] Kukadachi. Manchmal auch tat man Schlamm in einen Kessel, ließ ihn kochen, entblößte die Arme und prüfte den Heißwasserschlamm; oder auch man erhitzte ein Beil bis zur Rotglut und legte es auf die Handfläche.* [8]). Hierauf legte von den Leuten allen ein jeder ein Yufu-tasuki [9]) an, schritt an den Kessel heran und vollzog das Heißwasserordal. Diejenigen, welche die Wahrheit für sich hatten, blieben natürlicherweise unversehrt; diejenigen, welche die Wahrheit nicht für sich hatten, wurden sämtlich verletzt. Deshalb waren die, welche absichtlich gelogen hatten, in Angst, drückten sich vorher beiseite und traten nicht vor. Von dieser Zeit an waren die Uji und Kabane ganz von selber fest geordnet, und es war Niemand mehr, der darüber die Unwahrheit sagte.

14. Jahr (425).

9. Monat, 12. Tag. Der Kaiser jagte auf der Insel Ahaji. Damals wimmelten große Hirsche, Affen und Wildschweine bunt durcheinander auf den Bergen und in den Tälern, erhoben sich wie Feuerflammen, schwärmten wie Fliegen. Trotzdem fing man den ganzen Tag lang kein einziges Wild. Hierauf wurde die Jagd aufgegeben und wieder diviniert. Da sprach der Gott der Insel [10]), der den üblen Einfluß ausübte: „Daß ihr kein Wild bekommen habt, das ist mein Wille. Auf dem Boden des Meeres von Akashi liegt eine weiße Perle. Wenn ihr diese Perle mir als Opfergabe darbringt, so werdet ihr sämtliches Wild erlangen können.“ Hierauf versammelte man die Fischer der verschiedensten Orte und ließ sie auf den Boden des Meeres von Akashi tauchen. Da das Meer jedoch tief war, konnten sie nicht bis an den Boden gelangen. Es war aber ein Fischer, der hieß Wosashi. Dieser war ein Fischer aus dem Dorfe Naga-mura in der Provinz Aha. Er übertraf alle Fischer und tauchte sehr geschickt in die Tiefe. Mit einem Seil um seine Lenden geschlungen, begab er sich hinein auf den Grund des Meeres. Nach einer Weile kam er heraus und sagte: „Auf dem Boden des Meeres ist eine große Ohrmuschel, und an dieser Stelle glänzt es.“ Die Leute alle sagten: „Die Perle, welche der Inselgott begehrt, befindet sich wahrscheinlich in dem Bauche dieser Ohrmuschel.“ Wiederum stieg er hinein und tauchte danach. Hierauf kam Wosashi mit der großen Ohrmuschel in den Armen an die Oberfläche heraus. Aber sein Atem stockte, und er starb auf den Wellen. Danach ließ man ein Seil hinab und fand beim Messen [der Tiefe] des

---

[8]) Shikida nimmt an, daß in verschiedenen Landesteilen auch verschiedene Arten des Ordals üblich waren.

[9]) Ein Handstützband *(tasuki)* aus Baumfaserzeug *(yufu)*, das um beide Schultern geschlungen wurde, eigentlich zum Stützen des Arms beim Tragen schwerer Gegenstände, hier wohl aber, wie das moderne *tasuki*, zum Aufschürzen der Kleiderärmel und Entblößen des Arms.

[10]) Izanagi. Vgl. S. 291, Anm. 5.

Meeresbodens, daß es sechzig Klaftern waren. Als man dann die Ohrmuschel spaltete, war eine echte weiße Perle in dem Bauche drin. Die Größe derselben war wie die einer Pfirsichfrucht. Nun opferte man diese dem Inselgott und jagte und erlangte viel Wild. Aber man war traurig darüber, daß Wosashi durch das Hineingehen ins Meer gestorben war. Deshalb machte man ein Grab und begrub ihn in ehrenvoller Weise. Dieses Grab existiert noch bis auf den heutigen Tag.

24. Jahr (435).

6. Monat. Die heiße Suppe der kaiserlichen Mahlzeit gefror und wurde zu Eis. Der Kaiser fand es seltsam und ließ über die Ursache divinieren. Der Wahrsager sprach: „Es liegt ein Vergehen im Innern vor. Vielleicht haben von derselben Mutter abstammende Blutsverwandte mit einander geschlechtlichen Verkehr gepflogen." Da sagte Jemand: „Der Thronfolger Kinashi no Karu hat die Kaiserliche Prinzessin Karu no Oho-Iratsume, seine jüngere Schwester von derselben Mutter, verführt." Eine daraufhin angestellte Untersuchung ergab, daß diese Rede der Wirklichkeit entsprach. Da der Prinz Thronfolger war, konnte er nicht bestraft werden, und deshalb wurde nur die Prinzessin Karu no Oho-Iratsume nach Iyo verbannt[11]).

Aus Buch XIV.

Kaiser Oho-Hatsuse Waka-take.
(Yūryaku[1])-tennō.)

[Noch ehe Yūryaku die kaiserliche Würde im 11. Monat 456 annahm, räumte er verschiedene Prinzen aus dem Wege. Unter anderm ließ er den Prinzen Mima, einen Sohn des Kaisers Richū, auf der Landstraße durch Truppen meuchlings überfallen.] Der Prinz geriet nahe beim Felsen-Brunnen von Miwa mit ihnen in Kampf, wurde aber bald gefangen genommen. Als er eben getötet werden sollte, zeigte er auf den Brunnen und verfluchte ihn mit den Worten: „Dieses Wasser soll nur das Volk trinken dürfen; fürstliche Personen sollen es nicht trinken können!"

1. Jahr (457).

3. Monat. [Der Kaiser ernannte die Kaiserin und drei Beifrauen. Die eine der letzteren, Kara-hime, wurde Mutter des späteren Kaisers Seinei und der Kaiserlichen Prinzessin Waka-tarashi-hime.] Diese Kaiserliche Prinzessin übernahm den Dienst beim Kult der Großen Gottheit von Ise. — —

3. Jahr (459).

[Die zur jungfräulichen Vestalin bestimmte Kaiserliche Prinzessin Waka-tarashi-hime und der Muraji Takehiko werden von dem Omi Kunimi verleumdet, unerlaubten Geschlechts-

---

[11]) Das KOJIKI läßt aber den Prinzen verbannt werden; ebenso eine Variante des NIHONGI im nächsten Buch, jedoch in etwas späterer Zeit, nach weiterer Zuspitzung des Konfliktes. So möchten beide Texte recht haben.

[1]) „Männliche Pläne". Das Volk nannte ihn wegen seiner Grausamkeit den „sehr bösen Kaiser". 21. Mikado, 457—479.

verkehr gehabt zu haben. Sie solle geschwängert sein. Takehiko wird daraufhin von seinem eigenen Vater Kikoyu getötet.] Als der Kaiser dies hörte, sandte er Boten und verhörte die Kaiserliche Prinzessin. Die Kaiserliche Prinzessin antwortete und sprach: „Deine Dienerin weiß nichts.“ Plötzlich nahm die Kaiserliche Prinzessin einen Götterspiegel, begab sich an den Oberlauf des Flusses Isuzu [in Ise], erspähte einen von Menschen nicht besuchten Ort, vergrub den Spiegel und starb durch Erhängen. Der Kaiser hatte Argwohn ob der Abwesenheit der Kaiserlichen Prinzessin und ließ in der Dunkelheit der Nacht beständig nach Osten und Westen hin Nachforschungen anstellen. Da erschien am Oberlaufe des Flusses etwas wie ein Regenbogen und wie eine Schlange, vier bis fünf Ruten lang. Als man die Stelle, von wo der Regenbogen sich erhob, aufgrub, fand man den Götterspiegel. Und an einer anderen Stelle, nicht weit davon, fand man den Leichnam der Kaiserlichen Prinzessin. Als man diesen aufschnitt und nachsah, fand sich im Bauche etwas wie Wasser, und in dem Wasser war ein Stein. Kikoyu konnte daraufhin seinen Sohn von der Schuld reinigen, und bereute nun im Gegenteil, seinen Sohn getötet zu haben. Aus Rache tötete er Kunimi, entfloh und verbarg sich in dem Götterschrein von Isonokami.

4. Jahr (460).

2. Monat. Der Kaiser jagte auf dem Kadzuraki Berge [in Yamato]. Plötzlich sah er einen hochgewachsenen Mann. Er kam heran und blickte über das Tal. An Gesicht und Gestalt war er dem Kaiser ganz ähnlich. Der Kaiser erkannte zwar, daß dies ein Gott sei, aber dennoch fragte er ihn absichtlich und sprach: „Von wo bist du der Herr?“ Der große Mann antwortete und sprach: „Ein Gott der sichtbaren Menschen. Nenne zuerst deinen fürstlichen Namen; nachher werde ich mich nennen.“ Der Kaiser antwortete und sprach: „Wir sind Waka-take no Mikoto.“ Der große Mann nannte sich darauf folgend und sprach: „Dein Diener ist der Gott Hito-koto-nushi.“ Schließlich vergnügten sie sich miteinander an der Jagd, und in der Verfolgung eines Hirsches überließ es jeder dem anderen aus Höflichkeit, den Pfeil abzuschießen; Pferdegebiß neben Pferdegebiß ritten sie dahin. Ihre Reden zu einander waren ehrfurchtsvoll und liebenswürdig. Es war, als ob es Genien wären. Da ging die Sonne unter, und die Jagd wurde beendet. Der Gott begleitete den Kaiser ehrfürchtig bis zum Kume Fluß [im Distrikt Takechi in Yamato]. Zu dieser Zeit sagte das Volk: „Ein tugendsamer Kaiser [2])!“

5. Jahr (461).

2. Monat. Der Kaiser jagte auf dem Kadzuraki Berge. Plötzlich kam ein seltsamer Vogel, an Größe einem Sperling gleich, mit einem auf dem Erdboden schleppenden, langen Schwanz. Singend sagte er: „Nimm dich in Acht! Nimm dich in Acht!“ Da kam plötzlich ein wütender Eber, der gerade verfolgt wurde, mitten aus dem Gestrüpp herausgestürmt und verfolgte die Leute. Das Jagdgefolge stieg auf die Bäume und war in großer

---

[2]) Vgl. die Parallelversion KOJIKI 158, S. 118.

Angst. Der Kaiser befahl den Gefolgsleuten und sprach: „Wenn ein wildes Tier einem Menschen begegnet, hält es sofort an. Tretet ihm mit der Schußwaffe entgegen und durchbohrt es!“ Die Gefolgsleute aber waren schwächlicher Natur, stiegen auf die Bäume, verloren die Gesichtsfarbe und waren nicht mehr Herren ihrer fünf Sinne. Der wütende Eber kam geradenwegs herbei und wollte den Kaiser beißen. Aber der Kaiser gebrauchte seinen Bogen, durchbohrte ihn und brachte ihn zum Stehen, hob das Bein und tötete ihn mit einem Tritt. Hierauf, als die Jagd zu Ende war, wollte er die Gefolgsleute töten. [Auf Bitte der Kaiserin begnadigte er sie.] — — —

7. Jahr (463).

7. Monat, 3. Tag. Der Kaiser befahl dem Chihisa-ko-Be no Muraji Sugaru und sprach: „Wir möchten die Gestalt der Gottheit des Mimoro Hügels sehen. *Einige sagen, daß die Gottheit dieses Berges Oho-mono-shiro-nushi no Kami sei; andere sagen, daß es Uda no Sumi-saka no Kami sei.* Du übertriffst die anderen Menschen an Stärke. Gehe persönlich, ergreife ihn und bringe ihn her!“ Sugaru antwortete und sprach: „Ich will den Versuch machen, hinzugehen nnd ihn zu ergreifen.“ Daraufhin stieg er auf den Mimoro Hügel hinauf, fing eine große Schlange und brachte sie dem Kaiser dar. Der Kaiser hatte [jedoch] keine rituelle Enthaltsamkeit geübt. Der Donner[-Gott][3]) leuchtete und blitzte, seine Augäpfel glühten. Der Kaiser fürchtete sich, bedeckte seine Augen, konnte nicht hinsehen, verbarg sich im Inneren des Palastes und befahl, [die Schlange] auf dem Hügel freizulassen. Im Anschluß hieran gab er [dem Sugaru] einen neuen Namen und nannte ihn Ikadzuchi „Donner“. — — —

9. Jahr (465).

2. Monat, 1. Tag. Man schickte den Ohoshi Kafuchi no Atahi Katabu und eine Uneme[4]), um den Gottheiten von Muna-kata[5]) Opfer darzubringen. Als Katabu mit der Uneme schon auf dem Götterhof[6]) angekommen war, und sie im Begriff standen, die Sache auszuführen, verführte er die Uneme. Der Kaiser hörte davon und sprach: „Wenn wir den Göttern opfern und sie um Segen anflehen[7]), sollten wir dann nicht in unserm Betragen vorsichtig sein?“ Hierauf schickte er Naniha no Hitaka no Kishi hin, um jenen zu

---

[3]) Zeichen „Donner“, von allen Kommentatoren hier einfach *kami* „der Gott“ gelesen, worunter sie allerdings den „tönenden Gott“ *naru kami* (so heißt der Donnergott wiederholt im MANYŌSHŪ) verstehen. Zu *Mimoro* Hügel = *Miwa-yama* vgl. KOJIKI 28, S. 58; zu *Oho-mono-shiro-nushi* „der große über die Geister regierende Herr“ = *Oho-mono-nushi* = *Oho-na-muchi* vgl. KOJIKI 26, S. 55, Anm. 5.

[4]) Hofdame. Man beachte, welche Rolle das weibliche Geschlecht beim Gottesdienst spielt, besonders wenn die Gottheit selber ein Weib ist.

[5]) Vgl. S. 291, Anm. 2.

[6]) *Kamu-niha*, oder *yu-niha* „reiner Hof“, die Kultstätte.

[7]) Die Entsendung der Opferspender scheint mit dem unter dem 3. Monat erwähnten Plan einer Expedition nach Shiragi zusammenzuhängen. Der Kaiser wollte die berühmten Tsukushi Gottheiten wohl um glückliches Gedeihen seines Unternehmens anflehen.

töten. Da aber hatte Katabu die Flucht ergriffen und war nicht zu finden. Der Kaiser schickte wiederum Yuge no Muraji Toyoho hin, der überall das Innere der Provinz und der Distrikte durchsuchte und ihn schließlich auf dem Awi-Gefilde im Distrikt Mishima [in der Provinz Settsu] ergriff und niederhieb.

3. Monat. Der Kaiser wollte in eigener Person Shiragi angreifen, aber eine Gottheit[8]) warnte den Kaiser und sprach: „Gehe nicht!" Der Kaiser ging aus diesem Grunde nicht. [Er läßt die Unternehmung durch seine Heerführer ausführen. Der Oberkommandierende Ki no Woyumi no Sukune stirbt in Korea.]

Sommer, 5. Monat. — — Hierauf kam die Hofdame Ohomi in Begleitung der Leiche des Woyumi no Sukune in Japan an. Schließlich klagte sie dem Oho-tomo Muroya no Oho-muraji und sprach: „Deine Dienerin weiß nicht, wohin sie ihn begraben soll. Bitte, laß durch Divination eine gute Stätte bestimmen." — — —

Herbst, 7. Monat, 1. Tag. Aus der Provinz Kahachi wurde berichtet: Die Tochter eines Mannes aus dem Distrikt Asukabe Namens Tanabe no Fuhito[9]) Hakuson war mit Fumi no Obito[9]) Karyū, einem Mann des Distriktes Furuichi, verheiratet. Als Hakuson hörte, daß seine Tochter von einem Kinde entbunden worden sei, begab er sich hin und brachte im Hause seines Schwiegersohns seinen Glückwunsch dar. Als er bei Mondschein am Fuße des Homuda-Misasagi[10]), das auf dem Ichihiko Hügel liegt, zurückkehrte, traf er auf Jemand, der auf einem roten Rosse ritt. Dieses Roß stieg rasch auf, wie ein Drache dahinfliegt, hoch aufspringend flog es wie eine aufgeschreckte Wildgans dahin. Seine seltsame Gestalt war erhaben, sein exquisites Aussehen ausgezeichnet. Hakuson näherte sich und betrachtete es und wünschte in seinem Herzen, es zu haben. Deshalb trieb er das scheckige Pferd, auf dem er ritt, mit der Peitsche vorwärts, so daß Kopf an Kopf und Gebiß an Gebiß neben einander waren. Aber das rote Pferd überholte ihn, eilte voran in Staub und Dust, und rasch dahin galoppierend verschwand es in der Ferne. Da blieb das scheckige Pferd zurück, langsam auf den Beinen, und konnte jenes nicht wieder einholen. Da jedoch der auf jenem

---

[8]) Oder „die Gottheit", falls die Gottheiten von Munakata darunter zu verstehen sind, wie mehrere Erklärer (Shikida usw.) meinen. Der chinesisch-japanische Sprachgebrauch berücksichtigt solche feinen, aber oft wesentlichen, Unterscheidungen nicht.

[9]) *Fuhito*, aus *fumi-hito* „Schriftmensch", d. i. „Schreiber, Sekretär", waren die der chinesischen Schrift kundigen Männer, für lange Zeit eingewanderte Koreaner oder Chinesen und deren Nachkommen, denen das amtliche Schriftwesen des sich allmählich mit der chinesischen Zivilisation befruchtenden japanischen Volkes anvertraut wurde. Die ersten von ihnen wurden vom Hof angestellt, später wurden aber *fuhito* in allen Provinzen eingesetzt. Das NIHONGI erwähnt letzteres Ereignis im 4. Jahre Richū (403 n. Chr.). Die *fumi no obito* „Schrifthäupter" waren Obersekretäre, die von dem Koreaner Wani abstammten. Die hier erwähnten Namen *Hakuson* und *Karyū* sind chinesische Namen. Die Berichte der älteren Generationen der Fuhito aus den Provinzen waren fast durchweg solch kindlicher Natur, wie der hier vorliegende Bericht, voll bombastischen Wortschwalls nach chinesischer Manier.

[10]) Grabstätte des Kaisers Homuda, d. i. Ōjin-tennō's.

Roß reitende Mann wußte, was Hakuson wünschte, so hielt er an und tauschte mit ihm das Pferd aus; dann verabschiedeten und trennten sie sich von einander. Hakuson freute sich sehr, das stattliche Roß erlangt zu haben, brachte es geschwind in den Stall hinein, nahm den Sattel ab, fütterte es und ging schlafen. Am nächsten Morgen hatte sich das rote Roß in ein tönernes Pferd [11]) verwandelt. Hakuson wunderte sich darüber in seinem Herzen, ging zurück und durchforschte das Homuda Misasagi; da sah er sein scheckiges Pferd mitten unter den tönernen Pferden stehen. Er nahm es, tauschte es um und stellte das eingetauschte tönerne Pferd hin.

13. Jahr (469).

8. Monat. In Miwikuma in der Provinz Harima war ein Mann Namens Ayashi no Womaro, stark von Leib und kräftig von Mut, der willkürlich Gewalttätigkeiten ausübte, auf den Landstraßen raubte und die Wanderer nicht vorbeiließ. Ferner fing er die Boote der Kaufleute ab und plünderte sie sämtlich aus, und dazu noch handelte er den Landesgesetzen zuwider und zahlte keine Abgaben. Da schickte der Kaiser den Kasuga no Wonu no Omi Ohoki an der Spitze von hundert tapferen Leuten hin. Sie alle nahmen Fackeln, umringten sein Haus und steckten es in Brand. Da kam mitten aus den Flammen heraus plötzlich ein weißer Hund und verfolgte den Ohoki no Omi. Der Hund war so groß wie ein Pferd. Ohoki no Omi jedoch zog unveränderten Sinnes sein Schwert und hieb ihn nieder. Da verwandelte sich [der Hund] in Ayashi no Womaro [12]). — —

14. Jahr (470).

3. Monat, — — Die Näherin Ye-hime wurde der Gottheit von Oho-Miwa dargeboten. — — —

22. Jahr (478).

7. Monat. Ein Mann aus Tsutsukaha im Distrikt Yosa der Provinz Tamba, [Namens] Urashima no Ko von Midzunoye, fuhr in einem Boot zum Angeln. Endlich fing er eine große Schildkröte. Dieselbe verwandelte sich allsogleich in ein Mädchen. Hierauf verliebte sich Urashima no Ko in sie und machte sie zu seiner Frau. Miteinander gingen sie ins Meer hinein. Indem sie nach dem Hōrai-san [13]) gelangten, sahen sie die Genien umhergehen.

---

[11]) *Hani-ma;* daher auch die rote Farbe des Rosses, denn die *hani-ma* sind aus rotem Ton gefertigt. Vgl. S. 263, Anm. 50 und 51.

[12]) Aston bemerkt hierzu: Hier haben wir den (über die ganze Welt verbreiteten) Zauberer, der sich in ein Tier verwandeln kann, aber, wenn er verwundet oder getötet wird, wieder seine natürliche Gestalt annehmen muß. Vgl. auch Buber's Chinesische Geister- und Liebesgeschichten, S. 56 in der Erzählung Die Füchsin: „In diesen Worten ging ihr (einer Füchsin, die sich in ein schönes Mädchen Lien-hsiang verwandelt hatte) Geist hinweg, und auf dem Bett lag die Leiche eines Fuchses.“

[13]) *P'êng-lai-shan* der Chinesen, eine der 3 Genien-Inseln im östlichen Meer. Die japanische Lesung dafür ist *Tokoyo no kuni* „Land der Ewigkeit, Land der Seligen“; vgl. S. 57, Anm. 7.

Aus Buch XV.

Kaiser Shiraga Take-hiro-kuni Oshi-waka-Yamato-neko. (Seinei[1])-tennō.)

2. Jahr (481).

11. Monat. Anläßlich der Opfergaben für das Oho-nihe[2]) wurden Abgesandte nach dem Landesamt der Provinz Harima geschickt. — — —

---

[1]) „Rein und ruhig". Das erste Element seines japanischen Namens, *shiraga* „Weißhaar", deutet auf sein hohes Alter bei der Thronbesteigung. Er regierte auch kaum 4 Jahre. 22. Mikado, 480—484.

[2]) Siehe S. 37, Anm. 2 (KOJIKI 15). Auch an dieser Stelle wird das ALLJÄHRLICH gefeierte Erntefest gemeint sein. In jeder Regierungsära wird einmal das *Oho-nihe* als Thronbesteigungsfest ganz besonders prunkhaft gefeiert, und zwar im Jahre der Thronbesteigung selbst, wenn diese vor Ende des 7. Monats stattfand, im nächsten Jahr aber, wenn die Nachfolge auf den Thron in die spätere Jahreshälfte fiel. Das war der umständlichen Vorbereitungen wegen notwendig. Während in älterer Zeit *oho-nihe* „großer Schmaus" (sinojap. *daijō)* und *nihi-name* „neues Kosten" (sinojap. *shinjō)* promiscue gebraucht wurden, ist seit dem Mittelalter üblich, den Ausdruck *oho-nihe no matsuri* oder *daijō-we (we* „Fest") nur für das besondere Thronbesteigungsfest zu gebrauchen. In unserer Stelle erscheinen zwar die Zeichen *daijō,* aber da die Thronbesteigung Seinei's im Januar seines ersten Regierungsjahres stattfand und höchstwahrscheinlich das Thronbesteigungsfest auch nach der Regel im ersten Jahre gefeiert worden war, so wird *oho-nihe* = *daijō* hier im allgemeinen alten Sinne „Reisopferfest" zu nehmen sein. Andernfalls müßten besondere, hier nicht genannte Umstände die Verlegung des Thronbesteigungsfestes auf ein späteres Jahr notwendig gemacht haben. Solche Fälle kommen allerdings nicht selten vor. Das erst im November 1915 gefeierte Thronbesteigungsfest des gegenwärtigen Kaisers Yoshi-hito, der schon im Sommer 1912 Kaiser wurde, ist das neueste Beispiel dafür.

Die Differenzierung zwischen den Ausdrücken *Daijō* = Thronbesteigungsfest und *Shinjō (Nihi-name)* = alljährliches Reisopferfest wird schon im JINGI-RYŌ gemacht, im übrigen aber bis Mitte des 9. Jahrhunderts nicht durchgeführt; erst seit der Periode Jōgwan (859—876) wird sie streng beobachtet. Der Termin des jährlichen Festes war der mittlere Hasentag (*u*-Tag) des 11. Monats nach dem Mondkalender; seit Einführung des Sonnenkalenders ist der 23. November dafür festgelegt. Derselbe Termin galt für das Daijō-we. Nach der Tradition wurde nämlich dieses Datum bei der ersten Feier des Daijō-we durch Divination bestimmt und seither festgehalten. Der Kern des zeremonienreichen Festes, des einfacheren Shinjō wie des komplizierteren pomphaften Daijō, besteht darin, daß der Kaiser persönlich den Göttern die Opfertische (*shinzen)* mit dem neugeernteten Reis des Jahres (Reis und Sake) darbringt und dann selber davon genießt. Vor dem Fest durfte kein Shintokultbeamter von dem neuen Reis essen, und fromme Shintoisten beobachten diese Zurückhaltung noch heute. Für beide Feste wurde der Opferreis aus divinatorisch bestimmten Landesteilen (s. *Yuki* und *Suki,* Buch XXIX, Anm. 26) genommen, doch blieb diese feierliche Umständlichkeit nur für das Daijō-we bestehen, während sie für das Nihi-name frühzeitig in Wegfall kam. Gesänge und Tänze, Bankette und Geschenke an die Beamten sind mit dem Fest verbunden. Auf rituelle Reinheit bei den Vorbereitungen wie bei der Festfeier wurde peinlichst geachtet, daher eine Menge von Reinigungshandlungen damit verbunden. Da alles Buddhistische für den Shintoisten unrein ist, waren während des ganzen Monats vor dem Daijō-we den buddhistischen Tempeln der fünf Kinai Provinzen — die Zeremonie fand, seit Kyōto Hauptstadt wurde, in der Vorstadt Kitano von Kyōto statt — alle buddhistischen Kulthandlungen verboten. Allen Leuten mit geschorenem Kopfhaar bis

Kaiser Woke.
(Kensō[3])-tennō.)

Im Winter, im 11. Monat des 2. Jahres des [vorigen] Kaisers Shiraga, beschaffte der Statthalter der Provinz Harima [Namens] Iyo no Kumebe no Wodate, der Ahnherr der Yamabe no Muraji, im Distrikt Akashi persönlich die Opfergaben für das Fest des Kostens des Neuen Reises[4]).

3. Jahr (487).

2. Monat, 1. Tag. Ahe no Omi Kotoshiro wurde auf Kaiserlichen Befehl als Abgesandter nach Mimana geschickt. Da inspirierte der Mondgott[5]) einen Mann und redete zu ihm [durch dessen Mund], sagend: „Mein Ahnherr Taka-mi-musubi no Mikoto hat das Verdienst, zusammen [mit anderen Gottheiten] Himmel und Erde gemacht zu haben. Man sollte durch Darbietung von Volk und Land dienen! Ich bin der Mondgott. Wenn man dem Ersuchen gemäß Opfergaben darbringt, so werde ich glücklich und erfreut sein.“ Kotoshiro kehrte demgemäß nach der Hauptstadt zurück und berichtete dem Kaiser ausführlich darüber. Die Uta no Arasu Reisfelder [im Distrikt Kadono von Yamashiro] wurden [dem Gott] dargebracht, und Oshimi no Sukune, der Ahnherr der Yuki no Agata-nushi, übernahm den Dienst in seinem Schrein.

4. Monat, 5. Tag. Die Sonnengöttin inspirierte einen Mann und sprach durch ihn zu Ahe no Omi Kotoshiro die Worte: „Die Ihare-Reisfelder [im Distrikt Toichi von Yamato] sollen meinem Ahnherrn Taka-mi-musubi no

---

zu den Ärzten, namentlich aber den buddhistischen Priestern, Nonnen und anderen „unsauberen Personen“ war das Ein- und Ausgehen durch die vier Tore um den Kaiserlichen Palast herum untersagt.

Worterklärungen: *Dai-jō-we* oder *Dai-jō-sai,* jap. *Oho-nihe-matsuri*: *dai* = *oho* „groß“; *jō* „Kosten“; *we, sai* = *matsuri* „Fest“; *nihe* wahrscheinlich kontrahiert aus *nihiahe* „neuer Schmaus“. *Shin-jō-we* oder *Shin-jō-sai,* jap. *Nihi-name* oder *Nihi-nahe*: *Shin* = *nihi* „neu“; *jō* = *name* „Kosten“; *nahe* kontrahiert aus *no* (Gen. Partikel) und *ahe* „Schmaus“.

[3]) „Vortrefflicher (berühmter) Ahn“. 23. Mikado, 485—487.

[4]) Hier *Shin-jō* geschrieben. *Daijō* und *shinjō* sind also unterschiedslos für denselben Fall gebraucht.

[5]) Der Mondgott ist *Tsuki-yomi no Mikoto,* die weiter unten genannte Sonnengöttin ist *Ama-terasu no Oho-mi-kami.* Man beachte, daß beide als Inspiratoren auftreten. Der Text läßt nicht klar erkennen, ob die Uta no Arasu Reisfelder dem Taka-mi-musubi oder dem Mondgott dargebracht wurden. Die japanischen Kommentatoren weichen der Schwierigkeit aus. Da aber im Ort Kadono, wo diese Reisfelder lagen, nach dem ENGI-SHIKI sich ein Schrein des Mondgottes befand, so möchte ich annehmen, daß die Dedikation dem Mondgott zugute kam. Derselben Meinung scheint übrigens auch Shikida zu sein, denn in dem Satz: „wenn man dem Ersuchen gemäß Opfergaben darbringt, so werde ich . . . .“ interpunktiert er so, daß das Pronomen der ersten Person als Objekt zu „darbringen“ steht, also „wenn man . . . . . MIR darbringt, so wird Glück und Freude sein“.

Yuki lautet später *Iki.* Auf der Insel *Iki* lag nach dem ENGI-SHIKI übrigens auch ein Schrein des Mondgottes.

Mikoto dargebracht werden!“ Kotoshiro erstattete hierauf dem Kaiser Bericht. Dem Ersuchen der Göttin gemäß wurden ihm vierzehn Chō Reisland dargebracht. Der Atahi des Shimo-tsu-agata von Tsushima übernahm den Dienst in seinem Schrein[6]).

Aus Buch XVI.

Kaiser Wo-Hatsuse Waka-sazaki. (Buretsu[1])-tennō.)

[Im Todesjahr des vorhergehenden Kaisers Ninken, 498 n. Chr., ehe Buretsu den Thron bestieg, plante der Groß-Omi, Heguri no Matori, die Regierungsgewalt an sich zu reißen. Der Groß-Muraji aus dem Oho-tomo Geschlecht unternahm es, jenen zu bewältigen. Er belagerte den Oho-omi in seinem Hause und steckte es in Brand.] Voll Groll, daß seine Sache nicht gelang und in der Erkenntnis, daß er unmöglich mit dem Leben davon kommen könnte, daß seine Pläne die letzte Grenze erreicht hatten und seine Hoffnungen geschwunden waren, verfluchte der Oho-omi Matori die Salzflut, darauf hinzeigend, weit und breit[2]). Schließlich wurde er getötet [und all seine Angehörigen mit ihm] bis auf die Kinder und jüngeren Brüder. Als er den Fluch aussprach, vergaß er nur die Salzflut des Meeres von Tsunuga[3]) und verfluchte diese nicht. Aus diesem Grunde wird das Salz von Tsunuga zur Speise für den Kaiser genommen, das Salz der übrigen Meere dagegen wird für den Kaiser gemieden[4]).

---

[6]) Die Wahl dieses Mannes wird damit zusammenhängen, daß nach Angabe des ENGI-SHIKI im genannten Distrikt ein *Amateru-jinja* lag.

[1]) „Kriegerische Wildheit“, ein viel zu schönfärbender Ausdruck für die perverse Bestialität dieses minderwertigen Subjektes, das nur an den Qualen wehrloser Untertanen Vergnügen fand. 25. Mikado, 499—506.

[2]) Eine ähnliche Verfluchung in der Todesstunde s. unter Yūryaku, S. 295, wo Prinz Mima das Quellwasser des Felsenbrunnens für den Gebrauch des Kaisers, seines Feindes, verflucht. Das in beiden Fällen eigens erwähnte Hinweisen mit dem Finger scheint ein wesentlicher Bestandteil des Verfluchungsaktes zu sein.

[3]) Der wiederholt erwähnte Distrikt in Echizen, am Westmeere.

[4]) Das Salz wurde ja ausschließlich durch Verdampfen von Meerwasser gewonnen. Im MANYŌSHŪ werden *oho-kimi no shiho-yaku-ama* „Fischer, die für den Kaiser das Salz kochen“ erwähnt. Von der Beschränkung auf das Salz von Tsunuga ist übrigens außer dieser Nihongi-Stelle nichts bekannt; aber es ist sehr gut möglich, daß in einer den Nihongi-Verfassern nahe liegenden Zeit einmal eine solche Beschränkung bestanden hat. Für „meiden“ steht *imu*, was „zeremoniell Unreines meiden“ bedeutet. Die kaiserlichen Speisen heißen *omono*, was aus *o-mi-woshi-mono* „groß erlaucht-genossene Dinge“ kontrahiert sein soll, aber offenbar weiter nichts als das Honorifikum *o* und *mono* „Ding“ ist.

Aus Buch XVII.

Kaiser Wohoto.
(Keitai[1])-tennō.)

1. Jahr (507.)

2. Monat, 10. Tag. [Der Oho-Muraji Ohotomo no Kanamura stellt an den Kaiser, der erst vor einer Woche die Würde angenommen hatte, das Ersuchen, unverzüglich für einen Thronerben zu sorgen und schließt mit den Worten:] „Ich bitte, daß du die Kaiserliche Prinzessin Tashiraka einsetzest und sie zur Kaiserin ernennest; daß die Kimi des Götterkultamtes[2]) ausgeschickt werden, um den Göttern des Himmels und der Erde ehrfürchtig Opfer darzubringen und sie um einen Kaiserlichen Sproß zu bitten[3]), und daß so den Hoffnungen des Volkes wahrlich entsprochen werde.“ Der Kaiser sagte: „Es sei so.“ [Neben der Kaiserin nahm sich der Kaiser acht Beifrauen, welche an einem durch Divination ausgewählten Glückstage in den Hinterpalast eingeführt wurden. Unter ihnen war] Womi no Iratsuko, eine Tochter des Prinzen Okinaga no Mate. Sie gebar die Kaiserliche Prinzessin Sasage. Diese übernahm den Kultdienst bei der Großen Gottheit von Ise.

24. Jahr (530).

[Im 3. Monat des 23. Jahres war Afumi no Kenu no Omi mit einem wichtigen politischen Auftrag nach Mimana in Korea geschickt worden.]

9. Monat. Ein Bote aus Mimana erstattete an den Kaiser folgenden Bericht: „Es sind nun schon zwei Jahre, daß Kenu no Omi sich in Kushimura ein Haus gebaut hat und dort residiert. Aber er ist lässig in der Ausübung seiner Amtspflichten. Nun kommen zwischen den Leuten von Yamato und den Leuten von Mimana beständig wegen der Kinder [aus Mischehen] Streitigkeiten vor, die schwer zu entscheiden sind. Von Anbeginn an ist keine einzige Sache ordentlich entschieden worden. Kenu no Omi beliebt einfach das Heißwasserordal anzuordnen und zu sagen: ‚Wer sich im Recht

---

[1]) „Nachfolgen-Körper“. 26. Mikado, 507—531.

[2]) *Kamu-tsukasa* (oder *kami-dzukasa) no kimi-tachi.* Nach den Zeichen *jingi-haku.* Dieser sinojap. Ausdruck, dem sonst die japanische Lesung *kamu-tsukasa no kami* „Oberleiter des Götteramtes“ entspricht, ist aber erst im 7. Jahrhundert in Japan eingeführt worden, und paßt nicht auf das, was hier gemeint ist. Es gab ja auch nur einen *haku* oder *kami*, während hier die Vielheit ausdrücklich bezeichnet wird. Die Lesung *kimi-tachi* ist daher vorzuziehen, und wir haben darunter dasselbe zu verstehen, was KOJIKI 52 (S. 95, Anm. 3) als *ihahi-bito* bezeichnet wurde, d. h. Leute, welche den Gottesdienst verrichten, Priester. Sie gehörten, wenigstens in der älteren Zeit, wohl meist dem Geschlecht der Nakatomi an.

[3]) Das Beten zu den Göttern um Kindersegen ist eine uralte japanische Sitte, wie Motowori im TAMA-KATSUMA ausführt. Iida meint, daß die Nachkommenschaft für die legitime Kaiserin erfleht werden sollte, da offenbar schon Kinder von Beifrauen vorhanden waren, wie die Prinzen Magari no Ohine und Hinokuma Takada, Söhne seiner ältesten Konkubine Menoko. Aus einer Glosse im Text geht nämlich hervor, daß die in den Hinterpalast eingeführten 8 Beifrauen zumteil einem älteren Bestand, aus der Zeit vor der Thronbesteigung, angehörten, der jetzt durch einige neue Elemente erweitert wurde.

befindet, wird sich nicht verbrühen; wer sich im Unrecht befindet, wird sich sicherlich verbrühen.' Infolgedessen ist die Zahl derer, die ins heiße Wasser eintauchten, sich verbrühten und starben, sehr groß. Ferner hat er Kibi's koreanische Kinder Natari und Shifuri getötet. *Die Kinder eines Japaners aus der Ehe mit einem Barbarenweib heißen allgemein Kara-ko „Korea-Kinder".* Er plagt die Leute immerzu, und nichts wird schließlich in versöhnlichem Sinne gelöst."

Aus Buch XIX.

Kaiser Ame-kuni Oshi-hiraki Hiro-niha. (Kimmei[1])-tennō.)

In seiner Jugend hatte der [spätere] Kaiser einen Traum, worin ihm ein Mann erschien und sprach: „Wenn du einem Mann Namens Hada no Oho-tsu-chi[2]) Gunst erweisest, so wirst du sicherlich nach Erreichen der Mannesjahre das Reich regieren." Nachdem er erwacht war, schickte er überallhin Boten aus, um [nach dem Manne] zu forschen, und man fand ihn aus dem Bezirk Fukakusa des Distriktes Ki der Provinz Yamashiro. Kabane und Name waren wirklich dieselben wie die geträumten. Da erfüllte Freude Seinen ganzen Körper, und Er sagte lobend: „Ein einzigartiger Traum!" Dann redete Er jenen an und sprach: „Hat sich irgend etwas ereignet?" Jener antwortete und sprach: „Nichts. Aber als Euer Diener nach Ise auf Handelsgeschäfte gegangen war und dann gerade auf dem Heimweg begriffen war, traf er im Gebirge auf zwei Wölfe[3]), die sich in einander verbissen hatten und mit Blut beschmiert waren. Ich stieg vom Pferde ab, wusch Mund und Hände rein und sprach betend: ‚Ihr seid ehrfurchtgebietende Gottheiten, und dennoch liebt ihr rauhe Handlungen. Wenn ihr mit einem Jäger zusammenträfet, so würdet ihr allerschnellstens gefangen werden.' Hierauf hinderte ich sie daran, sich gegenseitig zu beißen, wischte und wusch ihre mit Blut beschmierten Haare ab, ließ sie schließlich los und rettete ihnen so allen beiden das Leben." Der Kaiser sprach: „Sicherlich

---

[1]) „Der Verständige". 29. Mikado, 540—571.

[2]) Von chinesischer Abstammung. *Hada* ist die japanische Benennung der chinesischen Ts'in Dynastie; *Hada*-Leute sind Chinesen und deren Nachkommen in Japan.

[3]) *Ohokami*, der japanische Name für den Wolf, bedeutet wohl nicht „großer Gott", wie manche meinen, sondern der „große Beißer" oder „große Fresser". Das Wortspiel zwischen *kami* „Fresser" und *kami* „Gott" liegt allerdings sehr nahe, so daß wir schon im MANYŌSHŪ usw. die Bezeichnung *oho-kuchi no oho-kami* „der große Gott mit dem großen Maul" für ihn finden. Der japanische Wolf ist übrigens nur ein sehr schwächliches Gegenstück zu unserem Wolf, gefräßig, aber ungefährlich, so daß die alten Japaner wirklich keinen Grund hatten, gerade dieses Tier als „große Gottheit" zu bezeichnen. Der Ausdruck „ehrfurchtgebietende Gottheit" für wilde Tiere kommt im NIHONGI wiederholt vor: im mythologischen Teil heißt so die große Schlange, im 6. Jahre Kimmei wird damit ein Tiger in Korea angeredet.

ist [der Umstand, daß du mir im Traum empfohlen worden bist,] die Belohnung dafür." Hierauf ließ er ihn in seiner Nähe dienen und bezeigte ihm mit jedem Tag erneute herzliche Gunst, so daß er zu großem Reichtum gedieh. Als Er Kaiser wurde, stellte er jenen im Schatzamt an.

1. Jahr (540).

9. Monat, 5. Tag. Der Kaiser begab sich nach dem Hafuri-tsu Schrein[4]) in Naniha.

2. Jahr (541).

3. Monat. [Der Kaiser nahm fünf Beifrauen. Eine von ihnen, Kitashi-hime, gebar ihm 7 Söhne und 6 Töchter.] Das zweite ihrer Kinder hieß die Kaiserliche Prinzessin Iha-kuma, auch Prinzessin Ime genannt. Anfangs leistete sie Dienst im Kult der Großen Gottheit von Ise, später aber wurde sie daraus entlassen[5]), weil sie mit dem Kaiserlichen Prinzen Ubaraki Unzucht getrieben hatte.

5. Jahr (544).

12. Monat. Von [dem Provinzschreiber] der Provinz Koshi ging der folgende Bericht ein: „Am Vorgebirge Minabe im Norden der Insel Sado kamen Leute von Mishihase[6]) in einem Boote an und blieben daselbst. Im Frühling und Sommer fingen sie Fische und ernährten sich davon. Die Leute jener Insel sagen, es seien keine Menschen; sie sagen ferner, es seien Teufel, und wagen sich nicht in ihre Nähe. Die Leute des Bezirks Umu im Osten der Insel hatten Shihi[-Früchte][7]) gesammelt in der Absicht, sie gekocht zu essen, und hatten sie in [heiße] Asche gelegt und rösteten sie. Da verwandelten sich die Schalen in zwei Männer, die über dem Feuer emporschwebten, mehr als einen Fuß. Eine Weile darauf kämpften sie miteinander. Die Dorfbewohner wunderten sich sehr darüber, nahmen sie und legten sie auf den Hof, aber wiederum schwebten sie wie vorher und hörten nicht auf, miteinander zu kämpfen. Da machte Jemand die Divination und sprach: ‚Die Leute dieses Dorfes werden sicherlich von den Teufeln behext werden.' Nicht lange danach wurden sie, wie gesagt worden war, von jenen beraubt. Hierauf verzogen die Mishihase Leute nach der Sena-kaha Bucht. Der Gott der Bucht ist gewaltig ungestüm, und die Leute wagen es nicht, sich ihm zu nähern. Von denen, welche aus Durst das Wasser dortselbst

---

[4]) Im Distrikt Kahabe der Provinz Settsu. Aus dem folgenden ergibt sich, daß der Kaiser eine Expedition nach Shiragi plante. Der Tempelbesuch hatte daher offenbar den Zweck, zu den Gottheiten von Sumiyoshi für eine günstige Fahrt zu beten.

[5]) Sie mußte den der Vestalin angewiesenen *Imi-no-miya*, in dem sie ja in Enthaltsamkeit von allem Unreinen leben muß, verlassen. Der Prinz war ihr älterer Bruder von einer anderen Mutter.

[6]) Nach den chinesischen Zeichen *Su-shên*, was ein alter Name für die *Nü-chên*, die tungusischen Vorfahren der Mandschuren ist. *Mishihase*, auch *Mishimuse* und *Mishimumase* ist die japanische Sonderbezeichnung unbekannten Ursprungs für die Mandschurei, ähnlich wie die Japaner *Kudara* für Pèkché sagten usw.

[7]) Quercus cuspidata.

tranken, starb die Hälfte. Ihre Knochen liegen in Haufen auf den Felsenhängen. Der Volksmund nennt [den Ort] Mishihase no Kuma [8]).“

6. Jahr (545).

9. Monat. In diesem Monat machte [das Land] Kudara eine sechzehn Fuß hohe Buddhastatue [9]); auch fertigte man einen Gebetstext, welcher lautete: „Wie ich vernehme, ist es eine höchst verdienstvolle Handlung, einen Buddha von sechzehn Fuß anzufertigen. In aller Ehrfurcht habe ich die Anfertigung besorgt. Auf Grund dieses Verdienstes bitte ich darum, daß der Kaiser [von Japan] überragende Macht erlangen möge, daß das Land der vom Kaiser regierten Miyake [10]) samt und sonders segensvolle Hilfe bekommen möge. Ferner bitte ich darum, daß sämtliche Lebewesen unter dem Himmel alle die Erlösung erlangen mögen. Zu diesem Zwecke habe ich die Anfertigung besorgt.“

13. Jahr (552).

10. Monat. Der König Seimei (Syöng-myöng) [11]) von Kudara sandte Nuri Shichikei, Kishi Tassotsu vom Westdepartement, und überreichte durch

---

[8]) Es gibt noch ein Dorf *Senakafu* in jener Gegend. Ferner einen Grabhügel, der früher *Emishi-tsuka* „Emishi, d. h. Ainu-Grab“, jetzt korrumpiert *En-tsuka* heißt, wo man viele Knochen ausgegraben haben soll. Möglicherweise ist dieser Hügel, der sich nicht weit vom Meere erhebt, derselbe Ort, den unser Text *Mishihase no Kuma* „Mandschuren-Winkel“ oder „Mandschuren-Rand“ nennt. Auch lag (und liegt wohl noch?) dort ein Schrein *Watatsu-jinja* „Überfahrtshafen-Schrein“, der für den „ungestümen Gott der Bucht“ unseres Textes errichtet war, um vor Schaden durch ihn zu bewahren. Nach dem SANSAI-DZUWE wird nun aber in dem Watatsu Schrein *Itakeru no Kami* „der sehr ungestüme Gott“, ein Sohn Susanowo's, wahrscheinlich eine koreanische Gottheit (vgl. S. 169, Anm. 23) verehrt, dessen Name vorzüglich auf den hier geschilderten Gott der Bucht von Senakaha paßt.

Shikida will unter den vom üblen Einfluß des Wassers Getöteten die Mishihase Leute verstehen.

[9]) Erste Erwähnung des Buddhismus im NIHONGI! Obgleich der Gebetstext *(gwammon,* jap. *chikahi-bumi)* auf den japanischen Kaiser Bezug nimmt, scheint die Statue in Kudara geblieben zu sein. Vom Überbringen einer Buddhastatue, wahrscheinlich eines viel kleineren Exemplars, wird erst im 13. Jahre der Ära dieses Kaisers berichtet. Dagegen berichtet das FUSŌ-RYAKKI „Kurzer Bericht über Japan“, eine vom Priester Kōen, dem Lehrer Hōnen Shōnin's, im 12. Jahrhundert verfaßte Geschichte Japans, daß schon im 16. Jahre Keitai, d. i. 522, ein Mann aus Nanryō (Südchina) Namens Shibatatto mit einer Buddhastatue nach Japan gekommen sei, im Dorfe Sakatahara im Distrikt Takechi von Yamato eine strohgedeckte Hütte errichtet und darin die Statue aufgestellt und verehrt habe; die Leute jener Gegend hätten das Idol „die ausländische Gottheit“ genannt. Es ist verwunderlich, daß dieser Vorgang, wenn er auf Wahrheit beruhte, den Verfassern des NIHONGI so ganz entgangen sein sollte. Buddhastatuen von 16 Fuß Höhe sind besonders häufig und werden im folgenden wiederholt erwähnt. Aus dem Gebetstext geht nicht hervor, wer die Statue anfertigen ließ, wahrscheinlich aber ist der König gemeint.

[10]) Die von den Japanern unterworfenen Gebiete Koreas.

[11]) Bei den wichtigsten koreanischen Namen habe ich zu der üblichen japanischen Lesung, welche den ursprünglichen Lautcharakter der fremden Wörter mehr oder weniger entstellt, die koreanische Aussprache in Klammer beigefügt. Für die Analyse der koreanischen Namen, Ämter und Titel verweise ich auf meine vollständige Bearbeitung des NIHONGI. Im folgenden Namen ist *Kishi* der Geschlechtsname, *Tassotsu (Talsol)* die Amtsbezeichnung.

ihn eine Statue des Shaka[12]) Buddha aus Gold-Kupfer[13]), mehrere [Gebets-] Fahnen und Seidenschirme und eine Anzahl Bände Sūtra-Schriften. In einem Sonderschreiben lobte er das Verdienst der Verbreitung der Gottesverehrung ins Ausland mit den Worten: „Diese Lehre halte ich unter allen Lehren für die bei weitem ausgezeichnetste. Sie ist jedoch schwer zu erklären, schwer zu verstehen. Selbst Chou-kung und K'ung-tsze[14]) konnten sie noch nicht kennen. Diese Lehre vermag ohne Maß und ohne Grenzen Macht (religiöses Verdienst) und Wiedervergeltung (Lohn) zu erzeugen und führt so zum Verständnis der höchsten Erkenntnis. Man stelle sich beispielsweise vor, daß ein Mensch alle Schätze, die sein Herz begehrt, besäße und nach Belieben davon Gebrauch machen und alle seine Wünsche befriedigen könnte. Gerade so ist es auch mit den Schätzen dieser wunderbaren Lehre. Was man begehrt und erbittet, erfüllt sich nach Wunsch, und nichts ermangelt. Überdies ist sie von fernher von Indien bis hierher zu zu den drei Korea-Ländern[15]) gelangt, wo sie der Predigt gemäß aufgenommen wird und es Niemanden gibt, der sie nicht ehrte und schätzte. Aus diesem Grunde hat der König von Kudara, dein Untertan, Mei, in Ehrerbietung den Aftervasallen Nuri Shichikei gesandt, um sie dem Kaiserhofe ergebenst zu überliefern. Wenn man sie überall im Innenlande verbreitet, so wird man die Worte Buddhas: ‚Meine Lehre wird sich nach Osten ausbreiten‘ erfüllen[16]).“

An diesem Tage, als der Kaiser zu Ende gehört hatte, hüpfte er vor Freude und befahl dem Gesandten und sprach: „Von alters her bis jetzt haben Wir noch nie eine solch wunderbare Lehre hören können. Aber Wir persönlich werden nicht entscheiden können.“ Hierauf befragte er die Großwürdenträger der Reihe nach und sprach: „Das Gesicht des von dem Westlande geschenkten Buddha ist so strahlend, wie Wir es noch niemals vorher gesehen haben. Soll er wohl verehrt werden oder nicht?“ Soga no Oho-omi Iname no Sukune sprach zum Kaiser und sagte: „Alle westlichen Nachbarländer samt und sonders verehren ihn. Sollte etwa [unser Land] Toyo-aki-tsu-Yamato[17]) allein sich weigern, es zu tun?“

Mononobe no Oho-muraji Wokoshi und Nakatomi no Muraji Kamako[18])

---

[12]) Skr. Çākhya, Çākya-muni.

[13]) *kondō,* d. i. Kupfer mit geringer Goldbeimischung.

[14]) Fürst von Chou, jüngerer Bruder des Begründers der Chou Dynastie, ein berühmter Weiser (s. Grube, Chines. Lit.-Gesch.), und Confucius.

[15]) Koma, Kudara, Shiragi. Nach Koma gelangte der Buddhismus 372 n. Chr. aus China, nach Kudara 384 n. Chr., nach Shiragi etwa 50 Jahre später.

[16]) Shikida dürfte Recht haben, wenn er den Text des Briefes für eine Fälschung aus der Zeit nach der Kaiserin Suiko hält, daß er aber in gutem Glauben von den Nihongi-Verfassern aufgenommen wurde.

[17]) Japan, lit. „Yamato von reichlichen Ernten“. Vgl. S. 16, Anm. 10.

[18]) Das *Nakatomi* Geschlecht ist bekanntlich eines der führenden Geschlechter im Shintō-Dienst! Es beginnt hier der interessante, mit allen Mitteln von List und Gewalt geführte Kampf zwischen den Vertretern der einheimischen Shintō-Religion und den Anhängern

gleicherweise sprachen zum Kaiser und sagten: „Diejenigen, welche in unserem Staate das Reich regiert haben, haben es sich stets zur Aufgabe gemacht, die hundertachtzig Gottheiten des Himmels und der Erde, des Landes und der Häuser im Frühling, Sommer, Herbst und Winter zu verehren. Wenn du jetzt statt ihrer den fremden Gott verehren würdest, so wirst du, fürchten wir, den Zorn der Landesgötter erregen."

Der Kaiser sprach: „Es wird gut sein, ihn dem darum Bittenden, Iname no Sukune, zu übergeben, und ihn versuchsweise von ihm verehren zu lassen." Der Oho-omi kniete nieder und empfing ihn voller Freude, gab ihm eine ruhige Stätte in seinem Hause zu Woharida, und vollzog eifrig die Handlungen der Weltentsagung, um so die Ursache des künftigen Glücks zu haben. Er reinigte sein Haus zu Muku-hara und machte es zu einem Tera[19]).

Hiernach entstand im Lande eine Seuche, woran das Volk ohne weiteres starb. Je länger es dauerte, um so schlimmer wurde es, und man war nicht imstande, Abhilfe zu schaffen. Da wandten sich Mononobe no Oho-muraji Wokoshi und Nakatomi no Muraji Kamako zusammen an den Kaiser und sagten: „Da du neulich den Rat deiner Knechte nicht befolgt hast, so ist dieses Krankheitssterben eingetreten. Wenn du jetzt, ehe es zu weit gediehen ist, Umkehr hältst, so wird sicherlich Freude herrschen. Es wird gut sein, schleunigst [den fremden Gott] wegzuwerfen und eifrig künftiges Glück zu suchen." Der Kaiser sprach: „Es geschehe, wie ihr sagt!" Hierauf nahmen Beamte die Buddhastatue und warfen sie im Naniha Kanal in die Strömung. Auch legten sie an den Tera Feuer an und verbrannten ihn, daß nichts davon übrig blieb.

---

des fremden Glaubens, der im wesentlichen zu Gunsten des letzteren endete. In eine eigentümlich schwierige Lage gerät dabei die kaiserliche Familie, die eigentlich alles Interesse an der Erhaltung des Shintō, der Grundlage ihrer Machtansprüche, haben sollte, unter dem Eindruck der überragenden Qualitäten des Buddhismus aber ins Schwanken gerät. Gerade aus dem Kaiserhause gehen einige der durchgreifendsten Verfechter des Buddhismus hervor, wie der Kronprinz Shōtoku-taishi. Großen Geschlechtern wie den Mononobe, den Soga usw. gibt der Religionszwiespalt Anlaß, daraus politisches Kapital für ihre eigenen Machtbestrebungen zu schlagen, indem sie gegen oder für die neue Religion Partei nehmen. Bei den Soga scheint die Parteinahme für den Buddhismus stark mit der Absicht, die Autorität des Herrscherhauses an der Wurzel zu treffen, verbunden zu sein. Man verliere nicht aus dem Auge, daß bis zur Einführung des chinesischen Beamtenstaates in Japan die großen Adelsgeschlechter eine verhältnismäßige Unabhängigkeit besaßen und noch keineswegs dem regierenden Herrschergeschlechte, das ursprünglich nur ein primus inter pares gewesen war, jene Machtvollkommenheit einräumten, die sich erst als Ergebnis einer längeren geschichtlichen Entwicklung allmählich ausbildete.

[19]) *Tera* ist die spezifische japanische Bezeichnung für einen buddhistischen Tempel oder ein Kloster. Es ist ein Lehnwort aus dem Chinesischen, durch die koreanische Form des Wortes, *chöl*, vermittelt. In den buddhistischen Tempelnamen wird teils dieses japanisierte Lehnwort, teils ein anderes chinesisches Wort: *ji* verwendet; letzteres besonders dann, wenn der Tempelname, wie meist der Fall, aus chinesischen Wortelementen besteht. Denn das Chinesische wurde die buddhistische Kirchensprache in Japan, wie das Lateinische in der Römisch-katholischen Kirche bei uns.

Hierauf brach plötzlich, ohne daß Wind oder Wolken am Himmel waren, in der Großen Halle [des kaiserlichen Palastes] eine Feuerkalamität aus[20]).

14. Jahr (553).

5. Monat, 7. Tag. Aus der Provinz Kahachi wurde berichtet: „Mitten aus dem Meer von Chinu[21]), im Distrikte Idzumi, vernahm man das Getön buddhistischen Kirchengesanges[22]). Es war ein Widerhall wie Donnergepolter, und ein schönes Scheinen und Leuchten wie Sonnenglanz." Der Kaiser wunderte sich in seinem Herzen und schickte den Mizo-no-Be no Atahi hin, um aufs Meer zu gehen und nachzuforschen. In diesem Monat ging Mizo-no-Be no Atahi aufs Meer, und schließlich erblickte er einen auf dem Meere schwimmenden und leuchtenden Kampherbaum. Endlich nahm er ihn und brachte ihn dem Kaiser. Der Kaiser beauftragte einen Kunsthandwerker und ließ ihn [aus dem Kampherholze] zwei Buddhastatuen verfertigen. Es sind die jetzt im Tempel von Yoshino[23]) Glanz ausstrahlenden Kampherholz-Statuen.

15. Jahr (554).

2. Monat. Kudara schickte als Geißeln — — — den Bonzen Don-we (Tam-hyé) usw., neun Personen, zur Auswechslung für den Bonzen Dō-shin (To-sim) usw., sechs Personen.

16. Jahr (555).

2. Monat. [Der Prinz Kwei (Hyé) brachte aus Kudara die Nachricht, daß der König Seimei von Shiragi Leuten ermordet worden sei. Unter denen, welche ihm Beileid aussprachen, schließt Soga no Omi seine Rede mit den Worten:] „Wer von allen Wesen, die Gefühl besitzen, müßte da nicht Schmerz empfinden? Durch welchen Fehl ist es übrigens zu diesem Unglück gekommen? Welchen Kunstgriff soll man jetzt gebrauchen, um [Eurem] Staate Ruhe zu schaffen?" Kwei antwortete und sprach: „Dein Knecht ist von Natur töricht und versteht nichts von großen Plänen, wie viel weniger noch von den Ursachen von Glück und Unglück, oder vom Bestehen oder Vergehen von Staaten." Der Minister Soga[24]) sprach: „In früheren Zeiten, in der Ära des Kaisers Oho-Hatsuse[25]), wurde dein Land von Koma bedrängt[26]) und war noch mehr in Gefahr wie

[20]) Der hier gebrauchte Ausdruck *wazahahi* „Kalamität" deutet darauf hin, daß das Feuer als (von Buddha verhängte) Himmelsstrafe hingestellt werden soll. Es war wohl ein wohlberechneter Racheakt der Anhänger des Oho-omi.

[21]) Vgl. S. 226.

[22]) Die gesangsähnliche Rezitation, mit der buddhistische Sutras gelesen werden.

[23]) Aus anderen Quellen ergibt sich, daß mit diesem „Tempel von Yoshino" der *Hiso-dera* beim Dorfe Hiso im Distrikt Yoshino von Yamato, der von Shōtoku-taishi errichtet wurde, gemeint ist. Es ist dies die erste Erwähnung des Schnitzens von Buddhastatuen in Japan.

[24]) *Soga-kyō* oder *Soga no Machigimi*. Weiter oben im abgekürzten Text hieß er nur *Soga no Omi*. Das kann unmöglich dieselbe Persönlichkeit wie der vorerwähnte *Soga no Oho-omi Iname* sein, dessen ausgesprochen buddhistische Tendenzen zu der hier aufgeführten Lobeshymne auf den Shintō im grellen Gegensatz stehen.

[25]) Yūryaku-tennō.

[26]) Wird im 20. Jahre Yūryaku, 476, berichtet.

ein Haufen Eier. Deshalb erteilte der Kaiser dem Oberhaupt des Götterkultamtes den Befehl, sich in aller Ehrfurcht von den Göttern des Himmels und der Erde Rats zu holen. Hierauf verkündeten die Hafuri die göttlich inspirierten Worte und sprachen: ‚Wenn du die Gottheit, welche das Land begründet hat[27]), ehrfürchtig bittest und dann hingehst und dem Fürsten, der im Begriff ist, zugrunde zu gehen, Beistand leistest, so wird sicherlich [jener] Staat zur Ruhe kommen und das Volk in Frieden leben. Demgemäß bat man den Gott, ging hin und leistete Beistand, und infolgedessen gelangten Land und Häuser zu Frieden. Forscht man nun nach, so erhellt: Der Gott, welcher das Land begründet hat, ist der Gott, welcher im Zeitalter, wo Himmel und Erde sich von einander trennten, zur Zeit, wo Kräuter und Bäume redeten, vom Himmel herabgestiegen ist und den Staat gemacht und errichtet hat. Neuerdings höre ich, daß dein Land ihm entsagt hat und ihn nicht mehr verehrt. Aber wenn ihr jetzt euren früheren Fehler wieder gut macht, einen Schrein für den Gott errichtet und dem Geiste des Gottes opfert, so wird das Land gedeihen. Vergiß dieses nicht!"

23. Jahr (562).

6. Monat. In diesem Monat verleumdete Jemand den Umakahi no Obito Utayori, indem er sagte: „Ich traf in Sanuki die Frau des Uta-yori; sie hatte einen ungewöhnlichen Sattel. Als ich sorgfältig hinsah, fand ich, daß es ein Sattel der Kaiserin war[28])." Darauf führte man [Uta-yori] ins Gefängnis ab. Die peinliche Untersuchung war sehr schmerzhaft. Umakahi no Obito Uta-yori erklärte dabei unter Eidschwur und sprach: „Es ist unrichtig; es ist nicht wahr. Wenn es die Wahrheit ist, so soll gewißlich Unheil vom Himmel mich befallen!" Infolge der peinvollen Untersuchung fiel er schließlich zu Boden und starb. Nach seinem Tode war noch keine lange Frist verstrichen, als plötzlich im Palaste [Feuer-]Unheil ausbrach. Da nahm der Gefängnisvorsteher seine Söhne Morishi und Nasehi gefangen, und indem er im Begriff war, sie ins Feuer hineinzuwerfen — *Bestrafung durch*

---

[27]) Shikida und einige andere verstehen unter dieser Gottheit, oder den Gottheiten, den *Oho-na-muchi* und *Sukuna-bikona*, von denen es S. 171, Variante VI, heißt, daß sie die unter dem Himmel befindliche Welt machten. Ich glaube aber, daß vielmehr Variante IV, S. 169, den richtigen Aufschluß gibt, und daß in erster Linie *Susa no Wo* gemeint ist, neben ihm auch *Itakeru*. Auf *Susa no Wo* paßt die Beschreibung aufs genaueste; er und sein Sohn wurden ja auch in Korea verehrt. Vgl. S. 169, Anm. 23 und 25. Zu den „redenden Kräutern und Bäumen" vgl. S. 172 und Anm. 44 daselbst.

[28]) Dies ist die althergebrachte Interpretation. Iida jedoch interpretiert: „Afu no Omi Sanuki, die Frau des Uta-yori, hatte einen ungewöhnlichen Sattel. Als man sorgfältig nachsah, fand man, daß es ein Sattel der Kaiserin war." *Afu* ist also nach seiner Auffassung ein Uji Name; *Afu no Omi* kommt zwar nicht im SEISHIROKU, aber im TEMMU-KI vor: Afu no Omi Shima; *Sanuki* wäre ein vom Ortsnamen hergeleiteter Personenname. *Sanuki* ist ein Ort im Distrikt Hirose von Yamato. *Uma-kahi no Obito* „Häuptling der Pferdehalter", der offenbar den Marstall der Kaiserin mit besorgte. Vom Reiten der Frauen im Altertum wird häufig berichtet.

Hineinwerfen in Feuer war nämlich eine Gesetzesregel des Altertums[29]) — sprach er mit einer Verwünschung: „Nicht von meiner Hand werden sie hineingeworfen; von der Hand der Hafuri werden sie hineingeworfen[30])!“ Nachdem er die Verwünschung beendet hatte, wollte er sie ins Feuer hineinwerfen. Da flehte Morishi's Mutter und sprach: „Wenn du die Kinder ins Feuer wirfst, so wird als Resultat davon großes Unheil eintreten. Bitte, übergib sie den Hafuri und laß sie als Göttersklaven[31]) dienen!“ Hierauf wurden sie der Bitte der Mutter gemäß begnadigt und zu Göttersklaven gemacht.

8. Monat. [Der Feldherr Ohotomo no Muraji Sadehiko brachte von einer siegreichen Expedition nach Koma wertvolle Kriegsbeute mit, darunter] ein eisernes Haus[32]). In einem alten Buche steht, daß das eiserne Haus sich auf dem westlichen hohen Turmgebäude von Koma befand. — — Das eiserne Haus befindet sich im Tempel Chōan-ji; aber man weiß nicht, in welcher Provinz dieser Tempel steht[33]).

Aus Buch XX.

Kaiser Nu-naka-kura Futo-tama-shiki. (Bitatsu[1])-tennō.)

Der Kaiser glaubte nicht an die Lehren Buddhas, aber liebte Literatur und Geschichte.

---

[29]) Diese Glosse ist sicher eine spätere Interpolation. Die Gefangennahme der Söhne Utayori's geschieht aus Anlaß der Feuersbrunst im Palast; aber Iida bestreitet die Auffassung der Glosse, daß das Hineinwerfen ins Feuer als Strafe zu denken sei. Er meint, es handle sich vielmehr um ein Ordal nach Art des Kukadachi. Die Strafe durch Verbrennen sei auch kaum altjapanisch, sondern ein grausamer koreanischer Brauch, den man wohl erst von dort her aufgenommen habe. Der einzige frühere Fall einer Bestrafung durch Verbrennen wird im Abschnitt der Jingō, 5. Jahr (205), im NIHONGI erwähnt, wo die betrügerischen Shiragi Gesandten in einen Käfig gesteckt und darin verbrannt werden.

[30]) Die gewöhnlichen gedruckten Texte haben nur die erste Hälfte dieses Satzes; die zweite Hälfte ist aus einer der alten Handschriften restituiert, scheint mir aber kaum zum Urtext zu gehören. Wenn der Henker hier feierlich betont, das Hineinwerfen geschähe nicht durch seine Hand, so will er wohl damit besagen, daß er nicht mit persönlicher Verantwortung handle, sondern als Vollstrecker des Gesetzes. Vielleicht will er dadurch seine eigene Verunreinigung vermeiden. Man ziehe hinzu, daß in späterer Zeit alle Henkersdienste in Japan von der unreinen Kaste der Pariah, den *Eta* und *Hinin* Leuten, vollzogen werden.

[31]) *Kami-yatsuko*, Hörige im Dienste der Shintōschreine. Beim Übertritt in die Hörigkeit wurden sie aus den Registern der „guten Leute“ *ryōmin* getilgt und unter die *kambe* aufgenommen. *Hafuri* = Unterpriester der Shintōschreine.

[32]) Wahrscheinlich ein kleiner pagodenförmiger Schrein, wie die, in welchen Reliquien *(shari)* und andere kleine religiöse Kostbarkeiten aufbewahrt werden.

[33]) Die letzte Bemerkung scheint eine späte Glosse zu sein. *Chōan-ji* ist sehr wahrscheinlich der ältere Name des Tempels *Daian-ji*, jap. *Oho-yasu-dera*, auch *Kudara no Oho-tera* und *Oho-tsukasa no Oho-tera* = *Daigwan daiji* genannt, der verschiedene Male verlegt wurde und dabei den Namen änderte. Vgl. S. 333, Anm. 9.

[1]) „Der Geschickte“. 30. Mikado, 572—585.

4. Jahr (575).

In diesem Jahre erging an die Wahrsager der Befehl, durch Divination eine Hausstätte für den Prinzen Amabe (Ama) und eine Hausstätte für den Prinzen Itowi zu bestimmen. Die Divination hatte günstiges Resultat. Schließlich baute man einen Palast in Wosada [im Distrikt Shiki no Kami von Yamato]. Man gab ihm den Namen Saki-tama no Miya „Glücksgeist-Palast".

6. Jahr (577).

2. Monat, 1. Tag. Auf kaiserlichen Befehl wurde ein Hi-matsuri-Be[2]) und ein Kisaki-Be „Be der Kaiserin" eingesetzt.

11. Monat. Dem nach der Heimat zurückkehrenden Gesandten Prinz Oho-wake usw. gab der Landeskönig von Kudara an den Kaiser eine Anzahl Bände[3]) heiliger buddhistischer Schriften mit, sowie auch einen Risshi[4]), einen Zenji[5]), eine Bikuni[6]), einen Shukon-shi[7]), einen Buddhagötzenmacher, einen Tera-Architekten, insgesamt sechs Personen. Schließlich wurden sie dem Tempel des Prinzen Oho-wake[8]) in Naniha zum Dienst überwiesen.

7. Jahr (578).

3. Monat, 5. Tag. Die Kaiserliche Prinzessin Uji wurde in den Dienst des Ise Schreins gestellt. Danach hatte sie verbotenen Verkehr mit dem Kaiserlichen Prinzen Ikebe. Als die Sache ruchbar wurde, ward sie entlassen.

8. Jahr (579).

10. Monat. Shiragi schickte Ki-shi-se (Chi-cheul-chöng) [vom Amtsrang] Nama, um Tribut darzubringen. Zugleich überreichte man eine Buddhastatue.

13. Jahr (584).

9. Monat. Der von Kudara gekommene Kafuka no Omi hatte eine steinerne Statue des Miroku[9]), und Saheki no Muraji hatte eine Buddhastatue. In diesem Jahre erbat sich Soga no Umako no Sukune diese beiden Buddhastatuen. Hierauf schickte er Kura-tsukuri no Suguri Shiba Tatto und Ikebe no Atahi Hita nach allen vier Himmelsrichtungen aus und ließ durch sie nach Pflegern der buddhistischen Doktrin[10]) suchen. Da fanden

---

[2]) Nicht „Sonnenverehrungs Be" (Sun-worship Be), wie Aston übersetzt, sondern „Be für tägliche Kulthandlungen". Shikida liest *Hi-oki Be,* mit demselben Sinne.

[3]) Nach dem FUSŌ-RYAKKI über 200 Bände, darunter das Hoke Sutra usw.

[4]) Vinaya-Mönch, rangiert zunächst unter dem Sōdzu „Bischof, Abt".

[5]) Meditationsmeister, Yogi.

[6]) Skr. Bhikshuni, Nonne. Auch *ama* genannt.

[7]) Mantra-Rezitator.

[8]) *Oho-wake no Kimi no Tera,* oder sinojap. *Daibetsu-ō-ji* oder *Daibetsu-ji.* Lage unbekannt.

[9]) Sanskrit Māitrēya. Die Statue wurde in der Goldenen Halle des etwas später errichteten Tempels Genkō-ji aufgestellt.

[10]) *Shūgyōja. Umako* war der Sohn Iname's.

sie nur in der Provinz Harima einen Mann, der Bonze gewesen, aber in den Laienstand zurückgetreten war, mit Namen Koma no Webin (Hyéphyŏn aus Koryŏ). Der Oho-omi machte ihn nun zu seinem Lehrer und veranlaßte [durch ihn] Shima, die Tochter des Shiba Tatto, der Welt zu entsagen. Sie hieß nunmehr Zenshin-ni[11]) „Nonne Zenshin". (Ihr Alter war elf Jahre.) Ferner rettete er das Seelenheil von zwei Jüngerinnen der Nonne Zenshin. Die eine derselben war Toyome, Tochter des Ayabito Yaho, welche den Namen Nonne Zenzō bekam; die andere war Ishime, Tochter des Nishikori no Tsubu, welche den Namen Nonne Wezen bekam. Ebenfalls in Übereinstimmung mit dem Gesetze Buddhas bezeigte Umako den drei Nonnen Ehrfurcht. Dann vertraute er die drei Nonnen dem Hita no Atahi und dem Tatto an, ließ sie für die Kleidung und Nahrung derselben sorgen, baute an der Ostseite seines Hauses eine Buddhahalle und stellte darin die steinerne Statue des Miroku auf. Er forderte die drei Nonnen auf, eine große gottesdienstliche Versammlung abzuhalten, bei der mit [vegetarischen] Fastenspeisen bewirtet wurde. Bei dieser Gelegenheit fand Tatto auf der Fastenspeise eine buddhistische Reliquie. Hierauf überreichte er die Reliquie dem Umako no Sukune. Umako no Sukune legte die Reliquie versuchsweise mitten auf einen Eisenblock, schwang einen eisernen Hammer und schlug auf den Block los. Block und Hammer gingen alle beide in Stücke, aber die Reliquie konnte nicht zerschmettert werden. Als man sodann die Reliquie ins Wasser warf, schwamm die Reliquie auf dem Wasser oder versank darin, je nachdem es gewünscht wurde. Zufolgedessen glaubten Umako no Sukune, Ikebe no Hita und Shiba Tatto fest an die Lehre Buddhas

---

[11]) Die Namen der Mönche und Nonnen in Japan sind stets chinesisch, und bestehen in der Regel aus zwei verbundenen Wörtern mit symbolischer Bedeutung. So bedeutet *Zenshin* „Frommer Glaube"; *Zenzō* „Schatz der Meditation", *Wezen* „gütig und fromm" usw. Die Aussprache der Zeichen basiert auf dem sog. Go-on und weicht von der jetzt üblichen vielfach ab, z. B. *Webin* und *Wezen* statt *Keibin* und *Keizen*. Als allgemeine Bezeichnung der Mönchswürde steht bei Männern *sō* „Priester" vor dem Namen, oder *hōshi*, *hosshi* „Gesetzeslehrer" = „Hochwürden" hinter demselben; bei Nonnen *ni* „Nonne" hinter dem Namen. Der strenge Shintoist vermeidet, wenigstens bei Götterfesten im Geviert des Shintoschreins, die wichtigsten buddhistischen Termina als verunreinigend und spricht daher nicht von einem *bōzu* „Bonzen" und einer *ama* „Nonne", sondern bezeichnet diese bekanntlich kahlköpfigen Wesen mit gewissem Humor als *kami-naga* „Langhaariger" und *me-kaminaga* „Langhaarige". Solche Wörter, welche der Shintoist vermeidet, heißen *imi-kotoba* „Vermeidungswörter". Zu den Uchi no Schichi-gen „sieben Wörtern des Inneren", welche im Geviert des Schreins zu vermeiden sind, gehören außer den beiden schon genannten *bōzu* und *ama* noch *hotoke* „Buddha", *kyōmon* „bud. hl. Schrift", *tera* „Tempel", *tō* „Pagode" und *toki* „bud. Fastenspeise", wofür in derselben Reihenfolge die Ersatzwörter lauten: *naka-go* „Mittelkind" oder *tachi-zukumi* etwa „der mit zusammengezogenen Gliedern unbeweglich Stehende", wohl mit Bezugnahme auf die Buddhastatuen; *some-gami* „gefärbtes Papier" (gelb gefärbtes ?); *kawara-buki* „ziegelgedeckter [Bau]"; *araragi* (Etymologie mir nicht klar; *araragi* ist eine Art Knoblauch, und der Name der Pflanze könnte vergleichsweise gewählt sein, weil der in Glieder eingeteilte Stengel den Stockwerken der Pagode ähnelt); *kata-jiki*, wohl „nur einmaliges Essen am Tage", wie es z. B. bei den Zen Priestern üblich ist (vgl. *katage* „einmalige Speise am Tage").

und waren nicht träge in ihrer Ausübung. Umako no Sukune errichtete noch eine andere Buddhahalle in seinem Hause in Ishikaha. Die Buddhalehre nahm hiervon ihren Anfang.

14. Jahr (585).

2. Monat, 15. Tag. Soga no Oho-omi Umako no Sukune errichtete eine Pagode nördlich von dem Ohono-Hügel [im Distrikt Takechi von Yamato] und hielt eine große gottesdienstliche Versammlung mit Fastenspeisenbewirtung ab. Hierauf legte er die Reliquie, welche er von Tatto bekommen hatte, auf dem Kopfe des Pfeilers[12]) der Pagode ein.

24. Tag. Soga no Oho-omi wurde krank. Er befragte einen [Shintō] Wahrsager. Der Wahrsager antwortete und sprach: „Es ist ein Fluch, welcher von dem Willen des Buddhagottes, der zur Zeit deines Vaters verehrt wurde, ausgeht.“ Der Oho-omi schickte hierauf ein jüngeres Familienmitglied ab, um dem Kaiser über diese Divination Bericht zu erstatten. Der kaiserliche Befehl lautete: „Du kannst den Worten des Wahrsagers gemäß den Gott deines Vaters verehren.“ Dem kaiserlichen Befehl gehorsam verehrte der Oho-omi die steinerne Statue und betete darum, daß sein Leben verlängert würde.

Zu dieser Zeit herrschte im Lande eine Seuche, und viele Leute im Volke starben.

3. Monat, 1. Tag. Der Oho-muraji Mononobe no Yuge no Moriya und der Daibu Nakatomi no Katsumi sprachen zum Kaiser und sagten: „Warum hast du nicht zugestimmt, von der Rede deiner Knechte Gebrauch zu machen? Daß seit dem vorigen Kaiser bis in die Ära deiner Majestät überall die Seuche herrscht und das Volk des Landes in Gefahr ist, ausgetilgt zu werden, hat das nicht ganz und gar seinen Grund darin, daß Soga no Omi die Buddhalehre zur Blüte gebracht hat und ausübt?“ Der kaiserliche Befehl lautete: „Offenbar ist es so. Man soll der Buddhalehre ein Ende machen!“

30. Tag. Der Oho-muraji Mononobe no Yuge no Moriya begab sich persönlich nach dem Tempel, setzte sich auf einen Stuhl und [ließ] die Pagode zusammenhauen, anzünden und verbrennen; ebenso verbrannte er die Buddhastatue und den Buddhatempel. Nachdem dies geschehen war, nahm er die beim Verbrennen übrig gebliebenen Reste der Buddhastatue und ließ sie in den Naniha Kanal werfen. An diesem Tage fiel der Regen und wehte der Wind, ohne daß Wolken sichtbar waren. Der Oho-muraji hatte seine Regenkleider an und tadelte und schmähte den Umako no Sukune und die Leute, welche in seiner Gefolgschaft der Buddhalehre anhingen, und erregte in ihnen das Gefühl der Schande und Demütigung. Sodann schickte er Saheki no Muraji Mimuro (auch Oruke geheißen) hin, um die von Umako no Sukune versorgten Nonnen Zenshin usw. herbeizurufen. Demnach wagte

---

[12]) Der Mittelpfeiler, um den die Pagode (stūpa) errichtet ist, und der oft im Inneren frei schwebt. Die Pagoden sind ja eigentlich Grabdenkmäler mit Reliquien.

Umako no Sukune nicht, dem Befehl zuwiderzuhandeln, sondern rief unter Kummer und Seufzen und lautem Wehklagen die drei Nonnen heraus und überlieferte sie dem Mimuro. Die Beamten nahmen hierauf den Nonnen ihre drei Gewänder[13]) weg, nahmen sie gefangen und banden sie und peitschten ihre Hinterseite an der Poststation von Tsubaki no Ichi[14]).

Wiederum war das Land erfüllt von solchen, die am Ausbruch von Geschwüren[15]) litten und starben. Die an den Schwären Leidenden sagten: „Unsere Leiber sind wie verbrannt, wie geschlagen, wie zerbrochen." So laut wehklagend starben sie dahin. Alt und Jung redeten heimlich unter einander und sagten: „Ist dies wohl die Strafe für das Verbrennen der Buddhastatuen?"

6. Monat. Umako no Sukune berichtete an den Kaiser mit den Worten: „Die Krankheit deines Knechtes ist bis jetzt noch nicht geheilt. Wenn ich nicht die Kraft der drei Kleinodien[16]) empfange, so wird Rettung unmöglich sein." Hierauf erging an Umako no Sukune ein kaiserlicher Befehl, welcher besagte: „Du für dich allein magst die Buddhalehre pflegen, aber von andern Leuten mußt du ablassen!" Darauf wurden die drei Nonnen an Umako no Sukune zurückgegeben. Umako no Sukune empfing sie voller Freude, beklagte ihr ungewöhnliches Schicksal und beugte verehrungsvoll das Haupt vor den drei Nonnen. Er baute einen neuen Tera, wohinein er sie einlud und wo er für ihren Unterhalt sorgte.

(Ein anderes Buch berichtet: Der Oho-muraji Mononobe no Yuge no Moriya, Oho-miwa no Sakafu no Kimi und Nakatomi no Ihare no Muraji planten miteinander die Zerstörung der Buddhalehre. Sie wollten den Tempel und die Pagode verbrennen und die Buddhastatuen wegwerfen. Umako no Sukune stritt dagegen und stimmte nicht zu.)

---

[13]) *San-e* „die drei Gewänder" eines bud. Priesters, das Ober-, Mittel- und Unterkleid: *uwagi, nakagi, shitagi;* Skr. uttarāsaṃgāti, saṃghāti und kāshāya (woraus jap. *kesa*, die Priesterschärpe, abgeleitet ist).

[14]) „Kamelien-Markt" (Marktplatz mit vielen Kamelienbäumen), eine Station für Postpferde an belebter Straße, im Distrikt Shiki no Kami in Yamato. Diese Stätte wurde zum Auspeitschen gewählt, damit recht viele Leute davon Zeuge sein sollten.

[15]) Nach dieser Angabe war die Seuche also wohl eine Pocken-Epidemie, jap. *mogasa*. Auch der Kaiser Yōmei starb an derselben Krankheit, denn es heißt weiter unten: seine Schwären wurden immer schlimmer.

[16]) *Sambō,* Sanskrit *Triratna,* d. i. Buddha, das Gesetz und die Priesterschaft; allgemein für „Buddhistische Religion" gebraucht.

Aus Buch XXI.

Kaiser Tachibana no Toyo-hi. (Yōmei[1])-tennō.)

9. Monat, 19. Tag (585). Die kaiserliche Prinzessin Sugate-hime wurde zum Dienst im Schrein der Großen Gottheit von Ise ernannt und mit dem Kult der Sonnengöttin beauftragt. — (Diese kaiserliche Prinzessin diente dem Kult der Sonnengöttin von der Zeit dieses Kaisers bis zur Ära der Kaiserin Kashiki-ya-hime[2]); dann zog sie sich freiwillig nach Kadzuraki zurück und starb dort. Man ersieht dies im Bericht über die Kaiserin Kashiki-ya-hime. In einem Buche heißt es: Während 37 Jahren hatte sie dem Kult der Sonnengöttin gedient; dann zog sie sich freiwillig zurück und starb.)

1. Jahr (586).

1. Monat, 1. Tag. Die Kaiserliche Prinzessin Anahobe no Hashibito wurde zur Kaiserlichen Gemahlin[3]) eingesetzt. Sie gebar vier Söhne. Der erste hieß Kaiserlicher Prinz Umayado[4]) (auch genannt Mimito Shōtoko, oder auch Großer König des Gesetzes Toyoto-mimi, oder auch Herr und König des Gesetzes). Dieser Kaiserliche Prinz residierte anfänglich im Uhe-tsu-miya „Oberpalast". Später zog er nach Ikaruga um. In der Ära der Kaiserin Toyo-mike Kashiki-ya-hime regierte er im Kronprinzen-Palast, plante die Regierungsangelegenheiten und vollzog die Kaiserlichen Pflichten, wie im Bericht über die Kaiserin Toyo-mike Kashiki-ya-hime zu ersehen ist. — — — [Die Beifrau] Hiroko, Tochter des Katsuragi no Atahi Ihamura, gebar dem Kaiser einen Sohn und eine Tochter; — — die Tochter hieß Kaiserliche Prinzessin Sugate-hime und diente der Sonnengöttin während dreier Generationen.

2. Jahr (587).

4. Monat, 2. Tag. Der Kaiser genoß den ersten Reis [d. i. feierte das Nihi-name Fest][5]) am Ihare Flußoberlauf. An diesem Tage verfiel der Kaiser

---

[1]) „Klare Einsicht gebrauchen". 31. Mikado, reg. 586—587.

[2]) *Suiko-tennō*, eine Tochter des Kaisers Kimmei und Schwester des Kaisers Yōmei von derselben Mutter; zugleich Kaiserin-Witwe des verstorbenen Kaisers Bitatsu.

[3]) Sie ist wie ihr Gemahl, der Kaiser Yōmei, zwar eine Tochter des Kaisers Kimmei, aber von verschiedener Mutter, warum nach altem Mutterrecht zwischen ihnen keine ehehindernde Blutsverwandtschaft bestand.

[4]) „Pferdestalltür", so genannt, weil seine Mutter plötzlich vor dem Pferdestallamt mit ihm niedergekommen sein soll. Er ist der berühmte *Shōtoku-taishi*, „der höchst tugendhafte Kronprinz" (posthumer Name!), der große, chinesisch gebildete Reformator des Staates und eigentliche Begründer des Buddhismus in Japan. Sein Geburtsjahr ist wahrscheinlich das Jahr 573.

[5]) *Nihi-nahe kikoshimesu.* Es muß ein besonderer Grund vorgelegen haben, warum das sonst im Spätherbst gefeierte Fest (vgl. S. 300) zu so ungewöhnlicher Zeit stattfand. Es hatte zweifellos im vorhergehenden Jahre nicht stattgefunden und war vielleicht wegen der

in Krankheit und kehrte wieder in den Palast zurück. Die Großwürdenträger machten ihm ihre Aufwartung. Der Kaiser redete zu den Großwürdenträgern und sprach: „Wir gedenken Unsere Zuflucht zu den drei Kleinodien zu nehmen. Ihr Großwürdenträger, beratet darüber!“ Die Großwürdenträger traten in den Hof ein und berieten. Der Oho-muraji Mononobe no Moriya und Nakatomi no Katsumi no Muraji stimmten der Kaiserlichen Rede nicht zu, sondern rieten mit den Worten: „Warum sollten wir uns von den Landesgöttern abwenden und fremde Gottheiten verehren? Bis jetzt haben wir noch nie von einem ähnlichen Vorgang gehört.“ Der Oho-omi Soga no Umako no Sukune sprach: „Wir müssen in Übereinstimmung mit dem Kaiserlichen Befehl ehrerbietig Beistand leisten. Wer möchte einen gegenteiligen Rat vorbringen?“ Hierauf führte der Kaiserliche Prinz, der jüngere Bruder des Kaisers[6]), Seine Hochwürden Priester Hōkoku in das Innere des Palastes ein. Der Oho-muraji Mononobe no Moriya starrte sie an und war sehr zornig. Da kam Osakabe no Fuhito Keguso eiligst auf ihn zu und sprach heimlich zu dem Oho-muraji und sagte: „Die Großwürdenträger planen etwas gegen Euch und sind außerdem im Begriff, Euch auf dem Wege aufzulauern.“ Als der Oho-muraji dies hörte, zog er sich alsbald nach Ato (Ato ist der Name des Ortes, wo sich das Landhaus des Oho-muraji befand) zurück und versammelte seine Leute um sich. Nakatomi no Katsumi no Muraji sammelte Truppen in seinem eigenen Hause und leistete dem Oho-muraji Beistand. Schließlich verfertigte er die Gestalt des Thronfolgers Kaiserlichen Prinzen Hikohito und die Gestalt des Kaiserlichen Prinzen Takeda und verwünschte sie durch Zauberspruch[7]). Als er aber nach einer Weile erkannte, daß er unmöglich Erfolg haben würde, verfügte er sich nach dem Palast des Kaiserlichen Prinzen Hikohito in Mimata. Ein Gefolgsmann des Prinzen, Tomi no Ichihi, lauerte auf die Gelegenheit, daß Katsumi no Muraji sich von dem Aufenthaltsort des Kaiserlichen Prinzen Hikohito zurückzog, zog sein Schwert und tötete ihn. Der Oho-muraji schickte Mononobe no Yasaka, Oho-ichi no Miyatsuko Wosaka und Nuribe no Miyatsuko Ani und berichtete durch sie an den Oho-omi folgendes: „Ich

---

inneren Wirrnisse verschoben worden. Einen ähnlichen Ausnahmefall sehen wir im 11. Jahre des Kaisers Jomei, 639, wo die Zeremonie im 1. Monat stattfindet. In diesem Fall war die Feier offenbar verschoben worden, weil der Kaiser im 10. Monat des Vorjahres, vor dem Termin des Festes, krankheitshalber nach den Thermen von Arima verreist war; am 8/1 kehrte er zurück, und schon am 11/1 fand die Feier statt.

[6]) Dieser sprachwidrige, dazu ganz unklare Ausdruck beruht auf einer Textverderbnis. Auch die im Original folgende Glosse: „Der Kaiserliche Prinz Anahobe ist gemeint; er war des Kaisers jüngerer Bruder von einer Beifrau“ ist die spätere Interpolation eines unverständigen Scholiasten, denn gerade diesen Prinzen Anahobe begünstigte der Oho-muraji und wollte ihn auf den Thron bringen, was der leidenschaftliche Hasser des Buddhismus sicher nicht getan hätte, wenn der Prinz durch die oben berichtete Einführung des Bonzen beim Kaiser eine so auffällige politische Gegnerschaft bekundet hätte. Statt der beiden Zeichen „jüngerer Bruder des Kaisers“ wird wohl ein Name wie *Umayado* stehen müssen.

[7]) Um die Prinzen, welche Söhne aus legitimer Ehe sind, zu beseitigen und Raum für Anahobe, den Sohn einer Beifrau, zu gewinnen.

höre, daß die Großwürdenträger etwas gegen mich planen; ich habe mich deshalb zurückgezogen." Umako no Oho-omi schickte hierauf den Hashi no Yashima no Muraji an den Aufenthaltsort des Ohotomo no Hirafu no Muraji und berichtete ihm ausführlich die Worte des Oho-muraji. Demgemäß nahm Hirafu no Muraji Bogen, Pfeile und sein ledernes Schild in die Hand, begab sich nach dem Hause in Tsukikuma (das Tsukikuma Haus war das Haus des Oho-omi), und ohne es bei Tage oder bei Nacht zu verlassen, bewachte er den Oho-omi.

Die Schwären des Kaisers wurden immer schlimmer und schlimmer, und als er im Begriff war, zu verscheiden, trat Kura-tsukuri no Tasuna (er war ein Sohn von Shiba Tatto) zu ihm heran und redete ihn an mit den Worten: „Dein Knecht will um des Kaisers willen der Welt entsagen und ein Mönch werden. Außerdem wird er ergebenst eine Buddhastatue von sechzehn Fuß Höhe verfertigen und einen Tempel bauen." Der Kaiser war hiervon tief gerührt. Dies sind die sechzehn Fuß hohe Buddhastatue und die ihr zur Seite stehend dienenden Bosatsu [8]), die jetzt im Tempel Sakata-dera in Minabuchi [im Distrikt Takechi von Yamato] stehen.

9. Tag. Der Kaiser starb in der Großen Halle.

7. Monat, 21. Tag. Er wurde in dem Misasagi oberhalb des Ihare Teiches [im Distrikt Takechi von Yamato] begraben.

Kaiser Hatsuse-be.
(Sushun [9])-tennō.)

6. Monat, 9. Tag (587). Die Nonne Zenshin usw. redeten zum Oho-omi und sprachen: „Was den Weg der Weltentsagung anbelangt, so ist [die Beobachtung der] Gebote die Hauptsache. Bitte, laß uns nach Kudara gehen, um in der Lehre der Gebote [10]) Unterweisung zu empfangen." In diesem Monat kamen Tributgesandte aus Kudara an den Hof. Der Oho-omi sprach zu den Gesandten: „Nehmt diese Nonnen mit euch und wenn ihr nach eurem Land hinüberfahrt, laßt sie die Gebotenlehre studieren. Wenn sie damit fertig sein werden, sendet sie her!" Die Gesandten antworteten und sprachen: „Wir wollen in unser Land zurückkehren und zuerst dem König darüber berichten; es wird nicht zu spät sein, wenn sie dann erst gesandt werden."

---

[8]) Nach dem TAISHIDEN-BIKŌ war die Buddhastatue ein Bildnis von *Shaka* (Çākya-muni); und die beiden *Bosatsu* (Sanskrit *Bodhisattwa*, buddh. Jünger im Vorstadium der Erkenntnis) waren *Jizō Bosatsu* (Kshitigarbha) und *Monju Bosatsu* (Manjuçrī).

[9]) Oder *Shujun*, „der Ehrwürdig-Erhabene". 32. Mikado, 588—592.

[10]) Oder „Gesetze der Disziplin", *kai-hō*. *Kai*, jap. *imu-koto*, entspricht unserem „Gebote" in „10 Gebote". Es gibt verschiedene Gruppen von Geboten im Buddhismus: *ni-kai* „2 Gebote"; *san-kai* „3 Gebote", unter welchen die *shukke-kai* „Weltentsagungs-gebote"; *go-kai* „5 Gebote"; *jikkai* „10 Gebote"; *shijūhachi-kai* „48 Gebote" usw.

7. Monat. [Ausbruch des Kampfes zwischen der Partei des Oho-omi, auf der die Prinzen Hatsusebe, Umayado usw. stehen, und der Partei des Oho-muraji. Erstere sind zunächst im Nachteil.] Zu dieser Zeit folgte der Kaiserliche Prinz Umayado, das Haar an den Schläfen aufgebunden (Nach der alten Sitte trugen die Jünglinge von 15 und 16 Jahren das Haar an den Schläfen emporgebunden, die von 17 oder 18 Jahren trugen es geteilt in Büschel gerollt [11]), wie auch jetzt noch), hinter den Truppen nach. Für sich selber machte er Erwägungen und sprach: „Werden wir nicht geschlagen werden? Ohne zu beten, werden wir unmöglich Erfolg haben.“ Daher hieb er einen Nuride-Baum [12]) ab, fertigte [aus dem Holze] schleunigst die Gestalten der vier Himmelskönige [13]), steckte sie in sein Scheitelhaar und tat ein Gelübde, sprechend: „Wenn sie uns jetzt zum Siege über den Feind verhelfen, so werde ich gewiß für die vier Himmelskönige, die Welthüter, einen Tempel mit einer Pagode errichten.“ Auch der Oho-omi Soga no Umako tat ein Gelübde und sprach: „Alle Himmelskönige und der Große Götterkönig [14]) mögen uns Beistand und Schutz gewähren und verhelfen, daß wir die Oberhand gewinnen! Ich gelobe, dann zu Ehren aller Himmelskönige und des Großen Götterkönigs einen Tempel mit einer Pagode zu errichten und die drei Kleinodien überall zu verbreiten.“ Nachdem sie das Gelübde geleistet hatten, ordneten sie ihre verschiedentlichen Truppen, rückten vor und griffen an. [Der Oho-muraji und die Seinigen wurden erschlagen, und damit zugleich der Sieg des Buddhismus über seine Widersacher entschieden.] Nachdem der Tumult beigelegt war, baute [der Kaiserliche Prinz] in der Provinz Settsu einen Tempel für die vier Himmelskönige [15]), teilte die Hälfte der Hörigen des Oho-muraji und sein Haus ab und machte diese zu Sklaven bzw. zur Latifundien-Stätte [16]) des Großen Tempels; und dem Tomi no Obito Ichihi [welcher den Oho-muraji erschossen hatte] gab er zehntausend Shiro [17]) Reisland. Außerdem errichtete Soga no Oho-omi seinem Gelübde gemäß in Asuka [im Distrikt Takechi von Yamato] den Tempel Hōkō-ji [18]).

---

[11]) Erstere Tracht hieß *hisago-hana* „Kürbis-Blumen“ Stil; letztere *age-maki* „emporgerollt“. [12]) Oder *nurude*, eine Art Lackbaum (*nuri* Lack), Rhus semialata.

[13]) *Shi-tennō*, Skr. *chatur-mahā-rāja* „vier Großkönige“, welche als Welthüter (lōkapāla) nach den vier Himmelsrichtungen gegen die Asura Dämonen schützen. Es sind *Jikoku* (Skr. Dhritarāshṭra), Osten, weiß; *Zōchō* (Virūḍhaka), Süden, blau; *Kōmoku* (Virūpāksha), Westen, rot; *Tamon* oder *Bishamon* (Dhanada oder Vaiçravaṇa, d. i. Kubēra), Norden.

[14]) *Taijinnō*, Skr. Mahākāla „der große Schwarze“, urspr. eine Form Çiva's, jetzt Schutzgottheit der Klöster. Sein Bildnis, mit schwarzem Gesicht, steht gew. im Refektorium, die 4 Welthüter an Innentoren der Tempel, im Gegensatz zu den *Ni-ō* „2 Deva“, Indra und Brahma (jap. *Bonten* und *Taishaku*), die an den Außentoren stehen.

[15]) Der berühmte, noch vorhandene, Tempel *Tennō-ji* in Ōsaka.

[16]) *Ta-dokoro,* ähnlich dem *shinden* der Shintoschreine. Identisch mit dem *shōen* der späteren Zeit.

[17]) Flächenmaß. In ältester Zeit waren 6 koreanische Fuß im Quadrat = 1 *Bu* oder *Tsubo*, 5 *Tsubo* = 1 *Shiro*. 25 älteste Bu hatten die Größe von 36 Bu der Taihō-Wadō Zeit (Anfang des 8. Jahrhunderts). 50 *Shiro* = 1 *Tan*, 500 *Shiro* = 1 *Chō* oder *Machi*.

[18]) „Tempel des Gedeihens des Gesetzes“, später *Genkō-ji* oder *Asuka-dera* genannt. Der Tempelbau wurde zwar jetzt begonnen, aber erst 596 vollendet.

1. Jahr (588).

In diesem Jahre schickte das Land Kudara Gesandte und mit ihnen zusammen die Bonzen Wesō (Hyé-song), Ryōkon (Nyöng-keun), Weshoku (Hyé-sik) usw., und überreichte buddhistische Reliquien. Das Land Kudara schickte den Onsotsu Shu-shin (Eun-sol Syn-sin), den Tokusotsu Kafu-mon (Töksol Kè-mun), den Nasotsu[19]) Fuku-fu-mi-shin (Nasol Poku-pu-mè-sin) usw., um Tribut zu überreichen. Mit ihnen zusammen bot es dar buddhistische Reliquien, die Bonzen Rei-shō (Nyöng-chyo) Risshi[20]), Ryō-wi (Nyöng-wi), We-shū (Hyé-chyung), We-shuku (Hyé-syuk), Dō-gon (To-öm), Ryō-ke, die Tempelzimmerleute Taramita (Ta-nyang Mi-ta) und Monkekoshi (Mun-ko-ko-chă), den Metallguß-Experten[21]) Shōtoku Haku-mei shun (Chyang-tök Pèng-mè-syun), die Töpferei-Experten[22]) Nama Fune (Puno), Yō Ki-mon (Yang Kwi-mun), Reu Ki-mon (Neung Kwi-mun) und Shakumo Temi (Syök-ma Tyé-mi), und den Maler [buddhistischer Bilder] Hakka (Pèk-ka). Soga no Umako no Sukune erkundigte sich bei den Kudara Bonzen nach der Aneignung der Gesetze der Disziplin, vertraute den Gesandten des Landes Kudara, dem Onsotsu Shu-shin usw., die Nonne Zenshin usw. an und schickte dieselben [nach Korea][23]). Er riß das Haus des Konoha, des Ahnen der Kinu-nuhi no Miyatsuko von Asuka, nieder und begann daselbst den Tempel Hōkō-ji zu bauen. Diese Örtlichkeit nannte man die Ma-gami no Hara „Wolfsheide“ von Asuka; auch nannte man sie Toma-ta „Binsenfeld“ von Asuka.

3. Jahr (590).

3. Monat. Die Studien-Nonnen Zenshin usw. kehrten von Kudara zurück und nahmen ihren Wohnsitz im Tempel von Sakurawi [in Takechi von Yamato][24]).

10. Monat. Man ging in die Berge und holte Bauholz für die Tempel.

In diesem Jahre traten als Nonnen in den geistlichen Stand die Tochter des Ohotomo no Sadehiko no Muraji [unter dem Namen] Zentoku, und seine Komaner Frauen Shiragi-hime und Kudara-hime [unter den Namen] Zemmyō und Myōkwō; außerdem entsagten die Ayabito[25]) Zensō, Zentsū, Myōtoku, Hōjōshō, Zenchisō, Zenchiwe, Zenkwō, sowie Tasuna, ein Sohn des Kura-

---

[19]) *Onsotsu, Toksotsu, Nasotsu* sind koreanische Amtsbezeichnungen.

[20]) *Risshi* ist ein Priesterrang. Vgl. S. 312, Anm. 4.

[21]) „Expert“ im Original *hakushi* oder *hakase* „umfassender Gelehrter, Professor“, noch jetzt in Japan der höchste Gelehrtentitel. Nach den Zeichen: *rohan-hakase* „Expert in Metall-Becken und Schüsseln“, also Verfertiger der in einem Buddhatempel gebrauchten metallenen Geräte.

[22]) *Kahara-hakase* „Ziegel-Expert“. Sie werden hauptsächlich die Tonziegel für die Tempeldächer gefertigt haben. Ziegeldächer waren ja den Japanern noch ganz unbekannt. Vgl. S. 210, Anm. 19.

[23]) Beginn des Auslandsstudiums der japanischen Buddhisten.

[24]) Im *Toyo-ura-dera.*

[25]) Han-Leute, Chinesen-Abkömmlinge.

tsukuri no Shiba Tatto, [dieser] unter dem Namen Tokusai-hōshi[26]), zur selben Zeit der Welt.

5. Jahr (592).

10. Monat. In diesem Monat wurde die Buddhahalle[27]) und die Gedeckte Galerie[28]) des Großen Hōkō-ji Tempels errichtet **[Im nächsten Monat wurde der Kaiser Sushun auf Anstiften des Oho-omi ermordet, und am 8/12 desselben Jahres nahm die Witwe des früheren Kaisers Bitatsu als erste Kaiserin[29]) die Kaiserliche Würde an.]**

Aus Buch XXII.

Kaiserin Toyo-mike Kashiki-ya-hime. (Suiko[1])-tennō.)

1. Jahr (593).

1. Monat, 15. Tag. In das Piedestal eines Tempel-Pfeilers des Hōkō-ji wurden die buddhistischen Reliquien eingelegt [welche Shiba Tatto überreicht hatte][2]).

16. Tag. Der Tempel-Pfeiler wurde errichtet.

4. Monat, 10. Tag. Der Kaiserliche Prinz Umayado no Toyotomimi wurde zum präsumptiven Thronfolger eingesetzt. Demgemäß ward er zur Leitung der staatlichen Angelegenheiten in Stellvertretung der Kaiserin berufen und mit allen Staatsaffären betraut. — — Kaum war er geboren, so konnte er schon sprechen. Er war von wunderbarer Klugheit. — — Bei dem Komaner Bonzen Weji (Hyé-cha) trieb er buddhistische Studien, bei dem Hakase Kakka (Hak-ka) studierte er die chinesischen Klassiker. In beiden gewann er vollständige Meisterschaft.

In diesem Jahre wurde der Bau des Tempels Shi-tennō-ji auf dem [Hügel] Ara-haka „Verödetes Grab“ im Distrikt Naniha [der Provinz Settsu] begonnen.

2. Jahr (594).

2. Monat, 1. Tag. Die Kaiserin befahl dem Thronfolger und dem Oho-omi, für das Gedeihen der drei Kostbarkeiten (Buddhismus) Sorge zu tragen. Zu dieser Zeit bauten alle Omi, Muraji usw. um die Wette Buddha-Hütten zu Nutz und Vorteil ihrer Herren und ihrer Eltern. Diese nannte man Tera „Tempel“.

---

[26]) *Hōshi* „Hochwürden“. Diese Männer waren die ersten japanischen Buddha-Priester (Mönche). [27]) *Hotoke-tono*, die Gebetshalle.

[28]) *Horō*, auch *hoso-dono* „schmale Halle“ oder *kaki* „Zaun“ genannt.

[29]) *Jingu-kōgō* (s. S. 277, Anm. 1) hatte die kaiserliche Würde nicht angenommen, wie ja auch ihr Titel *kōgō* „kaiserliche Gemahlin“ besagt.

[1]) „Die das Altertum Fördernde“. 33. Mikado, reg. 593—628.

[2]) Vgl. 14. Jahr, 5. Monat. Auch die Übersetzung: „in das Piedestal des Pfeilers der Pagode des Tempels Hōkō-ji“ ist möglich. Dann muß es auch im nächsten Absatz „Pfeiler der Pagode“ heißen. Gemeint ist dann der sog. *Shin no hashira* „Herzpfeiler, Mittelpfeiler“ der Pagode.

3. Jahr (595).

5. Monat, 10. Tag. Ein Bonze aus Koma, Namens Weji (Hyé-chă), wurde als Japaner naturalisiert und darauf vom Thronfolger zum Lehrer angenommen.

In diesem Jahre kam auch Wesō (Hyé-chhong), ein Bonze aus Kudara; diese beiden Priester predigten weit und breit die Buddhalehre und wurden die Grundpfeiler des Buddhismus.

4. Jahr (596).

11. Monat. Der Bau des Tempels Hōkō-ji wurde beendet, und Zentoku [3]) no Omi, ein Sohn des Oho-omi, wurde zum Tera-tsukasa „Tempel-Aufseher“ eingesetzt. An diesem Tage nahmen die beiden Priester Weji und Wesō zuerst im Tempel Hōkō-ji ihre Wohnung.

7. Jahr (599).

4. Monat, 27. Tag. Es fand ein Erdbeben statt, und überall wurden die Häuser zerstört. Darauf erging nach allen vier Himmelsgegenden der Befehl, die Erdbeben-Gottheit [4]) zu verehren.

10. Jahr (602).

10. Monat. Ein Bonze aus Kudara, Namens Kwanroku (Kwal-leuk) kam nach Japan und überreichte der Kaiserin Kalender, astronomische und geographische Bücher und auch einige Werke über magische Künste. [Es wurden ihm Schüler zum Studium dieser Wissenszweige zugeteilt.]

Eingeschalteter 10. Monat, 15. Tag. Die Komaner Bonzen Sōryū (Seung-nyung) und Unsō (Un-shhong) wanderten in Japan ein.

11. Jahr (603).

11. Monat, 1. Tag. Der Thronfolger richtete an die Würdenträger folgende Ansprache: „Ich besitze eine Statue des verehrungswürdigen Buddha [5]). Wer will diese Statue in Empfang nehmen und sie andächtig verehren?“ Da trat Udzumasa no Kahakatsu vor und sagte: „Euer Untertan will sie verehren.“ Daraufhin erhielt er die Buddhastatue und baute für sie den Tempel Hachiwoka-dera [6]).

---

[3]) Oder *Zetoko* gesprochen.

[4]) *Nawi no Kami.* Ein eigener Name der Erdbeben-Gottheit ist aus alten Texten nicht ersichtlich. Man hat jedoch vermutet, daß es die Erdgöttin *Hani-yasu no Kami* sei. Im SHOKU-NIHONGI Buch 11 wird erwähnt, daß im Jahre 727 Boten nach den 7 Kinai Provinzen geschickt wurden, und daß sie den Schreinen der Gottheit des Erdbebens *(jishin-jinja)* opferten. Nach jetzigem Volksglauben werden die Erdbeben durch einen Riesenfisch, den *namazu* „Wels“ hervorgebracht.

[5]) Nach dem FUSŌ-RYAKKI eine Statue der *Kuse Kwannon* „weltbefreiende Kwannon“ (Göttin der Gnade), aus Goldkupfer, ein Geschenk des Landes Kudara.

[6]) Im Distrikt Kadono von Yamashiro; hieß auch Kwōryu-ji, Keirin-ji, Mitsuge-ji und Kadono no Ji. Das JINTENAINŌSHŌ nennt als ursprüngliche Hauptstatue des Tempels eine Steinfigur des *Miroku* (Maitrēya), zu Kimmei's Zeit von Kudara geschenkt; dann aber soll

In diesem Monat bat der Thronfolger die Kaiserin, große Schilde und Köcher[7]) anfertigen, sowie auch Fahnen [mit Emblemen] bemalen[8]) zu lassen.

12. Jahr (604).

4. Monat, 3. Tag. Der Thronfolger erließ zum ersten Mal eine Verordnung in siebzehn Artikeln[9]). — — Der zweite lautete: „Verehret eifrig die drei Kleinodien. Die drei Kleinodien sind Buddha, das Gesetz und die Priesterschaft. Sie sind die letzte Zuflucht der vier Wesensarten[10]) und die Urprinzipien aller Länder. Welche Generation, welche Menschen sollten diese Gesetze nicht ehren? Wenig sind der Menschen, welche ganz und gar schlecht sind; man kann sie unterrichten und dazu bringen, [die Gesetze] zu befolgen. Wie soll man sie richtig biegen außer durch Zuflucht zu den drei Kleinodien?" — — —

13. Jahr (605).

4. Monat, 1. Tag. Die Kaiserin erließ an den Thronfolger, den Oho-omi, die Prinzen und alle Würdenträger den Befehl, daß sie alle ein Gelübde ablegen sollten, zwei neue Buddhabilder von sechzehn Fuß Höhe, das eine in Kupfer[11]), das andere in Stickerei anzufertigen. Dann beorderte sie den Kuratsukuri no Tori[12]) und bestimmte ihn als denjenigen Künstler, welcher die Buddhas herstellen sollte. Als nun der König Dai-kyō (Tè-hung) von Koma hörte, daß die Kaiserin Buddhastatuen anfertigen lasse, schickte er einen Tribut von dreihundert Ryō Gold.

14. Jahr (606).

4. Monat, 8. Tag. Die beiden Buddhastatuen von sechzehn Fuß Höhe, die eine in Kupfer, die andere in Stickerei, wurden vollendet. An diesem Tage stellte man die sechzehn Fuß hohe kupferne Statue in der „Goldenen

---

ein *Yakushi* (Bhaishajya-guru), und noch später eine *Nyo-i-rin Kwannon* (Riddhichakra Kwannon) zur Hauptstatue gemacht worden sein.

[7]) Den Tempeln als symbolische Schutzwaffen gestiftet.

[8]) Ebenfalls Gaben an die Tempel. Näheres in meinen Japanischen Annalen, S. 11, Anm. 2.

[9]) Vgl. meine Japanischen Annalen S. 13—20. In keinem der 17 Artikel, welche die Moral- und Staatstheorie des Prinzen auseinandersetzen, wird auf die bisherige Nationalreligion auch nur der geringste Bezug genommen!

[10]) Oder vier Geburtsweisen, Skr. *chaturyōni*.

[11]) Kupfer mit Goldbeimischung, *kondō*, gemeint. Vgl. die genauere Angabe im TAIKIDEN-BIKŌ: Die Inschrift auf dem Heiligenschein der 16 Fuß hohen Buddhastatue im Tempel Gangō-ji (Genkō-ji) lautet wie folgt: „Im 13. Jahre der Suiko-tennō konstruierten wir aus 23000 Pfund Kupfer und 759 Ryō (Unzen) Gold in Ehrfurcht Shaka-Statuen 16 Fuß hoch, in Kupfer und in Stoff 2 Statuen, ebenso auch die nebenstehenden Bodhisattwa." In der Gründungsgeschichte des Gangō-ji, dem HON-GANGŌ-JIENGI, wird die Kupfermenge wohl genauer als 23200 Pfund, der Tribut des Komaner Königs auf 320 Ryō angegeben.

[12]) Sohn des *Tasuna*. Berühmter buddhistischer Künstler, der Buddhameister Tori genannt.

Halle“ [13]) des Tempel Genkō-ji auf. Die Buddhastatue war jedoch höher als das Eingangstor der Goldenen Halle, so daß es unmöglich war, sie in die Halle hineinzubringen. Da hielten alle Arbeitsleute eine Beratung und sagten: „Wir müssen das Tor der Halle niederreißen, um die Statue hineinzubefördern.“ Durch den überlegenen Scharfsinn des Kura-tsukuri no Tori jedoch gelang es, die Statue in den Tempel hineinzuschaffen, ohne das Tor niederzureißen. Am selbigen Tage wurde eine buddhistische Kultfeier mit Fastenspeisen veranstaltet. Die sich versammelnde Menge war schier zahllos.

Von diesem Jahre her datiert es, daß jeder Buddhatempel am achten Tage des vierten Monats [14]) und am fünfzehnten Tage des siebenten Monats [15]) eine Kultfeier veranstaltet.

5. Monat, 5. Tag. Die Kaiserin erließ an Kuratsukuri no Tori folgenden Befehl: „Es ist Unser Wunsch, der buddhistischen Religion zur Blüte zu verhelfen, und Wir stehen im Begriff, Buddhatempel zu erbauen. Zur Zeit, als Wir zuerst nach Reliquien suchten, überreichte dein Großvater Shiba Tatto Uns die gewünschten Reliquien. Sodann, als es im Lande noch keine Bonzen und Nonnen gab, verließ dein Vater Tasuna um des Kaisers Tachibana no Toyohi [16]) willen das Haus und trat in den geistlichen Stand ein und verehrte das Gesetz Buddhas mit Ehrfurcht. Weiter war deine Tante Shima-me die erste, welche das Haus verlassend in den geistlichen Stand eintrat und so als Vorläuferin aller Nonnen die Lehren Çakya's praktisch befolgte. Als Wir jetzt einen Buddha von sechzehn Fuß Höhe herstellen lassen wollten und nach einer guten Buddhastatue suchten, botest du Uns ein Buddha-Modell, das gerade Unseren Wünschen entsprach. Sodann nach Fertigstellung der Buddhastatue, waren wir nicht imstande, sie in das Innere des Tempels zu schaffen. Alle anderen Werkleute konnten kein Mittel aussinnen und wollten schon die Tür der Halle einreißen. Du jedoch vermochtest die Statue hineinzubringen, ohne die Tür einzureißen. All das ist dein Verdienst.“ Sie verlieh ihm hierauf den Rang Dai-nin und ließ ihm zwanzig Chō bewässertes Reisfeld im Distrikt Sakata der Provinz Afumi überweisen. Tori benutzte die [Einkünfte aus den] Reisfeldern dazu, für die Kaiserin den Tempel Kongō-ji [17]) zu bauen. Dieser heißt jetzt das Nonnenkloster von Sakata in Minabuchi.

7. Monat. Die Kaiserin ersuchte den Thronfolger, über das Shō-man-

---

[13]) *kondō*, Halle eines bud. Tempels, wo die kostbarsten Gegenstände und Hauptstatuen aufgestellt werden, gewöhnlich das schönste Gebäude des ganzen Tempelgrundes.

[14]) Erste Erwähnung der Feier des *Kwambutsuye*-Festes in Japan, das volkstümlich auch *Oshaka no tanjō* „Shaka's Geburtstag“ genannt wird. Am 8. Tage des 4. Monats soll Buddha die Buddhaschaft erlangt haben. An diesem Tage wird *amacha* „süßer Tee“ über die Buddhastatuen ausgegossen, daher der Name *Kwambutsuye*, d. h. „Versammlung zur Waschung Buddhas“.

[15]) Erste Erwähnung des *Urabonye*, des Totenfestes der jap. Buddhisten, auch unter dem Namen „Laternenfest“ bekannt. Vgl. den Artikel *Ulamba (Ullambana)* in Eitel's Handbook of Chinese Buddhism, sowie Weipert, Das Bon-Fest, in Mitteil. d. Deutschen Ges. Ostasiens, Bd. 8.

[16]) Kaiser *Yōmei*. Vgl. S. 318.

[17]) Diamant-Tempel.

gyō[18]) zu predigen. Er beendigte seine Erklärung [des Sutras] innerhalb von drei Tagen.

In demselben Jahre hielt der Thronfolger auch eine Predigt über das Hoke-kyō[19]) im Wokamoto Palaste. Da die Kaiserin mit dem Thronfolger sehr zufrieden war, machte sie ihm ein Geschenk von hundert Chō bewässerten Reisfeldes in der Provinz Harima. Die Schenkung wurde dem Besitzstand des Tempels von Ikaruga [genannt Hōryū-ji] hinzugefügt.

15. Jahr (607).

2. Monat, 9. Tag. Die Kaiserin erließ ein Edikt, welches lautete: „Wir vernehmen, daß in früheren Zeiten die Kaiser, Unsere Kaiserlichen Ahnen, als sie die Welt regierten, vor dem Himmel in Ehrfurcht tief sich beugten, mit Vorsicht sacht auf der Erde wandelten, die Götter des Himmels und der Erde ehrfürchtig verehrten, überall den [Geistern der] Berge und Flüsse Tempel weihten und auf geheimnisvolle Weise mit [den Geistern von] Himmel und Erde in Verbindung standen. Darum entfalteten sich das männliche und weibliche Prinzip harmonisch und das ganze Universum war in vollkommener Ordnung. Wie dürften wir jetzt in Unserer eigenen Regierungsära säumig sein, die Götter des Himmels und der Erde zu verehren? Darum sollen sich sämtliche Untertanen diesem Ziele mit allen Kräften widmen und vor den Göttern des Himmels und der Erde sich demütig beugen[20]).“

15. Tag. Der Thronfolger und der Oho-omi, gefolgt von sämtlichen Beamten, bezeigten den Göttern des Himmels und der Erde anbetende Verehrung.

16. Jahr (608).

9. Monat. [Eine im Sommer eingetroffene chinesische Gesandtschaft kehrte in Begleitung einer japanischen Gesandtschaft nach China zurück.] Zu gleicher Zeit wurden

---

[18]) Sanskrit *Çrīmālādevī-simhanāda* (No. 59 in Bunyiu Nanjio's Katalog). Zu diesem Sutra hat der Thronfolger nach dem Gyoku-rin-shō zwei Kommentare geschrieben. Der erste, in seinem 35. Lebensjahre geschrieben, wurde nach China geschickt, der zweite soll nur in Japan überliefert worden sein. Seine Predigt über das Sutra wird auch in einem chinesischen Geschichtswerke, dem Sung-shi, erwähnt.

[19]) Saddharma-pundarīka-sūtra „Sutra vom Lotus des wahren Gesetzes“.

[20]) Die Phraseologie des Ediktes ist ganz chinesisch — einzelne Wendungen sind nachweisbar chinesischen Quellen entlehnt —, aber es scheint doch im innersten Kern darauf auszugehen, die Verehrung der „alten Götter“ beim Volke nicht erlöschen zu lassen. Es tritt von nun an die Tendenz hervor, die altjapanische Götterverehrung mit dem chinesischen nichtbuddhistischen religiösen Kult auf eine Stufe zu stellen, beide gewissermaßen einander anzugleichen, so daß vielfach ein verwirrtes Bild aus chinesischen und japanischen Vorstellungen entsteht. Obiges Edikt steht eigentlich mit der religiösen Überzeugung des Thronfolgers und auch der Kaiserin im Widerspruch. Daß es trotzdem erlassen wurde, ohne Zweifel mit Zustimmung des Thronfolgers, scheint mir nur dadurch erklärlich, daß die japanischen Anschauungen, denen gegenüber man wohl eine Konzession für nötig erachtete, geschickt mit chinesischen Ideen zugedeckt wurden. Man darf hierin vielleicht schon einen Vorläufer jenes Kompromißverfahrens sehen, das später die japanischen und fremden religiösen Anschauungen miteinander zu versöhnen suchte und unter anderm durch Verquickung des Shintō mit dem Buddhismus zum Ryōbu-Shintō führte.

Studenten nach China geschickt, nämlich Yamato no Aya no Atahi Fuku-in, Nara no Wosa Keimei, Takamuku no Ayabito Genri, Imaki no Ayabito Ohokuni; sowie die Priesterschüler[21]) Imaki no Ayabito Nichi-mon, Minabuchi no Ayabito Sei-an, Shiga no Ayabito We-in und Imaki no Ayabito Kwō-sei, im ganzen acht Personen.

17. Jahr (609).

4. Monat, 4. Tag. Der Generalstatthalter von Tsukushi berichtete an den Hof, daß die Kudarenser Bonzen Dō-kin (To-heun) und We-mi (Hyémi) an der Spitze von zehn anderen Priestern und fünfundsiebenzig Laienpersonen[22]) im Hafen von Ashikita in der Provinz Higo vor Anker gegangen seien. [Die auf dem Wege nach China vom Sturm verschlagenen Leute sollten in ihr Heimatland Kudara zurückbefördert werden. Aber] als sie in Tsushima ankamen, baten die zehn [Priester] der Begleitschaft alle um die Erlaubnis, in Japan bleiben zu dürfen. Nachdem die Regierung benachrichtigt worden war, wurde ihnen das Bleiben gestattet. Demgemäß wurde ihnen der Tempel Genkō-ji zum Aufenthalt angewiesen.

18. Jahr (610).

3. Monat. Der König von Koma [Yŏng-yang] schickte die Bonzen Don-chō (Tam-chhi) und Hōtei (Pŏp-chŏng) als Tribut. Don-chō war in den fünf kanonischen Büchern[23]) wohl bewandert, außerdem auch geschickt in der Verfertigung von Farben, Papier und Tusche. Auch Mühlen zum Mahlen konstruierte er. Seit der Zeit gab es Mühlen.

20. Jahr (612).

In diesem Jahre kam ein Mann aus dem Lande Kudara. Sein Gesicht und Körper waren ganz mit weißen Flecken bedeckt, was vielleicht die weiße Hautkrankheit[24]) war. Die Leute verabscheuten sein seltsames Aus-

[21]) Oder „Studienpriester", *gakumon-sō*. Alle hier genannten 8 Personen sind chinesischer Abstammung, da offenbar die für den Zweck notwendige Kenntnis der chinesischen Sprache und Schrift zu jener Zeit nur wenig über den Kreis der chinesischen und koreanischen Abkömmlinge hinaus ins japanische Volk gedrungen war. Zu *Aya*, *Aya-bito* vgl. S. 320, Anm. 25. *Wosa* bedeutet hier „Dolmetscher".

[22]) Sinojap. *zoku-jin*, wofür das altjapanische volkstümliche Wort *shiro-kinu* „Weißgekleidete" ist, im Gegensatz zu den Bonzen, welche als *sumi-zome* „schwarzgefärbte [Kleider Tragende], Schwarzröcke" bezeichnet werden.

[23]) *Wu-king*, nämlich: das *Yih-king* oder kanonische Buch der Wandlungen, das *Shu-king* oder kanonische Buch der Urkunden, das *Shi-king* oder kanonische Buch der Lieder, das *Li-ki* oder die Aufzeichnungen über die Riten, und das *Ch'un-ts'iu* „Frühling und Herbst", die Chronik des Fürstentums Lu. Siehe Grube, Geschichte der chinesischen Literatur, S. 33—80.

[24]) *Shira-hada* „Weißhaut" oder *shira-hatake*, der weiße Ringwurm. Wahrscheinlich ist es dieselbe Krankheit, die im Shintō-Ritual der Großen Reinigung *(Oho-harahi no kotoba)* unter der Bezeichnung *shira-hito* „weißer Mensch, Albino" angedeutet wird. Sie wird dort als von den Göttern gesandtes Unheil den Sünden gleichgestellt, welche ritueller Reinigung bedürfen. Aus den im Ritual vertretenen Anschauungen erklärt sich auch in

sehen und wollten ihn auf eine Insel im Meere verbannen. Der Mann aber sagte: „Wenn ihr meine weißgefleckte Haut verabscheut, so dürft ihr auch in eurem Lande keine weißgefleckten Rinder und Pferde halten. Überdies habe ich eine kleine Fertigkeit und verstehe die Figuren von Bergen und Hügeln zu machen. Wenn ihr mich da behaltet und gebraucht, so wird euer Land davon Nutzen ziehen. Warum solltet ihr mich also nutzloser Weise auf eine Insel im Meere wegwerfen?“ Die Leute hörten auf seine Worte und verbannten ihn nicht. Man ließ ihn darauf im Südhofe [des Palastes] die Figur des Sumi Berges[25]) und eine China-Brücke anfertigen. Die Zeitgenossen nannten diesen Mann Michi-ko no Takumi „Meister Michi-ko“, auch nannten sie ihn Shiko-maro „den Häßlichen“.

21. Jahr (613).

12. Monat, 1. Tag. [Der Thronfolger traf auf einer Reise nach Katawoka in Yamato einen am Wege liegenden darbenden Mann an, gab ihm Nahrung und bedeckte ihn mit seinem eigenen Kleid, das er auszog.]

2. Tag. Der Thronfolger schickte einen Boten ab mit dem Auftrage, nach dem darbenden Manne zu sehen. Der Bote kam zurück und meldete: „Der darbende Mann ist bereits gestorben.“ Darüber war nun der Thronfolger sehr betrübt und ließ ihn an eben der Stelle [wo er ihn gefunden] begraben. Der Grabhügel wurde fest verschlossen. Nach einigen Tagen rief der Thronfolger seine nächste Umgebung zu sich und sagte: „Der darbende Mann, welcher neulich am Wege lag, war sicherlich kein gewöhnlicher Mensch. Es muß ein Heiliger gewesen sein.“ Er schickte Boten aus und ließ sie [nach dem Grabe] sehen. Hierauf kamen die Boten zurück und meldeten: „Als wir zu dem Grabe kamen und nachsahen, war die festverschlossene Grabstätte zwar unberührt, aber als wir sie öffneten und hineinsahen, war der Leichnam nicht mehr vorhanden. Nur das Kleid lag in Falten gelegt auf dem Sarge.“ Darauf schickte der Thronfolger die Boten wieder hin, ließ sie das Kleid fortnehmen und zog es wieder wie sonst an. Die Zeitgenossen verwunderten sich sehr darüber und sagten: „Wie wahr ist es doch, daß ein Heiliger den Heiligen kennt!“ und [von nun an] verehrten sie ihn noch mit um so größerer Ehrfurcht[26]).

diesem Fall der starke Abscheu des Volkes. Die weiße Krankheit tritt übrigens in den Ländern südlich von Japan besonders heftig und markant auf, so daß die besondere Erwähnung im Ritual vielleicht einer uralten Erinnerung an den Süden, woher ja ein Teil der Japaner stammt, ihre Entstehung verdankt.

25) *Sumi-sen* oder *Shumi-sen*, Sanskrit *Sumēru*, ein fabelhafter Berg der altindischen und buddhistischen Mythologie. Siehe Eitel's Handbook unter Sumēru. Seine Gestalt ist insofern sonderbar, als er am Fuß und am Gipfel breit, in der Mittelhöhe aber schmal ist.

26) Hieran hat sich die Legende geknüpft, daß der Darbende entweder *Daruma* (Sanskrit *Dharma, Bōdhidharma*), der Gründer der Kontemplationssekte in China, oder *Monju-bosatsu* (*Manju-çrī*), einer der fünf Dhyāni-Bodhisattwa, gewesen sei.

22. Jahr (614).

8. Monat. Der Oho-omi wurde krank. Tausend Männer und Frauen wurden um des Oho-omi willen Mönche und Nonnen[27]).

23. Jahr (615).

11. Monat, 11. Tag. Der Komaner Bonze Weji (Hyé-Chă) kehrte in sein Heimatland zurück.

24. Jahr (616).

7. Monat. Shiragi schickte den Nama Tsuku Seishi (Chuk Syé-să) und überreichte durch ihn als Tribut eine Buddhastatue[28]).

26. Jahr (618).

In diesem Jahre wurde Kahabe no Omi mit dem Auftrage, Schiffe zu bauen, nach der Provinz Aki geschickt. Als er im Gebirge angekommen war, suchte er nach Bauholz für die Schiffe. Nachdem er gutes Holzmaterial gefunden hatte, kennzeichnete er die betreffenden Stämme, und man schickte sich an, sie niederzuhauen. Da sagte aber ein Mann: „Das ist ein Donner-Baum[29]), den ihr nicht fällen dürft." Kahabe no Omi antwortete: „Und wenn es der Donnergott selbst wäre, könnten wir dem Kaiserlichen Befehle nicht zuwiderhandeln!" Hierauf brachte er dem Baume viele Opfergeschenke dar und schickte Werkleute hin mit dem Befehl, ihn zu fällen. Da kam ein gewaltiger Regenguß mit Donner und Blitz. Jetzt ergriff Kahabe no Omi sein Schwert und rief: „Du Donnergott darfst den Werkleuten nichts zu leide tun! Meinem eigenen Körper magst du Schaden zufügen!" Damit blickte er nach oben und wartete. Es donnerte zwar mehr als zehn Mal, allein [der Donnergott] vermochte dem Kahabe no Omi kein Leid zuzufügen. Hierauf verwandelte sich [der Donnergott] in einen kleinen Fisch, der zwischen den Zweigen des Baumes hing. Nun nahm man den Fisch und verbrannte ihn. Jetzt endlich baute man die Schiffe.

[27]) D. i. sie traten in den geistlichen Stand, um von Buddha eine Verlängerung des gefährdeten Lebens des Oho-omi zu erwirken. All diese Männer und Frauen gehörten wohl in irgend welcher Weise dem Soga-Uji an; vielleicht waren sie zum großen Teil Hörige desselben. Aus Dokumenten einer etwas späteren Zeit ersehen wir, daß Unfreie vielfach in den geistlichen Stand eintraten und dadurch frei wurden, aber wieder in den Stand der Unfreien zurückkehrten, wenn ihnen wegen schlechter Aufführung der geistliche Nimbus entzogen wurde. Diese Sitte möchte etwa zu dieser Zeit aufgekommen sein.

[28]) Nach weiteren Quellen war es eine 2 Fuß hohe goldene Statue des Miroku, die im Tempel Hōkō-ji aufgestellt wurde, Licht von sich ausstrahlte und manchmal Wunder getan haben soll.

[29]) *Kantoki no ki*, ein vom Blitz getroffener und daher dem Donnergott geheiligter Baum. *Kantoki* „Donnerkeil, Blitzschlag" aus älterem *kamitoki*, *kamitoke*, von *kami* „Gott" und *toku* „spalten". Man vgl. damit den Namen des einen der 8 Donnergötter, *Saku-ikadzuchi* „Spalt-Donner". Die Geschichte erinnert an das Fällen der Donnereiche bei Merseburg durch Bonifatius.

27. Jahr (619).

4. Monat, 4. Tag. Aus der Provinz Afumi wurde berichtet, daß sich in dem Fluß Gamafu ein Wesen von menschenähnlicher Gestalt zeigte[30]).

29. Jahr (621).

2. Monat, 5. Tag. [Der Thronfolger Prinz Umayado starb, vom Volke tief beklagt, und wurde im selben Monat im Misasagi zu Shinaga in der Provinz Kahachi beigesetzt.]

Zu dieser Zeit vernahm der Komaner Bonze Weji [in Koma] von dem Tode des Kronprinzen Kami-tsu-miya[31]) und war darüber sehr betrübt. Zu Ehren des Kronprinzen lud er die Bonzen ein und veranstaltete ein Weihemahl [für den Geist des Toten][32]). An dem Tage, an welchem er persönlich über die heiligen Schriften predigte, tat er ein Gelübde und sprach: „Im Lande des Aufgangs der Sonne ist ein Heiliger mit Namen der Kaiserliche Prinz Kami-tsu-miya no Toyoto-mimi. Er war in der Tat ein vom Himmel begnadeter Mann. Mit den Tugenden eines unergründlichen Heiligen wurde er im Lande des Aufgangs der Sonne geboren. Die drei Grundprinzipien[33]) hatte er in sich. Er folgte den erhabenen Regeln der vorangegangenen Weisen, verehrte eifrig die Drei Kleinodien und erlöste das Volk von seinen Mühsalen. Er war in der Tat ein großer Heiliger. Nun ist der Prinz gestorben. Ich gehöre zwar einem fremden Lande an, doch ist mein Herz mit dem seinen unzertrennlich verbunden. Wozu soll ich noch länger allein mein Leben fristen? Ich werde im nächsten Jahre am fünften Tage des zweiten Monats unfehlbar sterben und mit dem Prinzen Kami-tsu-miya im Paradiese zusammentreffen und mit ihm zusammen die Lebewesen erlösen."

Hierauf starb Weji genau an dem verheißenen Tage[34]). Infolgedessen äußerten sich seine Zeitgenossen einstimmig: „Nicht nur der Prinz Kami-tsu-miya war ein Heiliger, sondern auch Weji ist ein Heiliger."

31. Jahr (623).

7. Monat. Shiragi schickte als Hauptgesandten den Nama Chisenni (Chi-syön-i), und Mimana schickte den Tassotsu Nama Chi. Beide kamen zusammen an den Kaiserlichen Hof. Sie brachten als Tribut: eine buddhistische Statue, eine goldene Pagode, dazu Reliquien; ferner eine große

---

[30]) Im TAISHI-DEN-REKI findet sich hierzu weiter folgende Bemerkung: Der Prinz sprach zu seinem Gefolge: „Es wird Trübsal hereinbrechen. Ein Fischmensch ist kein gutes Omen. Es ist kein fliegendes Kaninchen (dieses ist ein gutes Omen), sondern ein Fischmensch; das ist ein Unglück fürs Land. Merkt darauf!"

[31]) Oder *Uhe-no-miya* „Oberer Palast", oder sinojap. *Jōgu-taishi*, ein posthumer Name des Prinzen, wie auch *Shōtoku-taishi*.

[32]) *Sai wo mōku*, von den Glossisten *wogami su* „Feier veranstalten" umschrieben. Solche Weihemahle *(sai)* werden besonders am Jahrestage des Todes veranstaltet, der darum *go-sai-nichi*, volkstümlich *shōjim-bi* „Fastenspeisen-Tag" (nur vegetarische Speisen!) heißt.

[33]) Himmel, Erde, Mensch. D. h. er war ein Denker.

[34]) Das Sterben an Tagen, welche sie vorherbestimmt hatten, wird auch bei anderen Priestern berichtet.

Kanchō-Fahne[35]) und zwölf kleine Fahnen. Die buddhistische Statue wurde darauf im Tempel Hada no Tera in Kadono[36]) aufgestellt. Die anderen Gegenstände, nämlich die Reliquien, die goldene Pagode, die Kanchō-Fahne usw. verwahrte man sämtlich im Tempel Shitennō-ji. Mehrere Männer, welche die Wissenschaften der Großen Thang [Dynastie] studiert hatten, nämlich die Bonzen Wesai und Wekō und die Ärzte We-nichi und Fuku-in usw. kamen zu dieser Zeit im Gefolge von Chisenni nach Japan zurück. We-nichi und Genossen berichteten der Kaiserin und sprachen: „Alle diejenigen, welche im Lande der Thang studienhalber verweilen, haben ihre Aufgabe vollbracht und sollten nun zurückgerufen werden. Übrigens ist das Land der Großen Thang ein außerordentliches Land, aufs reichste mit Gesetzen und Regulativen ausgestattet. Wir müssen stets unsern Verkehr mit ihm aufrecht erhalten."

32. Jahr (624).

4. Monat, 3. Tag. Ein Bonze ergriff eine Axt und hieb damit auf seinen Großvater ein. Die Kaiserin bekam davon Kunde, rief den Oho-omi zu sich und erteilte ihm Befehl mit den Worten: „Wer in den geistlichen Stand eingetreten ist, muß sich ernstlich den Drei Kleinodien widmen und die Gebote [Buddhas] genau halten. Wie könnte er daher, ohne Reue zu empfinden, eine böse Tat begehen? Jetzt aber ist Uns zu Ohren gekommen, daß ein Bonze seinen Großvater geschlagen hat. Versammle deshalb alle Mönche und Nonnen sämtlicher Buddhatempel und halte eine Untersuchung ab. Wenn es sich als Tatsache erweist, so verhänge schwere Strafe über ihn."

Darauf versammelte [der Oho-omi] die Bonzen und Nonnen und hielt eine Untersuchung ab. Als nun der verbrecherische Bonze und mehrere Nonnen gerade bestraft werden sollten, schickte der Kudarenser Bonze Kwanroku (Kwal-leuk) einen Brief an die Kaiserin, worin er sagte: „Daß der Buddhismus aus dem Lande des Westens (Indien) nach China eingeführt wurde, ist schon dreihundert Jahre her. Seit der Zeit, daß er von dort wiederum nach dem Lande Kudara eingeführt wurde, ist kaum ein Jahrhundert verflossen. Aber als mein König [Sŏng-myŏng] von der Weisheit

[35]) *Kanchō* „Kopfbesprengung, Taufe", ist die von der Shingon-Sekte bei der Priesterweihe vorgenommene Zeremonie der Kopfwaschung mit parfümiertem Wasser. Die oben erwähnte Fahne hat diesen Namen bekommen, weil sie denselben heiligenden Einfluß ausüben soll, wie die angezogene Zeremonie. Wer unter der Fahne weggeht, soll der Erlösung gewiß sein. Die gegenwärtig noch gebräuchliche *Nagare-kanchō* ist nichts anderes als die ehemalige Kanchō Fahne. Der Sanskritname für *kanchō* ist *mûrdhâbhishikta* „geweiht". Eitel's Handbook gibt folgende Einzelheiten unter Mûrddhâbhichikta: „lit. washing of the top of the head. A ceremony consisting in sprinkling water on the top of the head, corresponding to baptism, common in Tibet in the form of infant baptism, but in China administered only to high personages who are thereby admitted into the Buddhist church and solemnly invested as protectors of the same ..... Exceptionally this ceremony is performed (even daily) with statues of Buddha."

[36]) Der weiter oben erwähnte Hachiwoka Tempel.

des Kaisers von Nippon hörte, machte er ihm Buddhastatuen und buddhistische heilige Schriften zum Geschenk. Seit dieser Zeit ist noch kein Jahrhundert voll geworden. Daher begehen die Bonzen und Nonnen jetzt, wo sie noch nicht an die buddhistischen Gebote gewöhnt sind, manchmal üble Taten. Die Bonzen und Nonnen sind nun alle so erschreckt, daß sie nicht wissen, was sie tun sollen. Ich bitte untertänigst, mit Ausnahme des einen Übeltäters allen anderen Mönchen und Nonnen Verzeihung zu gewähren und sie nicht zu bestrafen. Dies würde ein großes Verdienst sein.“ Die Kaiserin gab ihre Einwilligung.

13. Tag. Ein Kaiserlicher Erlaß verkündete: „Wenn sogar geistliche Personen noch die Gesetze übertreten, wie sollen sie dann die Laien recht unterweisen? Wir setzen daher von jetzt an Sōjō und Sōdzu [37]) ein, welche die Bonzen und Nonnen beaufsichtigen sollen.“

17. Tag. Der Bonze Kwanroku (Kwal-leuk) wurde zum Sōjō, und Kura-tsukuri no Tokotsumu zum Sōdzu ernannt. An demselben Tage wurde Adzumi no Muraji zum Hōtō [38]) ernannt.

9. Monat, 3. Tag. Die Buddhatempel sowie die Bonzen und Nonnen wurden einer Inspektion unterworfen und genaue Aufzeichnungen gemacht über Entstehung und Bau der Tempel, über die Umstände beim Eintritt der Bonzen und Nonnen in den geistlichen Stand, und über Jahr, Monat und Tag der Vornahme der Tonsur. Es gab zu dieser Zeit 46 Tera, 816 Bonzen und 569 Nonnen, so daß sich die Gesamtzahl der geistlichen Personen also auf 1385 Köpfe belief.

33. Jahr (625).

1. Monat, 7. Tag. Der König von Koma schickte den Bonzen Wekwan [39]) (Hyé-kwan) als Tribut. Er wurde zum Sōjō ernannt.

35. Jahr (627).

2. Monat. In der Provinz Michinoku war ein Mujina (Dachs), der sich in einen Menschen verwandelte und sang.

36. Jahr (628).

3. Monat. 7. Tag. Die Kaiserin starb im Alter von fünfundsiebenzig Jahren.

[In den Wirren wegen der Thronfolge ließ der Oho-omi Soga no Yemishi — der vorige Oho-omi, Soga no Umako, war 626 gestorben — den Soga no Omi Marise und dessen zweiten Sohn töten.] Nur der älteste Sohn Katsu flüchtete und verbarg sich in dem

---

[37]) *Sōjō* ist der höchste, *Sōdzu* der zweithöchste Rang in der buddhistischen Priesterschaft, etwa „Erzbischof“ und „Bischof“.

[38]) *Hōtō* „Haupt des Gesetzes“, jap. *nori-dzukasa*, der oberste Verwaltungsbeamte für die Angelegenheiten des Buddhismus.

[39]) Der erste Patriarch der Sanron-Sekte (Sanron-shū), welche die erste aus China nach Japan verpflanzte Sekte ist. Ihm war der Genkō-ji als Sitz angewiesen worden. Im Sommer seiner Ankunft herrschte große Dürre, und auf Befehl der Kaiserin betete er um Regen. Darauf setzte reichlicher Regen ein, und es erfolgte dann seine Ernennung zum Sōjō. Er hatte in China studiert, ehe er nach Japan kam.

ziegelgedeckten Gebäude[40]) eines Nonnenklosters und trieb dort mit mehreren Nonnen Unzucht. Da wurde eine Nonne eifersüchtig und verriet ihn. Man umringte das Kloster und wollte ihn fangen, aber er entkam und begab sich auf den Berg Unebi [wo er schließlich Selbstmord beging].

Aus Buch XXIII.

Kaiser Oki-naga Tarashihi Hiro-nuka. (Jomei[1])-tennō.)

4. Jahr (632).

8. Monat. China schickte [den Gouverneur] Kō Hyō-nin (Kao Piao-jên) zur Begleitung von Mitasuki nach Japan. Beide gingen in Tsushima vor Anker. In ihrem Gefolge befanden sich die derzeitigen Studienpriester Rei-un (Ryŏng-un) und Sō-min[2]) — —

[Nach der Ankunft im Hafen von Naniha wurden sie in das Empfangsgebäude für fremde Gäste eingeführt.] An demselben Tage reichte man ihnen heiligen Reiswein[3]).

7. Jahr (635).

7. Monat. In diesem Monat wuchs ein Gutes bedeutender Lotus im Tsurugi Teiche. An einem Stengel hatte er zwei Blumen.

9. Jahr (637).

2. Monat, 23. Tag. Ein großer Stern floß von Osten nach Westen. Dabei ertönte ein donnerähnliches Geräusch. Die Zeitgenossen sagten: „Es

---

[40]) *Kawara-ya.* Ziegelbedachung kam damals nur bei bud. Tempeln vor, und zwar wurde nur die Bethalle so bedacht. *Kawara-ya* ist übrigens ein schintoistisches Alternativwort für *tera* (vgl. S. 318, Anm. 11).

[1]) „Der Glanz Verbreitende". Enkel des Kaisers Bitatsu, Sohn des Kaiserlichen Prinzen Hikobito-Ohoye. 34. Mikado, 629—641.

[2]) Sie hatten in China studiert. *Rei-un* stammte aus Koma (vgl. 1. Jahr Taikwa). *Sō-min*, auch bloß *Min* genannt, soll mit dem im 16. Jahre Suiko nach China geschickten Chinesenabkömmling *Nichi-mon* identisch sein.

[3]) *Miwa*, Götterwein. Im ENGI-SHIKI, Abt. Gemba, lesen wir über diese Sitte: „Wenn Gäste aus Shiragi nach Hofe kommen, so reicht man ihnen heiligen Sake. Der Reis, woraus man diesen Wein braut, wird geliefert von den vier Schreinen Kamu, Ofu, Matomuku und Shizu in der Provinz Yamato, einem Schrein in Onchi in der Provinz Kahachi, von dem Schrein Anashi in der Provinz Idzumi, von den Schreinen Sumuji (Sumichi) und Isagu in der Provinz Settsu, und zwar von jedem 30 Garben *(soku)*, im ganzen 240 Garben, und wird nach dem Schrein Sumuji geschickt. Der Schrein Kata-woka in der Provinz Yamato und die drei Schreine Hirota, Ikuta und Osada in der Provinz Settsu haben je 50 Garben, also im ganzen 200 Garben, nach dem Schrein von Ikuta zu schicken. An beiden Orten wird der Wein von den Kamu-be gebraut. Ein Nakatomi wird abgeschickt und mit der Austeilung des Weines an die Gesandten beauftragt. Der im Ikuta Schrein gebraute Wein wird in Minume no Saki ausgeteilt, und der im Sumuji Schrein gebraute Wein wird im Empfangsgebäude von Naniha ausgeteilt." Das ENGI-SHIKI (erstes Viertel des 10. Jahrhunderts) erwähnt diese Sitte zwar nur für die Gesandten aus Shiragi, sie hat aber in den alten Zeiten zweifellos auch auf die Gesandten der anderen fremden Länder Anwendung gefunden und sich nur in diesem einen Fall bis ins zehnte Jahrhundert erhalten.

war das Geräusch des Fließsternes[4]).“ Andere meinten, es sei der Erddonner[5]) gewesen. Da sagte der Bonze Sōmin: „Es war nicht der Fließstern, sondern ein Himmelshund[6]). Es war nichts anderes als seine bellende Stimme, welche dem Donner gleicht.“

11. Jahr (639).

1. Monat, 11. Tag. Der Kaiser kostete den ersten Reis[7]).

25. Tag. Ein langer Stern erschien am nordwestlichen Himmel. Der Bonze Sōmin sagte: „Es ist ein Besenstern (Komet). Wenn er erscheint, gibt es eine Hungersnot[8]).“

7. Monat. Ein Kaiserliches Edikt besagte: „Bauet einen großen Palast und einen großen Buddha-Tempel[9]).“

Hierauf wurde das Ufer des Kudara Flusses zum Bauplatz des Palastes ausgewählt. Darauf bauten die westlich [vom Fluß] wohnenden Bewohner den Palast, und die östlichen Bewohner bauten den Tempel. Fumi no Atahi Agata wurde zum Baumeister gemacht.

9. Monat. Die Bonzen We-in und We-un, welche in China studiert hatten, kamen im Gefolge der Shiragenser Begleitgesandten in der Hauptstadt an.

12. Jahr (640).

5. Monat, 5. Tag. Eine große buddhistische Kultfeier mit Fastenspeisen

---

[4]) Sternschnuppe. Berichte über Himmelserscheinungen, astronomische Vorgänge, seltsame Wolkengebilde usw. sind von nun an im NIHONGI überaus häufig, ebenso kalendermäßige Wetterberichte. Ich erwähne sie aber nur dann, wenn ihnen deutlich eine Beziehung auf den Aberglauben zukommt.

[5]) *Tsuchi-ikadzuchi*, einer der acht Donnergötter. Vgl. S. 23.

[6]) *Tengu*. Die mythische chinesische Erdbeschreibung SHAN-HAI-KING „Kanon der Berge und Meere“ berichtet darüber: „Am Himmelstorberge ist ein roter Hund, genannt der Himmelshund. Sein Glanz fließt über den Himmel, und wie er dahin fließt, wird er ein Stern von mehreren Zehenden Faden Länge. Er ist schnell wie der Wind, hat eine Stimme wie der Donner und glänzt wie ein Blitz.“ An einer andern Stelle: „Es gibt ein Tier, an Gestalt wie ein Waschbärhund *(tanuki)* mit weißem Kopfe, genannt Himmelshund.“ Nach Giles Nr. 6141 ist der Himmelshund ein Stern in Argo; Aston bezeichnet ihn als eine Gruppe von sieben Sternen beim Tierkreiszeichen Krebs. Nach neuerem japanischen Aberglauben sind die *Tengu* langnäsige geflügelte Kobolde, die in der Kunst oft dargestellt werden. Vgl. Netto, Jap. Humor, Kap. 3. Die Kana-Lesung ist *ama-tsu-kitsune* „Himmelfuchs“.

[7]) Über diese ungewöhnliche Zeit der *Nihi-name* Feier vgl. S. 316, Anm. 5.

[8]) Man vergleiche hiermit den westlichen Aberglauben, daß das Erscheinen eines Kometen auf Krieg deute.

[9]) Dieser „große Tempel“ *(oho-tera)* ist der *Kudara no Oho-tera* in Kudara im Distrikt Hirose, Yamato. Er ist identisch mit dem *Daian-ji* (vgl. S. 311, Anm. 33), wie sich aus dem SANDAI-JITSUROKU ergibt: „In alter Zeit errichtete Shōtoku-taishi einen Tempel in Kumakori im Distrikte Heguri. Der Kaiser Asuka no Wokamoto (Jomei-tennō) verlegte ihn nach dem Ufer des Kudara Flusses im Distrikte Toichi und nannte ihn *Kudara no Oho-tera*. Temmu-tennō verlegte den Tempel nach Yabe-mura im Distrikte Takechi und nannte ihn *Takechi no Oho-tsukasa no Oho-tera* (Daigwan-daiji). Als die Hauptstadt nach Nara verlegt worden war, verlegte Shōmu-tennō (724—748) den Tempel nach Nara und nannte ihn Daian-ji.“

wurde veranstaltet. Bei dieser Gelegenheit lud man den Bonzen We-in ein und ließ ihn das Muryōju-kyō [10]) erklären.

10. Monat, 11. Tag. Der Bonze Sei-an, der in China studiert hatte, und der Student Takamuku no Ayabito Genri kamen über Shiragi nach Japan zurück.

Aus Buch XXIV.

Kaiserin Ame-toyo-takara Ikashi-hi Tarashi-hime. (Kōgyoku [1])-tennō.)

1. Jahr (642).

7. Monat, 23. Tag. Die Pagen des Soga no Omi Iruka [2]) fingen ein weißes Sperlingsjunges [3]). An diesem Tage erschien zur selben Zeit ein Mann, der einen weißen Sperling in einen Käfig getan hatte und dem Soga no Oho-omi zum Geschenk brachte.

25. Tag. Die Minister redeten untereinander und sagten: „Gemäß der Unterweisung der Hafuri in den verschiedenen Dörfern hat man einerseits Rinder und Pferde geschlachtet und den Göttern der verschiedenen Shintō-tempel geopfert, anderseits die Märkte nach anderen Orten hin verlegt [4]) oder auch die Flußgötter angebetet. Bisher hat dies alles noch keine Wirkung gehabt [5]).“ Soga no Oho-omi antwortete darauf: „In allen buddhistischen Tempeln soll man das Mahāyāna-sūtra stückweise lesen [6]), seine Sünden bereuen, wie der Buddha lehrt, und mit Demut um Regen flehen!“

27. Tag. Im Süd-Hofe des Oho-tera schmückte man die Statuen Buddha's und der Bodhisattwa samt den Statuen der vier Himmelskönige prächtig aus, lud eine Anzahl Bonzen ein und ließ sie das Mahāyāna-sūtra lesen. Bei

---

[10]) „Sutra vom ewigen Leben“, Skr. *Amitāyuḥ-sūtra* oder *Sukhāvatī-vyūha* „Beschreibung von Sukhāvatī, dem Lande der Glückseligkeit“. Übersetzung in Sacred Books of the East, Bd. 49.

[1]) „Herrscher-Vollkommenheit“. Witwe des vorigen Kaisers Jomei, dessen Gemahlin sie 630 geworden war. Urenkelin des Kaisers Bitatsu, Enkelin des Kaiserl. Prinzen Hikobito Ohoye, Tochter des Prinzen Chinu. 35. Mikado, 642—644.

[2]) Der ehrgeizige und gewalttätige Sohn des Oho-omi Yemishi.

[3]) Weiße Sperlinge sind ein gutes Omen.

[4]) Chinesische Sitten! Aston zitiert eine Stelle aus dem chinesischen KWANG-CHOU-KI: „In einem-Dorfe ist ein Teich, an demselben eine Steinkuh. In Jahren der Dürre töten die Bauern eine Kuh, vermischen ihr Blut mit Schlamm und schmieren dies unter Gebeten auf den Rücken der Steinkuh.“ Auch im KOGOSHŪI werden Rinderopfer erwähnt, die dem Gott Oho-tsuchi-nushi no Kami dargebracht wurden. Zu der altchinesischen Sitte, bei drohender Dürre zur Abwendung derselben die Marktplätze zu verlegen, zieht Aston eine noch jetzt bestehende koreanische Sitte in Vergleich. Um übermäßige Regengüsse zum Stillstand zu bringen, verschließt man nämlich in Söul, der Hauptstadt, die Stadttore.

[5]) Es herrschte nämlich eine große Dürre seit dem 6. Monat, gerade in der sonst in Japan regenreichsten Jahreszeit.

[6]) *Tendoku suru*, d. h. aus einem Texte gewisse Abschnitte auswählen und laut lesen, das übrige aber überschlagen.

dieser Gelegenheit nahm Soga no Oho-omi ein Räucherfaß in die Hand und betete unter Abbrennung von Weihrauch.

28. Tag. Es regnete ein klein wenig.

29. Tag. Da das Beten um Regen vergebens war, hörte man auf, das Sūtra zu lesen.

8. Monat, 1. Tag. Die Kaiserin begab sich an das Ufer des Flusses Minabuchi, begrüßte knieend die vier Himmelsgegenden und flehte zum Himmel aufblickend um Regen. Da donnerte es, und ein starker Regen fiel. Es regnete fünf Tage lang, und das ganze Land wurde befeuchtet. Da jubelten alle Bauern im Lande „Bansai[7])" und sagten: „Höchst tugendhafte Kaiserin!"

9. Monat, 3. Tag. Die Kaiserin befahl dem Oho-omi: „Ich gedenke einen großen Tempel zu errichten. Du sollst Arbeiter aus [den Provinzen] Afumi und Koshi auftreiben." Es ist der Große Kudara Tempel[8]).

11. Monat, 15. Tag. Die Kaiserin kostete den neuen Reis.

An diesem Tage kosteten der Kronprinz und der Oho-omi jeder seinerseits den neuen Reis[9]).

In diesem Jahre erbaute Soga no Oho-omi Yemishi einen Ahnen Tempel[10])

---

[7]) „Zehntausend Jahre" [soll sie leben]! Entsprechend unserm „hoch!" und „hurrah!" Man bemerke wieder den Konflikt der religiösen Anschauungen. Die angeführte Betweise der Kaiserin war aber chinesisch, nicht schintoistisch!

[8]) Es scheint, daß der Plan des Kaisers Jomei vom Jahre 639 wegen seiner Krankheit und seines frühen Todes in den Anfängen stecken geblieben war und nun durch ein neues Dekret wieder belebt wurde.

[9]) Das diesjährige Reiskostefest *(nihi-nahe)* wurde als Thronbesteigungsfest *(senso-daijōwe)* gefeiert. Die Angabe, daß der Kronprinz und der Oho-omi jeder für sich das Reiskostefest feierten, das heißt: jeder in seinem eigenen Hause, steht zwar im NIHONGI vereinzelt da, entspricht aber der Sitte der ältesten Zeit, wonach das Fest in jedem Hause gefeiert wurde. Einen Beleg für diese alte Sitte liefert Gedicht 39 im 14. Buche des MANYŌSHŪ: „Wie sollte ich den Geliebten draußen [vor dem Hause] stehen lassen, selbst wenn ich gerade dabei wäre, den Frühreis von Kadzushika als Nihiname den Göttern darzubringen?" (Während dieser Handlung wurde nämlich Niemand eingelassen und das Gedicht besagt daher, daß das Mädchen ihrem Geliebten unter allen Umständen Einlaß gewähren will.)

Der Kronprinz war der Kaiserliche Prinz *Hirakasu-wake*, alias *Naka no Ohoye*, der spätere Kaiser *Tenji-tennō*. Der Rui-shi Text des NIHONGI hat übrigens nur die Zeichen *kwō-shi* „kaiserliche Prinzen" statt *kwō-tai-shi* „Kronprinz", eine Lesart, die hier den Vorzug zu verdienen scheint.

[10]) Chinesische Sitte, welche hier zuerst übernommen wird! Über die chinesischen Ahnentempel, worin die Ahnentafeln aufbewahrt und verehrt werden, siehe Grube, Religion und Kultus der Chinesen, S. 46f. Der primitivere japanische Ahnenkultus wird hinfort durch den systematischer entwickelten chinesischen Ahnenkultus beeinflußt und in Anlehnung an diesen weiter ausgebaut. Die chinesischen Ahnentafeln, *ihai*, sind in Japan sowohl von den Buddhisten als von den Schintoisten übernommen worden; bei letzteren heißen sie aber nicht *ihai*, sondern *mi-tama-shiro* „Seelen-Repräsentant". Welche Rolle der Ahnenkultus im ältesten Japan, vor Bekanntwerden der chinesischen Kultur, gespielt hat, muß erst noch näher untersucht werden. Die Ansichten der japanischen Gelehrten darüber, z. B. von N. Hozumi in Ancestor Worship and Japanese Law, sind mit äußerster Skepsis aufzunehmen, da bei ihnen allgemein die Tendenz herrscht, die später gewordenen Verhältnisse auf die frühesten Zeiten

für seine eigenen Ahnen in Taka-miya im [Distrikt] Katsuragi und ließ den Acht-Reihen-Tanz [11]) aufführen.

2. Jahr (643).

10. Monat. Soga no Omi Iruka faßte für sich allein den Plan, die Kami-tsu-miya Prinzen (Söhne Shōtoku-taishi's) beiseite zu drängen und [seinen Neffen] Furuhito no Ohoye [12]) zum Kaiser einzusetzen.

11. Monat. [Der Sohn Shōtoku-taishi's, Prinz Yamashiro no Ohoye, erliegt der Verfolgung Iruka's und begeht mit seiner ganzen Familie im Ikaruga Kloster Selbstmord.] In diesem Augenblick erglänzten fünffarbige Banner und Schirme am Himmel und während verschiedenartige Musik von oben erscholl, senkten sie sich auf das Kloster nieder [13]). Die Leute blickten bewundernd hinauf. Zuletzt machte man den Iruka darauf aufmerksam, indem man mit dem Finger darauf hinwies — da verwandelten sich die Banner und Schirme in schwarze Wolken, infolgedessen Iruka sie nicht sehen konnte.

3. Jahr (644).

1. Monat, 1. Tag. Die Kaiserin ernannte den Nakatomi no Kamako no Muraji [14]) zum Oberleiter des Shintōkultusamtes [15]). Wiederholt weigerte

---

zu reflektieren, eine Neigung, die sich schon bei den Verfassern des NIHONGI zeigt, teils unbewußt aus mangelndem kritischen Verständnis, teils aber auch absichtlich. Ich bin wie Aston (vgl. z. B. sein Shintō, The way of the Gods, S. 44ff.) auf Grund des Studiums der alten Quellen zu der Überzeugung gekommen, daß der Ahnenkultus im Ur-Shintō bei weitem nicht die Bedeutung besitzt, die ihm im späteren und modernen Shintō zuerteilt worden ist, und daß er in seiner jetzt allgemein geübten Form wesentlich auf Anpassung an den chinesischen Ahnenkult zurückzuführen ist. Was ich also betonen möchte, im Gegensatz zu den üblichen japanischen Behauptungen, ist, daß der Ahnenkult in Japan eine GESCHICHTE hat, und daß in ihm verschiedene von einander stark abweichende Entwicklungsstufen festzustellen sind. Für den chinesischen Ausdruck *so-byō* „Ahnen-Halle“ geben die Nihongi-Exegeten die jap. Umschreibung *oya no matsuri-ya* „Verehrungshaus der Eltern“, offenbar kein echter archaischer Ausdruck, sondern eine zu Übersetzungszwecken und zur Erklärung einer fremden Einrichtung zurechtgemachte, ziemlich schwerfällige Bezeichnung.

In *Katsuragi* war das Soga Geschlecht beheimatet und hatte es seinen Hauptsitz, weshalb die Errichtung des Ahnentempels hier stattfand. Die Ahnen des Geschlechtes waren *Take no Uchi no Sukune, Soga no Ishikaha no Sukune* usw.

[11]) *Ya-tsura no mahi*, ein chinesischer Tanz, von 8 Reihen zu je 8 Tänzern, also 64 Tänzern getanzt. Diese Anzahl von Tänzern war aber ein Vorrecht des Kaisers! Die chinesischen Lehnsfürsten durften bloß 6 Reihen, und die Großwürdenträger nur 4 Reihen mit einer entsprechenden Anzahl von Tänzern tanzen lassen. Der Tanz wurde mit allen zugehörigen Vorschriften in Japan eingeführt, und es wurde als ein Zeichen usurpatorischen Hochmutes seitens des Oho-omi betrachtet, daß er den achtreihigen Tanz, welcher nach den Vorschriften nur dem Kaiser zukommt, aufführen ließ. Über den Tanz siehe auch *Legge*, CHINESE CLASSICS, vol. I, Confucian Analects, Book III, Kap. 1.

[12]) Sohn des Kaisers Jomei von einer Schwester Iruka's.

[13]) Buddhistische Vorstellungen. Der verstorbene Prinz soll dadurch als ein Heiliger gekennzeichnet werden.

[14]) Allgemeiner als *Nakatomi no Kamatari* bekannt, der Begründer des berühmten *Fuji-hara* (Glyzinien-Feld) Geschlechtes, welches somit ein Zweig der priesterlichen Nakatomi Familie ist, aber ihre Tätigkeit ganz auf weltliches Gebiet verlegte und Jahrhunderte lang bis zum Aufkommen der Feudalgeschlechter der Taira und Minamoto eine fast unbeschränkte Herrschergewalt in Japan ausübte.

er sich und nahm das Amt nicht an. Krankheit vorschützend, zog er sich zurück und nahm seinen Wohnsitz in Mishima [in der Provinz Settsu].

3. Monat. Eine Eule brachte in dem Speicher des in Ohotsu [in der Provinz Idzumi] gelegenen Hauses des Toyora no Oho-omi Junge zur Welt.

Aus der Provinz Yamato berichtete man: Neulich lustwandelte ein Mann aus dem Distrikte Uda, Namens Osaka no Atahi, mit einem Knaben auf dem Schnee. Als sie den Berg Uda hinaufgestiegen waren, erblickten sie purpurfarbene Schwämme, welche aus dem Schnee herauswuchsen. Sie waren mehr als sechs Zoll hoch und bedeckten einen Flächenraum von ungefähr vier Chō. Da ließ der Mann sie durch den Knaben abpflücken, brachte sie nach Hause und zeigte sie den Nachbarn. Sie sagten alle, daß sie [solche Schwämme] nicht kennten und vermuteten, daß sie giftig seien. Osaka no Atahi und der Knabe aber kochten und aßen sie. Sie hatten sehr starken Duft und Geschmack. Als sie am folgenden Tage wieder hingingen und nachsahen, waren die Schwämme nicht mehr da. Da Osaka no Atahi und der Knabe die Pilzsuppe gegessen hatten, wurden sie niemals krank und lebten lange. Jemand meinte: „Die gewöhnlichen Leute wußten wohl nicht, daß es Shisō [16]) waren und nannten sie deshalb irrtümlich Pilze.“

6. Monat, 1. Tag. Ohotomo no Umakahi no Muraji reichte der Kaiserin eine Lilie dar. Der Stengel derselben war acht Fuß lang, an der Wurzel [in mehrere Stengel] gesondert, aber oben in eins zusammengewachsen.

3. Tag. Aus dem Distrikte Shiki no Kami [in Yamato] berichtete man: Jemand sah auf dem Berge Miwa einen Affen bei hellerlichtem Tage schlafen. Er kriegte ihn heimlich am Ellbogen zu fassen [und bemächtigte sich seiner] ohne seinen Körper zu verletzen. Der Affe hielt immer noch seine Augen geschlossen und sang:

„Meine Teuren, welche
Auf dem gegenüberliegenden Gipfel stehen,
Nur sollten mit zarter Hand
Meine Hand ergreifen.
Wessen schreckliche Hand —
Schreckliche Hand, o!
Ergreift meine Hand? o!“

[15]) *Kamu-tsukasa no Kami* (Chef), sinojap. *Jingi-haku.* Grund der Ablehnung dieser hohen Ehre war jedenfalls, daß er seine politischen Pläne besser verfolgen wollte, die darauf hinausliefen, Iruka zu beseitigen und die Thronfolge für den Kaiserlichen Prinzen Karu, den nachmaligen Kōtoku-tennō, zu ebnen. Zu diesem Zweck verband er sich mit dem Prinzen Naka no Ohoye, dessen Ehe mit der Tochter eines anderen mächtigen Mitgliedes der Soga Familie, des Soga no Kura-Yamada no Maro, er als Ehevermittler (erste Erwähnung dieser aus China entlehnten Sitte!) zustande brachte.

[16]) Wahrscheinlich Lythospermum erythrorizon. Shūge sagt darüber: Die *shisō* gleicht einer Koralle und wächst, wenn der Landesfürst sich durch besondere Güte auszeichnet. Sie blüht dreimal im Jahre. Wenn man sie ißt, so lebt man lange. Auch *reishi* oder *mannen-take* „Zehntausend Jahre Pilz“, d. i. glückverheißender Pilz genannt. Siehe Rein, Japan, Band II, S. 93 unter *reishi.*

Der Mann verwunderte sich über das Gedicht des Affen, ließ ihn los und ging von dannen. Dies war eine Vorbedeutung davon, daß nach mehreren Jahren die Prinzen des Kami-tsu-miya von Soga no Kuratsukuri (Iruka) auf dem Berge Ikoma-yama belagert werden würden[17]).

6. Tag. Unter den Lotusblumen des Teiches Tsurugi war eine, welche an einem Stengel zwei Blüten hatte. Toyora no Oho-omi folgerte daraus aufs Geratewohl, es sei ein glückliches Omen, daß die Soga no Omi gedeihen würden. Hierauf zeichnete er sie mit goldfarbener Tusche und weihte die Zeichnung dem sechzehn Fuß hohen Buddha des Tempels Dai-Hōkō-ji „Großer Hōkō-ji".

In diesem Monate brachen die Weissagerinnen und Weissager[18]) im ganzen Lande Zweige mit Blättern ab, hängten Baumfasern aus Papiermaulbeer daran auf[19]) und lauerten auf die Zeit, wo der Oho-omi eine Brücke überschritt, und sagten um die Wette wunderbare Aussprüche göttlicher Worte her. Da der Weissagenden allzuviele waren, konnte man ihre Worte nicht genau verstehen. Alte Leute meinten, es sei ein Vorzeichen, daß die Zeiten sich ändern würden.

7. Monat. Ein Mann aus der Nähe des Flusses Fuji-kahā in den östlichen Provinzen Namens Ohofube no Oho empfahl den Leuten der Dörfer und Flecken, ein gewisses Insekt zu verehren, indem er sagte: „Dieses hier ist der Gott der Ewigkeit (Toko-yo no Kami). Diejenigen, welche diesen Gott verehren, erlangen Reichtum und langes Leben." Die Weissagerinnen und Weissager gaben folgende Rede in lügenhafter Weise als Worte der Götter aus: „Wer den Gott der Ewigkeit verehrt, wird reich, wenn er arm war, und wird wieder jung, wenn er alt war." Hierauf empfahlen sie immer und immer wieder allen Leuten, sich ihrer Schätze zu entledigen, und Reiswein und Gemüse und die sechs Haustiere[20]) an den Wegen aufzustellen; auch ließen sie rufen: „Neuer Reichtum ist angekommen!" Leute der Hauptstadt sowohl als Landbewohner nahmen das Insekt der Ewigkeit, legten es auf einen reinen Platz und flehten unter Sang und Tanz um Glück und entledigten sich ihrer Schätze; aber sie hatten nicht den geringsten Vorteil

---

[17]) Das vorgedeutete Ereignis hat aber in Wirklichkeit schon im vergangenen Jahre, im 11. Monat des 2. Jahres der Kaiserin Kōgyoku, stattgefunden; gegenwärtige unter dem 3. Tage des 6. Monats angeführte Stelle (aus 106 chinesischen Zeichen bestehend) ist daher als bei der Kompilation an einen falschen Platz geraten anders einzuordnen, oder als spätere Interpolation ganz zu streichen.

[18]) *Kamu-nagi (kannagi)* und *hafuri* von Shikida gelesen, während Andere für beide chinesische Zeichen nur *kamunagi* lesen. Die *kamu-nagi* sind Mädchen oder Frauen. Das Wort bedeutet „Götter (Geister, Dämonen)-Besänftiger"; andere Namen sind *kamu-ko (kanko)* „Götterkind, Göttermädchen" und *mi-ko* „erlauchtes Kind". Man begreift mancherlei Schattierungen unter diesem Namen: Priesterinnen (eine Art Hafuri); Tänzerinnen der Kagura Tänze in den Schreinen; von einer Gottheit inspirierte Zauberinnen.

[19]) Kleine *Sakaki* Zweige mit *yufu* aus *kaji*-Bast, welche als Opfergaben *(nusa)* verwendet werden.

[20]) Chinesische Phrase für alle Haustiere. Die sechs sind: Pferd, Ochs, Schaf, Schwein, Hund, Huhn.

von ihrem Tun. Die Vergeudung erreichte den höchsten Grad. Da wurde Kadono no Hada no Miyatsuko Kahakatsu zornig darüber, daß das Volk verführt werde, und prügelte den Ohofube no Oho. Infolgedessen gerieten dessen Weissagerinnen und Weissager in Furcht und hörten auf, zur Verehrung aufzufordern. Die Leute der Zeit machten darob ein Gedicht, welches lautete:

„Udzumasa (d. i. Kahakatsu)
Prügelt zur Strafe
Den Gott der Ewigkeit,
Von dem das Gerücht geht,
Daß er der Gott der Götter sei.“

Dies Insekt kommt gewöhnlich auf Orangenbäumen vor, auch kommt es auf Hosoki-Bäumen[21]) vor. Seine Länge ist mehr als vier Zoll, und es ist so dick wie ein Daumen. Seine Farbe ist grün mit schwarzen Flecken. Seine Gestalt ähnelt vollständig derjenigen der Seidenraupe[22]).

11. Monat. Der Oho-omi ließ durch Naga no Atahi auf dem Berge Oho-niho [im Distrikt Takechi von Yamato] den Hoko-nuki Tempel bauen.

4. Jahr (645).

1. Monat. Sowohl auf Berggipfeln als an Flußufern als auch zwischen Shintōschreinen und Buddhatempeln sah man in der Ferne etwas und hörte das winselnde Geschrei von Affen. Es mochten ihrer bald zehn, bald zwanzig an Zahl sein. Sobald man sich näherte und hinsah, war das Ding nicht mehr sichtbar, aber man hörte immer noch den Lärm des Schreiens und Winselns. Man konnte jedoch die Leiber der Betreffenden nicht zu Gesicht bekommen. Ein altes Buch sagt: In diesem Jahre verlegte man die Hauptstadt nach Naniha, und dies war eine Vorbedeutung, daß der Itabuki Palast verödet werden würde[23]). Die Leute jener Zeit sagten: „Es sind die Boten der Großen Gottheit von Ise[24])“.

4. Monat, 1. Tag. Priester, welche in Koma studierten, berichteten, daß ihr Studiengenosse Kuratsukuri no Tokushi einen Tiger zu seinem Freunde gemacht habe und dessen Künste ihm abgelernt habe[25]). Er konnte

[21]) Sinojap. *manshō*, kriechender Pfeffer. Blätter und Früchte sind eßbar.

[22]) Die Beschreibung paßt auf die sog. *imo-mushi*, eine grüne Raupe.

[23]) Der *Itabuki no miya* „mit Holzschindeln gedeckte Palast“ von Asuka war seit dem 28/3 des 2. Jahres die Residenz der Kaiserin. Die Verlegung der Hauptstadt erfolgte im 12. Monat des 1. Jahres Taikwa = 4. Jahres Kōgyoku, nach Abdankung der Kaiserin. Bei dieser Gelegenheit wird noch ein anderes vorbedeutendes Ereignis erwähnt, das Wandern von Ratten.

[24]) Von „Boten oder Dienern der Gottheit“, *kami no mi-tsukahi* hörten wir schon in der Geschichte Yamato-takeru's (Kojiki 88, S. 106, Nihongi Keikō 40. Jahr, S. 273), wo der Held die in einen weißen Eber, bzw. in eine Riesenschlange verwandelte Gottheit des Ibuki Berges für einen Boten der Gottheit hält. Das Nihon-kōki Bd. 8 erwähnt einen „Mann, welcher kam und sich den Boten des Gottes Hachiman nannte“. In noch späteren Zeiten werden als Götterboten erwähnt: der Rabe von Kumano, die Taube des Hachiman, der Affe von Hiyoshi usw.

[25]) Abrichtung von Tigern wird in chinesischen Geschichtswerken öfters erwähnt.

sowohl machen, daß ein dürrer Berg sich in einen grünenden Berg verwandelte, als auch, daß gelbe Erde sich in reines Wasser[26]) verwandelte. Seine mannigfaltigen wunderbaren Künste waren ganz unerschöpflich. Der Tiger gab ihm auch eine Nadel, indem er sagte: „Sei sorgfältig, sei sorgfältig, damit du es die anderen Leute nicht wissen lässest. Wenn man hiermit manipuliert, so werden die Krankheiten dessen, bei dem man sie anwendet, sicherlich heilen.“ Es war genau so, wie er gesagt hatte: beim Manipulieren mit derselben wurden alle geheilt[27]). Tokushi hielt diese Nadel beständig in einem Pfeiler versteckt. Späterhin erbrach der Tiger diesen Pfeiler, nahm die Nadel weg und lief davon. Als die Komaner erfuhren, daß Tokushi in seine Heimat zurückzukehren wünschte, gaben sie ihm Gift und töteten ihn dadurch.

6. Monat, 12. Tag. [Soga no Iruka wird vor den Augen der Kaiserin in der Audienzhalle beim Empfang der koreanischen Tributgesandten von Naka no Ohoye usw. getötet.] Naka no Ohoye begab sich hierauf nach dem Tempel Hōkō-ji, machte ihn zur Festung[28]) und bereitete sich auf das Kommende vor.

Aus Buch XXV.

Kaiser Ame-yorodzu-toyo-hi. (Kōtoku[1])-tennō.)

Der Kaiser verehrte das Gesetz des Buddha und verachtete den Weg der Götter (Shintō). — Hierher gehören Fälle wie das Niederhauen von Bäumen im Haine [des Schreins] von Iku-dama [im Distrikt Higashinari von Settsu].

---

[26]) Zauberkunststückchen dieser und ähnlicher Art sind aus China und Korea nach Japan eingeführt worden. Zu diesen Kunststückchen gehört unter anderm das Schwerterverschlingen, Feuerspeien, Melonen- und Bäumepflanzen, Menschenschlachten usw., die wir ziemlich früh in chinesischen Werken erwähnt finden.

[27]) Akupunktur, die noch heute als Heilmittel ausgeübt wird.

[28]) Die buddhistischen Tempel spielen fortan in der Geschichte der japanischen Bürgerkriege, besonders im Mittelalter, eine bedeutende Rolle. Nicht nur, daß die vielfach auf Bergen gelegenen Klöster wertvolle strategische Stützpunkte abgaben, sondern die Bonzen selber, die eigentlich kein Lebewesen, nicht einmal einen lästigen Moskito, töten sollen, verwandelten sich in die rauflustigsten Streitbrüder. Gestalten vom Typ unseres Mönches Ekkehard sind in Japan zahlreich.

Auch der *Oho-omi Yemishi* fand bei dieser Gelegenheit seinen Untergang. Vor seinem Tode vernichtete er durch Feuer außer vielen Kostbarkeiten auch die in seiner Verwahrung befindlichen historischen Aufzeichnungen: Kaiserannalen, Landesannalen, Separatgeschichten der Omi, Muraji usw., welche im Jahre 620 Shōtoku-taishi und der Oho-omi Umako angelegt hatten. Nur ein Teil der schon brennenden Landesannalen wurde durch einen Fuhito (Schreiber) gerettet. Das noch jetzt vorhandene 10 bändige KUJIKI „Geschichte uralter Begebenheiten“ macht Anspruch darauf, ein Rest jener ältesten japanischen Geschichte zu sein, wird aber von der historischen Kritik allgemein als späteres Machwerk verworfen, mit Ausnahme des 10. Bandes, der Geschichte (Hongi) der Kuni no Miyatsuko, deren Material man als echte uralte Überlieferung gelten läßt.

[1]) „Tugend der Pietät“. Jüngerer Bruder der vorhergehenden Kaiserin Kōgyoku, bisher

[Prinz Karu machte zunächst, wohl nur zum Schein, einige Umstände und wollte zu Gunsten des Prinzen Furuhito no Ohoye verzichten. Dieser aber] weigerte sich mit den Worten: „Ihr sollt dem weisen Befehle der Kaiserin Folge leisten. Warum bemüht Ihr Euch, auf mich den Thron zu übertragen? Meine Absicht ist, in den geistlichen Stand einzutreten, mich nach Yoshino zu begeben, fleißig die Pfade Buddhas zu pflegen und dem Kaiser Beistand zu leisten.“ Nachdem er sich so geweigert hatte, gürtete er das Schwert, das er trug, ab und warf es zu Boden. Auch seinem dienenden Gefolge (Toneri) befahl er, daß sie alle ihre Schwerter abgürteten. An demselben Tage begab er sich nach dem Zwischenraum zwischen der Buddhahalle und der Pagode des Tempels Hōkōji, ließ sich Bart und Haupthaar scheren und kleidete sich mit dem Kesa[2]).

Infolgedessen konnte sich der Prinz Karu nicht mehr hartnäckig weigern; er bestieg den erhabenen Sitz und wurde Kaiser. — —

Der Shamon Min-Hōshi[3]), sowie Takamuku no Fuhito Genri wurden zu Reichsprofessoren[4]) ernannt.

19. Tag (des 6. Monats). Der Kaiser, die Kaiserin-Mutter und der Kronprinz beriefen und versammelten sämtliche Beamte am Fuße des großen

---

Prinz Karu geheißen. 36. Mikado, reg. 645—654. Seine Vorgängerin hatte am 14. Tage des 6. Monats 645, zwei Tage nach der Ermordung Iruka's, abgedankt, den Prinzen Karu zu ihrem Nachfolger und Naka no Ohoye als präsumptiven Thronfolger eingesetzt. Seine Regierung wird charakterisiert durch Umgestaltungen auf allen Gebieten des staatlichen und gesellschaftlichen Lebens in Nachahmung chinesischer Einrichtungen, was mit einer starken Zunahme der Macht der Zentralregierung und der kaiserlichen Autorität verbunden ist. Eine Fülle von Gesetzen und Verordnungen werden erlassen, was durch die stark zunehmende Verbreitung der Kenntnis der chinesischen Schriftsprache ermöglicht wird. Unter dem Einfluß des Buddhismus, zu dem er und eine lange Reihe seiner Nachfolger sich bekennen, tritt die ehemalige hohepriesterliche Funktion der Kaiser, ihr enges Verhältnis zu den Nationalgöttern mit Ausnahme ihrer Ahnin Ama-terasu, ganz in den Hintergrund; ihre Tätigkeit konzentriert sich auf das Weltliche und die Fürsorge um den Buddhismus. Nur sporadisch werden gewisse Beziehungen zum Shintō aufrecht erhalten, einesteils aus notwendiger Rücksicht auf das Volk, das im ganzen noch lange der alten Religion zugetan blieb, andernteils, weil Buddha doch nicht immer alles gewährte, was man von ihm erbat. Die noch heute dem Beobachter auffallende charakteristisch japanische Wankelmütigkeit gegenüber fremden Kulturgütern, das Schwanken zwischen extremem Dafür und Dawider, die Neigung zur Aufnahme des Fremden, gepaart mit innerem Antagonismus dagegen, was dann wieder entweder zum Abschütteln oder zur Ummodelung des Fremden nach japanischem Geschmack führt, all das zeigt sich schon in jener alten Zeit und spiegelt sich in dem eigentümlichen Gemisch der religiösen Kulte in den Berichten des NIHONGI. Daß wir in den letzten Büchern des NIHONGI vom Shintōkult sehr wenig, vor allem aus der Provinz, z. B. aus Idzumo, einer Hochburg des Shintō bis heute, rein gar nichts erfahren, hat seinen Grund darin, daß im wesentlichen nur die Vorgänge am Kaiserhofe geschildert werden, und daß überdies die Verfasser des NIHONGI Anhänger des Buddhismus waren.

[2]) Vgl. S. 315, Anm. 13. Ursprünglich in Japan für das buddhistische Priestergewand überhaupt gebraucht, wie hier; später auf die über die Schulter gehängt getragene Schärpe spezialisiert.

[3]) *Shamon* = Skr. *çramana*, ein buddhistischer Priester, der seine Familie verlassen und seine Leidenschaften abgelegt hat; jap. *norinoshi*. *Hōshi* „Hochwürden“.

[4]) *Kuni no hakase;* der höchste Gelehrtentitel. Vgl. S. 320, Anm. 21.

Tsuki-Baumes [5]), ließen sie schwören, und der Kaiser redete die Götter des Himmels und die Götter der Erde mit folgenden Worten an: „Der Himmel bedeckt, die Erde trägt [6]). Der Weg des Kaiserlichen Herrn ist nur einer. Aber die späteren Geschlechter sind in sittlichen Verfall geraten, und Fürst und Untertan haben ihre gebührende gegenseitige Stellung zu einander eingebüßt. Der erhabene Himmel hat durch Mich Beistand geliehen und die Frevler vernichtet [7]). Jetzt gießen Ich und Ihr unser Herzblut Tropfen für Tropfen aus, und fortan darf der Fürst nicht bald so, bald anders regieren, und der Untertan darf gegen den Kaiserlichen Hof nicht geteilten Herzens sein. Wer sich gegen diesen Eidschwur vergeht, den wird der Himmel mit Fluch und die Erde mit Plage heimsuchen; die Dämonen werden ihn vernichten und die Menschen ihn töten, so wahr als Sonne und Mond hell scheinen [8]).

Man änderte die Bezeichnung Viertes Jahr der Kaiserin Ame-toyo-takara-ikashihi-tarashi-hime in Taikwa [9]), Erstes Jahr.

Taikwa, 1. Jahr (645).

7. Monat, 10. Tag (7. Aug.). Kose no Tokuda no Omi übermittelte an den [mit Tribut bei Hofe eingetroffenen] Komaner Gesandten die kaiserlichen Worte, welche lauteten: „Als gegenwärtiger Gott das Reich regierender Kaiser von Nippon [10]) gebe Ich diesen Befehl — — —“

---

[5]) Beim Tempel Hōkō-ji. *Tsuki* = *keyaki*. Zelkowa acuminata.

[6]) Zitat aus dem chinesischen CHUNG-YUNG.

[7]) *Iruka* und seine Sippe.

[8]) Beliebte chinesische Beteuerungsformel.

[9]) Erste Einführung der chinesischen Jahresbezeichnungen, *Nengō* (chin. *nien-hao)*, in China seit 163 vor Chr. üblich. Sie sind in Japan wie in China immer zweisilbig, und es wird ihnen immer die sinojap. Aussprache der Zeichen gegeben. Sie enthalten meist ein gutes Omen oder eine Art Regierungsprogramm. So wurde die Regierungsperiode des 1912 verstorbenen Kaisers Mutsuhito mit dem Nengō *Mei-ji* „erleuchtete Regierung“ bezeichnet; für den gegenwärtig regierenden Kaiser wurde *Taishō* „Groß und Richtig“ gewählt. Bemerkenswert ist dabei noch, daß das Nengō *Meiji* zum posthumen Namen des betr. Kaisers erhoben worden ist: er heißt jetzt *Meiji-tennō*. —

Tai-kwa bedeutet „Große Reform“. Auf das erste Jahr Taikwa fallen nur die letzten 6 Monate des Jahres 645. Das Nengō konnte während der Ära eines Kaisers ein- oder mehrere Male geändert werden, wie auch gleich unter Kōtoku geschah. Anlaß dazu geben besonders glückliche oder besonders unglückliche Vorkommnisse; im letzteren Falle will man durch die Änderung des Nengō weiterem Unheil vorbeugen. Auch hier liegen also religiöse Anschauungen zugrunde.

Von hier an werde ich den Daten des japanischen Mondjahres das entsprechende Datum des europäischen Sonnenkalenders nach den Brahmsen'schen Tabellen beifügen. Vom 1. Tage des 1. Monats des 2. Jahres Taikwa an, welches der erste Neujahrstag in der Ära Kōtoku's ist, wird im folgenden sehr häufig die Feier des Neujahrsfestes erwähnt. Es ist ein religiöses Fest und ist eines der großen, im ganzen Lande gefeierten Shintōfeste geworden, ist aber chinesischen Ursprungs und wird deshalb vor Taikwa nicht erwähnt. Die im NIHONGI hier und da angeführten Neujahrszeremonien sind weltlicher Art.

[10]) Diese oder eine ähnlich lautende Eingangsformel, in der sich der Kaiser „als gegenwärtigen, leiblichen Gott“ bezeichnet: *aki-tsu-kami to* oder *aki-tsu-mi-kami to,* findet sich

[Der Kaiser veranlaßte die Kanzler zur Linken und zur Rechten[11]), Grundlagen für eine gute Regierung zu schaffen.]

14. Tag (11. Aug.). Der Kanzler [zur Rechten] Soga no Ishikahamaro sprach zum Kaiser: „Zuerst müssen wir die Gottheiten des Himmels und der Erde durch Verehrung besänftigen, und dann erst sollten wir über die Regierung des Landes Rats pflegen.“

An diesem Tage schickte der Kaiser den Yamato no Aya no Atahi Hirafu nach der Provinz Wohari, und den Imube no Obito Komaro nach der Provinz Mino, mit dem Auftrage, Opfergeschenke[12]), die den Göttern dargebracht werden sollten, beizutreiben.

8. Monat, 5. Tag (31. Aug.). Der Kaiser ernannte Provinz-Statthalter für die östlichen Länder und erließ an die Provinz-Statthalter folgenden Befehl: „In Gemäßheit mit dem Auftrag der Himmlischen Gottheiten[13]) wollen Wir jetzt zuerst alle Länder in Ordnung bringen — — —“

[Schluß eines anderen Ediktes vom selben Tage:] „Was das Gesetz über Mann und Frau anbelangt, so soll ein Kind, welches von einem freien Mann und einer freien Frau gezeugt ist, dem Vater gehören. Wenn ein Freier eine Hörige zum Weibe nimmt, so sollen die erzeugten Kinder der betreffenden Mutter gehören[14]). Wenn eine freie Frau einen Hörigen zum Manne nimmt, so sollen die erzeugten Kinder dem Vater gehören. Die Kinder, welche von einem hörigen Mann und einer hörigen Frau zweier verschiedenen Häuser gezeugt werden, gehören der Mutter. Die Kinder von Knechten der buddhi-

von da an häufig in Erlassen des NIHONGI, SHOKU-NIHONGI usw. Dieselbe Auffassung von der Göttlichkeit des regierenden Kaisers findet sich in zahlreichen Stellen von Gedichten des MANYŌSHŪ ausgesprochen, z. B. *oho-kimi ha kami ni shi maseba* „da der Souverän ein Gott ist“, *aki-tsu-kami waga oho-kimi* „unser Souverän, der leibliche Gott“, usw. *Aki* ist wörtlich „hell, sichtbar“, daher „leiblich gegenwärtig“. Im 2. Jahre Taikwa, 2. Monat, 5. Tag lautet die Eingangsformel: „Der als gegenwärtiger Gott das Reich regierende Kaiser, das Liebe Kind von Yamato *(Yamato-ne-ko)*, verkündigt usw.“; im 12. Jahre Temmu, 1. Monat, 18. Tag: „Vernehmet die erhabenen Befehle des Kaisers, des Lieben Kindes von Yamato, welcher als gegenwärtiger Gott die Großen Acht Inseln regiert.“ *Yamato-ne-ko* findet sich ursprünglich als Bestandteil in einigen alten Kaisernamen, nämlich den Namen von Kōrei, Kōgen und Kwaikwa, und ist wohl daraus verallgemeinert worden, ähnlich wie Pharaoh oder Caesar im Westen.

[11]) Eben eingesetzte neue höchste Ämter, nach chinesischem Vorbild: *Sa-daijin* und *U-daijin*. Der Linke steht im Rang über dem Rechten. Dazu tritt als dritter Kanzler der *Naijin*, später *Nai-daijin* „Kanzler des Innern“ genannt. Letzteres Amt bekam Nakatomi no Kamako. Gesamtname *san-kō* „die drei Kanzler“.

[12]) *Mahi* oder *mahinahi*, für die Shintōgötter, gewöhnlich in Seide bestehend. Sie sollten zum künftigen *Oho-nihe* Fest, dem *Daijō-we*, dienen. Die Provinzen Wohari und Mino waren in diesem Fall die sog. *Yuki* und *Suki*. Näheres darüber unten Buch XXIX, Anm. 26; vgl. auch S. 300, Anm. 2.

[13]) Vom Auftrag der Himmlischen Gottheiten an die Nachkommen der Amaterasu, das Land zu regieren, hören wir in den NORITO usw. Die beauftragenden Gottheiten sind im Oho-harahi no Kotoba das göttliche Ahnenpaar, *kamurogi kamuromi*, nämlich *Taka-mi-musubi* und *Ama-terasu*. Im vorliegenden Edikt ist der Kreis der Götter wohl weiter zu ziehen.

[14]) Also ebenfalls unfrei sein und dem Herrnhaus der Mutter angehören.

stischen Tempel[15]) sind nach dem Gesetze über Freie zu behandeln. Wenn die Knechte aber unter besonderen Bedingungen in den Stand der Hörigen eingetreten waren[16]), so sind deren Kinder nach dem Gesetz über Hörige zu behandeln[17]). Jetzt zeigen Wir dem Volke deutlich den Anfang der Gesetzgebung."

8. Tag (3. Sept.). Es wurde ein Bote nach dem Oho-tera[18]) geschickt, um die Mönche und Nonnen zusammenzurufen und ihnen folgendes kaiserliches Edikt zu übermitteln:

„Im dreizehnten Jahre des Kaisers, welcher im Shikishima Palast regierte[19]), überlieferte der König Mei (Myöng) von Kudara den Buddhismus unserm Lande Groß-Yamato. Damals wollten die Untertanen sämtlich ihn nicht herübernehmen. Nur Soga no Iname no Sukune allein glaubte an diese Lehre. Da befahl der Kaiser dem Iname no Sukune, diese Lehre zu verehren. Zur Zeit des im Wosada Palast regierenden Kaisers[20]) folgte Soga no Umako no Sukune dem Verfahren seines verstorbenen Vaters und schätzte noch immer die Lehre des Çākya hoch. Die übrigen aber glaubten nicht, und diese Lehre war nahe daran, in gänzlichen Verfall zu geraten. Da befahl der Kaiser dem Umako no Sukune, diese Lehre zu verehren. Zur Zeit der im Woharida Palaste regierenden Kaiserin[21]) verfertigte Umako no Sukune für die Kaiserin eine sechzehn Fuß hohe Buddhastatue in Stickerei und eine sechzehn Fuß hohe kupferne Buddhastatue, verherrlichte die Buddhalehre und behandelte Bonzen und Nonnen mit der größten Ehrerbietung. Wir wollen von neuem wieder die wahre Lehre verehren und die große Doktrin verherrlichen. Darum ernennen Wir die Çramana und Oberbonzen von Koma: Fuku-ryō, We-un, Jō-an, Rei-un, We-shi, und die Tempelobersten[22]) Sō-min, Dō-tō, We-rin, We-myō, We-on zu zehn buddhistischen Lehrern, und außerdem ernennen Wir Hochwürden We-myō zum Tempelobersten des Kudara-dera.

Diese zehn buddhistischen Lehrer sollen die Priesterscharen lehren und leiten, so daß sie die buddhistischen Doktrinen praktisch zur Ausführung bringen, wie das Gesetz Buddhas es befiehlt. In allen den Fällen, wo man

---

15) *Tera no tsukahe-yoboro* oder *tera no tsukahe*, welche die den buddhistischen Tempeln gehörigen Häuser bewohnen und den Tempeln als hörige Knechte dienen.

16) Fälle des Eintritts von Freien in die Tempelknechtschaft durch Verkauf oder zum Zweck der Steuerhinterziehung (die Tempelhörigen zahlten keine Abgaben an den Staat), wovon später häufig berichtet wird, scheinen gemeint zu sein.

17) Während also die Hörigen der Tempel im allgemeinen vor allen anderen Hörigen, seien es Staats- oder Privatsklaven, das große Privileg genossen, daß ihre Kinder Freie wurden, verblieben die Kinder dieser besonderen Gattung von tera no tsukahe im Stande der Hörigen.

18) Der Kudara Tempel.

19) Kimmei-tennō; also im Jahre 553.

20) Bitatsu-tennō.

21) Suiko-tennō.

22) *Tera-dzukasa.*

die von den Kaisern bis herab zu den Tomo no Miyatsuko gebauten Tempel nicht reparieren kann, wollen Wir dazu Beihülfe leisten. Wir wollen auch Tempel-Verwalter [23]) und Tempel-Oberste ernennen und sie einen Tempel nach dem anderen besuchen lassen, die wirklichen Verhältnisse der Bonzen, Nonnen, Hörigen, Reis- und Trockenfelder inspizieren und alles Uns ausführlich berichten lassen.“

Hierauf ernannte der Kaiser den Kume no Omi, den Miwa no Shikobu no Kimi und den Nukadabe no Muraji Ohi zu Nori-dzukasa [24]).

12. Monat, 9. Tag (1. Jan. 646). Der Kaiser verlegte die Hauptstadt nach Nagara no Toyo-saki in Naniha [im Distrikt Nishinari von Settsu]. Die alten Leute sprachen zu einander: „Daß vom Frühling bis zum Sommer die Ratten nach Naniha wanderten [25]), war eine Vorbedeutung für die Verlegung der Hauptstadt.“

24. Tag (16. Jan.). Aus der Provinz Koshi wurde berichtet: „An der Meeresküste bewegten sich schwimmende Hölzer in östlicher Richtung fort. Auf dem Sande fanden sich Spuren wie in einem umgeackerten Reisfelde.“

Taikwa, 2. Jahr (646).

3. Monat, 19. Tag (9. April). [In einem Edikt an die Zensoren heißt es unter anderm:] „Wir wohnen zum ersten Mal in dem Neuen Palaste, und noch in diesem Jahre wollen Wir allen Göttern Weihgeschenke (Mitegura) darbringen. — — Dem Besitzstande derjenigen buddhistischen Tempel, welche in den Registern ausgelassen sind, soll Reisland und [unbebautes] Bergland einverleibt werden.“

---

[23]) *Tera no mikoto-mochi,* schon im 4. Jahre Suiko (596) erwähnt. *Tera no mikoto-mochi* scheint der für die Laien, *tera-dzukasa* der für die Priester gebrauchte Ausdruck zu sein.

[24]) Oberaufseher der buddhistischen Doktrin. Nach einer Angabe des buddhistischen Werkes GENKŌ-SHAKUSHO ist *nori-dzukasa* dasselbe wie *tera no mikoto-mochi.*

[25]) Dieser Aberglaube betreffend das Auswandern von Ratten von Orten, die demnächst verlassen werden sollen, an solche Orte, die bewohnt sein werden, erinnert an unsern Aberglauben von den Ratten, die ein dem Untergang bestimmtes Schiff verlassen.

Weitere Beispiele dieses Aberglaubens erwähnt das NIHONGI noch an folgenden Stellen: Taikwa, 3. Jahr, 12. Monat. In Nutari [einem Distrikt der östlichen Provinz Echigo] wurde eine Pallisadenverschanzung [zum Schutz gegen die Ainu] errichtet, und Pallisadenhäuser [für die japanischen Ansiedler] wurden angelegt. Alte Leute sagten zu einander: „Daß die Ratten seit mehreren Jahren nach Osten wanderten, war wohl ein Vorzeichen der Errichtung dieser Pallisadenschanze.“

Hakuchi, 5. Jahr, 1. Monat, 1. Tag (24. Jan. 654). In der Nacht zogen die Ratten nach der [künftigen] Yamato Hauptstadt hin fort. — 12. Monat, 8. Tag (20. Jan. 655). [Nach dem Tode des Kaisers Kōtoku] siedelte der Kronprinz zusammen mit der Kaiserin-Witwe nach dem temporären Palast von Kahabe in Yamato über. Alte Leute sagten: „Das Wandern der Ratten nach der Yamato Hauptstadt war ein Vorzeichen der Verlegung der Hauptstadt dorthin.“

Tenji, 5. Jahr (666). In diesem Winter wanderten die Ratten der Hauptstadt in der Richtung nach Afumi aus. — 6. Jahr, 3. Monat, 19. Tag (17. April 667). Die Hauptstadt wurde nach [Shiga in der Provinz] Afumi verlegt.

22. Tag (12. April). Ein kaiserliches Edikt besagte: „Wir haben vernommen, daß ein Fürst des Westlandes[26]) sein Volk folgendermaßen ermahnte: ‚Im Altertum wurden bei Begräbnissen die Gräber an erhöhten Orten angelegt. Weder wurde ein Erdhügel aufgeworfen, noch wurden daselbst Bäume gepflanzt. Der Innen- und Außensarg hatten weiter keinen Zweck, als die Gebeine darin verwesen zu lassen; die Leichen-Kleider hatten weiter keinen Zweck, als darin das Fleisch verwesen zu lassen. Ich will nun diese von den alten Hügelgräbern eingenommenen, öden, ertragslosen Ländereien anbauen lassen und bewirken, daß man die betreffenden Orte nach dem Wechsel einer Generation nicht mehr erkenne. Gold, Silber, Kupfer und Eisen sollen nicht mit ins Grab hineingelegt werden; man soll einzig und allein irdene Gerätschaften im Sinne der Ton-Wagen und Stroh-Figuren[27]) der alten Zeit verwenden. Die Särge sollen an den Ritzen verlackt werden. Speiseopfer aus Reis stelle man dreimal vor den Toten hin. Perlen und Edelsteine sollen den Toten nicht in den Mund hineingesteckt, Perlen-Hemden und Edelstein-Harnische ihnen nicht angelegt werden. Dies alles sind nur Bräuche des törichten gemeinen Volkes.' Auch heißt es: — ‚Beerdigen ist so viel wie Verbergen, denn man will, daß die Toten nicht von den Leuten gesehen werden[28]).'

In gegenwärtiger Zeit beruht die Armut Unseres Volkes lediglich auf dem kostspieligen Baue der Gräber[29]). Wir wollen nun Bestimmungen treffen und zwischen Hoch und Niedrig Unterschiede feststellen:

Was die Gräber von Prinzen und Personen noch höheren Ranges[30]) anbelangt, so sollen die Dimensionen [der Grabkammer] im Inneren sein: Länge neun Fuß, Breite fünf Fuß. Der äußere Umfang [des Tumulus] soll

---

[26]) China. Das folgende Zitat ist aus dem chinesischen Geschichtswerke WEI-CHI „Memoiren der Wei-Dynastie", Abt. Wên-ti, entlehnt.

[27]) *Ch'u-ling*, wörtlich „Stroh-Geister", nach Giles' Wb. Figuren, die mit einem Toten begraben oder seinetwegen verbrannt werden, um ihn in die Unterwelt zu begleiten, nämlich Diener, Pferde usw.; japanische Transskription *hito-kata* „Menschenfiguren". Diese Tonwagen und Strohfiguren entsprechen den jap. *haniwa* oder *tatemono* als Ersatz für ursprüngliche Menschenopfer. Vgl. Buch 6, 28. und 32. Jahr Suinin, vgl. S. 262f.

[28]) Zitat aus dem chinesischen LI-KI „Aufzeichnungen über die Bräuche".

[29]) Die Grabmäler, besonders die Misasagi der Kaiser, waren oft von enormer Größe. Dasjenige des Kaisers Ōjin bei Nara z. B. mißt 2312 Ellen um den äußeren Graben herum und ist 60 Fuß hoch. Siehe Chamberlain, Things Japanese unter Archaeology (Deutsche Bearbeitung „Allerlei Japanisches", S. 37f.).

[30]) Die Misasagi der Kaiser sind natürlich nicht in diese Vorschriften einbegriffen. Der Ausdruck „Prinzen und Höhere" *(miko yori ijō)* wird wohl hier schon die gleiche Bedeutung haben wie einige Jahrzehnte später, wo wir den Rangunterschied zwischen *shinnō* „Prinzen vom Blut", d. h. damals Brüdern und Söhnen von Kaisern, und *sho-ō* „Prinzen", „gewöhnliche Prinzen" gesetzlich festgelegt sehen. Seit Kaiser Junnin's Ära (759—64) wurden nur solche Prinzen *shinnō* genannt, denen diese Würde vom Kaiser eigens verliehen wurde. Der Titel *sho-ō* „Prinzen" kam den Nachkommen der Kaisersöhne übrigens nur bis zur fünften Generation, in einigen Fällen bis zur sechsten und siebenten Generation zu, dann erlosch er; die späteren Generationen galten nicht mehr als kaiserliche Verwandte.

neun Faden[31]) im Quadrat betragen, die Höhe [des Tumulus] fünf Faden. Die Arbeit daran soll von tausend Fronarbeitern innerhalb sieben Tagen vollständig hergestellt werden. Beim Begräbnisse verwende man weiße Hanfleinwand für Sarghüllen[32]), Sargtücher[33]) usw. Man bediene sich eines Leichenwagens[34]).

Was die Gräber von hohen Großwürdenträgern anbelangt, so sollen die inneren Dimensionen hinsichtlich Länge, Breite und Höhe mit den obigen übereinstimmen. Der äußere Umfang soll [jedoch nur] sieben Faden im Quadrat betragen, die Höhe drei Faden. Die Arbeit soll von fünfhundert Fronarbeitern in fünf Tagen fertiggestellt werden. Beim Begräbnisse verwende man weiße Hanfleinwand für Sarghüllen und Sargtücher. Der Sarg ist auf den Schultern zu tragen.

Was die Gräber von niedrigeren Großwürdenträgern anbelangt, so sollen die inneren Dimensionen hinsichtlich Länge, Breite und Höhe vollständig mit den obigen übereinstimmen. Der äußere Umfang soll fünf Faden im Quadrat betragen, die Höhe dritthalb Faden. Die Arbeit soll von zweihundertfünfzig Fronarbeitern in drei Tagen fertiggestellt werden. Beim Begräbnisse verwende man weiße Hanfleinwand für Sarghüllen und Sargtücher. Im übrigen verfahre man nach den obigen Angaben.

Was die Gräber von Personen, welche den Rang Dainin und Shōnin[35]) besitzen, anbelangt, so sollen die Dimensionen im Inneren betragen: Länge neun Fuß, Höhe und Breite je vier Fuß. Es soll kein Tumulus errichtet, sondern das Grab flach gehalten werden. Die Arbeit ist von hundert Fronarbeitern in einem Tage fertigzustellen.

Was die Gräber von Personen vom Range Dairai bis hinunter zum Range Shōchi anbelangt, so sollen sie in jeder Beziehung nach Maßgabe derer vom Range Dainin angelegt werden, aber die Arbeit ist von fünfzig Fronarbeitern in einem Tage fertigzustellen.

Bei den Gräbern aller Personen, vom Prinzenrang bis hinunter zum Range Shōchi, verwende man kleine Steine[36]). Für Sarghüllen und Sargtücher usw. gebrauche man weiße Hanfleinwand.

---

[31]) *Hiro*, eigentlich eine Armspannweite, soll damals etwa acht Fuß betragen haben. Die Höhe wurde wohl nicht senkrecht, sondern an der Böschung gemessen.

[32]) *Katabira*, die um den Sarg gewickelte Hülle.

[33]) *Kakishiro* oder *kaishiro*. Es ist unklar, was damit gemeint ist: eine Decke, oder ein Vorhang, oder ein Stellschirm.

[34]) *Ki-guruma* „Sargwagen“. Leichenwagen wurden auch in China zur Thang Zeit gebraucht.

[35]) Die hier erwähnten Rangklassen sind diejenigen des zwölfstufigen Mützenranges, der im 11. Jahre Suiko (603) nach chinesichem Vorbilde eingeführt worden war. Die Rangbezeichnungen hießen: 1. Dai-toko, 2. Shō-toko, 3. Dai-nin, 4. Shō-nin, 5. Dai-rai, 6. Shō-rai, 7. Dai-shin, 8. Shō-shin, 9. Dai-gi, 10. Shō-gi, 11. Dai-chi, 12. Shō-chi. Die obengenannten oberen und unteren Großwürdenträger (*jō-shin* und *ka-shin*) hatten Dai-toko bezw. Shōtoko Rang.

[36]) Die japanischen Kommentatoren, soweit sie sich darüber auslassen, verstehen darunter Grabsteine mit Aufschriften, welche Rang und Namen angeben. Die Errichtung von Grab-

Wenn gewöhnliche Leute sterben, so begrabe man sie in der Erde, und als Sarghülle und Sargtuch verwende man grobes Zeug[37]). Verzögert das Begräbnis keinen einzigen Tag!

Von den Prinzen abwärts bis zum gewöhnlichen Volke dürfen keine temporären Begräbnisstätten[38]) angelegt werden.

Sowohl in den Kinai Provinzen wie in allen anderen Provinzen soll man für die Zwecke der Beerdigung bestimmte Orte festsetzen, wo dieselbe stattzufinden habe[39]). Man soll nicht an allen möglichen Orten verstreut begraben und dadurch den Boden überall verunreinigen.

Wenn jemand gestorben ist, so kommt es vor, daß manche Leute sich selbst erdrosseln und mit begraben lassen, oder daß man andere erdrosselt und dieselben mit begraben läßt[40]). Manchmal auch läßt man das Pferd des Verstorbenen zwangsweise mit begraben, oder um des Verstorbenen willen begräbt man Kostbarkeiten mit in dem Grabe; oder man schneidet sich um des Verstorbenen willen das Haupthaar ab[41]), sticht sich in den Schenkel[42]) und hält so einen Nekrolog auf den Toten. Alle diese alten Gebräuche sollen sämtlich aufgegeben werden.

In einem Werke heißt es: „Begrabet nicht Gold, Silber, Seidendamast und gefärbte Stoffe!" Auch heißt es: „Niemandem von den Ministern bis herab zum Volke ist es erlaubt. beim Begraben Gold oder Silber zu verwenden."

Wenn jemand gegen diese Befehle handelt und das Verbot übertritt, so soll seine Familie bestraft werden[43]).

[Das Edikt wendet sich hierauf gegen verschiedene Mißbräuche im Volksleben, unter anderm gegen einen mißbräuchlichen Auswuchs der alten schintoistischen Reinigungszeremonie, des Harahi:] Es kommt häufig vor, daß man in dem Falle, wo eine verwitwete

---

steinen auf allen Gräbern wird auch schon im TAIHŌ-RYŌ, Abt. Sōsō (Trauer und Begräbnis) erwähnt. Trotzdem möchte Aston Recht haben, wenn er die Steine, welche das Dach des Grabgewölbes bilden, darunter verstanden wissen will. Diese Steine waren gewöhnlich sehr groß, manche von ihnen viele Tonnen schwer (vgl. Chamberlain, Allerlei Japanisches S. 37). Ihre Beförderung an Ort und Stelle muß ebenso schwierig wie kostspielig gewesen sein. Die Verwendung kleinerer Steine zum Bau der Grabkammern statt der ungeheuer großen und schweren Platten und Blöcke würde am besten den Absichten des Ediktes, das ja zur Sparsamkeit ermahnen will, entsprechen.

[37]) *Ara-kinu* oder *ara-nuno.*

[38]) *Mogari.* Bei den Prinzen vom Blut blieb die Anlegung von Mogari jedoch auch fernerhin gebräuchlich.

[39]) Die Gräber der älteren Zeit, deren noch viele vorhanden sind, liegen manchmal einzeln, meist aber in Gruppen von zehn bis fünfzig beisammen. Die unteren Abhänge von Hügeln, da wo der Hügel in die Ebene übergeht, waren bevorzugte Plätze für Gräber.

[40]) Vgl. das über *Junshi* Gesagte. S. 262, Anm. 48.

[41]) Daß Frauen sich beim Tode ihres Gemahls das Haar abschneiden, ist noch jetzt vielfach üblich. Diese Sitte findet sich auch in China.

[42]) Fälle dieser Art sind sonst in Japan nicht bekannt. Vielleicht war eine solche Sitte zeitweise als Ersatz für das Sichmitbegrabenlassen aufgekommen. Von einem ähnlichen Brauch berichtet das WEI-CHI, daß nämlich gewisse Barbaren an der Westgrenze Chinas sich beim Tode eines Verwandten mit der Schwertspitze das Gesicht zu ritzen pflegten.

[43]) Trotz dieses strengen Verbotes wurden die alten Bräuche nicht ausgerottet, sondern tauchen hier und da wieder in der Geschichte auf.

Frau nach Verlauf von zehn oder zwanzig Jahren sich wieder verheiratet und eines anderen Mannes Frau wird, oder in dem Falle, wo ein lediges Mädchen zum ersten Male heiratet, aus Eifersucht auf diese Eheleute an ihnen das Harahi vollzieht[44]).

Wiederum: Es sind Fälle vorgekommen, wo in weit entlegenen Provinzen zur Fronarbeit verwendete Leute nach Beendigung ihrer Beschäftigung auf der Rückkehr nach ihrer Heimat plötzlich krank wurden und am Wege starben. Da haben die Leute in den Häusern am Wege gesagt: „Warum läßt man den Mann auf unserem Wege sterben?“ Dann haben sie die Gefährten des Gestorbenen angehalten und an ihnen zwangsweise das Harahi vollstreckt[45]). Daher kommt es häufig vor, daß sogar ein jüngerer Bruder den Leichnam seines auf dem Wege gestorbenen älteren Bruders nicht bestattet.

Wiederum: Manchmal kommen unter dem Volke Todesfälle durch Ertrinken in einem Flusse vor. Diejenigen, welche die Leiche auffinden, sagen dann: „Warum läßt man uns [die Leiche] eines Ertrunkenen antreffen?“ Dann halten sie die Gefährten des Ertrunkenen zurück und vollziehen an ihnen gewaltsam das Harahi. Daher kommt es häufig vor, daß sogar ein jüngerer Bruder seinen im Flusse ertrunkenen älteren Bruder nicht ans Land rettet und begräbt.

---

[44]) In ältester Zeit scheint, wenigstens in einigen Landesteilen, die Wiederverheiratung einer Witwe verboten gewesen zu sein. In der Provinz Shinano folgten sogar die Frauen ihren Männern in den Tod, wie wir aus dem RYŌ-GIGE erfahren. In den westlichen Provinzen war später, wie unser Text zeigt, Wiederverheiratung nach Ablauf einer Frist von 10 oder 20 Jahren erlaubt, stellenweise aber mit einer Buße verbunden. Der Fall des ledigen Mädchens ist den japanischen Erklärern unklar. Der Tsūshō Kommentar zitiert nach Angaben eines gewissen Kurokawa eine Sitte, wonach sich im Hause eines Mannes, der sich im verflossenen Jahre vermählt hat, im 1. Monat des folgenden Jahres seine Freunde versammeln, Eimer mitbringen und den neuen Ehemann mit Wasser begießen; diese Zeremonie werde *Harahi* genannt. Diese Sitte zeigt uns die eine Seite der alten Harahi-Zeremonie, welche, wenn als Strafe vollzogen, in Reinwaschung des Sünders mit Wasser und Auferlegung von Bußgegenständen, *harahe-tsu-mono*, bestand, wie wir im Falle Susanowo's im mythologischen Teile sahen (S. 41). Sowohl das Begießen des Neuvermählten in der erwähnten Sitte als das Auferlegen einer Buße in unserer Textstelle scheint auf uralte Anschauungen, die wir noch bei unzivilisierten Völkern finden, zurückzugehen, wonach die Heirat eine Verletzung der Rechte der Gemeinde darstellt und deshalb eine Buße erfordert. Der Sitte des Begießens liegt wohl auch die religiöse Anschauung von einer Verunreinigung durch die Ehe (Blutvergießen bei der Defloration) zugrunde, was sehr gut in die Denkweise des Shintō passen würde.

„An Jemand das Harahi vollziehen“, im Original *haraheseshimu*, wörtlich: „veranlassen, daß Jemand sich reinigt“.

[45]) D. h. man hat sie zum Erlegen einer Buße gezwungen im Hinweis darauf, daß durch den Leichnam ihres Gefährten ihre Straße verunreinigt worden sei und wieder entsühnt und gereinigt werden müsse. In diesem und dem folgenden Falle handelt es sich zwar nur um eine Erpressung, unter dem Vorwande, die Harahi Zeremonie vollziehen zu müssen, aber die religiöse Grundlage ist doch noch deutlich erkennbar. Die Furcht vor der Erpressung wird dadurch besonders gekennzeichnet, daß sie sogar zur Verletzung der Kardinaltugenden, zu denen die brüderliche Liebe gehört, führt.

Wiederum: Es gibt Fälle, wo die zu den Frondiensten verwendeten Leute am Wege ihren Reis kochen. Darauf sagen die Leute in den Häusern am Wege: „Warum kocht man eigenwillig seinen Reis auf unserer Straße?" und vollziehen zwangsweise an ihnen das Harahi.

Wiederum: Es kommt vor, daß Leute von anderen einen Kessel borgen, um darin Reis zu kochen. Wenn nun der Kessel irgend woran anstößt und zerbricht, so vollzieht der Besitzer des Kessels an ihnen das Harahi.

Bräuche dieser Art kommen unter den törichten gewöhnlichen Leuten häufig vor. Jetzt aber sollen sie sämtlich abgeschafft werden und dürfen nicht wieder erlaubt werden."

Taikwa, 3. Jahr (647).

4. Monat, 29. Tag (7. Juni). Ein kaiserliches Edikt besagte: „Mit den Worten „In ihrer Eigenschaft als Götter — kami-nagara mo bedeutet: sich nach der göttlichen Norm richten, oder auch in sich selber die göttliche Norm besitzen — sollen Meine Kinder die Herrschaft ausüben" vertraute [die Sonnengöttin ihren Nachkommen] die Herrschaft an. Infolgedessen ist [dieses Land] ein Land, das sie seit dem Anfang von Himmel und Erde als Fürsten regieren. Seit der Zeit Unseres Kaiserlichen Ahnherrn [Jimmu-tennō], der zuerst das Land regierte, hat im Reiche vollständige Ordnung geherrscht und hat es niemals Parteiungen von diesen oder jenen gegeben. In neuerer Zeit nun aber wurden zunächst Namen von Göttern und verschiedene Namen von Kaisern [von ihrer ursprünglichen Bestimmung als lediglich Götter- und Kaisernamen] entweder abgesondert und zu Uji-[Namen] von Omi und Muraji gemacht, oder abgesondert und zu Bezeichnungen von Miyatsuko usw. gemacht[46]). Demgemäß hält das Volk des ganzen Landes in seinem Herzen hartnäckig an diesem oder jenem fest, hegt ein tiefgehendes Gefühl für das Meine oder Deine, und ein jeder hält an seinem Namen fest. Ferner heften ungeschickte und schwache Omi, Muraji, Tomo no Miyatsuko und Kuni no Miyatsuko die Namen von Göttern und Namen von Fürsten, die sie zu ihren Familiennamen machen, ganz nach eigenem Belieben unbefugter Weise an Personen und Örtlichkeiten. Da sie nun die Namen der Götter und Namen der Fürsten zur Bestechung der Leute gebrauchen, erteilen sie [diese Namen] den Sklaven anderer und besudeln so die reinen Namen [der Götter und Fürsten]. Infolgedessen geraten schließlich die Gemüter des Volkes in Unordnung, und die Regierung des Landes ist schwer zu bewerkstelligen. Daher geben Wir, indem es Uns jetzt in Unserer Eigenschaft als Gott zugefallen ist, zu regieren und Ordnung zu halten, diese Dinge zu verstehen, und werden zur Regierung des Landes und Leitung des Volkes dieses früher und dieses später

[46]) Solche Entlehnungen von Götter- bzw. Kaisernamen haben wir z. B. in folgenden Uji-Namen zu sehen: *Asuha no Omi* vom Namen des Gottes *Asuha no Kami*; *Oho-kuni no Imiki* vom Namen des Gottes *Oho-kuni-nushi; Hatsusebe no Miyatsuko* vom Namen des Kaisers *Hatsu-se-be = Sushun-tennō*; *Oki-naga no Muraji* vom Namen des Kaisers *Oki-naga Tarashi-hi* = Jomei-tennō.

tun. Heute und morgen werden Wir nach einander eine Reihe von Edikten erlassen — —."

Taikwa, 4. Jahr (648).

2. Monat, 1. Tag (29. Febr.). Es wurden Bonzen zum Studium nach Korea geschickt.

8. Tag (7. März). Kanzler Abe lud die vier Klassen der Okonahibito[47]) im Tempel Shitennō-ji ein, ließ vier buddhistische Statuen bringen und in der Pagode dieses Tempels aufstellen und verfertigte die Gestalt des Berges Gridhra-kūta[48]). Er stellte denselben dadurch her, daß er eine Anzahl Handtrommeln in einen Haufen aufbaute.

Taikwa, 5. Jahr (649).

2. Monat. In diesem Monat wurde durch einen kaiserlichen Erlaß dem Professor Takamuku no Kuromaro und dem Bonzen Sōmin der Befehl zur Organisierung der Acht Ministerien und Hundert Ämter[49]) erteilt.

3. Monat, 25. Tag (11. Mai). [Soga no Omi Himuka, mit dem Beinamen Musashi, hatte den Kanzler Kura-Yamada no Oho-omi, seinen älteren Bruder von verschiedener Mutter, beim Kronprinzen verleumdet. Der Oho-omi flüchtete vor seinen Verfolgern nach der Landesgrenze von Yamato in den Tempel Yamada-dera[50]).] Der Oho-omi sagte zu seinem ältesten Sohne Koshi: „Liebst du dein Leben?" Koshi antwortete: „Ich liebe es nicht." Darauf redete der Oho-omi mit allen Bonzen des

---

[47]) Die vier Klassen Okonahi-bito sind: 1) Die *biku*, Skr. *bhikshu* (Bettler). 2) Die *bikuni*, Skr. *bhikshuni*, (buddhistische Bettlerin). 3) Die *ubasoku*, Skr. *upāsaka* (Diener Buddhas, Laien-Mitglied der buddhistischen Kirche). 4) Die *ubai*, Skr. *upāsikā* (Anhängerin Buddhas). Der jap. Ausdruck *okonahi-bito* ist zusammengesetzt aus der Stammform des Verbums *okonafu* „(die buddhistische Lehre) praktisch ausführen", und *hito* „Mensch", also: „Leute, welche nach dem Gesetze Buddhas leben".

[48]) Chinesisch *Ling-chiu-shan*, sinojap. *Ryōjusen* „Der Geister-Geier-Berg", ein Berg in Indien. Auf diesem Berge erschreckte Mara (Satan) den Ananda, einen Jünger Buddhas, und Buddha soll hier sein *zasen*, d. i. die Versenkung in sich selbst, ausgeführt haben. Eine Parallele hierzu bildet die im NIHONGI viermal erwähnte Anfertigung des Berges Sumēru (zuerst 612).

[49]) *Hasshō hyakkwan.* „Acht" ist wörtlich zu nehmen, „hundert" aber als unbestimmt große Zahl, wie in dem Ausdruck *hyaku-shō* „die hundert Familiennamen" = das ganze Volk. Die *Hasshō* (kontr. aus *hachi-shō*) waren das *Naka-tsukasa Shō* „Zentral-Amt", für die Angelegenheiten des Kaisers und der Kaiserlichen Familie usw., das *Shikibu Shō* Beamten- und Schulwesen, das *Jibu Shō* Zeremonienwesen, das *Mimbu Shō* Bevölkerungs-Statistik und Steuerwesen, das *Hyōbu Shō* Kriegs-Ministerium, das *Gyōbu Shō* Justiz-Ministerium, das *Oho-kura Shō* Schatzamt, das *Kunai Shō* Kaiserl. Haushalt. Diese Acht Ministerien sind den Sechs Ministerien der Thang-Dynastie nachgebildet, und zwar sind die Namen des *Mimbu, Hyōbu* und *Gyōbu* direkt übernommen (chines. *min-pu*, seit 627 *hu-pu* genannt; *ping-pu; hing-pu*); das *Shikibu* entsprach dem chinesischen *li-pu* „Zivil-Departement", das *Jibu* dem chinesischen *li-pu* „Zeremonial-Departement".

Die Beteiligung des Bonzen Sōmin an der Organisation der Ämter ist bezeichnend für die wichtige Stellung, welche die buddhistischen Priester teils in ihrer geistlichen Eigenschaft, besonders aber als Vertreter der chinesischen Gelehrsamkeit im neuen Staate einnahmen.

[50]) Tempel im Dorfe Yamada im Distrikt Toichi von Yamato, auch *Kegon-ji* genannt, der gerade vom ältesten Sohne des Oho-omi gebaut wurde, wie kurz vorher berichtet wird.

Yamada-dera, sowie seinem Sohne Koshi und mehreren Zehenden von anderen Leuten und sprach: „Wie kann Einer, der ein Untertan ist, gegen den Fürsten Empörung planen? Wie kann man die Pietät gegen seinen Vater verletzen? Dieser Tempel ist eigentlich nicht für meine eigene Person gebaut, sondern unter einem Gelübde für den Kaiser gebaut. Jetzt bin ich von Musashi verleumdet worden und ich fürchte, daß ich ungerechter Weise getötet werde. Eine ganz kleine Hoffnung habe ich, daß ich in die Unterwelt noch mit loyalem Sinn im Herzen gehe. Der Grund, warum ich zu diesem Tempel gekommen bin, ist, mein Ende zu erleichtern." Als er fertig gesprochen hatte, öffnete er die Tür der Buddhahalle und legte ein Gelübde ab, indem er sagte: „Ich möchte, daß ich in allen meinen Lebensphasen der Wiedergeburt dem Kaiser nicht gram sei." Nachdem er dies Gelübde getan hatte, erdrosselte er sich mit eigener Hand und starb. Sein Weib und seine Kinder, zusammen acht Personen, folgten ihm in den Tod.

Hakuchi[51]), 1. Jahr (650).

2. Monat, 9. Tag (16. März). Der Statthalter der Provinz Anato[52]), Kusakabe no Muraji Shikofu, überreichte dem Kaiser einen weißen Fasanen — — [Verschiedene Umfragen werden über die Bedeutung eines solchen Ereignisses angestellt.] Weiterhin befragte man die Shamon[53]). Sie antworteten: „Weder haben wir mit unseren Ohren davon gehört, noch haben wir jemals einen mit unseren Augen gesehen. Möge Eure Majestät eine allgemeine Amnestie[54]) im Reiche erlassen und so die Herzen des Volkes mit Freude erfüllen."

Der Bonze Dōtō sprach: „Einstmals wollte man in Koma einen Buddha-Tempel erbauen und es gab keinen Ort, den man nicht zu diesem Zwecke besichtigte. Da sah man an einem Orte einen weißen Hirsch[55]) langsam umherwandeln, bestimmte nun diesen Ort zum Baue des Tempels und nannte letzteren den ‚Tempel des Gartens des weißen Hirsches' und pflegte daselbst das Gesetz Buddhas. — — Weiterhin erschien einst ein weißer Sperling

---

[51]) „Weißer Fasan", jap. *shira-kigisu* oder *shira-kigishi*, das neue Nengō, das zwar erst im 2. Monat des 6. Jahres Taikwa eingeführt wurde, aber durch Rückdatierung auf die beiden ersten Monate des Jahres die Bezeichnung Taikwa 6. Jahr verdrängte.

[52]) Später *Nagato* oder sinojap. *Chōshū*.

[53]) Çramana, Bonzen.

[54]) Amnestien und andere Bezeigungen buddhistischer Barmherzigkeit, wie Almosen an alte und schwache Leute usw., werden von nun an häufig gewährt und im NIHONGI verzeichnet.

[55]) Alles Vorkommen weißer Tiere in Japan, welche als glückliche Omina gelten, wird von nun an im NIHONGI gewissenhaft registriert. Verzeichnet werden der Reihe nach: Fasan, Sperling, Fuchs, Schwalbe, Falke, Weihe, Ammer, Ohreule, Seidenfalter, Fledermaus, Kupferfasan. Das KOGOSHŪI erwähnt, daß im Kultusamt ein weißes Schwein, weißes Pferd und ein weißer Hahn dem Erntegott Mi-toshi no Kami als Opfergaben dargebracht wurden. In vielen Shintōtempeln werden jetzt noch weiße Pferde, Albinos, als sog. *shimme* „Götterpferde" gehalten. Sie sind als Reitpferde für die Gottheit gedacht. Zur Sache Janson, Bedeutung weißer Tiere in Japan. Mitt. D. G. O. Heft 49.

auf der Reisfeld-Stiftung[56]) eines Buddha-Tempels, und die Leute des Landes sagten sämtlich: „Das ist ein gutes Omen.“ Und wiederum: Ein nach China geschickter Gesandter kehrte mit einem toten dreibeinigen Raben[57]) in die Heimat zurück, und die Leute des Landes sagten wieder: „Das ist ein gutes Omen.“ — Obgleich dies alles nur unbedeutende Dinge waren, nannte man sie doch Glück prophezeiende Dinge. Wie viel mehr wird dies nun erst mit dem weißen Fasanen der Fall sein!“

Hochwürden Sōmin äußerte sich: „Dies nenne ich ein gutes Omen. Es kann als eine Seltenheit betrachtet werden. Ehrfurchtsvoll habe ich gehört, daß wenn ein rechter König seinen wohltätigen Einfluß nach allen vier Himmelsgegenden ausübt, weiße Fasanen zum Vorschein kommen. Auch zeigen sie sich, wenn ein rechter König den Opferdienst ohne Fehl ausübt und in Speise und Trank und Kleidung das rechte Maß hält. Weiterhin: wenn ein rechter König rein und einfach ist, dann kommt in den Bergen ein weißer Fasan zum Vorschein. Wiederum: wenn ein rechter König human und weise ist, dann erscheint einer. Und wiederum: [folgen Zitate aus der chinesischen Geschichte.] — Dies [Erscheinen des weißen Fasanen heuer in unserem Lande] ist ein glückverheißendes Omen. Es sollte eine allgemeine Amnestie im Reiche erlassen werden.“ Da ließ der Kaiser den weißen Fasanen im Garten frei.

15. Tag (22. März). Ein Aufzug der bewaffneten Bediensteten des kaiserlichen Hofes gerade wie bei den Empfangszeremonien am Neujahrstage wurde inszeniert. [Vier vornehme Männer tragen im Zuge die Fasanen-Sänfte[58]) in die Thronhalle vor den Kaiser. Kose no Oho-omi hält die Glückwunschrede:] „Die hohen Herren und sämtliche Beamte bringen Glückwünsche dar. Da Eure Majestät mit reiner und friedfertiger Tugend das Reich regiert, so ist ein weißer Fasan hier von Westen her zum Vorschein gekommen. Möge Eure Majestät tausend Herbste lang, zehntausend Jahre lang friedlich das ganze Reich der Großen Acht Inseln regieren! Die hohen Herren, die ganze Beamtenschaft und das ganze Volk wünschen ihre loyale Gesinnung im vollsten Maße zu betätigen und eifrig zu dienen.“ Als er seine Gratulationsrede beendet hatte, verbeugte er sich zwei Mal.

---

[56]) *Denshō*, jap. *nari-dokoro*, das einem Tempel überwiesene Reisland, woraus er seine Einkünfte bezieht.

[57]) Anlehnung an die chinesische Mythe von der dreibeinigen roten Sonnenkrähe.

[58]) Über diese *kigisu no koshi* schweigen sich alle japanischen Kommentare vollständig aus. Die *Koshi* war eine an zwei Tragstangen von zwei oder vier Männern auf den Schultern getragene geschlossene Sänfte, die vom Kaiser und anderen hohen Persönlichkeiten benutzt wurde. Hier scheint es sich um die Art von Sänfte zu handeln, die man später und noch jetzt *mi-koshi* „erlauchte Sänfte“ nennt, wohinein bei Götterfesten (matsuri) das *Shintai* (Emblem der Gottheit, Gottesleib) gesetzt und in der Pfarre umhergetragen wird. Da der Fasan selber in Freiheit gesetzt worden war, so wird die Sänfte vielleicht ein Emblem des Fasanen, der doch auch als ein göttliches Wesen galt, enthalten haben. Das im Mikoshi umhergetragene Shintai besteht häufig nur in einem Blatt Papier, worauf der Name der betreffenden Gottheit mit chinesischen Zeichen geschrieben ist.

Der Kaiser sprach hierauf: „Wenn ein weiser König in der Welt zum Vorschein kommt und das Reich regiert, dann entspricht ihm der Himmel und zeigt gute Omina. Vor alten Zeiten, unter der Regierung der Fürsten des westlichen Landes [China], König Ch'êng-wang von der Chou-Dynastie und Kaiser Ming-ti von der Späteren Han-Dynastie, erschienen weiße Fasanen. Unter der Regierung des Kaisers Honda[59]) in unserem Lande Japan nistete ein weißer Rabe am Palaste. Zur Zeit des Kaisers Oho-sazaki[60]) erschien ein Drachenpferd[61]) im Westen. So kamen von der alten Zeit her bis jetzt öfters glückverheißende Omina zum Vorschein und entsprachen den tugendhaften Fürsten. Dergleichen Beispiele hat es viele gegeben. Phönixe, Kirin, weiße Fasanen, weiße Raben und wie man sie sonst nennt, solche Vögel und vierfüßigen Tiere, und selbst Kräuter und Bäume[62]), welche bedeutungsvolle Anzeichen waren, waren alle vom Himmel und von der Erde erzeugte glückverheißende Omina. Daß den erleuchteten und weisen Fürsten solche glückverheißende Omina zuteil wurden, ist wohl begründet. Ich aber bin leer und nichtig. Wie sollte Ich das Glück haben, ihrer teilhaftig zu werden? Vielleicht hat es seinen einzigen Grund darin, daß die Mir beistehenden Minister, Omi, Muraji, Tomo no Miyatsuko, Kuni no Miyatsuko usw. allesamt wahrhaften Sinn betätigten und den gesetzlichen Bestimmungen Folge leisteten. Daher sollen alle von den Ministern bis zu sämtlichen Beamten mit lauterem Herzen die Götter des Himmels und der Erde verehren und zusammen die glücklichen Vorzeichen genießen und das Reich zur vollen Blüte bringen."

Ein zweiter Erlaß des Kaisers besagte: „Da Mir vom Himmel die Regierung übertragen ist, überschaue und regiere Ich das Reich. Jetzt ist in der Provinz Anato, welche Meine eigenen göttlichen Ahnen regiert haben, dies glückliche Omen zum Vorschein gekommen. Daher erlasse Ich eine allgemeine Amnestie im Reiche und verändere den Namen der Jahresperiode in Hakuchi." Hierauf wurde verboten, [Jagd-]Falken innerhalb der Grenzen der Provinz Anato frei fliegen zu lassen.

[An alle Beamte] von den Ministern und Daibu[63]) bis herab zu den Schreibern verteilte der Kaiser Geschenke, je nach der Person verschieden. Hierauf belobigte er den Provinz-Statthalter Kusakabe no Muraji Shikofu und verlieh ihm den Rang Dai-sen-ge[64]); zugleich beschenkte er ihn reich-

---

59) Ōjin-tennō.

60) Nintoku-tennō.

61) *Ryū-me* oder *tatsu no uma*. Vgl. das chinesische SUNG-SHU im Abschnitt über glückliche Vorbedeutungen: „Das Drachenpferd ist ein mit der Tugend der Humanität begabtes Pferd. Es ist ein Flußgeist. Seine Höhe beträgt 8½ Fuß. Es hat einen langen Hals, Flügel, und zu beiden Seiten hängen ihm die Haare herab. Es stößt den Laut *kiu-a* aus." Auch im ENGI-SHIKI wird das Drachenpferd unter den glücklichen Vorzeichen aufgezählt.

62) Im 3. Monat des 13. Jahres Temmu z. B. wird dem Kaiser eine weiße Kamelie überreicht, die damals eine Seltenheit gewesen sein muß und darum als Omen betrachtet wurde.

63) Würdenträger vom 4. und 5. Rang.

64) Der 12. Rang unter den 19 Graden der Mützenrang-Ordnung vom 5. Jahre Taikwa.

lich. Der Provinz Anato erließ er für drei Jahre die Abgaben und den Frondienst.

10. Monat. In diesem Monat begann man damit, eine sechzehn Fuß hohe Buddhastatue aus Stickerei, sowie die begleitenden Bodhisattwa[65]) und die Hachi-bu[66]), im ganzen sechsundvierzig Statuen[67]), herzustellen.

In diesem Jahre erhielt Aya no Yamaguchi no Atahi Oho-guchi vom Kaiser den Befehl, tausend Buddhastatuen zu schnitzen.

Hakuchi, 2. Jahr (651).

3. Monat, 14. Tag (10. April). Die sechzehn Fuß hohe Buddhastatue aus Stickerei usw. wurden fertig.

15. Tag (11. April). Die Kaiserin Mutter lud die zehn Buddhalehrer[68]) ein und veranstaltete eine Buddhaverehrung mit Fastenspeisen.

12. Monat, 30. Tag (14. Februar 652). Der Kaiser lud über zweitausendeinhundert Bonzen und Nonnen nach dem Ajifu Palaste ein und ließ sie die Issai-kyō[69]) lesen. Am Abend dieses Tages zündete man mehr als zweitausendsiebenhundert Lichter im Inneren des Palasthofes an und ließ das Antaku[70]) Sūtra, das Dosoku[71]) Sūtra und andere Sūtra lesen.

---

[65]) *Kyōji* oder *Waki-tachi,* die „Danebenstehenden", d. h. Bodhisattwa.

[66]) *Hachibu* „die Acht Gruppen" [von dämonischen Wesen], teilweise identisch mit den *Hachibu-kishū* „Acht Gruppen von Dämonen". Eine Aufzählung derselben gibt die buddh. Enzyklopädie TA-MING-SAN-TSANG-FA-SHU, Band 33. Auf fol. 13ff. werden in einem Zitat aus dem FAN-YIH MING-NGI als *Hachibu* aufgeführt: 1. *Ten* = Skr. *Deva.* 2. *Ryō* = Skr. *Nāga.* 3. *Yasha* = Skr. *Yaksha.* 4. *Kentatsuba* = Skr. *Gandharva.* 5. *Asura* = Skr. *Asura.* 6. *Karora* = Skr. *Garuda.* 7. *Kinnara* = Skr. *Kimnara.* 8. *Makōraka* = Skr. *Mahōraga.* Auf fol. 5 gibt dieselbe Enzyklopädie, ebenfalls aus dem FAN-YIH-MING-NGI als *Hachibu-kishū* folgende Namen von Dämonen: 1. *Kentatsuba (Gandharva).* 2. *Hisasha* = Skr. *Piçāca.* 3. *Kubancha* = Skr. *Kumbhānda.* 4. *Setsureita* = Skr. *Preta.* 5. *Shoryōshū*, Drachen, wofür das Sanskrit Äquivalent wohl *Nāga* ist. 6. *Futanna* = Skr. *Putana.* 7. *Yasha (Yaksha).* 8. *Rasetsu* = Skr. *Rākshasa.* Zu den mit Sanskritnamen belegten Dämonen ersehe man Näheres in Eitel's Handbook. *Kubancha*, volkstümlich *Momonji* genannt, und *Yasha* sind die dem japanischen Volke bekanntesten.

[67]) Shikida bemerkt, daß die Zahl der Statuen vielleicht dem Alter des Kaisers entsprechend gewählt worden sei.

[68]) Siehe 1. Jahr Taikwa, 8. Monat, 8. Tag; S. 344.

[69]) *Issai-kyō* „sämtliche Sūtra". Kollektivname der Sammlung aller kanonischen Schriften des Buddhismus, 5048 Bände. Siehe Bunyiu Nanjo, A Catalogue of the Chinese Translation of the Buddhist Tripitaka. Die Hamburger Stadtbibliothek besitzt einen japanischen Neudruck, Kyōto 1902—1912, in 1097 Bänden.

[70]) Der Sanskritname des Sūtras ist nicht ermittelbar. Wahrscheinlich hat ein solcher nie existiert, sondern das Sūtra wird von vornherein chinesisch geschrieben worden sein. Ich vermag auch den Titel *Antaku-kyō* „Friedliches-Haus Sūtra" nicht aufzufinden. Die Bibliothek der Kaiserlichen Universität zu Tōkyō besitzt zwei Bücher ähnlichen Titels: *Antaku-dhāranimantra-kyō* und *Antaku-riddhimantra-kyō.*

[71]) Das *Dosoku-kyō* „Erd-Seiten Sūtra" scheint ebenfalls ohne Sanskrit-Original zu sein. Näheres nicht ermittelbar.

Hakuchi, 3. Jahr (652).

4. Monat, 15. Tag (28. Mai). Der Kaiser lud den Shamon We-in zu sich in den Palast ein und ließ ihn das Mu-ryō-ju Kyō [72]) erklären, machte den Shamon We-shi zum Rongi-sha [73]) und ließ tausend Bonzen als Zuhörerschaft dabei sein.

20. Tag (3. Mai). Die Erklärung [des Sūtras] wurde abgebrochen.

12. Monat, 30. Tag (2. Februar 653). Der Kaiser lud die Bonzen und Nonnen des ganzen Landes zu sich in den Palast ein, bewirtete sie mit Fastenspeisen, verteilte Almosen in großem Maßstabe und ließ Lichter anzünden.

Hakuchi, 4. Jahr (653).

5. Monat, 12. Tag (12. Juni). Es wurden nach China entsendet der Hauptgesandte — — — die Studienpriester Dōgon, Dōtsū, Dōkwō, Weshi, Gakushō, Benshō [74]), Weshō, Sōnin, Chisō, Dōshō [75]), Jōwe [76]) — Jōwe war der älteste Sohn des Naidaijin [Kamatari] — Adachi — Adachi ist ein Sohn des Nakatomi no Kome no Muraji — Dōkwan — Dōkwan ist ein Sohn des Kasuga no Ahada no Omi Kudara. Ein anderes Werk fügt noch die Studienpriester Chiben und Gitoku [77]) hinzu. Sie fuhren zu 121 Köpfen auf einem Schiffe. Sodann fuhren der Hauptgesandte — — die Studienpriester Dōfuku, Gikyō, zusammen 120 Köpfe auf einem anderen Schiffe.

In diesem Monate begab sich der Kaiser nach dem Hause des Bonzen

---

[72]) Vgl. S. 334, Anm. 10.

[73]) „Kritiker, Correferent". Auch *ronge-sha* gesprochen. *Rongi* = Skr. *upadeça* dogmatische Diskurse, *rongisha* also etwa Skr. *upadeçin* (Lehrer).

[74]) Benshō-hōshi gehörte dem Uji der Hada an. Nach dem KWAI-FŪ-SŌ war er wegen seines witzigen Geistes und seiner Gewandtheit im Disputieren bekannt und genoß den Ruf eines gründlichen Gelehrten.

[75]) Biographie im 1. Bande des SHOKU-NIHONGI. Wurde Oberpriester des Genkō-ji, wo er die Doktrin der Hossō Sekte verkündete, die er bei dem berühmten Hiuen-ts'ang studiert hatte.

[76]) *Jōwe* war nach dem GENKŌSHAKUSHO der älteste Sohn des *Kamatari*. Der Kaiser hatte eine Nebenfrau, die schon seit 6 Monaten sich in gesegneten Umständen befand, und da er dem Kamatari sehr zugetan war, gab er ihm diese seine Nebenfrau zur Gemahlin mit dem Bedeuten, daß das demnächst zu erwartende Kind dem Kamatari gehören solle, wenn es ein Knabe wäre; wenn es dagegen ein Mädchen wäre, wollte es der Kaiser als seine eigene Tochter betrachten. Das Kind war ein Knabe und wurde daher Kamatari's Sohn, genannt *Jōwe*. Er wurde im Hause des Priesters We-in erzogen und dann nach China geschickt, wo er im 4. Jahre Yung-Hwei (653) des Kaisers Kao-tsung (650—684) in Ch'ang-ngan, in der Nähe des jetzigen Hsi-an Fu in Shensi, eintraf. Er studierte daselbst nahezu zehn Jahre unter einem gewissen Shên-t'ai im Tempel Huijih-sze. Im 1. Jahre T'iao-Lu (679) kehrte er in der Begleitschaft eines Kudarenser Gesandten in seine Heimat zurück. Er starb im 7. Jahre Wadō (714). Nach seiner Rückkehr aus China ließ er die Leiche seines Vaters Kamatari aus dem nach altjapanischer Art angelegten Hügelgrab herausnehmen und unter einer kleinen Steinpagode begraben. Dies Beispiel zeigt, daß zu jener Zeit die altjapanische Begräbnismethode allmählich verdrängt wurde. Kamatari's ursprüngliches Dolmen-Grab ist noch vorhanden; Aston, Nihongi II p. 243 gibt eine Abbildung davon.

[77]) Seine Rückkehr aus China wird im 4. Jahre Jitō (690) erwähnt.

Sōmin und erkundigte sich nach dem Befinden des Kranken. Mit eigenem Munde sprach er gnädige, huldvolle Worte zu ihm. — *In einem anderen Werke heißt es unter dem Datum des 7. Monats im 5. Jahre [Hakuchi, d. i. August 654]: Sōmin-hōshi lag im Tempel Adzumi-dera krank darnieder. Da begab sich der Kaiser zu ihm und erkundigte sich. Er ergriff seine Hand und sagte: „Wenn Euer Ehrwürden heute sterben, so werde Ich morgen sterben und Euch folgen.“*

6. Monat. Als der Kaiser hörte, daß Sōmin-hōshi verschieden sei, schickte er einen Boten hin, um sein Beileid auszudrücken und ließ viele Geschenke überreichen. Die Kaiserin Mutter und der Kronprinz schickten ebenfalls Boten und ließen durch dieselben ihrem Beileid über den Tod des Sōmin-hōshi Ausdruck geben. Endlich befahl der Kaiser, um das Andenken des Priesters zu ehren, dem Maler Koma no Tachibe no Komaro mit Funato no Atahi und anderen eine große Menge Statuen Buddhas und der Bodhisattwa anzufertigen und ließ dieselben im Tempel Kahara-dera [78]) aufstellen. — *Ein anderes Werk sagt: Sie befinden sich im Tempel Yamada-dera.*

Hakuchi, 5. Jahr (654).

1. Monat, 1. Tag (24. Jan.). In der Nacht zogen die Ratten in der Richtung der Yamato Hauptstadt hin fort.

2. Monat. [Eine japanische Gesandtschaft ging auf zwei Schiffen nach China ab. Nach mehrmonatlichem Umhertreiben auf dem Meere landeten sie in Shantung und wurden dann in der Hauptstadt vom chinesischen Kaiser Kao-tsung in Audienz empfangen.] Hierauf fragte sie Kuo Wên-keu, ein Tor-Inspektor im Palaste des Thronfolgers, genau nach den geographischen Verhältnissen des Landes Nippon und nach den Namen der Götter im Anfange des Landes. Alles wurde den Fragen gemäß beantwortet.

Iki no Hakatoko [79]) berichtet: Der Studienpriester Wemyō starb in China; Chisō starb auf dem Meere; Gakushō starb in China; Jōwe kehrte im Jahre Ki-no-to Ushi (665) zurück.

10. Monat, 10. Tag (24. Nov.) Der Kaiser starb im Staatsschlafzimmer. Man errichtete im Südlichen Hof den Palast für das zeitweilige Begräbnis (Mogari no Miya).

12. Monat, 8. Tag (20. Jan. 655). Der Kaiser wurde im Misasagi von Shinaga in Ohosaka begraben. An diesem Tage siedelte der Kronprinz [Naka no Ohoye] zusammen mit Ihrer Hoheit der Kaiserin-Mutter [80]) nach

---

[78]) Auch *Kōfuku-ji* genannt. Im Distrikt Takechi, Yamato.

[79]) In den letzten Büchern führt das NIHONGI manchmal seine Quellen und Gewährsmänner namentlich an, weil für diese spätere Periode bereits schriftliche Quellen vorlagen, während die ältere Geschichte ausschließlich auf mündlicher Tradition beruht. Ich zitiere aus dem Bericht nur die Namen derjenigen Priester, welche im Vorjahre als nach China entsandt erwähnt wurden.

[80]) *Kō-bo-so*, jap. *Sume-mi-oya no Mikoto* „Ihre Hoheit die Kaiserliche erlauchte Ahne“ ist der Titel, welchen der Kaiser Kōtoku seiner Schwester, der abgedankten Kaiserin Kōgyoku, am Tage seiner Thronbesteigung verlieh. Der Titel entspricht ungefähr dem später aufgekommenen Titel *Dajō-tennō* „allerhöchster Kaiser“, welcher einem abgedankten Kaiser verliehen wurde.

dem temporären Palaste von Kahabe in Yamato über. Alte Leute sagten: „Das Wandern der Ratten nach der Yamato Hauptstadt war ein Vorzeichen der Verlegung der Hauptstadt dorthin.“

Aus Buch XXVI.

Kaiserin Ame-toyo-takara Ikashi-hi Tarashi-hime. (Saimei[1])-tennō).

1. Jahr (655).

5. Monat, 1. Tag (10. Juni). Hoch in der Luft sah man jemand auf einem Drachen reiten. Der äußeren Erscheinung nach glich er einem Chinesen; er trug einen blauen, geölten Hut. Er ritt in Eile vom Gipfel des Katsuragi dahin und verschwand beim Berge Ikoma. Als es Mittag wurde, ritt er vom Kiefern-Gipfel in Suminoye aus in westlicher Richtung eilig davon.

10. Monat, 13. Tag (16. Nov.). In Woharida baute man einen kaiserlichen Palast und wollte ihn mit Ziegelsteinen decken[2]). Aber sowohl im tiefen Inneren der Berge wie in den weiten Tälern verfaulte eine große Masse der Bauhölzer, mit denen man den Palast hatte bauen wollen. Daher gab man die Sache auf und unterließ den Bau.

In diesem Winter geriet der Palast Asuka no Itabuki in Brand. Deshalb siedelte die Kaiserin nach dem Palaste Asuka no Kahara[3]) über und nahm dort ihren Wohnsitz.

---

[1]) Oder *Saimyō* „Gleichmäßiger Glanz“. Die zum zweiten Mal zur Regierung gelangte frühere Kaiserin *Kōgyoku*. Wird als 37. Mikado noch einmal gezählt. 655—661.

[2]) Seit der ältesten Zeit wurden die Paläste in Japan gleich den gewöhnlichen Häusern mit *Kaya*-Schilf gedeckt, wie noch jetzt die meisten Häuser auf dem Lande. Das Dach hat außerordentliche Ähnlichkeit mit dem der niedersächsischen Bauernhäuser. Schon das Decken mit Schindeln war etwas Ungewöhnliches, wie der Name „Schindeldach-Palast von Asuka“ andeutet; das Decken des Daches mit Ziegeln aber war nun vollends eine radikale Neuerung, die, wie aus dem folgenden hervorgeht, vom Volke mit Argwohn und Mißmut aufgenommen wurde. Das Faulen der Bauhölzer wird als Heimsuchung der heimischen Götter und Strafe für das freventliche Einführen fremder Art und Weise ausgelegt. Das Decken von obrigkeitlichen Gebäuden mit Ziegeln wird zuerst im FUSŌ-RYAKKI für das 11. Jahr Jitō-tennō (697) erwähnt. Die Neuerung stammt aus China oder Korea.

[3]) Zwischen den Dörfern Woka und Asuka im Distrikte Takechi, Yamato, ganz nahe beim *Itabuki* Palast. Der Brand des „Schindeldach-Palastes“, worin die Kaiserin den Thron bestiegen hatte und residierte, scheint gleichfalls eine „Heimsuchung der Götter“ zu sein, d. h. Anhänger der den Neuerungen feindlichen konservativen Partei bei Hofe spielten die Hand Gottes, als Gegenstück zu dem Palastbrand des Jahres 552 unter Kaiser Kimmei, den zweifellos der „rächende Buddha“ verursacht hatte. Im nächsten Jahre, 656, berichtet das NIHONGI vom Unwillen des Volkes über die eingerissene Bauwut. Die Kaiserin ließ unter anderm einen neuen Palast in Asuka no Wokamoto bauen. „Möge das Bauholz des Palastes verfaulen und der Gipfel des Berges einfallen!“ flucht das Volk. Prompt gerät auch der neue Palast in Brand.

3. Jahr (657).

7. Monat, 15. Tag (31. Aug.). Im Westen des Tempels Asuka-dera stellte man einen Berg in Gestalt des Berges Sumeru[4]) her. Zudem wurde das Allerseelenfest[5]) gefeiert. Am Abend wurden die Leute aus Tokwara bewirtet.

9. Monat. Leute der Provinz Ihami sagten, daß sich ein weißer Fuchs gezeigt habe[6]).

4. Jahr (658).

4. Monat. Abe no Omi griff die Yemishi mit 180 Schiffen an. Die Yemishi der beiden Distrikte Agida und Nushiro[7]) wurden bei ihrem Anblick von Furcht ergriffen und boten ihre Unterwerfung an. Als hierauf die Schiffe in Schlachtordnung am Gestade von Agida aufgestellt wurden, kam ein Yemishi aus Agida Namens Oka hervor und gab feierlich diese Versicherung: „Wir tragen Bogen und Pfeile nicht zum Kampfe gegen das Kaiserliche Heer, vielmehr haben wir Sklaven dieselben nur, weil es unsere Gewohnheit ist, Fleisch zu essen. Wenn wir uns zum Kampfe gegen das Kaiserliche Heer mit Bogen und Pfeilen versehen haben, so wird es der Gott der Küste von Agida[8]) wissen [und uns strafen]. Wir wollen mit reinem Herzen dem Hofe dienstbar sein.“

7. Monat. In diesem Monat reisten die Bonzen Chitsū und Chitatsu auf kaiserlichen Befehl auf einem Shiragenser Schiff nach China und studierten dort die Philosophie des Unbelebten und Belebten[9]) bei Genjō-hōshi (Hiuen-

---

[4]) Siehe S. 327, Anm. 25. Sehr merkwürdig ist, daß sowohl in diesem Fall, wie bei den anderen zwei Gelegenheiten, wo der Berg Sumeru noch konstruiert wurde (5. und 6. Jahr Saimei), eine Bewirtung von Ausländern, und zwar von Angehörigen weniger zivilisierter Völker, stattfand. Hier sind es Leute von Tokwara, angeblich aus dem Lande der Tochari-Tartaren (Tukhāra), wahrscheinlich aber von der Luchu Insel Tokara, welche nach Japan verschlagen worden waren; weiter unten sind es Yemishi bzw. Mandschuren. Das gleichzeitige Erwähnen so heterogener Vorgänge drei Mal hintereinander (657, 659, 660) dürfte kaum auf Zufall beruhen, aber der Grund ist mir nicht verständlich. Wollte man vielleicht den Leuten mit der fremden Kunst imponieren?

[5]) *Urabonye*, siehe S. 324, Anm. 15.

[6]) Es handelt sich nur um ein Gerücht, wahrscheinlich von schlauen Leuten der Provinz ausgesprengt in der Hoffnung, wie ihre Nachbarprovinz Anato, wo der weiße Fasan erschienen war, einen Steuernachlaß zu erwirken. Jedenfalls erfolgte nichts darauf.

[7]) Provinz Deha (jetzt Uzen und Ugo), im äußersten Nordwesten der Hauptinsel, damals noch von den Yemishi = Ainu bewohnt. *Agida* oder *Aida*, jetzt *Akita*, Name eines Regierungsbezirks und einer Stadt.

[8]) Nichts Näheres über diesen Gott bekannt. Vermutungen, wie, daß es die Gottheit eines sog. Enga-jinja im alten Distrikt Tagawa, oder des Shichiza-jinja im Dorfe Ko-tsunagi des Akita Distriktes gewesen sei, entbehren der Begründung. Man sollte annehmen, daß es eine Landesgottheit der Ainu war, die freilich später von den Japanern in ihr weitherziges Pantheon aufgenommen worden sein kann.

[9]) *Mujō-shujō* „leblose Dinge und Lebewesen“, d. i. das ganze Universum; hat hier offenbar keinen anderen Sinn als „Lehre Buddha's“.

In einer Biographie Chitsū's wird als Gegenstand des Studiums *yui-shiki*, buddhistische Psychologie, angegeben. Man bezeichnet damit eine bestimmte Lehre des Buddhismus, welche

ts'ang[10])).

11. Monat, 5. Tag (5. Dez.). Der Kaiserliche Prinz Arima begab sich nach dem Hause des [Soga no omi] Akaye. Nachdem er in das obere Stockwerk hinaufgestiegen war, pflegte er mit ihm Rat. Da zerbrach seine Armstütze[11]) ganz von selbst. Allen beiden leuchtete da ein, daß dies ein böses Vorzeichen sein müsse, und unter feierlicher Versicherung gaben sie ihre Absichten[12]) auf. Der Kaiserliche Prinz kehrte hierauf in seine Wohnung zurück.

11. Tag. Als Shihoya no Muraji eben hingerichtet werden sollte, bat er: „Laßt meine rechte Hand Schatzstücke des Reiches verfertigen[13]).“ — In einem Werke heißt es: Der Kaiserliche Prinz Arima zog mit Soga no Omi Akaye, Shihoya no Muraji Konoshiro, Mori no Kimi Ohoishi und Sakahibe no Muraji Kusuri zusammengedrehte Zettel[14]) und wahrsagte betreffs der geplanten Empörung.

[In diesem Jahre] fertigte der Bonze Chiyu einen Kompaß-Wagen[15]).

auch einer Sekte, der Yuishiki-shū, alias Hossō-shū (hossō = Gesetzgestaltung), den Namen gegeben hat. Die erste Überlieferung *(den)* der Hossō-shū in Japan geht auf den weiter oben genannten Bonzen Dōshō zurück, und bildet mit der zweiten des Chitsū und Chitatsu die sog. Gangōji-den oder Nanji-den „Überlieferung des G. oder Südtempels“. Anfang des 8. Jahrhunderts folgten noch zwei andere Überlieferungen, die des Kōfuku-ji oder Nordtempels: Kōfukuji-den oder Hokuji-den. Die Sekte blühte Jahrhunderte lang in Nara, geriet aber später in argen Verfall. Anfangs Meiji in die Shingon-Sekte aufgenommen, wurde sie 1882 wieder selbständig. Die Haupttempel sind jetzt der Kōfuku-ji in Nara, und der Hōryū-ji und Yakushi-ji bei Nara.

[10]) *Hiuen-ts'ang*, der berühmte chines. Çramana, der 629—645 in Indien weilte, von wo er 657 Sanskritwerke mit nach China zurückbrachte und dann 75 Sanskritwerke in 1335 Fasciculis ins Chinesische übersetzte. Starb 664, 65 Jahre alt. Siehe Bunyiu Nanjio, a. a. O. Appendix II No. 133; Stanislas Julien und Beal: Si-yü-ki etc.

[11]) *Kyōsoku*, jap. *oshimadzuki*, ein zweibeiniges, etwa einen Fuß hohes, oben oft gepolstertes Bänkchen, worauf man den Unterarm stützt, während man auf der Matte kauert.

[12]) Der neunzehnjährige Prinz hatte Empörung gegen die in den Thermen von Kii befindliche kranke Kaiserin geplant und aus Äußerungen Akaye's geschlossen, daß dieser ihn unterstützen wolle. Hiernach wurde er aber von Akaye, der höchstwahrscheinlich auf Anstiften des Thronfolgers Naka no Ohoye den Bauernfänger gespielt hatte, verraten und mit Erdrosselung bestraft. Zwei seiner Anhänger, darunter Shihoya no Muraji Konoshiro, wurden enthauptet.

[13]) Die Auffassung der japanischen Kommentatoren ist, daß Konoshiro eine kunstfertige Hand gehabt hätte und diese der Nachwelt überlassen wollte, um seinem Lande noch nach dem Tode zu nützen. Ob diese mystische Wirkung der Totenhand durch Aufbewahrung oder wie sonst erzielt werden sollte, läßt sich nicht ersehen. Parallelen aus dem japanischen Aberglauben weiß ich nicht beizubringen.

[14]) *Hineri-bumi*. Zettel, auf denen ein Schriftzeichen geschrieben war, wurden längsweise zusammengefaltet, damit man das Zeichen nicht sehen konnte, und dann als Los gezogen. Später *momi-kuji* oder *hineri-kuji* genannt. Das SHOKU-NIHONGI berichtet aus dem Jahre 723 von einem Bankett im Taikyokuden, wobei solcherweise Geschenke ausgelost wurden; auf den Zetteln standen die Zeichen der fünf Kardinaltugenden geschrieben. Damals hätte dieses Losziehen beim Volke *fuku-hiki* „Glücksziehen“ geheißen.

[15]) *Shi-nan-sha* „nach Süden zeigender Wagen“. Alte chinesische Erfindung. Nach

Aus der Provinz Idzumo wurde berichtet: „Am Ufer des nördlichen Meeres sterben die Fische und liegen in Schichten von drei Fuß Dicke übereinander im Wasser. An Größe sind die Fische den Kugelfischen [16]) ähnlich. Sie haben Sperlingsschnäbel und spitzige Schuppen gleich Nadeln, die mehrere Zoll lang sind. Im Volksmunde sagt man: Der Sperling taucht ins Meer und verwandelt sich in einen Fisch; er heißt dann Sperlingsfisch [17])."

Damals lief ein Pferd von selbst Tag und Nacht um die Goldene Halle eines buddhistischen Tempels in Kudara herum [18]) und blieb bloß beim Grasfressen still stehen. — *In einem anderen Werke heißt es: Dies war ein Omen, daß [Kudara] im Jahre Ka-no-ye Saru (660) zu Grunde gerichtet werden würde.*

5. Jahr (659).

3. Monat, 17. Tag (14. April). Man konstruierte einen Sumeru Berg am Flußufer östlich vom Amakashi Hügel [im Distrikt Takechi von Yamato] und bewirtete die Yemishi von Michinoku und Koshi.

In diesem Monat wurde Abe no Omi an der Spitze von 180 Schiffen mit Truppen abgeschickt, um das Land der Yemishi anzugreifen [19]). [Abe no Omi bewirtete eine Anzahl Yemishi aus Agida, Nushiro usw.] Hierauf brachte er den Gottheiten jener Gegend ein Schiff und verschiedenfarbige Seidenzeuge als Opfergaben dar und brach nach Shirihiko auf.

7. Monat, 15. Tag (10. Aug.). Die Kaiserin erließ folgendes Dekret an die Beamtenschaft: „In allen Tempeln der Hauptstadt soll man das Urabonkyō [20]) erklären lassen und den Vätern und Müttern der sieben [nächst vorangegangenen] Generationen ihre Wohltaten dadurch vergelten."

In diesem Jahre wurde den Kumi no Miyatsuko von Idzumo befohlen, den Schrein des strengen Gottes [21]) zu reparieren.

Ein Fuchs biß das Ende einer Schlingpflanze [22]), welche ein Fronknecht

---

einer alten Beschreibung (TSIN-SHU) ein Wagen mit einer aus Holz geschnitzten und in ein Federkleid gekleideten Figur, einen Berggeist vorstellend, dessen ausgestreckte Hand immer nach Süden zeigt. Soll zum ersten Mal unter Kaiser Hoang-ti gefertigt worden sein.

[16]) *Fukube*, jetzt *fugu* genannt, ein sehr wohlschmeckender, aber oft giftiger Fisch, dessen Genuß vielen ärmeren Japanern das Leben kostet. Tetraodon hyxtris.

[17]) *Suzume-uwo* oder *suzumiwo*, auch *suzume-fugu*, Ostracion diaphanus.

[18]) Ein Beispiel der *pradakshinā*, Umkreisung eines heiligen Gegenstandes, wodurch man seine Ehrfurcht erweist. Dem umkreisten Objekt wird dabei die rechte Seite zugewandt. Die Sitte besteht noch in Tibet, Indien usw. als Ehrfurchtsbezeigung. Jap. *meguri*, auch sinojap. *kyōtō* genannt; in der älteren Literatur im EIGWA-MONOGATARI, GENJI-MONOGATARI usw. erwähnt.

Zu „Goldene Halle", *kondō*, vgl. S. 324, Anm. 13,

[19]) Der Kriegszug ging diesmal bis nach der Insel Watari-shima oder Yezo, wie es scheint, mit Unterstützung mancher Ainu Stämme der nordwestlichen Hauptinsel, welche durch freundliche Behandlung gewonnen worden waren, denn wir lesen häufig von Bewirtungen der Ainu sogar bei Hofe.

[20]) Ullambana-sūtra.

[21]) *Itsukashi* (oder *Itsu, Itsuki, Itsukushi) no kami.* Mit diesem Schrein ist der Jingū von Kidzuki, der Oho-yashiro, gemeint.

[22]) Der Wurzelstrang ist gemeint, der in alter Zeit zu Stricken verwendet wurde.

des Distriktes Ou [in der Provinz Idzumo] in der Hand hielt, ab und lief davon. Fernerhin brachte ein Hund die Hand und den Arm eines Toten im Maul herbeigeschleppt und legte denselben im Schrein von Ifuya[23]) nieder. — *Dies waren Zeichen, daß die Kaiserin sterben würde.*

6. Jahr (660).

5. Monat. In diesem Monat erhielten die Beamten von der Kaiserin den Befehl, hundert erhöhte Sitze[24]) und hundert Nō-kesa[25]) anzufertigen und eine Nin-ō Han-nya Versammlung[26]) zu veranstalten.

In der Nähe des Teiches von Iso-no-kami[27]) konstruierte man den Berg Sumeru, und zwar so hoch wie die Pagode eines buddhistischen Tempels, und bewirtete 47 Mandschuren.

In diesem Jahre hatte die Kaiserin die Absicht gehabt, das Land Shiragi zu Gunsten Kudara's anzugreifen und zu diesem Zwecke an die Provinz Suruga den Befehl erlassen, ein Schiff zu bauen. Als es fertig war und man es nach Womi[28]) gebracht hatte, drehte sich das Schiff in der Nacht ohne besondere Ursache um, so daß das Hinterteil da zu liegen kam, wo vorher das Vorderteil gelegen hatte. Daraus zogen alle den Schluß, daß die Angelegenheit mit einer Niederlage enden würde.

Aus der Provinz Shinano wurde berichtet: „Ein Fliegenschwarm flog in der Richtung nach Westen über den Hügel Ohosaka hin. Er war zehn Armspannen dick, in der Höhe reichte er bis zum Himmel. Jemand schloß daraus, daß dies ein Vorzeichen der Niederlage der Hilfsarmee sei.

7. Jahr (661).

5. Monat, 9. Tag. (11. Juni). Die Kaiserin siedelte nach dem Palaste Asakura no Tachibana no Hironiha[29]) über. Um diese Zeit ließ die Kaiserin

[23]) Ein *Ifuya no yashiro*, im Distrikt Ou von Idzumo, wird auch im ENGI-SHIKI aufgeführt. Der Abhang *Ifuya-saka* daselbst ist nach dem KOJIKI der Eingang zur Unterwelt! Vgl. S. 24f.

[24]) *Kō-za*, eine Art Kanzel, worauf die buddhistischen Priester sitzend Platz nehmen, wenn sie predigen und die Sūtra lesen.

[25]) Auch *nō-e* (*e* = Kleid) genannt. Eine besondere Art der Kesa, des von den Bonzen getragenen Umhangs, und zwar eine aus lauter Streifen Zeug zusammengesetzte. Gewöhnlich sind es 9 bis 25 Streifen. Der demütige Priester soll ein geflicktes Kleid tragen, weshalb die Kesa von vornherein als scheinbares Flickwerk hergestellt wird, auch wenn es die kostbarsten Goldbrokatstoffe sind.

[26]) Eine Versammlung zur feierlichen Lesung des Nin-ō Han-nya Kyō, d. i. des „Prajñāpāramitā-sūtra über einen wohlwollenden König, der sein Land beschützt". Siehe Bunyiu Nanjio, a. a. O. No. 17.

[27]) Im Distrikt Yamanobe, Yamato, später Tai-Shōgun Teich genannt.

[28]) Unbekannt.

[29]) *Tachibana no Hiro-niha* „Weiter Hof der Orangenblüten". *Asakura* in der Provinz Chikuzen, auf der Insel Kyūshū, ist gemeint. Es gibt zwar z. B. auch in Tosa einen Ort Asakura, und das ENGI-SHIKI nennt daselbst einen *Asakura-jinja*, aber verschiedene andere Namen im Bericht über die Reise der Kaiserin und ihre Aufenthaltsorte weisen nach Chikuzen. Die Kaiserin wollte an einer Expedition nach Westen (Korea) teilnehmen.

die Bäume des Shintōschreins von Asakura niederhauen und wegschaffen, um diesen Palast zu bauen; aber die Gottheit ergrimmte darob und zerstörte den Palast. Zudem wurden [die Übeltäter] von dem göttlichen Fluche getroffen [30]). Infolgedessen wurden der Oberkämmerer und eine große Anzahl anderer Personen, die in der nächsten Umgebung der Kaiserin dienten, krank und starben.

[Eine im Jahre 659 nach China abgegangene Gesandtschaft war dort von einem gewissen Kahachi no Aya no Oho-maro, einem Gefolgsmann des Chinesen Han Chi-hung, verleumdet worden und beim chinesischen Kaiser in Ungnade gefallen, wie Iki no Muraji Hakatoko, ein Mitglied der Mission, in seinen Memoiren berichtet. 661 kam die Mission, der es ziemlich trübe ergangen war, nach Japan zurück. In Hakatoko's Bericht heißt es nun weiter:] Die von Yamato no Aya no Tsuka no Atahi Tarushima [31]), dem Gefolgsmann des Chi-hung, verleumdeten Gesandten konnten die Kaiserliche Gnade nicht erlangen. Der Groll der Gesandten hierüber drang zu den Göttern des Himmels empor, und diese töteten den Tarushima durch einen Blitzstrahl. Die Zeitgenossen sagten: „Wie prompt war doch die Vergeltung seitens des Himmels von Yamato!"

7. Monat, 24. Tag (24. Aug.). Die Kaiserin starb im Asakura Palast.

8. Monat, 1. Tag (31. Aug.). Der Kronprinz unternahm die Überführung der Leiche der Kaiserin nach der Hauptstadt und gelangte auf dem Rückwege nach dem Ihase Palaste [32]). Am Abend dieses Tages zeigte sich über dem Asakura Berg ein Geist, welcher einen großen Hut auf dem Kopf hatte, und dem Leichenzuge zuschaute [33]). Alle Leute wunderten sich darüber.

[Am 20. November wurde die Leiche der Kaiserin endlich in Naniha gelandet und am 3. Dezember in Asuka-Kahara in Yamato temporär bestattet.] Von diesem Tage an begann eine neuntägige Trauer.

[30]) So die Bedeutung der Stelle nach der gewöhnlichen Textgestalt, umschrieben *yaburarenu* oder *yaburaretari*. Einige Textüberlieferungen aber sind ausführlicher und haben noch die Zeichen *kyū* „Palast" und *ki-kwa* (chin. *kwei-hwo*) = *oni-bi* „Dämonenfeuer, ignes fatui". Dann würde zu übersetzen sein: „Im Palaste erschienen Dämonen-Feuer". Der Sinn ist wesentlich derselbe, denn die *oni-bi* sind auch böse Geister, von einer zürnenden Gottheit ausgehend, und bringen Tod und Verderben.

[31]) Warum hier ein anderer Name steht als im Bericht vom Jahre 659, ist unklar. Beide sind Gefolgsleute des Han Chi-hung und, wie der Bestandteil Aya in ihren Namen dartut, Chinesenabkömmlinge, deren Familien in Yamato bzw. Kahachi angesiedelt waren. Es scheint eine Verwirrung in der Überlieferung vorzuliegen.

[32]) Im Distrikt Naka, Chikuzen, unweit Hakata.

[33]) Die japanischen Kommentatoren meinen, daß der Gott des Schreins von Asakura noch immer wegen des Fällens der Bäume in seinem Hain gezürnt und bei dieser Gelegenheit sichtbare Gestalt angenommen habe, um seinen Unwillen kund zu tun.

Aus Buch XXVII.

Kaiser Ame-mikoto-hirakasu-wake. (Tenchi[1])-tennō.)

[661.]

[Nach dem Tode der Kaiserin Saimei] zog der Thronfolger weiße Kleider[2]) an und übernahm die Regierung[3]).

[Schon im Sommer 661 hatte der Thronfolger ein japanisches Hilfsheer zur Unterstützung der Kudarenser und Komaner gegen die Chinesen nach Korea geschickt.] Die den Komanern Hilfe bringenden japanischen Heerführer waren am Strande von Kahari (Kaphari) in Kudara vor Anker gegangen und hatten ein Feuer angezündet. Die Asche veränderte sich und bildete ein Loch, und ein feines Geräusch ließ sich [daraus] vernehmen, ähnlich dem eines Brummpfeils. Einige Leute äußerten: „Das ist wohl ein Vorzeichen, daß Koma und Kudara schließlich untergehen werden.“

1. Jahr (662).

4. Monat. Eine Ratte bekam im Schwanze eines Pferdes Junge. Der Bonze Dōken (To-hyŏn) knüpfte daran folgende Wahrsagung: „Die Leute des nördlichen Landes werden dem südlichen Lande untertan werden. Nämlich Koma wird vielleicht eine Dependenz von Japan werden.“

3. Jahr (664).

12. Monat. In diesem Monat wurde aus der Provinz Afumi berichtet: „Im Wasser einer Schweine-Futterkrippe eines Mannes des Distriktes Sakata Namens Mu, welcher Schreiber des [Bezirks] Shinuta war, wuchsen plötzlich Reishalme. Mu nahm sie und bewahrte sie auf, und von Tag zu Tag wurde er reicher.

---

[1]) Oder *Tenji*, „himmlische Weisheit“. 38. Mikado, reg. 662—671. Vorher Prinz *Katsuragi* oder *Naka no Ohoye* oder *Hirakasu-wake* geheißen, Sohn des Kaisers Jomei und seiner Hauptgemahlin, der späteren Kaiserin Kōgyoku = Saimei.

[2]) So nach den chinesischen Zeichen. Weiß ist die Farbe der Trauer. Die japanischen Lesungen dafür sind aber *asa no mi-so* „hanfenes Gewand“. Ungefärbte, also in der Farbe weißliche, hanfene Gewänder wurden in der ältesten Zeit als Trauerkleider getragen. Vgl. MANYŌSHŪ Buch II, 102 das Gedicht des Hitomaro an der Grabstätte des Prinzen Takechi, wo die Dienstmannen des Hofes beim Tode des Prinzen *shiro-tahe no asa-goromo* „weiße hanfene Kleider“ anziehen. Das TAIHŌ-RYŌ schreibt in der Abt. Sōsō (Trauer und Begräbnisse) für den Kaiser bei der Trauer um Verwandte vom zweiten Grad aufwärts das Tragen eines Gewandes (shō-u) vor, welches nach dem GIGE Kommentar eine „leicht-schwarze Färbung“, *asa-sumi-zome*, hat, d. i. Weiß mit einem Schimmer ins Schwärzliche.

[3]) Ohne jedoch formell den Titel und die Würde eines Kaisers anzunehmen! Dies tat er erst zu Anfang seines siebenten Regierungsjahres, am 3/1, d. i. am 20. Febr. 668. Bis dahin behielt er den Titel Thronfolger *(Kōtaishi)* bei und begnügte sich damit, der de facto Regent des Landes zu sein, wie er es schon unter seinen drei Vorgängern gewesen war. Über die mutmaßlichen Gründe dieser seltsamen Erscheinung sehe man meine ausführliche Note in „Japanische Annalen“ S. 205 f.

Am Kopfende der Bettmatte der neuvermählten Frau des Ihaki no Suguri Oho, eines Mannes im Distrikt Kurita (Kurimoto), wuchs während ihres ersten nächtlichen Zusammenseins ein Reishalm und trieb eine Ähre. Am betreffenden Morgen hing die Ähre [vom Gewicht ihrer Körner] herab und war vollständig reif. In der nächstfolgenden Nacht wuchs wiederum eine Ähre. Als die neuvermählte Frau auf den Hof hinausging, fielen zwei Schlüssel vom Himmel herab vor ihr nieder. Die Frau nahm sie und überreichte sie dem Oho. Oho begann von nun an reich zu werden.“

4. Jahr (665).

3. Monat, 1. Tag (22. März). Um der [verstorbenen] Großkaiserin Hashibito [4]) willen ließ man 330 Personen in die buddhistische Priesterschaft eintreten [5]).

5. Jahr (666).

Der Bonze Chiyu aus dem Geschlechte der Yamato no Aya überreichte dem Kaiser einen Kompaß-Wagen [6]).

6. Jahr (667).

6. Monat. Der Distrikt Kadono [der Provinz Yamashiro] überreichte dem Kaiser eine weiße Schwalbe [7]).

7. Jahr (668).

In diesem Jahre stahl der Bonze Dōgyō [8]) [aus dem Schrein zu Atsuta das daselbst verwahrte] Grasmähe-Schwert [9]) und flüchtete damit nach Shiragi; aber unterwegs wurde er dermaßen von Sturm und Regen umhergeworfen, daß er [nach Japan] zurückkehrte [10]).

---

[4]) Tochter des Kaisers Jomei und verwitwete Gemahlin des Kaisers Kōtoku. „Großkaiserin“, *tai-kō* oder *oho-kizaki*, war der ihr verliehene Ehrentitel.

[5]) Der Eintritt erfolgte auf Befehl des Hofes. Der schintoistisch gesinnte Kommentator Shikida bemerkt dazu, es könne wahrlich nicht als ein Zeichen guter Regierung betrachtet werden, daß man eine so große Zahl „reinen“ Volkes zwang, ihre Familien und Weib und Kind zu verlassen und Sklaven Buddhas zu werden. Eine Reihe ähnlicher Fälle verzeichnet das SHOKU-NIHONGI: im 12. Monat des 2. Jahres Taihō (702) 100 Personen; im 3. Monat des 3. Jahres Taihō (703) 100 Personen; im 9. Monat des 17. Jahres Tempyō (745) 3800 Personen; im 1. Monat des 3. Jahres Tempyō-Shōhō (751) 950 Mönche und 50 Nonnen.

[6]) Vgl. S. 360, Anm. 15.

[7]) Als gutes Omen für die Regierung des Kaisers gedeutet, wie der weiße Fasan zur Zeit des Kaisers Kōtoku.

[8]) Ein Shiragenser.

[9]) *Kusa-nagi no tsurugi*, das eine der sog. *mi-kusa no kami-dakara*, der drei heiligen kaiserlichen Erbschatzstücke, das nach dem KOGOSHŪI seit Yamato-takeru's siegreicher Rückkehr im Schrein zu Atsuta, in der Provinz Wohari (spr. Owari) aufbewahrt wurde. An anderer Stelle erwähnt das KOGOSHŪI auch den Raub aus dem Atsuta Schrein durch einen fremden Dieb.

[10]) Genaueres über den Hergang bei dem Diebstahl des heiligen Gegenstandes erfahren wir aus der Gründungsgeschichte des Atsuta Schreins, dem ATSUTA-ENGI, einer zwar stark buddhistisch gefärbten, aber doch alten Quelle: „Im 7. Jahre des Kaisers Ame-mikoto-hirakasu-wake stahl der Shiragenser Bonze Dōgyō dieses Götterschwert und wollte es nach seinem

8. Jahr (669).

10. Monat, 16. Tag [14. Nov.]. Der Kanzler des Innern Fujihara[11]) starb. Im Nihon-Seiki heißt es: „Der Kanzler des Innern starb in seinem Privathause im

Heimatslande bringen. Heimlich war er betend in den Götterschrein hineingegangen, nahm das Schwert, wickelte es in eine Kesa (bud. Priesterschärpe) und entfloh damit nach der Provinz Ise. Einstmals, während er übernachtete, kam das Götterschwert von selber aus der Kesa heraus und kehrte in seinen ursprünglichen Schrein zurück. Dōgyō begab sich wiederum dorthin, übte Beschaulichkeit und betete und wickelte es wieder in eine Kesa und entfloh damit nach der Provinz Settsu. Vom Hafen von Naniha (Osaka) fuhr er zu Schiff ab und wollte in sein Heimatland zurückkehren. Auf dem Meere aber verloren sie die Fahrstraße, trieben umher und kamen wieder in den Hafen von Naniha. Darauf hatte er eine göttliche Inspiration, welche besagte: „Ich bin das Götterschwert von Atsuta. Ich bin von einem teuflischen Bonzen betrogen worden und soll nach Shiragi gebracht werden. Zuerst bin ich in eine Priesterschärpe von sieben Breiten *(Shichi-jō no kesa)* gewickelt worden, bin aber daraus entflohen und in den Schrein zurückgekehrt. Dann bin ich in eine Priesterschärpe von neun Breiten *(Kujō no kesa)* gewickelt worden, woraus es überaus schwierig ist mich zu befreien.“ Zu dieser Zeit waren Beamte und Volk voll Staunen und Schreck [über das Verschwinden des Schwertes] und man suchte überall danach. Da machte sich Dōgyō in seinem inneren Herzen Gedanken und dachte, wenn er das Schwert von sich würfe, könne er vermeiden, zur Verantwortung gezogen zu werden. Daher wollte er das Götterschwert von sich werfen. Das Schwert aber trennte sich nicht von seiner Person. Als Dōgyō all seine Künste und Kräfte erschöpft hatte und am Ende seines Witzes war, faltete er die Hände und lieferte sich selber der Gerechtigkeit aus. Schließlich wurde er zur Strafe enthauptet.“ — Strengen Schintoisten, wie Shikida, ist diese wunderliche Erzählung vor allem darum unannehmbar und ärgerlich, weil sie der Kesa des Bonzen, einem „schmutzigen buddhistischen Gewande“. die beschriebene mystische Kraft zuschreibt; das sei einseitige buddhistische Mache.

Aus der weiter unten im NIHONGI, unter dem Datum 10. Tag des 6. Monats des 1. Jahres Shuchō (5. Juli 686), erwähnten Rückgabe des Schwertes an den Atsuta Schrein ergibt sich, daß das Schwert nach seiner Wiederauffindung achtzehn Jahre lang im Kaiserlichen Palast aufbewahrt wurde, offenbar deshalb, weil man es in Atsuta nicht genügend sicher glaubte. Die Krankheit des Kaisers Temmu wurde jedoch dann von den Wahrsagern dazu benutzt, den Priestern des Atsuta Schreins wieder zu ihrem Rechte zu verhelfen, allerdings unter besonderen Vorsichtsmaßregeln gegen eine Wiederholung des unliebsamen Vorfalls, indem man sieben Beamte als Wächter über das Schwert einsetzte (ATSUTA-ENGI).

[11]) *Fuji-hara no Nai-daijin*, d. i. Kamatari oder Kamako. Der Geschlechtsname *Fujihara no Uji* „Haus Glyzinienfeld“ war ihm vom Kaiser am Tage vor seinem Tode ehrenhalber verliehen worden; mit dem gleichzeitig verliehenen Titel *nai-daijin* wurde er noch eine Stufe höher als die Kanzler zur Linken und Rechten gestellt.

Fujihara ist ein Ort im Distrikt Takechi, Yamato.

Kamatari aus dem priesterlichen Geschlecht der Nakatomi soll die 23. Generation der Nachkommen des Gottes Ame no Koyane no Mikoto gewesen sein. Seine Familie stammte aus der Provinz Hitachi und verehrte die Gottheiten der Schreine von Kashima in Hitachi und Kadori, jetzt in der Provinz Shimōsa, aber unweit der Grenze von Hitachi gelegen, als Schutzgottheiten der Familie *(ubu no kami,* oder *uji-gami)*. Das SHOKU-NIHONGI berichtet für den 7. Monat des 8. Jahres Hōki (777) eine Eingabe eines Nachkommen Kamatari's, des Fujihara no Yoshitsugu, an den Kaiser um Verleihung eines Ranggrades für die Götter dieser beiden Schreine.

Aus buddhistischen Kreisen stammt eine Angabe, daß Kamatari kurz vor seinem Tode sich hätte zum Priester weihen lassen. Es ist schwerlich anzunehmen, daß das NIHONGI sich die Mitteilung eines solchen Vorfalls hätte entgehen lassen, beruhte er auf Tatsachen. Bei

Alter von fünfzig[12]) Jahren und wurde zur temporären Bestattung nach dem Süden des Berges [Tō no Mine in Yamato] überführt. O Himmel! warum übst du keine Gnade und lässest den Alten nicht noch eine Weile auf der Welt? O weh, o wie traurig! Auf seinem Grabsteine[13]) steht: Er starb mit fünfzig und sechs Frühlingen und Herbsten.

19. Tag [17. Nov.]. Der Kaiser begab sich nach dem Hause des Fujihara no Nai-daijin. Er befahl dem Soga no Akaye no Omi vom Range Daikinjō, seinen gnädigen kaiserlichen Befehl zu verkünden[14]). Darauf schenkte Er ein goldenes Räuchergefäß[15]).

12. Monat. Zu dieser Zeit brach im Ikaruga-dera Feuer aus.

9. Jahr (670).

3. Monat, 9. Tag [4. April]. In der Nähe des Brunnens Yama no Miwi[16]) wurden für alle Götter Sitze[17]) hingebreitet und Opfergaben[18]) an sie verteilt, und Nakatomi no Kane no Muraji rezitierte die Norito-Worte[19]).

4. Monat, 30. Tag [24. Mai]. Nach Mitternacht brach im Tempel Hōryū-ji[20]) eine Feuersbrunst aus. Kein einziges Gebäude blieb übrig. Gewaltige Regengüsse fielen, und Donnergepolter erscholl.

---

einem Manne, der durch seine Familientradition so intim mit dem Shintō Kult verbunden war, daß ihm die Kaiserin Kōgyoku 644 die Oberleitung des ganzen Shintō Kults anbot, die er freilich ablehnte, um sich für seine politischen Bestrebungen frei zu erhalten, klingt die Nachricht, deren ursprüngliche Quelle mir unbekannt ist, auch wenig glaubhaft.

[12]) Wohl Irrtum statt 56, wie überall sonst angegeben wird.

[13]) Erste Erwähnung von Grabsteinen *(eri-ishi)*. Im Taihō-Ryō wird die Errichtung von Grabsteinen mit Inschriften, welche Rang und Namen verzeichnen, schon allgemein vorgeschrieben. Kamatari's Grabstein ist nicht erhalten.

[14]) Es handelt sich wohl um Verlesung eines Nekrologes auf den Toten, worin dessen Verdienste gepriesen werden. Die Familienüberlieferung *(Ka-den)* teilt eine solche Preisrede mit, die am selben Tage auf kaiserlichen Befehl von einem gewissen Soga no Toneri Omi (sic!) gehalten wurde. Wenn auch die Namen der angeführten Redner verschieden sind, wird es sich doch wohl um dieselbe Sache handeln.

[15]) *Kōro*. Aus dem Text geht nicht klar hervor, wer der Empfänger dieses kaiserlichen Geschenks von zweifellos buddhistischem Charakter war. Vielleicht Soga no Akaye? Die Soga Familie gehörte ja von Anfang an zu den Förderern des Buddhismus.

[16]) „Erlauchter Brunnen auf dem Berge“. Dieser Brunnen im Distrikt Shiga der Provinz Afumi, unweit Ōtsu am Biwa-See, lieferte das Wasser für das *ubu-yu*, das Geburtsbadewasser, das nach der Geburt mehrerer Prinzen und Prinzessinnen zum Baden derselben gebraucht wurde, unter anderem auch für die späteren Kaiser Tenchi, Temmu und Kaiserin Jitō, woher der Name *mi-wi* „erlauchter Brunnen“. Wenn man manchmal auch *mi-wi* als „Dreien Brunnen“ interpretiert, so ist das wohl nur eine Volksetymologie mit Anspielung auf die drei Kaiser. Später wurde in der Nähe der buddhistische Tempel *Mi-wi-dera* errichtet, dessen Name gleichfalls vom Namen des Brunnens entlehnt ist.

[17]) *Mi-mashi* „erlauchte Sitze“ (von *masu* „sein, weilen“), Kultplätze.

[18]) *Mitegura*, ursprünglich Opfergaben aus Hanf und Maulbeerrindenzeug *(yufu)*. Vgl. Aston's Shinto unter Offerings, bes. S. 213ff. (Clothing).

[19]) Das Rezitieren der *Norito-goto* bei den Festen war Obliegenheit der Nakatomi Familie, während die Darbringung der *Mitegura* der Familie der Imibe oblag.

[20]) Derselbe Tempel wie der weiter oben genannte *Ikaruga-dera*, welches der ältere Name war. Im Distrikt Heguri von Yamato, von Shōtoku-taishi erbaut, 607 vollendet. Ein Wiederaufbau des Tempels wurde in der Periode Wadō (708—715) unternommen. Heute exi-

6. Monat. In einem Dorfe fing man eine Flußschildkröte. Auf ihrem Rücken stand das chinesische Zeichen *shin*[21]) geschrieben. Oben war sie gelb, unten schwarz. Sie war ungefähr sechs Zoll lang.

10. Jahr (671).

1. Monat, 5. Tag [19. Febr.]. Nakatomi no Kane no Muraji vom Range Daikinjō kündete die Götter-Worte[22]).

10. Monat, 8. Tag [14. Nov.]. Im Inneren des Palastes fand die Augenöffnung von hundert Buddha-[Statuen] statt[23]).

---

stieren nur noch das Haupteingangstor, die Goldene Halle *(Kondō)* mit ihren wunderbaren Wandgemälden, und die Pagode von den alten Baulichkeiten der Suiko bzw. Wadō Zeit, als älteste Denkmäler hölzerner Bauten in Japan. Die japanischen Historiker sind sich noch nicht einig, ob das NIHONGI mit seiner Angabe, daß 670 sämtliche Gebäude abgebrannt seien, recht habe, oder ob etwa eine stilistische Übertreibung des Brandunglücks vorliege. Ist ersteres der Fall, so stammen auch die drei jetzt erhaltenen Gebäude erst aus der Wadō Zeit, wären also ungefähr hundert Jahre jünger, als man gemeiniglich annimmt. Eine Anzahl der Tempelschätze, wie Buddhastatuen usw., könnte ja trotzdem gerettet worden sein, wie es auch tatsächlich der Fall ist. Kosugi Sugemura, einer der besten Kenner, entscheidet sich für die Wadō Rekonstruktion, während Fenollosa in „Ursprung und Entwicklung der chinesischen und japanischen Kunst“, Bd. I, S. 72f. zu der Annahme neigt, daß die genannten drei Gebäude auf die Zeit vor dem großen Feuer zurückgeführt werden können.

[21]) Eines der zwölf Tierkreiszeichen, jap. *saru* „Affe“. Dieses Zeichen sowohl als die Farbe der Schildkröte sind hier als unglückverheißende Omina angeführt. Das chinesische Schriftzeichen für *shin* besteht nämlich aus dem Zeichen für „Sonne“ mit einem senkrechten Strich mitten hindurch, und soll auf das Erlöschen der Sonne, d. h. eventuell den Tod des Kaisers deuten. *Schwarz* ist die symbolische Farbe des Himmels, des „Oben“, *gelb* hingegen die Farbe der Erde, des „Unten“. Bei der Schildkröte hier ist jedoch umgekehrt das Oben gelb, das Unten schwarz, was eine Umkehrung der natürlichen Verhältnisse darstellt. Auch dies könnte an und für sich auf den Tod des Kaisers gedeutet werden. Da aber in der zyklischen Bezeichnung des zweitfolgenden Jahres 672 ebenfalls das Zeichen *shin* enthalten ist, dieses Jahr also ein Affenjahr ist, so hat man aus der Zusammenfassung beider Erscheinungen eine ominöse Hindeutung auf den Bürgerkrieg zwischen dem Kaiser Temmu und dem Gegenkaiser Kōbun im Jahre 672 gefolgert.

[22]) Nach den Zeichen wäre zu übersetzen: „kündete die göttlichen Dinge oder Angelegenheiten“, und Aston interpretiert daher: „made an announcement of Kami matters“, und sagt in einer Anmerkung: it is not quite clear what this means — probably some kind of Shintō religions celebration. Es ist jedoch höchst wahrscheinlich, daß wir von der entsprechenden japanischen Lesung *kami-goto wo noru* auszugehen haben, und daß darin *koto* nicht „Dinge“ sondern „Worte“ bedeutet. In einer Parallelstelle im 29. Buche des SHOKU-NIHONGI stehen denn auch tatsächlich die Zeichen „Götter-Worte“. Es wird sich um eine feierliche Rezitation im Stile der Norito handeln, in der vielleicht die Taten gewisser Gottheiten gepriesen wurden. Dafür spricht auch, daß die Rezitation durch einen Nakatomi geschah, zu deren Amt bekanntlich das Verkünden der Norito und Yogoto gehörte.

[23]) Die „Augenöffnung“, sinojap. *kaigan*, oder noch genauer *ri no kaigan* „ideelle Augenöffnung“, im Gegensatz zu der vorhergehenden „materiellen Augenöffnung“, *koto no kaigan*, ist die Zeremonie der Aufstellung und Einweihung einer Buddhastatue. Dabei werden von Priestern die *butsugan-shingon* „Wahre Worte der Buddhaaugen“ rezitiert, bestehend in Textstellen, die dem *Yugi-kyō*, d. i. dem *Vajra-çekhara-sarva-yoga-yogi Sūtra* (Bunyiu Nanjo's Katalog No. 1039) entnommen sind. Eine zweite Erwähnung dieser großen, unter Anteilnahme der Großwürdenträger und Beamten stattfindenden Zeremonie siehe Jitō

In diesem Monat schickte der Kaiser Boten ab, um dem Buddha im Tempel Hōkō-ji[24]) eine Kesa, eine goldene Bettelschale, einen Elfenbeinzahn, Aloeholz-Weihrauch, Sandelholz-Weihrauch und verschiedene kostbare seltene Gegenstände darzubringen.

17. Tag [23. Nov.]. Die Krankheit des Kaisers wurde ernstlich. Der Kaiser befahl, den Kronprinzen[25]) zu rufen, ließ ihn in das Schlafzimmer eintreten und sprach zu ihm: „Wir sind schwer krank. Wir übertragen dir die Angelegenheiten der Zukunft usw. usw.“ Hierauf verneigte sich dieser zwei Mal, lehnte unter dem Vorwande von Krankheit entschieden ab und sprach: „Ich bitte die Thronfolge auf die Kaiserin zu übertragen und Eurem Sohne, dem Prinzen Ohotomo[26]), die Übernahme aller Regierungsgeschäfte anzubefehlen. Euer Untertan bittet um die Erlaubnis, für den Kaiser in den Priesterstand eintreten und die Satzungen Buddhas pflegen zu dürfen.“ Der Kaiser war damit einverstanden. Der Kronprinz erhob sich, verbeugte sich zwei Mal, begab sich darauf auf die Südseite der Buddhahalle im Inneren des Kaiserlichen Palastes, setzte sich auf einen Stuhl, schor sich den Kopf und wurde ein Bonze. Hierauf schickte der Kaiser den Sukita no Ikuha (Iku-iha) zu ihm mit einer Kesa als Geschenk.

19. Tag [25. Nov.]. Der Kronprinz besuchte den Kaiser und bat ihn, nach Yoshinu gehen und dort die buddhistischen Doktrinen pflegen zu dürfen. Der Kaiser war damit einverstanden.

Der Kronprinz begab sich nach [dem Palaste von] Yoshinu. Die Kanzler und andere begleiteten ihn bis nach Uji und kehrten dann zurück.

20. Tag [26. Nov.][27]). Er kam in Yoshinu an und nahm daselbst seinen Wohnsitz. Zu dieser Zeit versammelte er alle seine Toneri um sich und sprach zu ihnen: „Ich weihe mich jetzt der buddhistischen Lehre und wandle die Pfade Buddhas. Also wer mir folgen und die Buddhalehre pflegen will, der bleibe hier; diejenigen aber, welche als Beamte dienen und sich einen Namen machen wollen, mögen zurückkehren und der Obrigkeit ihre Dienste leisten.“ Es war aber keiner, welcher zurückkehrte. Zum zweiten Male versammelte er seine Toneri um sich und redete zu ihnen wie vorher. Da blieb die Hälfte der Toneri bei ihm, die andere Hälfte aber kehrte zurück.

---

11. Jahr (21. Aug. 697). Die Einweihung der hundert Statuen erfolgte offenbar, um die Gnade Buddhas für den seit dem 9. Monat schwer erkrankten Kaiser zu erwirken.

[24]) Vgl. Sushun 1. Jahr, Suiko 1. und 4. Jahr. Der später *Genkō-ji* oder *Gangō-ji*, auch *Asuka-dera* genannte Tempel im Distrikt Takechi von Yamato.

[25]) Prinz Oho-ama, jüngerer Bruder des Kaisers Tenchi.

[26]) Der Kronprinz Oho-ama wußte, daß der Kaiser Tenchi insgeheim seine Absichten geändert hatte und seinen Sohn zu seinem Nachfolger zu bestimmen wünschte. Wie die folgenden, im Buch 28 dargestellten Ereignisse zeigen, war Oho-ama's Verzicht nur ein scheinbarer, um für den Sturz der Oho-tomo Partei Kräfte zu sammeln.

[27]) Der unter diesem Datum stehende Passus findet sich zwar erst in der rekapitulierenden Einleitung von Buch 28, muß aber um des Zusammenhangs willen hier eingefügt werden. Unmittelbar vor diesem Passus, wo der Aufbruch nach Yoshinu noch einmal erwähnt wird, steht die sinnvolle Bemerkung: „Jemand sagte: Man hat dem Tiger Flügel gegeben und ihn frei gelassen.“

11. Monat, 23. Tag [29. Dez.]. Der Kaiserliche Prinz Ohotomo nahm vor dem gestickten Buddhabilde in der Westlichen Halle[28]) des Innenpalastes Platz. Sein Gefolge bestand aus dem Kanzler zur Linken Soga no Akaye no Omi, dem Kanzler zur Rechten Nakatomi no Kane no Muraji, aus Soga no Hatayasu no Omi, Kose no Hito no Omi und Ki no Ushi no Omi. Der Kaiserliche Prinz Ohotomo nahm ein Räuchergefäß in die Hand, stand zuerst auf und tat ein Gelübde mit den Worten: „Wir sechs Männer wollen einmütigen Herzens den Befehlen des Kaisers gehorchen. Wenn irgend einer von uns ihnen zuwider handelt, so soll ihn sicherlich die Strafe des Himmels ereilen usw. usw.“ Hierauf nahmen der Kanzler zur Linken Soga no Akaye no Omi und die andern nach einander das Räuchergefäß in die Hand, standen einer nach dem anderen auf und schwuren unter blutigen Tränen mit den Worten: „Wir fünf Untertanen wollen uns nach Eurer Kaiserlichen Hoheit richten und den Befehlen des Kaisers gehorchen. Wenn irgend einer von uns ihnen zuwider handelt, so sollen die vier Himmelskönige[29]) ihn schlagen, und ferner auch die Himmelsgötter und die Erdengötter[30]) ihn mit Strafe heimsuchen. Die dreiunddreißig Devas[31]) sollen dies bezeugen. Seine Kinder und Enkel sollen ausgetilgt werden und sein Geschlecht soll zugrunde gehen usw. usw.“

29. Tag [4. Jan. 672]. Die fünf Minister leisteten dem Kaiserlichen Prinzen Ohotomo Gefolgschaft und legten in Gegenwart des Kaisers ein Gelübde ab.

12. Monat, 3. Tag [7. Jan. 672]. Der Kaiser starb im Afumi Palaste[32]).

In diesem Jahre gab es im Hause eines Mannes im Distrikt Yamada der Provinz Sanuki ein vierbeiniges Huhn. Ferner waren im Kaiserlichen Küchenamt acht Kessel, die Geräusch machten: bald summte ein Kessel, bald summten ihrer zwei, bald drei zusammen, bald summten sie alle acht zusammen[33]).

---

[28]) Die sog. *Shingon-in* „Halle des Wahren Wortes“ der späteren Zeit.

[29]) *Shi-tennō*. Vgl. S. 319, Anm. 13.

[30]) Die Erwähnung dieser fällt aus dem buddhistischen Kolorit heraus.

[31]) S. Eitel a. a. O. unter Traiyastrims'as.

[32]) Im 47. Lebensjahre. Das temporäre Begräbnis fand acht Tage später statt im „Neuen Palast“, Nihi-miya, d. h. einer als mogari-miya neu errichteten Stätte. Das definitive Begräbnis in einem Misasagi bei Yamashina, einem Dorfe im Distrikt Uji von Yamashiro, erwähnt das NIHONGI nicht.

[33]) Sowohl das vierbeinige Huhn als die lärmenden Kessel sind als böse Omina aufgeführt. Erwähnungen von 3-, 4- und 5beinigen Hühnern bringen schon die alten chinesischen Geschichtswerke PEH-SZE, THANG-SHU usw.

Als eigentlichen spiritus rector des Kessellärms denken sich die japanischen Kommentatoren den Herdgott, *kamado no kami*, der vom Kaiserlichen Palast bis in die Bauernhütten allgemein verehrt wird. Der Herdgott wird bald als eine Gottheit, bald als Ehepaar Namens Okitsu-hiko und Okitsu-hime, bald als acht Gottheiten aufgefaßt. Der Herdgott der Kaiserlichen Küche im besonderen heißt *Ohoyashima no Kamado no Kami;* ihm wurde nach dem MONTOKU-JITSUROKU im 2. Jahre Seikō (855) der Rang Jū-go-i no ge verliehen. Der Herdgott, der bei den Küchenmägden *Hettsui-sama (hettsui = kamado* „Kochherd“*)* heißt,

Aus Buch XXVIII.

Kaiser Ame-Nu-na-hara-Oki no Mahito. (Temmu [1])-tennō.)

1. Jahr (672) [2]).

6. Monat, 24. Tag (24. Juli). [Prinz Oho-ama verläßt mit seiner Gemahlin Yoshinu und strebt in Eilmärschen den östlichen Provinzen zu. Er gelangt zunächst in die Provinz Iga.] Als sie gerade beim Fluß Yoko-gaha anlangten, zeigte sich eine schwarze Wolke, die in mehr als zehn Ruten [3]) Breite sich über den Himmel ausbreitete. Da wunderte sich der Kaiser [4]) darüber, zündete sogleich ein Licht an, nahm selber das Nori [5]) in die Hand und weissagte mit den Worten:

---

wird entweder mit dem Herd identifiziert, oder von diesem gesondert gedacht; im letzteren Falle ist der *kama* „Kessel“ sein Shintai. Welche Bedeutung man dem Kessellärmen beimaß, geht daraus hervor, daß das Engi-shiki eine „Feier zur Beruhigung des Kessellärmens“ erwähnt. Ein „Kesselfest“, *kama-matsuri*, wurde bis zur Restauration (1868) in Kyōto gefeiert.

[1]) „Himmlischer Krieger“. — 39. bzw. 40. Mikado, reg. 672—686, formelle Thronbesteigung aber erst 673. Vorher Prinz *Oho-ama* geheißen.

[2]) Buch 28 und 29 werden als Annalen des Kaisers Temmu bezeichnet, das einzige Beispiel im Nihongi, wo einer Regierungsära zwei Bücher gewidmet sind. Buch 28 führt aber eigentlich diesen Titel zu Unrecht, denn die Thronbesteigung Temmu's, welche am 27/2 des nächstfolgenden Jahres (20. März 673) stattfand, wird erst am Anfang des 29. Buches berichtet. Der Inhalt des Buches 28 deckt sich im allgemeinen mit den Ereignissen des Jahres 672, als da sind: Tod des Kaisers Tenchi. Übernahme der Regierung durch Tenchi's Sohn Prinz Ohotomo, nachdem der Kronprinz, Prinz Oho-ama, auf die Thronfolge freiwillig verzichtet hatte; Empörung des Prinzen Oho-ama, der in die östlichen Provinzen entweicht und dort zum Sturz des im Palast zu Ohotsu in Afumi regierenden Kaisers (Prinz Ohotomo) rüstet; die Kämpfe der Afumi Truppen mit den Empörern, wobei letztere endlich den Sieg davontragen; Selbstmord des verlassenen Kaisers am 23/7 (21. Aug. 672); Rückkehr des siegreichen Empörers Oho-ama aus den östlichen Provinzen nach Yamato. Bei der Darstellung dieser Tatsachen verfolgt das Nihongi die Tendenz, das nicht einwandfreie Vorgehen des Prinzen Oho-ama zu rechtfertigen und vermeidet, ihn als Empörer zu kennzeichnen, indem es die Regierungsära Ohotomo einfach überspringt und den Prinzen Oho-ama von vornherein mit dem Titel „Kaiser“ belegt. Das erklärt sich dadurch, daß die Verfasser des Nihongi die Geschichtsauffassung der am damaligen Hofe maßgebenden Temmu-Partei vertraten. Ein Teil der japanischen Historiker aber hat Ohotomo als rechtmäßigen Kaiser anerkannt, und im Jahre 1870 ist er unter dem posthumen Namen *Kōbun-tennō* in die offizielle Kaiserliste als 39. Mikado aufgenommen worden. Dagegen fehlt ein japanischer Name für diesen Kaiser (entsprechend dem Namen Ame-Nunahara-Oki no Mahito für Temmu), eben weil das Nihongi uns einen solchen nicht überliefert hat.

[3]) 1 *tsuwe* „Rute“ = 10 Fuß.

[4]) Prinz *Oho-ama* ist gemeint, nicht Ohotomo, obgleich letzterem allein zu dieser Zeit der Kaisertitel gebührt! Vgl. Anm. 2.

[5]) *Nori* oder *nori-bumi*, sinojap. *shiki*, ein bei Weissagungen gebrauchter Gegenstand, oben rund, was den Himmel darstellt, unten viereckig, was die Erde darstellt. Es scheint sich um eine aus China übernommene Divinationsmethode zu handeln, die im Shi-ki im Abschnitt Jih-chê ch'uan „Wahrsager-Biographien“ (Kap. 127) erwähnt wird.

„Dies ist ein Omen, daß das Reich in zwei Teile gespalten werden wird. Aber am Ende werden Wir wohl [die Herrschaft über] das Reich erlangen."

[Ankunft in der Provinz Ise.]

26. Tag (26. Juli). Am Morgen betete Er um Beistand zu der Großen Göttin Ama-terasu am Ufer des Flusses Toho-kaha im Distrikte Asake [der Provinz Ise[6])].

27. Tag (27. Juli). [Oho-ama schlägt in Nogami im Distrikt Fuwa der Provinz Mino seine zeitweilige Residenz auf.] In dieser Nacht donnerte, blitzte und regnete es heftig. Da betete der Kaiser und sprach: „Ihr Himmels- und Erdengötter! Wenn ihr Uns beistehen wollet, so lasset Donner und Regen aufhören!" Kaum hatte er so gesprochen, als Donner und Regen aufhörten.

[Schilderung der Kämpfe des Bürgerkrieges. Schließlich entscheidende Niederlage Ohotomo's an der Seta-Brücke beim Biwa-See in Afumi am 22/7 (20. Aug.) und Tod des flüchtigen Ohotomo durch Selbsterdrosselung am folgenden Tage. Auflösung der Afumi Armee.]

Noch vor dieser Zeit [des Abschlusses der Kämpfe], als die Truppen in Kanatsunawi[7]) lagerten, war der Mund des Statthalters des Distriktes Takechi [in Yamato], Namens Takechi no Agata-nushi Kome, urplötzlich geschlossen, so daß er nicht mehr sprechen konnte. Drei Tage später hatte er eine göttliche Inspiration und sprach [im Zustande der Verzückung]: „Ich bin der Gott, der im Schrein von Takechi wohnt, mit Namen Koto-shiro-nushi no Kami[8])." Ferner: „Ich bin der Gott, der im Schrein von Musa[9]) wohnt, mit Namen Iku-

---

[6]) In der Provinz Ise liegt bekanntlich die Hauptkultstätte für die Verehrung der Sonnengöttin. Prinz Oho-ama betete offenbar zur aufgehenden Sonne, wie dies heute noch gläubige Shintoisten tun. Man beachte die Haltung des Bonzen Oho-ama gegenüber den Shintō-Gottheiten! Dieser Verehrung der heimischen Gottheiten und ihrem Beistand schreiben spätere Kritiker den Erfolg Oho-ama's zu, während der junge Kaiser Ohotomo ganz in der Pflege chinesischen Wesens aufging und daher des Beistandes der Shintō-Götter entbehrte.

[7]) Wahrscheinlich in Yamato, wo ein Teil der Truppen Oho-ama's gegen Nara marschiert war.

[8]) Es ist wohl der im ENGI-SHIKI „*Kamo Koto-shiro-nushi Jinja* im Takechi Mi-agata des Distriktes Takechi" genannte Schrein gemeint. Derselbe lag im Dorfe Takadono und hieß später *Oho-miya* „Großer Schrein". Iida's Auffassung, es sei der Schrein des *Kaya-narumi no Mikoto* im Distrikt Takechi darunter zu verstehen, scheint mir wenig plausibel. Er kombiniert die Angabe des ENGI-SHIKI: „Vier Sitze (Götter) im Schrein zu Asuka im Distrikt Takechi" mit der des KUJIKI: „Der Gott Koto-shiro-nushi wohnt im Takechi-Schrein des Distrikts Takechi von Yamato; mit anderem Namen heißt derselbe der Kan-nam-bi (Kamu-nabi oder Kayanarumi) Asuka Schrein", und einer Stelle im KAMU-YOGOTO (Norito No. 27): „[Ohonamochi] ließ die erlauchte Seele Seiner Hoheit Kayanarumi im Götterhain von Asuka sitzen". Daraus folgert er, daß in ältester Zeit wohl Kayanarumi die Hauptgottheit des betreffenden Schreins gewesen sei; später hätte man seinen Sitz anderswohin verlegt. Gerade die Stelle des KAMU-YOGOTO scheint mir aber gegen diese Auffassung zu sprechen, denn unmittelbar vorher heißt es dort: „[Ohonamochi] ließ die erlauchte Seele Seiner Hoheit Koto-shiro-nushi im Götterhain von Unade [im Distrikt Takechi; noch jetzt gibt es ein Dorf Unade-mura] sitzen", woraus hervorgeht, daß den beiden Göttern Koto-shiro-nushi und Kaya-narumi zwei verschiedene Kultstätten zugewiesen waren.

[9]) Der *Musa*-Schrein lag im Dorfe Mitsuse von Takechi und hieß später *Sakahi-bara no Tenjin.*

ikadzuchi [10]) no Kami." Die Offenbarung [der beiden Götter] lautete: „Opfert Pferde und allerlei Arten von Waffen am Misasagi des Kaisers Kamu-yamato Ihare-biko [11])!" Ferner sprachen sie: „Wir standen vor und hinter Seiner Hoheit dem Kaiserlichen Nachkommen [12]), haben ihn [als Schutzgötter] nach Fuwa begleitet und sind nun hierher zurückgekehrt. Auch jetzt stehen wir mitten in dem Kaiserlichen Heere und beschützen es." Wiederum sprachen sie: „Von der westlichen Straße her sind feindliche Truppenmassen im Anrücken begriffen. Nehmt euch in Acht!" Als diese Reden beendet waren, wachte er [aus seinem visionären Zustande] auf. Infolgedessen wurde daher Kome hingesandt, um an der Kaiserlichen Grabstätte zu beten und [der göttlichen Unterweisung] gemäß Pferde und Waffen als Opfer darzubringen. Ferner brachte er auch Mitegura dar und verehrte [also] die Götter der beiden Schreine von Takechi und Musa.

Hiernach kam Iki no Fuhito Karakuni von Ohosaka her heran. Daher sagten die Leute jener Zeit: „Die Worte, mit welchen die Götter der beiden Schreine Unterweisung erteilt haben, sind in der Tat völlig wahr."

Ferner verkündete die Göttin von Muraya [13]) durch den Mund eines Shintopriesters (Hafuri) und sprach: „Es sind jetzt [feindliche] Truppenabteilungen im Begriff, auf der mittleren Straße von meinem Schrein her heranzurücken. Ihr solltet daher die mittlere Straße von dem Schrein her absperren."

Es waren daher kaum einige Tage vergangen, da kamen die Truppen des Ihowi no Muraji Kujira von der mittleren Straße herangezogen. Die Leute jener Zeit sagten: „Die Worte, mit welchen die Göttin Unterweisung erteilt hat, waren wahr."

Nachdem der Krieg beendet war, hinterbrachten die Heerführer dem Kaiser die von den drei Göttern zur Unterweisung verkündeten Worte. Hierauf befahl der Kaiser, den Rang der drei Gottheiten zu erhöhen [14]) und sie zu verehren.

---

[10]) „Lebens-Donner", im KUJIKI *Iku-mitama (Iku-dama)* „Lebens-Geist" genannt, auch *Iku-musubi* „Lebens-Erzeuger" gelesen. Er wird unter den Donnergöttern des mythologischen Teils nicht mit aufgeführt. Das ENGI-SHIKI erwähnt nur einen Iku-ikadzuchi no Mikoto Schrein im Distrikt Ihata der Provinz Tōtōmi. Kome wurde also von zwei Göttern inspiriert! Vgl. dazu S. 278.

[11]) *Jimmu-tennō.* Das Misasagi liegt im Nordosten des Berges Unebi-yama in Takechi. Zur Darbringung von Pferden bei den Misasagi vgl. Yūryaku 9. Jahr, S. 299.

[12]) Prinz *Oho-ama,* der spätere *Temmu-tennō.* Die Kaiser sind „Nachkommen" der Sonnengöttin, daher der Ausdruck *Sume-mi-ma no Mikoto.*

[13]) D. i. die Göttin *Mifuto-hime,* deren Schrein in Muraya im Distrikt Shiroshimo von Yamato lag; nach dem Tsūshō Kommentar im jetzigen Dorfe Kuratō-mura und im Volksmunde *Tennō* „Himmelskönig" genannt.

[14]) Von der Rangerhöhung eines Gottes ist hier in den alten Geschichtsquellen zum ersten Mal die Rede. Die Verleihung eines Ranges an einen Schrein bedingte auch die Festsetzung von Opfergaben *(heimotsu)* an denselben. Je höher der Rang eines Gottes, desto zahlreicher die ihm dargebrachten Opfergaben und desto größer der Besitz des Schreins an zugewiesenen Ländereien. Man unterschied bezüglich der Schreine fünf Rangstufen mit den

Aus Buch XXIX.

Kaiser Ame-Nu-na-hara-Oki no Mahito. (Temmu-tennō.)

2. Jahr (673).

[Der Kaiser stieg am 27/2 = 30. März im Palaste Kiyomi-hara zu Asuka auf den Thron.]

3. Monat, 17. Tag (8. April). Der Statthalter der Provinz Bingo fing einen weißen Fasanen im Distrikte Kameshi und schickte ihn an den Hof. Deshalb wurde der betreffende Distrikt von Steuerabgaben und Frondienst gänzlich befreit, und im ganzen Lande wurde eine allgemeine Amnestie erlassen.

In diesem Monate wurden Schriftkundige zusammenberufen, und es wurde im Tempel Kahara-dera [1]) mit einer Abschrift der Sämtlichen Schriften des Buddhistischen Kanons [2]) begonnen.

4. Monat, 14. Tag (5. Mai). Die Kaiserliche Prinzessin Ohoku [3]) sollte zur Dienstleistung im Schrein der Großen Göttin Amaterasu gesandt werden, und es wurde ihr deshalb der Enthaltsamkeits-Palast [4]) von Hatsuse zum Wohnsitz angewiesen. Hier sollte sie sich zunächst reinigen und dann allmählich sich dem Ort der Gottheit nähern [5]).

Unterabteilungen *Shō* und *Jū* (etwa I. Klasse bzw. II. Klasse), also Shō-ichi-i Erste Klasse des ersten Ranges, Jū-ichi-i Zweite Klasse des ersten Ranges; Shō-ni-i, Jū-ni-i; Shō-sammi, Jū-sammi; Shō-shi-i, Jū-shi-i; Shō-go-i, Jū-go-i. Bei den tieferen Stufen wurde auch noch ein „Obergrad" und „Untergrad", *jō* und *ge* unterschieden, z. B. Jū-go-i no jō und Jū-go-i no ge Obergrad bzw. Untergrad der Zweiten Klasse des fünften Ranges. Die Schreine vom Shō-ichi-i bis zum Shō-sammi wurden als *tai-sha* „Große Schreine" klassifiziert, die vom Jū-sammi bis zum Jū-shi-i als *chū-sha* „Mittlere Schreine", die vom fünften Rang als *shō-sha* „Kleine Schreine".

Von der Rangerhöhung der drei Gottheiten hören wir wieder im SANDAI-JITSUROKU, Jōgwan 1. Jahr (859): „Koto-shiro-nushi no Kami von Takechi wurde vom Jū-ni-i zum Jū-ichi-i, die Götter von Musa und Muraya vom Jū-go-i no ge zum Jū-go-i no jō erhöht." Demnach scheint den beiden letzteren Göttern durch Temmu insofern eine Rangerhöhung zuteil geworden zu sein, als sie von der bisherigen Ranglosigkeit in den untersten offiziellen Rang eingesetzt wurden.

[1]) S. 357, Anm. 78.

[2]) *Issaikyō*, nach dem SANDAI-JITSUROKU bestehend aus 3432 Bänden. Die Arbeiten leitete der Shamon Chizō, der deshalb zum Erzbischof ernannt wurde.

[3]) Tochter von Temmu's Nebenfrau Prinzessin Ohota, einer älteren Schwester der Kaiserlichen Hauptgemahlin.

[4]) *Imi no miya* oder *itsuki no miya*, sinojap. *saigū*. Vgl. S. 258, Anm. 22.

[5]) Die durch Divination zur *Sai-ō* „Opferprinzessin" bestimmte jungfräuliche Kaiserliche Prinzessin mußte sich zur Reinigung einer dreijährigen Vorbereitung unterziehen, ehe sie nach Ise abgehen konnte. Während dieser Zeit wohnte sie zuerst in einer hl. Halle (sai-in) des Kais. Palastes, bis zum 7. Monat des 2. Jahres, in Enthaltsamkeit; dann wurde ein reines Feld außerhalb des Palastes durch Divination bestimmt, dort ein No-no-miya „Feldpalast" gebaut, im ersten Drittel des 8. Monats durch Divination ein glücklicher Tag bestimmt, an dem sie sich an einem Flusse reinigte und dann den No-no-miya bezog, wo sie bis zum 8. Monat des 3. Jahres in Enthaltsamkeit wohnte. Im ersten Drittel des 9. Monats

12. Monat, 5. Tag (17. Jan. 674). Die Nakatomi, die Imube, sowie die Beamten der Shintōkult-Abteilung, ferner die Distrikts-Statthalter der beiden Provinzen Harima und Tamba, und eine Anzahl Leute des gewöhnlichen Volks, welche [alle] beim Thronbesteigungsfeste (Oho-nihe) Dienste geleistet hatten, bekamen sämtlich Geschenke[6]). Ein jeder der [beiden] Distrikts-Statthalter erhielt demgemäß [Beförderung um] einen Grad im Mützenrange.

17. Tag (29. Jan. 674). Prinz Mino vom Range Shō-shi und Ki no Omi Katamaro vom Range Shō-kin-ge wurden zu Kommissaren für die Erbauung des Großen Tempels von Takechi ernannt. **Es ist der jetzige Oho-tsukasa no Oho-tera**[7]).

Zu dieser Zeit wollte der Tempelpräfekt[8]) Bonze Fuku-rin wegen hohen Alters sein Amt als Tempelpräfekt niederlegen; es wurde ihm jedoch die Erlaubnis dazu nicht erteilt.

27. Tag (8. Febr. 674). Der Bonze Gijō wurde zum Kleinen Bischof[9]) ernannt. An diesem Tage wurden [zu den zwei schon vorhandenen Sekretären der Tempelverwaltung] noch weitere zwei Bonzen als Sekretäre[10]) hinzugefügt. Die Vierzahl der Sekretäre rührt also von dieser Zeit her.

3. Jahr (674).

3. Monat, 7. Tag (17. April). Der Generalstatthalter von Tsushima berichtete, daß zum ersten Mal in dieser Provinz Silber entdeckt worden sei und bot dasselbe dem Kaiser dar. — Das Vorhandensein von Silber in Japan

---

wurde wieder durch Divination ein glücklicher Tag bestimmt, an dem sie sich an einem Fluß reinigte und dann nach Ise abging. Am ersten Tage jeden Monats verehrte sie in der hl. Halle die Große Göttin Amaterasu von ferne, wobei sie eine Pflanzenfaser-Perücke (momen no katsura) auf dem Kopf trug. Das Amt der *Sai-ō* wurde im 13. Jahrhundert abgeschafft.

6) Unter den Beschenkten werden die *Nakatomi* und *Imube* an erster Stelle erwähnt, weil sie bei dem Feste hervorragend tätig waren. Das Haupt der ersteren Familie verlas nämlich bei der Feier das Norito, genannt *Nakatomi no Yogoto* „Glückwunschworte des Nakatomi“ oder *Ama-tsu-kami no Yogoto* „Glückwunschworte der Himmelsgötter“; den Imube lagen die niedrigeren Dienste ob. Die Statthalter je eines Distrikts der beiden Provinzen Harima und Tamba (Taniha) wurden deshalb beschenkt, weil aus ihren Landstrichen der für die Feier verwendete Reis genommen worden war. Die Übrigen, Männer und Frauen, hatten Dienste auf den betreffenden Reisfeldern, beim Einholen der Ernte daher, beim Sake-Brauen, Holzkohlenbrennen, Holzschlagen, Bauen der Zeremonialgebäude, als Chorsänger usw. geleistet (vgl. Aston, Shinto, S. 269 ff.). Über die Zweiheit der Opferreis-Distrikte, die als *Yuki* und *Suki* funktioniert hatten, vgl. noch S. 380 und Anm. 26 daselbst.

7) Vgl. S. 311, Anm. 33. Dieser Tempel stand ursprünglich im Kudara-mura des Distriktes Hirose und hieß damals *Kudara no Oho-tera*. Von da wurde er nach Takechi verlegt und hieß nunmehr *Takechi no Oho-tera*. Von hier wurde er, wie das 2. Buch des Shoku-Nihongi berichtet, wiederum entfernt, nach Hiraki verlegt und seitdem *Oho-yasu-dera* genannt.

8) *Chi-ji*, Leiter der Verwaltung eines Tempels.

9) *Shō-Sōdzu*, hier zum ersten Mal erwähnt. Etwa dem katholischen Weihbischof entsprechend.

10) *Sa-kwan*, wörtlich „Hülfsbeamter“. Die Vierzahl der Sekretäre blieb jedoch auf diesen einen Tempel beschränkt.

wurde zu dieser Zeit zum ersten Male kund. Man opferte es daher allen Himmels- und Erdengöttern [11]).

8. Monat, 3. Tag (8. Sept.). Der Kaiserliche Prinz Oshikabe (Osakabe) wurde nach dem Götterschrein von Iso-no-kami geschickt, um die Götterschätze mit Öl zu reinigen und zu polieren.

An demselben Tage befahl der Kaiser: „Die Schatzgegenstände, welche ursprünglich von verschiedenen Familien in den Götter-Speichern [12]) niedergelegt wurden, sollen jetzt sämtlich an ihre Nachkommen zurückgegeben werden."

10. Monat, 9. Tag (12. Nov.). Die Kaiserliche Prinzessin Ohoku begab sich vom Enthaltsamkeitspalast von Hatsuse nach dem Schrein von Ise.

4. Jahr (675).

1. Monat, 5. Tag (5. Febr.). Zum ersten Mal wurde ein Turm zur divinatorischen Beobachtung der Sterne errichtet [13]).

17. Tag (17. Febr.). An diesem Tage überreichte die Provinz Yamato einen glückverheißenden Hahn; die östlichen Provinzen überreichten einen weißen Falken, und die Provinz Afumi überreichte eine weiße Weihe.

23. Tag. Den verschiedenen Shintoschreinen wurden Mite-gura dargebracht [14]).

2. Monat, 13. Tag (14. März). Die Kaiserliche Prinzessin Towochi (Tofuchi) [15]) und die Kaiserliche Prinzessin Abe [16]) begaben sich nach dem Ise Schrein.

15. Tag (16. März). Ein Kaiserliches Edikt besagte: „Die im Jahre Ki-no-ye Ne (664) den verschiedenen Uji überantworteten Hörigen sollen von jetzt an abgeschafft werden. Ferner sollen die Berge, Sümpfe, Inseln, Buchten, Wälder, Gefilde und künstlichen Teiche, welche den Kaiserlichen und gewöhnlichen Prinzen, den Ministern und den verschiedenen Buddhatempeln überwiesen worden waren, samt und sonders aufhören [deren Besitz zu sein]."

---

[11]) Es ist eine alte japanische Sitte, den Göttern Bericht zu erstatten, wenn irgend etwas Kostbares gefunden wird, und ihnen von dem Gefundenen zu opfern. So wurde auch, als man in der Provinz Mutsu Gold fand, dies Metall im 2. Monat des 20. Jahres Tempyō (748) von den Leuten der Provinz dem Kaiser dargeboten und in allen Schreinen des Landes den Göttern damit geopfert. In dem Distrikt Shimo-agata auf Tsushima, wo die inzwischen längst erschöpfte und aufgegebene Silbermine sich befand, steht auf dem Silberberge ein Shintōschrein, dessen Name auf den Silberfund daselbst hinweist: der *Gin-zan Jinja* „Silberbergwerk-Schrein". [12]) *Hokura*, worin die *kandakara* aufbewahrt werden.

[13]) Stern-Divinations-Turm", mit *hoshi-mi* „Sterngucker" umschrieben, dem späteren *temmon-dai* „Sternwarte" entsprechend. Der Ausdruck bezeugt die enge Verbindung von Astronomie und Wahrsagerei, die auch von den japanischen Kalendern dargetan wird.

[14]) Aus welchem Anlaß, ist nicht klar ersichtlich. Vielleicht für das demnächst zu feiernde Toshi-gohi no Matsuri, das Erntegebetsfest, das alljährlich am 4. Tage des 2. Monats gefeiert wurde?

[15]) Älteste Tochter Temmu's, von seiner Nebenfrau Prinzessin Nukada, der berühmten Dichterin. [16]) Tochter Tenchi's. Die spätere Kaiserin Gemmei.

3. Monat, 2. Tag (2. April). Der Große Gott von Tosa[17]) überreichte dem Kaiser ein Götter-Schwert[18]).

4. Monat, 5. Tag. Über 2400 Mönche und Nonnen wurden zu einer großen gottesdienstlichen Versammlung mit Fastenspeisenbewirtung eingeladen.

10. Tag (9. Mai). Prinz Mino vom Range Shōshi und Saheki no Muraji Hirotari vom Range Shōkinge wurden abgeschickt, um die Windgötter in Tatsuno von Tatsuta[19]) zu verehren.

---

[17]) Flecken im Distrikt Tosa der gleichnamigen Provinz, wo nach dem ENGI-SHIKI ein Schrein lag, der damals *Taka-Kamo Daimyōjin* hieß. Nach dem TOSA-FUDOKI hieß der dort wohnende Gott *Hito-koto-nushi no Mikoto* bzw. nach anderer Überlieferung *Aji-suki-taka-hiko-ne no Mikoto.* Letztere Angabe gewinnt dadurch Gewicht, daß KOJIKI Abt. 26 dieser Gott, ein Sohn Oho-kuni-nushi's, der „Große erlauchte Gott von Kamo“ genannt wird. Vgl. S. 54, Anm. 2.

[18]) Iida umschreibt die Zeichen „Götter-Schwert“ durch *ayashiki tachi* „wunderbares bzw. glückverheißendes Schwert“. Man hat sich zu denken, daß die Priester des Schreins auf Grund eines im Traum oder dgl. erhaltenen Geheißes ihrer Gottheit das Schwert überbrachten. Der strenggläubige Shikida ist geneigt, anzunehmen, daß der Gott selber Menschengestalt angenommen habe und verweist auf die Vermenschlichungen von Göttern in verschiedenen Berichten des KOJIKI und NIHONGI (vgl. KOJIKI Abt. 65, 115, 116; NIHONGI unter Sūjin, Keikō, Richū, Yūryaku's Jagdabenteuer mit Hito-koto-nushi).

[19]) *Tatsuta* ist die allgemeine Bezeichnung der Gegend um das Dorf *Tatsuno-mura* (auch *Tachinu-mura* gesprochen) im Distrikt Heguri der Provinz Yamato. Etwa 12 Chō von dem berühmten Kloster Hōryūji bei Nara entfernt liegt das Städtchen *Tatsuta,* jetzt *Tatta* gesprochen, wo ein Shintōschrein dem Windgott *Tatsuta-hiko* und der Windgöttin *Tatsuta-hime* geweiht ist. Aber nicht dieser Stadtschrein ist hier und in den folgenden Stellen des NIHONGI gemeint, sondern der im Dorfe *Tatsuno,* das 32 Chō von der Stadt entfernt liegt. Dort steht der eigentliche und ursprüngliche Schrein der Windgötter, der vielleicht zuerst von Temmu-tennō errichtet wurde und auch *Tatsuta no Hongū* „Hauptschrein von Tatsuta“ genannt wird. Die daselbst verehrten Windgötter heißen *Ame no Mi-hashira no Mikoto* „Erlauchter Pfeiler des Himmels“ und *Kuni no Mi-hashira no Mikoto* „Erlauchter Pfeiler der Erde“ — der Wind als Pfeiler oder Stütze zwischen Himmel und Erde — und sind offenbar identisch mit *Shina-tsu-hiko no Kami* und *Shinatobe no Mikoto,* die in der Mythologie erwähnt werden (siehe S. 17, Anm. 25 und S. 134, Anm. 1), eine männliche und eine weibliche Gottheit. Sie werden von den Gelehrten gewöhnlich auch mit den oben erwähnten Tatsuta-hiko und Tatsuta-hime identifiziert, aber mit Unrecht, denn rechts vom Haiden des Tatsuno Schreins stehen noch zwei kleinere Schreine, in welchen eben diese *Tatsuta-hiko* und *Tatsuta-hime* verehrt werden, die also Nebengottheiten sind. So verehrt das Volk in der Tat in Tatsuno zwei Paar Windgötter, was auf sehr alte Zeit zurückgehen muß, denn im ENGI-SHIKI heißt es: „Provinz Yamato, Distrikt Heguri, woselbst Ame no Mihashira Kuni no Mihashira Jinja 2 Sitze, Tatsuta-hiko Tatsuta-hime Jinja 2 Sitze.“ Viele Fischer und seefahrende Leute von Sakai (Hafen bei Ōsaka) und die Schiffer auf dem Yamato-gawa besuchen diesen Schrein und flehen um Schutz gegen widerwärtige Winde. Der Priester des Schreins verkauft auch Amulette, Zettel mit einem von Hirata Atsutane verfaßten Gebete zum Schutz vor bösen Winden. Beschreibung in Satow's Handbook, 2. ed., pag. 396.

Der Schrein gehört jetzt zu den Kwampei-taisha; sein Matsuri wird jetzt am 4/4 gefeiert, in alter Zeit aber am 4/4 und 4/7, und soll Sturmwinden, welche die Ernte gefährden, wehren. Zu dem Fest existiert ein besonders altes Norito, No. 4, übersetzt von Satow T. A. S. J. vol. VII, pag. 412ff. Es enthält die Geschichte des Festes, und die Götter, welche Mißernte verhängt hatten, nennen sich selber dem Kaiser Sujin im Traum als *Ame no*

Hashihito no Muraji Oho-futa vom Range Shōkinchū und Sone no Muraji Kara-inu vom Range Daisenchū wurden abgeschickt, um die Göttin Oho-imi zu Kahawa in Hirose[20]) zu verehren.

17. Tag (16. Mai). Ein Kaiserliches Edikt an die Provinzen besagte: „Von jetzt an soll allen Fischern und Jägern verboten werden, irgend welche Arten von Gitterfallen, Fallgruben, Schnappfallen und dergleichen anzulegen. Ferner sollen vom ersten Tag des 4. Monats bis zum letzten Tage des 9. Monats keine Flechtwerke [als Fischreusen] in den Flüssen angelegt werden. Überdies soll das Fleisch von Rindern, Pferden, Hunden, Affen und Hühnern nicht genossen werden[21]). Die übrigen Fleischarten

Mihashira und *Kuni no Mi-hashira*. Danach zu urteilen, scheint der Kult der Windgötter von Tatsuta zu Sujin's Zeit eingerichtet worden zu sein.

[20]) Der eigentliche Name der Göttin ist *Waka-uka no Me* „Junges Nahrungs-Weib“. Andere Namen von ihr sind *Toyo-uke-bime, Oho-ge-tsu-bime* usw.; im Gekū von Ise wird sie als Nahrungsgöttin verehrt. *Oho-imi* ist ein Beiname der Göttin und bedeutet wahrscheinlich „Große Vermeidung [von Unreinheit]“. Im Gige zum JINGI-RYŌ wird von ihr berichtet, daß sie das Getreide befruchtet, indem sie das Wasser der Berge und Täler versüßt und damit die Saat benetzt. Ihr Fest wurde gleichzeitig mit dem der Windgötter von Tatsuta gefeiert, d. h. in alter Zeit zweimal im Jahre, am 4/4 und 4/7, in neuerer Zeit bloß am 4/4. Es soll der Erlangung einer guten Ernte dienen und wird daher gewöhnlich mit dem Fest der Windgötter von Tatsuta, das demselben Zwecke diente, zusammen genannt. Beim Hirose Oho-imi no Matsuri wurde Norito No. 3 (Satow, T. A. S. J. vol. VII, pag. 412 ff.) rezitiert. Im Norito heißt der Ort, wo der Schrein stand, *Kahahi* „Fluß-Vereinigung, Koblenz“; dort fließen nämlich die Flüsse Hatsuse-gawa und Saho-gawa zusammen. Der Ort heißt jetzt noch Kawai-mura, im Distrikt Hirose der Provinz Yamato. *Hirose* bedeutet „weite Strömung“, wegen des breiten Flußbettes.

Wie aus den Datierungen im NIHONGI erhellt, waren in Temmu's und Jitō's Zeit nur die Festmonate für das Tatsuta und Hirose Matsuri festgelegt, nämlich der 4. und 7. Monat, während die Tagesdaten schwanken. Wahrscheinlich wurden die Tage damals durch Divination bestimmt. Im Zeremonial der Periode Kōnin (810—823) ist der 4. Tag schon festgelegt; die Festsetzung muß also zwischen 700 und 800 stattgefunden haben, wahrscheinlich am Anfang dieser Zeitspanne, gegen die Periode Taihō (701—703). Man bemerke die regelmäßige Angabe der Festfeier im NIHONGI von 676—685 und von 690—697. Es scheint daher, daß man von 686—689 die Feier aus einem bestimmten, aber nicht ersichtlichen Grunde unterlassen hat. Sollten buddhistische Einflüsse damit zu tun gehabt haben?

[21]) Während die Japaner des Mittelalters und der neueren Zeit bis zum Beginn des europäischen Einflusses als Nahrung fast nur Pflanzenkost und Fische genossen, aßen die Altjapaner viel Fleisch, besonders Hasen, Wildschweine, Hirsche usw. Ja, im Shintōkult wurde den Göttern sogar Fleisch als *sonahe-mono* „Opferspenden“ dargeboten. Durch den Einfluß des Buddhismus auf den Shintōkult wurden jedoch diese Opferspenden allmählich fast ganz abgeschafft, da der Buddhismus bekanntlich das Töten von Tieren und den Fleischgenuß verabscheut. Aber auch in ältester Zeit war in Japan der Genuß des Fleisches mancher Tierarten, darunter der obengenannten, verboten. Hühnerfleisch wurde bis gegen Ende der Tokugawa Zeit in vielen Provinzen gemieden. In Miho-no-seki, einem kleinen Hafenort in Idzumo, fand ich noch 1891 den stärksten Abscheu gegen Hühner und Hühnereier. Sie dürfen nicht dorthin gebracht werden, ja, man darf den Ort an dem Tage, wo man dergleichen gegessen hat, nicht betreten, sonst erzürnt der Gott Koto-shiro-nushi, der Schutzpatron der Seeleute, und verursacht Sturm auf dem Meere.

Das Verbot des Fleischgenusses erstreckte sich jedoch nicht auf die *Eta*, die japanischen Pariahs. Sie waren ja ohnehin „unrein“ und eigentlich keine Menschen!

sind in das Verbot nicht eingeschlossen. Wer das Verbot übertritt, wird bestraft.“

10. Monat, 3. Tag (26. Oktober). Nach allen Richtungen wurden Boten ausgeschickt, um den gesamten Buddhistischen Kanon [für das Abschriftswerk] aufzutreiben.

5. Jahr (676).

4. Monat, 4. Tag (21. Mai). Man verehrte die Windgötter von Tatsuta und die Göttin Oho-imi von Hirose.

Wanitsumi no Yogoto aus dem Distrikt Sohe-shimo in der Provinz Yamato überreichte einen glückverheißenden Hahn, dessen Kamm einer Kamelienblume ähnelte.

An diesem Tage berichtete man aus dem Distrikt Akunami der Provinz Yamato, daß sich eine Henne in einen Hahn verwandelt habe[22]).

6. Monat. In diesem Sommer herrschte große Dürre. Nach allen vier Himmelsgegenden wurden Boten ausgeschickt, um Mitegura zu opfern und zu allen Göttern des Himmels und der Erde zu beten. Auch wurden alle buddhistischen Mönche und Nonnen aufgefordert, zu Buddha zu beten. Trotzdem aber regnete es nicht. Daher gediehen die fünf Getreidearten nicht, und das Volk geriet in Hungersnot.

7. Monat, 16. Tag (30. Aug.). Die Windgötter von Tatsuta und die Göttin Oho-imi von Hirose wurden verehrt.

[In diesem Monat] ging ein Stern von sieben bis acht Fuß Länge im Osten auf und verschwand wieder am Himmel, nachdem der neunte Monat gekommen war.[23]).

8. Monat, 16. Tag (28. Sept.). Ein Kaiserliches Edikt besagte: „Im ganzen Lande soll die Große Reinigung[24]) vollzogen werden. Was die dazu benötigten Gegenstände anbelangt, so sollen in jeder Provinz die Kuni no

---

[22]) Böses Omen. Zur Sache vgl. Janson, Über scheinbare Geschlechtsmetamorphose bei Hühnern. Mitteil. D. G. O. VI, 478ff.

[23]) Ein Komet. Über seine ominöse Bedeutung s. S. 333 und Anm. 8.

[24]) *Oho-harahe* oder *oho-harahi*. Über *harahe* und *harahe-tsu-mono* „Reinigungsopfergegenstände“ s. oben S. 25, Anm. 1; S. 41, Anm. 1; S. 109 und Anm. 2, 3; S. 160, Anm. 35, 36.. Die Zeremonie der „Großen Reinigung“ ist eine der wichtigsten und feierlichsten des Shintō. Dies hier ist die zweite Erwähnung der uralten Zeremonie; die erste s. Kojiki beim Tode Chūai's, S. 109. In Temmu's Ära wird sie noch drei Mal erwähnt: 678, 681, 686; unter Jitō gar nicht; dann wieder unter Mommu 698 im Shoku-Nihongi. Alle diese Erwähnungen beziehen sich auf außerordentliche Feiern bei besonderen Anlässen; im gegenwärtigen Fall wurde sie offenbar angeordnet, um den üblen Einfluß des Kometen abzuwenden. Die regelmäßigen Feiern werden auch in den späteren Geschichtswerken nicht erwähnt, sondern immer nur die außerordentlichen. Die regelmäßigen fanden zwei Mal im Jahre statt; seit dem ersten Jahre Taihō (701) war dafür der letzte Tag des 6. und 12. Monats festgesetzt, jetzt der 30. Juni und 31. Dezember. Vgl. meine Abhandlung darüber mit Übersetzung des dazu gehörigen Rituals *Oho-harahe no Kotoba* in Ancient Japanese Rituals, T. A. S. J. vol. XXVII, part 1.

Die aufgeführten Gegenstände sind Opfergaben für die Götter und sind wesentlich identisch mit denen, welche später das Jingi-ryō von denselben Quellen fordert.

Miyatsuko als Reinigungsopferspenden ein Pferd und ein Stück Hanfleinwand [von dreizehn Fuß Länge] liefern; außerdem von den Distrikt-Statthaltern ein jeder ein Schwert, ein Hirschfell, eine Hacke, ein kleines Schwert, eine Sichel, einen Satz von [zehn] Pfeilen und eine Garbe Reis in der Ähre; ferner jedes Haus ein Bündel Hanf."

17. Tag (29. Sept.). An diesem Tage befahl der Kaiser allen Provinzen die Freilassung von Lebewesen[25]).

9. Monat, 21. Tag (2. Nov.). Das Shintokultusamt (Kamu-tsukasa) berichtete dem Kaiser: „Wir haben durch Divination die Provinzen und Distrikte bestimmt, welche zum Fest des Kostens des Neuen Reises den Reis zu liefern haben, und zwar entspricht als Yuki der Distrikt Yamada in der Provinz Wohari, und als Suki der Distrikt Kasa in der Provinz Tamba der Divination[26])."

---

[25]) *Iki-mono*, d. i. Tiere, besonders Fische und Vögel darunter zu verstehen. Die Freilassung derselben ist eine buddhistische Sitte und besteht noch jetzt unter mancherlei Gestalten. So werden oft beim Begräbnis wohlhabender Leute Vögel in Käfigen im Leichenzug mitgetragen und am Grabe freigelassen. Bei gewissen buddhistischen Festlichkeiten werden auch gefangene Fische freigelassen, indem man diese in einen Fluß oder Teich setzt. Diese Feste heißen *hōjō-we* „Lebewesen-Freilassungsfeste" und bestehen seit dem 4. Jahre Yōrō (720). Der fromme Brauch wird vielfach zu Erwerbszwecken ausgenutzt. So trifft man oft bei vielbesuchten Tempeln, wie z. B. dem Kiyo-midzu-dera in Kyōto, Leute, welche Sperlinge oder Tauben in Käfigen gefangen halten. Durch Zahlung eines Obolus erlangt der Tempelbesucher das Recht, einen derselben aus dem Käfig zu befreien und fliegen zu lassen. Nachdem dieser Gnadenakt vollzogen ist, fängt der Vogler den Entflohenen aber bald wieder ein, damit ihm wieder neue Gnaden erwiesen werden können.

[26]) Der Opferreis für das *Oho-nihe* bzw. *Nihi-name* Fest (hier *Shinjō* geschrieben) wurde, wie schon S. 300, Anm. 2 erwähnt, aus zwei verschiedenen Landesteilen genommen, und durch Divination wurde bestimmt, welche Provinz, welcher Distrikt derselben und welches Mura darin den Reis zu liefern habe. Die eine Provinz, im Zeremoniell *Yuki*-Provinz genannt, lag östlich, die andere, die *Suki*-Provinz, westlich von der Hauptstadt. Für die Feier wurde auf dem Festplatz der Hauptstadt als Hauptgebäude, worin die Opferung vor sich ging, ein Miya aus zwei Hallen errichtet: die *Yuki*-Halle im Osten, die *Suki*-Halle im Westen; erstere für das Opfer an die Himmelsgötter, letztere für die Erdengötter. Der Reis der Yuki-Provinz wurde in der Yuki-Halle, der der Suki-Provinz in der Suki-Halle geopfert. *Yuki* hängt offenbar mit *yu, yuki* „rein", *yumu, imu* „Unreines vermeiden" zusammen, also etwa „das Reine", *suki* aber ist ganz problematisch. Gewöhnlich wird *suki* als „folgend, sekundär" erklärt, da die heilige Handlung zuerst in der Yuki-Halle und dann im gleichen Stil in der Suki-Halle stattfindet. Es könnte aber auch mit *suka-suka, suga-sugashiki* „rein, lauter" verwandt sein und hätte dann eine ähnliche Bedeutung wie *yuki*. Iida möchte den beiden Wörtern die Bedeutung „reine Speise, lautere Speise" geben. Während das Wort *yuki* in den Shintoschriften häufig vorkommt (z. B. *yuki kami, yuki sake* usw.), findet sich *suki* sonst gar nicht, außer mit Bezug auf dieses Fest. Wie ich ebenfalls schon erwähnte, ist die Divination von Yuki und Suki Provinzen für das alljährliche Fest frühzeitig in Wegfall gekommen und wird nur bei dem besonders feierlichen Thronbesteigungsfest geübt. Unsere Nihongi Stelle aber beweist, daß sie auch beim gewöhnlichen Fest ursprünglich im Gebrauch war. Wie viele Provinzen in der ältesten Zeit für die Divination beim Daijōwe in Betracht kamen, ist nicht bekannt; jedenfalls waren es aber die Provinzen Afumi, Tamba, Bitchū, Harima und Mino. Seit dem neunten Jahrhundert sehen wir eine Beschränkung auf die drei erstgenannten Provinzen, mit einer einzigen Ausnahme, eintreten, und zwar

10. Monat, 3. Tag (13. Nov.). Allen beim Ahi-name[27]) und Nihi-name verehrten Himmels- und Erdengöttern wurden Mitegura dargebracht.

11. Monat, 1. Tag (11. Dez.). Wegen der Nihi-name Angelegenheiten fand [bei Hofe die Zeremonie der] Monatsanfangsberichte [seitens der höheren Beamten] nicht statt.

16. Tag (29. Dez.). Allen Provinzen in der Nähe der Hauptstadt wurde vom Kaiser die Freilassung von Lebewesen anbefohlen.

20. Tag (30. Dez.). Nach allen Provinzen wurden Boten ausgeschickt, um das Kon-kwō-myō Sūtra[28]) und das Ni-wō Sūtra[29]) erklären zu lassen.

6. Jahr (677).

5. Monat, 7. Tag (12. Juni). Der Shiragenser Asan Hoku Shiha (Pak Chă-pha) nebst drei Gefolgsleuten und drei Bonzen wurde auf die Insel Chika-shima [bei der Provinz Hizen] verschlagen.

28. Tag (3. Juli). Kaiserliches Edikt: „Von der Göttersteuer[30]) für die Schreine der Himmelsgötter und die Schreine der Erdengötter soll ein Drittel für gottesdienstliche Zwecke (Opfergaben) aufgewendet werden, zwei Drittel sollen den Kannushi[31]) zukommen.

In diesem Monat herrschte Dürre. In der Hauptstadt und in den Kinai Provinzen wurde um Regen gebetet.

7. Monat, 3. Tag (6. August). Die Windgottheiten von Tatsuta und die Göttin Oho-imi von Hirose wurden verehrt.

8. Monat, 15. Tag (17. September). Im Tempel Asuka-dera wurde eine Feier mit Fastenspeisenbewirtung veranstaltet, wobei man die Issai-kyō lesen ließ. Der Kaiser begab sich nach dem Südtor des Tempels und machte den

---

so, daß stets ein Distrikt der Provinz Afumi als Yuki, und ein Distrikt der Provinz Tamba oder Bitchū als Suki gewählt wird. Damit die nötigen Maßnahmen in den zu wählenden Distrikten rechtzeitig getroffen werden konnten, wurde die Divination schon an einem Tage des achten Monats (in unserm Fall am 21/9) vorgenommen. Die Divination geschah durch Rösten einer Schildkrötenschale seitens zweier Urabe „Wahrsager“. Den Provinzen, in welchen die ausgewählten Orte lagen, wurden für den Zeitraum von drei Jahren die Steuern erlassen (beim Daijōwe!).

[27]) Das *Ahi-name* oder *Ahi-nihe* (korrumpiert in *Ahimbe*) „Mitkosten“, welches jetzt nicht mehr existiert, war das Fest, an welchem der Kaiser zuerst den aus dem Reis der letzten Ernte gebrauten Sake kostete und den Göttern opferte. Es wurde am ersten Hasentage des elften Monats gefeiert, während das *Nihi-name* auf den zweiten Hasentag fiel. Als Festgötter zählt das GIGE auf: die Götter von Oho-Yamato, Sumi-yoshi, Oho-kami, Anashi, Onji, Ofu, Katsuragi Kamo, Hisaki in der Provinz Kii usw., das SHIJI-SAISHIKI 71 Gottheiten. Der Ausdruck *ahi* „Mit-“ nimmt Bezug auf die Gemeinsamkeit des Genusses durch Kaiser und Götter; nach Hirata aber auf die Gemeinsamkeit von Großen und Kleinen Gottheiten. Die *Mitegura* sind die üblichen, auch im Norito zum Oho-nihe-matsuri aufgezählten: helles, scheinendes, feines und grobes Tuch.

[28]) Suvarna-prabhāsa-sūtra. Bunyu Nanjo's Catalogue No. 127.

[29]) Ibidem No. 17. Vgl. auch Tetsugaku-zasshi Heft 104. *Ni-wō* oder *Nin-wō,* auch *Jinnō* „Wohlwollender König“.

[30]) *Kamu-chikara,* Abgaben an die Schreine.

[31]) Priester der betreffenden Schreine.

Drei Kleinodien seine Reverenz [32]). Bei dieser Gelegenheit befahl der Kaiser den Prinzen vom Blut, den Prinzen und den Würdenträgern, daß jeder von ihnen einer Person [aus seiner Familie] die Erlaubnis zum Eintreten in den Mönchsstand gebe. Bei den ins Kloster Eintretenden wurde nicht danach gefragt, ob sie Männer oder Weiber, alt oder jung waren, sondern alle wurden ihrem Wunsch gemäß zugelassen. Demgemäß nahmen sie an der großen Feier teil [33]).

11. Monat, 1. Tag (30. November). Der Generalstatthalter von Tsukushi schickte dem Kaiser einen roten Raben [34]). Darum erhielten die Beamten der Statthalterschaft je nach ihrem Rang verschiedene Geschenke. Ferner wurden der Person, welche den roten Raben persönlich gefangen hatte, fünf Stufen im Mützenrang verliehen [35]); auch die Distriktsbeamten des betreffenden Distriktes erhielten Beförderungen im Mützenrang. Aus diesem Grunde wurde auch den Bauern innerhalb des Distriktes Steuerbefreiung für ein Jahr gewährt. An diesem Tage wurde im Reiche eine allgemeine Amnestie erlassen.

21. Tag (20. Dezember). Das Nihi-name Fest wurde gefeiert.

23. Tag (22. Dezember). Allen Beamten, welche Rang-Inhaber waren, gab der Kaiser ein Essen [36]).

27. Tag (26. Dezember). Den Shintokultbeamten, sowie den Provinzstatthaltern, welche beim Nihi-name Feste dienstlich teilgenommen hatten, wurden vom Kaiser Geschenke gegeben.

7. Jahr (678).

1. Monat. In diesem Frühling wurde in der Absicht, die Himmelsgötter und Erdengötter zu verehren, im ganzen Reiche die Reinigungszeremonie (Harahe) vorgenommen. Am Ufer des Flusses bei Kurahashi [im Distrikt Tōchi von Yamato] wurde ein Reinigungsschrein [37]) errichtet.

4. Monat, 1. Tag (27. April). Da der Kaiser sich nach dem Reinigungsschrein zu begeben beabsichtigte, wurde [wegen des Tages] diviniert. Der siebente Tag entsprach der Divination. Hierauf wurde die Stunde des Tigers [38]) [für den Aufbruch] genommen. Die Vorläufer, welche den Weg des Kaisers frei zu halten haben, hatten sich bereits in Bewegung gesetzt,

---

[32]) Daß gar ein Kaiser, der Hohe Priester des Shintō, sich nach einem Tera begibt und an einer buddhistischen Feier teilnimmt, zeugt für den Sieg der „Drei Kleinodien“, d. i. des Buddhismus, bei Hofe. Kaiser Shōmu (724—748) legte sich sogar den Beinamen *Sambō no Yakko* „Knecht der Drei Kleinodien“ bei.

[33]) Es sind wohl diejenigen, welche sich für den Eintritt in den Mönchsstand gemeldet hatten, gemeint.

[34]) Nach dem ENGI-SHIKI ist ein roter Rabe ein glückliches Omen ersten Ranges.

[35]) Wohl eine bisher ranglose Person, die nun die fünfte Rangstufe von unten erhielt.

[36]) Das Bankett steht offenbar im Zusammenhang mit dem Nihi-name.

[37]) *Imi no miya*. Vgl. S. 277, Anm. 2, wo das Gleiche von der Kaiserin Jingō berichtet wird. Auch dort wird die Divination eines glücklichen Tages für den Eintritt erwähnt.

[38]) Die Stunde vor Sonnenaufgang.

die Beamten sich im Zuge aufgestellt, der Kaiser hatte die Sänfte bestiegen und den Baldachin befohlen, aber man war noch nicht aufgebrochen; da wurde die Kaiserliche Prinzessin Tofuchi[39]) plötzlich krank und starb im Palaste. Infolgedessen wurde der Kaiserliche Zug eingestellt, und der Kaiser konnte den Ausgang nicht unternehmen. Schließlich unterblieb die [beabsichtigte] Verehrung der Himmels- und Erdengötter.

9. Monat. Oshinumi no Miyatsuko Yoshimaro überreichte dem Kaiser fünf glückverheißende Reishalme. An jedem Halm waren Verästelungen. Infolgedessen wurden die Strafen von der Strafe der Deportation[40]) herab sämtlich erlassen.

10. Monat, 1. Tag (21. Oktober). Etwas, was wie Florettseide aussah, regnete in Naniha herab. Es war fünf bis sechs Fuß lang und sieben bis acht Zoll breit. Vom Winde getrieben schwebte es über Kiefernwälder und Schilfheiden. Die Zeitgenossen sagten: „Das ist süßer Tau[41])".

8. Jahr (679).

3. Monat, 7. Tag (22. April). Der Kaiser begab sich nach Wochi [im Distrikt Takechi der Provinz Yamato], um dem Misasagi der Späteren Okamoto Kaiserin[42]) seine Ehrfurcht zu bezeigen.

22. Tag (7. Mai). Armen buddhistischen Mönchen und Nonnen wurden Almosen von Florettseide und Hanfleinwand gegeben.

4. Monat, 5. Tag (20. Mai). Ein Kaiserliches Edikt besagte: „Man untersuche die Verhältnisse derjenigen buddhistischen Tempel, welche Unterhalts-Lehen[43]) besitzen, und weise ihnen mehr zu, wo eine Vermehrung erforderlich scheint; dagegen schaffe man sie ab, wo die Abschaffung angezeigt erscheint."

An diesem Tage wurden die Namen der buddhistischen Tempel festgesetzt[44]).

9. Tag (24. Mai). Die Gottheiten von Hirose und Tatsuta wurden verehrt.

5. Monat, 6. Tag (19. Juni). Der Kaiser erteilte der Kaiserlichen Gemahlin, sowie Seiner Hoheit dem Kaiserlichen Prinzen Kusakabe, dem K. Prinzen Ohotsu, dem K. Prinzen Takechi, dem K. Prinzen Kahashima, dem K. Prinzen Oshikabe und dem K. Prinzen Shiki Befehl mit den Worten: „Es ist Unsere Absicht,

---

[39]) Tochter des Kaisers. Vgl. Anm. 15.

[40]) *Tozai*, d. i. Deportation mit Zwangsarbeit innerhalb derselben Provinz bis zu drei Jahren.

[41]) *Kanro*, das chinesische Äquivalent für Sanskrit *amrita* „Ambrosia". Nach dem Engi-shiki gab es in der Provinz Inaba einen „Süßen-Tau-Schrein", und *kanro* galt als höchst glückliches Omen. Wird wiederholt in Geschichtswerken erwähnt.

[42]) Saimei-tennō.

[43]) D. i. die Zahl der zu ihnen gehörenden *He-hito* (Naturalabgaben liefernde Häuser) sollte gezählt werden, um über das Einkommen der Tempel Klarheit zu bekommen.

[44]) Es handelt sich wohl um eine Registrierung der Namen derjenigen Tempel, die öffentlich anerkannt waren, unter Bezugnahme auf ihr Einkommen.

am heutigen Tage im Verein mit euch im Palasthofe ein Gelübde abzulegen, auf daß nach tausend Jahren[45]) nichts Unseliges geschehe. Was meint ihr dazu?" Die Kaiserlichen Prinzen antworteten zusammen und sprachen: „Die Vernünftigkeit [dieses Vorschlages] ist offenbar." Hierauf trat Seine Hoheit der Kaiserliche Prinz Kusakabe zuerst vor und schwur: „Die Himmelsgötter, die Erdengötter und der Kaiser sollen Zeugen sein! Wir älteren und jüngeren Brüder, alt und jung, im ganzen mehr als zehn Prinzen, sind zwar alle aus verschiedenem Mutterleibe hervorgegangen, doch werden wir alle zusammen, gleichgültig ob von derselben oder von verschiedener Mutter geboren, dem Befehle des Kaisers gehorsam uns gegenseitig unterstützen und Zwietracht vermeiden. Wenn hinfort irgend einer von uns dem Schwure zuwiderhandelt, so soll er Leib und Leben verlieren und seine Nachkommenschaft soll aussterben. Wir werden das weder vergessen noch dagegen verfehlen." Die fünf [anderen] Kaiserlichen Prinzen schwuren mit einander der Reihe nach wie oben. Darauf sprach der Kaiser: „Ihr Unsere Söhne[46])! ihr seid zwar ein jeder aus verschiedenem Mutterleibe geboren, aber seid nun mit einander so in Liebe zugetan, als wäret ihr von einer und derselben Mutter geboren." Demnach löste er das Brustband[47]) und umarmte die sechs Kaiserlichen Prinzen. Hierauf schwur er: „Wenn Wir gegen dies Gelübde handeln, so wollen Wir sofort Unseren Leib verlieren." Auch die Kaiserliche Gemahlin schwur wie der Kaiser.

6. Monat, 23. Tag (5. August). Es wurde um Regen gebetet.

7. Monat, 6. Tag (17. August). Es wurde um Regen gebetet.

14. Tag (25. August). Die Gottheiten von Hirose und Tatsuta wurden verehrt.

8. Monat, 22. Tag (2. Oktober). Katsura no Miyatsuko Oshikatsu überreichte dem Kaiser glückverheißende Hirsehalme. Sie waren auf verschiedenen Rainen [gewachsen], hatten aber eine gemeinsame Ähre[48]).

10. Monat, 13. Tag (21. November). Der Kaiser erließ Verordnungen über das Ornat der Mönche und Nonnen sowie über die Farbe der Gewänder der buddhistischen Priesterschaft; dazu auch über die Art und Weise, wie sie mit Pferden und Gefolgsleuten die Straßen passieren sollten[49]).

---

[45]) D. h. nach Unserem Tode.

[46]) Von den namentlich Aufgeführten war *Kusakabe*, der Kronprinz, ein Sohn Temmu's von seiner Hauptgemahlin; *Ohotsu*, *Takechi* und *Oshikabe* seine Söhne von drei verschiedenen Nebenfrauen; *Kahashima* und *Shiki* aber waren Söhne Tenji's. Die Ausdrücke „Brüder" und „Söhne" sind also nicht ganz streng zu nehmen.

[47]) Chinesische Metapher für: er ließ seinen Gefühlen freien Lauf.

[48]) Glückliches Omen, hier als Sinnbild der Eintracht der Kaiserlichen Prinzen aufgeführt.

[49]) Vgl. folgende Vorschriften im SŌNI-RYŌ (Abschnitt über Mönche und Nonnen im TAIHŌ-RYŌ): „Wenn Priester oder Nonnen auf ihrem Wege einem [Beamten vom] dritten Range aufwärts begegnen, so sollen sie aus dem Wege gehen; wenn sie einem vom fünften oder vierten Range begegnen, so sollen sie ihre Pferde anhalten, sich verneigen und dann vorbeipassieren." Das ENGI-SHIKI, Abt. Gemba, beschreibt das Gefolge der höheren Bonzen wie folgt: „Ein *Sōjō* (Erzbischof) hat 5 Jūsō (Begleitpriester), 4 Shami (Çramanera, d. i.

In diesem Monat erließ der Kaiser ein Edikt: „Alle Priester und Nonnen sollen für gewöhnlich innerhalb der Klöster wohnen und die Buddhalehre befolgen. Diejenigen aber, welche entweder das Greisenalter erreicht haben oder krank geworden sind, beständig in ihren engen Zellen liegen und lange Zeit an Altersschwäche oder Krankheit leiden, sind in ihrem Tun und Lassen unbeholfen und entweihen auch durch ihre Gegenwart die heilige Stätte. Von nun an sollen sich daher die Betreffenden ein jeder an seine Familienangehörigen oder vertrauenswerte Personen wenden, damit sie ihnen ein oder zwei Häuser auf unbenutztem Grunde errichten, wo die Alternden sich pflegen und die Kranken Arznei nehmen können."

12. Monat, 2. Tag (8. Januar 680). Wegen der glückverheißenden Hirsenhalme erhielten die Prinzen vom Blut, die Prinzen, Würdenträger und Beamten vom Kaiser je nach ihrem Rang verschiedene Geschenke. Allen Verbrechern, die zu Todesstrafe oder geringerer Strafe verurteilt waren, wurde Amnestie erteilt.

In diesem Jahre bot man dem Kaiser aus dem Distrikt Ito der Provinz Kii eine glückverheißende Shisō[50]) Pflanze dar. An Gestalt war sie einem Pilz ähnlich: ihr Stengel war einen Fuß lang, ihr Hut zwei Armspannen groß. Auch die Provinz Inaba bot glückverheißende Reispflanzen dar. Jeder Halm hatte Verästelungen.

9. Jahr (680).

2. Monat, 26. Tag (31. März). Es war ein Mann, welcher sagte: „Ich habe ein Hirschgeweih auf dem Katsuragi gefunden. Das Geweih hat an der Wurzel zwei Verästelungen, und am oberen Ende sind die zwei in eins zusammengewachsen und haben Fleisch daran. Auf dem Fleische sitzen Haare, die einen Zoll lang sind. Es scheint mir wunderbar, und ich überreiche es dem Kaiser." Vielleicht war es das Horn eines Einhorns[51]).

3. Monat, 10. Tag (14. April). Die Provinz Settsu überreichte dem Kaiser einen weißen Shitoto Vogel[52]).

Novizen) und 8 Dōshi (dienende Knaben); ein *Dai-Sōdzu* oder *Shō-Sōdzu* (Großer oder kleiner Bischof) hat je 4 Jūsō, 3 Shami und 6 Dōshi; jeder *Risshi* (nächsthöchster Rang) hat 3 Jūsō, 2 Shami und 4 Dōshi usw.

[50]) Vgl. S. 337, Anm. 16.

[51]) *Rin*, nach dem WAMYŌSHŌ das weibliche Einhorn, während das männliche *ki* heißt. Beide werden gewöhnlich zusammen genannt: *kirin*. Das Kirin ist ein fabelhaftes Tier der chinesischen Mythenbildung und soll einen Hirschleib, einen Rinderschwanz, Pferdehufe, auf dem Rücken fünf farbige Figuren, einen gelben Bauch und ein Horn auf dem Kopfe haben. Sein Erscheinen wurde als gutes Omen betrachtet, das auf eine gute Regierung hindeutet.

[52]) Eine Art Ammer, die sich nur in Bergwaldungen aufhält. Dem Volk bekanntere Spezies davon sind der *aoji*, Temminck's japanische Ammer, und der *me-jiro*, Weißauge, zosterops japonica. Daß der *Shitoto (Shitodo)* in alter Zeit mit der Wahrsagerei in Verbindung steht, vielleicht wegen seines Rufes, geht aus dem Namen *miko-tori* „Weissagerin-Vogel" im MAKURA NO SŌSHI und dem im MEIGI-SHŌ genannten *kōnai-tori* hervor. *Kōnai*, geschrieben *kaunai*, ist eine Korruption von *kamunagi*, *kannagi* „Wahrsagerin"; *kōnai-tori* bedeutet also genau dasselbe wie *miko-tori*. Auch hier im NIHONGI stehen für *Shitoto* die Zeichen

4. Monat. 10. Tag (13. Mai). Die Gottheiten von Hirose und Tatsuta wurden verehrt.

11. Tag (14. Mai). Im Nonnenkloster des Tempels Tachibana-dera[53]) brach Feuer aus. Zehn Zellen brannten nieder.

In diesem Monat wurde folgendes Kaiserliche Edikt erlassen: „Sämtliche buddhistischen Tempel sollen, mit Ausnahme der zwei oder drei Großen Reichs-Tempel[54]), von jetzt an nicht mehr unter der Verwaltung der Staatsbehörden stehen. Nur diejenigen, welche Unterhaltslehen[55]) besitzen, können für den Zeitraum von dreißig Jahren, wobei die bis jetzt verflossene Genußzeit eingerechnet wird, im Besitz dieser Privilegien verbleiben. Wenn nach der Zählung der Jahre volle dreißig Jahre verflossen sind, sind die Privilegien aufzuheben. Ferner: der Tempel Asuka-dera sollte eigentlich nicht unter diejenigen, welche der Verwaltung der Staatsbehörden unterstehen, einbegriffen sein. Aber da er früher als Großer Tempel behandelt und stets von Staatsbeamten verwaltet wurde und außerdem ehemals[56]) sich verdient gemacht hat, so soll er auch weiterhin noch in die Reihe der von der Staatsbehörde verwalteten einbegriffen werden."

5. Monat, 1. Tag (3. Juni). Auf Kaiserlichen Befehl erhielten die vierundzwanzig buddhistischen Tempel innerhalb der Hauptstadt Geschenke von grober Seide, Florettseide, Rohseide und Hanfleinwand, je nachdem verschieden.

An diesem Tage wurde begonnen, das Kon-kwō-myō Sūtra[57]) im Palast und in den verschiedenen Tempeln erklären zu lassen.

7. Monat, 5. Tag (5. August). An diesem Tage wurde um Regen gebetet.

8. Tag (8. August). Die Gottheiten von Hirose nnd Tatsuta wurden verehrt.

10. Tag (10. August). Ein roter Sperling[58]) zeigte sich am Südtor [des Palastes].

„Wahrsagerin-Vogel". Da die Farbe des Gefieders gewöhnlich rotgelb (auch blau) mit schwarzen Längsstrichen auf den Flügeln ist, wird der weiße Shitoto als glückbedeutende Seltenheit dem Kaiser gebracht.

[53]) Der *Bodai-ji* „Tempel der Vollkommenen Erkenntnis" im Dorfe Tachibana im Distrikt Takechi, Yamato; von Shōtoku-taishi gegründet.

[54]) Der *Kudara no Oho-tera (Daigwan-daiji)* in Takechi, *Hōryū-ji* in Nara, *Tennō-ji* in Ōsaka.

[55]) Vgl. Anm. 43.

[56]) Im Kriegsjahre 672, wo die Mönche dieses Tempels die Partei Temmu's unterstützt hatten.

[57]) Vgl. Anm. 28.

[58]) Eines der glücklichsten Omina, hier doppelt glücklich, weil er am Südtor, das ohnehin schon *Shujaku-mon* „Tor des Roten Sperlings" (schon im Königspalast zu Ch'ang-an in China) heißt, erschien. Der Blaue Drache, Rote Sperling, Weiße Tiger und die Schwarze Schildkröte sind die vier heiligen Tiere Chinas und Japans *(shi-jin* „vier Gottheiten") und symbolisieren die vier Himmelsgegenden Osten, Süden, Westen, Norden. Man findet sie zuweilen auch als Ornamente an den entsprechenden vier Dachseiten buddhistischer Tempel angebracht. Nach chinesischer Anschauung erscheint ein roter Sperling, wenn die Regierung eines Kaisers mit den Normen des Himmels im Einklang steht.

20. Tag (20. August). Der Bonze Kōchō vom Asuka-dera starb. Die Kaiserlichen Prinzen Ohotsu und Takechi wurden hingeschickt, um das Beileid des Kaisers zu bezeigen.

8. Monat, 5. Tag (3. September). Leute des Justizamtes überreichten dem Kaiser glückbedeutende Hirsenhalme.

10. Monat, 4. Tag (31. Oktober). Der Kaiser fühlte Mitleid mit den armen Priestern und Nonnen der Tempel in der Hauptstadt und dem gewöhnlichen Volke und verteilte Gnadengeschenke unter sie. Jeder Priester und jede Nonne erhielten vier Doppelstücke grobe Seide, vier Bündel Florettseide und sechs Stücke[59]) Hanfleinwand. Die Novizen[60]) und Laien[61]) erhielten ein jeder zwei Doppelstücke grobe Seide, zwei Bündel Florettseide und vier Stücke Hanfleinwand.

11. Monat, 12. Tag (8. Dezember). Die Kaiserliche Gemahlin erkrankte. Darum tat [der Kaiser] um der Kaiserlichen Gemahlin willen ein Bittgelübde und begann den Tempel Yakushi-ji[62]) zu errichten. Zudem ließ Er hundert Personen als Bonzen in den geistlichen Stand eintreten. Infolgedessen erholte sie sich wieder.

16. Tag (12. Dezember). Der Kaiser schickte den Kaiserlichen Prinzen Kusakabe, um sich nach der Krankheit des Bonzen Wemyō zu erkundigen. Am folgenden Tage starb der Bonze Wemyō. Hierauf schickte der Kaiser die drei Kaiserlichen Prinzen hin und ließ sein Beileid ausdrücken.

26. Tag (22. Dezember). Der Kaiser wurde krank. Deshalb wurden hundert Personen in den buddhistischen Priesterstand eingeweiht. Augenblicklich gesundete Er.

10. Jahr (681).

1. Monat, 2. Tag (26. Januar). An alle Himmels- und Erdengötter wurden Mitegura verteilt.

19. Tag (12. Februar). An die Kinai Provinzen und alle anderen Provinzen erging der Kaiserliche Befehl, die Götterschreine der Himmelsgötter und der Erdengötter auszubessern.

4. Monat, 2. Tag (24. April). Die Gottheiten von Hirose und Tatsuta wurden verehrt.

5. Monat, 11. Tag (2. Juni). Die Manen der Kaiserlichen Ahnen[63]) wurden verehrt.

---

[59]) Ein *Tan* oder „Stück“ war 20′ lang, ein *Hiki* oder „Doppelstück“ 40′.

[60]) *Shami.* Diesen Titel erhalten sie nach dem ersten Scheren bzw. Rasieren des Kopfhaars.

[61]) Wörtlich „weiße Kleider Tragende, Weißröcke“, im Gegensatz zu den Bonzen, den „Schwarzröcken“.

[62]) Vollendet 698. Auch *Nishi no Kyō* genannt. *Yakushi* ist der Arzneigott, Skr. Bhaishajyaguru. Die Lage des Tempels wurde mehrere Male geändert; dahin, wo er jetzt noch steht, in die Nähe von Nara, wurde er im Jahre 718 verlegt. Näheres in Satow's Handbook, 2. edition, pag. 393.

[63]) *Kōso (sume-mi-oya) no mi-tama.* So auch Shikida's Auffassung. Iida aber will wie der Verfasser des SHŪGE unter *kōso* nicht die ganze Ahnenreihe, sondern nur den

7. Monat, 1. Tag (21. Juli). Es zeigte sich ein roter Sperling.

10. Tag (30. Juli). Die Gottheiten von Hirose und Tatsuta wurden verehrt.

30. Tag (19. August). An das ganze Land erging der Befehl, überall die Zeremonie der Großen Reinigung zu vollziehen[64]). Bei dieser Gelegenheit lieferten die Kuni no Miyatsuko ein jeder einen Sklaven als Reinigungsopferspende und vollzogen [so] die Reinigung.

Eingeschalteter 7. Monat, 15. Tag (3. September). Die Kaiserliche Gemahlin tat ein Bittgelübde und veranstaltete eine große Kultfeier mit Fastenspeisen. In allen Tempeln innerhalb der Hauptstadt ließ [sie] die Sutras erklären.

8. Monat, 16. Tag (3. Oktober). Die Provinz Ise bot dem Kaiser eine weiße Ohreule dar.

9. Monat, 5. Tag (22. Oktober). Die Provinz Suhō (Suwō) überreichte eine rote Flußschildkröte[65]). Man ließ sie im Teiche des Palastes Shima-no-miya [im Distrikt Takechi von Yamato] frei.

11. Jahr (682).

4. Monat, 9. Tag (20. Mai). Die Gottheiten von Hirose und Tatsuta wurden verehrt.

7. Monat, 11. Tag (19. August). Die Gottheiten von Hirose und Tatsuta wurden verehrt.

8. Monat, 17. Tag (24. September). Der Generalstatthalter von Tsukushi berichtete, daß ein dreibeiniger Sperling gefunden worden sei.

29. Tag (6. Oktober). Mehr als hundertundvierzig Personen traten im Tempel Oho-tsukasa no Oho-tera[66]) in den geistlichen Stand ein.

12. Jahr (683).

1. Monat, 2. Tag (3. Februar). Der Generalstatthalter von Tsukushi Tajihi no Mahito Shima usw. überreichte dem Kaiser den dreibeinigen Sperling.

7. Tag (8. Februar). Die Prinzen vom Blut usw. und die Großwürdenträger wurden vom Kaiser vor die Große Audienz-Halle eingeladen, und es

Prinzen *Hikohito no Ohoye*, den Vater Jomei's und Großvater Temmu's verstehen, weil im 25. Buche, am 20/3 des 2. Jahres Taikwa, dieser Prinz der „Kaiserliche Ahn Ohoye" genannt wird. Da der Prinz nicht Kaiser war und also nicht in der Reihe der Kaiserlichen Ahnen mit verehrt wurde, sei ihm deshalb extra Verehrung dargebracht worden. Der Wortlaut des Textes läßt beide Auffassungen gleicherweise zu.

[64]) Ein außerordentliches *Oho-harahe*. Grund der Ansetzung nicht ersichtlich. Es muß irgend eine Ungelegenheit vorgelegen haben, mit der vielleicht auch das gleich darauf erwähnte Gelübde der Kaiserin zusammenhängt.

[65]) Nach Shikida wahrscheinlich eine Schildkröte, die im Volksmunde *mino-game*, „Regenmantel-Schildkröte" heißt wegen der an ihrem Rücken hangenden Wassergewächse. Sie ist ein Symbol der Langlebigkeit. Von der „Götterschildkröte" berichtet übrigens das chinesische SHI-KI, daß sie mit den Jahreszeiten die Farbe wechsle. Im Frühling sei sie blau, im Sommer rot, im Herbst weiß, im Winter schwarz.

[66]) Oder *Daigwan-daiji*. Vgl. S. 311, Anm. 33.

wurde ihnen ein Bankett gegeben. Bei dieser Gelegenheit zeigte der Kaiser den Ministern den dreibeinigen Sperling.

3. Monat, 2. Tag (3. April). Es wurden Sōjō, Sōdzu und Risshi[67]) ernannt. Ein dabei erlassenes Kaiserliches Edikt lautete: „Beaufsichtiget die Mönche und Nonnen dem Gesetz gemäß usw. usw.“

4. Monat, 21. Tag (22. Mai). Die Gottheiten von Hirose und Tatsuta wurden verehrt.

7. Monat. In diesem Sommer wurden zum ersten Mal Bonzen und Nonnen eingeladen, um im Inneren des Palastes stille Beschaulichkeit[68]) zu üben. Demgemäß wurden dreißig Personen von reinem Lebenswandel ausgewählt und in den geistlichen Stand aufgenommen.

15. Tag (12. August). Es wurde um Regen gebetet.

20. Tag (17. August). Die Gottheiten von Hirose und Tatsuta wurden verehrt.

Von diesem Monat an bis in den achten Monat herrschte Dürre. Der Kudarenser Bonze Dōzō betete um Regen, und er erlangte Regen.

13. Jahr (684).

2. Monat, 28. Tag (19. März). Der Kaiser schickte den Prinzen Hirose vom Range Jōkwōshi und Ohotomo no Muraji Yasumaro vom Range Shōkinchū mit Verwaltungsbeamten, Sekretären, Astrologen[69]), Handwerkern usw. in die Kinai Provinzen, um für die Anlegung einer [neuen] Hauptstadt geeignetes Gelände besichtigen und divinatorisch bestimmen zu lassen.

3. Monat, 8. Tag (29. März). Ube no Atahi Yumi, ein Mann aus Yoshinu, überreichte dem Kaiser eine weiße Kamelie.

4. Monat, 13. Tag (2. Mai). Die Göttin Oho-imi von Hirose und die Windgötter von Tatsuta wurden verehrt.

Eingeschalteter 4. Monat, 5. Tag (24. Mai). [Ein Edikt über Bekleidung von Männern und Frauen schließt:] „Frauen von vierzig Jahren und darüber können nach Belieben ihr Haar in einem Schopf aufgebunden oder nicht aufgebunden

---

[67]) Oder *Rishi* „Gesetzeslehrer“. S. Eitel a. a. O. unter upadhyāya. Sie rangierten wie Staatsbeamte vom 5. Rang, waren jedoch nicht hoffähig. Während die Ämter des *Sōjō* und *Sōdzu* schon unter der Kaiserin Suiko 624 errichtet wurden, scheint das Amt der *Risshi* erst jetzt errichtet worden zu sein. Koreanische Risshi wurden erwähnt S. 312 und 320.

[68]) *Ango* „ruhiges Verweilen“. Später wurde für alle Mönche und Nonnen des Reiches jährlich vom 15. April bis 15. Juli a. St. eine neunzigtägige Ango Periode festgesetzt, während deren sie in Beschaulichkeit in ihren Klöstern eingeschlossen sitzen mußten und nicht ausgehen durften, um dem in dieser Zeit besonders reichen Pflanzen- und Tierleben keinen Schaden zuzufügen. Der Beginn der Abschließung hieß *kekka* „Sommerbindung“ oder *kessei*, die Freilassung *geka* „Sommerlösung“ oder *gesei*. Die Sitte wird auf Buddhas Gewohnheit, die drei Regenmonate jeden Jahres mit seinen Jüngern in stiller Zurückgezogenheit zuzubringen, zurückgeführt.

[69]) *Onyō-shi* oder *Onyō no kami*, die durch Divination den Boden beurteilen und bestimmen, ob er für Bebauung oder anderes geeignet ist. Das SHOKU-IN RYŌ nennt sechs *Onyō no kami* als Leiter der Bodendivination.

tragen; — — — eine Ausnahme bilden jedoch die Kamunagi[70]): sie sind nicht unter die, welche ihr Haar aufbinden dürfen, einbegriffen.

16. Tag (4. Juni). Im Inneren des Palastes fand eine Kultfeier mit Fastenspeisenbewirtung statt. Aus diesem Anlaß wurden die Toneri (Gefolgsleute), welche sich vergangen hatten, begnadigt.

24. Tag (12. Juni). Fukuyō, ein Bonze des Asuka-dera, wurde wegen Vergehens verurteilt und ins Gefängnis geworfen.

29. Tag (17. Juni). Der Bonze Fukuyō beging Selbstmord durch Kehlabschneiden.

5. Monat, 14. Tag (1. Juli). Aus Kudara eingewanderte Bonzen, Nonnen und männliche und weibliche Laien, im ganzen dreiundzwanzig Personen, wurden alle in der Provinz Musashi angesiedelt.

6. Monat, 4. Tag (21. Juli). Es wurde um Regen gebetet.

7. Monat, 4. Tag (19. August). Der Kaiser begab sich nach Hirose.

9. Tag (24. August). Die Gottheiten von Hirose und Tatsuta wurden verehrt.

10. Monat, 14. Tag (26. November). [Abends zehn Uhr furchtbares Erdbeben, bei dem auch unzählige] Buddhatempel und Shintoschreine in Trümmer stürzten. — — An diesem Abend vernahm man ein Geräusch wie von Trommeln aus östlicher Richtung. Jemand sagte: „Die westliche und die nördliche Seite der Insel Idzu-no-Shima[71]) hat sich von selbst um über dreitausend Fuß vergrößert, und eine Insel hat sich neu gebildet. Das, was wie Trommelwirbel klang, war das Geräusch, welches entstand, als die Götter diese Insel bildeten."

[In diesem Jahre] wurde aus dem Katsuragi no Shimo Distrikt in Yamato das Vorhandensein eines vierbeinigen Huhns berichtet. Auch der Hi no Kami Distrikt in der Provinz Tamba berichtete vom Vorhandensein eines Kalbes mit zwölf Hörnern[72]).

14. Jahr (685).

3. Monat, 27. Tag (5. Mai). Ein Kaiserlicher Befehl erging an alle Provinzen, in jedem Hause eine Buddha-Hütte[73]) herzurichten, sowie Buddhafiguren hinzustellen und buddhistische Schriften hinzulegen und davor zu beten und Speiseopfer darzubringen.

---

[70]) Frauen, welche Weissagung und andere Zauberkünste ausüben. Sie trugen also die Haare nach alter Sitte lang herabhängend. Man bemerke die Beharrlichkeit religiöser Bräuche. Für *kamunagi* stehen übrigens die 2 Zeichen *fu-shuku*, also genau genommen jap. *kannagi hafuri;* doch kann es sich wohl hier nur um weibliche Personen handeln. Vgl. S. 338, Anm. 18.

[71]) Die bekannte vulkanische Insel *Oho-shima,* Vries Island.

[72]) Solch Wundertier kommt selbst in der chinesischen Literatur nicht vor. Der Shūge Verfasser bemerkt übrigens, daß solche Ungeheuerlichkeiten darauf deuten, daß der Fürst und die Minister auf die Worte von Nonnen und alten Weibern hören und ihnen übermäßige Freundlichkeit bezeigen.

[73]) *Hotoke no ya* (oder *tono*) oder *oho-tono* oder *tera* umschrieben, wohl ein Buddhaschrein, wie er noch jetzt in den Häusern fast aller Buddhisten steht, ein sog. *butsu-dan.*

4. Monat, 12. Tag (20. Mai). Die Gottheiten von Hirose und Tatsuta wurden verehrt.

25. Tag (2. Juni). Zum ersten Mal [während dieses Jahres?] wurden Mönche und Nonnen eingeladen, um im Palaste stille Beschaulichkeit zu üben.

5. Monat, 5. Tag (12. Juni). Der Kaiser begab sich nach dem Asuka-dera, weihte dem Buddha kostbare Schatzstücke und verehrte ihn.

26. Tag (3. Juli). [Die japanische Gesandtschaft kehrte aus Shiragi zurück.] Die Studienpriester Kwanjō und Unkwan kamen in ihrem Gefolge in Japan an.

7. Monat, 21. Tag (26. August). Die Gottheiten von Hirose und Tatsuta wurden verehrt.

8. Monat, 12. Tag (15. September). Der Kaiser begab sich nach dem Tempel Jōdo-ji[74]).

13. Tag (16. September). Der Kaiser begab sich nach dem Tempel Kahara-dera [in Takechi] und verteilte Almosen von Reis unter sämtliche Priester.

9. Monat, 24. Tag (27. Oktober). Da der Kaiser krank war, so wurden drei Tage lang für ihn in den Tempeln Oho-tsukasa no Oho-tera, Kahara-dera und Asuka-dera buddhistische Sutra gelesen. Demgemäß wurde den drei Tempeln Reis geschenkt, bei jedem verschieden.

10. Monat, 4. Tag (5. November). Dem Kudarenser Bonzen Jōki (Syang-hwi) wurden dreißig Häuser als Unterhaltsgut überwiesen. Dieser Bonze war hundert Jahre alt.

8. Tag (9. November). Der Kudarenser Bonze Hōzō (Pŏp-chang) und der Ubasoku[75]) Masuda no Atahi Konshu wurden nach der Provinz Mino geschickt, um eine Abkochung von Wokera Pflanzen[76]) vorzunehmen. Demgemäß erhielten sie vom Kaiser Geschenke von grober Seide, Florettseide und Hanfleinwand.

In diesem Monat wurde das Kongō-hanya[77])-kyō im Palaste erklärt.

11. Monat, 24. Tag (25. Dezember). Seine Hochwürden Hōzō und Konshu überreichten dem Kaiser die Absiedung der Wokera Pflanzen.

An diesem Tage wurde für den Kaiser die Seelenbeschwörungs-Zeremonie[78]) vorgenommen.

---

[74]) „Paradies-Tempel", vom TSUSHŌ mit dem *Asuka-dera* identifiziert, ohne diese Angabe zu begründen.

[75]) Skr. *upāsaka;* ein buddhistischer Laie, der gelobt hat, die Hauptgebote des Mönchtums zu befolgen, ohne aber ein Mönch geworden zu sein.

[76]) Atractylis ovata, eine Bergpflanze, deren Wurzel zu Arzneizwecken verwendet wurde. Bei längerem Genuß soll sie den Körper leicht machen, das Leben verlängern, den Hunger abwehren.

[77]) Vajracchedikā-prajñāpāramitā-sūtra, Diamant-Spalter Sutra. Bunyu Nanjo's Catalogue No. 10. Übersetzung des Sanskrittextes von Max Müller, Sacred Books vol. 49, der chinesischen Version Kumārajiva's von Beal, Royal Asiatic Society 1864/65 (sehr mangelhaft!).

[78]) Sinojap. *shōkon* „die Seele einladen" (vgl. das Fest *Shōkon-sai* im Schrein Skōkon-sha, wo die Geister der im Krieg Gefallenen eingeladen und verehrt werden), jap. *mi-tama-furi* „Schütteln der erlauchten Juwelen", eine Zeremonie zur Beruhigung der Seele eines

12. Monat, 16. Tag (15. Januar 686). Almosen von grober Seide, Florettseide und Hanfleinwand wurden den Bonzen des Ohotsukasa no Ohotera geschenkt.

Shuchō [79]) 1. Jahr (686).

1. Monat, 2. Tag (31. Januar). An diesem Tage überreichte ein Mann aus der Provinz Settsu, Namens Kudara no Nihiki, dem Kaiser einen weißen Achat.

9. Tag (7. Februar). Die drei Leiter [der Geistlichkeit] [80]), der Risshi, sowie auch vom Tempel Oho-tsukasa no Ohotera der Tempelpräfekt [81]) und die Sekretäre, im ganzen neun Bonzen, wurden eingeladen und mit Laienkost [82]) bewirtet. Sodann erhielten sie Geschenke von grober Seide, Florettseide und Hanfleinwand, in jedem Falle verschieden.

3. Monat, 6. Tag (4. April). Der Oberverwaltungsrat Haneda no Mahito Yakuni vom Range Jiki-dai-san erkrankte. Seinetwegen wurden drei Personen zu Bonzen eingeweiht [83]).

4. Monat, 13. Tag (10. Mai). Zum Zweck der Bewirtung der Shiragenser Gäste wurde die [Trommel- und Flöten-]Musik des Tempels Kahara-dera nach Tsukushi geschickt. Dafür wurden fünftausend Bündel Reis aus

---

Leidenden und Wiedererlangung neuer Kräfte für ihn. Sie bestand im Schütteln der Götterschätze und wurde jährlich ein Mal in der Affenstunde am mittleren Tigertage des 11. Monats vorgenommen. Das alljährliche Fest heißt *Chin-kon-sai (= Mitama-shidzumuru Matsuri)* „Fest zur Beschwichtigung der Seele“ und ist im ENGI-SHIKI beschrieben. Die dabei verehrten Gottheiten waren: Kami-musubi, Taka-mi-musubi, Iku-musubi, Taru-musubi, Tama-tsume-musubi, Oho-miya no Me, Oho-mi-ke tsu Kami, Koto-shiro-nushi und Oho-nahobi no Kami. Eine Stelle des KUJIKI wirft Licht auf diese Zeremonie. Nachdem die Sonnengöttin ihrem Enkel Ninigi bei seiner Entsendung auf die Erde zehn Götterschätze gegeben hatte, nämlich einen Tiefsee-Spiegel, einen Ufer-Spiegel (vgl. S. 114 und 256), ein Achthandspannen-Schwert, ein Leben spendendes Juwel, ein Vollkommenheit verleihendes Juwel, ein Juwel der Rückkehr vom Tode, ein Juwel der Wegrückkehr, eine Schlangen [Abwehr] Binde, eine Wespen [Abwehr] Binde und eine Sachen-Binde, sprach sie: „Bei Krankheiten sprich zu diesen zehn Schätzen hi, fu, mi, yo, i, mu, na, ya, ko, to (Zahlen 1 bis 10!) und schüttle sie schüttelschüttel. Dann wird der Tote zum Leben zurückkehren.“

[79]) Am 22. Tage des 7. Monats des laufendes Jahres wurde statt der Bezeichnung Temmu 15. Jahr das Nengō *Shuchō* „roter Vogel“ eingeführt, weil, wie das FUSŌ-RYAKKI berichtet, die Provinz Yamato einen roten Fasanen dargeboten hatte. Es ist das dritte im NIHONGI erwähnte Nengō. Der Grund der Einführung ist im NIHONGI nicht angegeben.

[80]) *San-kō.* Seit der Taihō Zeit gab es in jedem Kloster „Drei Leiter“, *san-kō,* welche die Angelegenheiten der Mönche und Nonnen ihrer Tempel verwalteten, nämlich einen *Jōza* „Vorsteher“ (mahā-sthavira), einen *Jishu* oder *Tera-ji* „Tempelherrn“ (vihāra-svāmin) und einen *Tsuwina* (karmadāna). Siehe GIGE zum SŌNI-RYŌ. In unserer Stelle ist aber der Ausdruck *san-kō* wohl noch nicht in diesem prägnanten Sinne, sondern im Sinn von „die drei höchsten Geistlichen, die drei Kirchenfürsten“ zu nehmen, unter denen wir den *Sōjō*, *Dai-Sōdzu* und *Shō-Sōdzu* zu verstehen haben. Diese drei und der *Risshi* bildeten, was später, im SŌNI-RYŌ und ENGI-SHIKI, die *sō-kō* „höhere Geistlichkeit“ hieß.

Da die Zahl der Sekretäre *(sa-kwan)* im Ohotsukasa no Ohotera seit dem 2. Jahre Temmu auf vier erhöht war, kommt für die gegenwärtige Aufzählung von im ganzen neun Personen nur ein *Risshi* in Betracht.

[81]) Vgl. Anm. 8.

[82]) Im Gegensatz zu der sonst den Bonzen vorgesetzten rein vegetarischen Kost.

[83]) Trotzdem starb er am 23. April.

dem Privatbesitz des Palastes der Kaiserlichen Gemahlin dem Kahara-dera überwiesen.

27. Tag (24. Mai). Die Kaiserliche Prinzessin Taki[84]), die Prinzessin Yamashiro und die Edeldame Ishikaha wurden nach dem Schrein[85]) von Ise geschickt.

5. Monat, 9. Tag (5. Juni). Die Kaiserliche Prinzessin Take usw. kamen aus Ise zurück.

14. Tag (10. Juni). Der Kaiser befahl, dem Tempel Oho-tsukasa no Oho-tera siebenhundert Häuser als Lehen zu überweisen und dreihunderttausend Bündel Reis als Reissteuer zu geben.

24. Tag (20. Juni). Der Kaiser fühlte sich unwohl. Deswegen ließ man im Tempel Kahara-dera das Yaku-shi-kyō[86]) erklären und im Inneren des Palastes [eine Anzahl Bonzen] stille Beschaulichkeit üben.

6. Monat, 10. Tag (5. Juli). Über die Krankheit des Kaisers wurde diviniert, und dieselbe als ein vom Grasmähe-Schwert[87]) ausgehender böser Einfluß festgestellt. Am gleichen Tage wurde es an den Schrein von Atsuta in der Provinz Wohari [zurück]geschickt und dort niedergelegt.

12. Tag (7. Juli). Es wurde um Regen gebetet.

16. Tag (11. Juli). Der Kaiser schickte den Prinzen Ise mit einer Anzahl von Beamten nach dem Tempel Asuka-dera und ließ sämtlichen Bonzen einen Befehl überbringen, welcher lautete: „In jüngster Zeit ist Unser Körper nicht in Ordnung. Unser Wunsch ist es, daß durch Kraft und Einfluß der Drei Kleinodien Unser Körper wieder seine Ruhe erlange[88]). Deshalb sollen die Sōjō, Sōdzu und sämtliche Bonzen Gelübde tun und beten!“ Hierauf bot Er den Drei Kleinodien seltene und kostbare Schätze dar. An diesem Tage erhielten die drei Leiter [der Geistlichkeit], der Risshi, sowie die Äbte[89]) der Vier Tempel[90]), die Tempelpräfekten und diejenigen Bonzen, welche zur Zeit den Rang eines Norinoshi[91]) inne hatten, ein jeder eine Garnitur Kaiserlicher Gewänder und Kaiserlicher Schlafdecken[92]) vom Kaiser zum Geschenk.

19. Tag (14. Juli). Auf Kaiserlichen Befehl wurden eine Anzahl Beamte nach dem Tempel Kahara-dera geschickt, um Lichter anzuzünden und Speise-

---

[84]) Eine Tochter des Kaisers.

[85]) Für den „Schrein“ von Ise stehen gewöhnlich die Zeichen *Jin-gū* „Götter-Schrein“. Dieser sinojap. Terminus bezeichnet nämlich die Shintoschreine ersten Ranges, deren es zwei gibt: den *Ise no jingū* und den *Atsuta no jingū*.

[86]) Skr. Bheshajyaguru-sūtra. Bunyu Nanjo's Catalogue No. 172.

[87]) Vgl. Tenchi-tennō 7. Jahr, S. 365, und Anm. 9 und 10 daselbst.

[88]) D. i. durch Buddhas Hilfe wieder gesunde.

[89]) *Wajō*, *washō* oder *oshō*, Skr. upadhyāya.

[90]) Die vier Tempel, welche kraft des im 4. Monat des 9. Jahres Temmu (680) erlassenen Ediktes unter der Verwaltung der Staatsbehörde geblieben waren, i. e. der *Kudara no Oho-tera*, *Hōryū-ji*, *Tennō-ji* und *Asuka-dera*.

[91]) *Shi* oder *norinoshi* „Lehrer der Doktrin“; Bonzen, welche die buddhistischen Doktrinen erklären und das Volk leiten.

[92]) D. i. vom Kaiser bereits gebrauchte Kleider und Schlafdecken.

opfer darzubringen. Danach große Kultfeier mit Fastenspeisenbewirtung und Bereuen der Sünden[93]).

22. Tag (17. Juli). Die Bonzen Hōnin und Gishō erhielten vom Kaiser jeder zur Altersversorgung dreißig Häuser als Unterhaltsgut zugewiesen.

7. Monat, 2. Tag (27. Juli). An diesem Tage begaben sich [der] Sōjō und [die] Sōdzu usw. in den Palast und hielten eine Sündenbereuungs[feier] ab[94]).

3. Tag (28. Juli). An alle Provinzen erging ein Kaiserlicher Befehl zur Vornahme der Großen Reinigungszeremonie (Oho-harahe).

5. Tag (30. Juli). Der Gottheit Kuni-kakasu[95]) no Kami, welche in der Provinz Kii residiert, den vier Shintoschreinen zu Asuka[96]) [im Distrikt Takechi

---

[93]) „Lichteranzündung“, „Speiseopferung“, „Sündenbereuen“ als buddhistische Kulthandlungen werden durch die fremden sinojap. Wörter *nentō, kuyō, kwekwa* ausgedrückt.

[94]) Sie ließen die Palastbewohner ihre Sünden beichten und bereuen, hielten also einen Beicht- und Bußdienst ab. Gewissermaßen das buddhistische Gegenstück zu dem am nächsten Tage anbefohlenen schintoistischen Oho-harahe.

[95]) Identisch mit der „im Lande Ki wohnenden Göttin *Hi-no-Kuma* bzw. *Hi-no-saki*“, die im Jindaiki S. 157 (vgl. dort Anm. 24) erwähnt wird, also mit der Sonnengöttin, deren Emblem der zuerst gegossene Spiegel ist, während die Göttin unter dem Emblem des zuzweit gegossenen Spiegels in Ise verehrt wird. *Kakasu* ist offenbar verwandt mit *kage, kagayaku* usw. und bedeutet daher „bescheinen, beleuchten“ (das Zeichen „hängen“ in der Schreibung des Namens ist nur phonetisch gebraucht), so daß der Gottesname bedeutet: „die das Land erleuchtende Gottheit“, ein Analogon zu dem bekannten *Ama-terasu!* Und auch *Ame-kakasu* im Sinne von *Ama-terasu* findet sich. Vgl. im MEIBUNSHŌ: „Der eine Spiegel, der Mitama (erl. Geist) der Großen Gottheit Ama-terasu, genannt *Ame-kakasu Oho-mi-kami*, ist die jetzt im Iso Schrein in der Provinz Ise verehrte Gottheit; der andere Spiegel, der frühere Mitama der Großen Gottheit Ama-terasu, genannt *Kuni-kakasu Oho-mi-kami*, ist die jetzt in der Provinz Kii im Distrikt Nakusa verehrte Gottheit.“ Auch folgende Stelle aus einem Werke Namens HI-NO-SAKI KUNI-KAKASU Ō-SŌSHI trägt zur Aufklärung bei: „Am 8/4 des 51. Jahres Sujin-tennō's (47 vor Chr.) verzogen die Große Gottheit Ama-terasu und die Große Gottheit Hi-no-Kuma (Hi-no-saki) miteinander nach dem Schreine am Strande von Nakusa an der Koto Bucht dieses Landes [Kii]. Sie wohnten auf dem Felsen von Kawasoko. Am 11/11 des 54 Jahres (44 vor Chr.) verzog die Große Göttin Ama-terasu in ein anderes Land, aber die Große Gottheit Hi-no-Kuma blieb daselbst wie vorher; später im 16. Jahre des Kaisers Suinin (14 vor Chr.) verließ sie Kawasoko und verzog in den jetzigen Schrein.“ Es handelt sich zwar hier um eine erst in der Periode Keichō (1596—1614) gemachte Niederschrift, aber die Mitteilung geht zweifellos auf eine alte Überlieferung zurück.

Wenn das JIMMEI-SHIKI von zwei Schreinen im Distrikt Nakusa der Provinz Kii, einem *Hi-no-Kuma Jinja* und *Kumi-kakasu Jinja* spricht (dicht bei einander, mit der selben Gottheit), so ist das die Darstellung einer späteren Zeit. Es kann sich in der ältesten Zeit nur um einen einzigen Schrein gehandelt haben.

[96]) Nicht mit dem Buddhatempel Asuka-dera zu verwechseln!

Gemeint ist der im KUJIKI als *Takechi-yashiro* oder *Kaminabi no Asuka Yashiro* bezeichnete Schrein, der ursprünglich auf dem Kaminabi Berg (auch Götterberg oder Donnerberg genannt) in Takechi stand, jetzt im Dorf Asuka-mura liegt. Dort wurden vier Gottheiten verehrt, weshalb das NIHONGI etwas ungenau von vier Schreinen spricht, nämlich: *Oho-na-muji no Mikoto* von Kidzuki; die Göttin *Kaminabi no Asuka Mi-hi-me no Kami*, die mit Oho-na-muji's Tochter *Kaya-narumi* identisch ist und als intime Schutzgottheit der Kaiser galt; *Aji-suki-taka-hiko no Mikoto* von Kami-Kamo und *Kamo Ya-he Koto-shiro-nushi no Mikoto*, letzterer als Hauptgottheit, dem denn auch in erster Linie die Mitegura

von Yamato] und den Großen Gottheiten von Suminowe [97]) [im Distrikt Sumiyoshi der Provinz Settsu] wurden Mitegura dargebracht.

8. Tag (2. August). Einhundert Bonzen wurden eingeladen, um im Palast das Kon-kwō-myō Sutra [98]) zu lesen.

16. Tag (10. August). Die Gottheiten von Hirose und Tatsuta wurden verehrt.

22. Tag (16. August). Eine neue Jahresperiodenbenennung wurde eingeführt, und das erste Jahr derselben das Erste Jahr Shuchō genannt [99]).

28. Tag (22. August). Man wählte siebenzig Personen von reinem Lebenswandel [100]) aus und ließ sie in den geistlichen Stand eintreten. Darauf wurde im Palaste in der Grotten-Halle [101]) eine Kultfeier mit Fastenspeisenbewirtung veranstaltet.

In diesem Monat stellten die Prinzen und Minister usw. um des Kaisers willen Bildnisse der Kwannon [102]) her. Sodann ließ man das Kwan-ze-on Sutra [103]) im Tempel Oho-tsukasa no Oho-tera erklären.

8. Monat, 1. Tag (25. August). Um des Kaisers willen wurden achtzig Bonzen eingeweiht.

2. Tag (26. August). Bonzen und Nonnen, im ganzen hundert, wurden eingeweiht. Hierauf stellte man hundert Bosatsu [104]) im Palast auf und ließ [durch die Bonzen] zweihundert Bände des Kwannon Sutra lesen [105]).

9. Tag (2. September). Wegen der Krankheit des Kaisers wurde zu den [Shintō] Göttern des Himmels und der Erde gebetet.

13. Tag (6. September). Hata no Imiki Ihakatsu wurde abgeschickt, um dem Großen Gott von Tosa [106]) Mitegura darzubringen.

21. Tag (14. September). Den Tempeln Hinokuma-dera, Karu-dera und Ohokubo-dera [107]) wurden vom Kaiser je hundert Häuser als Unterhaltsgut für die Frist von dreißig Jahren zugewiesen.

---

dargebracht wurden. Zur Zeit, als die Engi Satzungen festgestellt wurden, waren die vier Götter unter die *myōjin* „berühmten Götter" und ihre Schreine unter die *taisha* „großen Schreine" eingereiht.

[97]) Oder *Suminoye*, seit dem 8. Jahrhundert *Sumiyoshi* genannt. Vgl. S. 28 und 140.

[98]) Skr. Suvarna-prabhāsa-sūtra. Catalogue No. 127.

[99]) Vgl. Anm. 79. Auch japanisch *Aka-mi-tori* „roter erlauchter Vogel" gelesen. Die Einführung des Nengō soll als gutes Omen wirken und offenbar die Krankheit des Kaisers günstig beeinflussen.

[100]) *Okonahi-bito,* d. h. solche Personen, die schon der Lehre Buddhas nachgelebt hatten.

[101]) *Muro-dono* oder *Mi-muro-dono.*

[102]) Oder *Kwan-ze-on,* Göttin der Gnade, Skr. Avalōkitēçvara. Einer der *Bosatsu,* Skr. Bōdhisattva. Sie wird in verschiedenen Gestalten dargestellt: als Marienähnliche Frau, als vielköpfige, pferdeköpfige, tausendhändige (in Wirklichkeit vierzighändige) Göttin usw.

[103]) Teil des großen *Hoke-kyō* oder Saddharma-pundarika-sūtra. Catalogue No. 137.

[104]) Wohl die Kwannon Statuen. Vgl. Anm. 102.

[105]) D. h. man las das Sutra, welches ziemlich kurz ist und nur einen Band füllt, zweihundert Male.

[106]) Vgl. S. 377, Anm. 17.

[107]) Alle drei im Distrikt Takechi, Yamato.

23. Tag (16. September). Dem Tempel Kose-dera[108]) wurden zweihundert Häuser als Unterhaltsgut zugewiesen.

9. Monat, 4. Tag (26. September). Von den Kaiserlichen Prinzen herab bis zu den höheren Beamten[109]) versammelten sich alle [hohen Personen und Würdenträger] im Tempel Kahara-dera und taten wegen der Krankheit des Kaisers Bittgelübde usw. usw.

9. Tag (1. Oktober). In der Krankheit des Kaisers trat aber nach allem schließlich keine Besserung ein, und er starb im Hauptpalaste.

11. Tag (3. Oktober). Das laute Wehklagen um den Dahingeschiedenen begann, und es wurde ein Palast zur temporären Bestattung[110]) im südlichen Palasthofe errichtet.

24. Tag (16. Oktober). Das temporäre Begräbnis fand im südlichen Palasthofe statt. Darauf Erheben von lautem Wehklagen.

27. Tag (19. Oktober). Um die vierte Morgenstunde erhoben alle Mönche und Nonnen lautes Wehklagen im Hofe des temporären Begräbnisses und zogen sich dann wieder zurück.

An diesem Tage wurden zum ersten Mal dem Toten Speiseopfer dargebracht und Nekrologe[111]) gehalten. [Aufzählung der Sprecher.]

28. Tag (20. Oktober). Alle Mönche und Nonnen erhoben abermals im Hofe des temporären Begräbnisses lautes Wehklagen. [Weitere Nekrologe.]

29. Tag (21. Oktober). Die Mönche und Nonnen erhoben wieder lautes Wehklagen. [Weitere Nekrologe.]

30. Tag (22. Oktober). Die Mönche und Nonnen erhoben lautes Wehklagen. [Letzte Serie von Nekrologen. Hierauf Gesänge und Tänze.]

Aus Buch XXX.

Kaiserin Takama no Hara Hiro-nu Hime. (Jitō[1])-tennō.)

[686.]

10. Monat. [Eine Empörung des Kaiserlichen Prinzen Ohotsu wird niedergeschlagen, der Prinz getötet, seine Anhänger begnadigt.]

29. Tag (19. November). Das zweite der [Gnaden-]Edikte lautete: „Der Shiragenser Bonze Gyōshin (Hèng-sin) hat mit dem K. Prinzen Ohotsu

---

[108]) Im Distrikt Kudzu no Kami (Katsujō), Yamato.

[109]) *Shoshin,* die Beamten vom fünften Rang an aufwärts.

[110]) *Mogari no miya.* Es ist schwer zu entscheiden, ob *miya* „erlauchtes Haus" hier besser durch „Palast" oder „Schrein" zu übersetzen ist. Das Wort deckt beide Begriffe.

[111]) *Shinubi-(shinobi-)goto,* feierliche Anreden an den Verstorbenen, worin dessen Leben und Taten gepriesen werden.

[1]) „Bewahrerin der Kaiserlichen Taten". 41. Mikado, reg. 687—687. Früher K. Prinzessin *Unu no Sarara* geheißen, zweite Tochter Kaiser Tenchi's, seit 657 Hauptgemahlin des K. Prinzen *Oho-ama,* des späteren Kaisers Temmu, dem sie von jeher in politischen Dingen beistand und den sie stark beeinflußt hatte.

die Empörung geplant. Wir können es jedoch nicht über Uns bringen, ihn zu bestrafen. Er ist nach einem Tempel der Provinz Hida zu versetzen."

11. Monat, 16. Tag (6. Dezember). Die Kaiserliche Prinzessin Ohoku [2]), die im Schrein zu Ise gedient hatte, kehrte wieder in die Hauptstadt zurück.

12. Monat, 19. Tag (9. Januar 687). Für den Kaiser Ame-Nunahara-Oki no Mahito wurde eine Jedermann zugängliche große Versammlung [zur Verehrung Buddhas] in den fünf Tempeln Oho-tsukasa, Asuka, Kahara, Woharida no Toyora und Sakata [3]) veranstaltet.

Eingeschalteter 12. Monat. Der Generalstatthalter von Tsukushi schickte zweiundsechzig Personen aus den drei koreanischen Staaten Koma, Kudara und Shiragi: Männer und Frauen des gewöhnlichen Volkes, sowie Bonzen und Nonnen, nach Hofe.

In diesem Jahre paarten sich eine Schlange und ein Hund. Unmittelbar darauf starben alle beide.

1. Jahr (687).

1. Monat, 1. Tag (18. Februar). Der Kronprinz [Kusakabe] begab sich mit den Großwürdenträgern und Beamten nach dem Mogari no Miya [4]) und erhob Wehklage. Der Staatsrat Fuse no Asomi Minushi hielt einen Nekrolog. Das ist das Zeremoniell. Nach Beendigung des Nekrologs erhoben Alle Wehklagen. Sodann wehklagten die versammelten Buddhapriester. Hierauf brachten der Chef des Kaiserlichen Küchenamts Ki no Asomi Mahito usw. Speiseopfer dar. Nach Beendigung des Speiseopfers wehklagten die Uneme des Kaiserlichen Küchenamts [5]), und die Musikbeamten machten Musik.

5. Tag (22. Februar). Der Kronprinz begab sich mit den Großwürdenträgern und Beamten nach dem Mogari no Miya und erhob Wehklage. Die Buddhapriester folgten und erhoben Wehklage.

3. Monat, 20. Tag (7. Mai). Ein Blumenstrauß [6]) wurde im Mogari no

---

[2]) Ältere Schwester des Prinzen Ohotsu von derselben Mutter. Vgl. S. 374, Anm. 3. Ihre Rückkehr aus Ise und damit die Aufgabe ihrer Funktion als Vestalin steht mit dem Schicksal ihres Bruders im Zusammenhang. Mehrere Gedichte im MANYŌSHŪ II nehmen darauf Bezug.

[3]) D. i. im *Oho-tsukasa no Oho-tera, Hōkō-ji (Genkō-ji), Kōfuku-ji, Kōgwan-ji* (oder *Toyora-dera,* weil im Dorfe Toyora gelegen) und *Sakata-dera.*

[4]) Vgl. S. 396, Anm. 110. [5]) Frauen, welche den Kaiser beim Essen bedienten.

[6]) *Keman,* jap. *katsura, kadzura.* Der Zusatz, daß dieser Strauß *mi-kage* „erlauchte Beschattung bzw. Reflex" heiße, ist ausschlaggebend dafür, daß nicht die sinojap. Lesung *keman,* sondern die jap. *katsura* hier in Betracht kommt, und daß wir es mithin auch nicht mit dem buddhistischen Brauch, den Buddhastatuen zum Schmuck einen Strauß auf den Kopf zu setzen, zu tun haben, sondern mit einem japanischen, d. h. schintoistischen Brauch. Wahrscheinlich sah man in dem aus den Blumen der Jahreszeit gefertigten Katsura — im MANYŌSHŪ hören wir von Weiden-, Kirschblüten-, Reisähren-, Lilien-Katsura — den Sitz oder Repräsentanten der Seele des Verstorbenen, und der gleich darauf erwähnte Nekrolog wurde höchstwahrscheinlich vor dem Katsura als vor der gegenwärtig gedachten Seele gehalten. Dies würde durchaus den bis heute erhaltenen Anschauungen des Shintō, nach denen man den Geist eines Kami — und ein solcher ist auch der Verstorbene — in einen Sakaki-Baum, ein Gohei oder andere Gegenstände versetzen bzw. herabrufen kann, entsprechen.

Miya dargebracht. Der Name dafür war Mikage. An diesem Tage hielt Tajihi no Mahito Maro einen Nekrolog. Dies ist dem Zeremoniell gemäß.

4. Monat, 10. Tag (26. Mai). Der Generalstatthalter von Tsukushi schickte Mönche und Nonnen, sowie Männer und Frauen des gewöhnlichen Volkes, zweiundzwanzig Personen, die aus Shiragi eingewandert waren, nach Hofe. [Ansiedlung derselben in Musashi.]

5. Monat, 22. Tag (8. Juli). Der Kronprinz begab sich mit den Großwürdenträgern und Beamten nach dem Mogari no Miya und erhob Wehklage. Hierauf traten die Häuptlinge der Hayato von Ata und Ohosumi [7]), jeder an der Spitze seiner eigenen Scharen, nacheinander vor und hielten Nekrologe.

8. Monat, 5. Tag (16. September). Darbringung von Speiseopfern im Mogari no Miya. An diesem Tage wurden [nur] vegetabilische Speisen [8]) dargebracht.

28. Tag (9. Oktober). Die Kaiserin ließ durch Fujihara no Asomi Ohoshima vom Range Jiki-dai-shi und Kifumi no Muraji Ohotomo vom Range Jiki-dai-shi dreihundert hervorragend tüchtige [9]) Hochwürden [10]) zu einer Versammlung in den Asuka-dera einladen und schenkte einem jeden derselben eine Kesa [11]). [Bei der Überreichung] ließ sie sagen: „Diese sind aus den erlauchten Gewändern des Kaisers Ame-Nunahara-Oki no Mahito verfertigt." Die Kaiserliche Botschaft war zu traurig und schmerzlich, als daß sie genau mitgeteilt werden könnte.

9. Monat, 9. Tag (20. Oktober). In allen Tempeln der Hauptstadt wurde das Reichstrauerfest [12]) gefeiert.

10. Tag (21. Oktober). Kultfeier mit Fastenspeisenbewirtung im Mogari no Miya.

23. Tag (3. November). Der Studienpriester Chiryu kam im Gefolge [einer Shiragenser Gesandtschaft in Tsukushi] an. Durch den Generalstatt-

---

7) *Ata* und *Ohosumi* waren damals Distrikte der Provinzen Himuka (Hyūga) und Satsuma auf der Insel Kyūshū, die Heimat der halbwilden Stämme *Hayato* oder *Haya-hito*. Vgl. S. 76, Anm. 5.

8) Nach den Zeichen „grüner d. i. reiner Reis". Die dafür gegebene jap. Lesung *hishiki-omono* scheint die alte Bezeichnung nur der im Mogari no Miya dargebrachten Speisen zu sein, denn das Wort findet sich nur in diesem Zusammenhang. Wahrscheinlich ist *hishiki* das jetzige *hijiki*, eine Art Seegras, Cystophyllum fusiforme, und *hishiki-omono* bedeutete dann eigentlich „aus Seegräsern bestehende Speise". Näheres ist aber darüber nicht bekannt. Die bei Shintō-Opfern üblichen Speiseopfer bestehen sonst sowohl aus tierischen als vegetabilischen Stoffen, unter letzteren auch Meergräser. Hier waren jedoch die tierischen Stoffe offenbar deshalb ausgeschlossen, weil der verstorbene Kaiser ein Anhänger des alle tierische Speise verpönenden Buddhismus gewesen war.

9) *Ryūzō* „Drachen-Elefant" = Skr. *nāga*, buddhistisches Epitheton für Tüchtigkeit.

10) *Dai-toko* „große Tugend" = Skr. *Bhadanta*, Ehrentitel für einen Priester, wie unser „Hochwürden".

11) Vgl. S. 315, Anm. 13.

12) *Kokki-sai*, jap. *hate no mi-wogami* „Feier des Lebensendes", die jährliche Gedenkfeier des Todes des vorigen Kaisers, an seinem Todestage.

halter vom Tode des Kaisers benachrichtigt, zogen die Koreaner Trauerkleider an, verbeugten sich drei Mal gen Osten und erhoben drei Mal Wehklage.

10. Monat, 22. Tag (1. Dezember). Der Kronprinz, gefolgt von Großwürdenträgern, Beamten, Provinzstatthaltern, Kuni no Miyatsuko und Männern und Frauen des Volkes, begann die Anlegung des Misasagi von Ohochi [im Distrikt Takechi].

2. Jahr (688).

1. Monat, 1. Tag (7. Februar). Der Kronprinz begab sich an der Spitze der Großwürdenträger und Beamten nach dem Mogari no Miya und wehklagte.

2. Tag (8. Februar). Wehklagen der Bonzen im Mogari no Miya.

8. Tag (13. Februar). Veranstalten einer für Jedermann zugänglichen großen Versammlung im Yakushi-ji.

2. Monat, 2. Tag (9. März). [Mit dem Shiragenser Tribut] wurden als besondere Geschenke Buddhastatuen — — usw. überreicht.

16. Tag (23. März). Ein Kaiserliches Edikt verkündete: „Von jetzt an soll jedesmal am Reichstrauertage unbedingt Abstinenz beobachtet werden.“

3. Monat, 22. Tag (27. April). Ein Blumenstrauß wurde im Mogari no Miya dargeboten. Fujihara no Asomi Ohoshima hielt einen Nekrolog.

7. Monat, 11. Tag (12. August). Großes Beten um Regen. Es herrschte Dürre.

20. Tag (21. August). Dem Kudarenser Bonzen Dōzō wurde befohlen, um Regen zu beten. Noch ehe der Vormittag verstrichen war, regnete es überall im Lande.

8. Monat, 10. Tag (10. September). Darbringen von Speiseopfern im Mogari no Miya und Wehklagen. Bei dieser Gelegenheit hielt Ohotomo no Sukune Yasumaro einen Nekrolog.

11. Tag (11. September). Prinz Ise vom Range Jō-dai-shi erhielt Befehl, die beim Begräbnis zu beobachtenden Zeremonien zu verkünden.

11. Monat, 4. Tag (1. Dezember). Der Kronprinz begab sich an der Spitze der Großwürdenträger und Beamten, sowie der fremden Gäste nach dem Mogari no Miya und erhob Wehklage. Bei dieser Gelegenheit wurden Speiseopfer dargebracht und der Tanz Tatefushi no Mahi[18]) aufgeführt. Die Minister traten ein jeder der Reihe nach vor und hielten Nekrologe, indem sie sich über die Dienste ihrer Vorfahren verbreiteten.

5. Tag (2. Dezember). Über hundertneunzig Yemishi brachten auf Rücken und Schultern Tribut herbeigeschleppt und hielten Nekrologe.

11. Tag (8. Dezember). Fuse no Asomi Mi-ushi und Ohotomo no Sukune Miyuki traten nach einander vor und hielten Nekrologe. Taima no Mahito

---

[18]) „Schild-Takt-Tanz“, so genannt, weil er von zehn Tänzern getanzt wurde, deren jeder einen Schild in der Hand hielt und damit taktmäßige Bewegungen machte. Auch Helm und Schwert trugen die Tänzer. Er soll mit dem *Kishi-mahi* identisch sein, und zwar scheint die Benennung *Kishi-mahi* auf den Tanz beim Daijō-we und bei Shinto-Gelegenheiten, dagegen *Tate-fushi-mahi* bei großen Begräbnissen und buddhistischen Gelegenheiten verwendet worden zu sein.

Chitoko vom Range Jiki-kwō-shi hielt einen Nekrolog über die Reihenfolge der Thronbesteigung der Kaiserlichen Ahnen. Dies war dem Zeremoniell gemäß. Mach Beendigung [dieser Zeremonie] wurde die Beisetzung im Misasagi von Ohochi [14]) vorgenommen.

3. Jahr (689).

1. Monat, 2. Tag (27. Januar). Das Gelehrten-Institut überreichte achtzig Stöcke [15]).

3. Tag (28. Januar). Naro und Kanawori, die Söhne des Yemishi Shiriko vom Range Mu-dai-shi aus Kikafu im Distrikt Ukitamu der Provinz Michinoku baten darum, ihr Haar scheren zu dürfen, um Bonzen zu werden. Ein Kaiserliches Edikt besagte: „Maro und der andere sind noch jung, aber still und artig und mit Wenigem zufrieden. Endlich sind sie nun dahin gekommen, nur Pflanzenkost zu genießen [16]) und die Gebote Buddhas zu halten. Wie sie gebeten, mögen sie in den geistlichen Stand eintreten und die Doktrinen Buddhas pflegen."

9. Tag (3. Februar). An diesem Tage schenkte sie dem Yemishi Bonzen Dōshin aus Koshi eine Buddhastatue, eine Kanchō-Fahne [17]), eine Glocke und eine [kupferne] Bettelschale, gefärbte Seide von fünf Farben, von jeder [Farbe] fünf Fuß, fünf Bündel Florettseide, zehn Tan Hanfleinwand, zehn Harken und einen Sattel.

4. Monat, 20. Tag (14. Mai). Die Shiragenser schickten Kon Dōna (Kim To-na) vom Range Kiusan und andere, um wegen des Hinscheidens des Kaisers Oki no Mahito zu kondolieren. Zugleich schickten sie die Studienpriester Myōso, Kwanchi usw. Außerdem überreichten sie Tribut, bestehend in je einer golden-kupfernen Amida [18]) Statue, einer golden-kupfernen Kwan-

---

[14]) Volkstümlich *maru-yama* oder *maru-dzuka* „Rundhügel" geheißen. Das steinerne Grabgewölbe darin war acht Fuß breit bei neun Fuß Tiefe und enthält zwei steinerne Särge, da auch die Kaiserin Jitō später in demselben begraben wurde.

[15]) Zum Wegtreiben der bösen Geister. Da die Stöcke *(mi-tsuwe)* regelmäßig am ersten *u* (Hasen)-Tage des Jahres überreicht wurden, hießen sie auch U-Stöcke. Sie waren 5' 3" lang, aus dem Holz von Stechpalmen, Pfirsich, Pflaume usw. geschnitzt. Der Brauch ist chinesischen Ursprungs. Vgl. in China die Zauberschwerter aus Pfirsichbaumholz zum Wegtreiben der bösen Geister. Eine sehr alte Zeremonie der Teufelaustreibung im Kaiserlichen Palaste wird im KUJI-KONGEN beschrieben, wonach die Leute der Oho-toneri Abteilung die Teufel spielten und von den hohen Beamten weggejagt wurden. Die Teufel trugen dabei scheußliche Teufelsmasken mit vier Augen. Einen entsprechenden volkstümlichen Brauch haben wir noch jetzt im *oni-yarahi* „Teufel-Wegbannung", auch *mame-uchi, mame-maki* „Bohnenwerfen" genannt, das am Sylvesterabend alten Stils oder zu Anfang des neuen Jahres am Abend des Setsubun Tages stattfindet, wobei man getrocknete Bohnen ins Haus wirft, um den Teufeln damit die Augen zu zerschmeißen, und zugleich mit lauter Stimme schreit: *Fuku wa uchi, oni wa soto* „das Glück hinein, die Teufel heraus!" Zum Fernhalten der bösen Geister stellt man in dieser Nacht auch oft einen Stechpalmenzweig mit daran hängenden gedörrten Sardinen am Türeingang auf.

[16]) Vorschrift des Buddhismus. Die Ainu sind sonst Fleischesser. Ihren Nationalgott, den Bären, schlachten und verzehren sie, nachdem sie ihn angebetet haben.

[17]) Vgl. S. 330, Anm. 35.

[18]) Amitābha, ein Dhyāni-Buddha, Beherrscher des „Reinen Landes". Siehe Eitel a. a. O.

ze-on Bosatsu Statue, einer Dai-sei-shi [19]) Bosatsu Statue, in gefärbter Seide, Brokat und Damast.

7. Monat, 1. Tag (23. Juli). Dem Yemishi Bonzen Jitoku aus Michinoku wurden die von ihm erbetenen Gegenstände gewährt, nämlich eine golden-kupferne Buddhastatue des [Medizingottes] Yakushi und eine golden-kupferne Kwan-ze-on Bosatsu Statue, eine Glocke, eine Bettelschale, ein Vorhang für Buddhabilder, ein Weihrauchkessel, eine Fahne usw.

8. Monat, 2. Tag (22. August). Die Beamten versammelten sich im Shintokultus-Amt und berichteten der Kaiserin über die Angelegenheiten der Himmelsgötter und Erdengötter [20]).

21. Tag (10. September). An den Generalstatthalter von Iyo Tanaka no Asomi Norimaro usw. erging ein Kaiserlicher Befehl: „Die im Distrikt Miki der Provinz Sanuki gefangene weiße Schwalbe soll freigelassen werden."

4. Jahr (690).

1. Monat, 1. Tag (14. Februar). Mononobe no Maro no Asomi pflanzte große Schilde [21]) auf. Das Oberhaupt des Shintokultusamtes Nakatomi no Ohoshima no Asomi rezitierte die „Glückwunschworte der Himmelsgötter" [22]). Nach Beendigung derselben überreichte Imube no Sukune Shikobuchi der Kaiserlichen Gemahlin [23]) die göttlichen Insignien: das Schwert und den Spiegel [24]), und die Kaiserliche Gemahlin bestieg den Thron. Die Groß-

---

[19]) Mahāsthāma oder Mahāsthānaprāpta, der mit Kwannon in Amida's Paradiese wohnt. Die Statuen dieser drei Gottheiten werden oft als Trinität neben einander aufgestellt, Amida in der Mitte, Kwannon links, Daiseishi rechts.

[20]) Es handelt sich vielleicht um Sammlung und Feststellung der alten Überlieferungen des Shintō.

[21]) Große Schilde, sog. Götter-Schilde, werden sonst beim *Daijō-we*, dem Thronbesteigungsfest, am südlichen und nördlichen Tore des Festschreins (*Saigū*, vgl. S. 380, Anm. 26) nebst acht Speeren aufgepflanzt. Sie waren 12' lang, oben 3' 9" breit, in der Mitte 4' 7", unten 4' 4¹/₂", Dicke 2", und wurden von der Tate-nuhi (Schildnäher) Familie in der Provinz Tamba angefertigt.

[22]) *Ama-tsu-kami no Yo-goto,* das von alters her vom derzeitigen Oberhaupt der Nakatomi Familie bei der Thronbesteigung rezitierte Norito, welches den Segen der Himmelsgötter erflehen soll. In dem feststehenden Text werden in jedem Falle nur die Namen der Provinzen und Distrikte, welche zur Lieferung des Opferreises diviniert waren, sowie die Namen der Ära und der mit der Zeremonie in Verbindung stehenden Personen verändert.

[23]) *Kwōgū,* nicht *tennō,* obgleich letzterer Ausdruck schon vor der Thronbesteigung mehrere Male vorgreifend gebraucht wurde. Am 13/4 (7. Mai) 689 war der Kronprinz Kusakabe, ihr Sohn, gestorben. Daß weder er noch die Mutter bisher den Thron bestiegen hatten, beruht darauf, daß der Kronprinz in Anlehnung an die chinesische Sitte eine dreijährige Trauerzeit um den Vater mit Enthaltung von den Regierungsgeschäften beobachtet hatte, während welcher Zeit die Mutter die Regentschaft führte. Nach Ablauf des dritten Kalenderjahres der Trauerzeit bestieg die Regentin den Thron. Der wohl bei dieser Gelegenheit zum Kronprinzen eingesetzte K. Prinz *Takechi* starb gleichfalls vorzeitig am 10/7 (13. August) 696.

[24]) Seit der ältesten Zeit bis jedenfalls in den Anfang des achten Jahrhunderts — denn das JINGI-RYŌ registriert die Tatsache — überreichte das Haupt der Imube Familie die beiden göttlichen Insignien *(mi-shirushi)* Schwert und Spiegel am Tage der aktuellen Thronbesteigung; seit der Jōgwan Periode (859—876) aber fand die Überreichung der beiden

würdenträger und Beamten stellten sich in Reihen auf, machten der Reihe nach Verbeugungen und klatschten in die Hände[25]).

23. Tag (28. März). Die Kaiserin verteilte Mitegura an die Himmelsgötter und Erdengötter in den Kinai Provinzen und vermehrte die den Göttern geweihten Besitztümer an Häusern und Ländereien.

2. Monat, 11. Tag (26. März). Der Bonze Senkitsu (Chön-kil) aus Shiragi — —, im ganzen fünfzig Personen, ließen sich nationalisieren.

19. Tag (3. April). Kultfeier mit Fastenspeisenbewirtung im Palast.

4. Monat, 3. Tag (16. Mai). Boten wurden abgeschickt, um die Göttin Oho-imi von Hirose und die Windgötter von Tatsuta zu verehren.

22. Tag (4. Juni). Da eine Dürre herrschte, begann man hier und da um Regen zu beten.

5. Monat, 15. Tag (26. Juni). Im Inneren des Palastes wurden zum ersten Mal in Verbindung mit der Beschaulichen Zurückgezogenheit (Ango) Predigten gehalten[26]).

7. Monat, 3. Tag (13. August). Verteilung von Mitegura an die Himmelsgötter und Erdengötter.

14. Tag (24. August). An diesem Tage wurden an 3363 Bonzen, welche in den Sieben Tempeln[27]) in Beschaulicher Zurückgezogenheit zugebracht hatten, Almosen von grober Seide, Rohseide, Florettseide und Hanfleinwand gegeben. Außerdem wurden an 329 Bonzen, welche in den Drei Tempeln[27]) in Beschaulicher Zurückgezogenheit zugebracht hatten, zu Frommen des Kronprinzen Almosen verteilt.

18. Tag (28. August). Es wurden Boten abgeschickt, um die Göttin Oho-imi von Hirose und die Windgötter von Tatsuta zu verehren.

Insignien am Tage des betreffenden *Daijō-we* statt, wie aus dem JŌGWAN-GISHIKI hervorgeht. Außerdem hörten seit der Periode Tenchō (824—833) die *Imube* auf, dieses Amt auszuüben. Die Zahl der Insignien ist an und für sich drei, aber das dritte, der *Maga-tama* „Krummjuwel", wurde bei der Zeremonie nicht überreicht, denn als Amulett der Person des Kaisers blieb er immer bei diesem.

[25]) Uralter japanischer Brauch, als Ausdruck der Ehrfurcht vor höher Stehenden, den auch schon altchinesische Berichterstatter erwähnen. Er hat sich nur noch beim Shintogottesdienst erhalten. Die gegenwärtige Zeremonie fand nach dem ENGI-SHIKI im Palasthofe statt: „Die [Beamten] vom fünften Range und darüber erheben sich zusammen, treten bis zur Grenzmarke (für ihre Aufstellung) im Mittelhof vor, knien nieder und klatschen in vier Serien in die Hände, wobei jede Serie aus achtmaligem Händeklatschen besteht. Dies heißt in der Göttersprache *ya-hiraki-te* (oder *ya-hira-de* „acht offene Hände"). Zuerst klatscht der Kronprinz in die Hände und zieht sich dann zurück. Dann klatschen die Beamten vom ersten bis zum fünften Rang, und zuletzt kommen der sechste und die niederen Ränge mit Händeklatschen an die Reihe."

[26]) Nachahmung des Beispiels Buddhas, der während der drei feuchten Monate jeden Jahres, welche er in beschaulicher Zurückgezogenheit *(ango)* verbrachte, seinen Jüngern predigte.

[27]) Es fehlen Anhaltspunkte, welches diese Sieben bzw. Drei Tempel waren. Im SHŪGAISHŌ haben wir zwar eine Aufzählung von sog. „Sieben Tempeln", doch handelt es sich dort um eine erst in der Nara Periode gemachte Aufstellung, die keine Rückschlüsse zuläßt.

9. Monat, 23. Tag (31. Oktober). Die Bonzen Chi-sō, Gi-toku und Jō-gwan, welche in China als Studienpriester studiert hatten, — — kamen im Gefolge des Shiragenser Nebengesandten Kon Kōkun (Kim Ko-hun) vom Range Tai-Nama wieder in Tsukushi an.

10. Monat, 10. Tag (16. November). Chi-sō usw., welche in China als Studienpriester studiert hatten, gelangten in der Hauptstadt an.

5. Jahr (691).

2. Monat, 1. Tag (5. März). Die Kaiserin erließ an die Großwürdenträger ein Edikt, welches lautete: „Ihr Herren habt im Zeitalter des [vorigen] Kaisers [Temmu] Buddhahallen und Sutraspeicher[28]) errichtet und in jedem Monat die Sechs Fasttage[29]) beobachtet. Der Kaiser schickte von Zeit zu Zeit Oho-toneri [an die Priester], um sich [nach ihrem Wohlbefinden] zu erkundigen. Unter Unserer Regierung soll es auch so sein. Daher pfleget mit eifrigem Herzen die Gesetze Buddhas!“

4. Monat, 11. Tag (13. Mai). Es wurden Boten abgeschickt, um die Göttin Oho-imi von Hirose und die Windgötter von Tatsuta zu verehren.

6. Monat, 19. Tag (19. Juli). Ein Kaiserliches Edikt besagte: „In diesem Sommer hat es übermäßig lange geregnet und es ist zu befürchten, daß der Regen das Gedeihen der Saaten sicherlich schädigen wird. Am Abend sind Wir von Furcht erfüllt und bis an den Morgen in Kummer und Sorge, und denken über die betreffenden Fehler nach, [welche diese Kalamität herbeigeführt haben könnten]. Die Großwürdenträger und Beamten sollen sich des Genusses von Sake und Fleisch enthalten, ihr Herz läutern und ihre Fehler bereuen. Außerdem sollen die Buddhapriester in den Tempeln der Hauptstadt und der Kinai Provinzen fünf Tage lang Sutra rezitieren. Hoffentlich wird es von Nutzen sein.“ Der Regen hatte vom vierten Monat an bis in diesen Monat gedauert.

7. Monat, 15. Tag (14. August). Es wurden Boten abgeschickt, um die Göttin Oho-imi von Hirose und die Windgötter von Tatsuta zu verehren.

8. Monat, 23. Tag (20. September). Es wurden Boten abgeschickt, um die Windgötter von Tatsuta und die Gottheiten von Suha[30]), Minuchi[31]) usw. in Shinano zu verehren.

---

[28]) Bibliotheken der buddhistischen hl. Schriften.

[29]) *Roku-sai*, jap. *mu-yori no imi[bi]*, nach dem Ryō Gige der 8. 14. 15. 23. 29. 30. Tag in jedem Monat. An diesen Tagen war das Schlachten von Tieren verboten und durfte nur vegetabilische Kost genossen werden; nach Mittag wurde überhaupt gefastet.

[30]) *Suha*, gesprochen *Suwa*, ist ein Distrikt in der Provinz Shinano. Der Schrein ist der im Engi-shiki aufgeführte *Mina-gata-tomi Jinja*, der in zwei Schreine, einen Kami no Miya „Oberschrein“ und Shimo no Miya „Unterschrein“ geteilt ist, und in denen als Hauptgottheit der Gott *Mina-gata-tomi* verehrt wird. Er heißt auch *Take-mina-gata no Kami* und *Take-mina-gata-tomi no Mikoto*, ist ein Sohn des Oho-kuni-nushi und ist der Held einer Episode im Kojiki, Ab. 32. Vgl. S. 67 und Anm. 6 daselbst. Im Kami no Miya wird in einem Nebenschrein *(sessha)* auch seine Gattin *Ya-saka-tome no Mikoto* verehrt, im Shimo no Miya außer ihm noch als Nebengottheiten *Koto-shiro-nushi no Mikoto* und *Ya-*

10. Monat, 13. Tag (8. November). In den Kinai und den übrigen Provinzen ließ man Langlebensstätten[32]) anlegen, eine jede tausend Schritte [im Quadrat].

27. Tag (22. November). Es wurden Boten ausgeschickt, um die Beruhigungsweihe der [Stätte der] neuen Residenz vorzunehmen[33]).

11. Monat, 24. Tag (19. Dezember). Feier des Oho-nihe[34]). Das Oberhaupt des Shintokultusamtes Nakatomi no Asomi Ohoshima rezitierte die „Glückwunschworte der Himmelsgötter".

30. Tag (25. Dezember). Bankett für die vom Shintokultusamt, von den Chōjō[35]) herab bis zu den Kamu-tomo[36]); sowie für die an den Dienstleistungen [für das Oho-nihe] Beteiligten der Provinzen Harima und Inaba, von den Distriktsbeamten bis herab zu den Männern und Frauen des gewöhnlichen Volkes; dazu Geschenke von feiner Seide usw. je nach der Person verschieden.

---

saka-tome no Mikoto in derselben Halle. Die Zusammenstellung mit den Windgöttern von Tatsuta zeigt, daß die Gottheiten von Suwa um der Ernte willen angebetet wurden.

[31]) *Minuchi* ist ebenfalls ein Distrikt in Shinano. Im Minuchi Schrein wurde nach dem ENGI-SHIKI und andern Quellen der Sohn des *Take-mina-gata-tomi no Mikoto* verehrt. Der Schrein war ursprünglich einer der Großen Schreine. Er lag aber auf demselben Grundstück wie der Buddhatempel *Zenkō-ji* in Nagano, der 670 gegründet und einer der berühmtesten Tempel Japans wurde. Das Schreinland wurde später in das des Zenkō-ji einverleibt, die Anhänger wurden Buddhisten, der Schrein selber in eine Ecke verrückt und fristete unter der Bezeichnung *Hachiman* oder *Toshi-gami-dono* nur noch eine klägliche Existenz als Shōsha. Bei der Restauration des Shintō zu Anfang der Meiji Zeit ist er aber auf einen Hügel östlich vom Zenkō-ji verlegt und zu einem Präfektur-Schrein *(kensha)* erhoben worden.

[32]) Jap. *iki-hanatsu tokoro* „Orte, wo man Lebewesen freiläßt", eingefriedigte Stätten, in denen das Töten der Tiere, das Jagen und Fischen, verboten war. Buddhistische Einrichtung.

[33]) D. h. um die im vorigen Jahre von der Kaiserin usw. besichtigte Baustätte des sog. *Fujihara no Miya*, mitten zwischen Unebi, dem Kagu-yama und Miminashi-yama im Distrikt Takechi gelegen, als Friedensstätte einzuweihen. Eine weitere Weihe wird im nächsten Jahre unter ausdrücklicher Nennung des Palastes erwähnt. Die Kaiserin verlegte ihre Residenz dorthin am 6/12 (27. Dezember) des 8. Jahres, 694.

[34]) Des Thronbesteigungsfestes, *Daijō-we*. Man hätte die Feier nach der Regel im 11. Monat des vorigen Jahres erwarten sollen, da die Übernahme der Regierung schon zu Neujahr des vierten Jahres stattfand. Die Gründe für die einjährige Verzögerung sind nicht ersichtlich.

[35]) Zeichen „lang-oben". Alle japanischen Erklärer haben dafür die jap. Lesung *naga-dzukahe*, d. i. im Palast ständig, ohne Ablösung, Dienst Leistende, Beamte des Kultusamts vom sechsten Rang abwärts. Da zwei Tage vorher ein Bankett nebst Beschenkungen für die Großwürdenträger bis herab zu den Fumuhito (Sekretären), also für die ganze höhere und mittlere Beamtenschaft stattgefunden hatte, scheint dies zweite Bankett für die niedere Beamtenschaft usw. des Kultusamtes und die niederen Distriktsbeamten, Bauern usw. aus den Divinationsdistrikten, welche den Opferreis geliefert hatten, veranstaltet worden zu sein. Vgl. S. 375, Anm. 6.

[36]) Abgekürzt *Kantomo* „Gefolgsleute des Götter[dienstes]", deren Zahl im Kamu-tsukasa nach dem RYŌ dreißig war. Auch *Kamu-be, Kambe* genannt.

6. Jahr (692).

2. Monat, 11. Tag (4. März). Ein Kaiserliches Edikt an die Beamtenschaft lautete: „Am dritten Tage des dritten Monats werden Wir Uns nach Ise[37]) begeben. Nehmet gebührend Kenntnis von dieser Absicht und haltet eure Kleidung dazu in Bereitschaft.“

Die Bonzen Hōzō und Dōki, Professoren der Astrologie[38]), erhielten ein jeder zwanzig Ryō Silber zum Geschenk.

[Der Mittlere Staatsrat Miwa no Asomi Takechimaro macht wiederholt Vorstellungen, daß die Kaiserin zur Zeit der Felderbestellung die Reise nicht unternehmen dürfe.]

3. Monat, 6. Tag (28. März). Die Kaiserin hörte nicht auf die Gegenvorstellungen und begab sich schließlich doch nach Ise.

17. Tag (8. April). Die Kaiserin verlieh Mützenränge an die Miyatsuko der durchreisten Götter-Distrikte[39]) und Provinzen Iga, Ise, Shima. Auch erließ sie ihnen für das laufende Jahr Naturalienabgaben und Frondienst. — —

4. Monat, 19. Tag (10. Mai). Es wurden Boten abgeschickt, um die Göttin Oho-imi von Hirose und die Windgötter von Tatsuta zu verehren.

5. Monat, 7. Tag (27. Mai). Der Statthalter der Provinz Sagami überreichte zwei junge rote Raben.

17. Tag (6. Juni). Daibu[40]) wurden als Kaiserliche Gesandte abgeschickt, um berühmte Berge, Hügel und Flüsse zu verehren und sie um Regen anzuflehen.

23. Tag (12. Juni). Prinz Naniha vom Range Jō-kwō-shi und andere wurden abgeschickt, um die Beruhigungsweihe der Stätte des Fujihara Palastes vorzunehmen.

26. Tag (15. Juni). Boten wurden abgeschickt, um den Großen Gottheiten der vier Orte Ise[41]), Yamato[42]), Sumiyoshi[43]) und Kii[44]) Opfergaben

---

37) Der Zweck der Reise war wohl ein religiöser, nämlich ein Besuch des Schreins der Sonnengöttin in Ise.

38) *On-yō no hakase.* Der Bonze *Dōki* spielt auch unter den drei nächsten Kaisern eine Rolle und war ein ausgezeichneter Bildhauer.

39) Damals die Distrikte *Watarahi* und *Take,* zu denen später als dritter noch der Distrikt *Ihino* kam, der aus dem Distrikt Take losgelöst wurde. Noch später hören wir sogar von acht Götter-Distrikten. Die Götter-Distrikte waren die zum Dai-Jingū gehörenden Bezirke.

40) Würdenträger vom vierten und fünften Rang.

41) *Ama-terasu Oho-mi-kami.*

42) Yamato im Distrikt Yamabe der Provinz Yamato. Nach dem ENGI-SHIKI dort der *Oho-kuni-mitama Jinja,* wo *Oho-kuni-mitama,* der Ara-mi-tama des Gottes Oho-kuni-nushi verehrt wird.

43) Vgl. S. 395, Anm. 97.

44) Vgl. S. 170, Var. IV, wo *Itakeru no Mikoto* die „Große Gottheit, die im Lande Kii wohnt“ genannt wird. Ihr Schrein ist der im ENGI-SHIKI genannte *Itakeso Jinja* im Distrikt Nakusa. Das SHOKU-NIHONGI berichtet, daß im 2. Jahre Taihō (702) *Itakeso, Oho-ya-tsu-hime* und *Tsuma-tsu-hime* getrennt und auf drei Orte verteilt wurden. Bis dahin, also jedenfalls noch im 6. Jahre Jitō, wohnten sie zusammen, so daß unter der Großen Gottheit von Kii damals die Dreiheit verstanden wurde. Es ist also nicht etwa der im 1. Jahre Shuchō genannte Gott Kuni-kakasu (vgl. S. 394, Anm. 95) gemeint, was z. B. Shikida an-

darzubringen und ihnen über den [Bau des] neuen Palastes Bericht zu erstatten.

5. Schaltmonat, 3. Tag (22. Juni). Große Überschwemmung — — Die Kaiserin befahl, in der Hauptstadt und den vier Kinai Provinzen das Konkwō-myō Sutra zu erklären.

4. Tag (23. Juni). Die Kaiserin schenkte dem Bonzen Kwanshō fünfzig Doppelstücke grobe Seide, dreißig Bündel Florettseide und fünfzig Tan Hanfleinwand und lobte das von ihm hergestellte Bleiweiß[45]).

13. Tag (2. Juli). Die Große Gottheit von Ise meldete der Kaiserin und sprach: „Geruhe für dieses Jahr der Provinz Ise die Naturalienabgaben und den Frondienst zu erlassen[46]). Diesen Falls sollen die von den zwei Götter-Distrikten [Watarahi und Take] zu liefernden fünfunddreißig Kin Akara-hiki Seidengarn vom kommenden Jahre an statt dessen vermindertwerden[47]).

15. Tag (4. Juli). Ein Kaiserliches Edikt an den Generalstatthalter von Tsukushi, den Prinzen Kahachi, usw. besagte: „Es sollen Bonzen nach Ohosumi und Ata geschickt werden, um [als Missionare unter den Hayahito] die Lehre Buddhas zu verbreiten. Ferner soll die Amida-Statue, welche der chinesische Hauptgesandte Kwoh Wu-ts'ung für den Kaiser, der im Ohotsu Palaste von Afumi das Reich regierte[48]), hatte anfertigen lassen, nach der Residenzstadt geschickt werden."

6. Monat, 9. Tag (27. Juli). Die Kaiserin erließ an die Oberbeamten der Distrikte und Provinzen den Befehl, ein jeder solle zu den berühmten Bergen und Flüssen [um Regen] beten.

---

nimmt, denn der Ausdruck „Große Gottheit von Kii" ist auf die obengenannte Dreiheit beschränkt.

[45]) Mit Fett vermischt zum Schminken des Gesichts benutzt. *Kwanshō* wurde später zum Dai-Sōdzu befördert.

[46]) Offenbar wegen der Störung, welche die Frühjahrsreise der Kaiserin in der Bestellung der Felder verursacht hatte. Die Priesterschaft des Schreins rechtfertigt somit die von dem Staatsrat seinerzeit vergeblich erhobenen Vorstellungen.

[47]) Anders konstruiert Iida's SHINYAKU-NIHONSHOKI diesen Satz: „Aber von den beiden Götterdistrikten soll die Lieferung erfolgen. Die 35 Kin Akara-hiki Seidengarn sollen vom kommenden Jahre an statt dessen vermindert werden."

Das JINGI-RYŌ erwähnt die Feier des *Shin-ye-sai* „Götter-Kleider-Festes" des Ise Schreins im Sommer. Dazu bemerkt das GIGE: „Die *Kamu-hatori* „Götter-Weber" unterziehen sich der Reinigung und weben und verfertigen die *Kan-miso* „Götterkleider" aus dem von Mikawa als Götter-Tribut gelieferten Akara-hiki." D. i. die Kambe der Provinz Mikawa liefern an den Ise Schrein als Tribut das betreffende Garn, woraus die Weber des Distriktes Take die Kleider weben. Was hier von Mikawa berichtet wird, wird im ENGI-SHIKI und GISHIKI-CHŌ von den beiden Götterdistrikten Take und Watarahi berichtet. Auch im Norito No. 19 wird von dem „Abgaben-Garn der drei Distrikte" gesprochen.

Akara-hiki bedeutet nach den Zeichen zwar „rotes gezogenes (Garn)", und der Tsūshō Kommentar sagt auch, es sei rotes Garn gewesen. Dafür gibt es aber keinerlei Beweise. *Akara* ist vielmehr im Sinn von „hell und rein" zu nehmen, also „reinlich und hellglänzend gezogenes Seidengarn". Vgl. den Ausdruck *akaru-tahe* in den Norito. *Kin* entspricht etwa unserm „Pfund".

[48]) Tenchi-tennō.

11. Tag (29. Juli). Es wurden Daibu als Kaiserliche Gesandte abgeschickt, um sich nach den vier Kinai Provinzen zu begeben und um Regen zu beten.

7. Monat, 11. Tag (28. August). Boten wurden ausgeschickt, um [die Gottheiten von] Hirose und Tatsuta zu verehren.

9. Monat, 14. Tag (29. Oktober). Das Shintokultusamt überreichte der Kaiserin eine vierbändige Schrift über die Kamu-takara[49]), neun Schlüssel und einen hölzernen Stempel[50]).

21. Tag (5. November). Der Statthalter der Provinz Ise überreichte zwei glückverheißende Hirsehalme. Der Statthalter der Provinz Echizen überreichte einen weißen Seidenfalter.

26. Tag (10. November). Ein Kaiserliches Edikt verkündete: „Am Strande von Uragami im Distrikt Tsunuga [der Provinz Echizen] ist ein weißer Seidenfalter gefangen worden. Aus diesem Grunde soll das Unterhaltsgut der Gottheit von Kehi[51]) um zwanzig Häuser vermehrt und dies zum früheren [Besitzstand] hinzugefügt werden.“

10. Monat, 11. Tag (24. November). Dem Yamada no Fuhito Mikata wurde der Rang Mu-kwō-shi verliehen. Er hatte früher als Bonze in Shiragi studiert[52]).

11. Monat, 24. Tag (4. Februar 693). Es wurden Daibu abgeschickt, um den von Shiraga gelieferten Tribut den fünf Shintoschreinen von Ise, Sumiyoshi[53]), Kii[54]), Yamato[55]) und Unatari[56]) darzubieten.

---

[49]) Wahrscheinlich ein Verzeichnis der in den Schatzkammern der Shintoschreine verwahrten Götterschätze.

[50]) Finden sich noch jetzt in vielen alten Shintoschreinen.

[51]) Die Gottheit von *Ke-hi* ist *Mi-ke tsu Oho-kami*, vgl. S. 112, Anm. 5. Im Kehi-jingū wurden nach dem JIMMEI-CHŌ sieben Gottheiten verehrt: in der Haupthalle Mi-ke tsu Oho-kami, Chūai-tennō, Jingō-kōgu; in der Nebenhalle Ōjin-tennō, Yamato-takeru no Mikoto, Take-uchi no Sukune no Mikoto und Toyo-tama-hime no Mikoto. Der Schrein wurde 1895 zum Kwampei-taisha erhoben.

[52]) Dann aber den geistlichen Stand aufgegeben und das weltliche Amt eines „Schreibers“ *(fuhito)* übernommen. Ähnlich haben in neuerer Zeit nicht wenige junge Japaner in den fremden Missionsanstalten freie Erziehung genossen, um christliche Pastoren zu werden, haben dann aber dem geistlichen Beruf, oft auch dem ganzen Christentum, den Rücken gekehrt und die erworbene Ausbildung in weltlichen Berufen nutzbar gemacht.

[53]) Dieser Schrein kommt für den koreanischen Tribut insofern besonders in Betracht, als die dort verehrten Meergötter der Kaiserin Jingō bei der Unterwerfung Koreas beigestanden haben sollen. Auch Jingō selber wird dort verehrt. Vgl. S. 28.

[54]) Wohl der Schrein der „Großen Gottheit von Kii“ gemeint, wie oben am 26/5 (Anm. 44). *Itakeru* ist ja auch eine koreanische Gottheit. Vgl. S. 58 und 169/70. Nach Iida könnte vielleicht auch der Hisaki Kuni-kakasu Schrein (S. 394, Anm. 95) mit einbegriffen sein.

[55]) Vgl. Anm. 42.

[56]) Der *Taka-mi-musubi* Schrein in Unatari im Distrikt Sofu-no-kami von Yamato (ENGI-SHIKI). Im SANDAI-JITSUROKU heißt der Gott *Hokke-ji Wara-makura* (Strohkopfkissen) *Takamimusubi*. Diese seltsame, seit der Jōgwan Periode übliche Vorsetzung des buddhistischen Terminus Hokke-ji „Tempel des Lotus des Gesetzes“ vor den Namen des

7. Jahr (693).

1. Monat, 16. Tag (26. Februar). Dem Funase[57]) Bonzen Hōkyō wurden drei Chō bewässertes Reisland zugewiesen.

4. Monat, 17. Tag (27. Mai). Es wurden Daibu als Kaiserliche Gesandte abgeschickt, um zu den verschiedenen Shintoschreinen zu wallfahrten und um Regen zu beten. Ferner wurden Boten abgeschickt, um die Göttin Oho-imi von Hirose und die Windgötter von Tatsuta zu verehren.

5. Monat, 15. Tag (23. Juni). Eine allen zugängliche Große Versammlung [zur Verehrung Buddhas] wurde im Inneren des Palastes veranstaltet.

6. Monat, 1. Tag (9. Juli). Die Kaiserin befahl dem Bonzen Fuk-ka (Pok-ka) aus Koma, in den Laienstand zurückzutreten[58]).

7. Monat, 12. Tag (18. August). Es wurden Boten abgeschickt, um die Göttin Oho-imi von Hirose und die Windgötter von Tatsuta zu verehren.

14. Tag (20. August). Daibu wurden als Kaiserliche Gesandte abgeschickt, um zu den verschiedenen Shintoschreinen zu wallfahrten und um Regen zu beten.

16. Tag (22. August). Idem.

9. Monat, 10. Tag (14. Oktober). Für den [verstorbenen] Kaiser Kiyomihara[59]) wurde eine allen zugängliche Große Versammlung [zur Verehrung Buddhas] im Inneren des Palastes abgehalten, und alle Gefängnissträflinge wurden freigelassen.

10. Monat, 23. Tag (26. November). Man begann das Ni-wō Sutra in allen Provinzen erklären zu lassen. Nach vier Tagen kam man damit zu Ende.

11. Monat, 14. Tag (16. Dezember). Die Kaiserin schickte die Bonzen Hō-in, Zen-wō und Shin-gi ab, um versuchsweise von der Süßwein-Quelle[60]) im Distrikt Yasu der Provinz Afumi zu trinken.

Shintogottes erklärt sich dadurch, daß der Schrein im Dorfe Hokke-ji lag — der Tempel Hokke-ji wurde im 8. Jahrhundert von Kōmyō-kōgu, der Gemahlin des Kaisers Shōmu, gegründet und existiert noch jetzt als Priesterseminar der Ritsu Sekte unweit Nara — und daß offenbar noch zu der Zeit, wo der Buddhatempel in Blüte stand, der alte Shintogott als Schutzgottheit betrachtet wurde.

[57]) *Funase* bedeutet „Ankerplatz“ und kehrt vielfach als Ortsname von Ankerplätzen, z. B. in Harima, Chikuzen, Idzumo usw. wieder. Bei der Anlage solcher *funase* haben sich häufig Bonzen verdient gemacht, was auch bei dem Bonzen Hōkyō der Fall gewesen sein muß, weshalb er der *Funase Shamon* „Ankerplatz-Bonze“ genannt wurde und die Schenkung erhielt.

[58]) *Gen-zoku* „Zurücktreten in den Laienstand“, äußerlich auch dadurch kenntlich gemacht, daß der Betreffende wieder sein geschorenes Kopfhaar wachsen läßt. Das chinesische LI-HIOK-CHIH-NAN macht einen Unterschied zwischen *gen-zoku* und *ki-zoku*, wonach ersteres *strafweise* Rückversetzung wegen Verbrechens, letzteres aber *freiwilligen* Rücktritt in den Laienstand bezeichnet. In Japan wird *genzoku* zwar von vielen Autoren unterschiedslos in beiden Bedeutungen verwendet, doch ist anzunehmen, daß im gegenwärtigen Falle eine strafweise Rückversetzung angedeutet werden soll.

[59]) Temmu.

[60]) Jap. *ko-sake no idzumi*, eine Quelle, die wie frischgebrauter Sake (der sich noch im Gährungsprozeß befindet, Most) schmeckt. Eine heilkräftige Mineralquelle, die von einem gewissen Kadono no Hatsuki und einer Kudara-Frau Tsurarame entdeckt worden war. Das folgende Edikt setzt ihnen Belohnungen aus.

8. Jahr (694).

3. Monat, 16. Tag (15. April). Ein Kaiserliches Edikt besagte: „Im siebenten Jahre Unserer Regierung, im zyklischen Jahre Midzu-no-to Mi, sprudelte eine Süßwein-Quelle auf dem Berge Tsuga-yama des Distriktes Yasu der Provinz Afumi. Viele Kranke nahmen im Tempel Yasu-dera Herberge, und groß ist die Zahl der Geheilten. Aus diesem Grunde sollen vier Chō bewässertes Reisfeld und sechzig Tan Hanfleinwand [dem Tempel] überwiesen werden, und dem Distrikt Yasu sind für das laufende Jahr die Naturalienabgaben, der Frondienst und die verschiedenen anderen Leistungen zu erlassen — — —."

22. Tag (21. April). Allen Shintoschreinen wurden Opfergaben dargebracht.

23. Tag (22. April). Geschenke von grober Seide und Hanfleinwand an einhundertvierundsechzig Personen des Shintokultusamtes, vom Oberhaupt des Kultusamtes bis herab zu den Hafuri, je nachdem verschieden.

4. Monat, 13. Tag (12. Mai). Es wurden Boten ausgeschickt, um die Göttin Oho-imi von Hirose und die Windgötter von Tatsuta zu verehren.

17. Tag (16. Mai). Für die Kosten des Begräbnisses des Risshi[61]) Dōkwō wurde eine Beisteuer gegeben.

5. Monat, 11. Tag (9. Juni). Hundert Exemplare des Kon-kwō-myō Sutras wurden an die verschiedenen Provinzen zur Aufbewahrung geschickt. Man sollte es am oberen Mondsicheltage[62]) des ersten Monats eines jeden Jahres lesen lassen. Bezüglich der betreffenden Geschenke [an die Buddhatempel] wurde bestimmt, daß sie ihnen aus den Gegenständen der öffentlichen Einkünfte[63]) der betreffenden Provinzen gestellt werden sollten.

6. Monat, 8. Tag (5. Juli). Der Distrikt Sarara der Provinz Kahachi überreichte einen weißen Kupferfasanen. [Belohnungen.]

7. Monat, 15. Tag (11. August). Es wurden Boten abgeschickt, um die Göttin Oho-imi von Hirose und die Windgötter von Tatsuta zu verehren.

10. Monat, 20. Tag (12. November). [Geschenke usw. an] Otokunibe no Otohi im Distrikt Araki der Provinz Hida, welcher eine weiße Fledermaus gefangen hatte.

9. Jahr (695).

4. Monat, 9. Tag (27. Mai). Es wurden Boten abgeschickt, um die Göttin Oho-imi von Hirose und die Windgötter von Tatsuta zu verehren.

6. Monat, 3. Tag (19. Juli). Es wurden Daibu als Kaiserliche Gesandte ausgeschickt, um zu den verschiedenen Shintoschreinen der Hauptstadt und der vier Kinai Provinzen zu wallfahrten und um Regen zu beten.

7. Monat, 23. Tag (6. September). Es wurden Boten ausgeschickt, um die Göttin Oho-imi von Hirose und die Windgötter von Tatsuta zu verehren.

---

[61]) Vgl. S. 389, Anm. 67.

[62]) D. i. am achten Tage.

[63]) Naturalienabgaben usw.

10. Jahr (696).

4. Monat, 10. Tag (16. Mai). Idem.

7. Monat, 8. Tag (11. August). Idem.

11. Monat, 10. Tag (9. Dezember). Die Kaiserin verlieh dem Bonzen Ben-tsū vom Oho-tsukasa no Oho-tera dreißig Häuser Hehito als Unterhaltsgut.

12. Monat, 1. Tag (30. Dezember). Die Kaiserin befahl, das Kon-kwō-myō Sutra lesen zu lassen und am letzten Tage des zwölften Monats eines jeden Jahres zehn Personen von reinem Lebenswandel in den geistlichen Stand einzuweihen.

11. Jahr (697).

3. Monat, 8. Tag (4. April). Eine allen zugängliche Große Versammlung [zur Verehrung Buddhas] wurde im Kronprinzlichen Palaste abgehalten.

4. Monat, 14. Tag (9. Mai). Es wurden Boten abgeschickt, um [die Gottheiten von] Hirose und Tatsuta zu verehren.

5. Monat, 8. Tag (2. Juni). Es wurden Daibu als Kaiserliche Gesandte ausgeschickt, um zu den verschiedenen Shintoschreinen zu wallfahrten und um Regen zu beten.

6. Monat, 2. Tag (26. Juni). Die Kaiserin befahl, in allen Buddhatempeln der Hauptstadt und der Kinai Provinzen die Sutra erklären zu lassen.

16. Tag (10. Juli). Personen vom fünften Range an abwärts wurden ausgeschickt, um die Buddhatempel der Hauptstadt rein zu fegen.

19. Tag (13. Juli). Verteilung von Mitegura an die [Shintō] Götter des Himmels und der Erde.

26. Tag (20. Juli). Die Großwürdenträger und Beamten begannen Buddhastatuen, welche sie um der Krankheit der Kaiserin willen zu stiften gelobt hatten, [als Votivgeschenke] anzufertigen.

28. Tag (22. Juli). Es wurden Daibu als Kaiserliche Gesandte ausgeschickt, um zu den verschiedenen Shintoschreinen zu wallfahrten und um Regen zu beten.

7. Monat, 12. Tag (4. August). Es wurden Boten ausgeschickt, um [die Gottheiten von] Hirose und Tatsuta zu verehren.

29. Tag (21. August). Die Großwürdenträger und Beamten veranstalteten eine Festversammlung zur Augenöffnung buddhistischer Statuen[64]) im Tempel Yakushi-ji.

---

[64]) Vgl. S. 368, Anm. 23. In der „Lesehalle" des Yakushi-ji befinden sich noch jetzt drei ursprünglich stark vergoldete Bronzestatuen, welche nach der Überlieferung zur Zeit der Kaiserin Jitō hergestellt wurden, nämlich ein neun Fuß hoher *Amida* inmitten seiner Begleiter, der Bosatsu *Kwannon* und *Daiseishi*. Möglicherweise bezieht sich obige Angabe auf die Aufstellung und Einweihung dieser Statuen.

8. Monat, 1. Tag (23. August). Die Kaiserin faßte im Inneren des Palastes einen endgültigen Beschluß und trat den Thron an den Kronprinzen[65]) ab.

---

[65]) Der Kronprinz war Prinz *Karu*, später *Mommu-tennō* genannt. Unter ihm wurde die oft genannte große Gesetzsammlung TAIHŌ RITSU RYŌ abgefaßt.

Die Kaiserin *Jitō* starb fünf Jahre nach ihrer Abdankung, am 13. Januar 703. Am 3. Februar 704 wurde sie im Ohochi Misasagi, wo schon ihr Gemahl ruhte, beigesetzt (vgl. oben Anm. 14); aber vorher, am 26. Januar, war ihre Leiche nach indisch-buddhistischer Sitte auf dem Asuka Hügel verbrannt worden, so daß nur ihre Asche nach dem Misasagi kam. Dies ist das erste Beispiel der Leichenverbrennung bei einem japanischen Souverän. Die erste Feuerbestattung in Japan überhaupt war im 3. Monat des 4. Jahres Mommu (700) an der Leiche des Bonzen *Dōshō* vollzogen worden.

Kogo-shūi

oder

„Gesammelte Reste Alter Geschichten“

Kogoshūi

verfaßt von

Imube no Sukune Hironari vom Range Jū-go-i no ge[1]).

[Vorwort.]

Wie wir hören, gab es im Zeitalter des frühesten Altertums noch keine Schriftzeichen: Vornehm und Gering, Alt und Jung überlieferten einander von Mund zu Mund, und die Worte der früheren Generationen und ihre Taten bewahrten sie so und vergaßen sie nicht. Seit der Einführung der [chinesischen] Schriftzeichen[2]) liebte man nicht über das Altertum zu berichten, sondern wetteiferte mit einander in prahlerischer Ausschmückung und verspottete dagegen die Alten[3]). Endlich kam es dazu, daß mit dem Laufe der Zeiten sich alle Dinge allmählich ganz veränderten, und daß, wenn man sich nach den alten Tatsachen erkundigte, Niemand deren Wurzel und Entstehung mehr kannte. In den Reichsgeschichten[4]) und in [Privat-]Urkunden von Familien sind zwar die Begebenheiten aufgezeichnet worden, aber bei genauerer Betrachtung ergibt sich, daß mancherlei ausgelassen worden ist. Wenn ich nicht über diese Dinge Bericht erstatte, so, fürchte ich, wird [die Kenntnis davon] erlöschen und werden sie nicht auf die Nachwelt überliefert werden. Da ich nun glücklicherweise von Seiner Majestät eine Nachfrage erhalten habe, so gedenke ich meinen längst im Herzen ge-

---

[1]) *Imube* Familienname (Uji), *sukune* das dritthöchste Kabane der achtklassigen Kabaneordnung vom Jahre 684, *Hiro-nari* Rufname. *Jū-go-i no ge* Untergrad der zweiten Klasse des fünften Ranges; vgl. S. 9, Anm. 65. Diese Angabe über den Verfasser ist wahrscheinlich ein späterer Zusatz.

[2]) Die Zeit nach der Ankunft des Koreaners *Wani* in Japan, die nach der Chronologie des Nihongi in das Jahr 285 fiele, aber in das Jahr 405 zu setzen ist. Siehe meine „Geschichte der japanischen Literatur", S. 1—10. Das „früheste Altertum" ist die Zeit vor Einführung der chinesischen Schrift, nach japanischer Auffassung die Zeit vor Kaiser Ōjin.

[3]) Die Bekanntschaft mit der höheren Kultur Chinas erzeugte bei vielen Anhängern der neuen Bildung eine tiefe Verachtung der urjapanischen Vergangenheit, von der sie möglichst nichts mehr wissen wollten, um ganz im Chinesentum aufzugehen. Die Einführung der europäischen Zivilisation im 19. Jahrhundert ist von ähnlichen Erscheinungen begleitet gewesen; nur machte sich im letzteren Fall die nationale Reaktion dagegen schneller geltend.

[4]) *Koku-shi,* die auf Befehl des Hofes abgefaßten offiziellen Geschichtswerke, von denen damals das NIHONGI (720) und SHOKU-NIHONGI „Fortgesetztes Nihongi" (797) vorlagen, und zu denen später noch vier Werke kamen. Sie werden unter der Bezeichnung „Die sechs Reichsgeschichten", RIKKOKUSHI, zusammengefaßt.

hegten Unmut auszusprechen, zeichne daher die alten Überlieferungen auf und wage es, sie, wie folgt, zu allerhöchstem Gehör zu bringen[5]).

[Zeitalter der Götter.]

Ich habe vernommen:

Im Anfange der Schöpfung wurden die beiden Gottheiten Izanagi und Izanami mit einander Mann und Frau und erzeugten das Land Oho-ya-shima[6]) sowie die Berge, Flüsse, Kräuter, Gräser und Bäume[7]). Hierauf erzeugten sie die Sonnen-Gottheit und die Mondgottheit. Zu allerletzt erzeugten sie den Gott Susa no Wo. Aber der Gott Susa no Wo machte sichs zum Verhalten, immer zu weinen und zu heulen. Infolgedessen verkürzte er das Leben der Menschen vorzeitig und bewirkte, daß die grünen Berge welk wurden. Daher sprachen die beiden Gottheiten, seine Eltern, zu ihm: „Du bist sehr ungezogen. Mach, daß du schleunigst in die Unterwelt fortkommst!“

Weiterhin [heißt es]: Im Anfang, als Himmel und Erde sich trennten, entstand in der Mitte des Himmels ein Gott namens Ame no Mi-naka-nushi no Kami; hierauf Taka-mi-musubi no Kami *(in der alten Sprache ist Taka-mi-musubi gleich Sumera ga mutsu-kamurugi*[8]) *no Mikoto)*, hierauf Kamu-mi-musubi no Mikoto *(dies ist Sumera ga mutsu-kamurumi*[9]) *no Mikoto. Der Sohn*

---

[5]) Der damalige Kaiser war *Heizei-tennō* oder *Nara-tennō*, der 51. Mikado, welcher von 806—809 regierte und für seine Ära das Nengō *Daidō* einführte. Sohn des Kaisers Kwammu, unter welchem 794 die Hauptstadt von Nara nach Kyōto verlegt worden war. Im 7. Monat des 1. Jahres Daidō (806) berichten seine Annalen, daß seit einiger Zeit die Nakatomi und Imube sich verklagt hätten. Das Nakatomi Uji sagte: „Die Imube verfertigten ursprünglich die Opfergaben; in die Schreine gehören sie nicht. Daher sollen die Imube nicht zu Opfergaben-Boten gemacht werden.“ Die Imube sagten: „Darbieten von Opfergaben und Beten ist Amtsbefugnis der Imube. Daher sollen die Imube als Opfergaben-Boten und die Nakatomi als Harahi-Boten verwendet werden.“ Der Kaiser schlichtete den Streit wenigstens einstweilen, indem auf Grund der Angaben im NIHONGI, JINGI-RYŌ usw. die Berechtigung beider Uji zu den gottesdienstlichen Funktionen anerkannt wurde. Nach der Schlichtung ersuchte der Kaiser um einen Bericht über die Familientraditionen der Imube, worauf die Abfassung des KOGOSHŪI durch Hironari erfolgte. Da Kaiser *Heizei* schon 809 zu Gunsten seines Bruders *Saga*, der ganz dem Chinesentum ergeben war, abdankte, wird von den Forderungen Hironari's nur wenig berücksichtigt worden sein. Es wird aber angenommen, daß die prominente Stellung des *Jimmei-chō* „Götternamen-Registers“ in den Zeremonialbüchern auf seine Anregung zurückgeht.

[6]) Vgl. S. 15 und 16.

[7]) D. h. die Gottheiten derselben.

[8]) „Souveräner teurer Gottherrscher“. In den Norito und Semmyō *kamurogi* statt *kamurugi* geschrieben (so auch *kamuromi).*

[9]) „Souveräne teure Gottherrscherin“. Die Kombination *sumera ga mutsu kamurogi kamuromi* „die souveränen teuren (freundlichen) Gottherrscher und Gottherrscherin“ kommt in den Norito häufig vor. Shikida verlangt übrigens die Lesung *mi-ukara* „erlauchte (kaiserliche) Familie“ statt des allgemein üblichen *sumera ga mutsu*. Man kann beide Ausdrücke zusammen passend durch „das teure göttliche Ahnenpaar des Souveräns“ übersetzen. Beide Gottheiten sind nach Auffassung der Shintō Theologie *kakuri-mi no kami*

dieser Gottheit, Ama no Koyane no Mikoto[10]), *ist der Ahnherr der Nakatomi no Asomi*[11])). Die von diesem Gott Taka-mi-musubi gezeugte Tochter hieß Taku-hata-chi-chi-hime no Mikoto[12]) *(sie ist die Mutter des Ama-tsu-Mi-oya Ama-tsu-hiko no Mikoto*[13])); der Name seines Sohnes hieß Ama no Oshi-hi no Mikoto[14]) *(er ist der Ahnherr der Oho-tomo no Sukune)*; der Name eines anderen Sohnes hieß Ama no Futo-tama no Mikoto[15]) *(er ist der Ahn der Imube no Sukune)*. Die Namen der Götter, welche Futo-tama no Mikoto anführte, hießen Ama no Hi-washi no Mikoto[16]) *(Ahn der Imube der Provinz Aha)*; Ta-oki-ho-ohi no Mikoto[17]) *(Ahn der Imube der Provinz Sanuki)*; Hiko

---

„Gottheiten mit verborgenem, unsichtbarem Körper", im Gegensatz zu den *utsutsu-mi no kami* „sichtbaren Gottheiten".

[10]) Dies steht im Widerspruch zu der Genealogie des NIHONGI, SEISHIROKU und KUJIKI, wonach *Ame no Koyane* ein Sohn von *Kogoto-musubi no Mikoto* und Urenkel von *Tsu-haya-musubi no Mikoto* ist.

[11]) *Asomi*, zweithöchstes Kabane, welches die Nakatomi bei der Neuverteilung der Kabane im Jahre 684 erhielten. Vorher waren sie *Muraji*.

[12]) S. 176, Anm. 1 und S. 69, Anm. 3.

[13]) D. i. *Ama-tsu-hiko Hiko-ho no Ni-nigi no Mikoto*. Vgl. S. 176, Anm. 2 und S. 69, Anm. 1. Der dort nicht vorhandene erste Bestandteil des Namens, *Ama-tsu-Mi-oya*, bedeutet „der himmlische Ur-Ahn" und wird jetzt nur noch mit Bezug auf die Große Göttin *Ama-terasu* gebraucht, in der alten Zeit jedoch nicht von ihr, sondern von ihren Nachkommen in der Reihe *Ama no Oshi-ho-mimi* (S. 34, Anm. 14) bis *U-gaya-Fuki-ahezu* (S. 83, Anm. 7).

[14]) Vgl. S. 72, Anm. 3 und S. 199. In einem Gedicht des Ohotomo no Yakamochi im 18. Buche des MANYŌSHŪ wird als Urahn des Ohotomo Geschlechtes *Oho-kume-nushi* „der große Kume (Kriegsscharen) Herr" genannt. Dies ist wahrscheinlich ein anderer Name des *Ama no Oshi-hi* und rührt daher, daß er ja nach der oben zitierten Angabe des NIHONGI der Vorgesetzte des Ame-kushitsu-Oho-kume, des Urahnen des Kume-Be, war. Im KUJIKI wird als anderer Name noch *Kami-za-hi no Mikoto* angegeben.

[15]) Vgl. S. 38, Anm. 10 und S. 154, Anm. 5, wo er nur *Futo-tama no Mikoto* heißt, ohne den Vorsatz *Ama no* „Himmlisch". Das Kabane *Sukune* wurde im Januar 685 dem Haupthause der Imube verliehen, nachdem dessen ursprüngliches Kabane *Obito* 680 schon in *Muraji* erhöht worden war. Auch die chinesische Schreibung für *imu* „vermeiden" wurde geändert, nämlich statt des Zeichens *ki* (Giles No. 1924) das Zeichen *sai* (Giles No. 244) gesetzt.

[16]) Vgl. S. 161, Anm. 44 und S. 194, Anm. 36, 37. Das JIMMEI-CHŌ erwähnt einen *Imube-jinja*, der auch „der Gott *Ama no Hi-washi*" oder der Gott *Oe no Kami* genannt wurde, im Distrikt Oe der Provinz Aha auf der Insel Shikoku. Der Kultgott ist *Ama no Hi-washi no Mikoto*. Im Jahre 849 unter Kaiser Nimmyō erhielt er den Rang Jū-go-i no ge, 883 unter Kaiser Yōzei den Rang Jū-shi-i no ge, und unter Kaiser Daigō wurde er bei Aufstellung des Engi Regulativs in die Kategorie der *myōjin* (berühmte Gottheiten) und *taisha* (große Schreine) eingereiht mit der Berechtigung zur Teilnahme an den *Tsuki-nami* (monatlichen) und *Nihi-name* Festen. Im Mai 1871 wurde er unter die *Koku-hei chū-sha*, die Mittleren Schreine mit Staats-Mitegura, aufgenommen und im Dezember 1874 nach nochmaliger Untersuchung über seine Identität und Lage, über die man im Zweifel gewesen war, im Schrein des Ama no Hi-washi im Yamazaki-mura im Distrikt Oe anerkannt. Er steht jetzt in der Stadt Tokushima. Als Festtag ist der 9. Oktober festgesetzt worden. Unter den Zweighäusern der Imube in den Provinzen waren übrigens diejenigen der Provinz Aha auf Shikoku die bedeutendsten.

[17]) Vgl. S. 194, Anm. 30.

sajiri[18]) no Mikoto *(Ahn der Imube der Provinz Kii)*; Kushi-akaru-tama no Mikoto[19]) *(Ahne der Tama-tsukuri, der Imube der Provinz Idzumo)*; Ama no Ma-hitotsu no Mikoto[20]) *(Ahn der Imube der beiden Provinzen Tsukushi und Ise).*

Als nun[21]) der Gott Susa no Wo den Wunsch hegte, von der Sonnengöttin *(Ama-terasu no Oho-mi-kami)* Abschied zu nehmen und zum Himmel emporstieg, ging ihm Kushi-akaru-tama no Mikoto zum Willkomm entgegen und überreichte ihm die frischschönen Ya-saka-ni Krummjuwelen[22]). Der Gott Susa no Wo nahm sie in Empfang und bot sie wiederum der Sonnengöttin dar. Hierauf schwuren die beiden einen Eid. Darauf erzeugte sie unter dem Einfluß der Juwelen den Ama tsu mi-oya[23]) A-katsu no Mikoto[24]). Hierauf erzog die Große Göttin Ama-terasu den A-katsu no Mikoto, liebte ihn in ganz besonders hohem Grade, trug ihn immer am Busen unter der Armhöhle und nannte ihn Waki-go „Busenkind". *(Die Bezeichnung wakago, die man jetzt in der gewöhnlichen Sprache für ein kleines Kind gebraucht, ist durch Veränderung daraus entstanden[25]).)*

Späterhin war das Betragen des Gottes Susa no Wo gegen die Sonnengöttin überaus frech. Auf allerlei Weise beleidigte er sie durch Handlungen der Nichtachtung, als man da nennt: Durchbrechen der Reisfelddämme, Verstopfen der Wassergräben, Aufziehen der Schleusen, Übersäen der Saat, Einstecken von spitzen Stäbchen, Schinden bei lebendigem Leibe und Rückwärtsschinden, Kotlassen [an reinen Orten][26]). — *(Diese himmlischen Sünden*

---

[18]) Oder *Hiko-sashiri*. Vgl. S. 194, Anm. 32. Die *Tate-nuhi Jinja* genannten Schreine in verschiedenen Provinzen sind als seine Kultstätten zu betrachten. *Sashiri* soll aus *sashi* „Maßstab" (jetzt *mono-sashi*) und *shiri* in der Bedeutung „Führer, Leiter" kontrahiert sein.

[19]) Vgl. S. 194, Anm. 38, sowie S. 150, Anm. 18 *Ha-akaru-tama* und S. 159, Anm. 29 *Toyo-tama*. Alle diese Namen bezeichnen dieselbe Gottheit, welche eine Göttin und Tochter des Taka-mi-musubi ist. S. 38 (Anm. 8) und 189 erscheint sie als *Tama no ya*, und unter diesem Namen ist ihr ein Schrein im Distrikt Saba der Provinz Suwō geweiht, der *Tama-no-ya Jinja*. *Tama-tsukuri* „Juwelen-Macher".

[20]) Im KŌNIN-SHI-KI (Privatscholien aus der Kōnin Periode 810—823) wird die phonetische Schreibung *Ame-Ma-hitotsu* gegeben, die wohl vor der sonst allgemein gebräuchlichen *Ama no Ma-hitotsu* den Vorzug verdient. Ihm war der Schrein *Ame-Ma-hitotsu no Jinja* im Distrikt Taka der Provinz Harima geweiht. Unter *Tsukushi* sind hier die beiden Provinzen *Chikuzen* und *Chikugo* auf Kyūshū zu verstehen.

[21]) Dieses „nun" knüpft an die oben erwähnte Verweisung in die Unterwelt an.

[22]) Das KOJIKI S. 31f. und der Haupttext des NIHONGI S. 147f. haben dieses Intermezzo nicht, wohl aber Variante II des NIHONGI, S. 150f. Es hat hier und an anderen Stellen den Anschein, als ob die Überlieferungen der Imube Familie zum Teil in den Varianten des Nihongi verarbeitet worden seien.

[23]) „Den Himmlischen Urahn"; Vorsatz wie oben (Anm. 13).

[24]) *A-katsu no Mikoto* ist Abkürzung von *Masaka-a-katsu Kachi-hayabi Ame no Oshi-ho-mimi.*

[25]) „Jetzt", d. h. zu Hironari's Zeit. Die etymologische Deutung von *wakago* ist aber falsch, wie viele andere Erklärungen im Ur-Kommentar des Kogoshūi. *Waka* ist nicht aus *waki* entstanden, sondern ist der Stamm des Adjektivs *wakaki* „jung"; *go* oder *ko* „Kind".

[26]) Diese Angaben sind identisch mit der Liste der „himmlischen Sünden", welche im Ritual der Großen Reinigung, *Oho-harahe no Kotoba*, aufgezählt werden. Vgl. meine

bestanden darin, daß der Gott Susa no Wo zur Zeit, wo die Sonnengöttin ihre Felder bestellte, heimlich auf ihre Felder hinging, spitze Stäbchen einsteckte zum Streit[27]*), mit Samen noch einmal übersäte, die Reisfelddämme zerstörte, die Wassergräben verstopfte, die Schleusen aufzog; daß er am Tage des Reiskostefestes die Tür mit Kot beschmierte*[28]*); daß er, als sie sich in der heiligen Webehalle befand, ein rückwärts geschundenes, lebendiges Pferd in die Muro hineinwarf. Diese himmlischen Sünden sind die, welche jetzt in den Harahi-kotoba der Nakatomi vorkommen. Die Anfänge von Seidenkultur und Weberei gehen bis ins Götterzeitalter zurück.)*

Da war die Große Göttin Ama-terasu sehr zornig, ging in die himmlische Felsenhöhle hinein, verschloß das Felsentor und hielt sich darin eingeschlossen. Da war das Weltall in ständiger Finsternis, und es gab keinen Unterschied mehr zwischen Tag und Nacht. Sämtliche Götter irrten betrübt umher und wußten nicht wohin mit Händen und Füßen. Alle Angelegenheiten führte man bei Fackellicht aus.

Taka-mi-musubi no Kami versammelte die achtzig Myriaden Götter im [trocknen] Flußbett des Himmlischen Acht-Strömungen-Flusses[29]) und beratschlagte mit ihnen über die Art und Weise, wie sie Verzeihung erlangen könnten. Da dachte Omohi-kane no Kami[30]) tief nach und erwog das Fernste, und sprach: „Es wird gut sein, Futo-tama no Kami[31]) verschiedene Abteilungen der Götter anführen und [mit ihrer Hülfe] Nigi-te[32]) anfertigen zu lassen." Demnach ließ man Ishi-kori-dome no Kami *(Sohn von Ama no Nuka-do no Mikoto, Urahn der Kagami-tsukuri)* Kupfer vom Himmlischen Kagu Berge nehmen und daraus einen Spiegel in Gestalt der Sonne gießen[33]).

Ancient Japanese Rituals, S. 73ff., und meine Geschichte der japanischen Literatur S. 41. Daher weiter unten die ausdrückliche Erwähnung der „Harahi-kotoba der Nakatomi", die Verfasser so nennt, weil sie bei der Reinigungszeremonie von einem Nakatomi rezitiert wurden. Vgl. auch S. 109, 154, 158, 161.

[27]) Das Motiv des Streites um die Felder beim Einstecken der Stäbchen entspricht auch der Auffassung der Privatscholien (Shi-ki) zum NIHONGI, ist aber offenbar falsch. Vgl. S. 161, Anm. 41.

[28]) Weicht gleichfalls von der gewöhnlichen Darstellung ab. Vgl. S. 37, 154, 158.

[29]) *Ama no Ya-se-kahara (kaha-hara).* Die hier gegebene Schreibung mit den chinesischen Zeichen „acht Strömungen", jap. *ya-se,* entspricht wahrscheinlich der richtigen Etymologie, während die Schreibung und Lesung *yasu* „ruhig" im KOJIKI und NIHONGI S. 33, 136 usw., als uralte Nebenform, welche die ursprüngliche Hauptform allmählich verdrängte, anzusprechen sein wird. Vgl. auch S. 141, Anm. 34. Bei der vokalharmonischen Wandlungsfähigkeit des Altjapanischen kann man anstandslos die Aussprache *Yasu-kaha* bzw. *Yasu no kaha* annehmen und doch die Bedeutung *ya-se-kaha* beibehalten.

[30]) S. 38, Anm. 4; S. 154, 157. Sohn von Taka-mi-musubi.

[31]) S. 38, Anm. 10; S. 154, Anm. 5. Sohn von Taka-mi-musubi.

[32]) „Weiche Opfergaben", vgl. S. 39, Anm. 15 und 16; steht hier aber im Sinne von *mitegura* „Opfergaben" überhaupt.

[33]) S. 38, Anm. 7; S. 157, Anm. 20 und 22; S. 158, Anm. 27. Alle Versionen haben ihre Eigentümlichkeiten. KOJIKI S. 38 fertigt *Ishi-kori-dome* den Spiegel aus Eisen (Zeichen *tetsu* „Eisen"); NIHONGI Variante I S. 157 verfertigt *Ishi-kori-dome* einen Sonnenspeer aus Metall (Zeichen *kin* „Metall", jap. *kane*); NIHONGI Variante II S. 158 macht *Ama no Nu-*

Naga-shira-ha no Kami[34]) *(Ahn der Womi[35]) der Provinz Ise. Die Kleider der gewöhnlichen Leute der Jetztzeit heißen shira-ha „weiße Flügel". Dies ist der Ursprung davon)* ließ man Hanf pflanzen und daraus Awo-nigi-te[36]) verfertigen. Ame no Hi-washi no Kami ließ man durch Tsu-kuhi-mi no Kami[37]) den Samen von Papiermaulbeerbäumen pflanzen und daraus Shira-nigi-te[38]) machen *(dies ist Yufu. Obige beiden Dinge wuchsen in üppiger Fülle in der einen [langen] Nacht)*. Ama no Ha-dzuchi-wo no Kami[39]) *(Urahn der Shidori)* ließ man streifiges Zeug[40]) weben. Ama no Tana-bata-hime no

---

kado den Spiegel; im KOGOSHŪI gießt *Ishi-kori-dome* den Spiegel aus Kupfer (Zeichen *dō* „Kupfer"). Die japanischen Exegeten nehmen jedoch hier das Zeichen *dō* (chin. *t'ung*) nicht in der Bedeutung „Kupfer" (jap. *aka-gane* „Rotmetall"), sondern betrachten es als Kariji „geborgtes Zeichen" und lesen dafür *kane* „Metall", so daß, wie im Nih. Var. I, die Art des Metalls nicht näher bezeichnet wäre. Indem sie *kane* lesen, wollen Hirata, Iida usw. darunter „Eisen" verstanden wissen.

[34]) Nach den Zeichen „Lange-weiße-Flügel"; *ha* wohl im Sinn von „Zeug, Webstoff" gebraucht. Sohn des Ama no Hi-washi no Mikoto. Eine Gottheit, der man die Überlieferung der Kunst des Hanfspinnens und Fädelns an die Menschen zuschreibt.

[35]) Aus *Wo-umi* „Hanfspinner", wie der Name im WAMYŌSHŌ lautet. Das JIMMEICHŌ führt einen Womi-Schrein im Distrikt Taki von Ise an. Das Womi Uji saß noch bis in späte Zeiten in Ise als Hanfspinner und Bereiter von *ara-tahe* („grobes Zeug", d. i. Hanfleinen), das sie an den Dai-Jingū lieferten.

[36]) „Grüne weiche Opfergaben", aus Hanfzeug. Vgl. S. 39, Anm. 16. Sie heißen „grün", weil die Farbe des Hanfes im Vergleich zum Yufu etwas ins Grünliche fällt.

[37]) Bedeutung unklar, auch sonst nichts über ihn bekannt. „Durch" d. h. mit Hilfe von Er ist Gehilfe und Untergebener des Hiwashi.

[38]) „Weiße weiche Opfergaben", aus *Yufu*. Vgl. S. 39, Anm. 15. Aus den verschiedenen Angaben über den Namen des Baumes usw. schließe ich folgendes: In ältester Zeit hieß der Papiermaulbeer eigentlich *taku*, daneben auch *kachi* und *yufu*; etwas später wurde *yufu* nur noch für die Rinde des Baumes gebraucht, nicht mehr für den Baum selber, der gemeiniglich *kachi* hieß; das daraus hergestellte weiße Zeug wurde *yufu-hagi* (von *hagu* „abziehen, enthäuten") oder *yufu-tsukuri* „aus Yufu Hergestelltes" oder einfach kurz *yufu* genannt. *Kachi* wurde später *kaji*, auch *kōzu* und *kōzo* (dialektische Nebenformen?). Die Verwendung des Kaji Baumes zu Papier verdrängte allmählich die Herstellung von Zeug aus diesem Material.

[39]) Identisch mit *Take-ha-dzuchi no Mikoto* im NIHONGI, S. 182, Anm. 17 und *Ama no Ha-dzuchi* (Zeichen: „Flügel-Donner") *no Mikoto* im ENGI-SHIKI und SANDAI-JITSUROKU. Der Vergleich mit der obigen Glosse über *shira-ha* scheint doch meiner früheren Ansicht entgegen (S. 182, Anm. 17) Hirata's Deutung von *ha* = „Zeug, Webstoff" zu stützen. Durch Zusammenhalten der verschiedenen Stellen im SEISHIROKU über die Abstammung der *Shidori no muraji* bzw. *sukune* in den verschiedenen Provinzen ergibt sich, daß dieser Gott ein Nachkomme von Kami-mi-musubi ist. Einen Ama no Ha-dzuchi no Mikoto Schrein erwähnt das ENGI-SHIKI in Yamato. Der Gott wird auch in einem Sessha (Nebenschrein) des Kashima Schreins verehrt.

[40]) *Shidori*, aus *shidzu-ori* „streifiges Gewebe", vgl. S. 182, Anm. 16. Es ist ein mit blaugrünen Streifen gemustertes Zeug aus Papiermaulbeerbast oder Hanf gewebt, dem jetzigen *shima-momen* entsprechend, das den Göttern dargebracht wurde. Das SHAKKI erwähnt es als ständigen Bestandteil der Opfergaben bei den Matsuri, und im MANYŌSHŪ 13 finden wir den Ausdruck *shidzu-nusa* „Opfergaben aus streifigem Zeug". Da das weiter unten erwähnte Gewebe der Tana-bata-hime in der Glosse als *nigi-tahe* bezeichnet wird, so folgert Hirata, daß dieses streifige Zeug als *ara-tahe* „grobes Zeug" betrachtet werden müsse; das dem

Kami[41]) ließ man Götterkleider weben *(die sogenannten Weichen Kleider, in der alten Sprache Nigi-tahe).*[42]). Kushi-akaru-tama no Kami ließ man die Tama des Fadens mit den darauf angereihten fünfhundert Yasaka-Juwelen machen. Die beiden Götter Ta-oki-ho-ohi und Hiko-sajiri ließ man mit einem himmlischen erlauchten Maßstab *(große und kleine Maßstäbe. Namen von allerhand Instrumenten)* die Bäume aus großen Schluchten und aus kleinen Schluchten abschneiden und einen prächtigen Palast bauen und zudem [einen] erlauchten Hut nebst Speer und Schild[43]) verfertigen. Ama no Ma-hitotsu no Kami ließ man verschiedene Arten von Schwertern[44]) und Beilen, sowie auch eiserne Klingeln[45]) *(das alte Wort dafür ist sanaki*[46]*))* machen. Als diese Dinge zur Stelle waren, grub man einen fünfhundertästigen trefflichen Sakaki-Baum des Himmlischen Kagu-Berges mit den Wurzeln aus, und an die oberen Zweige hing man die Tama, an die mittleren Zweige hing man den Spiegel, an die unteren Zweige hing man die Awo-nigi-te und Shira-nigi-te. Futo-tama no Mikoto ließ man diesen in die Höhe halten und die Preisrede verkünden. Ferner ließ man Ama no Koyane no Mikoto mit ihm zusammen Gebete hersagen. Ferner ließ man Ama no Uzu-me no Mikoto *(in der alten Sprache Ama no Ozume. Da diese Göttin rüstig und furchtbar ist, hat sie ihren Namen bekommen*[47]). *Daß man jetzt gemeiniglich eine furcht-*

Dai-Jingū in Ise dargebrachte *ara-tahe* sei also blaugrünstreifiges Zeug gewesen. Unten im Abschnitt über Jimmu heißt es, daß Hiwashi *yufu, asa* und *ara-tahe* fertigte. Nach Hirata's Meinung entsprechen die beiden ersteren den hier genannten *shira-nigite* und *awonigite*, während das dritte dem *shidori* entspräche.

Es gibt zahlreiche Shidori Schreine in verschiedenen Provinzen. Das ENGI-SHIKI erwähnt einen *Shidzu Jinja* in der Provinz Hitachi.

[41]) „Die Himmlische Webstuhl-Prinzessin“, welche die Webekunst auf die Erde verpflanzt haben soll. Sie heißt auch *Taku-hata-chi-hata-hime* „Papiermaulbeer-Webstuhl-tausend-Webstühle-Prinzessin“ oder *Taku-hata-chi-chi-hime no Mikoto.* Letztere Namensform im NIHONGI S. 176, Anm. 1. Varianten davon S. 201, Anm. 64 und 65; S. 203, Anm. 75; S. 204, Anm. 76. Das JIMMEI-CHŌ erwähnt einen Schrein der Göttin, genannt *Tanabata-jinja,* im Distrikt Yamada der Provinz Wohari.

[42]) Dieser Vorgang gilt als Prototyp der Tätigkeit der *Hatori* Familien, welche zum Götterkleiderfest, *shin-ye-sai* oder *kamu-miso-matsuri,* des Dai-Jingū von Ise die der Ama-terasu dargebrachten Götterkleider webten. Vgl. S. 406, Anm. 47.

[43]) Dergleichen Dinge, ebenso wie die nächstgenannten, finden sich als Götterschätze in den Schreinen. Über die hier erwähnte Tätigkeit der beiden Götter vgl. die Parallelstelle S. 194 und Anm. 30 bis 33. *Sajiri (sa-shiri)* ist aus *sashi-shiri* kontrahiert.

[44]) Oder vielleicht besser „Messer, Schneidewerkzeuge“, die mit den Beilen zur Bearbeitung des Bauholzes dienten.

[45]) Für die Göttin Uzume, zum Gebrauch bei ihrer Pantomime. Siehe weiter unten. Bei den sog. Kagura Tänzen in den Shintoschreinen halten die Miko jetzt noch Klingeln, *suzu* genannt, in der Hand.

[46]) Oder *sanagi,* gleichbedeutend mit *nurite,* das eine große Suzu „Klingel“ bedeutet.

[47]) Vgl. S. 39, Anm. 18. Im KOJIKI (S. 39) ist *Uzume* mit 3 Silben-Zeichen phonetisch geschrieben; im NIHONGI wie im Haupttext des KOGOSHŪI ist *uzu* durch das Zeichen *ten* „Kopfschmuck“ = jap. *uzu* dargestellt, *me* ideographisch durch das Zeichen „Weib“. Der Tsūshō Kommentator steht wohl allein mit der Ansicht, daß *uzu* „Kopfschmuck“ hier die eigentliche Bedeutung darstelle: die Göttin solle ihren Namen von ihrem Kopfschmuck aus

bare Frau ozushi nennt, nimmt seinen Ursprung daher) aus [Blättern des] trefflichen Spindelbaumes sich einen Kopfschmuck machen, aus Keulenbärlapp sich ein Handstützband machen, aus Blättern von Bambusgras und aus Blättern des Oke-Baumes[48]) sich einen Handstrauß machen, in der Hand einen Speer mit daran befestigten Klingeln[49]) halten, vor der Tür der Felsenhöhle einen Trog[50]) umgekehrt mit dem Boden nach oben hinstellen *(in der alten Sprache hat ukefune die Bedeutung ukehi[51]))*, ein Hof-Feuer[52]) anzünden, in kunstvoller Weise eine lächerliche Pantomime aufführen und mit den [übrigen Göttern] zusammen singen und tanzen. Hierauf ließ man in Übereinstimmung mit den Vorschlägen des Omohi-kane no Kami durch Ishi-kori-dome no Kami einen sonnengestaltigen Spiegel gießen. Der das erste Mal gegossene entsprach aber den Absichten [Ishi-kori-dome's] nicht ganz *(dieser ist die Gottheit Hi no Kuma[53]) des Landes Kii)*. Der das zweite Mal gegossene war von schöner Beschaffenheit *(dieser ist die Große Gottheit von Ise)*. Nachdem alle Vorbereitungen vollständig getroffen worden waren, genau so wie jener sie vorgeschlagen hatte, kündete Futo-tama no Mikoto mit reichen und inbrünstigen Worten die Preisrede. „Der Schatz-Spiegel, den ich halte, ist so hell und schön wie deine Hoheit. Ich bitte dich, die Tür zu öffnen und einen erlauchten Blick darauf zu werfen.“ Hierauf sagten Futo-tama no Mikoto und Ama no Koyane no Mikoto zusammen die Gebete her. Da dachte die Große Göttin Ama-terasu in ihrem inneren Herzen bei sich selbst: „Da ich mich zur Zeit eingeschlossen halte, muß das

---

Spindelbaumblättern haben (vgl. S. 40 und 155). Das Zeichen *ten* ist aber nur ein sog. „geborgtes Zeichen“, welches lediglich die Aussprache des Wortes andeuten soll, und die Glosse des KOGOSHŪI weist auf die richtige Etymologie „furchtbares, abschreckendes Weib“. Auch ist meiner Ansicht nach die hier phonetisch wiedergegebene Form *Ozume* ursprünglicher als *Uzume*. *Ozu* ist der Stamm des alten Adjektivs *ozoshi* „furchtbar“ (so im Bungo Dialekt usw.), wovon wir z. B. im GENJI-MONOGATARI (um 1000 n. Chr.) die Formen *ozoshi, ozushi, ozomashi, ozumashi* haben. *Uzu-me* halte ich für eine spätere mitteljapanische Nebenform zu *Ozu-me*.

[48]) Unbekannter Baum. Die von einigen behauptete Gleichstellung mit *Sakaki* entbehrt der Begründung.

[49]) Der beim Aufstoßen und Schütteln klingelt, ähnlich wie die Suzu der Miko. Unter den Paraphernalien auch der späteren Kagura Tänze befindet sich ein Speer. NIHONGI S. 155 ist der Speer mit Chi Gras umwunden.

[50]) Wie NIHONGI S. 156; im KOJIKI S. 40 ist das entsprechende Wort phonetisch geschrieben: *uke*, und bedeutet wahrscheinlich „hohles Gefäß“, wie *uke-fune, uke-bune*. *Ukebune* wurden beim Feste Chin-kon-sai aufgestellt.

[51]) Die Glosse ist absurd, denn *uke-fune* „hohles Gefäß“ und *ukehi* „feierliches Versprechen, Eidschwur, Gelöbnis“ haben etymologisch nichts mit einander zu tun. Die vier letzten Zeichen der Glosse „haben die Bedeutung ukehi“, die übrigens auch im Kwampon Text fehlen, sind vielleicht die Interpolation eines späteren Kopisten, und die ursprüngliche Glosse hat nur gelautet: „In der alten Sprache [heißt dieses Wort „Trog“] *ukefune*“. Ähnliche etymologische Ungeheuerlichkeiten werden allerdings im Folgenden noch mehrfach beigebracht.

[52]) *Niha-bi*. Vgl. S. 156, Anm. 12.

[53]) Vgl. S. 394, Anm. 95.

Unterhimmlische Land ganz und gar im Dunkel sein. Was mag wohl der Grund sein, daß die Götterscharen in solcher Weise singen und lustig sind?“ Sie öffnete die Tür ein klein wenig und guckte. Da ließ man durch Ama no Ta-chikara-wo no Kami die Tür [vollends] aufziehen und veranlaßte [die Göttin], sich nach der Neuen Halle zu begeben. Darauf hängten Ama no Koyane no Mikoto und Futo-tama no Mikoto ein erlauchtes Sonnen-Seil rings um diese Halle. *(Es ist das jetzige Shiri-kume-naha*[54]*). Dies hat die Gestalt von Sonnenstrahlen*[55]*).)* Die Göttin Oho-miya no Me[56]) bestellte man zur Aufwartung um ihre erlauchte Person *(diese ist eine von Futo-tama no Mikoto in wunderbarer Weise gezeugte Gottheit. Es ist so, wie wenn in der Jetztzeit die Kammerfrauen*[57]*) mit guten Worten und schönen Reden den Verkehr zwischen Fürst und Untertanen ruhig und sanft vermitteln und das Herz des Souveräns mit Freude erfüllen).* Die beiden Götter Toyo-iha-ma-do no Mikoto[58]) und Kushi-iha-ma-do no Mikoto[58]) ließ man das Tor der Halle beschützen *(diese sind alle beide Söhne von Futo-tama no Mikoto).*

Zu dieser Zeit nun wurde der Himmel oben zum ersten Mal wieder hell, und alle miteinander konnten ihre Gesichter sämtlich klar und deutlich sehen. Sie streckten die Hände aus und sangen und tanzten und riefen

---

[54]) Vgl. S. 40, Anm. 22 und S. 156. In diesen beiden Stellen wird das Seil aber vor den Eingang der verlassenen Höhle gespannt.

[55]) Eine dem Verfasser des KOGOSHŪI eigentümliche Auffassung.

[56]) „Weib des Großen Palastes“, nach ihrer Funktion im Oho-miya der Amaterasu so benannt. Sie ist eine der acht Gottheiten, welche in der Hasshin-den „Acht-Götter-Halle“ der Sai-in Abteilung (für Götterverehrung) des Kultusamtes verehrt wurden und z. B. in Norito I genannt werden. Ihr Kult ist bei den Neuerungen der Meiji Zeit in Wegfall gekommen. Satow a. a. O. VII p. 122 möchte die Göttin *Oho-miya no Me* für eine Personifikation der aufeinander folgenden Generationen der weiblichen Bedienten des Mikado halten. Der Kaiser war nämlich seit ältester Zeit von vielen Frauen umgeben, und auch beim letzten Kaiser Meiji waren nur Frauen zur Bedienung zugelassen. *Oho-miya no Me* wird mit *Uzume* identifiziert. Nach dem JIMMEI-CHŌ gab es einen Oho-miya no Me Schrein im Distrikt Taniha der Provinz Tango. Sie wurde auch im Sake-Brau-Amt verehrt. Siehe auch Norito VIII, Oho-tono Hogahi, letzter Abschnitt. Satow a. a. O. IX, p. 195.

[57]) Sinojap. *naishi,* altjap. *uchi tsu mi-samurahi* „die im Innern Dienenden“. Der innere Dienst beim Kaiser lag den Frauen, der äußere den Männern ob.

[58]) „Wunderbar-felsenhartes-treffliches Tor“ und „Gewaltig-felsenhartes-treffliches Tor“, werden im KOJIKI S. 71 (Anm. 12) mit *Ame no Iha-to-wake no Kami* (S. 70, Anm. 8) identifiziert, was aber der Praxis, wenigstens seit dem 9. Jahrhundert, und wahrscheinlich auch früher, nicht entspricht. Am Hofe des Kaisers wurden *Kushi-iha-ma-do* und *Toyo-iha-ma-do* als zwei besondere Tor-Gottheiten verehrt; nach dem Schrein-Verzeichnis hatte jeder von ihnen je einen Schrein an jedem der vier Tore der Palastumfriedigung. Auch die Angaben über die Abstammung in den verschiedenen Quellen lassen sich mit der Identifikation der drei Götter im KOJIKI nicht vereinigen. Während die zwei letztgenannten nach dem KOGOSHŪI durch Futo-tama auf Taka-mi-musubi zurückgehen, wird im SEISHIROKU im Abschnitt über die Tame no muraji der offenbar mit *Ihato-wake* identische *Ihatsu-wake* als Sohn von Kami-musubi bezeichnet. Noch eine besondere Ansicht verficht Hirata in seinem Koshiden, wo er die genealogische Angabe des KOGOSHŪI bestreitet und die beiden Götter mit Ta-chikara-wo identifizieren möchte. An *Kushi-iha-ma-do* und *Toyo-iha-ma-do* ist Norito IX, Mikado Matsuri, gerichtet.

miteinander: Ahare „Ach!“ *(das besagt: der Himmel hat sich aufgeklärt*[59]*)*. Ana omoshiro[60]) „Oh wie reizend!“ *(In der alten Sprache sagt man ana, wenn es sich um etwas sehr Freundliches handelt. Es besagt: alle Gesichter sind deutlich sichtbar.)* Ana tanoshi „Oh wie erfreulich!“ *(Mit diesen Worten streckten sie die Hände aus und tanzten. Wenn man jetzt auf etwas Erfreuliches hinweist, so sagt man tanoshi*[61]*). Diesen Sinn hat es.)* Ana sayake „O wie heiter!“ *(Es ist das Geräusch von Bambusblättern*[62]*).)* Oke! *(Name eines Baumes*[63]*). Es ist das Geräusch beim Schütteln seiner Blätter.)*

Daher nun sprachen die beiden Götter [Futo-tama und Koyane] zusammen bittend zu ihr: „Kehre nicht wieder dorthin zurück!“ Hierauf schoben [alle Götter] die Schuld auf den Gott Susa no Wo und erlegten ihm eine Buße von tausend Tischen [Opfergaben] auf. Sie ließen ihm die Kopfhaare und die Nägel der Hände und Füße ausreißen und dadurch für seine Schuld Genugtuung geben[64]). Also ließen sie ihn für seine Vergehen die Reinigung vollziehen und trieben ihn nach unten fort.

Der Gott Susa no Wo stieg vom Himmel herab und gelangte an den Oberlauf des Flusses Hi im Lande Idzumo. Vermittelst des Himmlischen zehnspannigen Schwertes *(dessen Name ist Ama no Haha-kiri*[65]*). Es befindet sich jetzt im Götterschrein von Iso-no-kami*[66]*). In der alten Sprache nennt man eine große Schlange Haha. Es besagt: „Schlangen-Zerschneider“)* zerschnitt er die achtgablige Riesenschlange. In ihrem Schwanze fand er ein wunderbares Schwert. Dieses heißt mit Namen Ama no Mura-kumo „Himmlische Wolkenhaufen“. *(Über der Riesenschlange befand sich beständig Wolkendunst. Aus diesem Grunde erhielt es den Namen*[67]*). In dem Jahre seines östlichen Feldzuges gelangte Yamato-takeru no Mikoto nach dem Lande Sagami*[68]*) und*

---

[59]) Volksetymologie! Die Interjektion *ahare, aware* „ach!“ ist natürlich nicht aus *ame hare* entstanden, sondern gehört etymologisch zu *aware* „Mitleid, traurig, kläglich“ *awaremu* „bedauern“ usw.

[60]) *Ana* „oh, ah“; *omoshiro* ist wohl, wie die dafür üblichen Schriftzeichen andeuten, aus *omo* „Gesicht, Oberfläche“ und *shiro* „weiß, hell“ gebildet, aber die Bedeutungsentwicklung ist nicht ganz klar.

[61]) Volksetymologische Erklärung von *tanushi, tanoshi* „erfreulich“ aus *ta* = *te* „Hand“ und *nosu* „ausstrecken“!

[62]) *Sayake, sayakeshi* „heiter, klar“ ist volksetymologisch mit dem lautmalenden Adverb *saya-saya to* „raschelnd“ zusammengebracht!

[63]) Vgl. Anm. 48. Auch eine Interjektion *oke* ist unbekannt. Vielleicht hier die Imperativform des Verbums *oku* „setzen, legen, verlassen“?

[64]) Vgl. S. 41, 156, 160, 162.

[65]) Wie NIHONGI, Variante IV, S. 170, während es in Variante II und III (S. 168) *Worochi no Ara-masa* bzw. *Worochi no Kara-sahi* heißt.

[66]) S. 168, Anm. 18.

[67]) Vgl. S. 165.

[68]) So auch KOJIKI, S. 104 *(Sagamu* ist die ältere Form von *Sagami)*. Im NIHONGI S. 272 wird statt dessen das Land *Suruga* genannt, wo sich dies ereignet haben soll. Das ist aber kein Widerspruch, denn Suruga bildete ursprünglich einen Teil von Sagami. Die Angaben des KOJIKI und KOGOSHŪI beziehen sich daher auf die ältere, die des NIHONGI auf die jüngere Ländereinteilung.

geriet dort in die Kalamität eines Feld-Brandes. Da mähte er mit diesem Schwerte das Gras ab, und es gelang ihm so zu entkommen. Darauf wurde der Name in Kusa-nagi no tachi „Grasmähe-Schwert" umgewandelt.) Darauf bot er es der Himmlischen Gottheit [Ama-terasu] dar. Später nahm der Gott Susa no Wo die Tochter einer Landes-Gottheit zum Weibe und erzeugte mit ihr den Gott Oho-na-muji [69]). Schließlich begab er sich nach der Unterwelt.

Der Gott Oho-na-muji *(mit anderem Namen Oho-mono-nushi no Kami, oder auch Oho-kuni-nushi no Kami, oder auch Oho-kuni-dama no Kami. Es ist die jetzige Gottheit Oho-Miwa no Kami im Distrikt Shiki no Kami der Provinz Yamato [70]))* und der Gott Sukuna-biko-na *(Sohn des Taka-mi-musubi no Mikoto. Er begab sich nach dem Lande der Unvergänglichkeit [71]))* machten mit vereinten Kräften und einmütigen Herzens die unter dem Himmel befindliche Welt. Zu Gunsten des grünen Menschengrases und des Viehs bestimmten sie die Methode Krankheiten zu heilen, und ferner, um das von Vögeln, Tieren und kriechendem Gewürm herrührende Unheil abzuwenden, bestimmten sie die Methode der Fortbeschwörung. Bis auf den heutigen Tag erfreut man sich allgemein des wohltätigen Einflusses [dieser Einrichtungen] [72]), und haben sie sämtlich ihre Wirksamkeit.

Ama tsu mi-oya A-katsu no Mikoto vermählte sich mit Taka-mi-musubi no Kami's Tochter Taku-hata-chi-chi-hime no Mikoto [73]) und erzeugte mit ihr den Ama-tsu-hiko no Mikoto [74]), welchen man mit dem Titel Sume-mi-ma no Mikoto „Seine Hoheit den Souveränen erlauchten Enkel" nannte *(der Enkel der beiden Gottheiten Ama-terasu Oho-mi-kami und Taka-mi-musubi no Kami. Deshalb heißt er der Souveräne erlauchte Enkel).* Hierauf zogen die Große Göttin Ama-terasu und Taka-mi-musubi no Mikoto den Souveränen erlauchten Enkel mit großer Achtung auf und hatten die Absicht, ihn hinabzusenden und zum Fürsten des Mittellandes des Üppigen Schilfgefildes zu machen. Daher schickten sie Futsu-nushi no Kami [75]) *(dieser ist ein Sohn der Göttin Iha-tsutsu no Me [76]). Er ist jetzt die Gottheit von Kadori [77]) in der Provinz*

---

69) Nach dem KOJIKI S. 46 und NIHONGI S. 167f. ist er aber kein Sohn Susanowo's, sondern ein Nachkomme desselben in fünfter oder sechster Generation.

70) Weitere Namen S. 46. Zum Namen *Oho-Miwa no Kami* vgl. S. 173, Anm. 46.

71) Vgl. S. 57, Anm. 7 und S. 172.

72) Wörtliche Übereinstimmung dieser beiden Sätze mit NIHONGI, Variante VI, S. 171f. Es scheint, daß diese und eine Reihe anderer Stellen in den Varianten des NIHONGI aus der Imube Tradition geschöpft sind.

73) S. Anm. 41.

74) Abkürzung von *Ama-tsu-hiko Hiko-ho no Ninigi no Mikoto,* S. 176, Anm. 2.

75) Vgl. S. 136, Anm. 11.

76) Vgl. S. 137, Anm. 15 und S. 180.

77) Oder *Katori.* Vgl. S. 192, Anm. 15. Er ist einer der Ubusuna-gami (Schutzgötter des Geburtsortes) oder Uji-gami der aus der Nakatomi Familie hervorgegangenen Fujihara Familie, und sein Kult wurde wie der des Take-mika-dzuchi im 8. Jahrhundert nach Kasuga verlegt. Siehe Norito II, Kasuga Matsuri, wo er Ihahi-nushi no Mikoto heißt; und Satow's Einleitung dazu a. a. O. VII p. 393—399.

Shimofusa) und Take-mika-dzuchi no Kami [78]) *(dieser ist ein Sohn des Gottes Mika-haya-bi* [78]*). Jetzt ist er die Gottheit von Kashima* [79]*) in der Provinz Hitachi)* dorthin, um [die feindlichen Gottheiten] zu verjagen und [das Land] zur Ruhe zu bringen. Hierauf begaben sich der Gott Oho-na-muji sowie sein Sohn der Gott Koto-shiro-nushi alle zusammen ehrerbietig von dannen. Sodann übergab [Oho-na-muji] den beiden Göttern [Futsu-nushi und Take-mika-dzuchi] den Land-Unterwerfungs-Speer [80]) und sprach dabei: „Ich habe mit Hülfe dieses Speeres schießlich meine Aufgabe [das Land zu unterwerfen] erfolgreich ausgeführt. Wenn der Himmlische erlauchte Enkel diesen Speer gebraucht, indem er das Land regiert, so wird er es sicherlich unterwerfen und beruhigen. Ich bin jetzt im Begriff mich zu verbergen." Nachdem er seine Rede beendigt hatte, verbarg er sich schließlich. Hierauf töteten die beiden Gottheiten alle rebellischen Geister und Götter. Zum Schluß erstatteten sie Bericht von ihrer Mission.

Zu dieser Zeit sprachen die Himmlische Ahne Ama-terasu Oho-mi-kami und Taka-mi-musubi no Mikoto [zum Himmlischen erlauchten Enkel] und sagten: „Jenes Land der Frischen Ähren des Schilfgefildes ist ein Land, welches unsere Nachkommen als Herrscher beherrschen sollen. Der Souveräne erlauchte Enkel begebe sich dorthin und regiere es! Das Blühen und Gedeihen der Himmlischen Dynastie soll wie Himmel und Erde ohne Ende dauern [81])!"

Hierauf geruhte [Ama-terasu] dem Souveränen erlauchten Enkel den Ya-ta Spiegel und das Grasmähe-Schwert, zweie von den Götter-Schätzen [82]), zu geben, und machte sie für immer zu Himmlischen Symbolen [der Kaiserlichen Thronfolge]. *(Es sind die sogenannten Götter-Symbole Schwert und Spiegel.)* Speer und Edelstein kamen von selbst dazu.

Sodann kündete sie und sagte: „Mein Kind, wenn du diesen Schatz-Spiegel ansiehst, so soll es so sein, als ob du mich ansähest. Laß ihn mit dir auf demselben Lager und in gemeinsamer Halle sein und betrachte ihn

[78]) Vgl. S. 20, 136 und 180.

[79]) *Kashima* war der Geburtsort des Kamatari, des Begründers der Fujihara Familie. Im Norito II: „Seine ehrfurchtgebietende Hoheit Take-mika-dzuchi, welcher in Kashima residiert". Der Kashima-Schrein war einer der allerältesten Schreine in Japan, vermutlich in Sujin's Zeit errichtet.

[80]) *Kuni-mukeshi-hoko.* Seine Rede und die darauf folgenden Sätze wie S. 181/82.

[81]) Wie S. 189.

[82]) Kojiki S. 70 und Nihongi S. 189 erwähnen Juwel, Spiegel und Schwert als Gabe der Göttin, wobei letzteres ausdrücklich „drei Schatzstücke" sagt. Die drei zusammen bilden die sog. *mi-kusa no kan-dakara* oder *sanshū no shinki.* Wenn Hironari hier aber dem Spiegel und Schwert eine Sonderstellung gibt, so hat das seinen guten Grund darin, daß die Imube gerade diese beiden Schatzstücke dem Kaiser bei der jedesmaligen Thronbesteigung als Symbole seiner Würde überreichten. Auch in Norito VIII, Ohotono Hogahi, das von einem Imube rezitiert wurde, werden nur der Spiegel und das Schwert als himmlische Symbole genannt. Das Juwel spielt nach der Imube Tradition offenbar eine sekundäre Rolle und wird von ihr nicht zu den himmlischen Symbolen gerechnet.

als einen heiligen Spiegel[83]).“ Daher ließ man Ama no Koyane no Mikoto, Futo-tama no Mikoto und Ama no Uzume no Mikoto vereint [dem himmlischen erlauchten Enkel] Dienst leisten[84]).

[85])Sodann wiederum kündete und sprach [Taka-mi-musubi no Mikoto]: „Ich will nunmehr ein Himmlisches Himorogi, sowie auch eine Himmlische Felsen-Umgrenzung errichten und will zu Gunsten meines Enkels ehrfurchtsvoll Gottesdienst veranstalten[86]). Ihr beiden Götter, Ama no Koyane no Mikoto und Futo-tama no Mikoto, sollt das Himmlische Himorogi an euch nehmen und in das Mittelland des Schilfgefildes hinabsteigen und sollt es zu Gunsten meines Enkels gottesdienstlich verehren!“ [Und Ama-terasu Oho-mi-kami sprach:] „Ihr beiden Götter! leistet mit einander Dienste im Inneren des Palastes [meiner Kaiserlichen Nachkommen] und bewachet und beschützet sie sorgfältig. Meinem Kinde will ich auch die Reisähren des Reinen Hofes, welche ich im Hohen Himmelsgefilde genieße, [zum Genuß] übergeben. Futo-tama no Mikoto soll die verschiedenen Gruppen der Götter anführen und [mit ihnen] wie bei den Zeremonien im Himmel in den betreffenden Ämtern [unserer Nachkommen auf Erden] ehrfürchtig dienen!“ Danach gesellte sie ihm auch die verschiedenen Götter als Gefolge zu.

Wiederum kündete [Taka-mi-musubi] dem Gott Oho-mono-nushi: „Du sollst an der Spitze der achtzig Myriaden [irdischer] Götter für immer zu Gunsten des Souveränen erlauchten Enkels ehrfurchtsvoll den Schutz übernehmen[87]).“ Danach ließ [er] Ama no Oshi-hi no Mikoto[88]), den Urahn der Oho-tomo, in Begleitung des [ihm untergebenen] Ame-kushitsu Oho-kume[89]),

---

[83]) Vgl. NIHONGI, Variante II, S. 196. Kürzer im KOJIKI S. 70.

[84]) Dazu werden im KOJIKI S. 70 noch die beiden Götter Ishi-kori-dome und Tama-no-ya gesellt, welche mit den drei hier genannten die „fünf Häuptlinge“ *(itsu tomo-no-wo)* bilden.

[85]) Der ganze folgende Passus bis „zum Genuß übergeben“ stimmt fast wörtlich mit der Darstellung des NIHONGI, Variante II, S. 195/96 überein. Im KOGOSHŪI sind aber die Worte des Taka-mi-musubi und der Ama-terasu nicht getrennt, als würden sie von einer und derselben Person gesprochen; das Subjekt, der Sprecher, ist überhaupt nicht genannt. Ich habe in Anlehnung an die Nihongi Darstellung die Scheidung der Reden angedeutet.

[86]) Zu *himorogi* und „Felsen-Umgrenzung“ *(iha-saka)* vgl. S. 195, Anm. 42 und 43. Der Sinn ist wohl, daß Taka-mi-musubi selber seinen Gottesgeist in das Himorogi, d. h. in den hl. Sakaki-Baum als Gottessitz mit hl. Steinumfriedigung, also das Prototyp des Gottesschreins, hinein versetzen und ihm durch die zum priesterlichen Dienst auserwählten Götter und deren menschliche Nachkommen gottesdienstliche Verehrung zuteil werden lassen will, und daß er so gnädig gestimmt dem Souveränen erlauchten Enkel und dessen Nachfolgern, den Kaisern, seinen Schutz gewähren will.

[87]) Vgl. NIHONGI, Variante II, S. 193/94. Die Worte sind nach der Darstellung dieser Variante an Oho-mono-nushi (= Oho-na-muchi, Oho-kuni-nushi) gerichtet, als er zur Erklärung seiner loyalen Gesinnung mit seinem Sohn und den ihm untergebenen irdischen Göttern zum Marktplatz des Himmels emporgestiegen war. Man bemerke, daß S. 190, 193 und hier der Ausdruck „achtzig Myriaden Götter“ sich nur auf die irdischen Gottheiten bezieht, während er früher, z. B. in der Episode vor der himmlischen Felsenhöhle, sich auf die Gottheiten des Himmels bezog.

[88]) S. Anm. 14.

[89]) Vgl. S. 199, Anm. 58 und 59.

des Urahnen des Kume-Be, sich mit seinen Waffen[90]) gürten und den Vorläufer[91]) machen.

[92]) Als er hiernach im Begriff stand, hinabzusteigen, kehrte ein Vorläufer zurück und sprach: „Es ist dort ein Gott, welcher an den Himmlischen acht Kreuzwegen wohnt. Seine Nase ist sieben Handbreiten lang, sein Rücken ist sieben Fuß lang[93]), sein Mund und Hinterer leuchten mit hellem Glanze, seine Augen sind wie der Yata-Spiegel[94])." Hierauf schickte er einen seiner Gefolgs-Götter, um hinzugehen und sich nach seinem Namen zu erkundigen. Die achtzig Myriaden Götter waren sämtlich nicht imstande, jenem entgegenzublicken. Hierauf ging Ama no Uzume no Mikoto, nachdem sie [von Ama-terasu und Taka-mi-musubi[95])] den Befehl dazu erhalten hatte, hin, entblößte ihre Brüste, zog das Schnürband ihres Rockes bis unter den Nabel herab, trat ihm gegenüber und lachte höhnisch. Da fragte der Gott der Kreuzwege sie und sprach: „Aus welchem Grunde tust du solches?" Ama no Uzume no Mikoto tat eine Gegenfrage und sprach: „Wer ist derjenige, welcher auf dem Wege, den der Himmlische Enkel entlang geht, verharrt?" Der Gott der Kreuzwege antwortete und sprach: „Ich habe gehört, daß der Himmlische Enkel im Begriff steht [vom Himmel] herabzusteigen. Deshalb bin ich ihm in aller Ehrfurcht entgegen gekommen, um ihm meine Aufwartung zu machen. Mein Name ist der Große Gott Sarudahiko[96])." Da fragte Ama no Uzume wieder und sprach: „Willst du voran gehen oder soll ich voran gehen?" Er antwortete und sprach: „Ich will als sein Vorläufer voran gehen." Ama no Uzume fragte wieder und sprach: „Wohin willst du dich begeben? und wohin soll sich der Himmlische Enkel begeben?" Er antwortete und sprach: „Der Himmlische Enkel soll sich nach dem Wunderbaren Gipfel des Takachiho in Himuka in Tsukushi begeben, und ich will mich nach dem Oberlauf des Flusses Isuzu in Sanagata[97]) in Ise begeben." Weitherhin sprach er: „Du bist die Person, welche

[90]) Deren Aufzählung NIHONGI, Variante IV, S. 199.

[91]) Jap. *saki-barahi (*oder *saki-ohi) suru* „[den Weg] vorn reinfegen". Eine wohlbekannte Erscheinung bis zum Ende der Feudalzeit bei den Reisen der Vornehmen, z. B. bei den Zügen der Daimyō von und nach Yedo, wo die Vorläufer mit dem Rufe *shita iro* oder *shita ni* „runter!" das gewöhnliche Publikum zum Beiseitegehen oder Niederknien am Rande des Weges aufforderten. S. 190 zweimal erwähnt.

[92]) Der ganze folgende Abschnitt stimmt bis auf einige weggelassene oder hinzugefügte Sätze wörtlich mit der Darstellung des NIHONGI, Variante I, S. 191/92 überein.

[93]) Über den Wert der hier und im NIHONGI S. 190 angegebenen Maße herrscht Unklarheit. *Ata* „Handbreite" wird von manchen als Zoll, von anderen als Länge der ausgespreizten Hand aufgefaßt. Hinter „sieben Fuß", *nana saka,* hat das NIHONGI eine Glosse, wonach dies „sieben Faden" entspräche. Doch ist diese Glosse offenbar später hinzugefügt, um zwischen der Nasenlänge und Leibeslänge eine gewisse Proportion herbeizuführen.

[94]) NIHONGI S. 190: wie Akakagachi („Blasenkirschen", vgl. S. 43, Anm. 10.

[95]) KOJIKI S. 70 nennt als Befehlsgeber ausdrücklich *Amaterasu* und *Takagi (= Taka-mi-musubi).* Danach ist meine Ergänzung in eckiger Klammer auf S. 190 zu verbessern.

[96]) S. 70, Anm. 5.

[97]) KOJIKI S. 71 (Anm. 13) läßt den Gott Ta-chikara-wo in Sanagata residieren. Das JIMMEI-CHŌ führt einen Sana-Schrein im Distrikt Take von Ise an.

mich entdeckt hat. Du mußt mich begleiten und mich bis dorthin [nach Ise] führen.“ Ama no Uzume no Mikoto kehrte zurück und erstattete Bericht. Die Herabkunft des Himmlischen Enkels war schließlich in allem so wie es abgemacht worden war. Ama no Uzume wartete [Saruda-hiko] auf und begleitete ihn seinem Ersuchen gemäß. *(Ama no Uzume no Mikoto ist die Urahne der Saru-me no Kimi. Der Name des Gottes, welchen sie entdeckt hatte, wurde zu ihrem Kabane gemacht. Dies ist der Ursprung davon, daß jetzt jene Männer und Frauen sämtlich die Bezeichnung Saru-me no Kimi führen [98]).* Hierauf leisteten die Götterscharen [99]), nachdem sie den Befehl dazu erhalten hatten, dem Himmlischen Enkel vereint Dienste. Von Generation zu Generation [100]) dienten sie ein jeder in seinem Amte [den aufeinander folgenden Kaisern].

Der Himmlische Ahn Hiko-ho no Mikoto [101]) vermählte sich mit Toyotama-bime no Mikoto, einer Tochter des Meergottes [102]), und erzeugte mit ihr den Hiko-Nagisa no Mikoto [103]). An dem Tage, wo derselbe geboren wurde, errichtete er am Ufer des Meeres eine [Geburts-]Hütte. Bei dieser Gelegenheit leistete Ama no Oshi-hito no Mikoto [104]), der Urahn der Kanimori [105]) no Muraji, [der Gebärenden] Dienste und Aufwartung. Er machte einen Besen und fegte damit die Taschenkrebse fort [welche in die Geburtshütte krochen]. Ferner hatte er den Auftrag, Teppiche auszubreiten, und schließlich wurde dies zu einem Amt, welches die Benennung Kani-mori bekam. *(Das was man jetzt gemeiniglich Kamon [105]) nennt, ist durch Veränderung aus jenem Wort entstanden.)*

---

[98]) Also wie NIHONGI S. 191, wonach es sowohl männliche als weibliche *Sarume no Kimi* gab, während nach KOJIKI S. 73 der Titel auf Frauen beschränkt sein sollte. Vgl. S. 70, Anm. 4 und S. 191, Anm. 11.

[99]) D. i. Ama no Koyane, Futo-tama und die ihnen untergebenen Götter.

[100]) Gemeint sind die Generationen der von Ama-tsu-hiko Hiko-ho no Ninigi abstammenden Geschlechter, also die Kaiserliche Linie.

[101]) Abkürzung von *Hiko-Ho-ho-de-mi no Mikoto,* wie er NIHONGI S. 186ff. heißt, alias *Ho-wori no Mikoto* (KOJIKI S. 76ff.), der Held der Meeresidylle KOJIKI Abschnitt 39—42, S. 76ff. und NIHONGI II, Kapitel V, S. 204ff.

[102]) Im NIHONGI Variante Ia, S. 208 *Toyo-tama-hiko* geheißen, ein Name, der vielleicht auf seinen Besitz des Flutsteige-Juwels und Flutsinke-Juwels und dergl. Schätze Bezug nimmt. KOJIKI S. 77 heißt er *Wata-tsumi no Kami.*

[103]) Abkürzung von *Hiko-nagisa-take U-gaya-fuki-ahezu no Mikoto.* Vgl. NIHONGI S. 207, dazu KOJIKI S. 83 (Variante des Namens).

[104]) Seikun liest: *Ama no Oshi-ama no Mikoto.* Nach dem SEISHIROKU ein Nachkomme in vierter Generation von *Furu-tama no Mikoto,* der seinerseits wieder ein Sohn des Meergottes *Wata-tsumi* ist.

[105]) Abgekürzt in *Kamori. Kani-mori* würde „Taschenkrebs-Behüter“ heißen. Die dafür eingesetzten chin. Zeichen bedeuten „Wegfeger-Behüter“. *Kanimori* ging lautlich in *Kammori, Kamori, Kamon* über. Im Kunaishō gab es ein Amt, genannt *Kammori no tsukasa* oder *Kamon-ryō,* welchem im Palast die Reinigung der Kleider, Räumlichkeiten usw. oblag.

[Jimmu-tennō.]

Als es zu den Jahren der Östlichen Invasion des Kaisers Jimmu[106]) kam, beseitigte Hi no Omi no Mikoto[107]), der Urahn der Oho-tomo Familie, an der Spitze der Heerführer und Krieger die Häupter der Rebellen. Seine Verdienste um die Unterstützung Seiner Majestät haben nicht ihres Gleichen.

Nigi-haya-hi no Mikoto[108]), der Urahn der Mononobe Familie, tötete den Feind [Naga-sune-hiko], kam an der Spitze seiner gesamten Scharen und unterwarf sich dem Kaiserlichen Heere. Für das Verdienst seiner Untertanentreue erhielt er vom Kaiser ganz besonders Lob und Gnade.

Shihi-ne-tsu-hiko[109]), der Urahn der Yamato Familie, kam [dem Kaiser am Haya-suhi Tor] entgegen und zog das Kaiserliche Schiff und erwarb sich Verdienste auf dem Gipfel des Kagu Berges.

Die Krähe Yata-garasu[110]), die Urahne der Kamo no Agata-nushi,

---

[106]) *Jimmu-tennō* ist der chinesische kanonische oder posthume Name *(okuri-na)* des ersten Kaisers. Das KOJIKI und NIHONGI geben für diesen und die folgenden Kaiser nur die japanischen Namen, die sie bei Lebzeiten führten, denn die Verleihung von Okurina nach chinesischem Vorbild wurde zwar im 1. Jahre Taihō (701) beschlossen, aber erst im 11. Monat des 3. Jahres Tempyō Shōhō (751) wurde die erste Liste chinesischer Namen für die Kaiser von Jimmu an durch Ōmi no Mifune aufgestellt. Man hat im Falle der Kaiser japanische und chinesische Okurina zu unterscheiden. Den ersten japanischen Okurina erhielt die 701 verstorbene Kaiserin Jitō im 3. Jahre Taihō (703), nämlich Yamato-neko Ame no Hiro-nu-hime no Mikoto; nach ihr nur noch sechs andere Herrscher: Mommu, Shōmu, Kōnin, Kwammu, Heizei und Junwa. Auch für diese wurden später, wie für die übrigen, chinesische Okurina bestimmt. Was die Untertanen anbelangt, so war die Verleihung von Okurina anfänglich nur auf allerhöchste Beamte beschränkt. Den ersten Fall erwähnt das NIHONGI im 8. Monat des 5 Jahres Temmu (676), wo der Kaiser dem verstorbenen Miwa no Makamida no Kobito no Kimi, der sich im Jahre des Thronstreites große Verdienste um ihn erworben hatte, den japanischen posthumen Namen Oho-Miwa no Makamida no Mukahe no Kimi verlieh. Später ist besonders durch den Einfluß des Buddhismus die Verleihung von posthumen Namen auch beim Volke allgemein geworden, indem jeder verstorbene Buddhist vom Bonzen der Gemeinde einen sogenannten *hōmyō* oder *kaimyō* erhält, der auf seine Totentafel *(ihai)* geschrieben, bzw. auf den Grabstein graviert wird.

Die „östliche Invasion" ist der Kriegszug von Himuka nach Yamato.

[107]) Oder *Hi-omi no Mikoto,* später *Michi no Omi* oder *Michi-omi* genannt, der Oberfeldherr. Vgl. S. 227.

[108]) Vgl. S 92, Anm. 1, und S. 236/37. Zu *Mononobe* s. S. 237, Anm. 47.

[109]) So auch NIHONGI S. 223 und 230f. genannt, KOJIKI S. 86 aber *Sawo-ne-tsu-hiko;* das eine Mal also nach dem Holz der Stange, das andere Mal nach der Stange selbst benannt. Zur Schiffsepisode siehe KOJIKI S. 85/86, NIHONGI S. 223; zur Kagu-Berg Episode NIHONGI S. 230/31. Der Yamato Familie wird im KOJIKI S. 86 das Kabane Kuni-no-miyatsuko, im NIHONGI S. 223 das Kabane Atahe, im KUJIKI das Kabane Muraji beigelegt.

[110]) KOJIKI S. 88 erscheint die Riesenkrähe auf Geheiß Takagi's, NIHONGI S. 227 auf Geheiß der Amaterasu. Auch im SEISHIROKU führen wie hier die Nachkommen der Yatagarasu den Namen *Agatanushi von Kamo,* während sie im NIHONGI S. 241 *Agatanushi von Kadzunu (Kadono)* heißen. Es handelt sich jedoch um dasselbe Geschlecht, das anderwärts auch *Kadono no Kamo no Agatanushi* heißt. Bemerkenswert ist dabei im SEISHIROKU die Angabe, daß der Urahne dieses Geschlechtes der von Kami-musubi no Mikoto abstammende *Kamo Take Tsunomi no Mikoto* gewesen sei und dieser die Gestalt der

übernahm ehrfurchtsvoll die Wegeführung für den Kaiserlichen Wagen und offenbarte ein günstiges Omen auf dem Wege nach Uda.

Da nun der Unheilsodem geklärt war und es keinen Wind und Staub [111]) mehr gab, so errichtete [der Kaiser] eine Hauptstadt [112]) in Kashi-hara und baute einen Kaiserlichen Palast. Daher ließ er Ama no Tomi [113]) no Mikoto *(einen Enkel von Futo-tama no Mikoto)*, und unter dessen Leitung die Enkel der beiden Götter Ta-oki-ho-ohi und Hiko-sajiri, mit geweihten Äxten und geweihten Spaten [114]) zuerst die Bäume der Berge nehmen und eine Haupt-Halle [115]) erbauen *(was man nennt: In den untersten Felsenwurzeln die Palast-Pfeiler fest errichtend aufstellen und bis zum Hohen Himmelsgefilde hinauf die Querhölzer hoch aufrichten und so den prächtigen erlauchten Palast Seiner Hoheit des Souveränen erlauchten Enkels ehrfürchtig erbauen [116]))*. Daher wohnen jetzt ihre Nachkommen in den beiden Bezirken Mike und Araka im Distrikt Nakusa der Provinz Kii. Der Wohnort der Imube, welche die Bäume nehmen, heißt Mike; der Wohnort der Imube, welche den Palast bauen, heißt Araka. Dies ist der Beweis dafür [117]).

Ferner ließ er Ama no Tomi no Mikoto, und unter dessen Leitung die verschiedenen Uji der Imube, allerlei Arten von Götter-Schätzen [nämlich] Spiegel, Tama, Speere, Schilde, Yufu, Hanf usw. fertigen. Der Enkel des Kushi-akaru-tama no Mikoto fertigte erlauchte Glückwunsch-Tama *(in der alten Sprache mi-hogi-dama; [hogi] bedeutet Glückwunsch [118]))*; seine Nachkommen

großen Krähe angenommen habe, um den erwähnten Dienst zu leisten. Er wird nach dem YAMASHIRO FUDOKI unter dem Namen *Kamo Take Tsunumi no Mikoto* im Schrein des Großen Gottes von Kamo (Ort in Yamashiro) verehrt.

Das Erscheinen der Krähe verwirklicht das „glückliche Omen", das in dem Kaiserlichen Traum (vgl. S. 227) lag. Die Truppen folgen ihrem Fluge auf dem Wege von Ki nach Uda in Yamato wie die Juden dem in Gestalt einer Wolkensäule vorauswandelnden Jehovah.

[111]) Chinesische Metapher für Unruhen, Aufstand.

[112]) *Miyako*, worunter in der ältesten Zeit keine wirkliche Stadt, sondern nur die Palaststätte, der Ort der Kaiserlichen Residenz, zu verstehen ist. Die Etymologie des Wortes ist *mi-ya* „erlauchtes Haus" und *ko* „Ort".

[113]) „Der Reiche des Himmels". Näheres unbekannt. Er erteilt die Weisung, und die beiden Nächstgenannten (vgl. oben Anm. 43 und S. 194) führen diese aus.

[114]) Mit diesen wurden tiefe Löcher in den Boden gegraben, worin die Pfeiler errichtet wurden. Dies war die älteste Art der Fundamentierung für Wohnhäuser sowohl als für Götterschreine. [115]) Wohnraum des Kaisers. Zeichen *shō-den*, jap. Lesung *mi-araka*.

[116]) Übliche Ausdrucksweise in den Ritualen. Die „Querhölzer", *higi* oder *chigi*, sind die seitlichen schrägen Tragbalken des Daches, die über den Dachfirst, wo sie zusammengebunden waren, noch ein ganzes Stück kreuzweise frei hinausragten.

[117]) Verfasser meint: das tatsächliche Vorhandensein dieser Ortsnamen in der Gegenwart bezeugt die Richtigkeit der Überlieferung.

[118]) Vgl. im Ritual zum Oho-tono Hogahi, dem Fest des Glückwünschens für den Großen Palast (Satow a. a. O. S. 190ff.), die Stelle: „Die unzähligen an Schnuren aufgefädelten Glückwunsch-Tama von prächtigem Yasaka Juwel, welche die heiligen-Tama-Verfertiger in reinlicher Enthaltsamkeit und Läuterung ehrfürchtig verfertigt haben." Nach dem im JŌGWAN-GISHIKI (Mitte des 9. Jahrhunderts) mitgeteilten Zeremoniell dieses Festes wurden die Glückwunsch-Tama von den Imube während der Feier an den vier Ecken der Audienzhalle (Shi-shin-den) des Palastes aufgehängt.

wohnen jetzt in der Provinz Idzumo[119]). Jedes Jahr bieten sie dem Hofe diese Tama zugleich mit den [sonst üblichen] Naturalienabgaben-Gegenständen dar. Der Enkel von Ama no Hi-washi no Mikoto verfertigte Yufu, sowie Hanf und dazu auch Ara-tahe[120]).

Sodann ließ er Ama no Tomi no Mikoto, und unter seiner Leitung den Enkel von Hi-washi no Mikoto, fruchtbares Land aussuchen und diesen nach dem Lande Aha [A-shū][121]) schicken, um Samen von Yufu und Hanf zu pflanzen. Seine Nachkommen wohnen jetzt in jener Provinz. In dem Jahre, wo das Oho-nihe [als Thronbesteigungsfest gefeiert wird], liefern sie an den Hof Yufu und Hanfzeug, sowie allerhand Arten von [anderen] Dingen. Dies ist der Grund, warum der Distrikt [in welchem sie ansässig sind] den Namen Wo-we[122]) bekommen hat.

Ama no Tomi no Mikoto suchte wiederum fruchtbares Land aus, verteilte es unter die Imube von Aha [A-shū] und ging mit ihnen nach den Ostlanden[123]) und säete und pflanzte Hanf und Yufu. [Das Gebiet] wo guter Hanf wuchs, benannte man deshalb die Provinz Fusa; dasjenige, wo die Yufu-Bäume wuchsen, nannte man deshalb den Distrikt Yufu-ki[124]). *(In der alten Sprache hieß der Hanf Fusa. Dies sind die jetzigen beiden Provinzen Kami-tsu-fusa und Shimo-tsu-fusa[125]).)* [Das Gebiet im Ostland] wo die Imube von Aha [Ashū] wohnten, bekam sodann den Namen Aha-Distrikt. *(Es ist die jetzige Provinz Aha [Bōshū].)* Ama no Tomi no Mikoto errichtete hierauf an dieser Stätte einen Shintōschrein des Futo-tama no Mikoto, welcher jetzt Aha no Yashiro[126]) heißt. Daher befinden sich [Leute der] Imube-Familie unter den Kamube dieses Schreins.

Ferner der Enkel von Ta-oki-ho-ohi no Mikoto verfertigte Lanzen-

119) Im Distrikt Ou.

120) Grobgewebtes Zeug. im Gegensatz zu *nigi-tahe*. Vgl. Anm. 40. Ob man in den letzten Sätzen „der Enkel" oder „die Enkel" oder „die Nachkommen" interpretieren soll, läßt sich aus dem Wortlaut des Textes nicht erkennen.

121) Es gibt zwei Provinzen Namens *Aha (Awa)*, nämlich die hier gemeinte auf der Insel Shikoku, entsprechend der jetzigen Präfektur Tokushima, sinojap. *A-shū* genannt; und die kleine, aus nur einem Distrikt bestehende Provinz am Eingang der Tōkyō Bucht, zur Präfektur Chiba gehörend, sinojap. *Bō-shū* genannt. Letztere war ursprünglich ein Teil der Provinz Kadzusa, von der sie zuerst 718 und nach abermaliger Zusammenschmelzung definitiv 757 losgelöst wurde, und war eine Kolonie von Ansiedlern aus der Shikoku Provinz Aha, welche der neuen Siedlung den Namen ihres früheren Heimatlandes gegeben hatten. *Awa* bedeutet „Kolbenhirse", und die Provinz wird von der Pflanze den Namen bekommen haben.

122) Spr. *Oe*. *Wo-we* aus *Wo-uwe* „Hanf-Pflanzung" kontrahiert. *Oe* heißt noch jetzt ein Distrikt in Awa auf Shikoku.

123) *Adzuma no kuni*, Gesamtname der 15 östlichen und nördlichen Provinzen der Hauptinsel.

124) Kontr. *Yūki*. Noch jetzt Distriktsname in der Provinz Shimōsa und Name einer Stadt daselbst; auch in späteren Zeiten durch Gewebe berühmt.

125) „Oberes Fusa" und „Unteres Fusa", jetzt kontrahiert in *Kadzusa* bzw. *Shimōsa*.

126) „Schrein von Awa", in Bōshū; seit der Restauration in die Klasse der Kwampeitaisha eingereiht. Die Okashima Familie dort, aus der seit langem die Kannushi des Schreins hervorgingen, gehört zur Imube Sippe.

Schäfte. Seine Nachkommen wohnen jetzt verteilt in der Provinz Sanuki. Jedes Jahr liefern sie, außer den [sonst üblichen] Naturalienabgaben und Arbeitsäquivalenten [127]), achthundert [Lanzen-] Schäfte an den Hof [128]). Dies ist der Beweis jener Dinge [129]).

Hierauf errichtete man in Gemäßheit mit dem Befehle der beiden Souveränen Himmlischen Ahnen [Ama-terasu und Taka-mi-musubi] ein Himorogi [130]) [zur Verehrung für] die sogenannten Taka-mi-musubi, Kamu-mi-musubi, Tama-tsume-musubi, Iku-musubi, Taru-musubi, Oho-miya no Me no Kami, Koto-shiro-nushi no Kami, Mi-ke tsu Kami [131]) *(die Obigen sind die,*

[127]) *Cho* = jap. *tsuki, mi-tsuki, mi-tsugi (mi* Honorif.) Abgaben der Häuser an die Obrigkeit in von ihnen erzeugten Naturalien (vegetabilische und animalische Nahrungsmittel, Textilprodukte usw.); *yō* = jap. *chikara-shiro*, Abgaben in Zeug, Reis usw. als Ersatz für nicht geleistete Fronarbeit *(yedachi)*. Beide Begriffe werden häufig in den Ausdruck *mitsugi-mono* zusammengefaßt.

[128]) Auch das RINJI-SAISHIKI erwähnt die Lieferung von Lanzenholz (1244 Schäfte) seitens der Provinz Sanuki vor dem 11. Monat. Zwar wird weder im SHIKI noch im WA-MYŌSHŌ eine Örtlichkeit in Sanuki genannt, die mit dieser Gottheit in Beziehung stände, aber die im TAMA-KATSUMA Motowori's erwähnte Imube-no-shō „Imube-Domäne" im Dorfe Takeda des ehemaligen Distriktes Mino in der Provinz Sanuki deutet auf eine alte Siedelung von Imube hin, die vielleicht mit solchen Lieferungen betraut gewesen sein könnten und ihren Ursprung auf die erwähnte Gottheit zurückführten.

[129]) D. h. die noch jetzt stattfindenden jährlichen Abgaben beweisen, daß die alte Überlieferung betreffs Tätigkeit ihres Vorfahren richtig ist.

[130]) Vgl. oben Anm. 86.

[131]) „Hoher erlauchter Erzeuger, Göttliche erlauchte Erzeugerin, Seelen zurückhaltender Erzeuger, Belebender Erzeuger, vervollkommnender Erzeuger, Göttin Weib des Großen Palastes, Gott Dinge-regierender-Herr, Göttin der Erlauchten Nahrung". Diese acht Götter sind die besonderen Schutzgötter der kaiserlichen Person und bilden die Hauptgruppe der 23 im Sai-in (Heilige Halle) des Jingi kwan (Kultusamt) im Palast verehrten Schutzgottheiten. Wieso die im Text hiernach genannten 4 Namen 15 Gottheiten repräsentieren, ergibt sich aus der Darstellung der Anmerkungen 133, 135, 137. Die „acht Gottheiten" werden auch in Abschnitt 3 von Norito I (Toshigohi Matsuri) als von der *Oho-mikanko* „Ober-Priesterin" bediente souveräne Götter aufgezählt; der Dienst der übrigen, die in Abschnitt 5, 6 und 4 desselben Norito genannt werden, liegt auch dort einfachen *Mikanko* „Priesterinnen" ob. Die Verehrung der „acht Gottheiten" ist in der Meiji Zeit abgeschafft worden.

Der männliche *Taka-mi-musubi* und die weibliche *Kamu-mi-musubi (Kami-musubi)* machen nach Ansicht der Shintō-Theologen alle Dinge der Welt, und Leib und Seele des Menschen, und hegen in sich die göttliche Kraft des Erzeugens. Ersterer wirkt nach außen und waltet über das Sichtbare; letztere waltet über das Innere und herrscht über das Unsichtbare.

Die drei nächstgenannten Götter *Tama-tsume-musubi, Iku-musubi* und *Taru-musubi* werden im KOJIKI und NIHONGI nicht genannt, doch hat Motowori die Vermutung ausgesprochen, daß die beiden letzten mit *Iku-guhi* bzw. *Omo-daru* im KOJIKI (S. 11, Anm. 4 und 6) identisch seien, eine schwache Hypothese, die nur auf dem Vorkommen der Bestandteile *iku* bzw. *taru* in diesen Namen beruht. *Tama-tsume-musubi* wäre nach Mabuchi der Gott, der die Seelen vom Weg nach dem Hades zurückhält, also der „Lebenserhalter". *Iku* in *Iku-musubi* bedeutet „Leben spendend" wie in den Ausdrücken *iku-dachi, iku-yumi, iku-ya* „Lebens-Schwert, Lebens-Bogen, Lebens-Pfeil". *Taru* bedeutet „in reichlicher Fülle gewährend, Vollkommenheit (von Kraft und Schönheit) verleihend". Mabuchi (zitiert von Satow a. a. O. VII, S. 210) verweist bezüglich dieser drei Götternamen auf ihre Analogie zu

welche jetzt von der Oho-Mi-kanko[132]) *ehrfürchtig verehrt werden),* [sowie für] Kushi-iha-ma-do no Kami, Toyo-iha-ma-do no Kami[133]) *(die Obigen sind die, welche jetzt von der Mi-kanko des Erlauchten Tores*[134]) *ehrfürchtig verehrt werden),* Iku-shima[135]) *(dies ist der Mi-tama von Oho-Yashima*[136]). *Es ist der,*

---

den Namen gewisser Juwelen, welche der Gott *Nigi-hayabi* (vgl. KOJIKI S. 92 und NIHONGI S. 236, wo er *Kushi-tama Nigi-Hayabi* heißt — *kushi-tama* = wunderbare Juwelen) nach einer Sage vom Himmel herabgebracht hat, und welche die Eigenschaft haben sollten, Schmerz zu heilen und Tote ins Leben zurückzurufen. Es sind die Steine *iku-tama* „Lebensjuwel", *taru-tama* „Vollkommenheitsjuwel", *magaru-gaheshi-tama* „vom Übel abwendendes Juwel" und *chi-gayeshi-tama* „vom Weg (zur Unterwelt) abwendendes Juwel". Satow hält die fünf mit *musubi* „Erzeuger" zusammengesetzten Namen für Epitheta einer einzigen Gottheit, wahrscheinlich der Sonnengottheit, deren verschiedene Handlungsweisen so unterschieden worden sein könnten, und meint, daß eine solche Auffassung nicht notwendig mit der etymologischen Erklärung in Widerspruch stehe.

Zu *Oho-miya no Me* vgl. Anm. 56 (S. 423); zu *Koto-shiro-nushi* S. 55, Anm. 5. Obgleich letzterer ein Gott der unterworfenen Idzumo Rasse war, wurde er unter die „acht Gottheiten" aufgenommen, weil seine Tochter den Ihare-hiko (Kaiser Jimmu) heiratete, und er so ein Ahnherr der kaiserlichen Familie von mütterlicher Seite her wurde. Er galt als Schutzgott des Kaiserlichen Hofes.

Mi-ke tsu Kami, in Norito I *Oho-mi-ke tsu Kami,* ist die mit vielen Namensvarianten Uke-mochi, Toyo-uke, Oho-ge tsu hime, Uka no Mitama usw. genannte Nahrungsgöttin, die im Gekū zu Watarahi in Ise verehrt wird. *ke* wird als Abkürzung von *uke* „Nahrung" aufgefaßt.

[132]) Die „Groß-Mikanko" oder „Ober-Mikanko", so genannt, weil sie, die dem Dienst der „acht Gottheiten" zugeteilt ist, unter allen Mikanko den vornehmsten Rang einnimmt. *Mikanko* ist gekürzt aus *mi-kamu-ko* oder *mi-kamu no ko* „erlauchtes Gotteskind" und bezeichnet ein junges Mädchen, im strengeren Sinne zwischen sieben Jahren und dem Eintritt der Mannbarkeit, welches dem Dienst der Götter im Jingi-kwan und bei den Schreinen zugeteilt ist. Die Mikanko tanzten die hl. Kagura Tänze, kochten die Opferspeisen, waren auch oft bei anderen gottesdienstlichen Handlungen wie Harahi, Beten, Weissagung, Darbringung der täglichen Opfer usw. beteiligt. Sie durften heiraten, schieden dann aber aus dem Götterdienst aus. Im Laufe der Zeit ist das weibliche Element im Shintōdienst an Zahl und Bedeutung stark zurückgegangen. Jetzt sind sie nur an verhältnismäßig wenigen Schreinen vertreten und heißen gewöhnlich *mi-ko* „erlauchtes Kind" oder *kamu no ko.* In Ise und den meisten großen Shintōschreinen sind die Miko, welche den Kagura-Tanz tanzen, Töchter der Priester daselbst, Mädchen von zehn bis zwölf Jahren, und treten zurück, sobald sie mannbar werden, denn Menstruation ist rituell unrein. Nur im Oho-yashiro von Kidzuki in Idzumo dienten von jeher auch Mädchen, welche die Pubertät überschritten haben, meistens solche von sechzehn bis neunzehn Jahren, und blieben manchmal sogar nach ihrer Verheiratung noch Miko. Das Mikoamt im Oho-yashiro ist in bestimmten Familien erblich, welche seit 1870 durch die Herabsetzung der Zahl der Miko von 24 auf 3 nicht wenig materielle Einbuße erlitten haben. Die Tracht der amtierenden Miko ist überall gewöhnlich ein weißes Kimono als Oberkleid, weiße Tabi (Socken), eine rote Hakama (weite Hose); das Haar wird mit einem Band zusammengebunden über den Nacken lang herabhängend getragen.

[133]) Vgl. Anm. 58. Sie gelten, wie auch im JIMMEI-SHIKI ausdrücklich bemerkt wird, als acht Gottheiten, denn sie hatten an jedem Tore der vier Himmelsgegenden je einen Schrein. S. Norito I, Abschnitt 5.

[134]) *Mi-kado no Mikanko.*

[135]) Etwa „Land-Beleber", wobei *shima* „Insel" wie in vielen anderen Fällen im Sinn von *kuni* „Land, Gegend" gebraucht ist; die Gottheit heißt deshalb auch *Iku-kuni.* Es ist eine Doppelgottheit, deren Einzelnamen in Norito I, Abschnitt 6 und im Götternamenregister

welcher jetzt von der Mi-kanko von Iku-shima ehrfürchtig verehrt wird) und Wigasuri[137]) *(dies ist der Mi-tama des Oho-miya-dokoro*[138]). *Es ist der, welcher jetzt von der Mi-kanko von Wigasuri ehrfürchtig verehrt wird.)*

Hi no Omi no Mikoto, an der Spitze der Kume-be (Krieger-Gruppe), bewachte die Palasttore und verwaltete das Öffnen und Schließen derselben[139]).

Nigi-haya-bi no Mikoto, an der Spitze der Mononobe des Innern[140]), verfertigte und lieferte Lanzen und Schilde[141]). Nachdem diese Dinge be-

---

Iku-kuni und *Taru-kuni* „Land-Vervollkommner“ heißen. Als der Gottheit geweihte Schreine verzeichnet das ENGI-SHIKI einen Iku-kuni no Jinja in Yamato, einen Iku-shima Taru-shima no Jinja in Shinano und einen dem Iku-kuni-Mitama „dem Lande Leben spendender Geist“ geweihten Schrein mit zwei Altären für zwei Gottheiten. In der folgenden Glosse ist *Iku-shima* eine Ortsbezeichnung in der Hauptstadt, wo die Mikanko wohnte, und etwa durch „Lebens-Insel“ zu interpretieren.

[136]) „Schutzgeist von Groß-Yashima“, d. i. von ganz Japan.

[137]) Oder *Wikazuri*, wohl ein Ortsname im Gebiete der Hauptstadt; von einigen als ein alter Name für die Stätte des Palastes aufgefaßt. Die übliche Etymologie *wi ga shiri* „hinter dem Brunnen, beim Brunnen“ ist problematisch, obwohl das Element *wi* „Brunnen“ darin stecken mag. Denn wie auch aus Norito I, Abschnitt 4 hervorgeht, werden von der Mikanko von Wigasuri fünf Gottheiten verehrt, von denen die drei ersten Brunnengottheiten sind, nämlich wohl Schutzgottheiten des Brunnenwassers des Palastes, während die beiden anderen Hüter des Palasthofes sind. Sie heißen *Iku-wi* „lebenspendender Brunnen“, *Saku-wi* oder *Saka-wi* „gedeihlicher Brunnen“, *Tsunaga-wi* „seillanger Brunnen“ (tiefer Brunnen mit langem Ziehseil), *Asuha* und *Hahigi*. Die drei ersten Namen sind augenscheinlich synonyme Epitheta des Brunnengottes *mi-wi no kami* „Gott des erl. Brunnens“, nach Haruyama's und Anderer Ansicht Spaltungen des sog. *mi-kawa-midzu no kami* „Gott des erl. Graben-Wassers“, nämlich des Grabens um den Palast herum. *Asuha* und *Hahigi* sind etymologisch ganz unklar: die Ableitungen von *ashi-niha, ashi-ba* „Fuß-Platz“, d. i. der Platz, wohin man zuerst den Fuß setze, wenn man aus dem Hause tritt, bzw. *hahiri-giha* „Eintrittsgrenze“ oder *hahi-iri-gimi* „eintretender Herr“ sind allzu gekünstelt. Beide werden im KOJIKI als Söhne des Gottes Oho-toshi bezeichnet. Vgl. S. 59, Anm. 19 und 20. — Mit Bezug auf die Mikanko von Wigasuri bestimmt das RINJI-SAISHIKI: „Was die Wigasuri no Kamuko anbelangt, so wähle man aus den jungen Mädchen der Familien der Kuni no Miyatsuko der Residenzstadt solche von sieben Jahren und darüber und stelle sie ein. Wenn sie das heiratsfähige Alter erreicht haben, so mache man dem Benkwan (Oberverwaltungsdisponentenamt) darüber Mitteilung und stelle dafür andere ein.“

[138]) „Schutzgeist der Großpalaststätte“.

[139]) Nach dem SEISHIROKU (Artikel Ohotomo no Sukune) waren mit dieser Tätigkeit die beiden von Hi no Omi abstammenden Uji der Ohotomo und Saheki betraut. Später gehörte dies zwar zur Amtsbefugnis einer besonderen Palastgarde, *e-mon-fu;* aber bei besonderen zeremoniellen Gelegenheiten, z. B. dem Thronbesteigungs-Daijōwe, funktionierten noch mehrere Jahrhunderte später die genannten Uji in der Rolle der Palastwächter, wie aus dem KŌKE-SHIDAI des Ōye Masafusa (gest. 1111) hervorgeht.

[140]) *Uchi no Mononobe,* d. i. die persönlich im Palasthofe dienenden Mononobe; ein Parallelausdruck zu Uchi-tsu-Mi-ikusa, Uchi no Omi, Ise no Uchi-bito usw. Im Götternamenregister werden für verschiedene Provinzen Mononobe Schreine erwähnt, in denen wohl Nigi-haya-bi, ihr Ahn, verehrt wurde. *Mononobe* ist nach Kurita, Seishiroku p. 604, aus *mononofu-be* kontrahiert: *mononofu* = „tapferer Mann, Held“; im Manyōshū III kommt *mononofu* als jap. Lesung für den chin. Ausdruck *bu-shi* „Krieger“ vor.

[141]) Das ENGI-SHIKI sagt, daß die beiden Uji der Iso-no-kami und E-no-wi beim Thronbesteigungsfeste an der Spitze von 40 Uchi no Mononobe am Süd- und Nordtor des Daijō

reits geliefert waren, hielt Ama no Tomi no Mikoto an der Spitze der verschiedenen Imube die himmlischen Symbole Spiegel und Schwert in die Höhe und legte sie ehrfürchtig in der Haupthalle zur Ruhe. Zugleich hängte [er] die Juwelen-Tama hin[142]), und stellte die Mitegura reihenweise auf, und rezitierte die Ritualworte der Beglückwünschung des Großen Palastes[143]) *(der Text dieser Ritualworte befindet sich in einem besonderen Bande)*[144]). Demnächst feierte man die Palasttore[145]) *(auch diese Ritualworte befinden sich in einem besonderen Bande)*. Nachdem dies geschehen war, stellten die Mononobe nunmehr die Lanzen und Schilde auf, und die Oho-tomo und Kume stellten die Waffen[146]) hin und öffneten die Tore. Man ließ das [Volk des] Landes aller vier Himmelsgegenden zu Hofe kommen und ließ sie die Herrlichkeit des himmlischen Thrones beschauen.

Zu dieser Zeit standen der Souverän und die Gottheit noch in einem nahen Verhältnis. Sie waren beständig in derselben Halle und auf gemeinsamem Lager[147]). Daher waren auch die Götter-Dinge und die Staatsregierungs-Dinge noch nicht von einander getrennt und geschieden. Im Inneren des Palastes war ein Speicher errichtet, welcher das „Reine Schatzhaus"[148]) hieß, und der Imube Familie hatte man für immer das betreffende Amt übertragen lassen. Ferner hatte man Ama no Tomi no Mikoto und unter seiner Leitung die verschiedenen ehrfürchtig Dienst leistenden Uji[149]) die Großen Mitegura[150]) anfertigen lassen.

Schreines die Götter-Schilde und Lanzen aufstellten. „Diese beiden Uji waren Abzweigungen der Mononobe, und die Schilde wurden nach derselben Quelle von dem Tatenuhi Uji der Provinz Tamba, die Lanzen von dem Imube Uji der Provinz Kii geliefert. Die Aufstellung der Lanzen und Schilde wird auch weiter unten erwähnt.

142) Vgl. Anm. 118.

143) *Ohotono Hogahi no Norito-goto (*oder *Nori-goto)*, d. i. Norito No. VIII (Satow a. a. O. IX, S. 190ff.). *Hogahi* ist die verlängerte Form des im Text bei Anm. 118 erwähnten *hogi.* Das Ohotono Hogahi wurde in den frühen Morgenstunden des Tages gefeiert, welcher auf das Fest *Shinkonshiki* (jap. *Kamu Ima-ge no matsuri* „Fest der göttlichen jetzigen d. i. neuen Speise", alljährlich am 11. Tage des 6. und 12. Monats gefeiert; vgl. Satow's Anm. IX, S. 184) und das *Nihi-name-matsuri* (am mittleren *u*-Tage des 11. Monats) folgte. An diese Feier schloß sich jedesmal unmittelbar die Feier des *Mikado Matsuri* „Fest der Palasttore" an, bei welchem Norito No. IX (Satow IX, S. 211) rezitiert wurde.

144) Sollte mit diesem Sonderbande ein zweiter Band des KOGOSHŪI, der etwa die von den Imube rezitierten Norito usw. enthielt, gemeint sein, so ist derselbe nicht erhalten. Auf alle Fälle würde diese Glosse, vorausgesetzt daß sie echt und nicht spätere Interpolation ist, andeuten, daß wenigstens einige Norito schon vor Abfassung des ENGI-SHIKI, in dessen achten Band wir die älteste erhaltene Niederschrift der Norito besitzen, schriftlich aufgezeichnet waren.

145) D. h. das *Mi-kado Matsuri.* Vgl. Anm. 143.

146) *Tsuhamono*, ein allgemeiner Name für Kriegswaffen.

147) In Übereinstimmung mit dem bei Anm. 83 erwähnten Befehl der Ama-terasu.

148) *Imi-kura,* worin die „Götterdinge und Staatsdinge" aufbewahrt wurden. Den Imube war die Verwaltung desselben anvertraut.

149) Die Uji der früher erwähnten Tama-suri, Yufu-hagi, Kanuchi usw.

150) *Oho-mitegura.* Denselben Ausdruck gebraucht das JINGI-RYŌ bei Aufzählung der Opfergaben an die Himmels- und Erdengötter gelegentlich der Thronbesteigung, und der Gige

Nach Beendigung [der obigen Zeremonien] ließ man Ama no Tane-ko no Mikoto[151]) *(Enkel von Ama no Koyane no Mikoto)* die Reinigung der Himmlischen Sünden und Irdischen Sünden vollziehen. *(Die sogenannten Himmlischen Sünden sind bereits oben erwähnt worden. Die Irdischen Sünden sind die Sünden, welche die Leute im irdischen Lande begangen haben. Diese Dinge befinden sich ausführlich in den Ritualworten der Reinigung der Nakatomi*[152])*).*

Sodann errichtete man Opfer-Höfe mitten in den Tomi Bergen[153]). Ama no Tomi no Mikoto stellte reihenweise die Mitegura hin, rezitierte die Ritualworte[154]) und, indem er zu den Souveränen Himmlischen [Ahnengöttern] betete und die Scharen der [anderen] Götter verehrte, vergalt er die Gunst der Himmelsgötter und Erdengötter. Die beiden Uji der Nakatomi und der Imube verwalteten miteinander das Amt der gottesdienstlichen Feier; das Uji der Sarume no Kimi verrichtete die Dienstleistungen beim Kagura, und die sämtlichen übrigen Uji hatten ein jedes seine eigenen Amtsgeschäfte.

[Sujin-tennō.]

In der Ära des Hofes von Shiki no Midzu-kaki[155]) fürchtete sich allmählich [der Kaiser] vor der Macht der Gottheiten und war unruhig darüber, mit ihnen in derselben Halle zu wohnen[156]). Daher erteilte er wiederum dem Imube Uji den Auftrag, durch die beiden Uji, [nämlich] die Nachkommen des Gottes Ishi-kori-dome und die Nachkommen des Gottes Ama no Mahitotsu, wiederum einen Spiegel gießen und ein Schwert verfertigen zu lassen, um dieselben zu erlauchten Emblemen des Schutzes seiner Person[157]) zu machen. Diese sind der Spiegel und das Schwert, welche jetzt am Tage der Thronbesteigung als göttliche Symbole dem Kaiser überreicht werden. Deshalb errichtete man im Dorfe Kasa-nuhi in Yamato eigens ein fest-

---

Kommentar zu dieser Stelle zählt als solche oho-mitegura auf: einen goldenen Wassereimer und einen goldenen Ständer (tatari) an den Jingū von Ise, Schilde und Lanzen an die Gottheit von Sumiyoshi u. dgl.

[151]) Im Stammbaum der Nakatomi wird sein Vater Ama no Oshi-kumo no Mikoto „Himmlischer Wolkenverdränger" genannt.

[152]) *Nakatomi no Harahi-kotoba,* d. i. das Norito *Oho-harahe no Kotoba.* Vgl S. 418 und Anm. 26. Die hauptsächlichsten irdischen Sünden sind Blutschande, Sodomie, Leichenschändung, Verhexung, gewisse körperliche Abnormitäten und Unglücksfälle als Fluch der Götter.

[153]) Vgl. S. 241, Jimmu 4. Jahr. Man kann auch interpretieren: einen Opferhof *(matsuri no niha)* mitten auf dem Tomi Berge.

[154]) Diese Imube Tradition widerspricht also der Ansicht, daß das Rezitieren der Norito nur Sache der Nakatomi gewesen sei. Auch weiter oben schon rezitiert der Imube das Norito zum Mikado Matsuri.

[155]) Name des Palastes, worin der Kaiser Sujin residierte.

[156]) Vgl. S. 243. Die „Furcht" liegt offenbar in der Besorgnis, daß beim Zusammenwohnen Verstöße, besonders gegen die rituelle Reinheit, vorkommen und die Gottheiten erzürnen könnten.

[157]) *Oho-mi-ma-mamori no mi-shirushi,* d. i. Embleme, welche ihm Schutz gewähren sollten.

gemauertes Himorogi[158]) und versetzte ehrfürchtig die Große Göttin Amaterasu sowie das Grasmähe-Schwert dorthin. Die Kaiserliche Prinzessin Toyo-suki-iri-bime no Mikoto erhielt den Auftrag, [sie] ehrfürchtig in reinlicher Enthaltsamkeit zu verehren[159]). Am Abend der Versetzungs-Feier kamen die Höflinge sämtlich hin und hielten die ganze Nacht hindurch ein Schmaus- und Trinkgelage[160]). Man sang ein Lied, welches lautete:

„Während die Höflinge
Die ganze lange Nacht hindurch
[Beim Gelage verbringen],
O wie herrlich ist da der [frischgefallene] Schnee
Die ganze lange Nacht hindurch!"

(Jetzt singt man gemeiniglich wie folgt:

„Der Höflinge
Lange prächtige Gewänder

---

[158]) *Shiki no himorogi,* derselbe Ausdruck wie S. 244 (Anm. 6). *Shiki* ist vermutlich = *ishi-ki* „Steinschloß, Steinwall" und wird auf dieselbe primitive Anlage der Kultstätte wie der Ausdruck *iha-saka* „Felsen-Umgrenzung" S. 195 (Anm. 43) hindeuten. Satow IX, 201 übersetzt *shiki no* mit „stone-walled". Aston's Interpretation (Nihongi I, 152) „the sacred enclosure of Shiki" dagegen, wonach Shiki ein Ortsname sein würde, ist nicht annehmbar. Anderseits ist Satow's „brushwood hut" für *himorogi* nicht zutreffend. Auf alle Fälle ist das Prototyp eines Schreins gemeint.

[159]) In der Zeit des Zusammenwohnens vollzog der Kaiser persönlich die Kulthandlungen. Da er aber nach dem Umzug der Gottheiten an einen anderen Ort ihnen die üblichen Morgen- und Abendopfer nicht mehr selber darbringen konnte, wurde zu seiner Stellvertretung die Kultprinzessin eingesetzt.

Die Darstellungen des NIHONGI (S. 243f.) und KOGOSHŪI decken sich nicht ganz. Das NIHONGI nennt als die gefürchteten Gottheiten die *Sonnengöttin* und *Yamato no Oho-kunitama,* so daß die aus dem Palast entfernten Embleme der Spiegel und das Yasaka Juwel sein müßten, denn nach dem OHO-YAMATO JINJA CHŪSHINJŌ (enthalten in Band 18 des GUNSHO-RUIJŪ. Es handelt über den Schrein Oho-yamato Jinja, einen Zweigschrein des Idzumo Kidzuki Jinja im Dorfe Oho-yamato des Distriktes Yamanobe in Yamato) war das Yasaka-ni das Shintai des letzteren Gottes. Das dritte von der Sonnengöttin ihrem Enkel verliehene Emblem, das Schwert Kusanagi, findet dabei keine Erwähnung. Das KOGOSHŪI anderseits übergeht das Emblem des Gottes Yamato no Oho-kuni-tama mit Stillschweigen und nennt nur Spiegel und Schwert. Dementsprechend erwähnt das KOGOSHŪI auch die zweite, für Oho-kuni-tama ernannte Kultprinzessin Nunaki-iri-bime nicht: die beiden Embleme Spiegel und Schwert werden hier einer und derselben Person, der Toyo-suki-iri-bime, anvertraut. Beide Überlieferungen stimmen also bezüglich des Spiegels überein, gehen aber in Erwähnung der anderen Embleme auseinander.

Toyo-suki-iri-bime no Mikoto war nach dem NIHONGI eine Tochter des Kaisers Sujin von seiner Konkubine Toho-tsu-Ayume Ma-kuhashi-hime, einer Tochter des Ara-kahatobe des Landes Ki; *Nunaki-iri-bime* seine Tochter von der Konkubine Wohari no Oho-ama-hime alias Ya-saka-furu-Ame-irohe, einer Tochter des Oho-ama no Sukune. Sie sind die ersten in der Geschichte erwähnten Kultprinzessinnen *(itsuki no miya, saigū, saiwō),* von denen wir in der Folgezeit beim Ise Schrein und beim Kamo Schrein, wo der Uji-gami der Kaiser verehrt wurde, öfters hören.

[160]) Das sog. *nahorahi no sakamori* „Nahorahi-Bankett" ist gemeint, das sich an die Shintō Feste anschließt. Unter *nahorahi* versteht man das Verzehren der abgeräumten Opferspeisen am Ende eines Matsuri im Nahorahi-dokoro.

Reichen bis über die Knie herab —
O wie herrlich ist ihr Zug
Mit den langen prächtigen Gewändern![161]“)

Ferner: Im sechsten Jahre [seiner Regierung] verehrte er die Götterschar von achtzig Myriaden. Sodann bestimmte er [die Unterscheidung zwischen] Himmlischen Schreinen und Irdischen Schreinen und bestimmte Götterland und Götterhäuser[162]). Zum ersten Mal befahl er die Lieferung von Bogenkerben-Abgaben seitens der Männer und von Fingerenden-Abgaben seitens der Weiber[163]). Die jetzt bei den Matsuri der Himmelsgötter und der Erdengötter verwendeten Bärenfelle, Felle und Geweihe von Hirschen und Zeuge leiten ihren Ursprung hiervon ab.

[Suinin-tennō.]

In der Ära des Hofes von Maki-muku no Tama-ki[164]) gab der Kaiser der Kaiserlichen Prinzessin Yamato-hime no Mikoto *(des Kaisers zweite kaiserliche Tochter; ihre Mutter war die Kaiserliche Gemahlin Saho-hime*[165]*))* den Auftrag, die Große Göttin Ama-terasu ehrfürchtig in reinlicher Enthaltsamkeit zu verehren. Sodann errichtete man in Gemäßheit mit einer Unterweisung der Göttin einen Schrein für sie am Oberlaufe des Isuzu Flusses in der Provinz Ise. Daher baute man einen Enthaltsamkeits-Miya und ließ

---

[161]) Die Texte sind mit chinesischen Zeichen phonetisch geschrieben; Wortgruppierung und Sinn sind zum Teil problematisch und lassen sehr verschiedene Deutungen zu. Vers 3 von Gedicht I ist unverständlich; in Vers 4 könnte *yuki* „Schnee“, auch „Gehen, Zug, Prozession“ bedeuten. Gedicht II ist wohl eine Art Parodie auf den Wortlaut von Gedicht I. Über solche parodistische Wortveränderungen vgl. meine Geschichte der japanischen Literatur unter Kyōka, S. 469f. Verswiederholungen, wie sie Vers 2 und 5 in beiden Gedichten aufweisen, sind in der alten Poesie häufig. Das zweite Gedicht ist den am Wege von der Residenz nach Kasanuhi stehenden Leuten, welche die schönen Kleider der Höflinge bestaunten, in den Mund gelegt. „Jetzt“ bedeutet: in der Daidō Zeit.

[162]) Vgl. S. 246, Anm. 22—24. Das NIHONGI versetzt dies Ereignis in das 7. Jahr Sujin.

[163]) *Yu-hazu no mitsugi* und *tana-suwe no mitsugi*, d. i. Teile von Tieren, welche die Männer mit dem Bogen erlegt hatten, und Zeuge, welche die Weiber gewebt hatten. In diesem Zusammenhange scheint es, als ob es sich um Abgaben nur an die Schreine handelte, was sich aus der Darstellung des NIHONGI, welches dieses Ereignis in das 12. Jahr Sujin verlegt, nicht so klar ergibt, obgleich auch da zwischen den Zeilen zu lesen ist, daß die Abgaben eingefordert wurden. um die Opfergeschenke an die hilfreichen Götter zu bestreiten. Vgl. meine Abhandlung Altjapanische Kulturzustände in den Mitteilungen d. D. G. O. Heft 44, S. 177f.

[164]) „Juwelenschloß von Makimuku (Ortsname in Yamato)“, die Residenz Kaiser Suinin's.

[165]) Im KOJIKI und NIHONGI ist Yamato-hime eine Tochter der späteren kaiserlichen Gemahlin Hibasu-hime. Da kein Grund vorliegt, die ausdrückliche Angabe des KOGOSHŪI zu verwerfen, so nimmt man allgemein an, daß die durch das Komplott ihres Bruders ins Unglück geratene und vorzeitig zu Tode gekommene Saho-hime (vgl. S. 99, Abschnitt 70 und NIHONGI, Suinin 4. und 5. Jahr, bei Aston I, 170—173) die leibliche Mutter, die spätere Hauptgemahlin Hibasu-hime aber die Pflegemutter der Prinzessin war.

Yamato-hime no Mikoto darin wohnen[166]). Im Anfang, als [die Große Göttin Ama-terasu] noch oben im Himmel weilte, hatte sie sich vorher [mit dem Wegegott] durch ein tiefes Gelöbnis gebunden, was der tiefe Grund dafür war, daß der Wegegott zuerst [vom Himmel nach dem Lande Ise] hinabgestiegen war[167]).

In dieser erlauchten Ära wurden zum ersten Mal Bogen, Pfeile und Schwerter den Göttern des Himmels und der Erde als Opfer dargebracht, und Götterland und Götterhäuser wurden von neuem festgesetzt[168]).

Ferner: der Shiragenser Königssohn Ama no Hi-boko[169]) wanderte in Japan ein. Er befindet sich jetzt [vergöttlicht] im Distrikte Idzushi der Provinz Tajima, und [sein Schrein] ist zu einem Großen Schreine gemacht worden.

[Keikō-tennō.]

In der Ära des Hofes von Maki-muku no Hi-shiro[170]) gab der Kaiser dem Yamato-takeru no Mikoto[171]) den Auftrag, die östlichen Barbaren zu züchtigen und zu unterwerfen. Als damals [Yamato-takeru] einen Abstecher vom Wege machte und den Götterschrein von Ise besuchte und sich [von seiner Tante, der Vestalin] Yamato-hime no Mikoto verabschiedete, nahm diese das Grasmähe-Schwert, überreichte es dem Yamato-takeru no Mikoto und unterwies ihn dabei mit den Worten: „Sei vorsichtig, sei nicht lässig!“ Nachdem Yamato-takeru no Mikoto bereits die östlichen Barbaren unterworfen hatte, gelangte er auf der Rückkehr wieder in die Provinz Wohari, nahm die Miya-su-hime zum Weibe und blieb dort längere Zeit über einen Monat. Er gürtete sein Schwert ab, legte es in dem Hause [der Miya-su-hime] nieder, ging zu Fuß weiter und stieg auf den Berg Ibuki-yama. Er

166) Der Verfasser unterscheidet hier deutlich zwischen dem am Isuzu Fluß in Watarahi errichteten Schrein *(mi-yashiro)* zur Verehrung der Sonnengöttin, dem jetzigen Dai-Jingū von Ise, und dem *Itsuki-no-miya* (sinojap. *saigū)* als Aufenthaltsort der Kultprinzessin, dessen Lokalität nicht näher angegeben ist. In der bis auf die Umstellung eines Satzteils wörtlich übereinstimmenden Parallelstelle des NIHONGI S. 259 fehlt jedoch die Angabe „und ließ Yamato-hime no Mikoto darin wohnen“, was viele Erklärer, auch Iida, zu der Annahme verleitet hat, es sei in der Nihongistelle nur von dem Schrein der Göttin die Rede: auch der Ausdruck *saigū* bezöge sich hier auf diesen, und Hironari habe beim Zitat der Nihongistelle einen Irrtum begangen. Es kann aber m. E. kein Zweifel obwalten, daß die Auffassung des KOGOSHUI einwandsfrei ist, und daß auch die Nihongistelle diese Deutung ohne Zwang und Künstelei zuläßt.

167) Mit dem Wegegott *(chimata no kami)* ist der Gott Saruta-hiko gemeint, welcher hiernach als Vorläufer der Sonnengöttin vom Himmel nach Ise herabgestiegen wäre, um sie daselbst zu erwarten.

168) Vgl. Suinin, 27. Jahr (S. 261).

169) Vgl. KOJIKI Abschnitt 114 und 115 (S. 112f.) und NIHONGI, Suinin 3. Jahr (S. 256) und 88. Jahr (S. 266). Während KOJIKI und NIHONGI den Namen mit den Zeichen „Himmels Sonnen-Speer“ schreiben, hat das KOGOSHŪI die Schreibung in „Fischers Lebensbaum *(hi, hinoki)*-Speer“ geändert, wobei wohl auch die Absicht mitgewirkt hat, anzudeuten, daß der Fremde nicht von den japanischen Himmelsgöttern abstammt.

170) „Lebensbaum-Schloß von Makimuku“, die Residenz des Kaisers Keikō.

171) S. 103ff. und 267ff.

wurde von einem giftigen Hauch getroffen und starb. Dieses Grasmähe-Schwert befindet sich jetzt im Schrein von Atsuta in der Provinz Wohari, aber es sind dafür noch keine offiziellen Feiern [172]) angesetzt worden.

[Jingō-kōgu.]

In der Ära des Hofes von Ihare no Waka-sakura [173]) offenbarten sich die Großen Gottheiten von Suminoye [174]). [Die Kaiserin] unterwarf Shiragi, und die drei Kara [Länder] [175]) kamen zum ersten Mal [mit Tribut] an den Kaiserhof. Der König des Landes Kudara bewährte freundlich seine aufrichtige Gesinnung, und bis zum Schluß kamen keine Treulosigkeiten vor.

[Ōjin-tennō.]

In der Ära des Hofes von Karu-shima no Toyo-akira [176]) schickte der König von Kudara als Tribut den Gelehrten Wani [177]). Dieser ist der erste Ahnherr der Fumi no Obito [178]) der [Provinz] Kahachi. Der Ahnherr der Hata [179]) no Kimi, Yu-tsuki, ließ sich an der Spitze von Leuten aus einhundertzwanzig Distrikten in Japan naturalisieren. Der Ahnherr der Aya [179]) no Atahe, Achi no Omi, ließ sich an der Spitze von Leuten aus siebzehn Distrikten naturalisieren. Die Leute, welche aus Hata, Aya und Kudara

---

172) Feiern, an denen sich der Kaiserliche Hof durch Entsendung von Gesandten, Mitegura usw. beteiligt. Auf ihre Unterlassung kommt Hironari weiter unten noch einmal mit scharfem Tadel zu sprechen.

173) Der Palast *Waka-sakura* „Jungkirsche“ in *Ihare*, einer Ortschaft im Distrikt Toichi von Yamato, wurde von der Kaiserin Jingō im dritten Jahre ihrer Regierung (203 n. Chr.) zur Residenz erkoren.

174) Uha-dzutsu-no-Wo, Naka-dzutsu-no-Wo, Soko-dzutsu-no-Wo, die göttlichen Helfer bei der Invasion Koreas, S. 28, Anm. 28. Ihre Offenbarung S. 279.

175) *Mitsu no Kara-kuni*, sinojap. *San-kan* (kor. *Sam-han*), eigentlich die drei koreanischen Staaten Bakan, Shinkan, Benkan (kor. Ma-han, Sin-han, Pyön-han). Im NIHONGI aber werden darunter immer, ihnen ungefähr entsprechend, die Königreiche Kudara (Hyaku-sai, kor. Pèk-ché), Shiragi (Shinra, kor. Silla), Koma (Kōrai, kor. Koryö) verstanden. Kudara unterhielt „bis zum Schluß“, d. h. bis zu seiner Vernichtung durch China und Shiragi in der Ära der jap. Kaiserin Saimyō, gute Beziehungen zu Japan, während Shiragi sich immerfort gegen die Japaner empörte und Koma sie wiederholt durch Etikettenverstöße ärgerte.

176) Der Palast *Toyo-akira* „Prächtiger Glanz“ in *Karu* (*shima* bedeutet hier nicht „Insel“, sondern „Landstrich“, wie in Shiki-shima) im Distrikt Takaichi von Yamato war die Residenz des Kaisers Ōjin.

177) Die Ankunft des Hakase Wani (kor. Wang-in) fand nach der Chronologie des NIHONGI im 16. Jahre Ōjin = 285 n. Chr. statt, in Wirklichkeit aber ungefähr 120 Jahre später. Vgl. Aston, Nihongi I, 262, Anm. 5, und unten Anm. 183.

178) „Häuptlinge der Schreiberei“.

179) *Hata* oder *Hada* = chin. Ts'in (Dynastie), *Aya* = chin. Han, Emigrantenfamilien aus China. Zur mutmaßlichen Entstehung dieser Namen und ihren Zusammenhang mit der Weberei (*hata* „Webstuhl, Gewebe“, *aya* „gemustertes Zeug“) s. Aston, Nihongi 1, 265, Anm. 1. *Yutsuki* soll von Ts'in Shi-hoang-ti abstammen, *Achi* von Ling ti (Liu Hung, spätere Han Dynastie). Nach dem NIHONGI kam ersterer im 14. Jahre Ōjin nach Japan, seine Leute im 16. Jahre; letzterer im 20. Jahre (289 n. Chr.).

nach Japan kamen und sich naturalisieren ließen, zählen bei jedem dieser [Herkunftsländer] zu Zehntausenden[180]). Sie sind vollständig des Lobes und der Hochschätzung wert. Obgleich sie alle ihre eigenen Schreine [für Gottesverehrung] haben, haben diese doch noch keinen Anteil an den offiziellen Opfergaben und Feiern.

[Richū-tennō.]

In der Ära des Späteren Ihare no Waka-sakura Hofes[181]) waren die Tribut-Lieferungen der drei Kara [Staaten] von Generation zu Generation ohne Unterbrechung eingegangen, weshalb man [aus Raummangel] neben dem Reinen Schatzhaus[182]) noch ein Schatzhaus des Innern[183]) erbaute und [im letzteren] die staatsbehördlichen Gegenstände getrennt [von den gottesdienstlichen Kultgeräten] niederlegte. Sodann beauftragte [der Kaiser] den Achi no Omi und den Kudarenser Gelehrten Wani über die Aus- und Eingänge [dieser Gegenstände] Aufzeichnungen anzulegen. Zum ersten Mal wiederum wurde ein Schatzhaus-Be[184]) eingesetzt.

[Yūryaku-tennō.]

In der Ära des Hofes von Hatsuse no Asakura[185]) waren die Hata Familien zerteilt und zerstreut und an andere Familien angeschlossen[186]).

---

180) Z. B. das SEISHIROKU spricht in der Ära des Kaisers Yūryaku von 18670 Hata Leuten; das NIHONGI im 1. Jahre Kimmei von der Registrierung von 7053 Hata Häusern.

181) Der Zusatz *Nochi no* „Später" soll die Residenz des Kaisers Richū von derjenigen der Kaiserin Jingō unterscheiden. Vgl. Anm. 173.

182) *Imi-kura;* s. Anm. 148.

183) *Uchi-kura,* woraus später bei Hofe das Amt *Uchi no Kura no Tsukasa* hervorging. Über dieses berichtet das SHOKU-IN RYŌ: „Das Innere Schatzdepartement hat einen Chef, welcher Gold und Silber, Juwelen, kostbare Gegenstände, Brokat, bunte Seide, Decken, Matratzen, die von den verschiedenen Barbaren als Tribut geschickten seltenen Gegenstände, usw. traktiert; einen Vize-Chef (Gehilfen); einen Jō (Untergehilfen), einen Tai-zoku (Oberkanzlisten), einen Shō-zoku (Unterkanzlisten); zwei Ober-Schlüsselverwalter, welche die betreffenden Aus- und Eingänge kontrollieren; zwei Unter-Schlüsselverwalter; vierzig Kura-be (s. Anm. 196)."

184) Leute der Gruppe, welche das Einbringen und Herausnehmen der Gegenstände des Inneren Schatzhauses besorgen. Jap. Kura-be.

Das NIHONGI verlegt die Errichtung des Schatzhauses und die Einsetzung der Schatzhaus-Gruppe in das 6. Jahr Richū, 405 n. Chr. In dieser Zeit können *Wani* und der Prinz *Achi* nicht mehr gelebt haben, wenn sie schon im Jahre 285 bzw. 289 nach Japan gekommen sein sollen. Das KOGOSHŪI dürfte aber mit ihrer Erwähnung an dieser Stelle Recht haben, und der Widerspruch sich dadurch erklären, daß die früheren Angaben auf einer irrtümlichen Vordatierung um zwei Sechzigerzyklen (aus China eingeführte Rechnungsweise) = 120 Jahre beruhen. Japanische Kommentatoren helfen sich mit der Annahme, daß es sich im letzteren Falle um Nachkommen von Wani und Achi handeln müsse.

185) Palast „Morgen-Speicher" in Hatsuse, im Distrikt Shiki-no-uhe in Yamato; Residenz Yūryaku's.

186) Sie waren unter die Botmäßigkeit der Omi und Muraji Uji geraten, wie die bis zum ersten Satz der Glosse fast wörtlich übereinstimmende Darstellung des NIHONGI, Yūryaku 15. Jahr = 471 n. Chr., besagt.

Hata no Sake no Kimi[187]) diente [deshalb] bei Hofe und erlangte die [besondere] Gnade des Kaisers. Der Kaiser befahl die Hata Familien zu sammeln und verlieh sie dem Sake no Kimi. Daher zog er an der Spitze der hundertachtzig Arten von Kachi-be Leuten[188]) Seidenraupen auf und fertigte Seidengewebe und reichte sie dem Kaiser als Tributgegenstände dar und häufte sie in Fülle im Palasthofe auf. Der Kaiser verlieh ihm deshalb den Beinamen Udzu-masa. *(Das besagt: dem Aufhäufen gemäß: aufschütten und vermehren*[189]). *Die grobe Seide und Florettseide, welche sie als Tribut lieferten, ist auf der nackten Haut [hada-he] weich, deshalb sagt man Hada, indem man das Zeichen Ts'in mit japanischer Aussprache liest*[190]). *Man wickelt die vom Hada Uji als Tribut gelieferte grobe Seide um den Knauf des Schwertes, welches man den Göttern opfert. Die Leute der Jetztzeit machen das noch immer so. Das ist der Ursprung der sogenannten „Gewebe-Umwicklung der Hata"*[191]).*)*

Nach dieser Zeit gingen die Abgaben der verschiedenen Provinzen von Jahr zu Jahr in immer reichlicheren Mengen ein. Deshalb errichtete man wiederum ein [sogenanntes] Großes Schatzhaus[192]). Der Kaiser beauftragte Soga no Machi no Sukune[193]) damit, die drei Schatzhäuser *(das Reine Schatzhaus, das Innere Schatzhaus und das Große Schatzhaus)* zu überwachen; das Hata Uji beauftragte er mit der Einbringung und Ausbringung der betreffenden Gegenstände, und die Östlichen und Westlichen Fubito-Be[194]) mit der Konzipierung und Aufzeichnung der Registerurkunden. Hierauf verlieh der Kaiser dem Aya Uji ein Kabane und machte sie zu Uchi-no-Kura und Oho-kura[195]). Dies ist der Grund dafür, daß die beiden Uji der Hata und

---

[187]) *Hata no miyatsuko* (so im NIHONGI) *Sake* war ein Enkel des oben genannten Yutsuki.

[188]) Oder *Katsu-be*, auch *Masa-be*. Aston, Nihongi I, 365 übersetzt mit excellent Be workmen. *Kachibe* kommt auch als Ortsname wiederholt vor, indem wohl die Orte den Namen von den Siedlern bekamen. Das SEISHIROKU führt verschiedene *Kachi* auf, sämtlich koreanischen Ursprungs. „Hundertachtzig" bedeutet nur eine unbestimmte große Zahl.

[189]) Im NIHONGI lautet die Glosse zu diesem Namen: „Man sagt auch *Udzu-mori-masa*, das Aussehen, daß alles in Fülle aufgehäuft ist", wozu Aston bemerkt: Dies ist ein Versuch, den Namen mit *tsumoru* „aufgehäuft sein" zu verbinden.

[190]) Volksetymologischer Versuch, die altüberlieferte, aber ihrem Ursprung nach dunkle japanische Benennung *Hada* für die Leute aus *Ts'in* zu begründen. Vgl. Anm. 179.

[191]) So nach den Zeichen; im Seikun *hata no hatori* gelesen.

[192]) *Oho-kura*, woraus das spätere *Oho-kura-shō* „Finanzministerium" hervorging.

[193]) Enkel des Take-no-uchi no Sukune.

[194]) D. i. die Schreiber-Gruppen der Provinzen Yamato und Kahachi (Kafuchi). Die Benennung „östlich" und „westlich" rührt daher, daß Yamato im Osten, Kahachi im Westen der Kaiserlichen Residenz lag. Die Betrauung nationalisierter Ausländer mit diesen Ämtern beweist, daß die auf Kenntnis der chinesischen Sprache und Schrift beruhende japanische Bildung damals unter den Eingeborenen noch wenig verbreitet war.

[195]) D. h. ein Teil der Aya Leute erhielt die Familiennamen *Uchi-no-Kura* bzw. *Oho-kura*. Das SEISHIROKU führt unter den Shoban von U-kyō die Familie der Uchi-no-Kura mit dem Kabane Sukune auf, erwähnt aber keine Oho-kura Familie; doch finden sich Erwähnungen von Mitgliedern der Oho-kura Familie mit den Kabane Sukune und Imiki in den späteren Reichsgeschichten (SHOKU-KI, SHOKU-KŌKI usw).

Aya [noch in der gegenwärtigen Zeit] mit dem Schlüsselhalter-Amt[196]) und dem Kurabe [Amt][196]) des Inneren Schatzhauses und Großen Schatzhauses beauftragt sind.

[Suiko-tennō.]

In der Ära des Hofes von Woharida[197]) war die Nachkommenschaft des Futo-tama nicht erloschen, [aber doch schmal] wie ein Gürtel. Jedoch durch die Gunst der Kaiserin wurde das Abgeschaffte wieder in die Höhe gebracht und das Erloschene fortgesetzt, und [die Imube] dienten einigermaßen in ihren [erblichen] Ämtern[198]).

[Kōtoku-tennō.]

In der Ära des Hofes von Naniha no Nagara no Toyo-saki[199]) wurde Sakashi[200]) vom Range Shōkwa-no-ge[201]), der den posthumen Namen Imube no Obito führt, im vierten Jahre [der Jahresperiode] Haku-chi[202]) zum Oberhaupt des Shintōkultusamtes *(das ist der jetzige Kamu-tsukasa no Kami*[203])) ernannt. Der Kaiser beauftragte ihn mit der ordnungsgemäßen Leitung der

---

[196]) *Kagi-tori no tsukasa* bzw. *kagi-tsukasa* „Schlüsselhalter-Amt“, sinojap. *shu-yaku; kura-be* „Speicher-Gruppe“. Die „Schlüsselhalter“ hielten die Schlüssel der Speicher im Gewahrsam und verwalteten die Ein- und Ausgänge der Abgaben in den Speichern; die *kura-be* standen unter ihnen und besorgten das Auf- und Zuschließen usw. der Kaiserlichen Speicher, also niedrigere Dienste. In der späteren Organisation des Finanzministeriums blieben diese Unterämter noch einige Zeit bei den genannten Familien. Das SHOKU-IN RYŌ nennt als unterste Beamte des Finanzministeriums zwei Großschlüsselbewahrer, zwei Kleinschlüsselbewahrer und 60 Kura-be (vgl. auch Anm. 183).

Einige Texte, wie Seikun, konstruieren den Satz folgendermaßen: „Die beiden Uji der Hata und Aya beauftragte er mit dem Schlüsselhalteramt des Inneren Schatzhauses und Großen Schatzhauses. Dies ist die Entstehung der Kura-be.“ Meine Auffassung stimmt mit der von Kubo und Saheki überein.

[197]) Ort im Distrikt Takechi in Yamato, wohin die Kaiserin Suiko im 11. Jahre ihrer Regierung (603) ihre Residenz verlegte.

[198]) Der Einfluß und die Stellung der Imube war stark zurückgegangen. Unter Suiko wurden sie noch einmal retabliert, so daß sie in den ihnen für immer übertragenen Ämtern (vgl. unter Jimmu, wo vom Reinen Schatzhaus und von der Anfertigung der Mitegura die Rede ist, S. 436) noch leidlich weiter fungierten. Doch wurde der Verfall ihrer Stellung nur zeitweilig aufgehalten. Der Druck der Nakatomi Familie, aus der die Fujihara hervorgingen, wurde immer stärker und verderblicher, indem diese letzteren alle einflußreichen Ämter bei Hofe an sich brachten.

[199]) Ort im Distrikt Nishinari von Settsu, wo Kaiser Kōtoku Ende des 1. Jahres Taikwa (645) seine Residenz aufschlug.

[200]) Nach dem Familienregister (ka-chō) der Imube ein Sohn von Komaro, eines Nachkommen in 9. Generation von Tamagushi no Mikoto, der wiederum die 6. Linie nach Ama no Tomi no Mikoto sein soll. Der im NIHONGI 1. Taikwa (S. 343) genannte Imube no Obito Komaro ist mit Sakashi's Vater nicht identisch, sondern ein um mehrere Generationen jüngeres Glied der Familie.

[201]) Der 10. Grad der 19gradigen Mützenrangordnung vom 5. Jahre Taikwa (649).

[202]) Der Text hat das Nengō *Haku-hō* „weißer Phönix“, welches hier mit dem im NIHONGI *Haku-chi* „weißer Fasan“ genannten Nengō zu identifizieren ist. Das 4. Jahr Haku-chi ist 653.

[203]) Sinojap. *Jingi-haku*. Vgl. S. 303, Anm. 2.

Angelegenheiten der Prinzen-Familien [204]), des Hof-Zeremoniells, der Heiraten [der Beamten vom fünften Range an aufwärts] [205]), und der Divinations-Angelegenheiten [206]). Die Zeremonie der Erlauchtesten Divination [207]), welche in den beiden Jahreszeiten Sommer und Winter stattfindet, nahm zu dieser Zeit ihren ersten Anfang. Die Nachkommen Sakashi's vermochten dieses Amt nicht zu ererben und kamen allmählich herunter und verfielen bis in die Gegenwart.

[Temmu-tennō.]

In der Ära des Hofes von Kiyo-mi-hara [208]) veränderte der Kaiser die zehntausend Kabane des Reiches und teilte sie in acht Klassen ein [209]), und zwar bloß mit Bezug auf die verdienstlichen Taten [der betreffenden Familien] in den damaligen Jahren; die Verdienste [welche ehemals von einer Anzahl Familien] bei der Herabkunft vom Himmel [erworben worden waren] wurden dabei nicht zur Grundlage genommen [210]). Das zweit[höchst]e derselben hieß Asomi. Dieses verlieh der Kaiser der Nakatomi Familie, und auf Kaiserlichen Befehl trugen sie ein langes Schwert [211]). Das dritte hieß Sukune. Dieses verlieh der Kaiser der Imube Familie, und auf Kaiserlichen Befehl trugen sie ein kurzes Schwert [212]). Das vierte hieß Imiki. Dieses machte er zum Kabane der beiden Familien der Hata und Aya, sowie der Familien der Fubito aus Kudara usw. *(Nämlich es wurden ihnen mit den*

---

204) Die Angelegenheiten der *ōzoku*, auch *kōshin*, „kaiserliche Verwandte" genannt, unter denen die Enkel und Urenkel von Kaisern zu verstehen sind, wurden nach den Regeln des RYŌ von einem *oho-kimi-tsukasa* betitelten Amt im Kunaishō verwaltet.

205) Gehörten später in den Verwaltungsbereich des Jibu-shō „Abteilung für Zeremonienwesen".

206) Im Onyō-ryō des Jingi-kwan verwaltet.

207) *Mi-ura*, eine am 10. Tage des 6. und 12. Monats jeden Jahres stattfindende Zeremonie, wobei über Glück und Unglück für die kaiserliche Person im laufenden Jahre diviniert wurde.

208) ヤイ Asuka, Distrikt Takechi von Yamato. Seit dem Winter 672 die Residenz des Kaisers Temmu.

209) Im 13. Jahre Temmu, 684. „Zehntausend" = „viele". Die acht neueingesetzten Klassenverbände hießen, von oben nach unten: Mahito, Asomi, Sukune, Imiki, Michi-no-shi, Omi, Muraji, Inagi.

210) Hironari tadelt also, daß bei der Einreihung der Familien in die höheren oder niedrigeren Kabane nicht die alten Traditionen maßgebend waren, auf die der Neuerer Temmu wenig Rücksicht nahm, sondern nur der Grad von Verdienst, das sich die Parteigänger Temmu's um seine Person und seine Reformen in den Jahren seit seiner Thronbesteigung erworben hatten.

211) Seikun umschreibt „langes Schwert" mit *tachi*.

212) Von Seikun mit *katana* umschrieben. Das NIHONGI im Abschnitt Temmu erwähnt nichts von diesen Schwertern, gibt aber im Abschnitt Tenji 3. Jahr (664) an, daß den Uji-Oberhäuptern der Großen Uji ein großes Schwert, den Uji-Oberhäuptern der Kleinen Uji ein kleines Schwert verliehen wurde. Doch wird im 11. und 12. Jahre Temmu von der Einsetzung von Uji-Oberhäuptern gesprochen. Durch Kombinierung der Angaben des NIHONGI und KOGOSHŪI ergibt sich daher, daß unter Temmu die Uji der beiden ersten Kabane als Große Uji, die der sechs übrigen Kabane als Kleine Uji gerechnet wurden, und daß ihre Oberhäupter dementsprechend ein großes bzw. kleines Schwert als Hausabzeichen (ihe no shirushi) erhielten.

Imube zusammen die Angelegenheiten des Reinen Schatzhauses anvertraut. Deshalb erhielten sie dies Kabane[213]*). Daß die Östlichen und Westlichen Fubito Familien in der jetzigen Zeit das große Harahe Schwert überreichen*[214]*), hat seinen Ursprung ebenfalls hierin.)*

[Mommu-tennō.]

In den Jahren [der Jahresperiode] Taihō[215]) gab es zwar zum ersten Male Niederschriften [über das Zeremonienwesen], aber bezüglich der Registrierung der Himmels- und Erdengötter hatte man noch keine klaren Vorlagen, und bezüglich des Zeremoniells bei den Götter-Festen waren noch keine festen Bestimmungen über die Zeremonien getroffen[216]).

[Shōmu-tennō.]

In den Jahren [der Jahresperiode] Tempyō[217]) wurden mit Bedacht Namensregister der Götter angefertigt, aber die Nakatomi übten ihre Autorität in willkürlicher Weise aus und handelten ganz nach eigenem Belieben bei Aufnahme oder Verwerfung [der Götter]. Solche, welche Beziehung zu ihnen hatten, wenn es auch kleine Schreine waren, wurden sämtlich aufgenommen; solche, welche keine Beziehung zu ihnen hatten, wurden, wenn es auch große Schreine waren, dennoch ausgelassen. In der Berichterstattung nach oben an den Kaiser, oder in der Ausführung der Befehle nach unten konnte es in jener Zeit Niemand mit ihnen aufnehmen. Die den verschiedenen Schreinen als Unterhaltsgut zugewiesenen Abgaben gingen samt und sonders in das eine Tor hinein[218]). Seit der Herabkunft [des Sonnenenkels] vom Himmel bis zur Östlichen Invasion [Jimmu-tennō's] sind die Namen von Scharen von Göttern, welche jenen gedient und Gefolgschaft geleistet hatten, in der Landesgeschichte offenkundig geworden. Einige von ihnen sind, gehorsam dem strengen Befehl der Souveränen Himmelsgötter [Ama-terasu und Taka-mi-musubi], die Beschützer der Himmlischen Thronfolge geworden; andere haben in der Zeit [des Kaisers Jimmu], wo

---

213) Wenn der Glossist damit einen Zusammenhang zwischen den Namen *Imi-kura* und *Imiki* konstruieren will, so begibt er sich wieder auf die abschüssige Bahn volksetymologischer Spielerei. Die Etymologie von *Imiki* ist unbekannt; die übliche Deutung = *ima-ki* „neu (in Japan) Angekommene“ ist unannehmbar.

214) Vergoldete und versilberte große Schwerter *(tachi)* gehörten zu den Opferspenden bei der Großen Reinigungszeremonie am letzten Tage des 6. und 12. Monats. Vgl. auch unter Temmu 5. Jahr, 8. Monat, 16. Tag (S. 380).

215) 701—703, unter Kaiser Mommu.

216) Eine der ersten uns bekannten Bestimmungen dieser Art ist die vom 2. Monat des 3. Jahres Keiun (706), welche für das Erntefest die Zuweisung von Mitegura an 19 Schreine der Provinzen Kai, Shinanu, Etchū, Tajima, Tosa usw. festlegt (im SHOKU-NIHONGI).

217) 722—748, Regierungsära des Kaisers Shōmu, unter dem der Buddhismus zu hoher Blüte gelangte. Während der Kaiserliche Hof seine ganze Aufmerksamkeit dem Buddhismus zuwandte — Shōmu z. B. dankte ab und wurde Bonze —, scheinen die Nakatomi die beste Gelegenheit gehabt zu haben, die Angelegenheiten des Shintōkultes im eigenen Interesse zu schieben.

218) D. h. flossen alle an die eine Familie der Nakatomi.

die Kaiserliche Macht sich erfolgreich [nach Osten] weiter ausdehnte, bei der großen Unternehmung des Kaiserlichen Thrones geholfen[219]). Wenn es also dazu käme, die Verdienste zu registrieren und die Bemühungen zu belohnen, so müßten [diese alle] in gleicher Weise an den Matsuri Feiern [durch Verteilung von Mitegura an ihre Schreine seitens der Staatsbehörde] Teil haben. Aber einige von ihnen sind noch nicht in die Kategorie derjenigen, an welche Mitegura verteilt werden, eingereiht worden. Daher hegen sie in ihrem tiefsten Herzen den Unmut des Kai-sui[220]).

Erst recht aber was das göttliche Grasmähe Schwert anbelangt, so ist dies bekanntlich ein Emblem der Himmlischen [Gottheit]. Seit den Jahren der siegreichen Heimkehr des Yamato-takeru no Mikoto ist es im Schrein von Atsuta in der Provinz Wohari verwahrt geblieben. Ein auswärtiger Dieb stahl es und entfloh damit, konnte aber nicht aus den Landesgrenzen hinaus[221]). Ein wunderbares Wahrzeichen des göttlichen Gegenstandes kann man auch hierin deutlich erblicken. Daher sollte man an den Tagen, wo man [den anderen Schreinen] Mitegura darbringt, ebenfalls [diesem göttlichen Schwerte] Verehrung zollen. Daß man indessen seit langer Zeit dies unterlassen und die betreffenden Zeremonien nicht vollzogen hat, ist der erste Fall, wo man [die alten Bräuche] vergessen hat.

Nun aber: daß man die Urahnen hochachtet und illustre Vorfahren verehrt, das steht in der Lehre der Sitten und Bräuche an vorderster Stelle. Als daher der heilige Kaiser [Shun] auf dem Throne nachfolgte, empfing er den Verzicht [Yao's] [auf den Thron] im [Tempel des] Vollkommenen Ahnen, opferte der höchsten Himmelsgottheit, opferte reinen Herzens den sechs Höheren Mächten des Himmels und der Erde, opferte ordnungsgemäß [den Gottheiten] der Berge und Flüsse und ganz allgemein den Geisterscharen[222]). Nun aber was die Große Gottheit Ama-terasu anbelangt, so hat sie als Urahne und illustre Vorfahre an Verehrungswürdigkeit nicht ihres Gleichen; und was sodann die übrigen Gottheiten anbelangt, so sind sie einesteils ihre Kinder, andernteils ihre Untertanen, und keine von ihnen dürfte es wagen, sich mit ihr zu vergleichen. Trotzdem setzt in der Jetztzeit das Shintō-kultusamt am Tage der Mitegura-Verteilung den Götterschrein von Ise an

---

[219]) Sie haben dem Kaiser Jimmu bei dem Zug nach Osten und bei der Begründung des Kaiserreichs geholfen.

[220]) Der Chinese *Chieh (Kiai) Chih-t'ui*, im 7. Jahrh. vor Chr. Vgl. Giles, Bibl. Dict. No. 353. Er zog sich im Unmut darüber, daß Wen-kung nach der Thronbesteigung ihn für seine großen Verdienste nicht gebührend belohnte, vom Hofe in die Einsamkeit der Berge zurück. Hironari führt ihn als klassisches Beispiel für die Vernachlässigung, die auch verdienstvollen japanischen Familien zuteil wurde, auf.

[221]) Vgl. S. 365.

[222]) Vorstehende beide Sätze sind ganz in chinesischem Kolorit gehalten; der zweite ist fast wörtlich aus dem SHU-KING entlehnt. Vgl. Legge, Shu-king II, Bk. I, Ch. II, 4 und 6. Die „sechs höheren Mächte des Himmels und der Erde" sind Sonne, Mond und Sterne im Himmel, Flüsse, Seen und Berge auf der Erde, oder nach anderer Anschauung Sonne, Mond, Kälte, Hitze, Wasser, Trockenheit (Mayers, Chinese Readers Manual No. 216).

eine Stelle hinter den verschiedenen anderen Gottheiten[223]). Das ist der zweite Fall, wo man [die alten Bräuche] vergessen hat.

Die Große Gottheit Ama-terasu war ursprünglich mit dem Kaiser in ein und demselben Palaste[224]). Deshalb waren die Zeremonien des ehrfürchtigen Dienstes für den Fürsten sowohl wie für die Gottheit von derselben Form, und zwar nahm dies seinen Anfang seit [der Zeit ihres Weilens] oben im Himmel. Die beiden Uji der Nakatomi und der Imube miteinander und zusammen verrichteten die ehrfürchtigen Gebete zu der Sonnen-Göttin, und die Urahne der Saru-me[225]) ebenfalls verscheuchte den Zorn der Göttin. Infolgedessen sollten die Amtsgeschäfte dieser drei Familien nicht von einander getrennt werden. Trotzdem aber sind in der Jetztzeit die Amtsgeschäfte des Schreins von Ise einzig und allein dem Nakatomi Uji anvertraut, und die anderen beiden Uji läßt man daran nicht teilnehmen. Das ist der dritte Fall, wo man [die alten Bräuche] vergessen hat.

Was im allgemeinen den ehrerbietigen Bau von Götter-Hallen anbelangt, so sollte man bei allen unter Bezugnahme auf die im Götterzeitalter [eingesetzten] Ämter verfahren[226]). Der Imube Beamte, der an der Spitze der Imube der beiden Bezirke Mike und Araka[227]) stand, hieb [die Bäume] mit heiliger Axt ab und grub [den zum Bau bestimmten Boden] mit heiligem Spaten. Nachdem sodann die Handwerker Hand angelegt hatten und der Bau beendet war, vollzogen die Imube das Oho-tono Hogahi[228]) sowie das Mi-kado Matsuri[229]), und nachdem diese [Zeremonien] beendet waren, konnte [die Gottheit in der Halle] erlaucht wohnen. Jedoch beim Bauen des Ise Schreins, sowie beim Bauen des Yuki- und Suki-Schreins[230]) des Oho-nihe [zur Feier der Thronbesteigung] läßt man die Imube sich ganz und gar

---

[223]) Das Kultusamt beobachtete dabei die Reihenfolge: Palast, Hauptstadt Kyōto, die Kinai Provinzen (die fünf der Hauptstadt zunächst gelegenen Provinzen Yamashiro, Yamato, Kawachi, Settsu und Idzumi), die übrigen Provinzen. Da nun die Provinz Ise zu den Tōkaidō Provinzen gehört, kam Ise und der Schrein daselbst in die letzte Gruppe zu stehen statt daß, wie es sich nach Hironari's Anschauung ziemte, der Ise Schrein zu allererst bedient wurde.

[224]) Es ist vom Emblem der Göttin, dem Spiegel Yata-kagami, die Rede. Vgl. S. 243.

[225]) Ama no Uzume no Mikoto. Auch mit den „Uji der Nakatomi und der Imube" sind hier zunächst deren Urahnen Koyane und Futotama gemeint.

[226]) Diese „Ämter" werden im folgenden beschrieben. Es erhellt daraus, daß beim Bau eines Shintōschreins das Fällen der Bauhölzer, die Vorbereitung des Bodens und das Graben der Fundamentlöcher für die in den Grund zu rammenden Pfeiler von den Imube als heilige Handlung verrichtet wurde. Dann kam die Arbeit der technisch gelernten Handwerker, welche die eigentliche Bauarbeit taten. Nach Vollendung des Technischen traten dann wieder die Imube mit rein zeremoniellen Handlungen in Funktion. Ähnliches Verfahren beim Palastbau, s. oben S. 431.

[227]) Im Distrikt Nakusa der Provinz Kii. Vgl. S. 431.

[228]) „Beglückwünschung der Großen Halle (des Palastes oder Götterschreins)", Festfeier mit besonderem Ritual. Vgl. Satow a. a. O. vol. IX, No. 8, S. 190—210.

[229]) „Feier der erlauchten Tore (des Palastes oder Schreins)", mit Ritual No. 9. Satow S. 210f. Das Mikado Matsuri wurde gleich hinter dem Ohotono Hogahi vollzogen.

[230]) Vgl. S. 380, Anm. 26.

nicht beteiligen. Das ist der vierte Fall, wo man [die alten Bräuche] vergessen hat.

Ferner: Was das Oho-tono Hogahi und das Mikado Matsuri anbelangt, so sind das ursprünglich Zeremonien, bei denen Futo-tama no Mikoto ehrfürchtig diente, und es waren amtliche Funktionen, die von dem Imube Uji ausgeübt wurden. Jedoch die Nakatomi und die Imube wurden [später] zusammen mit dem Shintōkultusamt betraut und dienten ehrfürchtig miteinander zusammen [bei diesen beiden Zeremonien]. Daher hieß es in den Worten, mit denen das Innere Hofamt[231]) die Ankündigung an den Kaiser vollzieht: „In der Absicht, beim Oho-tono Hogahi ehrfürchtig zu dienen, machen die Nakatomi und Imube an dem erlauchten Tore ihre Aufwartung.“ Aber in den Jahren der Jahresperiode Hō-ki[232]) veränderte zum ersten Mal Nakatomi no Asomi Tsune[233]), der Kleine Gehilfe[234]) des Inneren Hofamts, vom Range Jū-go-i no ge, in willkürlicher Weise die Ankündigungs-Worte, so daß sie lauteten: „... machen die Nakatomi an der Spitze der Imube an dem erlauchten Tore ihre Aufwartung.“ Seitdem hat jenes Amt es so belassen, so daß [diese Ausdrucksweise] schon lange zur späteren Regel geworden ist, und bis zum heutigen Tage ist sie noch nicht wieder berichtigt worden. Das ist der fünfte Fall, wo man [die alten Bräuche] vergessen hat.

Seit dem Götterzeitalter hat es bei den ehrfürchtigen Dienstleistungen der Nakatomi und Imube in den Götter-Angelegenheiten keinen Rangunterschied gegeben. Seit der Mittelzeit[235]) ist jedoch die Macht an das eine Uji [der Nakatomi] übergegangen. Als Priester-Beamte[236]) des Reinigungsschrein-Amtes [zu Ise][237]) waren die Nakatomi und die Imube ursprünglich in gleicher

[231]) *Kunai-shō*, jap. *Miya-no-uchi no tsukasa.* [232]) 770—780, Ära des Kaisers Kōnin.

[233]) Oder Tsune-maro, Urenkel des Nakatomi Omimaro, der seinerseits ein Vetterssohn des berühmten Kamatari, des ersten Trägers des Familiennamens Fujihara, war. Man beachte die folgende Geschlechtslinie:

Kamako (s. unter Kaiser Kimmei, S. 307, Anm. 18) — Katsumi (Gegner des Buddhismus und der Soga, gest. 587) — { Miosuko — Kamatari — Fuhito usw.
Kuniko — Kunitari — Omimaro usw. }

Auch Omimaro (gest. 711) führte schon den Namen Fujihara, wurde aber unter Kaiser Mommu (697—708) autorisiert, den Namen Nakatomi wieder anzunehmen und wurde später Oberleiter des gesamten Shintōkultes. Das Amt des Jingi-haku verblieb seitdem immer in der Nakatomi Familie. Die späteren Geschlechter der Nakatomi gehen auf Omimaro zurück. Sein Sohn Kiyomaro erhielt, während er Leiter des Shintōkultamtes war, das Kabane *Oho-Nakatomi* (Groß-Nakatomi) no Asomi, und unter Kaiser Kwammu (782—805) bekam die ganze Familie, über 500 Personen, den Namen Oho-Nakatomi.

Tsunemaro war 774 Kleiner Gehilfe im Kunai-shō geworden; 789 wurde er daselbst Vizeminister.

[234]) *Shōyū*, jap. *Sunai-no-suke*, Name des Beamten, der im Rang nächst unter dem Vizeminister, *tayū*, dem „Großen Gehilfen“ des Ministers, stand.

[235]) D. i. seit der Zeit der Kaiserin Gemmei (708—714), wo Nakatomi Omimaro zum Jingi-haku ernannt wurde, also seit Beginn der Nara Periode (Verlegung der Hauptstadt nach Nara 710). [236]) *Kamu-tsukasa.*

[237]) *Itsuki no tsukasa* oder *Itsuki-no-miya no tsukasa*, das Amt, welches die Angelegenheiten des Itsuki no miya (saigū) in Ise verwaltet.

Weise Beamte vom siebenten Range. Aber zu Anfang der Jahresperiode En-ryaku[238]), an dem Tage, wo die Kaiserliche Prinzessin Asa-hara[239]) in Ehrfurcht den heiligen Dienst übernahm, wurden die Imube eigens herabgesetzt und wurden sie [bei der Funktion] zu Beamten des achten Grades gemacht, und bis zur Gegenwart ist man noch nicht [zum Alten] zurückgekehrt. Das ist der sechste Fall des Vergessens [der alten Bräuche].

Was im allgemeinen die Darbringung der Mitegura an die verschiedenen Gottheiten anbelangt, so hatten die Nakatomi und die Imube zusammen an diesen Angelegenheiten teil. Aber in der Gegenwart wird das Dazai Priesteramt[240]) einzig und allein den Nakatomi anvertraut, und die Imube läßt man nicht daran teilnehmen. Das ist der siebente Fall des Vergessens [der alten Bräuche].

Auch bei den Großen Schreinen[241]) der verschiedenen Provinzen werden [die Amtsobliegenheiten] wiederum den Nakatomi anvertraut, während man die Imube daran nicht teilnehmen läßt. Das ist der achte Fall des Vergessens [der alten Bräuche].

Was im allgemeinen die Zeremonien der Seelen-Beschwichtigung[242]) anbelangt, so sind sie Überbleibsel [der Tätigkeit] der Ama no Uzume no Mikoto. Infolgedessen sollte das Amt der Mi-kanko [bei diesem Feste ausschließlich] dem uralten Uji [der Saru-me] anvertraut werden. Aber in der Gegenwart werden unbekümmert auch andere Uji [für dieses Amt] gewählt. Das ist der neunte Fall des Vergessens [der alten Bräuche].

Was im allgemeinen die Herstellung der Großen Mitegura[243]) anbelangt, so sollte auch diese in Anlehnung an die Ämter des Götterzeitalters stattfinden, und die [im Kultusamt tätigen] Beamten der Imube sollten an der Spitze der verschiedenen Uji, welchen die Verfertigung obliegt, nach alter Regel die Herstellung und Lieferung besorgen. Daher müssen die Götter-Gruppen[244]) des Shintōkultusamtes aus den Uji der Nakatomi, Imube,

---

[238]) 782—805, Ära des Kaisers Kwammu, der die Hauptstadt von Nara nach Kyōto verlegte.

[239]) Tochter des Kaisers Kwammu. Sie wurde im 4. Jahre Enryaku (785) Saigū in Ise.

[240]) Das Amt, welches die Angelegenheiten derjenigen Shintōschreine verwaltete, die zur Jurisdiktion des Dazai-fu gehörten, also ein kleineres Seitenstück zum Jingi-kwan der Hauptstadt. Zur Jurisdiktion der Dazai Generalstatthalterei, die ihren Sitz in der Provinz Chikuzen hatte, gehörten Kyūshū und die beiden Inseln Iki und Tsushima.

[241]) *Oho-yashiro* oder *tai-sha.*

[242]) Das *Chin-kon-sai* = *Mitama-shidzumuru Matsuri* ist gemeint. Vgl. S. 392, Anm. 78. Die während der Feier stattfindenden Tänze der Priesterinnen *(mi-kamu-no-ko, miko)*, dabei das Aufstellen eines Troges mit der Öffnung nach unten, den eine Priesterin mit einer Stange stößt und so ertönen macht, sind offenbar eine Reminiszenz an die Pantomine der Uzume vor der Höhle der Sonnengöttin und bilden den ältesten Kern der Zeremonie. Hironari's Forderung, daß die bei dieser Feier fungierenden Priesterinnen nur aus dem Uji der Sarume als Nachkommen der Uzume genommen werden sollten, scheint daher durch den alten Brauch wohl begründet.

[243]) Die beim Thronbesteigungsfest (Daijō-we) den Göttern dargebotenen Opfergaben.

[244]) Die *Kamu-be* oder *Kamu-Tomo-no-wo.*

Saru-me, Kagami-tsukuri, Tama-suri, Tate-nuhi, Kamu-hatori, Shidori, Womi[245]) usw. bestehen. Aber in der Gegenwart sind es bloß die zwei oder drei Uji der Nakatomi, Imube usw., und die verschiedenen anderen Uji haben an der zuständigen Auswahl[246]) keinen Anteil. Die Abkömmlinge der [betreffenden] Götter gehen zugrunde und verstreuen sich, und ihre Sprossen stehen im Begriff zu erlöschen. Das ist der zehnte Fall des Vergessens [der alten Bräuche].

Ferner: Im neunten Jahre der Jahresperiode Shōhō[247]) hieß es in einer mündlichen Instruktion des Sa-ben-kwan[248]), daß von da an und in Zukunft als Mitegura-Boten an den Schrein der Großen Gottheit von Ise ausschließlich Nakatomi verwendet werden sollten, und daß [Mitglieder] anderer Familien nicht geschickt werden sollten. Zwar ist diese Sache nicht zur tatsächlichen Ausführung gekommen, aber sie steht in den Amtsregeln aufgezeichnet und ist noch nicht gelöscht und beseitigt worden. Das ist der elfte Fall des Vergessens [der alten Bräuche].

Vor alter Zeit, im Götterzeitalter, gab einmal der Gott Oho-toko-nushi[249]) an den Tagen der Reisfeld-Bestellung den Reisfeldbauern Rindfleisch zu essen. Da kam der Sohn des Gottes Mi-toshi[250]) auf dieses Reisfeld hin, spuckte auf die Speise und kehrte nach Hause zurück, wo er seinem Vater über diese Umstände Bericht erstattete. Der Gott Mitoshi geriet darob[251]) in Zorn und ließ Heuschrecken[252]) auf die betreffenden Reisfelder los, so daß die Blätter der Stecklinge sofort verdorrten und verkamen und wie Shino-Bambus[253]) wurden. Als hierauf der Gott Oho-toko-nushi durch die Kata-Wahrsagerinnen[254]) *(die Shitoto-Vögel[255]))* und die Hiji-Wahrsagerinnen[254]) *(jetzt gemeiniglich Herd-Ring und Reis-Divination[256]))* die Ursachen

[245]) Spiegelmacher, Juwelenschleifer, Schildnäher, Götter(kleider)weber, Macher streifigen Gewebes (vgl. S. 420, Anm. 40), Hanfspinner (vgl. S. 420, Anm. 35).

[246]) D. h. an der Wahl, die auf sie treffen müßte, weil sie durch jahrhundertelange erbliche Betätigung in diesen Berufen dazu besonders tüchtig waren und das historische Recht auf Ausübung dieser Tätigkeit besaßen.

[247]) 757, in der Ära der Kaiserin Kōken.

[248]) „Verwaltungsdisponentenamt zur Linken", Name eines Amtes im Dajōkwan, dem General-Administrationsamt.

[249]) „Großer-Erden-Herr", d. i. *Oho-kuni-nushi no Kami.*

[250]) „Erlauchte Ernte", Sohn des Gottes Oho-toshi „Große Ernte". Vgl. S. 58, Anm. 1.

[251]) Über den Verstoß gegen die rituelle Reinheit durch den Rindfleischgenuß vgl. Aston, Shinto, S. 253f. (Eating Flesh). [252]) *Ina-mushi,* wörtlich „Reis-Insekt". [253]) Zwergbambus.

[254]) *Kata-kamunagi* bzw. *hiji-kamunagi,* zwei dunkle Wörter. Nach einer Ansicht soll *kata* = „Schulter", *hiji* = „Ellbogen" sein, und dadurch eine Scheidung in männliche und weibliche Wahrsager angedeutet sein. Nach anderer Ansicht wäre *kata* = *kata-da* „Hartfeld", *hiji* = *hiji-da* „Schlammfeld", und gemeint seien Wahrsagerinnen, die mit Bezug auf Reisfelder Divinationen anstellen.

[255]) Vgl. S. 385, Anm. 52. Wegen der wichtigen Rolle, welche die Shitoto Vögel bei gewissen Weissagungen spielten, scheinen die Wahrsagerinnen selber mit diesem Vogelnamen bezeichnet worden zu sein.

[256]) *Kamado* (oder *Kama*) *no wa* und *yone-ura.* Über diese Divinationsmethoden ist nichts Näheres bekannt, aber das in manchen Shintōschreinen, z. B. dem Ya-hiko Jinja in

davon divinatorisch erforschen ließ, ergab sich, daß der Gott Mitoshi den Fluch veranlaßt hatte. [Die Divinatoren verkündeten ferner], daß man ein weißes Wildschwein, ein weißes Pferd und einen weißen Hahn als Opfer darbringen[257]) und dadurch den Zorn [des Gottes Mitoshi] beschwichtigen solle. Der Unterweisung gemäß tat [Oho-toko-nushi durch diese Opfer] ehrfürchtig Abbitte. Der Gott Mitoshi entgegnete darauf und sprach: „In der Tat war [die Kalamität] mein Wille. Ihr sollt nun aus abgerindeten Hanfstengeln Haspeln machen und damit [die Heuschrecken] abstreichen; mit Hanfblättern sollt ihr sie wegfegen; mit Himmlischem Schiebekraut sollt ihr sie beiseite schieben; mit Rabenfächern sollt ihr sie [aus den Reisfeldern hinaus]fächeln[258]). Wenn ihr es so macht und sie dennoch nicht weggehen, so müßt ihr Rindfleisch in den Mund der Gosse [auf das Reisfeld] legen[259]) und die Gestalt eines männlichen Penis[260]) machen und diesen dazu stellen *(dies geschieht, um ihren Zorn wegzuzaubern*[261])*)*. Auf den Rainen der Reis-

---

Echigo, Suwa Schrein in Shinano, Ishi-no-maki Schrein in Mikawa, Hira-oka Schrein in Kawachi usw., übliche *tsutsu-gayu* „Röhren-Brei" Verfahren, wobei man in einem Kessel (kama) Reisbrei (kayu) kocht und daraus auf die Fruchtbarkeit oder Unfruchtbarkeit des Jahres prophezeit, ist augenscheinlich das Überbleibsel eines alten Yone-ura.

[257]) Opfer von Tieren, besonders von weißen, weil Weiß als Glücksfarbe gilt, werden in alter Zeit häufig erwähnt. Das Pferd galt als Reittier der Gottheit, beim Hahn kommt seine Eigenschaft als Zeitverkünder in Betracht. Für weiße Wildschweine (shishi) wurden, wegen ihrer Seltenheit, in späterer Zeit weiße Schweine (buta) substituiert. In der Zeit des ENGI-SHIKI waren die Opfer vierfüßiger Tiere oder ihres Fleisches auf vier Feiern beschränkt, nämlich die für die Nahrungsgöttin, die Windgötter, die Wegegötter und für die Vertreibung böser Gottheiten. Der Buddhismus hat offenbar auch auf die Beschränkung der Tieropfer im Shintō Einfluß gehabt.

[258]) Es scheinen bei dieser Zusammenstellung eine Reihe symbolischer Wortspiele vorzuliegen: mit der Haspel *(kasegi)* weghaspeln *(kasegu)*, mit dem Blatt *(ha)* wegfegen *(harafu)*, mit dem himmlischen Schiebekraut *(ama no oshi-gusa*; es ist das jetzige *goma no hagusa* Scrophularia Oldhami oder *goma-kusa* Centranthera hispida) hinausschieben *(osu)* mit dem Rabenfächer *(karasu-afugi*, spr. *karasu-ōgi*, Name einer Pflanze, die wohl so heißt, weil ihre Blätter wie ein gespreizter Fächer aussehen; es soll die jetzige *hiōgi* Pardanthus chinensis sein; hiōgi bedeutet auch einen Hof Fächer aus Hinoki Holz) fächeln *(afugu*, spr. *ōgu)*. Diese Methoden werden als solche aufgeführt, wo die Inamushi im wesentlichen durch Menschenkraft beseitigt werden sollen, während die weiter unten genannten Methoden angewandt werden sollen, wo die Menschenkraft versagt und Zauberei mit Götterkraft in Wirksamkeit treten soll.

[259]) Das Wasser zur Bewässerung des Reisfeldes wird durch eine Öffnung in der Umdämmung hineingeleitet, durch eine andere auf der entgegengesetzten Seite hinausgeleitet. Hier ist zu verstehen, daß das Rindfleisch in die Ausflußöffnung gelegt, daß sich die Inamushi nach diesem Lockmittel hinziehen, und daß sie durch die Strömung des ausfließenden Wassers mit fortgeschwemmt werden sollen.

[260]) Der Phallus, das Symbol der Zeugungskraft, fungiert hier wohl als magisches Abwehrmittel gegen die Mächte, welche das Leben der Reispflanzen zerstören. Im alten Shintō spielte der Phalluskult eine bedeutende Rolle; aus dem modernen offiziellen Shintō ist er zwar beseitigt, aber im Glauben und in den Bräuchen des Volkes noch vielfach vorhanden. S. Aston, Shinto, unter Phallicism.

[261]) In der Glosse hat der Seikun Text das Zeichen *shin (kokoro)* und liest ko wa sono kokoro wo osu yuen nari „dies geschieht, um ihre (der Inamushi) Herzen zu bedrängen",

felder legt Hiobstränen-Früchte, Bergpfeffer, Walnußblätter, sowie auch Salz[262]) verteilt hin." Nach Ausführung dieser Unterweisung wuchsen nun die Reisstecklinge wieder in dichter Fülle, und das Getreide reifte üppig. Dies ist der Grund, warum man jetzt im Shintōkultusamt den Gott Mitoshi durch Opfern eines weißen Wildschweins, eines weißen Pferdes und eines weißen Hahnes verehrt.

[Nachwort.]

Die Berichte über die Dinge des Götterzeitalters in den vorhergehenden Abschnitten sind wie [die Geschichte von] P'an-Ku[263]), und im Sinne des Zweifels an [der Existenz des] Eises[264]) sind sie fürwahr schwer zu glauben. Aber da die wunderbaren Spuren der göttlichen Dinge in unserem Staate in der Gegenwart sämtlich noch sichtbarlich vorhanden sind und bei gegebener Gelegenheit ihre Wahrzeichen da sind, so kann man sie nicht falsch nennen. Jedoch das Mittelalter war [in seinen Bräuchen] noch einfach, und das Zeremoniell war noch nicht klar und deutlich entwickelt. Bei der Regelung der Dinge und beim Erlassen von Vorschriften wurde vielerlei vernachlässigt und ausgelassen. Jetzt nun hat sich [eine neue] Kaiserliche Generation zum ersten Male blühend entfaltet und läßt den Sonnenschein des Yao über die acht Länder scheinen[265]). Eine neue Jahresperiodenbezeichnung[266]) für die Kaiserliche Ära ist eingeführt worden, und [Seine Majestät] füllt die vier Meere mit den Wellen des Shun an[267]). Die ländlich groben Sitten [der neueren Zeit] sind in die [guten alten Sitten] der vergangenen Zeitalter verändert, und die mangelhafte [Art der bisherigen] Regierung ist in die der derzeitigen Jahre verbessert worden. Der Zeit angemessen haben [Eure Majestät] Verordnungen erlassen, überliefern der Nachwelt vortreffliche Sitten

während die übrigen Texte, denen ich folge *do (ikari)* haben, was die Lesung sono ikari wo mazinafu ergeben würde.

[262]) *Tsusu no mi*, jetzt vulgär *zuzudama* oder *hatomugi; naruhajikami*, alter Name für *sanshō (asakura-zanshō)* Zanthoxylum piperitum; *kurumi no ha; shiho*, d. i. hier hartes Salz, kitashi: alles Dinge, die von den Insekten verabscheut werden. Auch dem oben erwähnten Hanf wird eine besondere abwehrende Wirkung zugeschrieben sein; gewöhnlich gilt er als Mittel gegen Blutfluß nach der Geburt.

[263]) Vgl. S. 140, Anm. 30 und Giles, Bibl. Dict. No. 1607.

[264]) Anspielung auf die chinesische Redewendung: „Das Sommerinsekt zweifelt am Eis." Der Sinn ist: ein Jnsekt, das im Sommer geboren ist, weiß nichts vom Winter, und wenn man ihm vom Eis spricht, so zweifelt es und glaubt nicht daran. So zweifeln auch die Leute unserer Zeit an den wie die Geschichte vom P'an-ku wunderbaren Begebenheiten unseres Götterzeitalters und doch sind es Tatsachen, die durch allerhand historische Spuren in den Familienbesitztümern, Schreinen, Ortsnamen usw. auch in der Gegenwart erhärtet sind.

[265]) Kaiser *Heizei* (806—809), der Sohn Kwammu's, hat den Thron bestiegen und regiert die acht Länder, d. i. Oho-ya-shima „Japan", tugendreich wie der halbmythische chinesische Kaiser Yao.

[266]) Das Nengō *Daidō*, 806—809. Das vorhergehende Nengō war Enryaku, 782—806, gewesen, das sich mit der Regierung des Kaisers Kwammu deckt.

[267]) D. h. sein wohltätiger Einfluß erstreckt sich nach allen vier Himmelsgegenden, ähnlich wie der des hl. Kaisers Shun, der gleich Yao als vorbildliches Herrscherideal genannt wird.

für zehntausend Generationen, richten das Verfallene wieder auf, pflanzen das Erloschene fort und ergänzen so die seit tausend Jahren mangelhaften [Zeremonial-]Statuten. Wenn jetzt in dieser Zeit, wo [Eure Majestät] den Aufbau der Zeremonien unternehmen, das die Verehrung der Götter betreffende Zeremoniell nicht durch Verordnungen festgelegt wird, so werden die künftigen Generationen höchstwahrscheinlich ebenso [voller Unwillen] auf die Jetztzeit schauen, wie die Jetzigen[268]) auf die Zeit der [letzten] Vergangenheit blicken. Euer törichter Untertan Hiro-nari ist vom Alter schwach und gebrechlich und hat bereits die Achtzig überschritten, aber Morgens und Abends denkt er wieder und wieder unaufhörlich mit Liebe [an die uralten Bräuche] wie ein Hund oder ein Pferd [an seinen Herrn]. Wenn er plötzlich dahinscheiden sollte, so würde er unter der Erde noch Groll im Herzen hegen. Auch in den Reden der Straße gibt es noch etwas Beherzigenswertes; auch die Gedanken der gewöhnlichen Leute lassen sich nicht leicht ohne weiteres beiseite werfen. Glücklicherweise ist mir die günstige Gelegenheit einer Nachfrage Eurer Majestät zuteil geworden, und so freue ich mich im tiefsten Herzen darüber, daß die [in meiner Familie] mündlich überlieferten Tatsachen nicht [ungehört] zugrunde gehen werden. Es ist meine Bitte, daß diese Schrift in die Allerhöchsten Hände gelangen und von Eurer Majestät geneigtest einer genauen Durchsicht unterzogen werden möge.

Daidō 3. Jahr, 2. Monat, 13. Tag[269]).

---

[268]) Hironari und seine Gesinnungsgenossen.

[269]) 13. März 808.

REGISTER.

Zusammengestellt von Prof. Dr. Karl Hagen.

[Die große Zahl bezeichnet die Seite, die kleine weist auf die Nummer der Anmerkung im Kommentar. In runde Klammern Gesetztes kommt nur im Kommentar vor.]

B

F

G

H

I

J

K

L

M

U

V

Berichtigungen und Zusätze.

S. 52, Anm. 7. Die letzten drei Verse *koto no katari-goto mo ko woba*, auch in den nächsten drei Gedichten, gehören zweifellos ursprünglich nicht zum eigentlichen Liedertext. Am besten sind sie mit Maitre, Bull. E. F. E. O. IV, 584, als Nachwort der alten Rezitatoren, der Kataribe, aufzufassen im Sinne von: „von dieser Sache ist dies die Rezitation [der Kataribe]“, ähnlich dem Schlußvers im Chanson de Roland: Ci falt la geste que Turoldus declinet.

„ 54, Anm. 1 l. *Munakata* Ab. 14, Anm. 1 (S. 35).

„ 70, Anm. 8 ergänze: falls man die S. 71 folgende Identifizierung mit *Kushi-iha-mado* und *Toyo-iha-mado* (S. 423 zwei Gottheiten!) gelten ließe. Vgl. aber S. 423, Anm. 58.

„ 71, Anm. 12 l. besser „Mächtig“ st. „Üppig“.

„ 82, Z. 18 l. *Toyo-* st. *Toya-*.

„ 85, Anm. 2 ergänze: Man könnte auch, und zwar erscheint mir dies jetzt am plausibelsten, an ein auf einem dicken Baumstamm errichtetes Haus denken, wie man solche auf den Südseeinseln findet. Dann läge vielleicht die Erinnerung an einen Brauch der vom Süden her eingewanderten Stämme vor.

„ 88, Z. 8 v. u. l. Custom.

„ 98, Text Z. 3 v. u. l. Hito-kuni-buku.

„ 145, Anm. 52, Z. 4 l. Susa.

„ 151, Anm. 18, Z. 2 l. sie st. er.

„ 155, Anm. 6 l. *Sue-tsukuri* st. *Tsuki-tsukuri*.

„ 180, Text Z. 11 v. u. l. des st. der.

„ 190, Z. 10, 11 l. Daher erteilten [Amaterasu und Taka-mi-musubi] ..... und sprachen.

„ 194, Anm. 34, Z. 3 tilge die Klammer.

„ 256, Z. 7 l. Göttergegenständen[17]).

„ 277 Überschrift l. kōgō st. kogō.

„ 286 Überschrift l. Ōjin-tennō.